Burmese/Myanmar Dictionary of Grammatical Forms

Burmese/Myanmar Dictionary of Grammatical Forms

John Okell
and
Anna Allott

Routledge
Taylor & Francis Group

LONDON AND NEW YORK

First Published in 2001
by Routledge
2 Park Square, Milton Park, Abingdon, Oxon, OX14 4RN
270 Madison Ave, New York NY 10016

Transferred to Digital Printing 2009

© 2001 John Okell and Anna Allott

British Library Cataloguing in Publication Data
A catalogue record of this book is available from the British Library

Library of Congress in Publication Data
A catalogue record for this book has been requested

ISBN 0–7007–1381–6 (Hbk)
ISBN 0–7007–1530–4 (Pbk)

Publisher's Note
The publisher has gone to great lengths to ensure the quality of this reprint
but points out that some imperfections in the original may be apparent.

CONTENTS

INTRODUCTION

Burmese or Myanmar?

In the Burmese/Myanmar language, the name of the people, the country and the language has two forms: ဗမာ (bəma) and မြန်မာ (mjăma or mjəma). The name "Burma", which in one version or another has been internationally current since the 15th century, is derived from the former. In 1989 the government announced that they wished to change the name to "Myanmar", to reflect the latter form instead of the former. The world has been slow to implement this change, with the result that both versions of the name are now current in different contexts. In this book we mostly use "Burma" and "Burmese", as those are still the names most likely to be familiar to our readers.

Aim

Students and scholars of the Burmese/Myanmar language have access to a number of language teaching and reference materials written in English, but one of the outstanding gaps in the current provision is the lack of a detailed reference grammar. The only work of this type written in recent times (Okell 1969) is now out of print and is anyway restricted to the colloquial language; and the otherwise excellent Myanmar-English Dictionary (MLC 1993a) gives only limited space to grammatical forms. This *Dictionary* has been compiled as a step towards filling that gap.

Grammatical forms

Almost all the grammatical information in a Burmese sentence — that is, the relations between constituents of the sentence and between one sentence and the next — is conveyed by means of "particles": bound or semi-bound forms, predominantly suffixes, that are attached to nouns and verbs and carry meanings like *if, for, after, because, inside,* and so on. This *Dictionary* is a list of the common grammatical forms or particles of Burmese. Each entry offers a set of English equivalents for the entry word, a set of examples illustrating its use, and notes on grammatical classification, pronunciation, style restrictions and other features. The different classes we use for classifying grammar words, and our grounds for distinguishing them, are summarised in the Outline grammar, and listed in the Index.

Colloquial and literary styles

Broadly speaking, Burmese makes use of two different sets of particles: one for use in formal contexts, usually written, such as official announcements and regulations, formal letters and public notices, newspaper reports and editorials, manuals, textbooks, and so on. Texts written with this set of particles are commonly referred to as being "in literary style", or "in formal Burmese" (အရေး၊ စာရေးဟန်). The other set of particles is used when people are talking to each other, or when they are writing letters to friends or dialogue in novels, or some more chatty articles in magazines. This sort of language is referred to as "colloquial Burmese" (နှုတ်ပြော၊ အပြောစကား၊ စကားပြောဟန်). Curiously, the news is read in formal Burmese on the radio, but in colloquial Burmese on the television. Some particles are used unchanged in both styles. This grammar includes suffixes and other particles from both the colloquial and the literary styles, and notes whether each particle is restricted to one style or the other.

Structure and scope of the *Dictionary*

Okell's *Reference grammar* (Okell 1969) consisted of two parts: Part 1 described the structure of words, phrases and sentences, and Part 2 was a list of grammatical forms set out in alphabetical order. The present *Dictionary* corresponds to Part 2 of the *Reference grammar*. It covers the same colloquial forms, though most entries are now revised and expanded. It also includes many additional colloquial forms, and meanings of colloquial forms, that were not included in the *Reference grammar*. And, most significantly, it includes the grammatical forms of the literary style, which had no place in the *Reference grammar*.

The features described in Part 1 of the *Reference grammar* are here presented in highly abridged form in the Outline grammar appendix.

No dictionary of a living language can claim to be complete, and this *Dictionary* is no exception. In particular we have included few of the particles that are found more in verse than in prose, specially verse from older periods. A list of verse particles, and more generally a students' guide to reading verse, remains to be written. Other forms have been excluded because we judged them to belong to the field of lexis and vocabulary rather than to grammar, our main criterion for grammatical status being versatility or occurrence with more than a limited range of other forms. And still other potential entries will be absent simply because we had not come across them.

The illustrative examples are taken from a range of sources, including contemporary colloquial speech, and written texts dating from the present day back to the 17th century. The texts used include chronicles, Buddhist texts, novels and short stories, magazines, newspapers, technical manuals, and personal correspondence.

Readership

The *Dictionary* is intended to be useful for students, scholars, readers and speakers of Burmese/Myanmar. The entrywords and illustrative examples are given in Burmese script without a roman transcription, so users will need to be able to read the script in order to use the book; but as each example is accompanied by an English translation, students can use the *Dictionary* from an early stage of their studies.

The authors

Anna Allott and John Okell are both retired Lecturers in Burmese from The School of Oriental and African Studies in the University of London, England. Both have visited and lived in Burma/Myanmar for a total of several years, and have taught the language for over 35 years, to diplomatic and other professional trainees as well as to university students. John Okell has also taught intensive two-month courses in the USA.

During her long career in Burmese studies, Anna Allott has focussed more on literature and the literary style, while John Okell's interests have lain more with the spoken language and colloquial style. They have each published books and articles on grammar, lexis, classical and modern literature, and on government policy on language and literature. Both have written major teaching aids for language learners, and they have collaborated in work on a Burmese-English dictionary.

The two authors have again collaborated to compile the present *Dictionary of grammatical forms*, each contributing material from their own experience and expertise.

Acknowledgments

The authors are happy to acknowledge their debt and offer grateful thanks to:

their first language teacher, Dr U Hla Pe, Lecturer and subsequently Professor of Burmese in the University of London

all their long-suffering Burmese friends, both in Burma and abroad, who have patiently answered questions about acceptable and unacceptable usage

all the editors, writers, typesetters and publishers in Burma who kindly dug out and freely gave them copies of computer disks full of Burmese texts from which many of the examples in the *Dictionary* are taken

the friends and colleagues in Burma who took the trouble to send them books and magazines and letters

the School of Oriental and African Studies of London University, and to the British Academy, for contributing to the costs of visits to Burma

The authors take full responsibility for all errors and omissions. They would be grateful to hear from readers who have additions or corrections to suggest. Please contact the authors c/o the publishers, Curzon Press Ltd, 15 The Quadrant, Richmond, Surrey TW9 1BP, England.
Email: publish@curzonpress.co.uk. Website: www.curzonpress.co.uk.

CONVENTIONS

Abbreviations

CB	Colloquial Burmese, spoken style
cls	clause
comm elem cpd nn	common element in compound nouns
comm elem cpd vb	common element in compound verbs
comm nmtv	common numerative
comm pre-vb	common pre-verb
coord mkr	coordinate marker
FB	Formal Burmese, literary style
Int	Interjection
loc nn	location noun
MED	Myanmar-English dictionary (MLC 1993a)
MLC	Myanmar Language Commission
N	Noun
neg	negative
nn atrb mkr	noun attribute marker
nn mkr	noun marker
nn mod	noun modifier
N°	Number
N°+N	Number followed by a Numerative Noun
opp	opposed to, the opposite of
Phr	Phrase
pron	pronounced
selective noun	selective noun
sfx	suffix
sn	someone
sp hd nn	special head noun
Stc	Sentence
stc fin phr ptcl	sentence final phrase particle
stc med phr ptcl	sentence medial phrase particle

stc mkr	sentence marker
sth	something
sts	sometimes
sub cls mkr	subordinate clause marker
sub stc mkr	subordinate sentence marker
V	Verb
VA	Verb Attribute (i.e. a verb, optionally preceded by complements, and typically followed by an attributive marker, as in V–သည့်၊ V–သာ V–သော၊ V–တဲ့၊ V–မဲ့၊ V–မည့် etc)
vb atrb mkr	verb attribute marker
vb mod	verb modifier
verse	marks examples taken from verse
vsv ...	see under the entry ...

Initials	Where an example contains a Burmese name, we have some-times used initials in the translation, in place of the full name; e.g. ဦးမောင်မောင်လတ် ရယ်မိသည်။ U MML couldn't help smiling.

Symbols

( )	in Burmese script, used to mark optional elements: e.g. နဲ့မဟုတ်(ရင်) stands for နဲ့မဟုတ် or နဲ့မဟုတ်ရင်
( )	in translations, used to mark elements supplied from the con-text: e.g. to get off (the bus).
(" ")	used to mark a literal translation: e.g. travelling ("riding") in cars
/ /	used to mark pronunciation; e.g. မည့် pron /မျှ/
⇒	used to mark the end of the entry word and the beginning of the translation and explanation
•	used to mark the beginning of a new example
~	used to stand for the entry word; e.g. in the entry for အဝနဲ့. and its variants အဝနနှင့် and အဝဖြင့် N~ stands for "noun+အဝနဲ့. or noun+အဝနနှင့် or noun+အဝဖြင့် "
⇐	stands for "is derived from, is compounded of"

Structure of the entry

The typical entry contains:

in bold type:
1. the entry word, and variant forms and spellings if any
2. a note in brackets indicating the context in which the form is used; e.g. in the entry for ော the note (V~) shows that ော is suffixed to verbs
3. English translation equivalents

in italic type:
4. notes on form class, style restrictions, pronunciation, reference to similar entries, possible origins, frequent combinations, comments on meaning, etc, as appropriate

in plain type:
5. examples of the entry word in use, with English translations.

Further notes and comments in the body of the entry are printed in italic.

Some forms have several different functions or meanings. Where it seems clearer to do so, the entry for such a form will have subsections, each marked (a), (b) (c) etc and starting in bold type.

Where two words have the same form but obviously different functions they are given separate entries. An obvious example is ၏ ။ The ၏ that is suffixed to nouns and means "'s" and the ၏ that is suffixed to verbs and means "end of sentence" are clearly different, so each is allocated an entry to itself. At the other end of the spectrum there are words that have a range of meanings, but all seem to belong to the same word. An example is နှင့်, which can mean "equipped with, in concert with, by means of, together with, in relation to, *adverbial*, for (price), because of, that". We therefore give နှင့် a single entry, divided into subsections. But there are many entries that fall between the two extremes. In these cases the decision to put all the different meanings into one entry or split them up into different entries is largely guided by considerations of clarity. Sometimes the information appears to be easier to find and comprehend in a single entry, sometimes in multiple entries.

Spelling

There are some Burmese syllables that can be spelled in two or more different ways. Scholars have argued the correctness of one spelling over another since the 16th century, but for a long period certain words were written in different ways according to the preferences, or lack of learning, of the writer. This situation was addressed in the 1970s by the Burma (later Myanmar) Language Commission, which decided on a set of correct spellings for the disputed words and published spelling books and dictionaries to promulgate them. The approved spellings are enforced by the Press Scrutiny Board, with the result that today there is considerable uniformity in printed texts.

For our entrywords we use the approved spellings, but some of our examples are taken from texts published before the reforms, or from letters handwritten by people whose spelling habits were formed at an earlier stage. In these cases we have retained the spelling used in the original, so readers should be prepared to see some spelling variants.

Some of the most frequently encountered variants are:

approved	*variant*	*meaning*
တစ်	တ	one
ပဲ	ပဲ	*emphatic*
မ-ဘဲ	မ-ပဲ	without
လျက်	ရက်	-ing
လည်း	လဲ	also
နည်း	နဲ	be few

Pronunciation

Pronunciation is shown in Burmese script, following the unambiguous and efficient method used in the မြန်မာအဘိဓာန် (MLC 1991). As in that dictionary, we show pronunciation only if it differs from the expected pronunciation; e.g. the entry တည်း- includes a note "pron /တဲ/", because you might have expected /တီး/, but the entry တော် has no note about pronounciation, because it is pronounced as written: /တော်/

Voicing

For the voicing rules in Burmese see Okell 1994 Spoken Book 1 p 39 or Script p 142, or Okell 1969 vol 1 p 12. In brief, in certain contexts and with certain exceptions, when one word is suffixed to another, the initial consonant of the second word changes from voiceless to voiced. E.g. ဝင် followed by စ is pronounced /ဝင်ဇ/ not /ဝင်စ/ , and so on for all voiceable consonants.

The convention adopted in this *Dictionary* is that all suffixes undergo voicing unless otherwise noted; e.g. နိုင်: has a note "does not voice", so you read ပြောနိုင်:တယ်၊ သောက်နိုင်:တယ် as written: /ပြောနိုင်:ဒယ်၊ သောက်နိုင်:ဒယ်/ ("He told him to speak. He told him to drink."). But ခဲ့ has no note on voicing, so you read ပြောခဲ့တယ်၊ သောက်ခဲ့တယ် with voicing where appropriate: /ပြောဂဲ့ဒယ်၊ သောက်ခဲ့ဒယ်/ ("He spoke. He drank.")

Position of negative prefix

In compound verbs with modifiers the negative prefix မ– may be placed before the main verb (မ– + main verb + modifier) or before the modifier (main verb + မ– + modifier). Since the first sequence is more common, the convention in this *Dictionary* is that the order is မVV unless otherwise noted; e.g. the entry for ထား: includes the note "negative form usually V–မ~", so you expect ပြောမထား:ဘူး၊ ခင်:မထား:လို့ etc. But the entry for ချင် has no note about negative ordering, so you expect မပြောချင်ဘူး၊ မခင်:ချင်လို့ etc

Translations

Some examples are extracted from longer sentences. In some cases it is cumbersome to try and translate them as they stand, so they have been translated as if they were full sentences; e.g. မိမိလက်ထဲမှာ စာရေး:သူများ:ရဲ့ သဘောတူညီချက် လက်မှတ်များ ရှိထား:ပြီး ဖြစ်ကြောင်: သိရှိရပြီး။ We learned that he already held in his hand the signed agreement made with the writers.

Pronouns

Burmese is not as explicit with pronouns as English. The sentence မကြိုက်ဘူး: can be translated, according to context, as "He doesn't like it", "We don't like them", "She doesn't like me", etc. In the translations of our examples we have supplied pronouns that are not stated in the Burmese.

Alphabetical order

The *Dictionary* uses the same alphabetical order as the MED (MLC 1993a), except for rhymes in အံ။ The MED treats this as an open syllable, but we treat it as equivalent to အမ် and therefore list it among closed syllables.

There is one other major difference. This *Dictionary* ignores the prefix အ– for the purpose of determining alphabetical order. Prefixed entries are ordered as if they had no prefix; so you will find the sequences ချေ–အချို့–ချက် ... နား–အနီး–နီ:နီ:–နေ ... လို့–အလို့ငှာ–လက်စ etc. In other words, look for အချို့ as if it were ချို့, အနီး as if it were နီ:, and so on.

Notes on the alphabetical order chart

Combinations of vowel sign and final consonant not given in the list of closed syllables in col 4 follow the order of consonants (col 1) and vowels (col 3); e.g.

အာတ် is ordered:	အတ်၊ အာတ်၊ အိတ်။
အုက် is ordered:	အက်၊ အုက်၊ အောက်။
အော့ဖ် is ordered:	အုဝ်၊ အော့ဖ်၊ အံ

Stacked consonants are listed as if they were all on the line, so မတ္တ is treated as if it were written မတ်တ etc.

Free-standing vowel syllables are ordered in the same way as vowels with အ, so ဤ ဧ ဥ ဦ ဧ ဩ ဪ are treated as if they were written အိ အီ အု အူ အေ အော အော်။

Abbreviated syllables are listed after all the other Burmese entries, so after အုံ၊ အုံ: you will find ၌ ၍ ၎င်: ၏။

English entries, i.e. entries without a writable form in Burmese, are listed at the end of the Burmese entries, after the abbreviated syllables. They are: Induced creaky tone, Repetition, Rising intonation, and Zero suffix.

Initial consonants	Medial consonants (with initial မ used for illustration)	Rhymes: open syllables (with initial အ used for illustration)	Rhymes: closed syllables (with initial အ used for illustration)	
က			အက်	အပ်
ခ			အောက်	အိပ်
ဂ	မ	အ	အိုက်	အုပ်
ဃ	မျ	အာ	အင်	အံ
င	[မြ]	အား	အင့်	အုံ
စ	မွ	အိ	အင်း	အမ်း
ဆ	မှ	အီ	အောင်	အိမ်
ဇ		အီး	အောင့်	အိမ့်
ဈ		အု	အောင်း	အိမ်း
ဉ ည		အူ	အင်	အုံ
ဋ ဌ ဍ ဎ ဏ		အူး	အိုင့်	အုံ့
တ		အေ့	အိုင်း	အုံး
ထ		အေ	အစ်	အယ်
ဒ		အေး	အဉ်	အယ့်
ဓ		အဲ့	အဉ့်	
န		အဲ	အဉ်း	
ပ		အော့	အည်	
ဖ		အော်	အည့်	
ဗ		အော	အည်း	
ဘ		အို့	အတ်	
မ		အို	အိတ်	
ယ		အိုး	အုတ်	
ရ			အန်	
လ			အန့်	
ဝ			အန်း	
သ			အိန်	
ဟ			အိန့်	
ဠ			အိန်း	
အ			အုန်	
			အုန့်	
			အုန်း	

THE DICTIONARY

BURMESE ENTRIES

က **1 (N~)** ⇒ **(a) from, by, through N**, *when N is a place or starting-point; nn mkr, CB, but also found in FB as an alternative to the more formal FB N–မှ;* • တောင်ဘက်က၊ တောင်အရပ်က လာသည်။ They came from the south, from a southerly direction. • ရန်ကုန်က ထွက်လာသည်။ We came away from, left Yangon. • ထိုတိုက်ပွဲက အပြန်တွင် On his return from that battle. • လွန်ခဲ့သည့် နှစ်က စ၍။ Starting from last year (cf FB လွန်ခဲ့သည့်နှစ်မှ စ၍). • အဲဒီအခါက စပြီး။ Starting from that time. • နောက်က လိုက်လာတယ်။ He followed from behind, in the rear. • ဒီလမ်းက သွားပါ။ Go by this road, take this road. • တံခါးက ဝင်လာတယ်။ They entered through the gate. • ထားဝယ်ကြောင်းက ဆုတ်ခွာသွားသည်။ He retreated via Tavoy, by the Tavoy route.

(b) at N, N ago, *when N is a time; indicates point of time in the past; CB+FB;* • မနေ့က ရောက်လာသည့် ညဲ့သည်များ။ Guests who arrived yesterday. • သူ့အမေသည် စစ်မဖြစ်ခင်က ဆုံးသွားသည်။ His mother died before the war. • ဗမာစကား ဘယ်တုန်းက စသင်သလဲ။ When did you start learning Burmese? • လွန်ခဲ့သည့် သုံးလေးရက်လောက်က ပြန်သွားသည်။ He went back three or four days ago.

(c) *as attribute to a noun:* **N¹–ကN² ⇒ N² from N¹, N² at N¹**; *= FB N¹–မှ N²;* • ဝန်ကြီးများရုံးက အရာရှိ တစ်ဦး။ An official from the Secretariat. • ဘူတာရုံကြီး နားက ထမင်းဆိုင်။ The restaurant by the main station. • တောထဲက ရွာက သစ်တွေ။ Logs from the village in the forest. • ဒီက မိတ်ဆွေ။ Our friend here. • မနှစ်က စာမေးပွဲ။ Last year's exam. • ဂျပန်ခေတ်က သတင်းစာတွေ။ Newspapers from the Japanese period.

For combination N–ကနေ၊ N–ကနေပြီး၊ N–ကနေပြီးတော့၊ N–ကနေ၍ see under ကနေ "from N"; for combination N–ကတည်းက၊ N–တည်းက၊ N–ကထဲက N–ထဲက see under ကတည်းက "ever since N".

က **2 (N~)** ⇒ *marks N as subject of sentence; nn mkr, CB+FB; usually for emphasis or contrast, or to distinguish the agent from the patient (the latter often marked by ကို or အား); often indicates the speaker when reporting speech. In FB some writers use မှ to serve the same function: ဥက္ကဋ္ဌမှ အဖွင့်အမှာစကား ပြောကြားပြီးလျှင် or ဥက္ကဋ္ဌက အဖွင့်အမှာစကား ပြောကြားပြီးလျှင်*

"*After the president had made an opening speech*" (*example from MLC 1993b p 60 qv for further examples*). *Using* မှ *in this way is regarded by purists as erroneous. In FB the subject may be marked by* သည်, *but* သည် *does not have the contrastive effect of CB* က; • လူဆိုးတို့အား ရဲတပ်ဖွဲ့က ဖမ်းဆီး လိုက်သည်။ The police arrested the criminals. • လူလောကကို အကျိုးပြုရန် ဦးလှက တိုက်တွန်းပြောကြားသည်။ U Hla spoke, urging people to do something of benefit to the world. • အသက် ကြီးတဲ့လူ့ရဲ့ စကားကို အသက် ငယ်တဲ့လူက နားထောင်ရ မယ်။ A younger person must obey the word of an older one. • ငါက မင်းကို စိတ် မကောင်းအောင် လုပ်သလား။ (Do you mean that) *I am making you unhappy?* • ထိုအခါတွင် ဆိုလိုသည်က တမျိုး၊ အဓိပ္ပါယ် သက်ရောက်သည်က တခြား ဖြစ်သွားတတ်ပါသည်။ On these occasions it can happen that what one means (to say) is one thing, and the message conveyed is another. • အစ်ကို တစ်ယောက်က စစ်ဗိုလ်၊ တစ်ယောက်က(တော့) ကျောင်းဆရာပါ။ One brother is an officer, the other is a school teacher. • သူ့နမည်က ကိုဝင်းဖေတဲ့။ His name is Ko Win Pe. • ကျွန်တော်က သေချာမှ လုပ်တဲ့လူပါ။ I am one who never does anything foolhardy, I like to be sure before I act.

က 3 (Phr~) ⇒ **as for Phr**, *emphasises Phr as topic of discourse, whether subject or not; stc med phr ptcl, CB+FB. When this* က *is used with the subject of a sentence it is difficult to distinguish it from* က 2 *above. Often followed by phrase particle* လည်း *"also" or* တော့ *"but"; see also Phr–*တော့; = *FB Phr–* ကား *and Phr–*မှ; • အထဲမှာက ချမ်းတယ်။ အပြင်မှာကတော့ အနေတော်ပဲ။ It is cold inside, but outside it's just right. • ကျောက်စာတိုင် နှစ်တိုင် ရှိပြီးတော့ ပထမတိုင် မှာက ၂၉–ကြောင်း၊ ဒုတိယတိုင်မှာက ၁၁–ကြောင်း ပါပါတယ်။ There are 29 lines of writing on the first pillar, and 11 lines on the second. • ပတ်ဝန်းကျင် မြူတွေ ဆိုင်းနေတယ်။ ချမ်းကလည်း ချမ်းတယ်။ It was misty, and cold as well. • အဲဒီလို လုပ်ရင်ကတော့ အဆင်ပြေမယ် မထင်ဘူး။ If you do it that way I don't think it will work out very well. • အိပ်လို့က မရဘူး။ I just couldn't sleep. • ရှစ်နှစ်ကျော်ကျော် လောက်တုန်းကက။ As for about eight or more years ago. • လိုလာမှ ဓနိက သုံး တာပေါ့။ It's *dani* we use when we have to (when normal thatching is scarce). • ကျမ မှာတဲ့ ပစ္စည်းတွေက အဆင်ပြေမှ လူကြုံ ရှိမှ ပို့ပါ။ As for the things I asked for, send them when you can manage it and there's someone to bring them. • ဦးလေး လိုချင်တဲ့ လက်မှတ်က ကျွန်တော် ထိုးထားတာပါ။ I have just bet on the ticket you want. • အောက်ပါ အချက်များက သတိပြုရန် လိုအပ်ပါသည်။ You should pay attention to the following points.

က 4 (V~) ⇒ **if V**, *also in combinations V–*ပါက၊ V–ချေက; = *CB V–*ရင်၊ *FB V–*လျှင်; *sub cls mkr, FB;* • အလို ရှိက မှာပါ။ If you need anything, please say so ("please ask"). • ဓားကို မသွေးပဲ ထားက တုံးသည်။ If you keep a knife without sharpening it, it becomes blunt. • ရပ်တန့်က ရပ်သင့်ပြီ။ We should probably stop now ("if it is right to stop, we should"). • မတော်တဆ ဆုံးသွားချေက။ If one should die by some accident. • စာချုပ်သဘောမည်သည် တစ်ဦးအကျိုးရှိ၍ တစ်ဦးအကျိုး မရှိချေက ချုပ်ဆိုမြဲ မဟုတ်။ It is the nature of a treaty that it is not usually agreed if it benefits one side but not the other. • နိုင်ငံသားပြုခြင်း ခံရပါက နိုင်ငံခြားသားအဖြစ်ကို စွန့်လွှတ်ပါမည်။ If a person becomes naturalised he renounces his foreign citizenship.

က 5 *see under* မက *not so little as*

ကတဆင့်၊ ကတစ်ဆင့် *see under* တစ်ဆင့် *through, via*

ကတည်းက *sts* **ကတဲက** *or* **ကထဲက (N~, V~) ⇒ since N, since V-ing, ever since, right from, all the way from** *(a place, a time, an event); nn mkr and sub cls mkr, CB+FB; pron /ကဒဲဂ/ ;* • လူတွင် မွေးကတည်းက အရည်အချင်း ရှိ၏။ Right from birth, man has capabilities (which he should develop). • စောစော ကတည်းက ရောက်နေတယ်။ I've been here since early on. • ဟိုကတည်းက ဗမာစကား သင်လာတာလား။ Did you learn Burmese while you were there — before coming here? • မန္တလေးမှာ ကျနော်တို့ အသိတစ်ယောက် အိမ် ရှိတယ်။ အဲဒီ အိမ်ကို ကျနော် ရန်ကုန် ကတည်းက ဖုန်း ကြိုဆက်ထားတယ်။ We have a friend's house in Mandalay. We had phoned ahead to that house all the way from Yangon. • စာမေးပွဲ မအောင်ကတည်းက မတွေ့သေးဘူး။ I haven't seen him since he didn't pass the exam. • ကျွန်မ စိတ်ပူတာက သူ့ကျန်းမာရေးအတွက်ပါပဲ။ နဂိုကထဲက သူက ကျန်းမာရေး မကောင်းလှဘူး။ What I worry about is his health His health was not very good to start with (sc. and manual labour will make it worse). • မြန်မာနိုင်ငံက စီးပွားရေး ၁၉၈၆–ထဲက ကျဆင်းသွားတယ်ဆိုတော့ အလုပ် သိပ်ရှားတယ်။ Jobs were very scarce because Burma's economy had declined since 1986. • ဒီ ရောက်ထဲက လက်နှိပ်စက် လေ့ကျင့်နေတာပဲ။ I've been practising my typing ever since I got here.

***Also variant form* ကတည်းကနေ။** ကျွန်တော့်မှာ နိုင်ငံခြားကို ထွက်လာကတည်းကနေ ယနေ့ထိဟာ ကျွန်တော့်ရင်ထဲမှာ ရင်နဲ့အပြည့် ခံစားချက်နဲ့ပါ။ I have felt this deeply in my heart from the time I came abroad right up to now.

ကနေ *or* **ကနေပြီး** *or* **ကနေပြီးတော့ (N~) ⇒ (a) from N,** *literally "from having stayed at, after being at N"; helps to clarify which meaning of* က *is intended; = FB* မှနေ၍၊ ကနေ၍; *nn mkr, CB; pron /ဂ့ါနေ၊ ဂ့ါနေဗီး၊ ဂ့ါနေပီးဒေါ့/;* • စာကလေးများကို လင့်စင်ပေါ်ကနေ၍ ခြောက်ရ၏။ The sparrows had to be scared off (by someone) from the look-out platform. • မဟာဗန္ဓုလသည် မြန်မာ့တပ်မတော်ကြီး၏ တပ်ဦးကနေ၍ ချီတက်လေသည်။ Maha Bandula advanced at the head of the Burmese army ("staying at the head, advanced"). • အိမ်ကနေ ခုနစ်နာရီ ထွက်တယ်။ ခုနစ်နာရီခွဲ ကျောင်း ရောက်တယ်။ I leave home at seven o'clock and reach school at seven thirty. • ဒီကနေပြီး ဘယ် သွားအုံးမလဲ။ Where will you go on to from here? • နှစ်နာရီကနေ လေးနာရီအထိ။ From two o'clock till four. • ကျောင်းသူ

ကျောင်းသားများဟာ ကျောင်းသားသမဂ္ဂကနေ တစ်ဆင့် လှုပ်ရှားနိုင်တယ်။ Students can base their activities on the students' union. • မြို့ကနေပြီး တကူးတက ဆေးလာ ကုသော ဆရာဝန်နှစ်ယောက်တောင် ရှိနေသည်။ There were actually two doctors who came specially from the town to give treatment. • ပြင်သစ်ပြည်ကနေပြီး တော့ တောက်ရှောက် ပြန်ကြမယ်။ From France we shall go straight back home. **(b)** *occasionally also* **= က 2 subject marker**; • ဘုန်းကြီးတွေကနေ ကန့်ကွက် တယ်။ *The monks protested.* အစိုးရကနေပြီး မဟုတ်တာ မလုပ်နိုင်အောင်လို့ ထိန်းချုပ် ထားတဲ့ စည်းမျဉ်းတွေ။ *Regulations made so that the government should not be able to commit injustice.*

ကနဲ *see under* ခနဲ *sudden noise etc*

ကပဲ *and* ကဘဲ *see under* ဲ *emphatic*

ကရော *see under* တော့ *at last*

ကရော *see under* ရော *stc mkr,* ရော *just as*

ကလား *see under* ပါကလား *exclamatory*

ကလေး *or* လေး **(N~)** ⇒ **small N, young N; just, a bit;** *sometimes, but rarely, written* ခလေး*၊ nn mod, CB+FB, though FB prefers N–*ငယ်*; pron /*ခလေး*/ after stop syllables;* • အိမ်ကလေး: small house; ကိုရင်ကလေး: young novice; ကောင်မ လေး: little girl; ချာတိတ်ကလေး: young fellow; တော်တော်လေး: quite a lot; စောစော လေး: nice and early; နဲနဲလေး: just a little; ရှင်းရှင်းလေး: good and clear. *With relationship terms its use is affectionate:* ဒေါ်ဒေါ်လေး: auntie; ဦးလေး: uncle; မောင်လေး: brother dear.

က **1 (V~)** ⇒ **V-ing, while V-ing;** *sub cls mkr, FB; cf* ပြီး*၊* ရာ*၊* လျက်*၊* ၍*; some-times written* ခါ *in FB. This particle may have developed from the location noun* အခါ *qv; cf CB V–*တော့ကာ *and FB V–*သောအခါ *"when".* • စဉ်းစားကာ ထိုင်စောင့်၏။ Thinking, he sat and waited. • မော်တော်ကားများ စီးကာ လျင်မြန်စွာ သွားနေသူများ။ People travelling ("riding") fast in cars. • ထို့နောက် ဗမာ့လွတ်လပ ရေး တပ်မတော်ကို ဦးစီးကာ ဗိုလ်ချုပ်အောင်ဆန်းသည် ဗြိတိသျှအစိုးရကို တိုက်ထုတ်၏။ After this General Aung San, leading the Burma Independence Army, drove out the British government.

Sts used with verb modifiers in the same way as ၍*။* • ကျွန်ုပ်မှာ ငယ်ရွယ်စဉ်က စ၍ လှေတက်နှင့်ပင် ရေထဲ၌ ကြီးပြင်းကာ လာရသည်။ I have grown up in the water with a paddle in my hands since early childhood.

*Often used with compound verbs or commonly paired verbs or repeated verbs in form V¹–*ကာ *V²–*ကာ*။* • ရယ်ကာ မောကာ လုပ်သည်။ He did it laughing heartily. • စုန်ကာ ဆန်ကာ။ Going up stream and down. • ထပ်ကာ ထပ်ကာ။ Again and again. • ဆက်ကာ ဆက်ကာ။ Joining (one to another).

က **2** *see under* တကာ *all, and* စေကာမူ *although, however*

ကာမူ *see under* စေကာမူ *although, however*

ကာမျှ *often* ကာမျှနှင့်၊ ကာမျှဖြင့် (V~) ⇒ **by the mere fact of V, by simply V-ing;** *sub cls mkr, FB;* = *CB* V-ရုံ၊ V-ရုံနဲ့ ; • နိုင်ငံခြားသား တစ်ဦးသည် နိုင်ငံသားနှင့် အိမ်ထောင်ပြုကာမျှဖြင့် နိုင်ငံသားအဖြစ်ကို အလိုအလျောက် မရရှိစေရ။ A foreigner shall not automatically acquire citizenship by the mere fact of being married to a (Burmese) citizen. • ငါ့ခေါ်ဘဏ္ဍတပ်ကြီးကို မြင်ကာမျှဖြင့် ဘယ်ရန်သူမှ ဆောက်တည်ရာ ရတယ်လို့ ငါကိုယ်တော်မြတ် ကြားတော်မမူဘူးသေးဘူး။ I have never yet heard of a case where any enemy was able to stand firm even when he simply caught sight of my troops. • ဂျိုဟ်စင်ဖြစ်အောင် သွန်းကာမျှသာ ဖြစ်၍ ဂျိုဟ်သွန်းဟု နသတ်သင့်ကြောင်း ဆိုသည်။ As the *gyozin* is achieved by simply pouring, he argues that *gyo-thun* should be spelt with *na-that.*

ကာလ (VA~, V~) ⇒ **time when V, when V, after V-ing;** *loc nn, mainly FB;* common patterns are V-သောကာလ၊ V-သည့်ကာလ၊ V-သကာလ၊ V-စဉ်ကာလ V-ကာလ etc; = *CB* V-တဲ့အခါ၊ V-တဲ့ကာလ ; *from Pali kāla = time, period;* • ဒါရိုက်တာများသည် ... လွှဲပြောင်းရယူခြင်း ထုတ်ပြန်ချက်ဆိုင်ရာ လုပ်ဆောင်သည့်ကာလတွင်။ When the directors are taking action in connection with a replacement announcement. • တိုက်ကြီးတစ်အိမ်ကို ဝယ်ယူပြီးသကာလ ခန့်ခန့်ကြီး နေထိုင်၍။ Living in luxury after having bought a large house. • မကာဒိုဟော်တယ်ဆိုင် ရှေ့သို့ ကျကာလ ပျောက်သွားကြကြောင်း။ That they had disappeared when they got to the Mikado Hotel. • လွတ်လပ်ရေး ကြိုးပမ်းနေတဲ့ကာလတုန်းက။ When we were struggling to gain independence. • မကြာမီသောကာလတွင်။ Not long ago. • လွန်ခဲ့သော နှစ်ပေါင်းအတော်ကြာကာလက။ Quite a few years ago. • လယ်တီဆရာတော်ကြီးဟာ သက်တော်ထင်ရှားရှိစဉ်ကာလတုန်းက။ When the Sayadaw was alive. • သူနှင့် ယခုလို သံယောဇဉ် တွယ်ညီနေစဉ်ကာလတွင်။ While she is still fond of him.

In combination Vသမျှကာလပတ်လုံး ⇒ **the whole time V, as long as V:** • သည်အရှုပ်ကို မရှင်းသမျှကာလပတ်လုံး ကျွန်တော်ဖြင့် စိတ်မအေးနိုင်ဘူး။ So long as this mystery remains unsolved I shall not be at peace. • သင့်တော်သော အခနဲ့ကို ပေးသမျှကာလပတ်လုံး။ As long as, for the time that they paid a reasonable rent.

ကာ: 1 (Phr~) ⇒ **as for Phr; however, but;** *highlighting the subject or topic of a sentence, or contrasting it to a different topic; stc med phr ptcl, FB;* = *CB* Phr-တော့၊ Phr-ကတော့, *cf FB* မူကား၊ • ဤသည်ကား ရောမစစ်သား အာဇာနည်၏ တာဝန်ကျေပွန်ပုံ အတ္ထုပ္ပတ္တိ အကျဉ်းချုပ်ပေတည်။ This is a concise account of the way in which the heroes of the Roman army discharged their duty. • ဤစာ အုပ်ကို ပုံနှိပ်ထုတ်ဝေရာတွင် ရည်ရွယ်ချက်ကား အခြား မဟုတ်။ The purpose of publishing this book is .... • ထိုအခါက ဂရိတို့၏ အယူကား ဤသို့တည်။ At that time the belief of the Greeks was as follows • သူကား အားလုံးထဲမှာ တမူထူးသူ ဖြစ်၏။ As for her, she was quite a different person from all the others. • စစ်ပြီးခေတ်

ၚ်ကား ရေသွင်းလုပ်ငန်းများကို တစတစ ပြန်လည် ပြုစုပျိုးထောင်လာခဲ့သည်။ In the post-war period, however, the irrigation works were bit by bit built up again, were restored. • ဗြိတိသျှအစိုးရသည် ပြည်တွင်း ကုန်ပစ္စည်းများကို မိမိတို့ ကိုယ်ကျိုး အတွက် အများဆုံး သုံးစွဲခဲ့ကြ၏။ မြန်မာပြည်သူလူထု အကျိုးကိုကား ထိထိရောက်ရောက် မဆောင်ရွက်ခဲ့။ The British Government used the domestic products of the country largely for its own benefit; but it was not at all effective in looking after the interests of the Burmese people. • အရိုက်ကိုကား ခံနိုင်ပါမလား။ But what about the beating, will you be able to bear that?

Regular equivalent of Pali pana *in nissaya translation (Okell 1965 p 217):*
• အဟမ္မန၊ ငါသည်ကား။ အဇာနန္တော၊ မသိသည်ဖြစ်၍၊ ပဏ္ဍိတေ၊ ပညာရှိတို့ကို၊ ပုစ္ဆိဿာမိ၊ မေးဦးအံ့။ As for me, since I do not know, I shall ask wise men *(nissaya)*. • တဒါပန၊ ထိုအခါ၌ကား။ Now at that very time *(nissaya)*.

ကား 2 *see under* တကား *indeed*

ကူ– or ကူညီ– (~V-) ⇒ **to help with V-ing, to help V**; *comm pre-vb, CB+FB; from verb* ကူ– *to help;* • သားရေအိတ်ကို ကူဖွင့်ပေးသည်။ He helped her open her purse. • အေးငြိမ်းကလည်း ကူ၍ရွေးပေးလေသည်။ AN was helping her pick out (sea shells). • ကျွန်မရဲ့ ငါးပန်းကို ကူပြီး မ,ပေးပါ နော်။ Please help me lift my tray of fish, would you? • မနေ့က စကားဖြူပွင့်ပန်းတွေ ခြံရှေ့မှာ ငါ ကောက်နေတုန်း သူကလည်း ထွက်အလာနဲ့ ကူပြီးတောင် ကောက်ပေးသွားပါသေးတယ်။ While I was picking up fallen champac flowers yesterday in the front of the garden, he even came and helped me collect them up on his way out. • သူက ဝင်းတံခါး ထဖွင့်ပေးနေကျ။ တစ်ခါတလေလည်း ဈေးခြင်းတောင်းကို ကူညီဆွဲတတ်တယ်။ He regularly got up and opened the gate for her. And sometimes he helped her carry her market basket.

ကဲ့ *see under* ရဲ့ *stc mkr and* ရဲ့ *of*

ကဲ့သို့ and သို့ (N~, VA~) ⇒ **(a) like N, as, in the manner of, like sn V-ing, as if V-ing;** *nn mkr and sub stc mkr, FB;* = *CB N–လို၊ V–သလို; common VA patterns are V–သကဲ့သို့၊ V–မည်ကဲ့သို့၊ V–သည်သို့၊ V–အံ့သို့၊ V–၏သို့ etc;* • အိမ် ထောင်မှုကိစ္စ အားလုံးတွင် လူကြီးကဲ့သို့ ထိန်းသိမ်းနိုင်သည်။ He could cope with all household matters like a grown-up (though only young). • ပျားရည်ကဲ့သို့ ချို၍သော နှုတ်ထွက်စကား။ Words as sweet as honey. • ယခုကဲ့သို့ ချီတက်လာတော် မမူမီ။ Before advancing like this ("like the present"). • သူ့ဖခင်ကြီး၏ လက်ထက် ကကဲ့သို့ပင်။ In the same way as in his father's day. • ဗိုလ်ဋီကာမှာကဲ့သို့။ As in the Bo Tiga (text). • မည်ကဲ့သို့ လုပ်မည်နည်း။ How will you do it? (= CB ဘယ်လို လုပ်မလဲ) • ဤကဲ့သို့။ In this way, thus. • ရုပ်ပုံတွင် ဖော်ပြထားသကဲ့သို့။ As is shown, as illustrated, in the picture. • ထိုတံတားကလေးပေါ်တွင် ညှပ်၍ အမိခံရ တော့မည်ကဲ့သို့ ဖြစ်နေ၏။ It was as if he was about to be cornered on the little bridge. • အရွယ်ကို ဖွင့်ဟပြောနေသကဲ့သို့ ရှိသည်။ It was as if (his wrinkled face) announced his age.

(b) *also used attributively,* and then optionally followed by သော။ **N¹–ကဲ့သို့ N² or N¹–ကဲ့သို့သော N² ⇒ N² like N¹;** = CB N¹–လို N²; • မြန်မာနိုင်ငံကဲ့သို့(သော) စိုက်ပျိုးရေးနိုင်ငံ။ An agricultural country like Burma. • ပဒုမ္မာကြာရွက်ကဲ့သို့သော အရွက်ဖြင့် ထုပ်၍။ Wrapping it in a leaf like a water-lily leaf. • ကျောက်ရောဂါ ကဲ့သို့ ရောဂါဆိုး။ A serious disease like small-pox. • ဤကဲ့သို့သော ဘုရင်တစ်ဆူ။ A king like this.

(c) *the form N–သို့ is found mostly in combination with selective nouns and in verse and poetic prose; in the latter contexts occasionally with a verb or verb sentence:* • ဤသို့၊ သည်သို့၊ ဤသို့နှင့်၊ သည်သို့နှင့်၊ ဤသို့ဖြင့်၊ သည်သို့ဖြင့် in this way; ယင်းသို့၊ ထိုသို့၊ ယင်းသို့နှင့်၊ ထိုသို့နှင့်၊ ယင်းသို့ဖြင့်၊ ထိုသို့ဖြင့် in that way, in the aforesaid manner; မည်သို့၊ ဘယ်သို့၊ အသို့ how? in what way?; အကြင်သို့ in whatever way;

also attributive: N like this, N like that, N like what, what sort of N, etc; • ပျက်လုံး၏ အဓိပ္ပာယ်မှာကား ဤသို့တည်။ The meaning of the joke is this, is as follows. • ဤသို့သော သောင်းကျန်းမှု။ Insurgency like this. • ထိုသို့ ကြံရာမရ ဖြစ် နေကြစဉ်။ When they were at their wits' end in this way. • မည်သို့သော လူမျိုး ဖြစ်သနည်း။ What sort of a person is he? • ဘုရင်က မည်သို့ပင် အမိန့်တော် ပြန် ထားသော်လည်း။ Whatever orders the king issued. • နေသို့ထင်ရှား။ ဘုရားတရား သံဃာ။ The Buddha, the Dhamma and the Sangha, (which are) as conspicuous, as outstanding, as the sun *(verse).* • ယူသော် ရကောင်းအံ့သို့ ရှိသည်။ It is a plausible interpretation ("is as if it would be good to take it so"). • ယုန် လျှင် ကျုံ့သို့။ Just as the hare shrinks (itself in fear) *(verse).*

ကော **1** *and* **ရော** **(Phr~) ⇒ and how about Phr? and what of Phr?;** *used to apply a question already spoken or implied to a new topic; probably linked with* **ရော** *4 as well as; stc med phr ptcl; CB;* • အမေကော လာသေးသလား။ And your mother — did she come too? • လန်ဒန်မှာကော ဘယ်မှာ တဲ့မလဲ။ And what about London — where will you stay there? • ဗမာပြည် ရောက်ပြီးရင်ရော သင်နိုင် မလား။ And what about when you get to Burma — will you be able to study there too? • မနက်စာ မစားခင်ရော။ How about before lunch (sc. would you be free then? — having heard that you are not free at other times). • တကယ် ရော ချစ်ရဲ့လား။ And do you really love him ("how about really")? • ဖတ်ကော ဖတ်တတ်သေးသလား။ And can she also read (as well as speak Burmese)?

ကော **2** *see under* **ရော** *both...and,* ရန်ကော *how VI*

ကို **1** **(N~) ⇒ (a)** *marks N as direct object; induces creaky tone (see English entries sv) in pronouns and personal referents; nn mkr, CB+FB; regular equivalent of Pali accusative case in nissaya translation (Okell 1965 p 199). Note that the five different functions of this marker in CB have four separate* equivalents in FB. • ကင်မရာကို ခပ်ဝေးဝေးမှာ ထားပါ။ Put the camera at a fair distance. • မိန်းကလေးတစ်ဦးကို ချစ်ဖူးသည်။ He had once fallen in love with a girl. • ဝင်ဒီနှင့် အဆင့်အတန်း မတူသည်ကိုရော၊ ဘာသာ မတူသည်ကိုရော သူက လုံးဝ အရေး မထားခဲ့ပေ။ He paid not the least attention to the fact that he was not from the same class nor of the same religion as Wendy. • ဒေါက်တာအောင်ညွန့် ကတော်ကို သူထက် ငယ်မယ် ထင်တယ်လို့ ပြောလိုက်မိလို့ပါ။ (She was hurt) be-cause he had said that he thought Dr AN's wife must be younger than her. (ကတော် takes ကို as the object of ထင် although it is the subject of ငယ် in the embedded clause) • မုခံ၊ မျက်နှာကို။ ဆေးဝိတုံ၊ ဆေးအုံသောငှာ။ In order to wash his face (nissaya).

Note 1: N–ကို is optional. *Direct objects are often left unmarked, more often in CB than FB, and then more often when the object is adjacent to the verb: compare the presence and absence of ကို in pairs of sentences like:* • သူ့ လက်သီးတွေ ရှောင်ရမယ်။ One should avoid his fists; *contrast:* သူထိုးတဲ့ လက်သီးတွေကို ကိုယ်က ဘယ်လို ကိုယ့်မထိအောင် ရှောင်ရမယ်။ How one should duck to avoid being hit by the fists he is punching you with. • သက်ဆိုင်ရာ ဝန်ထမ်းကို ကွန်ပျူတာ အပ်ပြီး လုပ်ခိုင်းရတာကြောင့်။ Because they had to provide computers for the employees to work with; *contrast:* ကွန်ပျူတာကို သက်ဆိုင်ရာ ဝန်ထမ်းကို အပ်ပြီး လုပ်ခိုင်းရတာကြောင့်။ (same translation).

Note 2: passives. *When a direct object is placed at the beginning of a Bse sentence, the sentence is often more aptly rendered in English by a passive construction:* • ကျွန်တော်တို့ ရွာကို ထန်းတပင်ရွာဟု ခေါ်ပါသည်။ Our village is called Htan-tabin ("people call our village TTB"). • ဂျပန်ကို တော်လှန်အောင်မြင် ၍ ဒုတိယ ကမ္ဘာစစ်ကြီး ပြီးသောအခါ။ When the Japanese had been defeated and the Second World War was over. • မြန်မာနိုင်ငံကို နယ်ချဲ့ဗြိတိသျှတို့ သိမ်းပိုက် ခဲ့ပါတယ်။ Burma was annexed by the British imperialists. • ရှေးအခါက မြန်မာ နိုင်ငံကို မြန်မာဘုရင်များ အုပ်ချုပ်ခဲ့ပါသည်။ In the past Burma was ruled by Burmese monarchs.

(b) marks N as indirect object *with verbs of giving, telling etc; induces creaky tone in pronouns and personal referents; CB; = FB N–ကို or N–အား:* • သူ့ကို များများ မပေးနဲ့။ ငါ့ကို ပေးပါ။ Don't give him a lot, give a lot to me. • ဇနီးကို မည်သို့မျှ ဆက်လက် မရှင်းပြတတ်တော့။ He was unable to explain it to his wife any further. • အမေ့ကို ထမင်းချက်ဖို့ ပြောထားသေးလား။ Did they ask you (Mother) to cook (for them)?

(c) marks time phrases referring to the future; *CB; = FB N–မှာ၊ N–၌; optional;* • မနက်ဖန်ကို ဘာအစီအစဉ် ရှိလဲ။ What plans do you have for tomor-row? • နောင်ကို မန်ကျည်းစင် ဖြစ်မဲ့ ရွာ ရောက်တယ်။ They reached the village that would later become M Village. • တနင်္ဂနွေနေ့ကို မင်း လာနိုင်မလား။ Will you be able to come on Sunday? • ခွင့်ရလိုက်တဲ့အခါကို ဘယ်လို ဆက်လုပ်ရမှာလဲ။ What should she do once she has been granted the authorization?

(d) *marks destination,* *with verbs of going, coming etc; CB; = FB N–ကို or N–သို့; optional, but more common when the destination is not adjacent to the verb;* • ဒီ(ကို) လာခဲ့။ Come here! • ဘတ်စ်ကားဂိတ်ကို ဘယ်အချိန်လောက် ရောက်နေရမယ်။ *compare:* ဘယ်အချိန်လောက် ဘတ်စ်ကားဂိတ် ရောက်နေရမယ်။ What time you have to be at the bus depot. • လိုချင်တဲ့ ပန်းတိုင်ကို မြန်မြန် ရောက်နိုင်မယ်။ We shall be able to reach our goal in a short time. • ဗမာပြည်ကို ဘယ်တော့ ပြန်မလဲ။ When will you return to Burma?

(e) (N°+N~) per, *marks unit of distribution,* *with numeral phrases; = FB N–ကို or N–လျှင်;* • တစ်လကို တစ်ရာ့နှစ်ဆယ့်ငါးကျပ်လောက်ပဲ ရတယ်။ I get only about 125 kyats per month. • နှစ်နှစ်ကို တစ်ခါလောက်ပဲ သွားနိုင်တယ်။ You can go about once every two years. • လေးယောက်ကို တစ်အိတ် ထုတ်ပေးတယ်။ They issue one bagful to every four people. • *Note that N–ကို is not obligatory in these phrases:* တစ်လ တစ်သောင်း လိုတယ်။ You need 10,000 kyats a month.

ကို **2 (Phr~) ⇒ (a) really, actually, even;** *stc med phr ptcl, mainly CB; induces creaky tone (see English entries sv) in preceding low tone syllable;* • ပြောကို မပြောချင်ပါဘူး။ I don't even want to say it. • ဒီအခန်းထဲကကို မထွက်နိုင်ဘူး။ We can't get out of this room at all. • အဲဒီလို ပြောရင် ပစ်လို့ကို မရဘူး။ When you talk like that I can't even throw (sc. much less hit the target). • အခု ငါ လေ့ကျင့်တာက အိုးလံပစ် အသင်းကြီးနာမယ်နဲ့ ဘိလပ်ကကို မှာတဲ့ အလေးတွေကွ။ ကျကျနနကို ကြီးစဉ်ငယ်လိုက် လုပ်ထားတာပဲ။ My practice weights (for weightlifting) were specially ordered from *England*, with the name of the Olympic Association on them. There's a whole set in meticulously graduated sizes. • ထိုနေ့ကကို နှစ်ရက်ခန့် ကြာလျှင်။ About two days after that very day. • ဒီလို မျက်နှာတွေ မြင်ရတဲ့အတွက် စိတ်ကို အေးသွားတာပဲ။ Seeing friendly faces like these is a real comfort to me. • ငါတို့ ငယ်ငယ်တုန်းကတော့ ထဘီတိုတို ဝတ်တာ ဖက်ရှင်ကြီးကို ဖြစ်လို့။ When we were young wearing your *htamein* short was really high fashion. • အခွင့်အရေးတွေကလဲ ... အင်မတန်မှ နည်းပါတယ်။ နည်းလို့ကို ကာကွယ်ရတယ်။ Their rights were severely restricted, and it is precisely because they were restricted that they had to protect themselves. • အမေရိကန် ပြန်ဝင်ပြီးတဲ့နောက်ကို တော်တော်ကြာမှ လွတ်လပ်ရေး ရတယ်။ We didn't get independence till quite a long time after the Americans came back in. • *Note that this phrase particle may sometimes precede a noun marker:* • သင်ရတဲ့အချိန်တုန်းကိုက။ Even during the time we were learning. • အဲဒါကိုက မှားတာပဲ။ *That's* where they went wrong.

(b) *used to emphasise words meaning "very" and similar;* • သိပ်ကို တော်တာပဲ။ He's incredibly skilled. • အင်မတန့်ကို ကောင်းပါတယ်။ It's really very good. • ကျွန်မအပေါ်မှာ တကယ့်ကို မေတ္တာထားမယ် ဆိုရင်။ If you are really fond of me.

(c) as regards, in respect of, in the matter of; *more common in FB, esp in the pattern V-သည်ကို;* • ဤကိစ္စ တန်းလန်း ဖြစ်နေသည်ကို မြန်မြန် ပြီးအောင် ကြိုး စားနေကြသည်။ As the matter had been left unfinished, they tried to finish it off quickly. • မှူးတော်မတ်တော်တို့ကို တိုင်ပင်တော်မူသည်ကို ရာဇသကြီ လျှောက်သည် ကား။ In response to the royal request to the ministers for advice R spoke as follows. • မြို့ကို ဝင်၍ ပုန်စားလေသည်ကို နိုင်အောင် တိုက်၍ ...။ As for his having entered the city and rebelled, we shall attack and overcome him. • အခု ဆိုရမှာကတော့ကို ဒုံးချင်း ဖြစ်ပါတယ်။ What I am now about to sing is a *dongyin* song.

ကိုး **(Stc~) ⇒ (a)** *marks utterance as exclamatory, like sentences spoken in English with "Aha!" or "Well, well, well" or "I see!" or "So that's why!"; stc fin phr ptcl, CB;* • ဪ။ ဟိုကောင်ကြီး စာက ဒီထဲ ရောက်နေတာကို။ (On looking into a recently published magazine:) Aha! I see that fellow's article got printed in here then! • ချောင်းကြည့်နေတဲ့ ရွာသားက ဒီအဖြစ်ကို မြင်တော့ "ဆေးဝိဇ္ဇာ ဆိုတာ ဒါပဲကို:"။ When he saw this the villager who was spying on him said "So that's what a wizard is!" • ဒီလို ပြောသွားတာကို:။ (I see!) So *that's* the way he talked! • မင်းကလဲ တယ်ကျောက်တတ်တာကို:။ Well! You *are* a timid one! • အမယ်။ ချစ်ချစ်က မဆိုးဘူး။ မျဉ်းပြောင့် မျဉ်းကွေးတွေတောင် နားလည်နေတာကို:။ Well well! Chit Chit's (painting) is not bad! So you understand straight lines and curved lines then.

(b) *marks utterance as explanatory,* **after all,** *giving reason for preced-ing statement;* • ခွင့် ရမှာပေါ့။ သူဦးလေးက အရာရှိကြီးကို:။ Of course he'd get permission. After all, his uncle's a high-ranking official. • အဲဒီလိုအချိန် စက် ဘီး စီးရင် လမ်းအလယ်ခေါင်က စီးတာပဲ။ ဘာနဲ့မှ တိုက်စရာ မရှိပဲကို:။ If I ride my bike at that time of day I ride down the middle of the road. After all, there's nothing to crash into then. • သူမိတ်ဆွေ တစ်ယောက်ယောက်ကို တွေ့ရင် "ဘဝသံသရာက အကယ်ဒမီ ရမှာပေါ့ဗျ။ ကောင်းတာကို:"လို့ ပြောတတ်တယ်။ တစ်ဆက် တည်းပဲ "ကောင်းမှာပေါ့ဗျ မန္တလေးရုပ်ရှင်က ရိုက်တာကို:"လို့ ကြွားပြောလေး ပြောတတ် သတဲ့။ When he met one of his friends he'd say "Bawa Thanthaya will get an academy award. It's a good film, you see". Then he'd go on bragging: "Of course it's good. It was shot by Mandalay Yokshin, you see". *Common in the pattern* မ–V–ပဲကို:။ • သရော်ချင်ကြသေးဗျ။ လျှက်ဆားရဲ့ တန်ဖိုးကို မသိကြပဲကို:။ They were inclined to make fun of him — after all, they didn't appreciate the value of licking-salts. • သူငယ်ချင်း တော်တော်များများ၊ ခင်မင်သူ တော်တော်များများက မရှိတော့ဘဲကို:။ (He felt wistful) — after all most of his friends and cronies were no longer living. • မင်းက တောမှာချည့်နေလို့ ဘာမှ

မသိဘဲကိုးကွ။ You've lived all your life in the countryside and you don't know anything (so that's why you can have these ill-informed ideas). • ရေနွေး ခလုတ် ဖွင့်သော်လည်း ရေနွေးမလာ။ ပိုက်ဆံမှ မထည့်မိပဲကိုး။ I turned on the hot water tap, but no hot water came out: I hadn't put any money in (the slot — so it's no wonder no water came!).

ကောက်– or **ကောက်ယူ–** (~V–) ⇒ **to pick up and V**; *comm pre-vb, CB+FB; from verb* ကောက်– *to pick up;* • ဆေးတံ ခပ်ဆာဆာ ဖြစ်နေတာနဲ့ ကောက်ဖွာလိုက်ရတယ်။ Feeling an urge to smoke his pipe he picked it up and drew on it. • ဓာတ်ပုံ တွေကို မြန်မြန် ကောက်သိမ်းလိုက်ရတယ်။ They had to collect up the photographs hurriedly and put them away. • ကဗျာဆရာသည် ပန်းပွင့်ဝါဝါကလေးကို ကောက်ယူ ကြည့်လိုက်သည်။ The poet picked up and studied a yellow flower. • တူးတူးက ခင်လွမ်းဝေဆီ ဖုန်း ကောက်ဆက်သည်။ Tu Tu picked up the phone and called KL.

ကောင် (N°~) and **အကောင်** (~N°) ⇒ **creature**, *comm nmtv for animals, ghosts, and (derogatorily) for persons not worthy of respect; CB+FB;* • ဆင်နှစ်ကောင် two elephants; ခြင်တစ်ကောင် a mosquito; ဝက်အကောင် ၃၀–ကျော် more than 30 pigs; သားလေး နှစ်ကောင် two young sons.

ကောင်း– 1 (V~–) ⇒ **(a) be good to V, enjoyable to V**; *in this sense the V may be followed by* လို့ *in CB or* ၍ *in FB, and* ကောင်း– *is not voiced; vb mod, CB+FB; negated form usually V*မကောင်း–; *from verb* ကောင်း– *to be good;* • ဒီစာအုပ် တော်တော် ဖတ်(လို့)ကောင်းတယ်။ This book is quite good to read, quite a good read. • မနေ့ညက စကား ပြော(၍)ကောင်းပါသည် *FB = CB* စကား ပြော(လို့)ကောင်းပါတယ်။ Yesterday evening we had a good talk, our talking was enjoyable. • နေကောင်းရဲ့လား။ — ဒီနေ့ သိပ် နေ(လို့)မကောင်းဘူး။ How are you? — Not very well today. • Windows 95 ကို ထုတ်လိုက်ရင် သိပ်ကို ရောင်း ကောင်းမှာပဲ။ We'd have much better sales if we were to bring out Windows 95. • အမျိုးသမီး တစ်ယောက်က သွယ်သွယ်လျှလျှနဲ့ တစ်မျိုး ကြည့်ကောင်းသည်။ One of the girls was slim and quite good-looking. • ခါးသေးသဖြင့် တစ်မျိုး ကြည့်၍ ကောင်းနေသည်။ She had a slender waist and was good-looking. • ဒကာကြီး ခေါင်းက ဆံပင်တွေက ကြည့်မကောင်းတော့ပါဘူး။ Your hair doesn't look so good now.

(b) *in patterns* V–ကောင်းဆဲ *and* V–ကောင်းတုန်း ⇒ **while still V-ing, while V-ing is still in full swing**; *sub cls, CB+FB; also variants: CB* V–လို့ကောင်း–, *FB* V–၍ကောင်း–; • အေးငြိမ်းတို့နှစ်ယောက် ပန်းခိုင် လုပ်၍ ကောင်းနေဆဲမှာပင်။ While AN and her friend were still making posies. • ဤနွှ တော့ ဒီအကောင် အိပ်မက် မက်ကောင်းနေတုန်း လာခိုးသွားတာဘဲ ဖြစ်ရမယ်။ Assuredly they must have come in and stolen it while this lad was still in the land of dreams. • ဘကြီးအောင် က သူ့တူများကို ချီးမွမ်း၍ ကောင်းဆဲ အေးငြိမ်း စိတ်က ငိုချင်၍ လာသည်။ While BGA

was still extolling the virtues of his nephews AN felt she wanted to cry.
(c) be likely to V, may well V, will probably V; *CB+FB; most commonly in the patterns V–(တန်)ကောင်းပါရဲ့ and V–ကောင်း–V–လိမ့်မယ်;* • ဈေးမှာတော့ တွေ့ကောင်းပါရဲ့။ There is every chance that I shall meet her in the market. • နရသုခိအင်း ဟုတ်ကောင်းပါရဲ့။ It probably is N's square. • အဲလေ စိတ်ဝင်စားလာတန်ကောင်းပါရဲ့။ Perhaps they will become interested. • ဒီရေ မကုန်နိုင်ပါဘူး။ ရေဆာလွန်းပေမယ့် ကြည့်သောက်တန်ကောင်းပါရဲ့ဟု အောက်မေ့ကာ ရေကပ်လိုက်လေသည်။ He offered (the monk) some water to drink thinking that even if he was extremely thirsty he would take account of the amount of water they had and wouldn't drink it all up. • ဒီစကားဟာ မှန်ကောင်းမှန်ပါလိမ့်မယ်၊ ဒါပေမယ့် ...။ This statement is probably true; however .... • သည်လေယာဉ်နှင့် ဧည့်သည်များ ပါကောင်းပါလာနိုင်သည်။ There will probably be some visitors coming on this plane. • ကြည့်စမ်း။ အရောင်တွေ အများကြီး တွေ့ကောင်းတွေ့လိမ့်မယ်။ Now look: you are sure to see a lot of different colours. • ဘကွန်း ဆိုတာကိုစံရှားလဲ ကြားဘူးကောင်း ကြားဘူးမှာဘဲ။ You have probably heard of BK. • ညဘက်ကြီး ကိုရင်ကြီးတစ်ပါး ဘုရားကြိုကြား လျှောက်ပြေးနေတာကို တစ်ယောက်ယောက်တော့ မမြင်တွေ့တန်ကောင်းပါဘူး။ It's highly unlikely that no-one would have noticed an elderly novice running around the pagoda grounds at dead of night.
Occasionally also in other patterns: • လက် မခံကောင်းစရာအကြောင်း မရှိပါဘူး။ There is no reason why they should be likely not to accept it.
(d) be a good thing to V, be wise to V, should V; *in this use the V may be followed by ဖို့ in CB or ရန် in FB, and ကောင်း is voiced; negated form usually မ–V–ကောင်း–; cf V–အပ်–၊ V–သင့်–၊ V–ထိုက်–၊ V–တန်–၊ V–ရာ–;* • လူသူရှေ့မှာတော့ ပြော(ဖို့)ကောင်းမယ် မထင်ဘူး *CB = FB* လူသူရှေ့တွင်ကား ပြော(ရန်)ကောင်းမည် မထင်။ But I don't think it would be wise to say so in public. • လုပ်ကောင်းတဲ့ အလုပ်ကို လုပ်ခဲ့တယ်။ He had performed an action that was good to do. • မြွေထဲမှာဆိုရင် မြွေဘုရင် ဖြစ်တယ်။ မသတ်ကောင်းဘူးလို့လည်း ဝိုင်းပြောကြတယ်။ They gathered round and said this snake was a king among snakes and it was wrong to kill it. • အကြမ်းပတမ်း မလုပ်ကောင်းသော်လည်း။ Although it was not right to act violently. • မပြောကောင်း မဆိုကောင်းတွေ။ Things that should not be said.
Occasionally with infix စ–။ • မမေ့စကောင်းတဲ့ ပုဂ္ဂိုလ်ကြီး။ An individual who should not be forgotten.
(e) *in pattern* V–ရကောင်းမလား *and similar* ⇒ **should sn V?** *CB;* • ငှက်ပျောသီးက စိမ်းနေတော့ ... မီးပေါ် ဆွဲအုပ်ရကောင်းမလား။ Since the bananas were unripe, he wondered if he ought to hang them over the stove. • ငွေစက္ကူတွေ ဟိုသားအဖနည်းတူ ရေရကောင်းမလားလို့ စဉ်းစားမိတယ်။ He wondered whether he

ought to count the bank notes in the same way as the father and son had done. • အဲဒီအချိန်က စစ်ကိုင်းမှာ စိုးစံနေသူ...က စစ်ကို နိုင်အောင် မတိုက်ခဲ့ရကောင်း လား ဆိုပြီး ... အကျဉ်းချထားခဲ့ပါတယ်။ Then the ruler of Sagaing, feeling that he (his brother-in-law) should have won the battle, had him imprisoned. • ငပလိတွင် အစားအသောက် ရှားသည်ကို သိပါလျက် အမဲသားဘူးကို ပိုပိုမိုမို ထည့်မလာ ကောင်းလားဟု တစ်ယောက်တည်း မြည်တွန်တော်တီး၍ နေလေသည်။ He sat alone grumbling that they should have brought more tins of corned beef, given that they knew how expensive food was in Ngapali.

(f) *in pattern* **V–ရကောင်းမှန်:** သိ– *and similar* ⇒ **know that they should V**; *mainly CB;* • လူကြီးကို ရိုသေရကောင်းမှန် သိသားပဲ။ They know perfectly well that they should respect their elders. • ညည်းတို့က ဆပ်ပြာတောင် သုံးရကောင်း မှန် မသိကြသေးဘူး။ You don't even realise that it's a good idea to use soap. • စည်းကမ်းဥပဒေကို ရိုသေလိုက်နာရကောင်းမှန်းမှ သိရဲ့လား။ Do you understand that you're supposed to obey the rules?

ကောင်: **2** *see under* လည်းကောင်: *also*

ကုန်– **(V~~)** ⇒ **(a) all V, each V;** *indicates plural; used mostly in elevated or old-fashioned FB; regular equivalent of Pali plural in nissaya translation (Okell 1965 p 201); often occurs with* ကြ– *(V–ကြကုန်– or V–ကုန်ကြ–) qv; vb mod; normally not voiced; cf verb* ကုန်– *to be used up, to be exhausted;* • ပြော ကြကုန်၏။ They (each) spoke. • ကြည့်ရှုတော်မူကြပါကုန်။ Please all look at it! *(addressing royalty)•* တော၊ ထိုအချင်းယောက်ျားတို့သည်။ ပဏ္ဍိတသာ၊ သုခမိန်အား၊ အာရောစေသုံ၊ ကြားပေကုန်၏။ Those companions informed the wise man *(nissaya).*

(b) V wholly, entirely, all; *FB+CB;* • စာမေးပွဲ ကျကုန်တာဘဲ။ They all failed the examination. • ရှပ်အကျႆ ပေကုန်ပြီ။ Your shirt has got all covered with dirt. • သစ်ရွက်တွေ မဝါကုန်သေးဘူးလား။ Hadn't all the leaves on the trees turned yellow yet? • အမြန်ဆုံးဆိုတဲ့ PC တွေကို ဝယ်နှင့်ဖြစ်ကုန်ကြတော့တယ်။ They had bought up all the fastest computers in advance.

ကယ် *see under* ရယ် *2 and, for one*

အကယ်၊ အကယ်၍ *and variants: see under* တကယ်၊ တကယ်လို့ *really, in truth; if*

ကိုယ် ⇒ **(a) body, the person,** *as in* ကိုယ်ခန္ဓာ body, ကိုယ်စိတ် body and mind, ကိုယ်အလေးချိန် body weight; *noun and pronoun, CB+FB;*

(b) a person, one, you *(in generalised sense);* • ကိုယ့်ကလေးရဲ့ အရပ်ကိုလည်း တိုင်းဖို့ လိုသေးတယ်။ And one needs to measure the height of one's child. • ကိုယ့်ချစ်သူရှေ့ကျရင်။ In the presence of the person one loves. • ကိုယ် မကြိုး စားခဲ့တာ ဇွဲမရှိတာတွေကို ဆုတ်ကပ်ကြီးကြောင့် ဒီလို ဖြစ်ရပါတယ်လို့ ဆုတ်ကပ် လွဲချ လိုက်ကြတာပဲ။ (Looking at) one's lack of effort and failure of perseverance, one blames the bad times, saying "It was because of the bad times that things got like this".

(c) (one)self *(as opposed to "others"); compare* ကိုယ်တိုင် *oneself, in person, at first hand; = FB* မိမိ; • ကိုယ်က မတင်ရင် သူများက တင်သွားမှာကို။ If one doesn't pick up the passenger oneself, someone else will pick them up instead. • သူထိုးတဲ့ လက်သီးတွေကို ကိုယ်က ဘယ်လို ကိုယ့်မထိအောင် ရှောင်ရမယ်။ How one should dodge to avoid being hit by the fists of one's opponent. • ကိုယ့်ဆရာမို့ အမွန်းတင် ပြောတာ မဟုတ်ပါဘူး။ I'm not praising him just because he's my own teacher.

(d) (one)self *in reflexive constructions of the form "person-*ကိုယ် *person V"; normally with induced creaky tone on the first "person"; for a discussion of reflexives see Bradley 1995;* • သူ့ကိုယ်သူ သတ်သေတာလား။ Did he kill himself? • မှန်ထဲတွင် သူ့ကိုယ်သူ အသေအချာ ကြည့်မိသည်။ He looked at himself carefully in the mirror. • ကျွပ်တို့ကိုယ် ကျွပ်တို့ ဝေခွဲမရဘူး။ We can't decide whether we belong to one camp or the other.

Also ကိုယ့်ကိုယ်ကို *or* မိမိကိုယ်ကို *(one)self, (one)'s own person:* • ကိုယ့်ကိုယ်ကို ကိုယ် ဓါတ်ပုံ ရိုက်ထားပါသည်။ I personally took the photograph of myself. • ကိုယ့်ကိုယ်ကို မလုံသဖြင့်။ As she felt guilty. • မိမိကိုယ်ကို မိမိ အဟုတ်ကြီး ထင်၍ *FB = CB* ကိုယ့်ကိုယ် ကိုယ် အဟုတ်ကြီး ထင်ပြီး။ Having a high opinion of oneself, being self-opinionated. • မိမိကိုယ်ကို ကျန်းမာအောင် မွေးပါ။ Look after yourself so as to remain healthy.

In this construction the second ကိုယ် *is frequently omitted:* • ကိုယ့်ကို ကိုယ် အံ့ဩမိတဲ့အတွက်။ As he was astonished at himself. • ကိုယ့်ကို ကိုယ် ပြန်အားပေးရုံကလွဲလို့။ Apart from encouraging oneself.

ကိုယ် *is also common in the "person" slot in the pattern "person N person V" as in* ငါ့ လက်မှတ် ငါ ဝယ်ရမယ်။ *I'll have to buy my own ticket:* • ကိုယ့်လက်မှတ် ကိုယ် ဝယ်ရမယ်။ They'll have to buy their own tickets. • ကိုယ့်ကုလားထိုင်ပေါ် ကိုယ် ထိုင်ရက်။ Each sitting on his own chair. • အခုတော့ သူတို့ဟာ ကိုယ့်အမှား ကိုယ် သိလာခဲ့ကြပါပြီ။ Now however they have recognized their mistake. • *Cf* ငွေဖလားကိုယ်စီနဲ့။ Each with her own silver bowl.

ကိုယ် *is also used in the construction "person* ဟာ *person V" "on (one)'s own, unaided" as in* သူ့ဟာသူ လုပ်နိုင်မလား။ *Will he be able to do it on his own?:* • ကိုယ့်ဟာ ကိုယ် လုပ်နိုင်မလား။ Will you be able to do it by yourself? • သို့သော် ဘာဘဲ ပြောပြော၊ ကိုယ့်ဟာကိုယ် အဝတ် လျှော်၊ ကိုယ့်ဟာကိုယ် တံမြက် လှည်း၊ ကိုယ့် ဟာကိုယ် သောက်ရေ ထည့်၊ အိပ်ရာ သိမ်းရသော ဘဝကို တော်တော်လေးတော့ ငြီးငွေ့မိပြီ ဖြစ်သည်။ Whatever he said, he was pretty fed up with this life of having to wash his own clothes, do his own sweeping, fill his own water pot and make his own bed. *(This style of writing would be classed as FB, but it contains many CB elements: it is typical of prose fiction of the 80s.)*

(e) I, *in the speech of educated young persons, particularly men to their wives and sweethearts;* • ကိုယ် ဂနေ့ည လာခဲ့မယ် ခင်။ I'll come round this evening, dear.

ကျ **1** *also* ကျရင်၊ ကျတော့၊ ကျမှ **(N~)** ⇒ **when we get to N,** *where N is a time or place;* **when you consider N, in the case of N;** *sub cls, truncated and full, CB+ less commonly FB;* • နောက်နှစ် ကျ(ရင်) ဗမာပြည် သွားချင်တယ်။ Next year, I want to go to Burma ("when we come to next year"). • တစ်နေ့ ကျ(တော့) မောင်လှသော ကျောင်းကို ကိုးနာရီ ခွဲပြီးမှ ရောက်လာတယ်။ One day Maung Hla Pe didn't reach school until after 9.30. • နောက်စာထဲ ကျမှ တခြား အကြောင်းအရာ တွေ ရေးပါအုံးမယ်။ In my next letter I'll write about some other matters. • ဒါပေမဲ့ တချို့ကျတော့ ... ။ Some, however, ... • နေထဲမိုးထဲကျ ... ထီးဟောင်း ကလေးပဲ အားကိုးနေရတာ။ When exposed to sun or rain, it was this little old umbrella I relied on. • မနက်တိုင်း အလုပ်တိုက်သွား။ ညနေခင်းကျ လော်ကယ် ရထား နဲ့ အချိန်မှန်မှန်ပြန်။ Every morning I go to my place of work. When evening comes I come home at a regular time on the local train. • ဒါပေမဲ့ စိတ်ဓါတ် သတ္တိရှိတဲ့သူကျတော့ ... ။ A courageous person, on the other hand, ... • ဟို ကျမှ ကြည့်လုပ်ကြရအောင်။ Let's do what seems best when we get there. • မိုးက နှစ်ရက်၊ သုံးရက်ခန့် ဆက်တိုက် ရွာထားသည်။ သည်နေ့,ကျမှ အငြိုးကြီးစွာ သည်းထန်နေ သည်။ It had been raining without a break for two or three days. It chose this day to pour down savagely.

ကျ– **2 (V~–)** ⇒ **to fall;** *conveys idea of coming down, tracing a downward path; comm elem cpd vb, CB+FB; from verb* ကျ– *to fall;* • ညွတ်ဖြာကျနေသော အကိုင်း။ A branch arching over and down. • အိပ်ခန်း မှောင်ကျမသွားဘူးလား။ Wasn't the bedroom plunged in darkness? • အိပ်မောကျနေမှန်း သိသည်။ He knew they were fast asleep.

ကျ **3** *or* ကျစီ **(N°+N~)** ⇒ **to each N;** *nn mkr, CB+FB; from verb* ကျ– *to fall to;* • တစ်ဦးလျှင် နှစ်ထုပ်ကျ(စီ) ဝေလိုက်တယ်။ They gave each one two packets. • သူ့ကို အရက်ပါ ရှာပေးထားကြတယ်။ တစ်နေ့ နှစ်ပုလင်းကျ ပေးရတယ်လို့ ဆိုပါတယ်။ They got liquor for him as well. They had to give him two bottles a day, so the story goes. • မြန်မာ ကျောင်းဆရာ လေးဦးကို တမြို့အတွက် နှစ်ဦးကျစီ ခန့်အပ် ခဲ့သည်။ They appointed four Burmese teachers (as education superinten- dents), two to each town. • တစ်နေ့လျှင် တစ်ကောင်ကျ လိပ်ဦးခေါင်းများကို ခွဲ၍ခွဲ၍ ရွှေရှာလေသည်။ He split open the turtles' heads, one turtle each day, looking for gold.

ကျော် *and* ကျော်ကျော် **(N°+N~)** ⇒ **more than N, over, beyond N;** *nn mod, CB+FB; cf N–သာ;* ကျော် *is voiced but* ကျော်ကျော် *is not; from verb* ကျော်– *to exceed;* • နှစ်ပေါင်း တစ်ရာကျော်နဲ့ တည်ဆောက်သည်။ It was built about 100 years ago or more. • ရှစ်နှစ်ကျော်ကျော်လောက်တုန်းက။ About eight or more years

ago. • တစ်နှစ်ကျော် နေမည်။ I will stay longer than a year. • လေးနာရီကျော်ကျော်
ရောက်တယ်။ He arrived some time after four o'clock.

ကျိုး (V–ရ~ နပ်–) ⇒ **to receive the benefit of V-ing, be worth V-ing, to re-
pay the effort of V-ing**; *sp hd nn with verb* နပ်–, *CB+FB*; • ငပလိ ရောက်လို့မှ
ရေထဲ မဆင်းရင် ဘယ်လိုရကျိုးနပ်မလဲ ကလေးမရဲ့။ If you come all the way to
Ngapali and don't go into the water, where's the advantage of coming, my
dear girl? • အဲဒီလို သွားသွန်ပစ်ရတဲ့အတွက် လူပင်ပန်းပေမယ့်လို့ ပင်ပန်းရကျိုးနပ်
လောက်အောင် ကျန်းမာသန့်စွမ်းမှု တိုးတက်လာမယ် မဟုတ်လား။ It's true that it is an
effort to have to go and throw it away like that, but the gain in your health
makes it worth the effort, doesn't it?

အကျိုးငှာ *see under* ငှာ *for*

ကျိတ်– (~V–) ⇒ **to V secretly, privately, to oneself**; *comm pre-vb, CB*; • စိတ်
ထဲမှ "ဘုကောင်"ဟု ကျိတ်ပြီး အမည် ပေးထားမိ၏။ In her mind she had secretly
given him the name "Bu-gaung". • ကျိတ်ပြီး ဆုတောင်းနေမိရတော့တာပါပဲ။ They
prayed silently. • ပညာဆွေးနွေးမှု မပြုဖြစ်တော့မှာမို့ ကျိတ်၍ ဝမ်းသာနေ၏။ He was
secretly relieved at the prospect of no further scholarly discussions. • စိတ်
ထဲ၌ ကျိတ်၍ ကြံနေကြ၏။ They were secretly planning. • ကျိတ်ရယ်တယ်။ To
laugh up one's sleeve, laugh covertly.

ကြ– (V~–) ⇒ **each, all V**; *vb mod, CB+FB. It is tempting to say that this part-
icle indicates a plural verb, but speakers of Indo-European languages
should bear in mind that a plural noun subject in a Burmese sentence will
not necessarily be accompanied by a verb with this plural marker; e.g.*
အဖေတွေက မျက်နှာထားတင်းတင်းနှင့် တစ်ဦးကိုတစ်ဦး မျက်စောင်းခဲသည်။ The fathers,
with grim faces, cast angry looks at each other. *It is more accurate to say
that* ကြ– *emphasises (a) the mutuality of the action, or (b) the fact that sev-
eral actors were engaged separately, severally, or (c) (confusingly) that all
the actors acted together.* • တရုတ် ထိပ်တန်းခေါင်းဆောင် တိန့်ရှောင်ဖိန်နှင့် နာကာ
ဆိုနေတို့ ယနေ့ တွေ့ဆုံကြရာတွင် ယင်းကိုစွကို အဓိကထား ဆွေးနွေးကြသည်။ When
China's supreme leader, Deng Shiao Ping, and (Mr) Nakasone met each
other today, this matter was the principal topic of their discussions *(mut-
ual).* • ဟိုဘက်အိမ်က ကလေးကလည်း ဒီဘက်အိမ်က ကလေး၏မျက်နှာကို ပြန်ကုတ်
သည်။ ကစားပွဲ ပျက်ကာ လုံးထွေးသတ်ပုတ်ကြသည်။ And the child from that house
scratched back at the face of the child from this house. Their play came to
an end and (the children) came to blows *(mutual).* • တစ်ယောက်နဲ့တစ်ယောက်
သိပ်မတည့်ကြဘူး။ They don't get on very well with each other *(mutual).* • နံမည်
မေးကြစို့ရဲ့။ Let's ask (each other's) names *(mutual).* • စုပေါင်းလုပ်ကိုင်မှုဖြင့်
ချောင်းသစ်မြောင်းသစ်များကို ဖောက်ခဲ့ကြပြီ။ By cooperative work new streams and
(irrigation) channels have been dug *(severally).* • တပ်မတော်ကို အထင် လွဲကြ

တယ်။ People have misunderstood, got the wrong idea, about the army *(severally)*. • ထမင်း သွားစားကြရအောင်။ Shall we go and eat? *(all together)*. • ကလေးတွေ၊ နားထောင်ကြ။ Listen, children! *(all together)*. • ၎င်းလျှပ်ခံ အမျိုးအစားသည် ဝါယာပတ် လျှပ်ခံများပင် ဖြစ်ကြသည်။ Resistors of this type are wire wound resistors *(all together)*.

ကြား: 1 *and* **အကြား: (N~, VA~) ⇒ between, among Ns; in the midst of, on top of V-ing;** *loc nn, CB+FB; opp* အပြင် *outside;* • ဒီကြားထဲမှာ ဘာ စိုက်အုံးမှာလဲ။ What are you going to plant in this gap? • သူတို့အကြားမှာ မပါချင်ဘူး။ I don't want to be involved with them. • အလုပ် ရှာနေတဲ့ကြားမှာ သင်တန်း တက်နေတယ်။ He was studying in the middle of looking for a job. • အဆင် မပြေတဲ့ကြားထဲမှာ တပ်မတော်ကို အထင် လွဲကြတယ်။ In the midst of these difficulties people misunderstood, got the wrong idea about, the army. • သူကား အားလုံးထဲမှာ တမူထူးသူ ဖြစ်၏။ လူပျို၊ အပျို ဆရာ၊ ဆရာမများကြားမှာ ကလေးငါးယောက် မိခင်ဆရာမကြီး ဖြစ်သည်။ တက်ကြွနေသော ဆရာ၊ ဆရာမများ၏ ကြားတွင် စိတ်ဓာတ် ကျနေသည့် ဆရာမကြီး ဖြစ်သည်။ She was different from all the others. Amongst all the unmarried men and women teachers she was the one with five children. In the midst of all the active, energetic teachers she was listless.

ကြား:– 2 (V~-) ⇒ to inform; *comm elem cpd vb, CB+FB;* • မိန့်ကြား– to speak (of respected persons); ပြောကြား– to speak, say; ဟောကြား– to preach; ညွှန်ကြား– to give direction; သင်ကြား– to teach; ကျော်ကြား– to be renowned; *and perhaps* နိုးကြား– to become active.

ကြီး: (N~) ⇒ large, great N; main, senior N; much, very V; *nn mod, CB+FB; frequently added to rank or position to show respect when speaking to, or referring to, a person; also used jocularly; from verb* ကြီး– *to be large;* • မင်းတရားကြီး His Majesty (translating Pali mahā-dhamma-rājā); ဘူတာရုံကြီး main station; အိမ်ကြီး big house; ဆရာမကြီး senior, respected teacher, headmistress; သံအမတ်ကြီး ambassador, Your Excellency; ဝန်ကြီး minister; မေမေကြီး (great) grandmother (senior mother in house with several generations); အများကြီး very much, a great deal; အကြာကြီး a very long time; အစောကြီး very early; မောင်စိန်ကြီး old Maung Sein, that fellow Maung Sein.

ကြို– *and* **ကြိုတင်–** *sts* **တင်ကြို– (~V-) ⇒ to V in advance, in anticipation, beforehand;** *comm pre-vb, CB+FB; from verb* ကြို– *to go out to meet;* • ကျောင်းသားများသည် ကျောင်းသို့ နံနက် ၇–နာရီအချိန်ခန့်ကပင် ကြိုတင် ရောက်ရှိနေပါသည်။ The pupils arrived at the school in advance at about 7 a.m. • ကိုဝင်းဖေကို ကြိုတင်ပြီး သတိ ပေးထားနော်။ You will warn Ko Win Pe beforehand, won't you? • လက်မှတ် ကြိုဝယ်ထားမှ။ We'd better buy the tickets in advance. • သူတို့ ပြောမည်များကို ကြိုတင်၍ ညွှန်ချုပ်ကို တင်ပြရပါသည်။ What they are going to say has to be submitted to the DG in advance. • စစ်ရေးဆိုသည်မှာ တင်ကြို၍ သတိ

ပြုခြင်းသာ ကောင်းပေသည်။ In matters of war it is important to foresee what may happen.

အကြင် (~N or ~sfx) ⇒ **that N, that which, such a N as**; *selective noun, FB; mainly nissaya and nissaya style writing (Okell 1965 p 208); used mainly in parallel sentences: Pali yo… so, Burmese* အကြင်…ထို, *"He who V¹, that person V²";* • အကြင်ကံ၏အကျိုးကို နှစ်သက်ဝမ်းမြောက်စွာ ခံစားရလျှင်, ထိုကံမျိုးကို ပြုလုပ်ခြင်းသည် ကောင်း၏။ Such actions as produce an outcome that can be enjoyed, those actions are good to perform. • ယောပဏ္ဍိတော, အကြင်ပညာရှိ သည်။ ကောဓနော, အမျက်ကြီး၏။ သောပဏ္ဍိတော, ထိုပညာရှိသည်။ နသာဓု, မကောင်း။ Such a sage as is given to anger, that sage is not a good sage *(nissaya)*. • ယံ, အကြင်သဘောသည်။ နတ္ထိ, မရှိ။ တံ, ထိုသဘောသည်လျှင်, နာမိက္က, အမည်ရှိ၏။ Such a quality as does not exist, that quality is my name (a riddle: the speaker's name is A marā "immortal") *(nissaya)*. • အကြင်သူဟာ ဇနီးကောင်း တစ်ယောက်ရတယ် ဆိုရင် သိပ်ပျော်တဲ့လူ ဖြစ်မယ်တဲ့။ A person who has acquired a good wife will be a happy person, they say. • အကြင်သို့သော ပဋိညာဉ်ခံ အရာရှိများ … ရှုမြင်တွေ့ရှိရပါသဖြင့်။ Seeing all those sworn officials.

ကြောင့် 1 *or* ကြောင့်မို့ *or* ကြောင့်မို့လို့ (N~, VA~) ⇒ **because of N, on account of N, thanks to N; because of V-ing, because it V-ed**; *nn mkr and sub stc mkr; the form* ကြောင့် *is mainly FB, forms with* မို့ *mainly CB; = CB N–*မို့; • ဒါကြောင့်, ဒါကြောင့်မို့, ဒါကြောင့်မို့လို့, အဲဒါကြောင့် for that reason, therefore; • ဘာကြောင့် for what reason, why; • ထိုကြောင့် for that reason. • စစ်ဘေးစစ်ဒဏ်ကြောင့်။ As a result of the ravages of war. • သူ့ကြောင့် ဒုက္ခ ရောက်တယ်။ It was through him she got into trouble. • တခြားဟာ့ကြောင့် မဟုတ်ပါဘူး။ The reason is this: … ("It is not for another reason (but for this one, viz …)"). • ပို့သတဲ့မေတ္တာကြောင့် အားလုံး နေကောင်းကြပါတယ်။ We are all well thanks to the affection you bear us, the goodwill you send us *(a phrase commonly used in letters)*. • စင်စစ် လွတ်လပ်တဲ့ ပညာရေးစနစ်ကြောင့်မို့လို့ နိုင်ငံသူနိုင်ငံသားများဟာ တကယ့်ကို လွတ်လပ် တယ်။ It is because there is a truly free education system that the citizens enjoy real freedom. • ဒါပေမဲ့ အကြောင်းကြောင်းသော အကြောင်းကြောင်းတွေ့ကြောင့် ဆိုပါတော့ မလုပ် ဖြစ်ခဲ့ရပါဘူး။ However for a variety of various reasons, let us say, we didn't actually manage to do it *(a humorous CB use of a stiff FB pattern)*. • လူအများက တရားစောင့်သောကြောင့် မိုးလေဝသ မှန်ကန်သည်။ Because most people were virtuous the weather was good. • ထိုသို့ ပျော်ရွှင်နေကြခြင်းမှာ အမျိုးသားပြတိုက်သို့ သွားရောက်ကြည့်ရှုရန် စီစဉ်ထားသောကြောင့် ဖြစ်ပါသည်။ The reason for our being so happy was because it had been arranged for us to go to see the National Museum. • ဒီတစ်လလုံး စာအုပ်တော်နဲ့, တခြားကိစ္စတေနဲ့, အလုပ်ရှုပ်တာကြောင့် စာမရေးဖြစ်ခဲ့ပါဘူး။ Because I have been busy the whole month with books and other matters I didn't manage to write. • ငွေလိုတာ

ကြောင့် အမေ့ဆီမှာ သွားတောင်းရတာ။ Because he needed money he had to go and ask his mother for it.

ကြောင့် 2 *see under* အတွက်ကြောင့် *on account of*

ကြောင်း 1 (N~) ⇒ **line; route followed; tradition; way, means;** *comm elem cpd nn, CB+FB;* • စာကြောင်း။ A line of writing. • ဒုတိယတိုင်မှာက ၁၁-ကြောင်း ပါပါတယ်။ The second pillar has 11 lines (of writing). • ထားဝယ်ကြောင်း via Tavoy, by the route through Tavoy, by the Tavoy road; ကုန်းကြောင်း၊ ကြည်း ကြောင်း by land, by the land route; ရေကြောင်း by water. • သတင်းစာဆရာတွေ၊ စာရေးဆရာတွေကလည်း လွတ်လပ်စွာ ရေးသားခွင့် ရလိုက်ရင် သမိုင်းကြောင်းကို ပြန်လှန် တော့မှာပေါ့။ If the journalists and writers get the chance to write freely they will uncover the course of history. • သူတို့ လုပ်ခဲ့တဲ့ နောက်ကြောင်းတွေ ပြန်ပြီး ဖေါ်ထုတ်မှုတွေ။ Revelations of their past deeds. • ဗေဒင်ကြောင်းအရ။ According to the astrological tradition. • ဓမ္မသတ်ကြောင်းတွင်။ From the point of view of the law books. • နိဗ္ဗာန် ရောက်ကြောင်း တရားဟောသည်။ He preached a sermon on the way to achieve Nirvana. • ဥစ္စာစည်းစိမ် ပျက်စီးကြောင်း ခြောက်ပါး။ The Six Means of Losing Wealth. • ချမ်းသာရာ ချမ်းသာကြောင်း။ The way to happiness.

ကြောင်း 2 (V~) *and* အကြောင်း (VA~) ⇒ **(a) that V, the circumstance that V,** *common with verbs of knowing, telling, asking etc; sub cls mkr and sub stc mkr, CB+FB; compare CB V–*တယ်ဆိုတာ; • လန်ဒန်က မိတ်ဆွေတောအားလုံးကို သတိရကြောင်း ပြောပြပေးပါ။ Please tell all friends in London that I remember them. • ကြားရလို့ ဝမ်းနည်းကြောင်း လာပြောကြတယ်။ They come and say they are sorry to hear it. • ၁၉၄၈ခုနှစ် ဇန်နဝါရီလ ၄–ရက်နေ့တွင် မြန်မာနိုင်ငံသည် လုံးဝ လွတ်လပ်သော နိုင်ငံ ဖြစ်ကြောင်းကို ကမ္ဘာသို့ ကြေငြာလိုက်၏။ On 4th January 1948 it was announced to the world that Burma was a fully independent nation. • ၁၃၀၀ပြည့်နှစ်တွင် တောင်သူလယ်သမားကြီးများသည် လွတ်လပ်ရေး လိုချင်ကြောင်း ဆန္ဒ ပြခဲ့ကြသည်။ In 1300 BE (AD 1938) peasants and farmers demonstrated (to show) that they wanted independence. • အလုပ်မြဲမည် မဟုတ်ကြောင်း ... သိနှင့် နေပေသည်။ She knew that she wouldn't be able to keep the job. *NB. In speeches reported in newspapers the speaker's name will appear at the beginning of the report, usually marked by* က; *each point or paragraph of the speech will end in V–*ကြောင်း၊ *and the final point will be followed by* ဖြင့် (*or* နှင့် *or* တို့ကို) ပြောသည် *or some similar verb.* • ရန်ကုန်တိုင်း ဒေသပါတီကော်မတီ ဥက္ကဋ္ဌ ဦးရဲဝင်းက V¹–ကြောင်း၊ V²–ကြောင်းတို့ကို ပြောပြလိုက်လေသည်။ U Ye Win, Chairman of Yangon Division regional party committee, explained that V¹ and that V². *Similarly in historical chronicles reported speech is shown by V–*ကြောင်းနှင့်; • ဟုတ်မှန်ကြောင်းနှင့် ငကန် လျှောက်သည်။ Ngakan said (to the king) that it was true. *In older-style news reports on radio or in news-*

papers V–ကြောင် alone would be used at the end of the sentence without any further verb of saying or hearing: • ၍တွင် အဆုံးသတ်ရပါကြောင်း။ I have to end my report here (radio news). • လူတစ်ယောက် ပျောက်သွားကြောင်း။ A person has disappeared (it is reported).

(b) *in pattern* **V–မည့်အကြောင်း** ⇒ **that V,** *with verbs of requesting, inviting, intending; FB; pron* /မျိုအကျောင်း/ *;* • လူ ထပ်ဖြည့်ပါမည့်အကြောင်းနှင့် လျှောက်ထား ရာ။ Having requested that reinforcements should be supplied. • ချမ်းသာစွာ နေပါရမည့်အကြောင်းနှင့် ပါသည်ကို ကြားတော်မူလျှင်။ When (the king) heard that (the letter) asked that they might live peacefully. • ကျွန်တော်က တက္ကသိုလ် ကျောင်းသား တစ်ယောက် ဖြစ်ကြောင်း၊ တောင်တွင်းကြီး ပြတိုက် အမှုဆောင်အဖွဲ့ဝင် တစ်ဦး ဖြစ်ကြောင်း စသည်တို့ကို ပဏာမ ခံ၍ ပြတိုက်အတွက် ပန်းချီကား တစ်ချပ် လှူ ပါမည့်အကြောင်းကို ရိုရိုသေသေ ပြောပြပါသည်။ I prefaced my request by explaining that I was a university student, that I was a member of the Taung-dwingyi Museum executive committee and so on, and then respectfully asked him to donate a picture to the museum.

အကြောင်း **1** ⇒ **cause, reason** *(opp.* အကျိ့ု*: effect, result);* **factor, circumstance;** *noun, CB+FB;* • တစ်စုံတစ်ရာ ဖြစ်စေသော အကြောင်းကို ပြသည့် ဝိဘတ်ကို အကြောင်း ပြဝိဘတ်ဟု ခေါ်သည်။ A particle which shows the cause that makes some-thing happen is called a causal particle. • ထွက်သွားရခြင်း အကြောင်းရင်းတစ်ရပ်။ One of the main reasons for his departure. • အဲဒီအကြောင်းကြောင့် သူ ယူထား ရင် ကောင်းမယ်တဲ့။ For that reason, he says, it would be better if he kept it. • ... စသော အကြောင်းတို့ကြောင့် အောင်မြင်မှု မရခဲ့ပေ။ Because of certain factors such as ..., they did not succeed. • လူတစ်ယောက်နှင့် တစ်ယောက် အခြေအနေချင်း မတူ၊ သူ့အကြောင်းနှင့်သူ၊ ကိုယ့်အကြောင်းနှင့် ကိုယ် ဖြစ်သည်။ One person's situa-tion is not the same as another's, each has his own circumstances.

အကြောင်း **2** (N~, VA~) ⇒ **particulars of N, facts about N, concerning N; about, concerning V-ing;** *nn mkr and sub stc mkr, CB+FB;* • ကျွန်တော်၏ အကြောင်း။ Particulars of myself, about me. • ကျွန်တော့်အကြောင်း ပါရဲ့လား။ Is there anything about me in it? • ဆိုက်ကားလောကအကြောင်းကို သူ နားလည်သည်။ He understood about the world of the trishaw (rider). • ထိုဂျာမန်သင်္ဘော၏ အကြောင်း များစွာ သိလိုကြရာ။ Since readers very much wanted to know about that German boat. • မြဝတီတီဗီအကြောင်း ခပ်သဲ့သဲ့ ကြားလာရပါတယ်။ I had heard something about Myawadi TV. • ဦးလှ သေခြင်းအကြောင်း။ Concerning the death of U Hla (chapter heading). • ရဟန်း ပြုသည့်အကြောင်း။ Concerning his becoming a monk (chapter heading). • ရုပ်ရှင်ရိုက်တဲ့အကြောင်းတွေ ဘာတွေတော့ မပြောနဲ့ ဟုတ်ပြီလား။ But don't tell them about your film-making and all that. Is that clear? • ဦးပြည့်စုံ သေတဲ့အကြောင်း ကျွန်တော် အလုံးစုံ သိပြီ။ I know all about U PZ's death.

ကြည့်– 1 (~V-) ⇒ **to look and V, V at discretion, V as seems best at the time;** *comm pre-vb, CB+FB; from verb* ကြည့်– *to look; pron* /ကျိ့/; • မီတာ ပျက်နေတယ်။ ကြည့်ပေးပါ။ The taxi meter is broken. Pay what you think you should (for this trip). • ဟိုကျမှ ကြည့်လုပ်ကြရအောင်။ Let's do what seems best when we get there.

ကြည့်– 2 (V~-) **try out V-ing, test V; have a go at V-ing;** *vb mod, CB+FB; negative form usually V–မ~; not voiced; from verb* ကြည့်– *to look; pron* /ကျိ့/; • ဘီယာ သောက်ကြည့်ဖူးသလား။ Have you ever tasted ("tried drinking") beer? • အဲဒါ ကျွန်တော် မေးမကြည့်မိဘူး။ I forgot to ask about that. • ဝတ္ထုကလေး ဘာကလေး ရေးကြည့်ပါလား။ Why not try writing a little story or something? • အက်နေသလားလို့ ခေါက်ကြည့်တယ်။ He tapped it to see if it was cracked.

ကွ *and* အကွ *see under* တကွ *along with*

ကွာ *and* ကွ **(mostly Stc~)** ⇒ *term of address,* used in addressing people or compelling their attention; used between intimates, or by senior to junior; the short, creaky-tone form is more emphatic and peremptory; cf English "boy! girl! man! fellow! old chap! young man! my dear! luv!"; appended appellative, CB; • ပုံပြောစမ်းကွာ။ Tell us a story, man! • ငါက ဒါထက် ဘယ်လို ဟန်လုပ်ပြီး သွားရမှာလဲကွ။ How do you want me to go then? • ဟုတ်တယ်ပဲ ထားပါတော့ကွာ။ OK, let's admit that it's true then. • ဘယ်မှာလဲကွ — မင်းတို့ ရှင်လောင်းက။ Where is he, my boy — this shin-laung? • သင်္ဘောသားတွေနဲ့ မဆိုင်ပါဘူးကွ။ It's nothing to do with sailors, you oaf.

ကွယ် *and* ကွဲ့ **(mostly Stc~)** ⇒ *term of address,* similar to ကွာ above, but a little more sympathetic, less peremptory; pehaps more often used by women; appended appellative, CB; • သင်းတို့ လက်ထဲ ပြန်ရောက်သွားမှာ စိုးလို့ တဲ့ကွယ်။ He says it's because he's afraid it'll get back into their hands, my dear. • ငါ့လို ဖြစ်ချင်ရင် ငါ့လို လုပ်ခဲ့ကြပေါ့ကွဲ့။ If you want to be like me, do as I do, me lads. • မွန်မွန် ငိုနေသလားကွယ်။ Mun Mun, are you crying, my dear?

ခနဲ *or*–ကနဲ (V~, Int~) ⇒ **with a V-ing, V-ly,** *used in words describing sudden noises or actions, vivid sensations, usually of short duration; sub cls mkr, CB+FB.; pron* /ခနဲ/ *following a stop consonant, otherwise* /ဂနဲ/;
(a) for sound: • ဟင်းခနဲ (sts အင်းခနဲ) သက်ပြင်း ချလေသည် heaved a great sigh, going "hmm"; ဖွေးခနဲ လေတစ်ချက် မှုတ်ထုတ်လိုက်သည် heaved a loud sigh, going "phway"; ဒုန်းခနဲ မြှောက်တက်သွားသည် (the car) mounted (the roadside bank) with a thud; ရွတ်ခနဲ ရှီခနဲ နေအောင် ကျော်တက်သည် They overtook (other cars at speed), going "shoot" and "shwi"; တံခါး ကျီခနဲ ပွင့်လာကာ the door creaked open; ခွမ်းခနဲ ထိတယ် (clay pots) clinked together; ဝါးခနဲ တစ်ချက် သမ်းလိုက်ပြီး let out a loud yawn, going "wah"; ဝါးကနဲ ရယ်သည် to laugh out loud; ထွီခနဲ (sound of) spitting in disgust; သံချောင်းသံ ဒေါင်ခနဲ ပေါ်ထွက်လာ၏။

The sound of the iron bar rang out with a clang (to mark the hour); ၇စ်ခနဲ
လှစ်ခနဲ ကျန်ခဲ့သည် (The villages) flashed past (the fast car), going "hwit" and
"hlit"; ဝေါ့ခနဲ အန်ချလိုက်လေသည် vomited convulsively, going "waw"; အငွေ့
တထောင်းထောင်းနှင့် လက်ဖက်ရည်ကြမ်းကို ရှူးခနဲ မည်အောင် စုပ်ယူလိုက်လေသည်
sucked up the steaming tea with a loud slurp; သေနတ် ဒိုင်းခနဲ မြည်သည် the
gun gave out a loud bang.

(b) for visual experience: • မြစ်ရေ ရဲခနဲ နီလာ၍ the river water turned
bright crimson; ထစ်ခနဲ ဆို မဲခနဲ သတင်းစာ မျက်နှာဖုံးက ပါလာတတ်တာ straight-
away it would appear in great black letters on the front page of the news-
paper; ရိပ်ခနဲ ရိပ်ခနဲ ကျန်ခဲ့သည် (the houses on the roadside) flashed past
them; ရိပ်ကနဲ မြင်လိုက်မိသဖြင့် as they saw them fleetingly, caught moment-
ary sight of them; မျက်နှာကို ကွက်ခနဲ မြင်မိသည် at a quick glance saw his face
clearly; မြန်မာစကားလုံးမှာလည်း ကျွန်တော်တို့ကို ကွင်းခနဲ ကွက်ခနဲ မြင်သွားစေသည်
(the teacher) made us see the meaning of the words with a dazzling clarity;
ဖြူးခနဲ ပေါ်လာတယ် appeared all of a sudden, out of the blue.

(c) for sensation: • အသည်းသည် ဒုံးခနဲ့ ရင်ညွန့်ရိုးကို ပြေးဆောင့်နေသည် his
heart ("liver") (felt as if it) charged into his rib-cage with a crash; ရင်ထဲဝယ်
ဒိန်းခနဲ ဖြစ်သွားသည် he felt a great thump in his breast; သွား စစ်ခနဲ ကိုက်သည်
to feel sudden sharp pain in the tooth; နှတ်ခမ်းများက စစ်ခနဲ ရှိသည် his lips
smarted (after a blow on the mouth); ဒေါသ ထောင်းခနဲ ထွက်လာသည် anger
flared up "like a cloud of steam"; မှေးခနဲ ပျော်သည် to sleep drowsily, doze;
အိပ်ရာပေါ်မှ မြိုင် ဆတ်ခနဲ ထထိုင်လိုက်တော့ ခေါင်းထဲမှာ မိုက်ခနဲ ဖြစ်သွားလေ၏ ။
When Myaing sat up suddenly on her bed, she felt a sharp pain in the
head; ဒင်းခနဲ သိသည် realized with a flash; ရတ်တရက် ရေမွှေးနံ့တွေ သင်းခနဲ
ဖြစ်သွားသဖြင့် မျက်လုံးက ဖျတ်ခနဲ ပွင့်ပြန်၏ ။ Woken by the scent of the perfume
wafting across the room, she suddenly opened her eyes.

(d) for movement: • ခွေခနဲ တက်ထိုင်မည် ပြုသည် made as if to get on and sit
curled up; ဖြတ်ခနဲ တက်လိုက်သည် jumped up sharply; ထိုင်ရာမှ ဆပ်ခနဲ ထသည်
got up like a shot; လျှောခနဲ ထွက်လာသည် (paper) slipped out (of his pocket);
ဘောင်းဘီကို ဖြစ်ခနဲ ကောက်ယူလိုက်သည် snatched up the trousers; စွတ်ခနဲ ဝင်လာ
ပြီး barged in abruptly; ကား ငြိမ်ခနဲ ရပ်လာ၏ the car drew smoothly to a
stop; တစ်ချက်ပဲ သိမ့်ခနဲ ရှိက်လိုက်လေသည် let out a single suppressed sob;
တယ်လီဖုန်း ဖြတ်ခနဲ ပြန်ချလိုက်သည် slammed down the telephone; အိပ်ခန်းထဲ
ချာခနဲ လှည့်၍ ဝင်သွားလေသည် wheeled round and went into the bedroom;
ကောက်ခနဲ့ဆို စိတ်ဆိုးတာပဲ gets into a bate at the drop of a hat; လွှားခနဲ့ at a
leap; ကားခနဲ့ spreadeagled.

ခမန်း **(V~)** ⇒ **(a) to be V-ed, that must be V-ed;** *sp hd nn, mainly FB;*
infrequent except in two compounds:• အံ့ခမန်း to be wondered at, amazing;

ကြောက်ခမန်း or ကြောက်ခမန်းလိလိ to be feared, frightening.

(b) in pattern V–လုခမန်း ရှိ– ⇒ **to be almost V-ed;** • ဒါနဲ့ စုဆောင်းထားတဲ့ ငွေကလေးများလဲ ကုန်လုခမန်း ရှိပါရောခင်ဗျာ။ And so it was that my small savings were almost exhausted. • စည်ကြီးတွေ ပြည့်လုခမန်း ရှိလာပါသည်။ The great barrels were almost full.

၍ (N~, V~) and **အ၍ (N~, V~, VA~)** ⇒ **time, occasion;** *loc nn, CB+FB; used in various patterns as shown below; in some texts V–၍ appears to be a misspelling for V–ကာ qv;* **(a) preceded by a noun indicating a time** ⇒ **no effect on translation meaning;** မနက်အ၍ morning (time); မိုးအ၍ the rainy season; နွေဦးအ၍မှာ at the beginning of the summer.

(b) preceded by a verb attribute ⇒ **time when V, while V-ing;** *in patterns FB V–သောအ၍၊ V–သည့်အ၍၊ V–၍, CB V–တဲ့အ၍* ; မိုးရွာသည့်အ၍၊ မိုး ရွာသောအ၍ FB = CB မိုးရွာတဲ့အ၍။ When it rains. • ဘတ်စ်ကား လူပြည့်သောအ၍ ရှေ့တံခါးပေါက်ကို ပိတ်လိုက်သည်။ When the bus is full up the front entrance is closed. • တံခါး၀တွင် ငါးမိနစ်ခန့် ရပ်စောင့်ပြီးသောအ၍မှ ရုံးလုလင်လေး ရောက်လာ လေသည်။ Only after she had stood and waited at the entrance for about five minutes did the office boy arrive. • နိုင်ငံတစ်နိုင်ငံဟာ လွတ်လပ်ရေး ရပြီးတဲ့ အ၍မှာ ငြိမ်းချမ်းသာယာဖို့ လိုပါတယ်။ After a country has achieved independence it needs peace. • ၀န်ထမ်းများ လခနဲ့ မလောက်တဲ့အ၍ အပြင်ငွေ ရှာရတာပေါ့။ When the officials' salaries are not enough they have to earn some additional income. • ဒီဥစ္စာ စဉ်းစားကြည့်၍ ပြောင်းပြန် ထားရင် မကောင်းဘူးလားလို့။ Thinking over this thing, I wondered whether it wouldn't be better if we put it the other way round.

In CB often expanded to V–တဲ့အ၍ ကျရင် or ကျတော့၊ • အိန္ဒိယလူမျိုးများဟာ တယောက်နဲ့တယောက် တွေ့တဲ့အ၍ကျရင်၊ လက်အုပ်ချီပြီး နမတ်စတေး ဆိုပြီး နှုတ်ဆက် ကြပါတယ်။ When Indians meet they greet each other by placing their palms together and saying Namaste. • ငွေမတတ်နိုင်တဲ့အ၍ကျတော့ တချို့နေရာတွေမှာ မိသားစုအားလုံးဟာ ထွက်ပြီးတော့ အလုပ်လုပ်ရတယ်။ When people are short of money, in some places the entire family has to go out and work.

(c) in pattern V–တဲ့အ၍ V– ⇒ **to V when it Vs, to V occasionally, sometimes;** • မှားတဲ့အ၍မှာ မှားပါတယ်။ Sometimes they make mistakes. • ရုပ်ရှင် ကြည့်တဲ့အ၍ ကြည့်ပါတယ်။ I go to the pictures from time to time.

(d) in pattern V–၍စ ⇒ **the beginning of V-ing, only just V-ing;** • စေတီ တော် တည်၍စက ဉာဏ်တော်အမြင့်သည် ၆၆–ပေသာ ရှိသည်။ When the pagoda was first built its height was only 66 feet. • ကျွန်တော် ရန်ကုန် ရောက်၍စတုန်းက မိတ်ဆွေတစ်ယောက်မှ မရှိဘူး။ I hadn't a single friend when I first arived in Yangon. • နှင်းဆီ ပွင့်၍စပဲ ရှိသေးတယ်။ The roses are only just beginning to bloom.

(e) *in pattern V–ခါ* နီ:– ⇒ **to be near the time of V-ing, almost time to V:** • ဗမာပြည် ပြန်ခါ နီ:မှ ပြန်ပေးမယ်॥ I'll give it back when I'm just about to leave for Burma. • မတူးမာလည်: မွေးခါ နီ:ပြီ॥ And Ma Tu Ma's baby is nearly due. • စာမူကို ပုံနှိပ်တိုက်ဆီ ပို့ခါ နီ:ပြီ॥ He will soon be sending the manuscript to the printers.

ရ **(N°~)** ⇒ **item,** *comm nmtv for anything not otherwise classified (e.g. as human, animal, round, flat etc); CB+FB;* • အလုပ်ကြီးတစ်ရ a major task; ခြင်ထောင်နှစ်ရ two mosquito nets.

ခဲ– **(V~–)** ⇒ **(a) rarely, seldom V, not be in the habit of V-ing;** *not used with negated verb; vb mod, CB+FB;* • သူသည် မဟုတ်မမှန်သော စကားကို ပြောခဲသည်॥ It is rare for him to utter a falsehood. • အစည်:အဝေ:မှာ သူ စကားပြောခဲတယ်॥ He seldom speaks at meetings. • ဆရာက သြဝါဒ ပေးခဲတယ်॥ တစ်ခုတော့ ပြောလို ပါတယ်॥ I rarely give advice, tell (people) what to do, but I do want to say one thing.

(b) V slowly, take an unbearably long time to V; • အချိန်သည် ကုန်မြင့်ကုန်ခဲ လှ၏၊ဟု အောက်မွေ့လာ၏॥ He thought how slowly time was passing. • လာခဲ လိုက်တာ॥ How long he is taking to come! • ကုန်ခဲသည် ထင်ပေမင့် ညက အစဉ် အတိုင်: ကုန်သွား:သည်॥ The night passed as usual, though it seemed to pass slowly.

ခဲ့– **(V~–)** ⇒ **V back there, back here;** *vb mod, CB+FB. No satisfactory translation equivalent in English, though, according to context, phrases like "back there", "back here" serve a handy mnemonic purpose. V–ခဲ့ has four main uses:* **(a)** *in relation to space and the relative position of speaker and hearer at the time of the action:* **1.** *with the majority of action verbs V–ခဲ့ means* **V in one place before moving to another,** *irrespective of whether the movement is towards the speaker or away from the speaker, e.g.* • ပစ္စည်: ထားခဲ့ပါ॥ Leave your bags there (before coming here) *or* here (before going out). • လိပ်စာ ရေးခဲ့ပါ॥ Leave a note of your address there (before coming here) *or* here (before going out). • ထမင်: စား:ခဲ့ပါ॥ Have a meal at home (before coming here) *or* here (before going out). • ထမင်: စား:ခဲ့မယ်॥ I will have a meal at home (before coming here) *or* here (before going out). **2.** *by contrast, with verbs that express movement from one place to another, V–ခဲ့ is more restricted: it only has the meaning* **V from there to here** *(like V–လာ "come"), not the reverse. Compare the following pairs:*

movement towards speaker	movement away from speaker
ဝင်ခဲ– come in	ဝင်သွား:– go in
ထွက်ခဲ– come out	ထွက်သွား:– go out

ပြန်ခဲ့– come back ပြန်သွား:– go back
ယူခဲ့– bring here ယူသွား:– take away
ခေါ်ခဲ့– bring here ခေါ်သွား:– take away
လိုက်ခဲ့– come with me လိုက်သွား:– go with him
လာခဲ့– come here

လာသွား:– "*come and go away again*" is probably not strictly comparable. This restriction is confirmed by the observation that ခဲ့– rarely combines with သွား:– "*go*": သွား:– is by definition "*away from the speaker*". There are instances of သွား:ခဲ့– to be found, but only where သွား:– is referring to an action performed somewhere else: e.g. a visit, a trip, an errand, typically executed in another country before coming to this one, as in this example: • အင်္ဂလန် ရောက်နေစဉ် လန်ဒန်မြို့. တစ်ခေါက်ပဲ သွားခဲ့ရပါတယ်။ I only went to London once while I was in England. • အဝတ်အစား ရောင်းသည့် နေရာသို့ သွားခဲ့ကြပါသည်။ We went to a place where they sell clothes (while on a visit to Yangon from Maubin).

Note that for both 1 and 2 the actor may be either the speaker or the hearer: • ပစ္စည်း ထားခဲ့ပါလား:။ — ကောင်းပါပြီ။ ထားခဲ့ပါမယ်။ Why not leave your bags here (before you go out)? — OK. I will. • ကလေးတွေ ခေါ်ခဲ့မလား:။ — ဟုတ်ကဲ့။ ခေါ်ခဲ့မယ်။ Will you bring your children (when you come here)? — Yes. I will.

The verb နေ– "*to remain, to stay put*" may be regarded as a special case of movement verb: it expressly denies movement. So sentences like နေခဲ့ပါ "*Please stay behind*" and နေခဲ့မယ် "*I will stay behind*" are used when the actor remains while the other party moves away.

(b) in relation to time: V–ခဲ့ indicates that **the action took place in the past.** This is the meaning that most native speakers associate with V–ခဲ့။ Note that not all past actions require V–ခဲ့ — it is an option.

(c) V–ခဲ့ is also common, but not obligatory, **in conditional clauses,** mostly in the protasis but sometimes also in the apodosis.

(d) Allott 1965 p 296 treats လိုက်– and ခဲ့– as opposed terms of the "**category of location**". The fact that one occasionally finds examples of both terms together suggests that some refinement of the interpretation is needed:

အဒေါ်ကြီးက မိန်းခလေးလုံချည်စတာစ ဝယ်ပေးလိုက်ခဲ့ပါသည်။ She bought me a *longyi* (while I was visiting her in Yangon). • အံဆွဲများကို သော့ပိတ်ပြီး စိုးလွင်ညွှန့်နှင့် အတူ ထွက်လိုက်ခဲ့သည်။ He locked up the drawers and went out with SLN. • ဝါဆိုလပြည့်နေ့. ရောက်သောအခါ သူတို့ဇနီးမောင်နှံသည်လည်း ရပ်ရွာထုံးစံလေ့အတိုင်း ရွာဦးရှိ ဘုန်းတော်ကြီးကျောင်းသို့. ရပ်သူရွာသားများနှင့်အတူ သီလယူလိုက်ခဲ့ကြပြီး တစ်နေ့

လုံး ဘုန်းတော်ကြီးကျောင်းမှာပင် ဥပုသ်သီတင်းဆောက်တည်နေကြလေသည်॥ On the Full Moon Day of the month of Wazo, as was the custom in the village, the pair of them went to the monastery at the head of the village and recited the precepts along with the other villagers. Then they spent the whole day at the monastery observing the Buddhist Sabbath. • အိုမိုဆပ်ပြာမှုန့်ထုပ် ... ကို ဝယ်ခဲ့လိုက်တယ်॥ She bought a packet of Omo soap powder.

The MED gloss is "to emphasize definitiveness of an action or condition". The definitive account of the way V–လာ, V–သွား, V–ခဲ့, and V–လိုက် are related remains to be written. For more extensive treatment see Allott 1965, Soe 1994. Sentence examples:

(a1) action verbs: • ကားကို အိမ်ရှေ့မှာ ထားခဲ့နိုင်ပါတယ်॥ You can leave your car in front of the house. • ဗမာစကား ဟိုကတည်းက သင်ခဲ့တာလား॥ Did you learn Burmese back there (before coming here)? • သူတို့ဟာ စာရေးတာ အလွန် တော်ကြတယ်॥ ဒါပေမဲ့ တချို့နေရာတွေမှာ ချန်ထားခဲ့ရမှာ နှမြောနေတတ်ကြတယ်॥ They wrote very well; but in some places they tended to be reluctant to leave things out. • အမေရိကန်ကို ဘယ်တုန်းက ရောက်ခဲ့သလဲ॥ When did you visit America? *(a question asked outside America; contrast the question asked inside America* အမေရိကန်ကို ဘယ်တုန်းက ရောက်လာသလဲ॥ When did you reach A, when did you get here?)

(a2) verbs of movement: • နောက်တစ်ခါ အမျိုးသမီးပါ ခေါ်လာခဲ့ပါ॥ Next time please bring your wife as well. • ငွေစာရင်း ယူခဲ့॥ Bring the bill! *contrast* ရေ တစ်ခွက် သွားယူလိုက်မယ်॥ I'll just go and fetch a glass of water. • အမေ ဈေးက မုန့် ဝယ်လာခဲ့တယ်॥ Mother bought some cake from market. • ခဏ နေရင် လာခဲ့မယ်॥ I will be back here in a moment. • မလိုက်တော့ဘူး၊ ဒီမှာပဲ နေရစ်ခဲ့မယ်॥ I won't come with you now: I will just stay (behind) here. • ကိုရွှေမောင်သည် အဝတ်ဟောင်းခြင်းထဲမှ အကျီ္ဟ္ဟ်များကို ရွေးထုတ်သည်॥ ထို့နောက် ဆပ်ပြာတစ်ခဲ ကိုင်ယင်း အိမ်ဘေးက ရေစည်ဆီသို့ ဆင်းခဲ့သည်॥ Ko Shwe Maung picked out his vests from the dirty clothes basket. Then, bar of soap in hand, he came down to the water butt at the side of the house.

(b) past time: • ခြားနားပုံကို အထက်တွင် ဖော်ပြခဲ့ပြီးပြီ॥ The way they differ has been described above. • စစ်တန်းများ ပျောက်ဆုံးခဲ့လေပြီ॥ The *sit-tans* have been lost. • အဲဒီအချိန်အခါမှာ ဗမာနိုင်ငံဟာ အတော် ကျယ်ဝန်းခဲ့တယ်॥ At that time the Burmese kingdom was pretty extensive. • စက်တင်ဘာလအတွက် ပေဖူးလွှာမဂ္ဂဇင်း မထွက်နိုင်ခဲ့ဘူး॥ The September number of *Pe-bu-hlwa Magazine* wasn't able to be published. • ငယ်သေးသော်လည်း သတ္တိက တော်တော် ကောင်းခဲ့သည်॥ Though young he had been quite self-confident. • ဖျော်ရည်တစ်ခွက်တည်းတွင် စုတ်တံ နှစ်ချောင်း တပ်ကာ ခေါင်းချင်းဆိုင် သောက်ရင်း အပျော်ကြီး ပျော်ခဲ့ကြသည်॥ They used to get great pleasure from putting two straws into the same glass of fruit juice and drinking together, face to face (as lovers).

(c) conditional: • အဆင် ပြေခဲ့ရင် လုပ်ပေးစမ်းပါ။ Please do it for me if at all possible. • စိတ် ညစ်တော့ ... တရားသာ မထိုင်ခဲ့ရင် ရူးနိုင်တယ်။ Being so miserable, I could go mad if I didn't meditate. • ကျွန်တော်လည်း ဝိဇ္ဇာ ယူခဲ့ယူခဲ့ သိပ္ပံ ယူခဲ့ယူခဲ့ ဆရာဝန် ဖြစ်ခဲ့ဖြစ်ခဲ့ အင်ဂျင်နီယာ ဖြစ်ခဲ့ဖြစ်ခဲ့ ... စာရေးဆရာအဖြစ်သို့ မုချ ရောက်ခဲ့ရမည်။ Whether I had taken arts or science, whether I had become a doctor or an engineer, I would still have become a writer. • သူသာ သဲသဲနှင့် မဆုံဖြစ်ခဲ့လျှင် သည်ပြဿနာတွေ ပေါ်ပေါက်လာစရာအကြောင်း မရှိပေ။ If only he had never met Theh Theh these problems would never have arisen.

ခေါ် (N^1~ N^2) ⇒ **N^2 which is called N^1; N^2 that is N^1; N^2 i.e. N^1;** = *FB N^2 ဝါ N^1; truncated verb attribute , a compressed form of FB N^1–ဟု ခေါ်သည့် N^2, = CB N^1–လို့ ခေါ်တဲ့ N^2 or N^1 ဆိုတဲ့ N^2; mainly FB; not voiced; from verb ခေါ်– to call or to be called;* • ဘီပီအိုင် ခေါ် မြန်မာနိုင်ငံ ဆေးဝါးလုပ်ငန်းဌာန။ The Burma Pharmaceutical Industry called, known as, the BPI. • ရီစစ္စတာ ခေါ် လျှပ်ခံ အကြောင်း။ About hlyat-khan, or resistors. • ဗော်လျူမ်း ကွန်ထရိုး ခေါ် အသံ အတိုးအကျယ်ထိန်း ခလုတ်။ The knob that controls the loudness of the sound, known as "the volume control". • "ဤစစ်ကြီးနှင့် သခင်ကိုယ်တော်မှိုင်း" ခေါ် ကျမ်းတစ်စောင်။ A volume called *Thakin Kodaw Hmaing and the present war.* • ဝိုင်၊အမ်၊ဘီ၊အေ ခေါ် ဗုဒ္ဓဘာသာကလျာဏယုဝအသင်း။ The Young Men's Buddhist Association or the YMBA. • ကဿပနဒီ ခေါ် ကုလားတန်မြစ်။ The Kaladan River also known as the Kissapa Nadi. • မုရင်း ခေါ် စပါးတစ်မျိုး။ The type of rice known as mayin. • ကိုထွန်းအေး ခေါ် အဗဒူ။ Abdul also known as Ko Tun Aye.

ခိုး– (~V-) ⇒ **to V furtively, secretively, so as not to be caught;** *comm pre-vb, mainly CB; from verb ခိုး– to steal;* • ခိုးကြည့်– to steal a glance; ခိုးသောက်– to drink in secret; ခိုးကူး– to make illegal copies; ခိုးဖတ်– to read in secret, e.g. some forbidden book.

ခိုက် (V~) *or* အခိုက် (VA~) ⇒ **when, while V-ing;** *loc nn, FB; cf* အခါ၊ အစဉ် *= CB V–နေတုန်း၊ V–တဲ့အခါ ;* • စကား ပြောခိုက် *or* စကား ပြောသည့်အခိုက်။ While speaking. • ဒီပညာရပ်တွေ ကြိုးစားလေ့လာနေခိုက် ဟိုဟိုဒီဒီ သွားလည်လို့ မဖြစ်ဘူးပေါ့။ I suppose it is impossible to go visiting here and there when you are working hard on these subjects. • ထိုသို့ ကြည့်နေခိုက် တရွေ့ရွေ့ တက်လာသော ခရုငယ် တစ်ကောင်ကို သူမြင်ရ၏။ As she watched she saw a small snail climbing up slowly, inch by inch. • အောင်အောင် ရှိသည့်အခိုက် သူရောက်လာသဖြင့်။ As he arrived while Aung Aung was there.

ခင်– 1 (V~-) ⇒ **V in time, forestall by V-ing;** *vb mod, CB+FB; not common;* • (တယောက်)မူကား ဇင်းမယ်သို့ ဝင်ခင်လေသောကြောင့် မမိလေ။ (One of the fugitives was caught,) but the other managed to get to Chiengmai in time to evade capture. • မြင်ခင်ပေလို့ ဆွဲလိုက်နိုင်တယ်။ I was able to catch hold of him because I saw him in time (i.e. before he fell). • သူတို့ ရောက်ခင်လို့ မီးမလောင်တာ။ Their timely arrival saved (the house) from burning.

ခင် 2 *CB = FB* **မီ (မ–V~) ⇒ before V-ing, prior to V-ing;** *sub cls mkr; FB pron and sts written* မှီ; • မကြာခင် *CB = FB* မကြာမီ။ Before long, soon. • မကြာခင်က *CB = FB* မကြာမီက။ Not long ago, recently. • မိုးမချုပ်ခင် (FB မိုးမချုပ်မီ) ပြန်ပါရစေ။ I would like to, please let me, please may I, go home before dark. • ရန်ကုန် မပြောင်းခင်က (FB မပြောင်းမီက) ဘယ်မှာ နေသလဲ။ Where did you live before you moved to Yangon? • စစ်မဖြစ်ခင်ကတည်းက ထွက်လာတာ။ He has been out (of Burma) since before the war. • ထားက မတားဆီးလိုက်နိုင်မီမှာပင် မြဝတ်ရည် အိမ်ရှေ့သို့ ပြေးထွက်သွားသည်။ Before Hta was able to stop her, MWY had rushed out in front of the house.

ခင်ဗျာ *or* **ခင်ဗျား** *and* **ခင်ဗျာ့** *or* **ခင်ဗျ (mostly Stc~) ⇒ Sir, Madam, term of address,** *used in addressing people or compelling their attention; appended appellative, CB; used by male speakers, to other males or to women; more courteous than* ဗျာ; *the short, creaky-tone form is more emphatic and peremptory; properly spelled* ခင်ဗျား, *as in the word used for "you", but pronounced /ခင်ဗျာ/ when used as an appended appellative and so often spelled to match;* • အများကြီး ကျေးဇူးတင်ပါတယ်ခင်ဗျာ။ I am very grateful to you, Sir/Madam. *Also used alone with a rising intonation as a polite response meaning* "I beg your pardon, What did you say?", or as an answer to hearing oneself called: • မွေးညှပ် ဘယ်မှာ ထားခဲ့တုံး။ – ခင်ဗျာ? ဘာပြောတယ်?။ Where did you leave the tweezers? — Sorry? What did you say? • အကိုရေ။ – ခင်ဗျာ။ Brother! — Yes?

ခိုင်း– (V~-) ⇒ to order, command sn to V; tell, ask sn to V; *vb mod, CB+FB; not voiced; negative form usually* မ–V~, *sts* V–မ~; • စစ်တပ်ကို ချီတက်ခိုင်းတယ်။ He ordered the troops to advance. • ပင်လယ်ကမ်းခြေဒေသမှာ လုပ်အားပေးခိုင်းတဲ့ကိစ္စ။ The matter of ordering people in the coastal area to contribute voluntary labour. • အမေ့ဆီ ဖုန်းဆက်ခိုင်းလိုက်မယ်။ I'll just ask him to give you (mother) a ring. • ဆရာတွေကို အမှိုက် မရှင်းခိုင်းဘူး။ They don't tell teachers to clear away rubbish. • ဘကြီးမောင်သည် အေးငြိမ်းကို အပြင်ထွက်၍ ဈေးရောင်းမခိုင်း။ BGM didn't make AN go out and sell. • မိမိ၏ မိဘများကို ခေါ်၍ … လိပ်ရုပ်ကြီးကို ခွဲကြည့်ခိုင်းသည်။ He fetched his parents and asked them to split open the turtle statue.

Variant patterns: ခိုင်း– *is also combined with verbs in the patterns* အ–V ခိုင်း–၊ V–ဖို့ ခိုင်း–၊ Stc-လို့ ခိုင်း–: • ကျုပ်ကို အလုပ်ခိုင်းဖို့ လာခေါ်တာကလား။ She came to fetch me to ask me to do it. • ကိုထူးအား ပရန္နဝါရွက် အရှာခိုင်းလေသည်။ He told Ko Htoo to find parannawa leaves. • ဖုန်း ဆက်ဖို့ ခိုင်းလိုက်မယ်။ I'll tell him to phone. • အထဲထဲ ဝင်စမ်းလို့ ခိုင်းလိုက်တယ်။ She told them to go inside.

• သစ်ပင်ပေါ် တက်ရမယ်လို့ နိုင်းခဲ့တယ်။ I told him he had to climb the tree. *Compare V-စေ- to cause, command, oblige sn to V; more common in older texts than V-နိုင်း- :* • ထင်းချောင်းများကို ချိုးစေ၏။ = ထင်းချောင်းများကို ချိုးနိုင်း၏။ He told them to break the sticks of firewood.

ခန့် **(N°+N~)** ⇒ **about N, approximately N**; *nn mod, FB; = CB N-လောက်; from verb* ခန့်– *to estimate;* • နာရီဝက်ခန့် ကြာသောအခါ။ After about half an hour. • သုံးနှစ်ခန့်။ Approximately three years. • ကျောင်းသားများသည် ကျောင်းသို့ နံနက် ၇–နာရီအချိန်ခန့်ကပင် ကြိုတင် ရောက်ရှိနေပါသည်။ The pupils had arrived at the school earlier at about 7 a.m.

ခပ်– **(~VV)** ⇒ **rather V, fairly, to some extent V,** *prefix to adverbs and attributes formed from adjectival verbs, CB+FB;* • ခပ်ကောင်းကောင်း quite good; ခပ်ပြုံးပြုံး smiling a little; ခပ်ကျယ်ကျယ် fairly wide.

ခံ– 1 **(အ–V ခံ–** *and other patterns)* ⇒ **(a) to undergo V-ing (deliberately), to seek, request V-ing, etc; (b)** *commonly in pattern* **အ–V ခံရ–** ⇒ **to undergo V-ing (involuntarily), to be V-ed, to suffer V-ing;** *CB+FB. The verb* ခံ– *has a wide range of meanings. Its chief interest for Burmese grammar lies in the pattern* အ–V ခံရ– *which often corresponds to an English passive, and contrasts with the same pattern without* ရ–. *For the difference between the two compare:*
(a) အဖမ်း ခံ– to submit to arrest, turn oneself in, *vs* (b) အဖမ်း ခံရ– to be arrested, to suffer arrest;
(a) အရွေး ခံ– to seek election, stand for election, *vs* (b) အရွေး ခံရ– be elected.
(a) မျက်လုံး အဝတ်စည်း ခံ– to agree to be blindfolded, to submit to blind-folding, *vs* (b) မျက်လုံး အဝတ်စည်း ခံရ– to be blindfolded (against one's will). *The prefix* အ– *may be omitted when the V has two syllables, or when it is closely linked to a preceding N:* • သူ့အလှကို (အ)ချီးမွမ်း ခံလိုက်ရတယ် to be praised for her beauty; သူမ၏ လွတ်လပ်ခြင်းကို ထိပါး ခံရသည် to have her freedom infringed; ကဲ့ရဲ့ ခံရသည် to be mocked; လူမုန်း ခံသည် to incur odium ("hatred from people"); လူမြင် ခံသည် to allow oneself to be seen; အသိအမှတ်ပြု ခံရသည် to be recognized; ဆုချီးမြှင့် ခံရသည် to be awarded a prize.
ခံ– *and* ခံရ– *may also be linked to a preceding V in other ways, including:*
V–ခြင်း ခံ– *as in:* • ဆရာမ၏ ဆိုဆုံးမခြင်းကို မကြာခဏ ခံရသည်။ She was frequently scolded by the teacher. • မောင်ရစ်သည် မင်းကြီးမဟာဗန္ဓုလဘွဲ့ကို ချီးမြှင့် ခြင်း ခံရသည်။ Maung Yit was awarded the title of Min-gyi Maha Bandula.
V–မှု ခံ– *as in:* မမအေး၏ ငြှူစူစောင်းမြောင်းမှုကို မခံလို၍။ Being anxious to avoid MMA's hurtful remarks.
V–အတ် ခံ– *as in:* ပင်လယ်ပြင်သည် နေပူရှိန်၏ဒဏ်ကို စင်းစင်းကြီး ခံနေရရှာသည်။ The

sea was spread out and exposed to the heat of the sun.

V-သည် ခံ– *as in:* သူ့အမေက တံမြက်စည်းရိုးဖြင့် နှစ်ချက်မျှ ရိုက်သည်ကို ခံလိုက်ရလေ ၏။ She was whacked a couple of times by her mother with the broom handle.

V-တာ ခံ– *as in:* ကိုယ့်ကို အချိုသတ်ပြီး ရောင်းလိုက်တာ ခံလိုက်ရတာပဲ။ I myself got sold one after being talked into it.

Examples of meanings (a) and (b) are given below, followed under (c) by examples of other meanings.

(a) အ–V ခံ– ⇒ to undergo V-ing (deliberately), to agree to, accept, submit to, being V-ed, to incur V-ing; to seek V-ing, to request V-ing, to ask to be V-ed; • အနှစ်နာ ခံ– to undergo hardship voluntarily, make sacrifices; အမုန်း ခံ– to get oneself hated, incur odium; အစာငတ် ခံ– to fast, go on hunger strike; အတိုင်ပင် ခံ– to be consulted, hence အတိုင်ပင်ခံ adviser, consultant; အစေ ခံ– to accept orders, take orders, hence အစေခံ servant; အသေ ခံ– to submit to death, hence အသေခံတပ် suicide troops, suicide squad; အယူ ခံ– to appeal (against a verdict), seek the opinion of a higher court; hence အယူခံ တရား;ရုံး appeal court; အသနား ခံ– to beg for favour (from person of high rank), ask for mercy; hence အသနား;ခံလွှာ petition; အစစ် ခံ– to testify ("undergo examination"): အစစ်အဆေး ခံရန် ရုံး;တော်သို့ ပို့လိုက်သည် sent them to the court to be interrogated, to give their statements, hence အစစ်ခံ ချက် statement by accused; အသုံး(တော်) ခံ– to serve, supply services, esp. royal service; to entertain, play a part on stage: အသုံး;တော် ခံထိုက်သော အရည် အချင်း qualifications for serving the king; အညံ့ ခံ– to submit, surrender: ငါ အညံ့ မခံချင်သည်၊ ငါ သာချင်သည်။ I will not be outdone, I wish to excel; အဆာ ခံ– go hungry deliberately: သူတို့ ထမင်း;စား;ပြီးအောင် အဆာခံစောင့်နေရ၍ မျက် စောင်း;တခဲခဲ ဖြစ်နေပြန်လေသည်။ Having to wait without eating until they had finished their meal made her scowl; *contrast အဆာ ခံ– to be filling, under (c) 4;* အမျိုးသမီးတစ်ဦးသည် ဓာတ်ပုံအရိုက်ခံ၍ နေလေသည်။ A girl was getting her- self photographed. အလှူ ခံ– to accept or seek a donation, ask sn to make a donation: အလှူ ခံကြ၍ ငွေတစ်ရာ ရသည်။ They received 100 kyat in dona- tions; also used of monks when asking lay persons to do something e.g. လူတွေ အသက်သတ် မစား;ဖို့၊ အရက် မသောက်ဖို့ ဘုန်း;တော်ကြီးက အလှူ ခံတယ်။ The reverend monk asked people not to eat meat and not to drink spirits; hence အလှူခံ mendicant, beggar, recipient of offerings; အလှူခံငွေ money donated; အစီရင် ခံ– to report ("seek instructions"): ရောဂါ ကျရောက်ဖြစ်ပွားသည် အကြောင်း;အရာများကို အရေး;ပိုင်ထံ အစီရင် ခံရမည်။ I must report to the Deputy Commissioner the circumstances of the outbreak of the disease; hence အစီရင်ခံစာ a report; ဆရာကြီး၏ အမှုအရာသည် သူအပေး;ကို စောင့်၍ လက်ဝါး;ပြန့်–

ခံသော အမူအရာသာ ဖြစ်သည်။ Sayagyi's posture was the posture of someone holding out his hand to receive a gift.

Cf similar meaning with other types of noun in place of အ–V: • ဒုက္ခ ခံ– to take trouble, to put oneself out; ရဟန်း ခံ– to become a monk, enter religious life; အခွန် ခံ– or တောင်းခံ– to collect taxes; မေတ္တာ ရပ် or ရပ်ခံ– to request politely, petition (sn to do sth.); ဆွမ်း ခံ– to ask for almsfood: ဘုန်းကြီးတွေ ဆွမ်းခံ ထွက်ကြပြီ။ The monks have set out on their alms round, i.e. to receive offerings of food. ကျွန် ခံ– to be a slave, accept servitude: ဗမာပြည် လွတ်လပ်ပြီ၊ သူ့ကျွန် မခံတော့ဘူး။ Burma is free, no longer enslaved to others; အမိန့် ခံ– to ask an official's wishes, seek permission: ဒီနေ့ ပွဲအမိန့် သွားခံရ မယ်။ Today you must go and seek/ obtain/ get permission to hold the pwe (Note difference from (b): this example means "have to ask", not "involuntarily have to be asked").

Compounds of the form အ–V–ခံ *are used as nouns or attributes:* • အပယ်ခံ reject, outcast; အနှိုင်းခံ the object that is compared to sth else; အသုံး(ကံ ကျွေး)ခံ item for use, source of income.

(b) အ–V ခံရ– ⇒ **to undergo V-ing (involuntarily), to be V-ed, to suffer V-ing,** *often best translated by an English passive;* • အပယ် ခံရ– to be rejected; အလိမ် ခံရ– to be cheated; အကျဉ်း ခံရ– to be detained; အချုပ်ခံရသူ prisoner, detainee; အသတ်ခံရ– to be killed; အဆူပူ ခံရ– to be scolded, nagged; အစော်ကား ခံရ– to be abused, sworn at; ကင်မရာအခိုး ခံရ– to have one's camera stolen; ရဲအဖမ်း ခံရ– to be arrested by the police. • အရှိက်ကို လက်သီးနှင့် အထိုးခံရသလို အောင့်သွားသည်။ He held his breath as if he had been punched in the stomach. • မိုက်ခွက် ဆွဲယူ ခံလိုက်ရတယ်။ She had the microphone snatched away from her hand. • သီချင်းရေးပေးဖို့ ကမ်းလှမ်းခံရတဲ့အခါ။ When he was invited to write a song. • လန်ဒန်ပရိသတ်ရဲ့ အားပေးမှုကို ခံခဲ့ရပါ တယ်။ She won the approval of the London audiences. • ဌာနမှူးအဖြစ် ရာထူး တိုးမြှင့် ခံရပါတယ်။ She was promoted to Head of Department.

Cf similar meaning in the pattern အ–V–ခံချင်– : • အလှည့်များ မခံချင်လို့။ Because they didn't want to be deceived. • စာလေးများ အပေးခံချင်တယ်။ She wanted to be sent love letters. • မတရား လုပ်တာသာ မခံချင်တာ။ It was just that they didn't want to be treated unjustly.

(c) other meanings of ခံ–:

(1) to catch, intercept: • ရေ ခံ– to catch water (as it falls);

(2) to accept, receive, take: • လက်ဆောင် ခံ– to accept a present; လက် ခံ– to accept, permit; ဧည့် ခံ– to entertain guests; အမွေ ခံ– to receive an inheritance; hence အမွေခံ heir, inheritor; (ဘွဲ့)အမည် ခံ– to assume title, call oneself: ဆင်ဖြူရှင် ခံတော်မူသည်။ (The king) assumed (the title of) Lord of the

White Elephant; ခံစေ– to bestow ("cause to receive"): မြနန်းရှင် ခံစေတော်မူ သည်။ (The king) bestowed (the title of) Lady of the Emerald Palace (on the queen); ဘွဲ့သနားတော်မြတ် ခံစေရာ မပါသည့် သူတို့။ Those persons not included in the royal bestowal of titles; hence အမည်ခံ so-called, in name only; စာဆို ယောင် အမည်ခံ၊ မလောက်သည့် ဉာဏ်များဖြင့်။ Setting himself up as a court poet without enough wit (for the job);

(3) to endure, withstand, put up with: • အပူဒဏ် ခံ– to be capable of with-standing heat; အကြမ်း ခံ– to be capable of withstanding rough treatment; သည်း ခံ– to forgive, tolerate, put up with;

(4) to last, endure: • ကြာရှည် ခံ– to be hard wearing, long lasting; အဆာ ခံ– to be filling, substantial (of food);

(5) to leave sth, set it out, to undergo V-ing: • ထမင်း အအေး ခံ– to put rice to cool; အပုပ် ခံ– to put (food) to ferment;

(6) to enjoy, relish (also ခံစား–): • အရသာ ခံ– to taste sth, take pleasure in, enjoy; နိမ် ခံ– or စည်းစိမ် ခံ– to take pleasure, enjoy sth pleasurable; အနံ့ ခံ– to sniff at, take in the smell, follow scent;

(7) to resist, oppose: • ကန့်လန့် ခံ– to block the way; အာ ခံ– to talk back, be impertinent, resist; အတိုက်အခံပါတီ opposition party; ရန်သူ၏ အင်အားကား ကြီးလွန်းသောကြောင့် ခံချဖို့ နေနေသာသာ ရှေ့မှ ထွက်ပြေးသော ရေနန်းဘုရင်၏ တပ် သားများသည် အသက်ရှူများပင် မှားလျက် ရှိကြ၏။ The enemy was so powerful that there was no question of trying to resist: the fleeing troops of the Yenan King were barely able to draw breath.

(8) to support, hold up, prop: • အောက်က အုတ်ခဲ ခံထားတယ်။ They propped it up, made a base for it, with bricks; အာမ ခံ– to undertake (to do sth), pro-mise, stand security; hence အာမခံ security, bail, အာမခံ သေတ္တာ safe (de-posit), အာမခံစနစ် insurance system; ဝန် ခံ– to admit as true; take respons-ibility for; အခြေ ခံ– to be based upon, take as basis; hence အခြေခံ basis, foundation; အခြေခံ သဘောတရား basic ideology; အခြေခံ ဥပဒေ constitution; အရင်း ခံ– to base upon sth; အရောင် ခံ– to have as background colour; cf အတွင်းခံ inner or under garment; အောက်ခံ support, under(coat); အစိမ် filter-tip cigarette; ဒေသခံ တစ်ယောက် a native, a local, locally based person;

(9) to hold, celebrate: • ပွဲ ခံ– to hold a festival; ညီလာ ခံ– to give an audi-ence, hold a levée (of king); hence ညီလာခံ royal levée, conference; ဗိုလ်ရှု ခံ– to hold a parade; hence ဗိုလ်ရှုခံ audience when military officers were ad-mitted to see the king; review, parade.

ခံ– **2** (V~) ⇒ **to receive**; *comm elem cpd vb, CB+FB; not voiced;* • ကောက်ခံ– to collect, levy; တောင်းခံ– to request, ask for; ထောက်ခံ– to support, recom-mend; ခုခံ– to resist.

ချ– **(V~-)** ⇒ **V fiercely, violently, let rip V-ing**; *vb mod, mainly CB; not voiced; negative form usually V–မ~; from verb* ချ– *to throw down, drop*;
• တစ်နေ့ကျတော့ ပြောချမှာပဲ။ One day I'll really let them have it (tell them what I think). • ဒေါပွပြီး ဓါးနဲ့ ခုတ်ချလိုက်တယ်။ He lost his temper and struck out with a knife. • ထိုင်ချလိုက်သည်။ She sat down with a bump. • ပြုန်းဆို ရန်ကုန် ဆင်းချသွားကြတယ်။ Suddenly they rushed down to Yangon. • ဝေါ့ခနဲ အန်ချလိုက်လေသည်။ He vomited convulsively, going "waw".
–ချ– *is particularly common in the following combinations:* မျိုချ– to swallow down, တွန်းချ– to push down, ခုန်ချ– to jump down, ပယ်ချ– to reject.

ချေ– **(V~-)** ⇒ *a suffix with meaning and function that remain ill defined. It is used (a) in CB with requests and in this context appears to soften the force of the order, making it sound less peremptory; (b) in FB with negated verbs, again suggesting a softening of the force of a blunt denial; and (c) mainly in FB, occasionally in CB, where its effect seems to be euphonic, perhaps used to convey intonation of speaker or attitude of writer. Vb mod; cf V–လေၢ V–လေ;* **(a) in requests** *(CB):* • ထမင်း စားချေ အကို။ Have your meal now, my brother. • အိပ်ချေတော့။ Go to bed now. • မေးနေချေလိုက်။ Question him then. • ရေချိုးချေတော့ပါ ရှင်။ Have a wash now. • ဆွမ်းတရားနာအတွက် ဆရာတော်အား ပင့်ချေ ဆိုလို့။ Because he'd been told to invite the Sayadaw for almsfood and a sermon. • ဘယ်လိုလုပ်ရမယ် ဆိုတာကို ... ရသေ့ပညာရှိကြီးဆီ သွားပြီး မေး လျှောက်ချေဟု ဆိုပြီး လွှတ်လိုက်လေသည်။ Sent him to the wise man with in- structions to ask what they should do. • ပစ္စည်းတွေ ကူသယ်ချေပါ မလေးရဲ့။ Come and help carrying the luggage, will you?

(b) *with negated verbs (FB):* • သူ့ဇနီးကတော့ ဤ့အတွက် ဝမ်းမနည်းချေ။ How- ever, his wife was not saddened by this. • ဆင်းရဲလွန်း၍ ဆေးဖိုးဝါးခပင် မတတ် နိုင်ကြချေ။ Being extremely poor, they were unable to afford even the cost of medicine. • ဤတောအုပ်အတွင်းသို့ ဘယ်လူသားမျှ မလာဝံ့ချေ။ No-one dared enter the grove. • ဤမိန်းမများ အနီးအပါးမှာ ငါနေလို့ မတော်ချေတကား။ It would be im- proper for me to remain near these women. • တကယ်တော့ ရက္ကန်း မယက်တတ် ပါချေ။ In fact she didn't know how to weave. • မမသန်းအိသည်လည်း ... စိတ် ရင်း ဖြူစင်လှသည် မဆိုသာပါချေ။ You couldn't say that Ma Ma TI was entirely guileless. • ရှစ္စားစားနှင့်ပင် လူလုံးလှအောင်မျှ ဆင်မြန်းနိုင်အောင် ငွေပို မရှိခဲ့ဖူးချေ။ I had never had any spare cash even to make myself look presentable.

(c) *euphonic (FB, sts CB):* • လုပ်နည်းတွေက စုံတကာ့စုံ စုံလွန်းကြချေသည်။ The range of different methods (of assuring success in Tenth Standard exam) is vast. • လူ့ဘောင်သို့ ပြောင်းဝင်ရကောင်းလိမ့်မိုးနှင့်လည်း တိတ်တိတ်ခိုး ကြိမိချေသေး သည်။ He wondered secretly whether he should return to the lay life. • ၎င်းလိ အလှသည် သူတို့အတွက် ရိုးနေဟန် ရှိသည်။ နှစ်စဉ် ဝတ္တရားမပျက် လာနေကျ နေရာ

တစ်ခုကို ရောက်လာရသည်သို့သာ ရှိချေ၏။ They seemed to be tired of the beau-
ties of Ngapali. It was as if they had been coming dutifully to the same
place every year. • သည်တဒင်္ဂသည် ကျွန်တော့ ဘဝတစ်လျှောက် ရင်ဆိုင်တိုက်ပွဲ
ဝင်ရမည် ပထမဆုံး အချိန်ကလေး ဖြစ်ချေသည်တကား။ This moment was the first
in my whole life when I had to join battle. • မောင်မောက်ခမျာ အခက်ကြုံရချေပြီ။
Maung Mauk was in sorry straits. • မယ်ထွေး ရောက်သွားချိန်မှာ အဘိုးအိုနှင့်
အဘွားအိုတို့ ယာထဲသို့ သွားကြချေပြီ။ At the time that Meh Htway arrived, the
old man and the old woman had gone out to the fields. • စာမေးပွဲ ပြီးသွား
ချေပြီ။ The exams were over. • လုံချည် လဲချေအုံးမယ်။ I'll just change my *longyi*.
• တန်ဆောင်မုန်းလပြည့်မှာ စစ်ကိုင်းတောင်ရှိသွားပြီ မိုးကျကထိန် ခင်းချေရအောင်။ Let's
celebrate a kathina offering. • မတော်တဆ ဆုံးသွားချေက။ If one should die by
accident.

(d) in form ချိမ့်, from ချေ+အံ့, only used in verse and very formal prose:
• ကဗျာသစ်အချို့သည် အများအသိအမှတ်မပြုသော အထီးကျန်ကဗျာသစ် ဖြစ်ချိမ့်။ Some
"new verse" (if not properly composed) will be isolated and remain unac-
cepted. • ရှည်ကြာသော် ခံနိုင်ချိမ့်မည် မဟုတ်။ We would not be able to withstand
(his forces) for long.

ချေက *see under* က *if*

အချို့ *FB = CB* တချို့ *sts written* တစ်ချို့ (~ *or* N~ *or* ~N *or variants*) ⇒ **some,
some Ns, certain Ns;** *selective noun, CB+FB; for variant patterns see (d)*
below; **(a) used singly:** • တချို့ လုပ်အား မပေးနိုင်ရင် ငွေပေးရတယ်။ Some, if
they couldn't contribute labour, had to pay money. • စာအုပ်တွေထဲက တစ်ချို့
ကို ပြန်ရိုက်ကြပါဦးလို့ တိုက်တွန်းရင်း။ Some of these books they urged me to
reprint. • တချို့ ဆိုင်တံခါးဖွင့်ရုံပဲ ဖွင့်ပြီး ဆိုင်မခင်းဘဲ ထိုင်နေကြပါတယ်။ Some
merely open their stall shutters and sit there but don't lay out their wares.
(b) used with a noun: • တချို့ ကျောင်းသားများအတွက်တော့ အဆင်ပြေချင် ပြေပါ
လိမ့်မယ်။ It may be all right for some students. • ဝန်ထမ်းတချို့ကို အလုပ်မှ
ထုတ်ခဲ့ပါတယ်တဲ့။ People say they dismissed some of the employees. • ဘားအံ
မြို့ပေါ်က အရာရှိအချို့နဲ့ ဝါသနာပါတဲ့ လူတစ်စုက။ Some of the officials from Pa-
an and a group of interested persons.
(c) used in pairs ⇒ some ... others ...: • တစ်ချို့အစိုးရတွေက ပိုပြီးတော့ တော်
တယ်။ တစ်ချို့အစိုးရတွေက သိပ်ပြီးတော့ မတော်ဘူး။ Some governments were more
able. Others were not so able. • တချို့ ကျွဲက သနီဝိုက်ရွာမှာ မူးနေတယ်။ တချို့
ကျွဲကိုတော့ ... လိုက်ရှာပြီး ခေါ်ခဲ့ရတာနဲ့ အခုမှ ပြန်ရောက်ပါတယ်။ Some of the buf-
faloes were drunk in Thani-waik village, and others I had to search for,
and that's why I didn't get back till now. • အချို့က ညာဘက် မျက်စိကန်း၊
အချို့က ဘယ်ဘက်ကန်း။ အချို့က ကြောင်တောင် ကန်း။ Some were blind in the
right eye, some in the left eye, some were blind without showing it, ...

(d) *variant forms* (FB): အချို့သော–N, အချို့အချို့သော–N, အချို့အဝက်သော–N:
• အချို့သော အကြီးအကဲတို့သည်။ Certain rulers, chiefs. • အချို့အချို့သော အင်္ဂလိပ်
စာတတ် မြန်မာအချို့က … "ဦး၊ မောင်၊ ကို"အစား အင်္ဂလိပ်ဆန်ဆန် "မစ္စတာ"ကို
ရှေ့က တပ်၍ သုံးကြသောအခါ။ When some Burmans who knew English
adopted the English prefix *Mr* in place of (the Burmese prefixes) *U, Ko* and
Maung. • အချို့အဝက်သော အကျိုးခံစားခွင့်။ Partial benefit.

ချက် **(V~)** ⇒ **(a)** *forms a noun from a verb* with complements; less common
than (b); *cf* V–မှု၊ V–ခြင်း၊ V–ရေး၊ V–သည်၊ V–တာ; *sp hd nn, CB+FB; from noun*
အချက် "*stroke, blow, shot, point*"; • နယူးစ်ဝိခ်မဂ္ဂဇင်းမှ နီတီနှင့်ပတ်သက်၍ ရေးသား
ထားချက်ကို အသေးစိတ် ပြန်ဆိုထားခြင်းပင် ဖြစ်ပါသည်။ It is a faithful translation
of what was written in Newsweek Magazine about Nitee. • ကျွန်းငယ်များ
ပေါ်တွင် သဘောဆိပ် တည်ဆောက်ရန် ရည်ရွယ်ချက်ဖြင့်။ With the intention of con-
structing a port on the small islands. • ကျွမတို့ ဒုက္ခ ရောက်ချက်ကတော့ ပြန်
တောင် မပြောချင်လောက်အောင်ပါပဲ။ As for the disaster that happened to us, I
almost don't want to even mention it again. • ခုထက်ထိ သူတို့ ပြောနေချက်ကို
ထောက်တော့။ Going by the way they speak (to each other) even now.

(b) *forms abstract nouns from verbs, usually disyllabic verbs, especially
nouns referring to intellectual activity; the more common use;* • အားနည်းချက်
weakness; အကြံပေးချက် advice; ဝေဖန်ချက် criticism, review (of book, film);
ခံစားချက် feeling, emotional response; ပို့ချချက် teaching course, course book;
သဘောတူညီချက် agreement, accord; ရည်ရွယ်ချက် aim, intention; ရှင်းလင်းချက်
explanation, clarification; စမ်းသပ်ချက် experiment; ဆုံးဖြတ်ချက် decision;
စွပ်စွဲချက် accusation, charge; ထင်မြင်ချက် opinion; ထူးခြားချက် unusual fea-
ture, difference; ဦးတည်ချက် objective; ချင်းချန်ချက် exception, omission, re-
servation; တော်လှန်ရေးအစိုးရ ပြဋ္ဌာန်းချက်အရ according to the resolution of the
Revolutionary Government; စက်ရုံမှ တာဝန်ခံလူကြီးများ၏ စီစဉ်ပေးချက်အတိုင်း in
accordance with arrangements made for us by the senior factory officials.

(c) *in pattern* V–ချက်(သား) ကောင်း– ⇒ *to V* **surprisingly, unexpectedly:**
• တိတ်ချက် ကောင်းလှချည်လား။ You have been silent for a long time, haven't
you? (why haven't you written for so long?) • ဒီကောင် ပျောက်ချက် ကောင်းလှ
ချည်လား။ This fellow's been missing for ages — where's he been hiding?
• စင်ပေါ်က ဒုံးသမားတွေက ငြိမ်ချက်သား ကောင်းတုန်း၊ မလှုပ်ဘူး။ The *don*-men on
the stage remained still: they didn't move. • သစ်ရွက်ကလေး တစ်ရွက်မျှ မလှုပ်
ရှားသာအောင် လေကလည်း ငြိမ်ချက်သား ကောင်းလွန်းလှသည်။ The wind was so still
that not a leaf moved.

Also used as an element in compound nouns (N~): • လှံချက် spear wound;
လက်ချက် handiwork, action; ဒဏ်ချက် injury.

ချင်– (V~–) ⇒ **(a) want to V, feel like V-ing;** *vb mod, more common in CB than FB which prefers V-လို–;* • လူတွေ များလာလို့ မကူးချင်ပါဘူး။ I don't want to swim: it's too crowded now. • တီဗွီ ကြည့်ချင်ရင် ကြည့်၊ မကြည့်ချင်ရင် နေ။ Watch TV if you want to. If you don't (want to), don't. • တစ်နေ့လုံး ပင်ပန်းထားတော့ အိမ်ပြန်ရောက်တာနဲ့ မလှုပ်ချင်တော့ဘူး။ After working hard all day I don't feel like lifting a finger when I get back home. • ပြန်ပြောချင်စိတ် ပေါက်လာသော်လည်း ပါးစပ်က အချိန်မှီ ပိတ်ထားလိုက်သည်။ Although he felt like answering back he kept his mouth shut just in time. • စက်ဘီးပေါက်ဖာခ ငါးကျပ်မှ ၁၀ ကျပ် ယူချင် သလို ယူ။ For repairing a puncture they charge whatever they feel like charging, anything from K5 to K10.

(b) be inclined to V, likely to V; • မိုး ရွာချင်ပြီ ထင်တယ်။ I think it's likely to rain. • ဖျားချင်သလိုလို ဖြစ်နေတယ်။ I feel feverish, as if I'm going to be ill. • သန်းသန်းမေက ခပ်တိုးတိုး ပြောသည်။ မြအေးကြည် မသက်ချင်။ TTM spoke rather quietly. MAK felt suspicious (of her motives for leaving the office). • ဆွေရယ် မျိုးရယ် မရှိမှဖြင့် လူတိုင်းက အထင်သေးချင်တယ်။ Everyone is apt to look down on you if you have no relatives.

(c) in pattern V–ချင်ရင် V– ⇒ **may V, may well V, probably will V;** *also variants V–ချင်ရင်လည်း V–, V–ချင်လည်း V–, V–ချင် V–;* • သူတို့ အရင် ရောက်ချင်ရင် ရောက်မယ်။ They may arrive before me. • ဒီလိုစာအုပ်မျိုး စစ်မဖြစ်ခင်က ထွက်ချင် လည်း ထွက်တယ်။ It could be that this kind of book came out before the war. • ထိုအချိန်မှာ ကျွန်တော်သည် အရပ်ဒေသ တစ်ခုခုတွင် တာဝန်ကျချင် ကျနေလိမ့်မည်။ By that time I might well have a job in some other place.

(d) in pattern V–ချင်မှ V– *and variant* **V–မှ V–** ⇒ **is unlikely to, may not V, probably won't V;** • ဒီနှစ်လဲ ဖြေဖြစ်ချင်မှ ဖြေဖြစ်ပါတော့မယ်လေ၊ နောက်နှစ်မှပဲ ဖြေရလိမ့်မယ် ထင်ပါရဲ့။ I doubt if I'll manage to take the exam this year. I'll probably have to put it off till next year. • ဒါပေမယ့် သူများဝယ်တယ် ဆိုတာလဲ ဟုတ်ချင်မှ ဟုတ်မှာပါ။ But this story that someone else bought them may not be true. • သဘောကောင်းတိုင်းလဲ အကျင့်စာရိတ္တက ကောင်းချင်မှ ကောင်းတာလေ။ Not everyone who is kind is likely to be virtuous. • သူရှိမှ ရှိမယ်။ ဒါပေမဲ့ သွားကြည့် ကြရအောင်။ I doubt if he's there; but let's go and have a look.

(e) in pattern V–ချင် ပြု– ⇒ **pretend, make pretence of V-ing;** • စိတ်ဆိုးချင် ပြုရှ] pretending to be angry; ပန်းသစ်ကို လဲချင် ပြုပြီးလျှင် pretending to change the flowers (in the vase); ရေချိုးချင် ပြုရှ] pretending to be taking a shower.

(f) in pattern V–ချင်သပ ဆိုရင် ⇒ **if sn really wants to V;** • သိပ်ပြီး ဆိုချင် တီးချင်သပ ဆိုရင်လဲ မြန်မာ့အသံဝိုင်းတွေမှာ ဆက်ဆိုပေါ့။ If you really want to sing and make music, carry on singing with the Myanma Athan (radio station) groups. • အပျင်းပြေ လုပ်ချင်သပ ဆိုလည်း လုပ်ကြည့်ပေါ့ကွာ။ If you are really keen to do it to keep yourself amused, then have a go by all means.

(g) *in pattern* V–ချင်ချင် ⇒ **inclined to V, having some desire to V;**
• တချို့ကလည်း သဘောကျချင်ချင်မို့ စိတ်ပါလက်ပါ ဝင်လုပ်လိုက်၏။ And some, be-
ing inclined to like it, take to the job with enthusiasm. • အေးငြိမ်းက ခပ်ပြုံးပြုံး
လုပ်နေသည်ကိုသာ ကြည့်ပြီး အနည်းငယ် ရယ်ချင်ချင် ဖြစ်သွားသည်။ Watching AN
putting on a slight smile she felt a bit like laughing. • စိတ်က လူတွေအားလုံးကို
မုန်းချင်ချင် ဖြစ်၍ လာလေ၏။ She began to feel the stirrings of hatred for all
mankind. • ရင်ထဲမှာက မမောပေမယ့် မောချင်ချင်။ She was not really upset, but
on the brink.

(h) *in pattern* မ–V–ချင်အဆုံး: *more than one wants: see under* အဆုံး။

(i) *in pattern* V–ချင်ယောင် ဆောင်– *to pretend to V: see under* ယောင်
appearance

ချင်: 1 (N~ *sts* NN~) ⇒ **(a) N to N, one N with another;** *as complement to
verbs of reciprocal relationship such as associate, marry, confront, ex-
change, adjoin, etc; nn mkr, CB+FB; cf* အချင်းချင်း *mutually, reciprocally;*
• လက်နက်ချင်း ယှဉ်လိုက်ပြန်လျှင်လည်း။ When they came to compare their
weapons. • တပ်ချင်း ဆိုင်ထားပြီး မတိုက်ဘဲ နေရတာ။ With their forces ranged
against each other but not fighting. • စစ်အကျဉ်းသမားချင်း လဲဖို့။ To exchange
prisoners of war. • အိမ်ချင်း ကပ်နေခဲ့ကြသည်။ Their houses were adjacent.
• ပိုက်ဆံ အပြိုင်အဆိုင် ရှာရသူချင်း မသင့်မြတ်သည်မှာ အဆန်းမဟုတ်။ It is no sur-
prise that people in economic competition with each other should dis-
agree. • မိန်းမချင်း ထိုင်တယ်။ To sit woman to woman, beside another wo-
man. • ဗမာချင်း (*or* ဗမာဗမာချင်း) ပြောသည်။ Burmans speak to Burmans, one
Burman speaking to another. • ကိုယ်ချင်း စာသည်။ To sympathise, compare
oneself with another, imagine oneself in their position. • မောင်နှမအရင်းချင်း
တောင်မှ လက်ဆက်လေ့ ရှိကြပါတယ်။ They even used to marry off brother with
sister. • လူလူချင်း ရှိခိုးနှုတ်ဆက်နေတာ။ People greeting one another with a *wai*.

(b) in respect of N, as regards N; *with verbs meaning to resemble, to dif-
fer, etc;* • သိမ်သိမ်ငယ်ငယ်နဲ့ ဘဝ စခဲ့ရတာချင်း တူပေမဲ့။ Although they were sim-
ilar in respect of having started from humble origins. • အသက်ချင်း မကွာ။
Not differing in age. • အားချင်း မမျှလို့ ဆုတ်ပေးရတယ်။ They had to retreat be-
cause they were overpowered, not similar in respect of power. • သဘောချင်း
မတိုက်ဆိုင်လို့။ Because they had differing ideas. • သေရမှာချင်း အတူတူ အာဇာ
နည်လို သေရတာထက် ကောင်းတဲ့ အသေမျိုးဟာ လောကမှာ မရှိပါဘူး။ Death is death
in any form, but there is no better death in the world than the death of a
hero. • ကွန်မြူနစ်နိုင်ငံချင်း တူတူပဲ။ ခုနောက်ပိုင် ဒီမိုကရေစီနိုင်ငံချင်း တူတူပဲ။ They
used to be alike in being communist countries, and now they are alike in
being democratic countries.

(c) (Nº-N~) by the N, one by one, N by N; • တစ်ယောက်ချင်း တိုက်ပွဲ။ Single combat. • သီချင်း တစ်ပုဒ်ချင်း သွင်းသည်။ They record one song at a time. • တစ်စည်းလုံး ယူရင် သုံးကျပ်ခွဲပဲ ပေး၊ တစ်ပွင့်ချင်း ရွေးယူရင်တော့ ပြားလေးဆယ် မလျှော့ဘူး။ If you take the whole bunch you can have it for three and a half kyats; but if you pick out the blooms one by one I can't go below 40 pyas each. • မျက်ရည် တစက်ချင်း (or တစက်တစက်ချင်း) ကျသည်။ Her tears fell drop by drop. • တဆင့်ချင်း တဆင့်ချင်း၊ ကိုယ်လိုချင်တဲ့ ပန်းတိုင်အရောက် သွားတဲ့ နေရာမှာ။ Proceeding step by step towards one's goal. • ဆယ်ချင်းရာချင်းလောက်သာ သွား နိုင်သော တောကြိုတောင်ကြား ချောက်ကမ္ဘားများ။ Steep jungle routes where they could only go by ten (men) at a time or a hundred at a time. • အခန်း တစ်ခန်းချင်းကို မိသားစု တစ်စုစီက ပိုင်ဆိုင်သည်။ Each apartment is owned by one family.

(d) also found as a component in certain compound nouns, e.g. • ချက် ချင်း instantly, on the spot; နေ့ချင်း within the day, before night; နေ့ချင်းညချင်း in 24 hours, overnight; သွေးချင်းသားချင်း kith and kin; မျက်နှာချင်းဆိုင် oppo-site; အိမ်နားနီးချင်း neighbour; မွေးချင်း siblings; သူငယ်ချင်း friend, *esp* friend from childhood; ပြည်ထောင်ဘက်ချင်း မင်းအများကို ဖိတ်ကြား၏။ (the king) invited many kings of neighbouring states, fellow kings.

ချင်း 2 (*CB* VV~, *FB* V–လျှင်–V~) ⇒ **as soon as, immediately upon V-ing**; *sub cls mkr; second verb in CB is not voiced, reflecting the fact that in FB the verbs are separated;* • ထမင်း စားပြီးပြီးချင်း သူတို့ အိမ်ထဲက ထွက်သွားတယ်။ As soon as they had finished eating they left the house. • အကြော်သည် အော်သံ ကြားကြားချင်း သူ ပြေးထွက်တယ်။ He runs out as soon as he hears the cry of the fried-food seller. • ဆိုရှယ်လစ်ခေတ် ရောက်လျှင်ရောက်ချင်း။ As soon as we reach the era of socialism. • ဤအလုပ် လုပ်ပြီးလျှင်ပြီးချင်း ဌာနမှူးကို အကြောင်း ကြားပါ။ Immediately you finish this work inform the head of department. • အမှတ် ကောင်းသဖြင့် IA တွင် နှစ်နှစ် မနေရပဲ တစ်နှစ်သာ နေရပါသည်။ စ,နေ,နေချင်း IA အထက်တန်း တက်ခွင့် ရ၏။ As my marks were good, I only had to spend one year instead of two in the Intermediate Arts year. As soon as I began to attend the course I was allowed to join the upper I.Arts year. *Note the use of commas to differentiate this pattern from an ordinary verb modifier as in* ရန်ကုန်မှာ နေနေတာ သုံးနှစ် ရှိပြီ။ *I have been living in Yangon for three years.*

ချင်း 3 *see under* မချင်း *for as long as not*

ချောင်း (N°~) *and* အချောင်း (~N°) ⇒ **item**, *comm nmtv for long, pointed items, such as sticks, pencils, legs, toes, fingers, teeth, needles, knives, etc; CB+FB;* • အံသွားတစ်ချောင်း a molar tooth; တိုင်အချောင်း ၂၀ 20 posts.

ချည် 1 *also* ရှိ (V¹~ V²~) ⇒ **doing now V¹, now V², alternating between V¹ and V²**; *sub cls mkr, CB+FB; pron* /ရှိ/ *; used with pairs of verbs of opposed*

meaning, sometimes with short complements; frequently before the verb
လုပ်– *but also with other verbs; cf* တို့...တို့၊ လိုက်...လိုက်၊ လား...လား၊ ဟယ်...
ဟယ်; • ဝင်ချည် ထွက်ချည် လုပ်နေတယ်။ They were coming in and out. • မီးနေ
ခန်းနှင့် ည့်ခန်း ကူးချီသန်းချီ လုပ်နေသည်။ He was pacing to and fro between
the sitting room and the childbirth room. • ည့်ချည်ဖွာချည် လုပ်လိုက်ရတာ
နောက်ဆုံးတော့ မီးက တစ်ခါတည်း သေသေချာချာ ဆိုက်ဆိုက်မြိုက်မြိုက်ကြီး စွဲပါရော။
After he had lit and blown, lit and blown, finally the fire caught and burn-
ed strongly. • ပါးစပ်ကို ကြက်ဖင်ကဲ့သို့ ရှုံ့ချိပွချိ လုပ်ကာ။ Pursing her lips and
drawing them in again, like a chicken's backside. • လက်ကို မြှောက်ချည်
ချချည် ကလျက်။ Dancing with his arms now raised now dropped. • ချောင်း
ကမ်းပါးတစ်လျှောက်တွင် ဆောက်တည်ရာမရတဲ့ စုန်ချည် ဆန်ချည် နေရသည်။ Had to
wander without rest up and down the river bank. • ငိုချည်တစ်ခါ ရှိုက်ချည်
တစ်လှည့်နှင့် အပူမီးပွားကာ။ Weeping and sobbing in grief.

ချည်– *see under* –လှချည်ရဲ့ *etc exclamatory*

ချည့် *see under* ချည်း *entirely, nothing but*

ချည်း *and* ချည့် **(Phr~) ⇒ entirely Phr, nothing but, only, all Phr;** *stc med
and stc fin phr ptcl, CB+FB; pron* /ချီး၊ ချို/; *cf* သာ; • ဘိုင်အိုကိုချည်း ဖိကျက်တာ။
He studies nothing but biology. • နေပူထဲချည်း လျှောက်ရတဲ့အတွက်။ As they'd
been the sun all the time they were walking. • ကားပေါ်တွင် ယောက်ျားလေးများ
ချည်းသာ ပါပြီး။ The people in the car were all boys. • ကိုင်တွယ်သုံးစွဲသည့် ပစ္စည်း
များကလည်း အကောင်းစားတွေချည်း။ The things they used were all high quality.
• ရုပ်ရှင်မင်းသမီးဆို အပျိုချည်းပဲလားလို့။ I wondered if film stars were all unmar-
ried. • နင့်အစ်ကို လုပ်လိုက်ရင် ဒီလိုချည်းပဲ။ Whenever your brother does any-
thing it always turns out like this (i.e. disastrously). • နင်တို့အားလုံး အတူတူ
ချည်းပဲ။ You lot are all the same.

With exposed verbs: • ငိုချည်း နေတာပဲ။ Crying all the time, doing nothing
but cry. • တွေးချည်း တွေးနေတာ။ Spends all his time brooding. • ဘယ် လုပ်ရ
တော့မလဲ။ သူတို့အလုပ်ကိုချည်း လုပ်နေကြရတာကို။ They have to devote all their
effort to doing their own work.

Variant form in creaky tone ချည့်။ • ဘယ်လိုလက်တွေ့ပွဲမဆို ပထမအလံကို ပြိုင်ဘက်
မရှိတဲ့ သူကချည့် ဝင်ယူသွားတာပဲ။ Whatever the competition he remains un-
vanquished and always gets the first award. • ဘယ်လိုပင် ကြိုးစားပြီး တက်ပေ
မယ့် ရေတွင်းက ချောအားကြီးတော့ ကွာလို့ချည့် ကျတယ်။ However hard he tried to
climb up, the well was so slippery that he kept losing his grip and falling
back. • ဆရာမှိုင်းကြီးကို လိုချင်တယ်ချည့် တနေကြတယ် ဆရာရဲ့။ They long for you,
saying all the time "We want Saya Hmaing". • လုပ်လိုက်သမျှ စံယူစရာချည့်ပါပဲ။
Everything he did was admirable. • သုံးယောက်စလုံး တစ္ဆေ အင်မတန် ကြောက်တဲ့

လူချည့်ပဲတဲ့။ All three of them are scared to death of ghosts, he said. • မင်း တို့ဆေးက ကောင်းတာချည့်ပဲပါကလား။ Hey! Your medicine is all excellent!

ချိန် (N~, V~), အချိန် (N~, VA~) ⇒ time of N, time of V-ing, the time when, when V-ing; *loc nn, CB+FB*; • ဘယ်အချိန် ထွက်မလဲ *CB = FB* မည်သည့်အချိန် ထွက်မည်နည်း။ When will it leave? • ဘယ်အချိန်က အသိအကျွမ်း ဖြစ်သွားသလဲ မသိဘူး။ I don't know when they first got to know each other. • ဒီအချိန်မှာ မလွယ်ပါဘူး။ It's not easy at this time. • သင်္ကြန်အချိန်မှာ သိပ် ပျော်စရာ ကောင်းပါ တယ်။ At Thin-gyan time it is great fun. • ရုံးချိန်မှာ မလုပ်နိုင်ဘူး။ I can't do it in office hours. • ထမင်း စားချိန် ကျပြီ။ It is time to eat, meal-time. • ဆရာတော် နာမည် ရွေးပေးတဲ့ အချိန်မှာ။ When the Sayadaw chose the name. • ကျောင်းသား တွေ စာမေးပွဲ ဖြေနေတဲ့အချိန်မို့ လူတွေ သိပ် မစည်ပါဘူး။ It wasn't very crowded as it was school exam time.

ချိမ့် *fusion of suffix* ချေ *"euphonic" with* အံ့ *"future statement" see under* ချေ *euphonic*

ခြား (Nº+N~) ⇒ every N, at intervals of N; *CB+FB*; *truncated sub cls, from* ခြား၍၊ ခြားပြီး *setting an interval between*; • နှစ်ရက်ခြား လာတတ်တယ်။ He usually comes every third day. • လေးနှစ်ခြား ကျင်းပတယ်။ They hold (the festival) every fifth year. • တစ်ရက်ခြား တစ်ခါစီ လုပ်ရသည်။ I have to do each (different activity) every other day. • ခြံပိုင်ရှင်များသည် တစ်ပတ်ခြား ဆိုသလို ရောက်လာတတ် ၏။ The owners of the land came along at about weekly intervals. • သူရိယ သတင်းစာမှာ ထိုအခါက ရက်ခြားသတင်းစာမျှသာ ဖြစ်လေသည်။ At that time Thuriya newspaper was only published every other day.

Also in the set phrase တစ်နေ့တခြား ⇒ **more and more every day, increasing by the day**; • ရတနာပုံမြို့တော်ကြီးမှာ တစ်နေ့တခြား ရဟန်းတော်၊ သံဃာတော် နည်းပါးခြင်း ဖြစ်ရလေသည်။ The numbers of monks in Yadanabon diminished day by day. • သူ့လက်တွေက တစ်နေ့တစ်ခြား သန်သန်လာပြီတဲ့။ His hands were stronger and stronger every day, he said. • *From the use of* ခြား– *as a verb, as in* မြတ်မြတ်အေးနှင့် မြတ်မြတ်ထွေးကို ငါးမိနစ်သာ ခြားပြီး မွေးခဲ့သည်။ MME and MMT were born within five minutes of each other.

အခြား *FB = CB* တခြား *sts* တစ်ခြား (~ *or* ~N), *also* **အခြားသော–N** *FB = CB* တခြား သော–N ⇒ **different N, other N**; *cf* ဒီပြင်– *N CB = FB* သည့်ပြင်– *N; selective noun; from verb* ခြား– *to be separate from, to be removed from*;

(a) ~N ⇒ other N; • ဗမာစကားအပြင် တခြားစကား တတ်သေးသလား။ Do you speak another language beside Burmese? • ကောင်းကင်မပါသော ညနှင့် အခြား ဝတ္ထုတိုများ။ Night without sky, and other short stories. • ကျွန်မကလည်း သူ့ကို တခြားဟာတွေမှာ လိုက်လျောနိုင်ပေမယ့် ဒီပုရစ်စားတာ ကျတော့ မလျှော့နိုင်ဘူး။ Though I was able to accommodate him in many other matters, in the matter of eating crickets I just couldn't. • ဒါတင်မက တခြားသာကေတွေ တော်တော်များများ

ရှိပါသေးတယ်။ And that's not all: there are quite a few other instances as
well. • အခြားတစ်ယောက်က မေးသည်တဲ့။ Someone else asked her, she said.
(b) *without a following noun* ⇒ **other place, item, person,** *etc accord-
ing to context;* • အဲဒီတော့ အလုပ်လဲ ထုတ်လိုက်တယ်။ တခြားကနေ အလုပ်လဲ မပေးရ
ဘူးဆိုတဲ့ ညွှန်ကြားချက်လဲ ထုတ်လိုက်တယ်။ So they drove people out of work;
and they issued a orders that they should not be given work elsewhere.
• သူ၏ ဆေးရုံမှတစ်ပါး အခြားကို မသွား။ Apart from his hospital, he went no-
where else. • ဖေဖေကလည်း သူ့အလုပ်မှလွဲလျှင် အခြား ဘာကိုမှ ပူပူပင်ပင် ထားတတ်
သူ မဟုတ်ပေ။ Father was a man who entertained no other worries apart
from those from his work. • ဆယ်တန်းကြီးတောင် ရောက်နေမှ တခြားမှာ အလုပ်
မရှာဘူးလားဟယ်။ Now you've got Tenth Standard aren't you going to look for
work elsewhere? • တခြား ဘာကိုမှ စိတ်မဝင်စားနိုင်။ She was unable to take
interest in anything else.
(c) *in pattern* အခြားမဟုတ် *and similar* ⇒ **none other than, the following;**
• ထိုလက်ရုံးရည်နှလုံးရည်တို့ထဲတွင် တစ်ခုအပါအဝင်မှာ အခြားမဟုတ်။ တာဝန်ကျေပွန်ခြင်း
ပင် ဖြစ်လေသည်။ One of these qualities of mind and body is this: a sense of
responsibility. • ထိုအခြင်းအရာကား အခြားမဟုတ် အင်္ဂလိပ်လက်သို့ အရှင်နှစ်ပါး
လိုက်ပါသွားရခြင်း ဖြစ်သည်။ That event is none other than the capture of the
two royal persons by the English. • တခြားတော့ မဟုတ်ပါဘူးကွာ၊ ငါ့ကို တစ်ရွာ
လုံးက သောက်မြင်ကပ်ကြလို့ အဲဒီ ဥက္ကဋ္ဌနေရာတွေမှာ တင်လိုက်ကြတာပဲ။ All it is is
this: that the whole village can't bear the sight of me so they've appointed
me as chairman. • ကျွန်တော်သည် ... တစ်သီတစ်တန်း လျှောက်စဉ်းစားမိသည်မှာ
တခြားကြောင့်မဟုတ်။ စဉ်းစားတွေးတောမိခြင်းကို ဝါသနာကြောင့်လည်း ပါသည်။ The
reason for my long drawn out deliberation is this: that I enjoy thinking.
(d) *in pattern* N^1–တခြား: N^2–တခြား: ⇒ **N^1 is in one place and N^2 is some-
where else, N^1 and N^2 are not in harmony;** • စိတ်က တခြား လူက တခြား။
He was in one place and his mind in another: he did not have his mind on
the problem. • လှမ်းယူပြန်တော့လည်း လက်က တခြား ရေခဲခြစ်က တခြား။ And
when he made to pick it up, his hand was not where the ice grater was.
(e) *in the compound* တခြားစီ ⇒ **different, not matching, unrelated;**
• လိုင်စင်ဓာတ်ပုံထဲက ရုပ်နဲ့ အခုရုပ်နဲ့ တစ်ခြားစီ။ The photograph in the licence
and they way he looks now are completely different. • လက်ကိုင်အိတ်၊ ထီး၊
ဖိနပ်ကအစ စိမ်းနှင့် တခြားစီ ဖြစ်၍နေလေသည်။ Her handbag, umbrella, sandals,
everything were quite different from Sein's. • လုံးဝ မမှတ်မိဘူးလေ၊ မမှတ်မိဆို
အရင်ရုပ်နဲ့ တခြားစီကိုး။ I don't remember her at all. She doesn't look any-
thing like the way she used to.
အခြားတပါး: *see under* တစ်ပါး: other

ခြင်း 1 (V~) ⇒ **act of V-ing, V-ing**; *used primarily in FB to form nouns from verbs; frequent in Pali-influenced style; in CB used mostly in fixed forms and expressions derived from more formal contexts; the usual form for listing topics or chapter headings in books; sp hd nn; cf V–မှု၊ V–ချက်၊ V–ရေး၊ V–သည်၊ V–တာ;* • ခရီးသွားခြင်း travelling; ချစ်ခင်ခြင်း being affectionate, affection; ယဉ်ကျေးခြင်း behaving politely, civilised behaviour (*cf* ယဉ်ကျေးမှု culture, civilisation); ရာဇသံ ရောက်ခြင်း the arrival of a royal envoy. • မောင်ရစ်သည် အပြေးပြိုင်ခြင်း၊ မြင်းစီးပြိုင်ခြင်း၊ လက်ဝှေ့ထိုးခြင်းတို့ကို ဝါသနာ ပါသည်။ Maung Yit was keen on running races, horse racing and boxing. • မောင်းထောင်းခြင်းအား ဖြင့်ရင်း၊ ကြိတ်ထိုးခြင်းအားဖြင့်ရင်။ Both by means of pounding with a lever and by grinding. • တယ်လီဖုန်း ဆက်လို့ မရတာလည်း ဆင်းရဲခြင်းတပါး။ Not being able to get through on the phone is also one of the Forms of Suffering (*jocular*). • အရက် သောက်ခြင်း၊ ဖဲကစားခြင်း၊ မိန်းမလိုက်စားခြင်း စတဲ့အကျင့်ဆိုးတွေ။ Such bad habits as drinking, gambling and chasing women. • ဒီလို လွတ်လပ်ရေး အောင်ပွဲနေ့၊ ကျင်းပခြင်းအားဖြင့် ကျွန်တော်တို့ဟာ ကျေးဇူး သိပါတယ်။ By celebrating Independence Day in this way we acknowledge our gratitude. • အရက်တကဲ့ အကျိုးနည်းဖြစ်ပြီး အသက်ရှင်နေရခြင်းကို သေရခြင်းထက် ... ပို၍ ကြောက်ကြ၏။ Remaining alive in shame and defeat they feared more than death.

In pattern V–ခြင်း ပြု– *and* V–ခြင်း ရှိ– ⇒ **to V;** • နိုင်ငံခြားကို ဝါဒဖြန့်ခြင်း မပြုအပ် *FB = CB* ဝါဒ မဖြန့်အပ်ဘူး။ One should not make propaganda abroad. • ရွေးကောက်ပွဲ မဲဆွယ်တရား ဟောကြရင် တဖက်က ပါတီကို ပုတ်ခတ်ခြင်း မပြုရ၊ ပြိုင်ဖက်ပါတီက လူတွေအကြောင်း ရှုတ်ချပြောဆိုခြင်း မပြုရ။ When canvassing for election votes one must not attack the other party and one must not disparage persons from a rival party. • သူ့ကို တားမြစ်ခြင်း မရှိချေ *FB = CB* သူ့ကို မတားဘူး။ She did not prevent him. • ဘာမျှ ပြောဆိုခြင်း မရှိ *FB = CB* ဘာမျှ မပြောဘူး။ She uttered no word. • မိဘတို့ ဝတ္တရား ၅–ပါးတွင် ရှင်ပြုနားသ တို့သည် ပါဝင်ခြင်း မရှိသော်လည်း...။ Although the rituals of the token novitiate and ear-piercing are not listed in the Five Duties of Parents (*pompous paraphrase for* မပါဝင်သော်လည်း).

In pattern V–ခြင်း ဖြစ်– ⇒ **to V;** *essentially the same as V but with added emphasis; only in formal styles:* • အလင်းရောင်နှင့် လေကောင်းလေသန့် ကောင်းစွာ ရသောအခန်းကို စာကြည့်တိုက်အဖြစ် ဖွင့်ထားခြင်း ဖြစ်ပါသည်။ The room that has been made into the library is one that gets plenty of light and fresh air (*more emphatic than* a room which gets light and air has been made into the library). • သိချင်လို့ အဲဒီလို စာရေးခြင်း ဖြစ်ပါတယ်။ It is because I want to know that I am writing like this (*CB but slightly more formal as is usual in letter-writing*). • ရတနာပုံမြို့တော်ကြီးမှာ တစ်နေ့တခြား ရဟန်းတော်၊ သံဃာတော် နည်းပါးခြင်း ဖြစ်ရလေသည်။ The numbers of monks in Yadanabon diminished day by day.

In pattern V–ခြင်း ခံ– ⇒ **to undergo V-ing, be V-ed;** *for more examples see under* ခံ–; • ဌာနမှူး ခန့်အပ်ခြင်း ခံရသည်။ He was appointed head of department. • ထိုတိုက်ပွဲက အပြန်တွင် မောင်ရစ်သည် မင်းကြီးမဟာဗန္ဓုလဘွဲ့ ချီးမြှင့်ခြင်း ခံရသည်။ On his return from that battle the title of Mingyi Maha Bandula was conferred upon Maung Yit. • မပုကြွယ်သည် ဆရာမ၏ ဆိုဆုံးမခြင်း မကြာခဏ ခံရသည်။ Ma Pu Kywe was frequently scolded by the teacher. • တစ်နှစ်ကျော် ကြာအောင် ဖမ်းဆီးထားခြင်း ခံရပါသည်။ Was held in detention for over a year.

In pattern V–ခြင်းငှာ ⇒ **in order to:** *see under* ငှာ။

In pattern V–လိုက်သည့်ဖြစ်ခြင်း ⇒ **exclamatory:** *see under* ဖြစ်ခြင်း။

ခြင်း 2 (V~V–လျှင်) ⇒ **if one must V, if V-ing is inevitable;** *sub cls mkr, FB;* • သေမင်းသည် ခေါ်ခြင်းခေါ်လျှင် သူလို အိုကြီးအိုမ တစ်ယောက်ကိုသာ ခေါ်သင့်သည်။ When Death has to summon someone he should summon an old person like him.

ခွဲ– (~V–) ⇒ **to divide and V, to split up and V;** *comm pre-vb, CB+FB; from verb* ခွဲ– *to divide;* • အကြီးတန်းကို ခွဲသင်မှ။ We'll have to split the advanced class into two groups ("divide and teach"). • ကဲ၊ မင်းနဲ့ ငါနဲ့ ခွဲစားကြရအောင်။ Right. Let's share this (food) between us. • သားအဖနှစ်ယောက် လှေတစ်စင်းစီ ခွဲပြီး စီးဖို့ စီစဉ်လိုက်ရတယ်။ The father and the son arranged to travel in separate boats.

ခွဲ (N~) ⇒ **N and a half;** *nn mod, CB+FB; from verb* ခွဲ– *to divide;* • ခြောက်မိုင်ခွဲ six and a half miles; တစ်နာရီခွဲ an hour and a half; သုံးကျပ်ခွဲ three and a half kyat.

ခွင့် (V~) ⇒ **permission, authority, right to V; opportunity to V;** *sp hd nn, CB+FB;* • မဲဆန္ဒ ပေးခွင့် ရှိသည်။ They have the right to vote. • ဗမာစကား သင်ခွင့် ကြုံလို့။ Because the chance to learn Burmese came my way. • သူတို့ ကြောက်တာက ဒီမိုကရေစီ ကြောက်တာ မဟုတ်ဘူး၊ လွတ်လပ်စွာ ရေးသားခွင့် ကြောက်တာ။ It is not democracy that they fear: they are afraid of the right of free expression ("of writing freely"). • ရွာသူရွာသားတို့မှာ ပညာသင်ခွင့် မရ၍ စာမတတ်ကြ။ The villagers were illiterate as they had no opportunity to study (to go to school). • ကျွန်တော့်ကို ဒီစာအုပ် ခဏ ငှားခွင့် ပြုပါတယ်။ He allowed me to borrow this book for a short time. • တချို့နိုင်ငံရေး ပါတီတွေကို မတရားသင်း ကြေငြာပြီး ရွေးကောက်ပွဲ ဝင်ခွင့် ပိတ်ကောင်း ပိတ်မှာပဲ။ Some political parties will very probably be declared illegal organisations and forbidden to take part in the election.

ငဲ့ *see under* ငယ် *appellative suffix*

ငယ် (N~) ⇒ **small N, young N, a little N;** *nn mod, mainly FB, = CB* ကလေး၊ • သားငယ်မြေးငယ်တွေ young children and grandchildren; ကလေးငယ်များသဖွယ်

like young children; လူငယ် young person; လှေကြီးလှေငယ် boats large and small; သစ်သားအိမ်ငယ်ကလေးများ little wooden houses.

ငယ် and variant ငယ့် also written ၞ (N~) ⇒ **appellative suffix,** suffixed to a personal referent (e.g. a name or term of address) and used when calling or addressing sn; the creaky tone version is more emphatic or peremptory; CB; occurs in various forms: the full set is: ရေ၊ ရေ့၊ ရယ်၊ ရယ့်၊ ရဲ့၊ ငယ်၊ ငယ့်၊ ၞ၊ ရာ၊ ရာ့; for other examples see under ရေ and ရယ် and ရာ; • ဟုတ်တာပေါ့ ဗိုလ်ကြီးၞ။ Of course it is, Sir.

ငယ့် see under ငယ် appellative suffix

ငြား a suffix used mainly in certain fixed patterns: see below; associated with elevated FB, less common in contemporary texts; **(a) in patterns V–ငြား သော်လည်း: V–သော်ငြားလည်း:** and similar ⇒ **although, even though V;** = V– သော်လည်း:။ pron /ညား–သော်လဲ၊ ညား–သော်လီ:/; • ထိုမြို့သည် ငယ်ပင် ငယ်ငြားသော် လည်း တချိန်က ကမ္ဘာသိအောင် ကျော်ကြားခဲ့သောမြို့တစ်မြို့ ဖြစ်သည်။ Although that town was a small one, at one time it had been world famous (referring to Panlong, at the time of the conference in 1947). • ထိုဆေးဝါးတို့ကို စားသော်ငြား လည်း အနာရောဂါမှ လွတ်ကင်းဖို့ရန် ခဲယဉ်းလိမ့်မည်။ Even though he takes the medicine, it will be hard for him to be cured of the illness. • အဝတ်အစားမှာ များစွာတောက်ပပြောင်လက်ခြင်း မရှိငြားသော်လည်း အဘိုးထိုက်တန်သော အထည်အဝတ် များပင် ဖြစ်လေသည်။ Although his clothes were not particularly showy, they were not cheap clothes.

(b) in pattern V–လို–V–ငြား: ⇒ **in the hope of V-ing, in case V;** • မှန်လို မှန်ငြား ပစ်စမ်းလိုက်တဲ့အချက်ဘဲဗျ။ I shot at a venture, to see if I could make a hit. • ထွက်ပေါက် တွေ့လိုတွေ့ငြား လျှောက်ပြေးနေကြတာ။ They were running around to see if they could find a way out. • ငွေ ရလိုရငြား အလုပ် သွားရှာသည်။ He went to look for work in the hope of getting money. • မိုလိုမိုငြား သွားကြည့် သည်။ I went to see in case I could catch (the train).

(c) other combinations: • ကျွန်တော်သည် မိဘချွေးနဲ့စာဖြင့် နွမ်းပါးစွာ စာသင်ခဲ့ရ သည်ဟု မဆိုနိုင်ငြား။ Although it can't be said that I was educated frugally on my parents' hard-earned money. • သို့ပင်ငြားလည်း ၁၉၂၀ အစပိုင်းတွင်။ How-ever, at the start of 1920 .... • ချစ်သားတို့ ရဟာန်းတည်း ပြုငြားမူကား။ If my dear sons should become monks;

(d) in verse used as rhyming or filling syllable without identifiable mean-ing; • မင်းကြီးသည်လျှင်၊ အရှည်မမျှော်၊ မတော်မလျား၊ မွေ့လျော့ငြား၍၊ တရားမစောင့်။ If the ruler is lacking in foresight, delights in improper activities and does not observe the law. • မြားဖြင့်သတ်သို့၊ ပယ်ဖြတ်ဘိငြား၊ ထိုတရားလျှင်။ That prin-ciple which eliminates (desire) like an archer killing with an arrow. • အပွင့်ရဲ့ ဖြာ။၊ နာမည်မှု သန္တတ်ပန်းရယ်လို့ ခေါ်ရက်လေငြား။ သီးအရွက်လိုပ။ Like the leaf and fruit of the white-flowered plant known as *thakhut-pan*.

For the combination ဆိုငြားအံ့ *see under* ဆိုရင်။

ငှာ **(N~)** ⇒ **for N, for the sake of N**, *in various combinations with other suffixes; FB;* **(a) N–(၏)အကျိုးငှာ** ⇒ **for the benefit of N, for the sake of N;** • တိုင်းသူပြည်သားများအကျိုးငှာ အသက်ကို စွန့်၍။ Laying down his life for the sake of the people. • မင်းတို့အကျိုးငှာ ရှင်ချစ်ဘုရား ဟောထားတော်မူခဲ့ပေသည်။ Our dear lord set forth (these principles) for your benefit. • နောင်လာနောက်သားများ၏ အကျိုးငှာ။ For the sake of future generations. • ဘုရားဖြစ်ခြင်းအကျိုးငှာ ကျင့်ခြင်း။ Practice for Buddhahood.

(b) N–အလို့ငှာ ⇒ **to gain N, in order to obtain N, for N, for the sake of N;** • တောတွင်းတိရစ္ဆာန်များ ဆားအလို့ငှာ လျက်ရသောက်ရသော ဆားတွင်း။ A salt pit that wild animals can lick for salt. • ကျောင်းသားများသည် ဗဟုသုတအလို့ငှာ လေ့လာ ရေးခရီး ထွက်ကြသည်။ The students set out on a study tour to gain experience. • မဒ္ဒီဒေဝီသည် သစ်သီးသစ်မြစ်အလို့ငှာ တောသို့ ဝင်လေ၏။ Queen Maddi went into the forest in search of fruits and roots (*nissaya*).

Frequent with nominalized V in N position: **V–ရေးအလို့ငှာ၊ V–ခြင်းအလို့ငှာ၊ V–ရန်အလို့ငှာ** *and similar combinations* ⇒ **for V-ing, to gain V, to achieve V;** • ကွန်ပျူတာ စိတ်ဝင်စားသူများ အားလုံးအတွက် စနစ်တကျ နားလည်တတ်ကျွမ်းစေ ရေးနှင့် စနစ်တကျ ပြုပြင်ထိန်းသိမ်းရေးအလို့ငှာ နည်းပြလမ်းညွှန်စာအုပ်ကောင်း တစ်အုပ်။ An excellent manual for teaching computer skills and systematic maintenance for all who are interested in computers. • ပညာသင်ကြားရန်အလို့ငှာ နိုင်ငံခြားသို့ သွားရောက်ခြင်း။ Travelling abroad in order to study, for the sake of studying. • နိုင်ငံ၏ စီးပွားရေး တိုးတက်ရန်အလို့ငှာ ကုန်များကို အဆင့်မီမီ ထုတ်လုပ် ကြရမည်။ For the country's economy to prosper we must produce goods that are up to standard.

(c) V–အံ့သောငှာ၊ V–ခြင်းငှာ ⇒ **to V;** *with verbs of of requesting or being able; elevated FB and nissaya;* • ပုဏ္ဏား၏ အဆောင်အရွက်ကို ယူအံ့သောငှာ ခွင့်ပန်၏။ Asked to be allowed to carry the brahmin's burden (*nissaya*). • ဒကာ–ဒကာမ များသည် ကြာရှည်စွာ အောင့်အီးမျိုသိပ်ထားခြင်းငှာ မစွမ်းနိုင်ကြသဖြင့် အချို့က ရယ်ကြ တော့သည်။ Some of the lay supporters were unable to suppress their mirth for long. • လရောင်ပျပျသည် ပင်လယ်ပြင်ပေါ်သို့ လွှမ်းခြုံခြင်းငှာ မစွမ်းနိုင်။ The weak light of the moon was unable to light the whole expanse of the sea. • ထို တိုက်အိမ်အတွင်း၌ရှိ ပစ္စည်းများကိုပင် မည်သူမျှ ဝင်ရောက်ယူငင်ခြင်းငှာ မပြုဝံ့ဘဲ ရှိကြလေ သည်။ No-one had the courage to break in and take the property inside the building. • ကံ၏ အကျိုးမည်သည်ကို တစ်စုံတစ်ယောက်သောသူသည် တားမြစ်ခြင်းငှာ မတတ်နိုင်။ No-one is able to prevent the effects of karma.

(d) V–စေခြင်းငှာ၊ V–စေအံ့သောငှာ၊ V–စိမ့်သောငှာ၊ V–စိမ့်ငှာ *and similar combinations* ⇒ **so that V, so as to enable V, so as to bring about V, in**

order to cause V, with the purpose of bringing about V; • မြန်မာ့စစ်ပညာ အကြောင်းကို ပြည်သူတို့ သိစေခြင်းငှာ တပ်မတော်ပြပွဲကို ပြသသည်။ An army exhibition was held with the intention of informing the public about Burmese military science. • အင်္ဂလိပ်အစိုးရအပေါ်၌ များစွာ စိတ်နာခဲ့ပြီးလျှင် အနည်းနည်းအဖုံဖုံ အနှောင့်အယှက် ပေးနိုင်စေခြင်းငှာ လျှို့ဝှက်သောအသင်းကြီးတစ်ခုကို ဖွဲ့စည်းခဲ့ကြောင်း။ They formed a secret association in order to create difficulties for the British government in various ways. • တရားစီရင်ရာ၌ အလွန်တရာ တိကျမှန်ကန် စေခြင်းငှာ တရားမှန်ကို ပြသော သံညှပ်တစ်ခု ဆက်သလေသည်။ So as to ensure complete accuracy in the administration of the law, he presented a pair of iron tongs which were capable of detecting the truth. • လူအများတို့ မှတ်သား စိမ့်ငှာ ငါသူမြတ် ပြောကြားပေအံ့။ I will speak so that all may know. • နွေအခါ ရေမပြတ်စိမ့်သောငှာ ရေကန်ကို တူးကြသည်။ They dug a lake so that the water supply would not fail in the hot season.

Regular equivalent of Pali infinitives and words ending atthāya *in nissaya translation (see Okell 1965 p 212):* • အဿ၊ ထိုမောင်အား။ အာဝါဟ၊ ထိမ်းမြှားခြင်း ကို။ ကာတုံ၊ ပြုအံ့သောငှာ။ ဝဋ္ဋတိ၊ အပ်၏။ It is appropriate for (her brother) to be betrothed. • ရညော၊ မင်းကြီး၏။ စူဠာမဏိံ၊ ပတ္တမြားဥသျောင်ကျင်ကို။ ဂဟဏတ္ထာ ယ၊ ယူစိမ့်သောငှာ။ ပဟိဏိ၊ စေလိုက်၏။ He sent (her) to obtain the jewel crest of the king.

စ– **1** *or* စတင်– **(~V-)** ⇒ **start V-ing, begin to V;** *comm pre-vb, CB+FB; from verb* စ– *to begin;* • မြန်မာစာ စတင်(၍) သင်စဉ်က။ When I began learning Burmese. • အင်္ဂလိပ်ခေတ်က စ(ပြီး) ပေါ်တာ။ It first appeared under the British.

စ **2 (V~)** ⇒ **the start, the beginning of V-ing, the early stages of V-ing;** *sp hd nn; CB+FB; freq with the verb* ဖြ–; *cf also the pattern V-ခါစ "at the start of V-ing" sv* ခါ; *from verb* စ– *to begin;* • ၁၉၄၇ခု နှစ်ဆန်းစ ဖြစ်သည်။ It was the beginning, the early part of 1947. • ရောဂါ ဖြစ်စကပင် နီးရာ ဆရာဝန်နှင့် တိုင်ပင် သင့်သည်။ One ought to consult a nearby doctor at the begining of an illness, when one first falls ill. • အင်္ဂလန်မှာ အေးစ ပြုပြီ ထင်ပါရဲ့။ I should think it is already beginning to get cold in England. • ကျွန်တော့်တစ်ကိုယ်လုံး ချွေးတွေ ရွဲ့စ ပြုလာပြီ။ My whole body had begun to break out in a sweat.

စ– **3** *and* အစ– ⇒ **beginning with, starting from;** *in various patterns:*

(a) **in patterns N–မှ** စ၍၊ **N–မှအစ** *FB = CB* က စပြီး၊ **N–ကအစ** ⇒ **beginning with N, starting from N, including N, such as N;** *sub cls mkr and nn mkr;* • ဒီနေ့က စပြီ။ Starting from today. • ဝန်ကြီးချုပ်မှ စ၍ Starting from the Prime Minister (and including the rest of the Cabinet). • ဒါရိုက်တာ၊ ဓာတ်ပုံ ဆရာကအစ အားလုံးက စိတ်မောစွာ စောင့်ကြည့်နေကြသည်။ They all, from the director and the cameraman onwards, looked on in dismay. • ဖိနပ်ကအစ ဂရ တစိုက် သိမ်းပေးရသည်။ She had to put everything away for him, even including his sandals. • သင်္ကြန်ရက်များတွင် သွားရေးလာရေးကအစ အစီအစဉ်အားလုံး ချောမွေ့အောင် ကူညီပေးမည်။ During the Thagyan period they will help the whole programme, from transport onwards, to run smoothly.

(b) *in pattern* **N¹–အစ N²–အဆုံး:** ⇒ **starting with N¹ and ending with N², from N¹ to N², from N¹ right down to N², everything from beginning to end;** *CB+FB; cf* N¹–က N²–အထိ; • လိုအပ်သော ပစ္စည်းများ၊ လျှပ်စစ်မီးဖိုကအစ ဂွမ်း ပတ်တီးအဆုံး … အားလုံးပြည့်စုံမှ သိတာ့ကို သွားတွေ့ရသည်။ It was not until he had acquired all the necessary equipment, from an electric cooker right down to cotton wool and bandages, that he went to see Thida. • သစ္စာပေါက် များကို မြို့ကြီးများကအစ ကျေးလက်တောရွာအဆုံး ဆန္ဒပြရှုတ်ချခဲ့ခြင်း။ From large towns to small villages, people demonstrated against the traitors. • *Cf* အစအဆုံးတော့ မဖတ်ရသေးဘူး။ I haven't yet read it from beginning to end, from cover to cover.

(c) *in patterns FB* **N–စသည်များ၊ N–စသည်တို့၊ N–အစရှိသည်များ၊ N–အစရှိသည် တို့၊ N–မှအစ,** *or CB+FB* **N–စသဖြင့်၊ N–အစရှိသဖြင့်၊ N–ကအစ,** ⇒ **N and similar, N and the rest, N and so on, N etc;** *also with more than one N, and with statements in place of Ns; pron* /စ့သို့/; • အိမ်သုံးဆေးအမျိုးမျိုးနှင့် ထိုးဆေး၊ သောက်ဆေး စသည်တို့ကို ပြုလုပ်သည်။ Home remedies of all kinds, injections, oral medicines and so on are produced there. • ဒီပလိုမာဘွဲ့၊ ဘွဲ့လွန်သင်တန်း အစရှိသည်များကို တက်ရောက်သင်ကြားလိုကြသော သူများ။ People who wish to take diplomas, postgraduate courses and so on. • "ကောင်းကြပါရဲ့တော်၊ ကောင်းကြ ပါရဲ့" စသဖြင့် အချင်းချင်း ခနဲ့တဲ့တဲ့ ပြောနေကြသည်။ They taunted each other, saying "Marvellous! Well done!" and such things. • ကိုစံရားမှာ ရာဇမဏိစူလာ ပုညရင်စေတီ၊ ပတ္တမြားစေတီ အစရှိသော ရှေးတန်ခိုးကြီးဘုရားအသီးသီးတို့ကို လှည့်လည် ဖူးမျှော်ခြင်း၊ ချောင်းများကို အနှံ့အပြား သွားရောက်လည်ပတ်ခြင်း တစ်ခါတစ်ရံ ကမ္မဋ္ဌာန်း ထိုင်ခြင်း စသဖြင့်သာ အချိန်ကို ကုန်လွန်စေရာ။ Ko SS spent his time visiting famous pagodas such as the RSP Zedi and the Ruby Zedi, exploring all the streams, sometimes sitting in meditation, and so on. • မဂ္ဂေပွင့်အလောင်းလဲ။ အခုအိမ်ပေါ်က အိပ်ရာပေါ်မှာ ရှိကြောင်း စသဖြင့် မိမိသိသမျှကို စိတ်ပါလက်ပါ ပြောဆို လေသည်။ He told them willingly everything he knew: how Ma NP's body was at present upstairs on her bed and so on.

(d) *in patterns* **စသော၊ စသည့်၊ အစရှိသော၊ အစရှိသည့်** *FB = CB* **စတဲ့၊ အစရှိတဲ့** *and verse* **စသော:** *in the context* **N¹, N² ~ N³** ⇒ **N¹, N² and similar N³s, N³s such as N¹ and N² …;** *literally* "**N³s starting with N¹ and N²**"; *also with more Ns than two;* • ကြေးရောင်၊ အပြာရောင်၊ မီးခိုးရောင် စတဲ့ အရောင်များ ရှိပါ တယ်။ We have colours such as bronze, blue and grey. • ဥအစရှိတဲ့ဟာတွေကို … ရေဆူနေတုန်း ဖောက်ထည့်ပြုတ်ခြင်း။ Breaking and boiling eggs and similar ingredients when the water is boiling. • ငါးပြေမ မန်ကျည်းစွေ၊ တညင်းသီး

အစရှိသော အရာများ။ Perch, tamarind, djenkol and similar ingredients.
• Wordperfect, Lotus, dBase အစရှိသည့် သာမာန်ရုံးလုပ်ငန်းသုံး ဆော့ဖ်ဝဲများ။
Standard office software like W, L and D. • အလုပ်သမား၊ တောင်သူလယ်သမား
စသော မြန်မာပြည်သူလူထု။ The Burmese people, comprising workers and
peasants and others. • လုပ်သားပြည်သူ့နေ့စဉ်၊ ကြေးမုံ စသော မြန်မာသတင်းစာ
များတွင်။ In the Burmese papers, such as the Working People's Daily and
the Mirror. • သက်ကြီးမိဘ။ ဆရာစသား။ စိုးရသခင်၊ ကျေးဇူးရှင်တို့။ Your superiors
("masters") and benefactors such as your elders, parents and teachers
(verse).

*Note that these phrases are sometimes used following a complete list of the
items comprising the set, which makes their use redundant. In such cases
the omission of the phrase, or its replacement by* ဟူသော၊ ဟူသည့် *FB = CB*
ဆိုတဲ့ *would be appropriate, e.g.* • အ–သုံးလုံးဆိုသည်မှာ အရေး၊ အဖတ်၊ အတွက်
စသည်တို့ကို ဆိုလိုခြင်း ဖြစ်သည်။ The three "A"s means writing, reading, count-
ing and so on (*in fact there are no others*). • ဤကျောင်းတွင် မူလတန်း၊ အလယ်
တန်း၊ အဆင့်မြင့်တန်း စသည့် အတန်းအားလုံးကို သင်ကြားပေးနေသည်။ In this school
all Standards (levels) are taught, such as primary, middle and high school
Standards (*though these three are all the Standards there are*).

၀ **4** (တစ်–N–၀ နှစ်–N–၀) ⇒ **a few Ns here and there, one or two Ns;** *also
written* တ–N–၀ နှစ်–N–၀: *see under* တစ်; *set pattern, CB+FB; from* အ၀ *a
fragment, crumb, portion;* • စာတစ်လုံး၀ နှစ်လုံး၀။ A word here and there.
• တစ်ကျပ်၀ နှစ်ကျပ်၀ တောင်းကြသည်။ They asked for just a kyat or two here
and there. • သူ့နယ် စောစော ထ၍ အလုပ်ခွင်သို့ ဦးတည်နေကြသူ တစ်ယောက်၀
နှစ်ယောက်၀ကို တွေ့ရသည်။ He saw one or two people who like himself had
risen early and were heading for their place of work. • သူ့ကဗျာကလေး
တစ်ပုဒ်၀ နှစ်ပုဒ်၀ကို ကျွန်တော်တို့ ဖတ်ဖူးသည်။ We had read one or two of his
poems here and there.

၀ **5** (N~) ⇒ **a piece for N, a hem, a trailing corner of N,** *typically referring to
cloth; comm elem cpd nn, CB+FB;* • လုံချည်၀ piece of material for a *longyi*,
the hem of a *longyi*; စောင်၀ a corner of a blanket; ပိတ်၀ a piece of cloth;
ငွေစကြေး၀ pieces of silver, scraps of money; အတွေး၀ strands of thought.

၀ **6** *often* ပါ၀ sts ၍ **(Stc~) ⇒ indicates a yes-or-no question;** *stc fin phr ptcl;
rare except in rustic speech or very formal style; = CB Stc–လား၊* • ကျန်းမာပါ၀။
Are you well? • မောင် ဒေါ်ဒေါ်ကို တွေ့ချင်တယ် ဟုတ်ပါ၀။ You wish to meet the
lady, is that not so? • ကိုထွန်းဇံ သေသည် ဆိုတာ ဒေါ်ဒေါ် ယုံပါ၀။ Do you believe
that Ko Tun Zan is dead? • တင်တင် နိုးပြေးသည် ဆိုသည်ကို မောင်မင်း ကြားဖူ၀။
Have you heard that TT has eloped?

စဖူး (မ–V~) ⇒ V unprecedentedly, as never before; *sub cls mkr, CB+FB; with negated verbs only;* • ထိုနေ့က မကြုံစဖူး ထူးကဲစွာပင် ငါးများကို ဖမ်းမိလေသည်။ On that day they caught an unprecedently large number of fish. • အဘိုးကြီးက သူ့မိန်းမကို ပြန်မပြောစဖူး ပြောလိုက်သည်။ The old man answered his wife in a way he never spoken before. • ပန်းတော်ဆက်သဖို့ ပျက်ကွက်ခဲ့သည့်နေ့ဟူ၍ မရှိစဖူး။ There has never been a day when we failed to present flowers.

Occasionally followed by ဘူး: sentence marker: • ဒီလောက် ပုလင်းခွံတွေများတာ တစ်ခါမှ မတွေ့စဖူးဘူး။ I have never ever seen so many empty bottles. • ကျွန်မတော့ ဘယ်မှ မရောက်ဖူးဘူး။ ရန်ကုန်လဲ တစ်ခေါက်မှ မရောက်စဖူးဘူး။ I haven't been anywhere. I've never even been to Yangon.

စဖွယ် (V~) ⇒ such as to cause V, so as to cause V, so as to arouse feelings of V; *vb atrb mkr and sub cls mkr, CB+FB; cf V–စရာ ကောင်းသည့်၊ V–စရာ ကောင်းအောင်;* • သာယာအေးချမ်းပြီး ရှုချင်စဖွယ် ... တောရွာကြီးတစ်ရွာ။ A rural village that was tranquil and beautiful to behold. • အံ့သြစဖွယ်အကြောင်းတွေ များများ ပါလေလေ၊ ပိုပြီး စွဲမက်စရာ ကောင်းလေလေပါပဲ။ The more they include sensational events, the greater their power of attraction. • သည်မျှဝေးလံသည့် နေရာသို့ မိန်းမပျိုလေး နှစ်ဦးတည်း အဖော်မပါဘဲ လာရောက်ကြသည် ဆိုသည်မှာ အလွန်တရာ အံ့သြစဖွယ် ဖြစ်၍နေလေသည်။ It was astonishing to her that two young women should come to such a distant place on their own. • အကြိမ်ကြိမ် ငိုပြီး သနားစဖွယ် တောင်းပန်နေတာ။ She begged forgiveness weeping piteously again and again. • ဥမ္မာက ချစ်စဖွယ် ရယ်မောလိုက်သည်။ Omma laughed charmingly.

စမြဲ *see under* မြဲ *always*

စရာ (V~) ⇒ (a) thing which can be V-ed, is to be V-ed, has to be V-ed; *sp hd nn; CB+FB, = FB V–ဖွယ်(ရာ);* • ကစားစရာ playthings, toys; စားစရာ something to eat, food; *Also attributive to a following N:* • ထိုင်စရာ နေရာ somewhere to sit; နေစရာ အခန်း a room to live in; တည်းစရာ အိမ် a house to stay in.

(b) ***in pattern*** **V–စရာ ရှိ– ⇒ to have some V-ing to do;** *similar to V–ဖို့ ရှိ–;* • ကျွန်မကို ဘာ မှာစရာ ရှိသေးသလဲ။ What else do you want me to do for you? • ညနေမှာ သွားစရာ ရှိပါတယ်။ I have to go somewhere in the afternoon. • မေးစရာ ရှိပါတယ် ဆရာ။ I have a question for you. • လူပုံကတော့ ထင်လောက်စရာ မရှိပါဘူး။ The looks of the person don't suggest that he could be (the right one to arrest).

(c) ***in pattern*** **V–စရာ(အကြောင်း) ရှိ– ⇒ there is a reason to V, a likelihood, possibility, risk, of V-ing;** • မပြုပြင်ပါက ပျက်သွားစရာ ရှိသည်။ There is a danger that (the cave) will fall in if it is not repaired. • ဤတံခါးများမှာလည်း ပြုပြင်မှု မရှိပါက ပြိုပျက်စရာအကြောင်း ရှိ၍။ There is a possibility that these doors, if not maintained, will decay. • သူ့ကို ပုဂ္ဂိုလ်ရေးအရ သဘော မကျစရာအကြောင်း မရှိပါဘူး။ On a personal level there is no reason to disapprove of him. • ခင်ဗျား တွေးတာလဲ မှန်စရာအကြောင်း ရှိတာပါဘဲ။ There is a possibility that your ideas are correct. • တစ်လတစ်လ ဆိုတာ ဘယ်လိုမှ ပိုနိုင်စရာ အကြောင်း မရှိပါဘူး။ From month to month there is no possibility of there being any (money) to spare. • ကဗျာဆရာ၏ ကြိုးစားအားထုတ်မှုအပေါ် အထင်လွဲ စရာအကြောင်း ရှိပါသည်။ There is a danger that the poet's effort may be misunderstood. • *Cf* တကယ်လို့ ဖမ်းစရာအကြောင်း ပေါ်လာရင်လဲ။ And if some grounds for arresting him emerge.

(d) *in pattern* V–စရာ လို– ⇒ to be necessary to V; *similar to V–ဖို့ လို–;* • အကြောင်းပြန်စရာ မလိုပါ။ There is no need to reply. • သူတို့အတွက် စိတ်ပူစရာ မလိုပါဘူး။ There is no need to worry on their account.

(e) *in pattern* V–စရာ ကောင်း– ⇒ to generate feelings of V, to make one feel V, *and* V–စရာ ဖြစ်– ⇒ to cause feelings of V; • အားနာစရာ ကောင်းတယ်။ It was embarrassing. • သိပ် ချစ်စရာ ကောင်းတဲ့ ခလေးကလေးပဲ။ What a sweet, loveable little baby! • မည်မျှ ဂုဏ်ယူစရာ ကောင်းလိုက်ပါသနည်း။ What a great source of pride! • ကလေးတွေအတွက်တော့ စိတ်မကောင်းစရာ ဖြစ်မိသား။ I felt concerned for the children (of such a marriage).

အစရှိသည် *and variants: see under* စ– *beginning with*

စလုံး *see under* လုံး *all, both*

စား– 1 (V~-) ⇒ to consume, to V with relish, to savour V-ing, to V permanently; *comm elem cpd vb, CB+FB;* • ရှု– to look: ရှုစား– to gaze upon; ခံ– to accept, receive: ခံစား– to enjoy, to suffer; လေး– to be heavy: လေးစား– to respect; ဝင်– to enter: ဝင်စား– to enter and possess (as spirit); တင်– to put on, above: တင်စား– to exaggerate; ပြော– to speak of: ထိုသပိတ်အကြောင်းကို ခဏခဏ ဂုဏ်ယူ၍ ပြောစားမိမည်။ later he was to speak of that strike with pride and satisfaction.

စား 2 (N~, N~ N) ⇒ type, kind; *comm elem cpd nn, usually attributed, CB+FB;* • အကြီးစား large; အကြီးစားစက်မှုလက်မှု heavy industry; အသေးစား minor, small-scale; အပျံစား showy, classy *(slang)*; အကောင်းစား good quality; အညံ့စား low quality.

အစား (N~, VA~) ⇒ instead of, in place of N; instead of V-ing, rather than V-ing; *nn mkr and sub stc mkr, CB+FB; VA almost always ends in V–မယ့်/–မဲ့/–မည့်;* • ဖေဖေ့အစား ဦးလေး လိုက်ခဲ့မယ်။ I am coming with you instead of your dad. • အိုး ပွင့်လာသောအခါ အိုးထဲတွင် ရွှေများအစား ပါးပျဉ်းထနေသော မြွေဟောက်များကို တွေ့ရတော့သည်။ When the pot was uncovered, he found, instead of pieces of gold, a cobra spreading its hood. • ပညာ ဆက်သင်မည့်အစား ကျောင်းက ထွက်ပြီး လက်ထပ်သွားသည်။ Instead of continuing her studies she left school and married. • Windows 95–ကို ဝယ်သုံးမယ့်အစား ဒီထက် ကောင်းမယ် ဆိုတဲ့ Windows NT–ကို စောင့်စားဖို့။ Instead of buying Windows 95, to wait for Windows NT which is supposed to be better. • ထမ်းပိုးက အခုတော့ ပေါ့ရမယ့်အစား ပိုလေးနေသလိုလို။ As if the yoke, rather than becoming lighter, had now become heavier.

စီ (N°+N~) ⇒ each N; *nn mod, CB+FB; distributive; found in the patterns listed below; see also* ကျစီ *under* ကျ *each; from verb* စီ– *to set in line;* **(a) တစ်–N^1 တစ်–N^2–စီ ⇒ one N^2 per N^1, an N^2 to each N^1;** • စာဖတ်တတ်သူတို့က တစ်ယောက် တစ်လှည့်စီ သံနေသံထားနှင့် ဖတ်ကြဆိုကြသည်။ The readers each took turns ("one person one turn ech") in reading expressively. • သားအဖ နှစ်ယောက် တစ်ယောက် တစ်လုံးစီ လွယ်အိတ်ထဲ ထည့်လွယ်ခဲ့ကြတယ်။ Father and son each picked up one ("one person one each") and put it in their shoulder bags. • တစ်ဦးလျှင် တစ်မဲစီ ပေးပိုင်ခွင့်ရှိသည်။ Each individual is entitled to cast one vote. • အခန်း တစ်ခန်းချင်းကို မိသားစု တစ်စုစီက ပိုင်ဆိုင်သည်။ Each flat is owned by one family. • ပလာတာအထုပ် လေးငါးထုပ် လက်တစ်ဖက်စီ ဆွဲပြီး။ Carrying four or five packets of parata in each hand. • ဝါတွင်းဥပုသ်နေ့များ၌ အသင်းဝင်တစ်ဦးစီလျှင် လက်ရေးစာမူ တစ်မျက်နှာစီ အဘိဓမ္မာဆိုင်ရာများကို ရေးသားစေလျက်။ On Sabbath days in Lent he had each member of the association write out a page of Abhidhamma text.

(b) *with N^1 omitted:* one N each; • မင်းသမီးများကို တစ်ရွာစီ ထီးမိုးယာဉ်ခံ ပေးသည်။ He gave the princesses a village each as their fief. • ရဲဘော်သုံးကျိပ်တို့က တစ်ယောက်စီ နယ်မြေခွဲဝေလျက်။ The Thirty Comrades each taking one region. • ထိုမွန်သူပုဂ္ဂိုလ် တစ်ဦးစီ၏အကြောင်းကို … လစဉ် ရေးသားခဲ့ပါသည်။ I wrote about one of those admirable persons every month.

(c) *with numbers other than one:* two (three etc) N each; • တစ်ယောက် သုံးကျပ်စီ ပေးလိုက်ပါ။ Give them three kyats each. • ရွှေ့ပြောင်းခ စားရိတ် တစ်အိမ်ထောင်လျှင် ၁၅/–စီ ထုတ်ယူကြ။ Distribute K15 to each household for moving expenses. • တစ်ရွာ နှစ်ယောက်စီ ညီအစ်ကိုပီပီ အတူတူ တက်ကြရမယ်။ Two brothers from each village had to attend together. • တစ်ရွာမှာ ၄–၅ အိမ်လောက်စီ တက်ခဲ့ရပြီး။ They visited four or five houses in each village. • အမှုသည် သုံးယောက်ကိုလည်း ထောင့်သုံးမျက်နှာစီတွင် တစ်နေရာစီ အသီးသီး ရှိကြပါစေ။ Let each of the three disputants stand in one of the three corners. • ကျောက်စာဂူ ၇၃၀ က ထီးတွေမှာ ၉လုံးစီ တပ်ဆင်ထားတဲ့ ကြေးဆည်းလည်း။ The nine pagoda bells that were hung from the finial of each of the 730 buildings enshrining the inscriptions.

(d) တစ်–N–စီ ⇒ one N after another, one by one: • အသက် ဘယ်လောက်စီ ရှိကြသလဲ။ How old is each of them? • ကိုဒေါင်းနှင့် ကိုလူမောင်တို့သည် … ရေကို ခပ်၍ တဝစီ သောက်ကြပြီးနောက်။ After Ko D and Ko LM had drawn water and each drunk their fill. • လက်ဆွဲနှုတ်ဆက်မယ်ဆို တယောက်စီတယောက်စီဆို မပြီးနိုင်ဘူး။ If you were going to shake hands with each one (of a large crowd) you would never finish. • ဒီပြဿနာတွေကို ကျွန်တော်တို့ တဆင့်စီတဆင့်စီ ဒီလိုပဲ ကျော်လွှားသွားရမှာပဲ။ We shall have to overcome these problems step by step. • အုန်းသီး ၅–လုံးကို တစ်လုံးစီ လိမ်ဖြုတ်ကာ။ Twisting off the five coconuts one by one. • အရာရှိက စာရေးလောင်းတွေရဲ့ ဇာတိကို တစ်ဦးစီ မေးတယ်။ The official asked the applicants (for the post of clerk) their ages one by one. • ဖက်တွေကို တစ်ပျစ်စီ ရေကြည့်တော့။ He counted the leaves bunch by bunch.

An example illustrating patterns 3 and 4: • ဗြိတိသျှဗြူရိုကရက် အစိုးရက တစ်ရွာစီ တစ်နယ်စီရဲ့ နယ်မြေဒေသ အခြေအနေကို မကြည့်ဘဲ တပြေးတည်း တညီတည်း တစ်ပြည်လုံးရှိ ကျေးရွာတွေ အားလုံး နှစ်ဘက်ချွန် တစ်အိမ် ၁၀ ချောင်းစီနဲ့ မီးကွင်းမီးတုတ် ၅ ခုစီ လုပ်ရမယ်လို့ အမိန့်ထုတ်တယ်။ The bureaucratic British government, without considering the circumstances of the different regions village by village or district by district, issued an order to apply uniformly to all villages throughout the country that they were to make ten sharpened stakes per house, and five torches per house.

(e) ***in certain set phrases:*** • **တစ်မျိုးစီ ⇒ quite different, different kinds;** အိမ်ဖော်မကလေးဟာ သူနဲ့ ရွာက အပေါင်းအဖော်တွေနဲ့ နေရာတကာ တစ်မျိုးစီ ဖြစ်နေတာ။ The young maid was different in every respect from her companions in the village.

တခြားစီ ⇒ quite different, separate; လိုင်စင်ဓာတ်ပုံထဲက ရုပ်နဲ့ အခုရုပ်နဲ့ တစ်ခြားစီ။ ဘာမှ မဆိုင်တော့ဘူး။ The picture in the licence photograph and the present appearance are quite different. They no longer bear any relation to each other.

သီးခြားစီ ⇒ separate; ကွန်ဗက်တာ အပိုင်းတို့ကို သီးခြားစီ စစ်ဆေးသည်။ They inspect each component of the convector separately. • အောက်ခံဆပ်စထရိတ် တစ်ခုပေါ်တွင် တစ်ပိုင်းလျှပ်ကူးပစ္စည်းများ တစ်ခုချင်း သီးခြားစီ တပ်ဆင်ရန်။ To attach each semiconductor individually to a substrate.

ကိုယ်စီ ⇒ each with his own; သူတို့မှာ ထမင်းထုပ်ကိုယ်စီ၊ ဒူးလေးကိုယ်စီ ပါလာကြတယ်။ They each cme with their own food and their own crossbows.

(f) *for the combination N°+N–ကျစီ see under ကျ 3 each*

စီး (N°~) *and* **အစီး (~N°) ⇒ item,** *comm nmtv for anything riddden, animals or vehicles; CB+FB;* • မြင်းနှစ်စီး two horses; စက်ဘီး တစ်စီး a bicycle; တိုယိုတာ သုံးစီး three Toyotas.

စေ– *sts* **စေ့– (V~–) ⇒ to allow, cause sn to V;** *vb mod; in various patterns and combinations:* **(a) to allow sn to V, to make, cause, sn to V** *(in statements); more common in FB; the regular equivalent of Pali causative in nissaya translation (Okell 1965 p 203); cf CB V–ခိုင်း– to tell sn to V. Where*

an aspirate-unaspirated pair of verbs exists, the unaspirated verb with စေ
is equivalent to the aspirated verb, e.g. လွတ်စေသည် *"to cause to be free"* =
လွတ်သည် *"to set free, release".* • အနောက်တံခါးပေါက်က ဆင်းစေပါသည်။ (The
conductor) lets (the passengers) off by the rear door (of the bus). • တနေ့
ကျတော့ ခင်များကို ကစေမယ်။ One day I will get you to dance. • တစ်ဦးနှင့်တစ်ဦး
အမျက်ပွားစေ၊ ဒေါသဖြစ်စေနိုင်သည့် စကားများကို၊ ဘယ်အခါမျှ မပြောဆိုကြပေ။ They
never said to each other anything that could cause anger. • ပြည်မနှင့်
တောင်တန်းနယ်များ မပူးပေါင်းနိုင်စေရန် အမျိုးမျိုး သွေးခွဲပေးသည်။ (The British Gov-
ernment) sowed dissension in all sorts of ways so that Burma proper and
the hill regions were unable to unite. • ကျန်းမာစေရန်အတွက် သင့်တင့်မျှတသော
အစားအစာကို စားရမည်။ One must eat an appropriate and balanced diet in
order to be healthy. • နိုင်ငံခြားသားတစ်ဦးသည် နိုင်ငံသားနှင့် အိမ်ထောင်ပြုကာမျှဖြင့်
နိုင်ငံသားအဖြစ်ကို အလိုအလျောက် မရရှိစေရ။ A foreigner shall not automatically
acquire (be allowed to acquire) citizenship by the mere fact of being marri-
ed to a citizen. • မင်းအဖ မရိုက်စေရပါဘူးကွာ။ We'll make sure your father
doesn't beat you. • မဟာယောဂ္ဂေ၊ မြတ်သောယာဉ်၌၊ နိသီဒါပေတွာ၊ နေစေ၍။ Caus-
ing her to sit in a splendid carriage (nissaya).
Sometimes with creaky tone for emphasis: • ဒီမိုကရေစီ အပြည့်အဝ ရပါစေမယ်
ဆိုတဲ့ အာမခံချက်။ A guarantee that they would be allowed to have full demo-
cracy. • ဘုရင်နှင့် မိဖုရားကြီးတို့လည်း သနားတော်မူကြရကား ... သူဖခင်၏ အမှုကို
ပြန်လည်စစ်ဆေးပါစေမည်ဟု ကတိပေးတော်မူလိုက်ကြသည်။ The king and queen took
pity on her and assured her that they would most certainly have her
father's case re-examined. • မြန်မြန် ကုန်စေချင်လျှင် တစ်ပွင့် ပြားသုံးဆယ်နှင့်ပဲ
ရောင်း။ If you want to sell off all your stock, sell them at 30 pya a bloom.
• ပိတ်ကားရဲ့ နောက်ကွယ်မှာ တကယ် ထိုး၊ ကြိတ်၊ သတ်၊ ဖြတ်၊ ရမ်းကားနေတာတွေကို
ပရိသတ် မြင်စေချင်စမ်းလုပါတယ်။ He really wanted the audience to see the
punching and fighting and brawling that went on behind the screen.

(b) to let, allow, sn to V, to make, cause, sn to V *(with imperatives);*
• နေပါစေ or နေပေစေ။ Let it be. Never mind. Forget it. Please don't bother.
• သူများတွေ ပြဿနာတွေ၊ အခက်အခဲတွေ ကြုံချင်ကြုံပါစေ။ Let others run into
problems and difficulties if they must. • ဈေးကွက်ကသာ ဆုံးဖြတ်ပါစေ။ Let the
free market alone decide. • ကဲကွာ သူအိပ်ချင်တာ အိပ်ပါစေ။ Let her sleep if she
wants to. • အဲဒါ သူ့ကို မမေ့ပါစေနဲ့။ Don't let him forget that. • ဘိနပ် မချွတ်ပါ
စေနဲ့။ Let him not take his shoes off (i.e. don't make him take his shoes
off).

(c) let sn V, to order sn to V; *in royal orders and stage directions;* • စစ်
သည်တော် ချီတက်စေသည်။ He ordered the royal troops to advance. • ငါးဖိုး
ပေးစေဟု အမိန့် ချတော်မူ၏။ (The king) ordered that the price of the fish be

given (to the fisherman). • မြို့အုပ်မင်း အစည်းအဝေး မတက်ချင်ရင် နေစေလို့ ချမှတ်လိုက်တယ်။ (The DC) ordered that if the Township Officer did not want to attend the meeting, he need not do so. • မင်းသမီး ထွက်စေ။ သီချင်း ဆိုစေ။ Enter the princess. She sings a song *(stage directions)*.

(d) in pattern V–ပါစေ ⇒ **may sn V**, *in prayers and imprecations (1st, 2nd or 3rd person); neg* မ– V–ပါစေနဲ့ *CB = FB* မ– V–ပါစေနှင့်; • အသက်တစ်ရာကျော် ရှည်ပါစေဟု ဆုပေးလိုက်သည်။ He wished him a long life ("of over 100 years"). • ခလုတ်မထိ ဆူးမငြိပါစေနဲ့လို့ ဆုတောင်းပါတယ်။ I pray that you may not meet with any harm ("hit an obstacle, be caught by thorns", on your journey). • ကဲ၊ ညီမလေး သုန္ဒရီ။ မင်း အိုကေပါစေ။ Right then, young lady, Thondari. May you be OK. • ငါ မျက်ရည် ကျသလို နင်တို့ မကျရပါစေနဲ့။ May your tears never flow as mine do. • အမျိုးသားအောင်ပွဲနေ့ကြီးကိုလဲ ခြိမ့်ခြိမ့်သဲသဲ ဆင်ခွဲ့နိုင်ကြပါ စေလို့ ဆန္ဒပြုရင်း နိဂုံးချုပ်ပါတယ်။ In conclusion I express the wish that you may all be able to celebrate National Day with great joy. • အနိုင်ကျင့်တတ်သူ တိုင်း ဘေးတွေ့ပါစေ။ Let evil befall everyone who uses violence. • မှန်တဲ့စကား မပြောရင် ကျွန်တော့်မိန်းမ မိုးကြိုးပစ် သေရပါစေ။ If I am not speaking the truth, may my wife be struck dead by a thunderbolt. • ဒီလူအားလုံး ဒီအိမ်မှာ တည်းမှာ လား။။ မဟုတ်ပါစေနဲ့။ Are all these people to stay in this (one small) house? I hope they won't. • နောင် ဖြစ်လေရာဘဝ၌ ဘုရားတပည့်တော်သည် ကျွန်လူမျိုး၌ မဖြစ် ရပါစေနှင့်ဘုရားဟု ဆုတောင်းလေ၏။ He prayed saying "May I not be born as a slave in any future life". • ဘုရား စူးရပါစေ။ May the Lord strike me down. • ကြွက်သတ္တဝါတွေကို ဘယ်တော့မှ မစားပါ။ စားခဲ့သော် ဘေးအန္တရာယ် တစ်ခုခု တွေ့ပြီး သေပါစေ။ I shall never eat a mouse. If I should eat one may I encounter some danger and die (spoken by a snake in a fable).

Sometimes followed by ရဲ့ *or* သား *or* သတည်း *or* သော *or* သော် *or* သောဝ် *(an archaic spelling) for added solemnity: these suffixes add weight to the utterance, having an effect like that of adding "Amen" in English:* • ဘုရား စူးရပါစေရဲ့။ May the Lord strike me down (if I am not telling the truth). • မိမိ မွေးထိုက်ပါက လက်ညှိုးက နို့ရည်ထွက်စေသားဟု ဝိဋ္ဌာန်ရာ နို့ရည်များ ပန်းထွက်သည်။ He made asseveration, saying "If it is right for me to bring up this child, let milk flow from my finger", and milk poured forth. • ဤကျောင်းကန်ပုံပြင်များ သည် စာဖတ်သူမိတ်ဆွေများအား သင်ခန်းစာကောင်းများနှင့် ပျော်ရွှင်မှု သုခအပေါင်း ပေး နိုင်ပါစေသတည်း။ May these Monastery Tales have the power to give instruction and pleasure to my dear readers. • အသက်တစ်ရာကျော် ရှည်ပါစေသော်။ May you indeed live beyond 100 years. • ဒေါင်းအိုးဝေရယ်လို့ တွန်စေကစေသော။ May the peacock (symbol of nationalist Burma) utter its cry and parade (in triumph). • ကောင်းမြတ်သောအကြောင်းနိမိတ်တို့ဖြင့် ကောင်းဟိတ်မင်္ဂလာ အောင်ကြောင်း ဖြာကြပါစေသော်။ May blessings rain upon you and bring you all success.

V–စေသတည်း is the regular equivalent of Pali third person imperative in nissaya translation (Okell 1965 p 203): • စိရံ၊ ကြာမြင့်စွာ။ ဇီဝတု၊ အသက် ရှင်တော်မူစေသတည်း။ May you live for a long time.

(e) *in pattern* **V–ပါရစေ** ⇒ **may I V,** *in prayers and requests (1st person); neg* **မ–V–ပါရစေနဲ့** *CB = FB* **မ–V–ပါရစေနှင့်။** • ရေတစ်ခွက်လောက် သောက်ပါရစေ။ Please may I have a glass of water. • အကုန်ပြန်ပြောပါတော့လားလို့ ဆိုတော့ သူက ယခုမပြောပါရစေနဲ့ဦးရှင် When he said "Tell us the full story", she said "Please may I not tell you yet". • "ဩော် ဆရာကြီးနဲ့ ကျွန်မ ယခုဘဝမှာလဲ အိုအောင် မင်းအောင် ပေါင်းရပါစေ၊ ဖြစ်လေရာ သံသရာ အဆက်ဆက်မှာလဲ ငှက်ပင် ဖြစ်ကလဲ တစ်ကိုင်းတည်း အတူ နားပါရစေ"လို့ ပန်ခြွေသမှ ဆုတောင်းခြင်းပြုခဲ့၍။ She prayed, saying "May the great master and I live together in this life to a ripe old age, and in all future lives even if we are born as birds may we roost together on the same branch". • အလကားဟာတွေ အချိန်ကုန် မခံပါရစေနဲ့.ဗျာ။ ဒီလူ ကို ခင်ဗျား မိအောင် ဖမ်းနိုင်ရင် ဖမ်းပါ။ မိသောအခါ ကျွန်တော် သိပါရစေ။ Please don't oblige me to waste my time on inessentials. If you can arrest this man, do so. When you have caught him, please let me know. • ရိုက်ပါစေ ကြီးကြီးလှရယ်၊ ရိုက်ပါစေ။ သမီးကို ရိုက်ပါ မေမေထား၊ သမီး ဘွားဘွားတို့ဆီတော့ သွား မနေပါရစေနဲ့၊ မေမေထားနဲ့ပဲ နေပါရစေ။ Let her beat me, Kyi-kyi Hla, let her beat me. Strike me, Mother Htar. Please don't make me go and live with Granny. Please let me live with you, Mother Htar.

(f) *in combination* **V–စေလို့** *FB = CB* **V–စေချင်** ⇒ **to want sn to V;** • ဗုဒ္ဓ ဘာသာအကြောင်း သိစေလိုသည်။ I should like you to know about Buddhism. • ဘယ်အချိန် လာစေချင်သလဲ။ What time do you want me to come? • ကျွန်တော့်ကို နောက်ဆုံး ပြောစေချင်တယ် ထင်တယ်။ I think they want me to speak last. • သူသမီးကို အိမ်မှာလည်း နေစေချင်ဟန် မတူ။ It didn't look as if she wanted her daughter to live at home.

(g) *in combination* **N¹–ဖြစ်စေ N²–ဖြစ်စေ** ⇒ **whether it be X or Y;** *usually FB; = CB* **N¹–ဖြစ်ဖြစ် N²–ဖြစ်ဖြစ်;** • Macs အစစ် ဖြစ်စေ၊ Mac clones ဖြစ်စေ။ Whether they be true Macs or Mac clones. • Industry ကြီး ထူထောင်နိုင်သည် ဖြစ်စေ၊ မထူထောင်နိုင်သည် ဖြစ်စေ။ Whether they are able to set up an industry or not. • IT Industry မရှိသေးလို့ပဲ ဖြစ်ဖြစ်၊ IT စွမ်းအား တိုးတက်မှု နောက်ကျနေသေး လို့ပဲ ဖြစ်ဖြစ် ဘယ်လိုပဲ ဖြစ်နေပါစေ။ However it may be: whether because they don't yet have an IT industry, or because IT is still slow to make progress. • ကုမ္ပဏီ၏အဖွဲ့ဝင် ဖြစ်စေ၊ မဖြစ်စေ။ Whether he is a member of the company or not.

Sometimes in related use with other verbs: • ကျွန်တော့်ကို ရိုးလွန်းအ,လွန်းသူဟုပင် ဆိုပါစေ။ Let them say I am too simple-minded (sc if they wish).

(h) *in set phrases* **မည်သို့ဖြစ်စေ** ⇒ **however it may be,** *and* **မည်သို့ဆိုစေ** ⇒

however you put it, whatever you say, anyway; *pron* /မျိုးသို့ ဆိုစေ/; • လူတွေ လစ်လျှင်တော့ အသာလေး ထကာ အလယ်လမ်းပေါ်မှာ လျှောက်ရောင်းရ၏။ မည်သို့ဆိုစေ၊ စောစော ကုန်ပြီး တွက်ခြေကိုက်သည်ပင်။ When no-one was looking she got up and sold her wares on the middle road. Whatever you may say, if she sold out early at least she didn't make a loss. • နောင်တော်မြစ်ကို သဘော် ဖြတ်သောအခါ မည်သို့ ရှိလိမ့်မည်ကို တွေးပင် မတွေးဝံ့တော့ပေ။ မည်သို့ဖြစ်စေ နောင်တော်ကြီးနှင့် နောင်တော်ငယ်မြစ်ကို ဆက်၍ ဖြတ်ကျော်ရပေဦးမည်။ မူးချင်သလောက် မူးပလေစေတော့။ I dared not think about how things would go when the boat crossed the Naungdaw River. Anyway, we were going to have to cross both the Naungdawgyi and the Naungdaw-ngeh. Let sea-sickness do its worst!

(i) *For the combination* စေဦးတော့ *or* စေအုံးတော့ *see under* ဦးတော့ *let it V, even if V.*

စေကာမူ (V~) ⇒ **although, however**; *sub cls mkr, FB*; = *CB V–ပေမဲ့*; • အလုပ် တာဝန် များစေကာမူ သူသည် မညည်းညူပေ။ Although he had many duties he did not complain. • မည်မျှပင် ပေးရစေကာမူ ၈၀–ရာခိုင်နှန်း ကျန်မည်။ However much they had to pay, 80% would remain (to them). • ထိုတော်လှန်ရေးတွင် အောင်မြင်မှု မရခဲ့စေကာမူ။ Although they were not successful in that rebellion (uprising).

စို့– (V~~) ⇒ **let's V**; *vb mod, CB; often V–ကြစို့*; *neg* မ– V–စို့နဲ့; *cf V–ရအောင်*; • မို့ ချုပ်ပြီ၊ ပြန်ကြစို့။ It's dark. Let's all go home. • နံမည် မေးကြစို့ရဲ့။ Let's ask each other's names. • မပြောပဲ နေကြစို့။ Let's not tell them ("remain without telling"). • နောက်ထပ် မတွေ့ကြပါစို့နဲ့လား။ Let's not meet again, OK? • လမ်းဘေးမှာ တစ်ရေးလောက် အိပ်ကြဦးစို့။ Let's take a nap at the side of the road. • နမူနာ တစ်ခုအနေနဲ့၊ ကြည့်ကြမယ် ဆိုရင် သင်ဟာ ... ယုဇနလို Shopping Centre–ကြီး တစ်ခုကို သွားတယ် ဆိုပါစို့။ To take an example, let's suppose you went to a large shopping centre like Yuzana.

စောင် (N°~) and **အစောင် (~N°)** ⇒ **item**, *comm nmtv for letters, articles, newspapers, magazines, tickets, etc; CB+FB*; • လက်မှတ် နှစ်စောင် two tickets; သိတင်းစာအစောင် ၃၀ thirty newspapers.

စဉ် 1 (V~) ⇒ **while, when V-ing, V-ing**; *loc nn, CB+FB, slightly formal; in CB often V–စဉ်တုန်းက or V–စဉ်အခါ; cf V–တဲ့အခါ CB = FB V–သောအခါ*; • ကျွန်မ စဉ်းစားနေစဉ် သူက စကား ဆက်၍ ပြောသည်။ While I was considering he continued speaking. • အဖွားကြီးက သံစကားကွယ်မှ နေ၍ ကဲကြည့်ကာ ပြောစဉ် သူ့သား က တံခါးကို ခပ်သွက်သွက် ထဖွင့်ပေးသည်။ While the (old) mother was speaking, eyeing me from behind the iron grille, her son stood up and briskly opened the door for me. • မြန်မာနိုင်ငံသည် အင်္ဂလိပ်တို့ လက်အောက်တွင် ရှိနေစဉ်အတွင်း။ During the time when Burma was still under the rule of the English.

• နန်းစံတော်မူစဉ်အခါ။ During his reign, while he was on the throne. • ထိုစဉ် အခါ။ At that time. • ရန်ကုန်မှာ ရှိစဉ်တုန်းက ဒါမျိုး တွေ့ဖူးမှာပေါ့။ You surely came across that sort of thing while you were in Yangon. • သက်တော် ထင်ရှားရှိစဉ်ကာလတုန်းက။ When he was alive, during his lifetime. *Frequent in captions to photographs in newspapers:* • မြို့နယ်အေးချမ်းသာယာ ရေးနှင့် ဖွံ့ဖြိုးရေးကောင်စီ ဥက္ကဋ္ဌ ဦးမောင်မောင်ဋ္ဌေးက ဖဲကြိုးဖြတ်ဖွင့်လှစ်ပေးစဉ်။ Town- ship Peace and Development Council Chairman U MMH cutting the ribbon (at an opening ceremony). • ဗိုလ်မှူးကြီးတင်သိန်းလွင် အမှာစကားပြောကြားစဉ်။ Colonel TTL giving instruction.

စဉ် 2 (N~) ⇒ **every N,** *where N is a unit of time; nn mkr, mainly FB; = CB N– တိုင်း၊ from verb စဉ်– to arrange in line;* • နေ့စဉ် every day, daily; လုပ်သား ပြည်သူ့နေ့စဉ်သတင်းစာ Working People's Daily; နေ့စဉ်လိုလို almost every day; အပတ်စဉ် every week, weekly; အပတ်စဉ်ထုတ်စာစောင် weekly newsletters, week- ly journal; လစဉ် ဆွမ်း သွားကျွေးတယ်။ He goes and offers food (to the monk) every month.

စဉ် 3 (N~) ⇒ **row, series, of Ns, N perceived as a line, a continuity;** *comm elem cpd nn; CB+FB;* • ခေါင်းစဉ် heading, title; စာစဉ် series (of publications), a regular publication; အမှတ်စဉ် serial number; သံစဉ် gamut, scale (in music); စာရင်းစဉ် list; ဆိုရှယ်လစ်လမ်းစဉ် Socialist programme; မိုင်ထောင်ချို့ခရီးစဉ် the journey to Mong Tong; ဘိုးစဉ် ဘောင်ဆက် လက်ထက်ကတည်းက from the time of his grandfather and great-grandfather; သံသရာမှ လွတ်မြောက်ကြောင်း ကျင့်စဉ်တရား၊ the principles of practice for escaping from samsara; ဒါရိုက်တာ တစ်ဦး၏ လုပ်ရိုးလုပ်စဉ် တာဝန်မှအပ apart from a Director's regular duties; ထာဝစဉ် သတိ ရလျက် remembering you always *(commonly used at end of a letter).*

စိတ် (V~, VA~) ⇒ **attitude, feeling of V;** *sp hd nn, CB+FB; from noun* စိတ် *"mind";* • ကျေနပ်စိတ်နှင့် ဝင်းမွေးနေသော မျက်လုံးအစုံ။ A pair of eyes gleaming with (a feeling of) contentment. • ရင်ထဲမှာ မနာလိုစိတ်၊ မကောင်းကြံစိတ်၊ မဝင်ရ အောင် အမြဲ ဂရုစိုက်တယ်။ I always try not to harbour ("let enter my heart") feelings of envy and ill-will. • ကိုယ့်ရဲ့ မုန်းတဲ့စိတ် အာဃာတစိတ် ပျောက်ကွယ်ဖို့ ဆိုတာ ကိုယ့်ပဲ လုပ်လို့ ရမယ်။ The elimination of one's feelings of hatred and resentment is something that one can only achieve onself. • ကိုယ်ချင်းစာ စိတ်နဲ့ လုပ်ကြပါ။ Please proceed with an attitude of sympathy and under- standing. • ပိုင်ရှင်း မျှော်ကိုးစိတ်။ The expectation of becoming the owner. *In combination* V–ချင်စိတ် *or* V–လိုစိတ် ⇒ **desire to V, wish to V;** • မနွေ့ ရင်ထဲမှာ ကျော်သူ့အပေါ် ရန်တွေ့ချင်စိတ်တွေ ပေါ်လာသည်။ A desire formed in Ma Nwe's heart to pick a quarrel with Kyaw Thu. • ကိုသိန်းဆွေတို့က မထိတထိ နောက်ပြောင်နေမှန်း သိ၍ ရယ်ချင်စိတ်ကို မျိုသိပ်ထားရလေသည်။ Realising that Ko TS and his friends were gently poking fun at him, she had to suppress her urge to laugh. • ရန်ကုန် ရောက်ဖူးချင်စိတ်များ ပေါ်လာပြန်လေသည်။ She again felt a wish to have been to Yangon. • သူတွင် ပြလို(သော)စိတ် ပေါ်လာသည်။ He felt a desire to show off. • လူနာတွေနဲ့ ပတ်သက်ပြီး ... ပြောပြလိုစိတ် ဖြစ်ရပါတယ်။ I felt I wanted to tell them about the patients.

စမ်း– (V~-) ⇒ *conveys urgency, strong wish;* *vb mod; CB, rare in FB;* **(a) do V, please V;** *in requests and commands;* • ပြောစမ်းပါအုံး၊ နောက် ဘာ ဖြစ်သွားသလဲ။ *Please* tell me! What happened next? • မလုပ်စမ်းပါနဲ့။ သေလိမ့်မယ်။ For goodness' sake, don't do that! You'll die. • သား၊ လက် သွားဆေးလိုက်စမ်း။ Boy! Just go and wash your hands. • ဖယ်စမ်းကွယ်။ မရှုပ်စမ်းနဲ့။ Stand clear, man. Don't get in the way. • မင်းစကားကို ပြင်ပြောစမ်း။ You'd better change your words! (i.e. be less discourteous).

(b) dearly wish to V; *in connection with events passionately desired;* • ကြားချင်စမ်းပါဘိ။ I very much want to hear it. • ဆရာတော်ကြီး မြင်စမ်းစေချင်၊ သိစမ်းစေချင်ပါဘိတယ်လို့ အောက်မေ့ရပါတယ်။ I thought how much I would like the Sayadaw to see and know about this. • ဦးလှ သိစေချင်စမ်းတာတွေ အများကြီး။ Many are the things I'd love U Hla to know. • မသေခင် မြင်သွားစမ်းပါရစေ။ Let me see it before I die.

စိမ့်– (V~-) ⇒ cause to V *(in the future); vb mod, FB, usually verse; from verb modifier* စေ *"to cause" +* အံ့ *"future" qv;* • ခုနစ်ရက်အတွင်း ရစိမ့်မည်။ I will see he receives it within a week.

***Common in patterns* V–စိမ့်(သော)ငှာ *and* V–စိမ့်(သော)ကြောင်း ⇒ in order to make sn V, in order to cause V;** • ကြားပိမ့်သူမြတ်။ အများမှတ်စိမ့်။ *(verse, explained in prose as)* လူအများတို့ မှတ်သားစိမ့်ငှာ ငါသူမြတ် ပြောကြားပေအံ့။ I the virtuous will speak so that the many may take note. • သွားစိမ့်သောငှာ။ In order to make him go. • နောက်နောင်မြေးသား၊ စီးပွားစဉ်ရှည် တည်စိမ့်သောကြောင်း။ (To ensure) that our descendants shall enjoy prosperity. • ရပ်မျက်နှာကို၊ ကွယ်ကာစိမ့်ကြောင်း။ *(verse, explained in prose as)* အကျင့်ကောင်းသူတို့ကို ကာကွယ်အရေးယူစိမ့်သောငှာ။ So that men of virtuous conduct may be protected.

စွ (V~) ⇒ V-s greatly, how V! *marks exclamatory statement; stc mkr, FB;* • ခံနိုင်မည် ဝေးစွ။ He is totally unable to resist ("being able to resist is far away") (when his favourite queen argues with him). • အာဇာနည် ပီလှပါပေစွ။ What a true hero he was! • ယနေ့ညကား ထူးခြားလှပေစွ။ What an exceptional night it is tonight!

စွာ 1 (V~) ⇒ -ly; *forms adverbs from verbs; sub cls mkr, FB; = CB VV (qv under "Repetition");* • မိဘစကားကို လေးစားစွာ နားထောင်ပါ *FB = CB* လေးလေးစားစား နားထောင်ပါ။ Listen respectfully to your parent's words. • ရဲဘော် သုံးကျိပ် ဂျပန်ပြည်သို့ လျှို့ဝှက်စွာ သွား၏။ The Thirty Comrades went secretly to Japan.

• လွတ်လပ်စွာ ရေးသားခွင့်။ The right to write freely, freedom of expression.
• ရှေးဦးစွာ or ပထမဦးစွာ။ First of all. • အခါအားလျော်စွာ။ As appropriate ("in accordance with the time"). • ကံအားလျော်စွာ။ Fortunately.

The regular equivalent of Pali adverbs in nissaya translation (Okell 1965 p 206): • စိရံ၊ ကြာမြင့်စွာ၊ ဇီဝတု၊ အသက်ရှင်တော်မူစေသတည်း။ May you live for a long time. • သုခံ၊ ချမ်းသာစွာ၊ သယိတ္တ၊ အိပ်တော်မူရပါ၏လော။ Did you sleep well?

Form V–စွာဖြင့် common in closing phrases in personal letters: • ခင်မင်စွာဖြင့် affectionately, in friendship; သတိရစွာဖြင့် remembering you; ကျေးဇူးတင်စွာဖြင့် gratefully, in gratitude.

Used extensively by some contemporary writers, perhaps on the model of English adverbs: • လက်ခံစွာ acceptingly; ရယ်ချင်စွာ as if wanting to laugh; စိတ်မပါစွာ uninterestedly, without interest; နားမလည်စွာ uncomprehendingly; ရည်ရွယ်ချက်မဲ့စွာ aimlessly.

စွာ– 2 (V~~) ⇒ **very**, *intensifier; in verse used to supply a rhyme; most common in verb attributes (V–စွာသော N); vb mod, FB; cf CB လှ–;* • ဖုန်းကြွယ်ရာဇာ၊ ကျင့် အပ်စွာ၏။ A powerful king should practise (these principles). • ကြီးစွာသော စိတ်ဆင်းရဲမှု။ Deep distress. • ချစ်မြတ်နိုးလှစွာသော မိဖုရား။ His dearly beloved queen. • ကျေနပ်လွန်းလှစွာသော ဓာတ်ပုံကောင်းတွေ ရနေပြီမို့။ As he had taken some photographs he was extremely pleased with. • များစွာသော ပရိသတ်တို့ သည် ငြိမ်သက်စွာ နားထောင်နေကြသည်။ The large (numerous) audience listened quietly. • *Used without သော in the set phrase* မြတ်စွာဘုရား The Noble Lord (Buddha).

ဆ (N°~) *and* **အဆ (~N°)** ⇒ **N°-fold, times**; *comm nmtv, CB+FB;* • နှစ်ဆ တိုးလာ သည် increased two-fold, doubled; အဆ သုံးဆယ် thirty fold; အဆပေါင်းများစွာ many times over.

ဆီ (N~, sts VA~) ⇒ **vicinity, place, presence of N,** *where N is a person; occasionally used when N is a place; used with words meaning "to, from, at" etc; cf French chez; loc nn, CB; = FB ထံ; frequently not voiced;* • သူငယ်ချင်း ဆီမှာ ထားခဲ့မယ်။ I'll leave it at my friend's place. • ကိုစောဆီ သွားမလို့။ I'm going to Ko Saw's. • ဘယ်သူ့ဆီက ရသလဲ။ — ဆရာဆီက ရတာပါ။ Who did you get it from? — It was from Saya; *contrast the same phrases without the suffix:* ဘယ်သူက ရသလဲ။ — ဆရာက ရတယ်။ Who got it? — Saya got it. • အိမ်ဆီသို့ မောင်းသွားသည်။ He drove towards the house. • ဘယ်ဆီ သွားနေမှန်း မသိဘူး။ I don't know where she can have gone. • ကျွန်တော်တို့ ရှိတဲ့ဆီ အမြဲ ပြန်တာပဲ။ He always comes back to where we are.

ဆူ (N°~) *and* အဆူ (~N°) ⇒ **item,** *comm nmtv for sacred objects, treatises, etc, also folding paper manuscripts (parabaik) and fishing nets; CB+FB;* • ဘုရား သုံးဆူ three pagodas; ပုရပိုက်နှစ်ဆူ two parabaik; ပညာရှိကဝိတစ်ဆူ a wise man.

ဆဲ (V~) ⇒ **is/was in the process of V-ing, is/was still V-ing;** *stc mkr, CB+FB; cf CB V–တုန်း၊* • ထိုအချိန်က ဗိုလ်ချုပ်အောင်ဆန်းသည် ဗြိတိသျှအစိုးရနှင့် အကြိတ်အနယ် ဆွေးနွေးနေဆဲ ဖြစ်ပေသည်။ At that time General Aung San was in the process of intense discussions with the British Government (to obtain independence). • စာရင်းများ ပြုလုပ်ဆဲပင် ရှိသေးရာ။ As the lists are still being drawn up. • ယခုလည်း ဂယက်ရိုက်ခတ်ဆဲပင် ဖြစ်၍။ And it is still causing repercussions. • ကျော်မောင်မောင်က ပညာသင်ဆဲမို့ မီးဖိုချောင်တာဝန်သည် သူ၏လက်ထဲသို့ လုံးလုံးလျားလျား ကျရောက်ခဲ့လေသည်။ As KMM (her husband) was still studying, responsibility for the cooking had fallen entirely into her hands. • ဘဏ်ပိတ်ရလိမ့်မယ် ကြေငြာပြီး တမြို့လုံး ခြောက်ကပ်ကပ်၊ ဆိုင် တော်တော် များများ ပိတ်ထားဆဲပဲ။ Following the announcement that the banks may have to close, the whole town is dead. Quite a few shops are still closed.

ဆဲဆဲ (VA~ *etc*) ⇒ **on the point of V-ing, about to V;** *loc nn, CB+FB; common in patterns V–လုဆဲဆဲ၊ V–မည့်ဆဲဆဲ၊ V–နီးဆဲဆဲ;* • နေဝင်လုဆဲဆဲ ရှိပြီ ဖြစ်၍။ as the sun had nearly set. • ထိုရွာသို့ ရောက်လုဆဲဆဲတွင် လေကြီးမုန်တိုင်း ကျလာလေ၏။ They had nearly reached the village when a great storm broke. • မော်တော် ကားတစ်စီးသည် ကျွန်ုပ်တို့ ရှိရာသို့ တည့်တည့် ပြေးဝင်လာ၍ မောင်စံရှားအား တိုက်ခိုက် မည့်ဆဲဆဲ ရှိလေ၏။ A car was driving straight towards us and was on the point of running into MSS. • အေးငြိမ်း ၈–တန်း ဖြေရမည့်ဆဲဆဲမှာပင် အဖေ ဆုံးခဲ့ သည်။ Just before AN was to have taken her Eighth Standard exam, her father died. • သေခါနီးဆဲဆဲ။ On the point of death. • သေတော့မဲ့ဆဲဆဲမှာတော့ ဖွင့်ပြောသွားရမယ်။ When he is on the verge of death he will have to tell all.

ဆို– 1 ⇒ **to sing, say, state;** *used in a variety of contexts with extended meaning including* **to claim, think, suppose, be the case, be true, obtain,** *etc: see the following entries. In FB* ဟူ–၊ မှန်–၊ ဖြစ်– *are often used with comparable meanings.* • ပြည်သူလူထုလို့ ဆိုတဲ့နေရာမှာ ဒီနိုင်ငံမှာ ရှိတဲ့ ၄၅ သန်းကျော် နိုင်ငံသူ နိုင်ငံသားများ အားလုံးကို ဆိုလိုတာပါ။ When we say "the people" we mean all the 45 million citizens of this country. • တချို့သူခိုးထားပြ တွေလဲ အင်မတန် သတ္တိရှိတယ်လို့ ဆိုရမယ်။ We have to admit that some thieves and robbers have great courage.

ဆို 2 (Stc~) *with question intonation* ⇒ **didn't you say that Stc, I hear that Stc, someone said Stc: is that right?** *truncated main clause, from* မဆိုဘူး လား *etc, CB;* • မနေ့က လာမယ် ဆို။ ဘာပြုလို့ မလာသလဲ။ I thought you said you would come yesterday. Why didn't you come? • တစ်ယောက်က လေအိုးကြီး ဆို။ I hear that one of them is an old wind bag. • ဗမာစကား သင်နေတယ် ဆို။ I gather you're learning Burmese: is that so? • အိမ်ပေါ် ဧည့်သည်တွေ ရောက်နေပြီ ဆို။ I hear you have visitors in the house: is that right?

ဆို 3 *see under* ဆိုပြီး: *saying, and* ဆိုရင် *if*

ဆို 4 *see under* မဆို *unspecified, any*

ဆို 5 *in pattern* မဆိုထား*နဲ့* *"not only" and variants, see under* မဆိုထား*နဲ့*

ဆိုက *see under* ဆိုရင် *if, in the case of*

ဆိုကတည်းက *sts* ဆိုကထဲက (Stc~) ⇒ **ever since sn said Stc, as soon as Stc;** *sub cls, CB+FB; pron* /ဆိုဂဒဲက/; • ရုပ်ရှင်မင်းသမီး ဝါဝါဝင်းရွှေ ငပလီ ရောက်လာ သည် ဆိုကတည်းက မြနသည် ဝါဝါဝင်းရွှေအကြောင်းကို မေးမြန်းရသည်မှာ မောနေ၏။ From the moment she heard that the film star WWWS had come to Nga-pali MN had been asking about her all the time. • ရွာကို လူစိမ်းဧည့်သည် ရောက်တယ် ဆိုကတည်းက ဘယ်သူတွေပဲ၊ ဘာလာလုပ်ကြတာပဲဆိုတာ တစ်ရွာလုံး သတင်းပြန့်သွားလေ့ ရှိပါတယ်။ As soon as people heard that there were strang-ers visiting the village, the whole village used to spread the news of who they were and why they had come. • ကွန်ပျူတာသစ်တစ်လုံးကို ဝယ်တယ် ဆိုက တည်းက မိမိလုပ်ငန်းမှာ အသုံးချမှပဲ ကောင်းပါတယ်။ As soon as you have bought a new computer, the best thing is to put it to use in your business.

ဆိုကာ (Stc~) ⇒ **saying Stc, on the grounds that Stc;** *sub cls, FB; = CB* ဆိုပြီး၊ • မနေ့ကပင် ခရ အရနည်းသည် ဆိုကာ လုံးသာဘက်သို့ သူကိုယ်တိုင် လိုက်သွားသည်။ Only yesterday he said that there weren't enough shellfish and went off to Lontha.

ဆိုခါမှ (Stc~) ⇒ **only when Stc;** *sub cls, FB;* • ဗိုက်ထဲတွင် ဟာနေသည်၊ ဗိုက်ဆာ သည် ဆိုခါမှ သည်နေ့မနက် ဟင်းချက်စရာ မရှိ။ Only when (she realised that) her stomach was empty, that she was hungry, (did she remember that) there was nothing to cook for breakfast.

ဆိုပြားအုံ့ *see under* ဆိုရင် *if, in the case of*

ဆိုစေ *see under* မည်သို့ဆိုစေ *anyway*

ဆိုတာ CB = FB ဆိုသည် ⇒ **"that which says";** *cf FB* မည်သည်; *FB form pron* /ဆိုသို့/; *nominalized clause (see under* တာ), *with different functions according to context:* **(a) (N~) ⇒ the thing called N, such a thing as N, the expression "N";** • နိုင်ငံတော် ဆိုတာ ဘာလဲ။ What is "the state"? • စစ်တမ်း ဆိုသည်မှာ မှတ်တန်းတစ်မျိုး ဖြစ်ပါသည်။ A *sit-tan* ("this thing called *sit-tan*") is a kind of record. *(In more formal style* ဟူသည်မှာ *would be used in place of* ဆိုသည်မှာ; = CB စစ်တမ်းဆိုတာ မှတ်တန်းတစ်မျိုးပဲ။) • လာဘ်ပေးလာဘ်ယူ ဆိုတာ ဘယ်သူမှ အားမပေးသင့်ဘူး။ No one should encourage (this thing called) bribery. • Performa ဆိုတာဟာ 5300 တဖြစ်လဲပဲ။ The Performa model is just the 5300 under another name. • ပဟောဠိ ဆိုတာ ဘာပြောတာလဲ။ What is the meaning of the word "paheli"?

(b) (statement~) ⇒ **the claim that [statement], the fact that [statement], such a thing as [statement];** *common with verbs of knowing, saying etc; cf FB V–*ကြောင်း၊ • ကျောင်းသွားတယ် ဆိုတာ ဟုတ်ရဲ့လား။ Is it true (as claimed) that he went to the school? • ဒီကို ရောက်လာလိမ့်မယ် ဆိုတာ မနေ့က တည်းက သိနေပါတယ်။ He has known since yesterday that they'd probably be coming here. • လန်ဒန်က မိတ်ဆွေတွေအားလုံးကို သတိ ရတယ် ဆိုတာ ပြောပြပေးပါ။ Please tell all friends in London that I remember them. (Cf သတိရကြောင်း ပြောပြပေးပါ။) • အလုပ်က ထုတ်ပစ်တယ် ဆိုတာ မဖြစ်သင့်ဘူး။ Being thrown out of your job is something that shouldn't happen. • အတင်း တိုက်တွေ ဆောက်ခိုင်း နေတယ် ဆိုတာ ကျွန်တော်တို့ ကြားနေရတယ်။ We have heard that people are being forced to construct buildings.

(c) (question~) ⇒ **the matter of [question], the question of [question];** *common with verbs of asking, saying, believing, thinking, etc; cf FB V–*ကြောင်း၊ • မဲ ဘယ်လို ရေတွက်မယ် ဆိုတာ မကြေငြာသေးဘူး။ They haven't yet announced how they're going to count the votes. • အစည်းအဝေးမှာ ဘာပြောရင် ကောင်းမလဲ ဆိုတာ စဉ်းစားထားအုံး။ Have a think about (the matter of) what we should say at the meeting. • လူထုရဲ့ ဆန္ဒနဲ့ ညီမညီ ဆိုတာ မသိဘူး။ They don't know whether or not it is in accord with the wishes of the people. • လွတ် လပ်ရေး ဘာဖြစ်လို့ ရခဲ့သလဲ ဆိုတာကို စဉ်းစားရမှာပါ။ We must consider (the question) why it was that we achieved independence.

ဆိုတဲ့ *CB = FB* ဆိုသည့် *or* ဆိုသော **(a) (statement~ N)** ⇒ **the N that is said to be [statement];** *verb attribute;* • ဗန်ကောက်က လွှင့်တယ် ဆိုတဲ့ အသံ မကြားလိုက်ရ ပါဘူး။ I didn't happen to hear the broadcast he was said to have made from Bangkok. • ရွှေးပွေ ဆိုတဲ့ အထည်တွေ။ Material which is (claimed to be) tremendously warm. • ကောင်းပွေ ဆိုတဲ့ အသီးတွေ။ Fruit which is (said to be) really good. • ပညာရေးလွတ်လပ်မှု ဆိုတဲ့အထဲမှာ လွတ်လပ်စွာ ပြောဆိုပိုင်ခွင့်၊ လွတ်လပ် စွာ ရေးသားပိုင်ခွင့်၊ လွတ်လပ်စွာ ထုတ်ဖော်ပိုင်ခွင့် ဆိုတာတွေ အားလုံး ပါဖို့ လိုပါတယ်။ In the notion of freedom of education we need to include freedom of speech, freedom of writing, and freedom of publication. • အနောက်တိုင်း၏ အငွေ့အသက်များ ထိခတ်နေသည် ဆိုသော မြို့ကြီးများ။ Large towns, which are said to be affected by western influence.

(b) (statement~ N) ⇒ **the N that says [statement], the N that means [statement], the N that is related to [statement];** • နာမည်ရင်းက ဆူးဆူး ကျော်ပါ။ ခင်မင်တဲ့ သူငယ်ချင်းတွေက ဆူးလို့ အခေါ် များတော့ ဆူး ဆိုတဲ့ နာမည် တွင်ခဲ့တယ်။ His real name was Su Su Kyaw, but his close friends called him Su, so the name Su became established. • ဒီမိုကရေစီ ဆိုတဲ့ ခေါင်းစဉ်။ The heading "democracy". • သဘော မကောင်းဘူး ဆိုတဲ့ အဓိပ္ပာယ် ထွက်တယ်။ It has the meaning "He's not kind". • နိုင်ငံရေး အခြေအနေ ဘယ်လို ရှိခဲ့သလဲ ဆိုတဲ့

အကြောင်း လေ့လာထားတယ်။ I studied the question of what the political situation was at the time. • အချင်းချင်း နှုတ်ဆက်ဖို့ ဆိုတဲ့ နေရာမှာ အပြန်အလှန် ဖြစ်သင့်တယ်။ In the matter of greeting one another the action should be reciprocal.

(c) (name~ N) ⇒ the N that is called [name]; • မစန္ဒာ ဆိုတဲ့ စာရေးဆရာမ an author named Ma Sanda; ကော်နဲ ဆိုတဲ့ တက္ကသိုလ် a university called Cornell; ငါးနှစ် ရာသီ ဆိုသည့် စာအုပ် the book called "A Five-year Period"; ကျေးကိုင် ဆိုသည့် အရာထမ်းမှာ the official known as a *kyay-gaing;* ငှက်တွေ ဆိုတဲ့ ကားမှာ in the film called "The Birds"; ကြောက်စရာ မရှိဘူး ဆိုတဲ့ စိတ်ဓါတ်ဟာ a fearless attitude ("the attitude that says there is nothing to fear").

ဆိုတဲ့အရာမှာ၊ ဆိုတဲ့ကိစ္စမှာ *see under ဆိုရာတွင် when we speak of*

ဆိုတော့ (a) (N~) ⇒ because it is N, as, since it is N; *sub cls, CB, cf FB ဖြစ်၍၊ ဖြစ်သည့်အတွက်;* • ပျောက်သည့်၊ ကျန်ရစ်သည့် ပစ္စည်းက မည်သည့် ပစ္စည်းပါလိမ့်။ မိုးခါ ဆိုတော့ ထီးပဲ ဖြစ်တန်ရာသည်။ What could the lost object be? Since it was the rainy season it would surely be an umbrella. • အင်္ဂလိပ်စာ ဆိုတော့ သိပ်စားမကောင်းဘူး။ As it is English food, it's not very tasty. • မင်းက ကျောင်းဆရာ ဆိုတော့ စာပေတော့ ဝါသနာ ပါမှာပေါ့။ As you are a school teacher you must be interested in literature. • နောက်မေးခွန်းက အညာသားတဦးတဲ့။ အညာသား ဆိုတော့ ကျွန်တော်တို့အမျိုးပေါ့နော်။ The next question is from an Upper Burman. As he's an Upper Burman then he must be one of our relatives. • လွတ်လပ်ရေးနေ့ ဆိုတော့ လွတ်လပ်ရေးနဲ့ ပတ်သက်လို့လဲ ကျွန်တော် ပြောချင်တာလေး နဲနဲပါးပါး ရှိပါတယ်။ As it's Independence Day there are also a few things I'd like to say about Independence.

(b) (statement~) ⇒ since [statement] is the case, given that [statement]; • စံစံက ဧည့်သည် ခေါ်လာမယ် ဆိုတော့ ထမင်း ထပ်ချက်ထားဖို့ လိုလိမ့်မယ်။ As San San is bringing a visitor we'll need to cook some extra rice. • သူက အရာရှိကြီးသား ဆိုတော့ လွယ်လွယ်နဲ့ ရမှာပေါ့။ As he is the son of a senior official, of course he'd get one easily.

(c) (question~) ⇒ when we consider the [question], in answer to [question]; • သူက ဘယ်လို ပြန်ပြောလဲ ဆိုတော့ "မလိုဘူး"တဲ့။ What he replied was: "It's not necessary". • ဘာဖြစ်လို့လဲ ဆိုတော့ ... ။ When we ask why ..., the reason is as follows: .... • အဓိပ္ပါယ်က ဘာလဲ ဆိုတော့ ... ။ When we ask what is meaning of this ..., the meaning of this is .... • စုံစမ်းကြည့်တော့ ဘယ်လို တွေ့ရလဲ ဆိုတော့ ... ။ When we inquire into this and ask what we find, ..., our findings are ....

ဆိုနေ (Stc~) ⇒ I've been telling you Stc, I thought I told you Stc; *conveying mild exasperation; truncated main clause, from ဆိုနေတာပါ etc, CB;* • ဟဲ့ မလေး၊ အိပ်တော့လို့ ဆိုနေ။ Hey! Ma Lay! I thought I told you to go to sleep!

အဆိုပါ (~N) ⇒ **the aforesaid N, the N mentioned previously;** *truncated verb attribute, from* အဆိုမှာ ပါသည့် *etc, CB+FB;* • အဆိုပါ ဒါရိုက်တာ။ The previously mentioned director. • အဆိုပါ သတင်းကောင်းကို ကြားရသည်နှင့်တစ်ပြိုင်နက်။ As soon as he heard the good news I referred to.

ဆိုပါက *see under* ဆိုရင် *if, in the case of*

ဆိုပါတော့ *and* ဆိုပါစို့ (N~, Stc~) ⇒ **let's say N/Stc, shall we say, you might say N/Stc, in other words N/Stc;** *main clause, CB;* • လန်ဒန်ကို လာမဲ့ အစီအစဉ် ဖျက်လိုက်ပါပြီ အကြောင်းကြောင်းတွေကြောင့် ဆိုပါတော့။ I have cancelled my plans to come to London — let's say for a variety of reasons. • ကြည့်တော့ ဘာခြေရာမှအစအန မရှိဘူးခင်ဗျ။ — ခင်ဗျား မမြင်ဘူး ဆိုပါတော့ဗျာ။ I looked but there weren't any footprints or clues at all. — In other words you didn't see any. • မမနာမည်ကတော့ ဥမ္မာပဲလားဟင် — ဆိုပါတော့ကွယ်။ Your name is Ohmmar is it? — Yes, you could say that. • ကျွန်တော့်နဲ့ တွေ့လေတော့။ တစ်ယောက်တစ်ယောက် ချစ်ကြိုက်ပြီး အကြောင်းပါကြရော ဆိုပါတော့ခင်ဗျ။ When she met me we fell in love and — to put it briefly — we married. • မဆိုင်တာတွေ ပြောမနေပါနဲ့ဗျာ ... ဒီမှာ ခင်ဗျား ပြန်မပေးနိုင်ဘူး ဆိုပါတော့...။ Don't beat about the bush. Let's just say that you can't give it back to me. • ကျွန်တော့် အဒေါ် တစ်ယောက် ဆိုပါတော့ ငယ်ငယ်ကတည်းက ကျွန်တော်တို့နဲ့ နေတယ်။ (This woman), you could say she was an aunt of mine, lived with us since I was small. • ဆိုပါတော့ — ခင်ဗျားက ပရိသတ်ထဲကနေပြီး လက်ငါးချောင်း ထောင်ပြမယ် ဆိုပါတော့။ For example: suppose you are in the audience and you show five fingers (how does the blindfolded man know how many fingers you are showing?).

ဆိုပြီး *see under* ဆိုပြီး *saying*

ဆိုပေမယ့် *or* ဆိုပေမဲ့ *or* ဆိုပေမည့် *CB = FB* ဆိုသော်(ငြား)လည်း (N~, Stc~) ⇒ **although it is/was N, despite being N; although it is true that Stc;** *sub cls;* • စက်ပြင်က ပြင်ပေးသည်။ စက်ပြင် ဆိုပေမည့် စက်ပြင် အဆင့် (၃)မျှသာ ဖြစ်သည်။ The mechanic carried out the repair. Though he was described as a mechanic he was only minimally qualified. • ကိုယ်ကောင်းလျှင် ခေါင်းဘယ်ရွေ့ ဆိုပေမယ့် မကောင်းသူတွေက ခပ်များများမို့ စိုးရိမ်မိတာ အမှန်ပါ။ Although (the proverb) says that if the body is sound the head won't be turned, there are nonetheless a lot of wrong-doers and you can't help being anxious. • အပါးက ကရင် ဆိုသော်လည်း မြန်မာသွေးက တစ်ဝက် ပါသည်မို့ ကလေးတွေက ကရင်နှင့် သိပ်မတူလှပေ။ Although (it was true that) Apa was a Karen, he was half Burmese so his children didn't look much like Karens. • ကျွန်းမာပါ၏။ စာတတ်ပါ၏။ ကြွယ်ဝ ပါ၏။ ဆိုသော်ငြားလည်း မိတ်ကောင်းဆွေကောင်း မရှိပါက မသင့်လျော်ချေ။ Although a man may be healthy, well educated and well off, if he has no good friends that is not as it should be. • ကျွန်တော်သည် ကျောင်းဆရာ အလုပ်ဖြင့် အသက်မွေး ဝမ်းကျောင်းသည်ဟု ဆိုသော်လည်း တစ်ဖက်ကလည်း မိဘလက်ငုပ်လယ်ကလေးကို

လက်မလွှတ်နိုင်ဘဲ့ လူ့ငှားဖြင့် ထွန်ယက်လုပ်ကိုင်နေရသေး၏။ Although I earned a living as a teacher, I couldn't abandon the land I inherited from my parents and I had to work it with the help of a labourer.

ဆိုပဲ (Stc~) ⇒ **so it is said, according to reports;** *truncated main clause, CB; sts with sentence marker omitted before* ဆို; • အဲဒီမှာ အလွန် ပျော်စရာ ကောင်းတယ် ဆိုပဲ။ They say that one has lots of fun there. • ဒီကောင်ကတော့ ... တိုင်းရင်းဆေးပညာဆိုတာ ဘာလဲ ဆိုတဲ့ စိတ်ဝင်စားမှုနဲ့ လာတာ ဆိုပဲ။ ကြီးကြီး ကျယ်ကျယ်။ But this fellow came along with a consuming interest in finding out what traditional medicine was like, so they say. • ကျောင်းပြီးရင် ဘဝတစ်ခုကို အတူတွဲတည်ထောင်မလို့ ဆိုပဲ။ He even said that when he was out of university he'd like to start a new life with me. • ဒီအကြံကို စာရေးကြီးကိုအုန်းရွှေနဲ့အတူ ကြံတ်ကြံ ကြ ဆိုပဲ။ People said that they hatched this plot with senior clerk U Ohn Shwe. • ပါရှန်းလေးသမားတွေက တယ်များ ဆိုပဲ။ The rumour was that the Persians had huge numbers of archers.

ဆိုပြီး *or* ဆိုပြီးတော့ *sts shortened to* ဆို (a) (Stc~) ⇒ **after saying Stc, thinking Stc, having in mind that Stc, on the grounds that Stc;** *sts written* ဆိုပီး *or* ဆိုပီးတော့; *sub cls, CB; cf FB* ဆိုကာ၊ ဟူ၍; • ပြန်မအမ်းပါနဲ့ ဆိုပြီး ထွက်သွားကြ တယ်။ They said "Don't give me the change" and went out. • လက်အုပ်ချီပြီး နမတ်စတေး ဆိုပြီး နှုတ်ဆက်ကြပါတယ်။ They greet each other by saying Namaste with hands raised, palms together. • ဗီဒိုကြီး အသုံး မကျတော့ဘူး ဆိုပြီး မီးလျှိုပစ်လိုက်မလို့။ Thinking that the old cupboard was no longer any use I was going to burn it. • သူများက မဟုတ်တာ လုပ်မလား ဆိုပြီးတော့ ကြောက်လာတယ်။ They become fearful, wondering if other people are going to do something wrong.

(b) (N~) ⇒ **making the sound N, going N, with an N,** *where N is expressive of a sound; usually in shortened form* ဆို; • သူခိုးက ဂုန်းဆို ပေါ်လာပြီး။ A thief appears suddenly ("with a boom"). • ဟော ဖြုန်းဒိုင်းဆို အိမ်ရှေ့ကို ရောက်လာပြီ။ Hey presto, they're suddenly there in front of the house ("going boom bang").

ဆိုယင် *see under* ဆိုရင် *if, in the case of*

ဆိုရင် *or* ဆိုယင် *or* ဆိုလို့ရှိရင် *or* ဆို CB = FB ဆိုလျှင်၊ ဆို(ပါ)က၊ ဆိုငြားအံ့ (a) (N~, Phr~) ⇒ **if you take the case of N/Phr, in the case of N/Phr;** *sub cls;* • တချို့ မိန်းခလေးတွေ ဆိုရင် ထဘီ တိုတို ဝတ်ကြတယ်။ (In the case of) some girls (they) wear their *longyis* short. • ကျမသာ ဆို ငြင်းတယ်။ If it were me, I would have refused you (i.e. if you had asked me I would have said no). • သူအဖေ ကဆို အင်မတန် ချမ်းသာတာ။ Her father is very well off. • ယခု ဆိုလျှင် မည်သို့ သော ပြဿနာများကို ရင်ဆိုင်နေရပေလိမ့်မလဲ။ What kind of difficulties will they be facing at the present time? • သည်နေ့ဆိုလျှင် ခင်လွမ်းတို့အိမ်မှာ လူစုံတက်စုံ

ရှိနေသည်။ On this particular day there was a crowd of friends at KL's.
• သူတို့ ရှုထောင့်အရ ဆိုရင် ဒီကိစ္စ တော်တော် အရေးကြီးတာပေါ့။ From their point of view this matter is very important. • လခ တစ်ခုတည်းနဲ့ ဆိုရင် အဆင်မပြေ ဘူး။ Just on one person's salary one can't manage. • ဒီလိုဆို(ရင်) စာအုပ်ကို သူ့ဆီ မပို့နဲ့တော့။ In that case, don't send the book to him after all. • တနည်း အားဖြင့် ဆိုလို့ရှိရင်။ Put another way, in other words. • မြန်မာနိုင်ငံမှာ ဆိုလို့ရှိရင် သိပ်ပြီးတော့ ဆင်းရဲတဲ့သူတွေ မရှိဘူး။ In Burma there are no really poor people.
• ကျောင်းတုန်းကတော့ ကိုယ်သဘောမကျ မနှစ်သက်သူ ဆိုလျှင် မပေါင်းဘဲ နေလိုက်ရုံပဲ။ While they were at school, if it was someone they didn't get on with, all they had to do was avoid their company.

Also common in short connecting phrases: • ဒီလိုဆို *or* ဒါဆို *CB = FB* သို့ဆိုလျှင် if that's the way it is, in that case, so; • တကယ်ဆို really, actually;
• ဥပမာဆိုရင် for example.

(b) (statement~) ⇒ if [statement] is the case, if [statement]; • အခြေအနေ ကို စိစစ်ကြည့်ရှုမည် ဆိုပါက *FB = CB* အခြေအနေ စိစစ်ကြည့်မယ် ဆိုရင်။ If we examine the situation. • အမှန်အတိုင်း ပြောရမယ် ဆိုရင်။ To be quite frank. • လက်ဆွဲ နှုတ်ဆက်မယ် ဆို တယောက်စီတယောက်စီ ဆို မပြီးနိုင်ဘူး။ If they were to greet each other with handshakes, given that they'd do it one by one, it would never end *(re ways of greeting a crowd of people).* • ကျွန်တော်တို့အားလုံး လက်တွဲပြီးတော့ လုပ်မယ် ဆိုရင် ဖြေရှင်းနိုင်ပါတယ်။ If we all work hand in hand then (these difficulties) can be overcome. • အားလုံး ကောင်းနေတယ် ဆိုရင် တိုးတက်စရာ မလိုတော့ဘူးပေါ့။ If everything is all right then there's no need for improvement. • ငပလီ သွားချင်တယ် ဒက်ဒီရဲ့ ဆို ချက်ချင်း လိုက်ပို့ဖို့ စီစဉ်တာပဲ။ If she said "I want to go to Ngapali, Daddy" then he immediately made arrangements to take her. • နည်းနည်းမူးပြီ ဆိုလျှင် ဦးလေးက အပြစ်ရှာစမြဲ။ When Uncle got a little drunk, he would become grouchy. • တကယ်တော့ စောဝေ သည် ရိုးဂုဏ်လေးကို ရိုးသားစွာ ဆက်လက်ထိန်းသွားမည် ဆိုပါက ကဗျာသစ်ကောင်းကင်၌ အများ မျှော်ကြည့်ရမည့် ကြိုဟ်ပြာတစ်စင်းပင် ဖြစ်မည်။ If SW continues to maintain her simplicity, then she will become a blue planet in the poetic firmament, looked up to by many.

(c) (statement~) ⇒ as soon as [statement], immediately on [statement], once [statement]; *compare V–တာနဲ့၊ V–V–ချင်း၊* • ရောက်လာပြီ ဆိုလျှင် ယာဉ်ပျက်ကို ပါလာသည့် စက်ပြင်က ပြင်ပေးသည်။ As soon as (the break-down truck) arrived the mechanic on board repaired the broken down vehicle.
• ကျမလည်း နေကောင်းပြီး ရုံးပြန်တက်တယ် ဆိုရင်ပဲ စနေတနင်္ဂနွေ တစ်ရက်မှ မနားရ ဘူး။ No sooner was I better and back at work than I didn't have a single day, not a Saturday or Sunday, off. • မနွေကတော့ ကျောင်းလွတ်သည် ဆိုလျှင်ပင် လွယ်အိတ်ကို ပစ်ချကာ ကျော်သူ့ဆီ ရောက်လာတတ်မြဲပင်။ As for Ma Nwe, no sooner

were they out of school than she regularly flung down her Shan bag and turned up at KT's.

(d) (question~) ⇒ if we consider the [question], in answer to [question]; • သူတို့ အနေနဲ့ ဘာခက်သလဲ ဆိုရင် အသံထွက်ပါပဲ။ For them, what's difficult is the pronunciation. • သူတို့ အဆို ကျနော် ဘာကြောင့် မထောက်ခံသလဲ ဆိုရင် အခြေအနေ ပိုဆိုးသွားမှာ စိုးလို့ပါ။ My reason for not supporting their proposal is that I'm afraid it'll make the situation worse.

Often used in Burmese where English would use a connecting phrase, e.g. • ဘာကြောင့်လဲ ဆိုရင် the reason is ... ("if we ask why ..."); ဘယ်နှစ်မှာလဲ ဆိုရင် the year was ... ("if we ask in which year ..."); ဘယ်သူလဲ ဆိုရင် the person was ... ("if we ask who ...").

ဆိုရာတွင်၊ ဆိုရာ၌ (Stc~) ⇒ **when we speak of Stc, when I say Stc, in the matter of Stc;** *sub cls, FB = CB ဆိုတဲ့အရာမှာ၊ ဆိုတဲ့ကိစ္စမှာ;* • ရိုးရာအလိုက် ဆက်ခံသည် ဆိုရာ၌။ In this matter of hereditary succession. • အမှန်က အိပ်တယ် ဆိုရာမှာ ကိုယ်ရောစိတ်ပါ လုံးဝ အနားယူတာမျိုး ဖြစ်ရမယ်။ In fact, this matter of sleeping should be a complete relaxation for both body and mind. • ဘာသာစကားကို လေ့လာရမည် ဆိုရာ၌ "၏၊ သည် မရွေး" မဆိုလိုပါ။ When I say we must study language, I don't mean things like *i, thi,* and *maywè.* • ဒုတိယအကြိမ် ပြင်ဆင်တည်းဖြတ်ခြင်း ဆိုရာ၌ မူလအာဘော်ကို လုံးဝ မပြင်ပါ။ Though this is described as a "second edition" I have not made any change in the original meaning.

ဆိုလား (N~, Phr~) ⇒ **Was it called N?, I think they said N, N or something like that;** *truncated main clause, CB;* • ကျုပ်ဝယ်ရမှာ ... အဲ နာမည်တော့ မခေါ်တတ်ဘူးကွယ်၊ အသက်ကယ်ဆေး ဆိုလားပဲ။ This thing I have to buy ... I can't say the name of it: was it something like "life-saving medicine"? • မမ အေးငြိမ်းတို့အိမ်က မိန်းမတွေက မင်းသမီးတွေလားဟင်။ — ဟုတ်ပါဘူးဟယ်၊ ရုံးစာရေးမတွေ ဆိုလား။ Are the women at your house film stars? — Certainly not. I think someone said they were secretaries. • အိမ်ရှင်ယောကျ်ားက ဗိုလ်မှူး ဆိုလားပဲ။ တည်တည်ခန့်ခန့် နေတတ်သည်။ The landlord was a major, I think they said. Serious and respectable. • ပြီးတော့ ဘာအစည်းအဝေး ဆိုလား၊ မနက်ဖြန် ရုံးကို ခြောက်နာရီခွဲ အရောက် လာပါတဲ့။ Also he said I have to be at the office at 6.30 tomorrow for some meeting or other ("what meeting was it he said?"). • အဲဒီထဲမှာ ကားပြိုင်ပွဲအကြောင်း ပါလာတယ်။ ဘယ်နိုင်ငံမှာ လုပ်တဲ့ ကားပြိုင်ပွဲ ဆိုလားပဲ။ In that (article) there was something about motor racing. I can't remember what country it was that the races were held in.

ဆိုလို့ (Stc~) ⇒ **because it was said that Stc, because I heard that Stc;** *sub cls, CB;* • ပန်းခိုင်လေးတွေ လိုချင်တယ် ဆိုလို့ ကျွန်မ လာပို့တာ။ Someone said you needed sprays of flowers so I brought some. • ဆရာ ဂနေ့ ဒီအချိန် ပြန်ရောက်

မယ် ဆိုလို့ အခု လာတွေ့တာပါ။ I heard that you were coming back today at this time, so that's why I came to see you.

ဆိုလို့ရှိရင် *see under ဆိုရင် if, in the case of*

ဆိုလျှင် *see under ဆိုရင် if, in the case of*

ဆိုသမျှ *all that can be said to be N: see under မျှ as much as*

ဆိုသူ (name~) ⇒ person known as; (name~N) ⇒ N known as [name], N called [name]; *noun, CB+FB;* • မောင်တင် ဆိုသူထံမှ လျှောက်လွှာတစ်စောင် ရလေသည်။ An application was received from (a person called) Maung Tin. • ကိုအောင် ဆိုသူ ပြောလိုက်သော စကားတစ်ခွန်း။ A word spoken by the person called Ko Aung. • ခင်သီတာ ဆိုသူ မိန်းကလေးသည်။ The girl called Khin Thida.

ဆိုသော *see under ဆိုတဲ့ said to be*

ဆိုသော် (a) (N~, Phr~) ⇒ if you consider N, if you put it in Phr; *sub cls, FB; cf FB ဆိုလျှင်, CB ဆိုရင် qv and variants;* • ထိုအမှု၌ ဘင်္ဂလားမြို့ပုလိပ်တို့ လူဆိုးများကို ဖမ်းဆီးခွင့် မရှိတော့ချေ။ အကြောင်းကို ဆိုသော် ဘီလူးချစ်စတန်သင်္ဘောသည် ဘင်္ဂလားပင်လယ်အော်ထဲတွင် မုန်တိုင်းမိ၍ ခရီးသည်များနှင့်တကွ သင်္ဘောသားများပါ တစ်ယောက်မကျန် နစ်မြုပ်ပျက်စီး၍ ကုန်လေသောကြောင့်ပေတည်း။ In this case the Bengal Police were unable to arrest the culprits. The reason was ("if we state a reason") that the vessel Baluchistan was struck by a storm in the Bay of Bengal and went down with no survivors either of passengers or crew. • အေးမိစံသည် ဒေါ်ဒေါ်တင် ကိုယ်စား ဈေးရောင်းဖို့ ကြိုးစားရသည်။ တစ်နည်းအားဖြင့် ဆိုသော် ဈေးသွားရောင်းနေရသည်က အေးမိစံအတွက် အန္တရာယ် ကင်း၏။ Aye Mi San tried to take over the market work from Daw Daw Tin. For one thing ("if we put it one way"), going out to work in the market kept her out of harm's way (i.e. out of reach of the man of the house). • မင်းအပေါင်းတို့သည် ဥပမာအားဖြင့် ဆိုသော် ခြင်္သေ့မင်းနှင့် တပြေးညီစွာ ကျင့်ကြရာသည်။ All kings, to make a comparison ("if we cite a parallel"), should act exactly like the king of the lions.

(b) (question~) ⇒ if you ask question; *frequent in the phrase အဘယ်ကြောင့် ဆိုသော် "if we ask the reason", the reason is ..., this is because ...;* • ရေဒီယိုများတွင် ၎င်းအမျိုးအစားကို များစွာ အသုံးပြုကြလေသည်။ အဘယ်ကြောင့် ဆိုသော် ငွေကုန် သက်သာခြင်း၊ နေရာ မယူခြင်း စသော အကြောင်းအချက်များကြောင့်ပင် ဖြစ်လေသည်။ This type is widely used in radios. This is because of its cheapness and small size and other features. • တစ်စုံတစ်ရာ သဲလွန်စ မရသည်ကို သိရှိနိုင်လေသည်။ အဘယ့်ကြောင့် ဆိုသော် အကယ်၍ သဲလွန်စရလာလျှင် ကိုစံရှား၏ မျက်လုံးများ ပြောင်လက်၍။ နှုတ်ခမ်းများသည် ကျပ်တည်းစွာ စိ၍ ထားတတ်လေသည်။ I knew he had not found a clue. (I could tell) because when Ko SS found a clue his eyes flashed and he held his lips tightly closed. • တစ်နေ့တွင် ကျွန်ုပ်သည် ဟာသ်ာတသို့ သွားရန် ကိစ္စပေါ်လာ၏။ အဘယ်ကြောင့် ဆိုသော် ရန်ကုန်ရောက်

ဟာသ်တသူ ဟာသ်တသားများက ... သံဃာ့ဒါနဆွမ်းလောင်းပွဲကြီး သွားရောက်ပြုလုပ်မည် ဆိုသောကြောင့် ဖြစ်သည်။ One day I had occasion to go to Hinthada. This arose because I had heard that people from Hinthada who were living in Yangon were to hold a grand feast for the monks.

ဆိုသော်လည်း *see under* ဆိုပေမဲ့ *although*

ဆိုသည် *see under* ဆိုတာ *that which says*

ဆိုသည့် *see under* ဆိုတဲ့ *said to be*

ဆက်– *or* **ဆက်လက်–** (~V-) ⇒ **to continue, resume V-ing**; *comm pre-vb, CB+FB; from verb* ဆက်– *to connect;* • မြန်မာပြည်တွင် မြန်မာစကား ဆက်လက်(၍) သင်ချင်ပါသည်။ I want to continue learning Burmese in Burma. • ဆက်(ပြီး) နား‌ထောင်ကြပါအုံး။ Please continue listening.

ဆင့်– 1 (~V-) ⇒ **to V in succession, to repeat V-ing, V another time**; *comm pre-vb, CB+FB; cf* ထပ်–၊ ပြန်–; *from verb* ဆင့်– *to stack one above another;* • နှစ်ခွက် ဆင့်စား‌ပြီး ...။ Having eaten two bowls one after another. • ကား တံခါး‌ပိတ်သံ ပြင်းပြင်းနှစ်ချက် ဆင့်ကြား‌ရ‌ပြီး‌တဲ့‌နောက်။ After he had heard the slam of a car door twice in succession. • ဂစ်တာကြိုးကို ဆင့်၍ဆင့်၍ တီး‌ခတ်လိုက်သံ ကြောင့်။ Because of the sound of a guitar string being plucked repeatedly.

ဆင့် 2 *see under* တဆင့် *through, via*

ဆုံး (N~) ⇒ **most, extreme N**; *most frequently in pattern* အ–V–ဆုံး ⇒ **V-est**; *also* မ–V–ဆုံး ⇒ **least V**; *nn mod, CB+FB; sts attributed in pattern* အ–V– ဆုံး‌သော N; • ပထမဆုံး first of all; အရင်ဆုံး earliest; နောက်ဆုံး latest, last; ဘယ် ဖက်ဆုံး furthest on the left. အကောင်းဆုံး the best; အကြိုက်ဆုံး most liked, favourite; အယုတ်ဆုံး at least; အမြန်ဆုံးမီးရထား fastest train; အမြတ်ဆုံးလူ the most excellent man (*cf* CB အမြတ်ဆုံးသောသူ); မပူဆုံး အချိန် least hot time. • ဒီကမ္ဘာလောကမှာ မေတ္တာသာ အရေး‌အကြီးဆုံးပါ။ In this world it's love that is the most important thing. • ‌ထောင်ထဲမှာ အလွန်ဆုံး ၂–နှစ်ပဲ နေ‌ရမယ်။ At the most he will only have to spend two years in prison. • ငရဲကျပါစေ ဆိုတာ အကျိန်ကြဆုံးပါ။ "May they go to hell" is the most common curse. • အ‌ရောင်းရ ဆုံး မဂ္ဂဇင်း။ The magazine with the highest sales. • မာနဆိုတာ ... အနုပညာ နယ်ပယ်မှာ မကောင်းဆုံးပဲ။ Pride is the worst thing in the world of fine art. • သူ ပြုံးလိုက်တာကြီးကို မ‌ကြိုက်ဆုံးဘဲ။ His big smile is what I like least of all. • စိတ် မ‌ကောင်း အ‌ဖြစ်ရဆုံး‌နေ့။ My most unhappy day. • အလှပအဖွယ်ရာ‌ဆုံး‌သော ‌ကိုက်ကို ဖမ်း၍။ Adopting the most elegant and delicate manner. • အတုန်လှုပ်စေ‌နိုင်ဆုံး ‌သော အာရုံ။ The object of perception that can cause the greatest disturbance (for men this is women).

အဆုံး 1 (VA~) *in patterns* မ–V–နိုင်သည့်အဆုံး၊ V–မရသည့်အဆုံး *FB = CB* V– မရတဲ့အဆုံး *and similar* ⇒ **finally, after failing to V**; *sub stc mkr; pron* /သို့အဆုန်/; • မည်သို့မျှ ‌ဈေး‌ဆစ်၍ မရသည့်အဆုံးတွင် ... အားလုံး ‌ပေး‌သွင်းလိုက်ကြရ

သည်။ After they had tried to agree on a price and failed, they had to return everything. • ကြံရာ မရတော့သည့်အဆုံး ခင်မက တဝက် ဝန်ခံသည်။ KM did her utmost to think of an explanation, but in the end was obliged to make a partial confession. • ပြောမရတဲ့အဆုံး ရိုက်ပစ်လိုက်မိတယ်။ She did her utmost to control (the child) by speaking to him, but when that failed she gave him a smack. • အတူ နေလို့ မရတဲ့အဆုံး ကွာရှင်းပစ်လိုက်တယ်။ They tried hard to live together, but in the end they had to separate. • တစ်ပတ်ခန့် ကျွန်တော် စောင့် သော်လည်း မညိုပြာက ပေါ်မလာ။ မနေနိုင်သည့်အဆုံး ကျွန်တော် လိုက်သွားဖို့ ပြင်ရသည်။ I waited about a week, but there was no sign of Ma NP. As I couldn't wait any longer, I made ready to go after her.

အဆုံး: 2 *in pattern* မ–V–ချင်(မှ)အဆုံး: ⇒ **more than one wants to V, more than enough V-ing**; *"ending only when you don't want to V any more"*; *sub cls mkr, CB+FB;* • ဇီးထုပ် စားတဲ့ မင်းသမီးတွေ၊ အဆုပ်ကင်ဆာ ဖြစ်အောင် ကြော်ငြာ ပေးတဲ့ မင်းသားတွေ၊ ... ဘီစကစ် ဝါးနေတဲ့ မျက်ခွက်တွေ ရုပ်မြင်သံကြားမှာ မမြင်ချင်မှ အဆုံး ဖြစ်နေတာ။ All these actresses on the TV chewing dried plums, and actors advertising things that lead to lung cancer, and faces munching biscuits — there are more than I care to see. • ခြံသမား ဆိုတဲ့ ဥယျာဉ်မှူးရဲ့ အလုပ်ကို မမြင်ချင်မှအဆုံးပဲ ရှိတော့တာပေါ့။ (When I lived on a market garden plot) I saw more of the gardener's work than I needed to. • မမြင်ချင်အဆုံး တွေ့နေရတာက နတ်ကတော်တွေ နတ်ထိန်းတွေရဲ့ လက်ထဲမှာ ငွေစက္ကူတွေ အဖွေးသား ကိုင်လို့။ What you couldn't avoid seeing (at the *nat* festival) was that the *nat* mediums and *nat* minders had their hands full of wads of notes. • သူတို့ ရင်မြှာအစုံကိုလည်း မမြင်ချင်အဆုံး လွတ်လပ်ရေး ပေးထားကြလေသည်။ (The nursing mothers) gave their breasts freedom (i.e. exposed them) for as long as you wanted to look, until you were tired of seeing them. • ဖုန်းလိုင်းတွေ ဝင်ဝင်ပူးနေ သဖြင့် မြတ်နိုင်တို့မှာ မကြားချင်မှအဆုံး။ With the phones getting crossed lines all the time MK heard more than he wanted to. • အို ... မတွေ့ချင်၊ မမြင်ချင်မှ အဆုံး၊ လင်မယား အတူလာကြပြီး လင်က နောက်မိန်းမ ယူလို့ ငိုပြီး ပြန်သွားရရှာသည့် မိန်းမတွေ။ Oh, you couldn't miss them. A married couple would arrive together, the husband would take a second wife, and the women would go back home in tears. • မစားချင်အဆုံး ပေါများတယ်။ They are so plentiful that you can eat until you've had more than enough.

အဆုံး: 3 *see under* အစ ... အဆုံး: *beginning and ending*

ညာ *in* ဘာ...ညာ၊ ဘယ်...ညာ *"and so on": see under* ဘာ *what? and* ဘယ် *which?*

အညီ *and* ညီစွာ (N–နှင့်~ *FB = CB* N–နဲ့·~) ⇒ **matching, in accordance with**; *nn mkr; cf* အရ၊ အလိုက်၊ အားလျော်စွာ၊ အလျောက်၊ အတိုင်း၊ • စီးပွားရေးလုပ်ငန်း·စည်းကမ်း ချက်များနှင့်အညီ။ In accordance with the rules for economic enterprises. • သံဃာတို့သည် ဝိနည်းတော်နှင့်ညီစွာ သက်န်းကို ရုံပြီး သွားကြသည်။ The monks set

off, wrapping their robes round them in obedience to the vinaya rules.
• ဝတ္ထုကောင်းကောင်းသန့်သန့်လေးတွေကို ခေတ်နဲ့အညီ ဖန်တီးရိုက်ကူးနေတဲ့ ဒါရိုက်တာ ဦးကြီးမြင့်။ Director U KM, who makes films on decent stories in accord with the times.

ညီစွာ see under အညီ in accordance with

တ– 1 see under တစ် one

တ– 2 (~V and variants) ⇒ V-ly; used to form adverbial expressions from verb bases; prefixed sub cls mkr, CB+FB. The more commonly occurring expressions derived with prefix တ– are usually given their own entries in dictionaries. There are several common patterns (for a more detailed listing see Okell 1969 pp 409-414):

• pattern တ– V or တ– N: တလွဲ wrongly; တအား intensely;

• pattern တ– V¹–တ– V²: တရိုတသေ respectfully; တပင်တပန်း laboriously; တအ့ံ တသြ in astonishment;

• pattern အ– V¹–တ– V²: အလွယ်တကူ easily; အမြတ်တနိုး reverently; အကြိုးတစား diligently;

• pattern N–တ– V (specially where the noun begins with a weak syllable): စံနစ်တကျ systematically; သတိတရ recalling; အရေးတကြီး urgently, making a fuss;

• pattern မ– V–တ– V: မကောင်းတကောင်း moderately good; မကျက်တကျက် half cooked, not quite cooked;

• pattern တ– VV: တဖြည်းဖြည်း slowly; တရယ်ရယ် တမောမော laughing; တဟားဟား going "Ha Ha"; တဟင့်ဟင့် snivelling.

တ–NN see under တစ်– NN some N or other

တ–N–ဝ နှစ်–N–ဝ a few Ns here and there: see under ဝ

တ–N–တလေ see under တစ်– N–တလေ some Ns

တ–N–တည်း and variants တ– N–တဲ etc only one, (one and) the same: see under တည်း only, just

တကာ (N~) ⇒ all Ns, every N, many Ns; mostly in formal contexts; cf N–တိုင်း၊ nn mod, CB+FB; pron /ဒဂါ/; • နိုင်ငံတကာတွင် ဆည်းပူးခဲ့သော နိုင်ငံရေးဗဟုသုတ။ Political experience gained in many countries. • နိုင်ငံတကာ့ပြဿနာများ။ International problems. • လူတကာ ပြောတာ မယုံနဲ့။ Don't believe what any and everyone says. • လူတကာ ချစ်ကြတဲ့ အဆိုတော် ကောင်မလေး။ The girl singer that everyone loved. • အရပ်တကာ လှည့်သွားပြီး တပည့်များ စုတပ်ကြပါတယ်။ They go round all the districts and collect supporters. • သူခိုးဓားပြတွေ နေရာ တကာ ပုလှတယ်။ There are thieves and robbers everywhere. • ရွာတကာ ရောက်၊ ဘုရားပွဲတကာ၊ ဘုန်းကြီးပွဲတကာ ရောက်နေပြန်တော့။ As they visited every village, every pagoda festival, every monastery ceremony. • လက်ဆောင်တကာ

မှာ ဒီလက်ဆောင်က အကောင်းဆုံးဖြစ်မယ်။ Of all possible presents this present must be the very best. • လုပ်နည်းတွေက စုံတကာ့စုံ စုံလွန်းကြချေသည်။ There is a huge range of ways of doing it (of assuring success in Tenth Std exam).

တကား: (Stc~, V~) ⇒ **Stc indeed, Stc after all**; *used in elevated style to give an exclamatory or emphatic tone to an utterance; cf CB Stc-*ကို့**,** *Stc-*ကလား**,** *suffixed to V in patterns V-*ပါတကား**,** V-*ပေတကား**,** V-*ချေတကား**,** *stc fin phr ptcl and stc mkr, FB; pron* /ဒဂါး/**;** • ငါ့သားကလေး သေပြီတကား။ My little son is dead, alas! • ငါးပါးကြီးမှောက်လေပြီတကား။ Alas! All is lost! • ငပလီ၏ သဲပွင့်လေးများသည် နင်းလာသမျှခြေရာကို အသင့် ခံယူရန် စောင့်နေကြလေ၏တကား။ Verily, these small grains of sand at Ngapali are waiting to bear the footprints all who tread on them. • အံ့ဖွယ်သူရဲပါပေတကားဟု ချီးမွမ်းသည်။ Praised him, thinking "What a wondrous warrior this is!". • ယောက်ျားမြတ်ပေတကားဟု ဝမ်းမြောက်ကြည်နူးစွာ နှလုံးသွင်းမိတော်သည်။ With joy he embraced the thought "This is a noble being!". • ထိုသူမှာ ကျားနှင့် တူဘိ၏တကား။ Truly this man is like a tiger. • ဤဥစ္စာ အလွန် လှပါတကား။ How very beautiful is this object! • ဤမိန်းမများ အနီးအပါးမှာ ငါနေလို့ မတော်ချေတကား။ Verily, it is not appropriate that I should dwell close to these women. • ထိုကဲ့သို့သော ပြည်သူ အုံကြွနှိုးကြားမှု၊ စည်းရုံးမှုမျိုး မရှိခဲ့ဖူးပါတကားဟု တွေး၍ အားရသည်။ He felt heartened, thinking "Never before has there been such an uprising, such a mobilization of the people". • ယနေ့ညကား အနှောက်အယှက်တို့ ပေါများလှပေတကား။ What a multitude of obstructions have afflicted me this night!

တကယ် *and* အကယ် **(a)** (~ V) ⇒ **in truth, really V**; *variant forms* တကယ်**,** တကယ့်**,** တကယ့်ကို**,** တကယ်တန်း**,** တကယ်တမ်း**,** တကယ့်တကယ် (CB+FB) *and* အကယ် (FB); *adverb; pron* /ဒဂယ်/ *etc*; • တကယ် ချစ်တယ်။ He really loves her. • တကယ့်ကို ချစ်တယ်။ He really really loves her. • တကယ့်တကယ် ဗမာစကား တတ်ချင်ရင်။ If you really want to learn Burmese. • တကယ်တန်း ကျတော့ မသွားချင်ဘူး။ In reality I don't want to go. • ဒါ တကယ်ပါ၊ တကယ် ဟုတ်ပါတယ် ခင်ဗျ။ That's the truth. It really is so. • အကယ်စင်စစ် ပြုလုပ်ခွင့်မရှိပေ။ In fact he was not authorized to do it.

(b) (~N) ⇒ **true, real, genuine N**; *usually in form* တကယ့်; *CB+FB; attribute;* • တကယ့်တန်ဘိုး: the real price; • တကယ့် အဓိပ္ပယ်အစစ်ကတော့ the real meaning; • တကယ့်ဝါရင့်ပန်းချီဝေဖန်ရေးသမား: a genuine experienced art critic.

တကယ်တမ်း: *see under* တကယ် *in truth*

တကယ်လို့ *CB =* FB အကယ်၍ (~ Stc) ⇒ **if Stc**; *variants* အကယ်တည့်**,** အကယ်တန်တံ့**,** အကယ်တန္တု; *signals the opening of a conditional clause, apparently created to correspond to Pali* sace, noce, yadi *"if". The clause may end in a suffix like* အံ့ *"future" in formal and nissaya-influenced styles, which reflects the Pali construction, or in a suffix like* ရင် *"if", which is the standard Burmese* construction *for a conditional and makes the opening signal redundant, except insofar as it is helpful to readers and listeners to know in advance that the current clause is conditional. From* တကယ် *"really";* • ငါသည် အကယ်၍ ပြေးအုံ။ If I were to run away. • ကျွန်ုပ်တို့မြွေမျိုးသည် ဘယ်သောအခါမျှ ကြွက်သတ္တဝါတွေကို မစားပါ။ အကယ်၍ စားမိအုံ၊ စားသောမြွေသည် မကြာခင် အန္တရာယ် တစ်ခုခုနဲ့ ကြုံပြီး အသက် သေပါစေသားလို့ သစ္စာဆိုလိုက်တယ်။ He gave his word, saying "We snakes will never eat a mouse. If we should chance to eat one, then may the snake that ate the mouse speedily meet with some danger and die." • တကယ်လို့ စားသုံးသူ တစ်ယောက်က မေးမယ်။ ဘယ်ပရိုဂရမ်ဟာ အကောင်း ဆုံးလဲလို့။ ကျွန်ုပ်ကတော့ နှစ်ခုစလုံး ကောင်းတယ်လို့ပဲ ဖြေရမှာပဲ။ If a consumer were to ask which is better program, I would have to answer that both are good. • အကယ်၍ ပုဂ္ဂိုလ်အများက အစုရှယ်ယာတစ်ခု ... ပူးတွဲ၍ ကိုင်ဆောင်ပါက။ If a number of individuals hold a share jointly. • အကယ်တန်ထိ ငွေ ကြပ်တည်းပါက။ If money is really tight. • တကယ်လို့ သူ့ကို မတွေ့ရင်။ If we don't find him. • အကယ်၍ ရန်သူ ရောက်လာလျှင်။ If the enemy should arrive.

တကယ့် *see under* တကယ် *really, real*

တကွ *sts* အကွ *or* တကွနက် (N–နှင့်~ *FB* = *CB* N–နဲ့ ~) ⇒ **along with, including N;** *nn mkr; regular equivalent in nissaya translation of Pali instrumentive case followed by* saddhiṁ *(Okell 1965 p 200);* • မင်းနဲ့တကွ မင်းအိမ်သားအားလုံး။ All your house mates, along with yourself. • ဒေသန္တရသတင်းစာများက ဓာတ်ပုံနှင့် တကွ ဖော်ပြပေးခဲ့ကြသည်။ The local newspapers reported (the event) with photographs. • တဲ့နှင့်တကွ ပတ်ဝန်းကျင်တစ်ခုလုံးသည် ရုတ်ခြည်း လင်းထိန်သွားလေ သည်။ The whole area, including the hut, was suddenly illuminated. • တဝ၊ သင်၏။ သဟာယိကာဟိ၊ ခင်ပွန်းမတို့နှင့်၊ သဒ္ဓိ၊ တကွ။ နာယိတွာ၊ ရေချိုး၍။ Having taken a shower with your companions *(nissaya).*

တကွနက် *see under* တကွ *along with*

တချို့ *see under* အချို့ *some*

တခြား *see under* အခြား *other*

တစုံ *see under* တစ်စုံ *some or other*

တဆင့် *see under* တစ်ဆင့် *via*

တတွေ *see under* တစ်တွေ *the group*

တပါး *see under* တစ်ပါး *other,* တစ်ပါး *apart from*

တပြီးကား (Phr~) ⇒ **if Phr;** *FB, infrequent; pron* /ဒဖျိုးဂါး/ ; • ထိုသို့တပြီးကား ထိုသူ့ကို သစ္စာ ဆိုစေလော့။ If that should happen, if such should be the case, make that man pledge his loyalty.

တပြိုင်နက် *see under* တစ်ပြိုင်နက် *at the same time as*

တမှ (Stc~) ⇒ **indeed, verily,** *adds emphasis to Stc; stc fin phr ptcl, FB, formal and currently uncommon;* • စတေးခြင်းအမှုပြုရလျှင် အောင်မြင်ရမည်ဟူသော အယူ

အဆ အစွဲအလမ်းများ ထွန်းကားခဲ့ပါသလားဟု တွေးမိပါချေသည်တမုံ။ I wondered whether they had held beliefs and superstitions about human sacrifice by ritual burial bringing good fortune. • ရွှေစက်တော်နယ်တဝိုက် အပိုင်စား ပေးလိုက် ကြောင်း ယူဆလျှင်လည်း ဖြစ်နိုင်ချေသည်တမုံ။ It is also possible to assume that he conferred upon them ownership of the area around Shwesettaw.

တမှု see under အမှု၊ equal to

တလျှောက် see under တစ်လျှောက် all along

တာ 1 (V~) ⇒ **that which is V-ed, thing that was V-ed, V-ing**; *converts a verb clause to a "nominalized clause", a noun-like entity that can be used as a noun in a larger sentence; sp hd nn, CB; = FB V–သည်၊ cf V–မှာ၊ also V– မှု၊ V–ချက်၊ V–ခြင်း၊ V–ရေး၊ V–သည်; after a stop consonant pron and sts written တ္တာ;*

(a) *the verbal noun behaves like an ordinary noun* and *combines with noun modifiers (such as တွေ) and noun markers (such as နဲ့၊ ကြောင့်):* • ဒါတွေ က ကိုထွေး ထားခဲ့တာတွေပါ။ Those are the things that Ko Htway left behind. • မဟုတ်တာ လုပ်ခဲ့ရင်။ If one should do something wrong. • စားပြီးပြီးချင်း ပြန် ကုန်ကြတာက များပါတယ်။ Most often they go home as soon as they have finished eating. • စာရေးကြီး ရှင်းပြတာကို နားထောင်လိုက။ If you want to listen to the clerk's explanation. • ကျွန်တော် နားမလည်တာ တစ်ခု ရှိပါသေးတယ်။ There is still one thing that I don't understand. • အဟုတ်ယူရတာဟာမျိုး မဟုတ်ဘူး။ It's not the sort of thing you have to take as true. • မစွမ်းဆောင်နိုင်တာရဲ့ တန်ဖိုး။ The price of being incapable. • ချစ်စ၊ ခင်စ၊ ကြင်နာစ ဖြစ်လာကြတာနဲ့ တစ်ပြိုင်နက်။ At the same time as they are beginning to love one another. • စာပေသန့်သန့်ပဲ ဖြစ်တာမို့ ကျွန်တော်တို့ ဝမ်းပန်းတသာ ဖတ်ဖြစ်ကြပါတယ်။ As it was pure literature we read it with great pleasure. • အုန်းရွှေ ပြောတာနဲ့ပတ်သက်လို့ ... မေးကြည့်တော့။ When I asked about what Ohn Shwe had said.

(b) *the verbal noun serves as the topic of a sentence,* often describing an emotion or attitude: • တွေ့ရတာ အင်မတန် ဝမ်းသာပါတယ် ခင်ဗျာ။ I am extremely pleased to meet you, sir ("at having the opportunity to meet you"). • ရှူးဖိနပ် စီးရတာ မသက်သာဘူး။ It is not comfortable having to wear shoes. • ကိုစော အပင်ပန်း ခံပြီး အသံသွင်းပေးထားတာ ကျေးဇူး အများကြီး တင်ပါတယ်။ I am very grateful to you, Ko Saw, for having taken the trouble to make the recording for me. • ပထမဦးဆုံး ချုပ်တဲ့ လက်ရာ ဖြစ်လို့ သိပ် ပုံမကျတာတော့ စိတ် မကောင်းပါဘူး။ But I'm not happy about the design not being very good, as it was the first piece of work I sewed. • ဒီမှာ နေရတာ ဘယ်လို့ နေသလဲ။ How do you find it living here? • ဒီလိုတယောက်နဲ့တယောက် လက်မထိရပဲ နှုတ်ဆက်တာ ကြည့်လို့လဲ ကောင်းတယ်၊ ယဉ်လဲ ယဉ်ကျေးတယ်။ Greeting each other in this way, without their hands touching, both looks good and is civilised. • ဗမာစကား

ပြောတာ သိပ်ပီတယ်။ The way you speak Burmese is very accurate. • မလေး စကားပြောတာ သိပ်နားထောင်ကောင်းတာပဲ။ Ma Lay talked in a very compelling way.

(c) ***as the topic of clauses to do with duration of time:*** • စောင့်နေတာ ကြာပြီလား။ Have you been waiting long? • ရန်ကုန် ရောက်နေတာ သိပ် မကြာသေးဘူး။ I haven't been in Yangon very long yet ("my being in Yangon has not lasted long yet"). • ဗမာစကား သင်နေတာ နှစ်လပဲ ရှိသေးတယ်။ She has only been learning Burmese for two months.

(d) ***as a topic not specifically related to the following verb,*** *sometimes suggesting the meaning "when V" or "if V":* • လှေ မှာထားတာ မလာသေးလို့။ Because the boat we had ordered had not come yet ("our ordering of the boat"). • သူတို့ အခန်းခေါ် ကော်ဖီ တိုက်တာ သွားသောက်တာပဲ။ When they took me to their room and offered me coffee, I accepted. • အဖေ တလောက ထုတ်ကြည့်ပြီး ပုံးထဲကို ပြန်မထည့်မိဘူး။ ပုံးပေါ်တင်ထားမိတာ အခု မရှိဘူး။ Father had recently taken out (his *zata* horoscope) to look at and hadn't put it back in the tin. He had put it on top of the tin and now it wasn't there. • ဂတိ ခံထားတာ မဖျက်နဲ့။ Don't break your promise. • သား တေတေက ပူဆာတာကို သွားကျွေးလိုက်သေးတယ်။ When her young son Tay Tay made a fuss she even went and fed him. • အသံနေအသံထား မလုပ်တတ်ရင် ရယ်ချင်တာတောင် မရယ်နိုင်တော့ဘူး။ When they can't produce the right intonation, I can't laugh any more even if I want to. • ဒီဆိုင်ကို ခဏခဏ ဖြတ်သွားတာတောင်မှ ခင်ဗျား ပိုင်မှန်း မသိဘူး။ I've often passed by this shop but I never knew it was you who owned it.

(e) ***for တာ in the combinations လိုက်တာ and ဆိုတာ*** *see the separate entries လိုက်တာ and ဆိုတာ respectively.*

တာ 2 *see under တယ် verb stc marker*

တိတိ (N°+N~) ⇒ precisely, exactly; *nn mod, CB+FB; opp ခန့်၊ လောက်;* • လေး ပတ်တိတိ ဆက်၍ ပတ်ပါ။ Continue winding (the wire) for precisely four times round. • ဆယ်တန် ကိုးရွက် တိတိ။ Exactly nine K10 notes. • ငွေတစ်ဆယ်တိတိ ယူလေ၏။ He took exactly ten kyats.

တိ *and* **အတိ (~N** *or* **~sfx) ⇒ which N?, what? where?** *etc; selective noun; FB, archaic, = FB မည်, CB ဘယ်; variant forms အတည် and အတည့်;* • သက္ကရာဇ်ဖြိုကိန်း ရောက်၍ မဖြိုသော် အပြစ် တိသို့ ရှိသနည်း။ When the time comes to renumber the years (of the era), if one does not renumber them, what would the penalty be? • ဘုရားသခင်သည်ကား အတိအရပ်မှာ ရှိတော်မူသနည်း။ ... တရားတော်သည် ကား အရေအတွက် အတိမျှ ရှိသနည်း။ In what place is the Lord? And how many are his teachings? • တိမှာ or အတည့်မှာ။ Where?

အတူ *or* **အတူတူ 1 (VA^1~ ... V^2) ⇒ since V^1 is unavoidable, one might as well V^2;** *sub stc mkr, CB+FB;* • ပြန်လို့ မရမဲ့အတူတူ၊ ဒီမှာ အိပ်ပေါ့။ Since you can't get home anyway, you might as well sleep here. • ဖြစ်ပြီးတဲ့ ကိစ္စကြီး ပြင်လို့ မရတဲ့အတူတူ နင့်အိမ်နင် ပြန်ဖို့ရာ ငါ တိုက်တွန်းချင်ပါတယ်။ Since one cannot undo what has happened I want to persuade you that you might as well come back to your own home. • ကျွန်တော်ကလည်း အိပ်လို့ မရမဲ့အတူတူ စကားထိုင်ပြောတော့မယ် အောက်မေ့ကာ။ Thinking that I might as well sit and talk as I wouldn't be able to sleep. • မစားလိုက်ရသော အမဲတုံးကို မိမိ မစားရမည့်အတူတူ နောက်ထပ် ဘယ်သူမှ စားလို့ မရအောင် သဲတွေနှင့် ပက်ပစ်လိုက်သကဲ့သို့။ Like someone who flings sand on a piece of meat he can't eat, thinking that he can't eat it anyway, he won't let anyone else eat it either. • မိုးစိုမဲ့အတူတူ အင်္ကျီချွတ်သွားမယ်။ As I'm going to get soaked anyway, I might as well go without my shirt. • ဒီလို မယုံရမဲ့အတူတူ ကိုယ်အကျိုး ရှိတာ ကိုယ် လုပ်ရလိမ့်မယ်။ Since we can't trust the others, we might as well look after our own interest.

အတူ၊ အတူတူ 2 *see under နှင့် together with*

တဲက *see under ကတည်းက since*

တဲ့ 1 (N~, Stc~) ⇒ *indicates that the preceding words are reported speech, part of a story or a written text, a name etc;* *unclassified suffix, equivalent to a main clause such as လို့ ပြောတယ် etc, CB, cf FB သတတ်; sts written တည့်; before တဲ့ sentence markers တယ် and မယ် often weaken to သ– and မ–; also used in mid-sentence at pause points when reading aloud a document or telling a story;* • ကျွန်တော့် နံမည်က တင်ဝင်းတဲ့။ My name is Tin Win. • ဖေဖေနဲ့ မလိုက်ချင်တော့ဘူးတဲ့။ He says he doesn't want to go along with Dad. • ဒီအောက်မှာတော့ ပိုးအစစ်တဲ့။ Down at the bottom here it says "Real Silk". • ဗမာလိုတော့ နာနတ်သီးတဲ့။ In Burmese it's called *na-nat-thi* (pineapple). • အနိမ့်ဆုံးဝန်ထမ်းကနေ အထက်ဆုံးအထိ ဘယ်သူမှ ဘာအကြောင်းနဲ့မှ သံရုံး မသွားရတဲ့။ (The order) says that no civil servant, from the lowest to the most senior, must go to a (foreign) embassy for any reason at all. • ရပ်လိုက်တဲ့လား။ So he says "Stop", does he? • ရောဂါအခြေအနေ ဘယ်လို ထင်မြင်သတဲ့လဲ။ What does he say he thinks of the progress of the illness? • ရှေးရှေးတုန်းက မျောက်တစ်ကောင် ရှိသတဲ့။ Once upon a time there was a monkey, so the story goes.

တဲ့ 2 (sts တယ့်) *and* **သ (V~ N) ⇒ N that V-s, which V-s;** *vb atrb mkr referring to past or present, CB, = FB သည့် and သော; both forms occur with negated and non-negated verbs; from suffix တယ်/သည် with induced creaky tone (see English entries sv);* • သံအမတ်ကြီး နေတဲ့ အိမ် the house the ambassador lives in; မရောက်ဖူးသေးတဲ့ နိုင်ငံတွေ countries that he hasn't been to yet; တော်တော် ဟုတ်တဲ့ နှဲဆရာ an oboist who is pretty cool; ဝက်သား မစားတဲ့ လူတွေ people who don't eat pork; မြန်မာလူမျိုး မဟုတ်တဲ့ အမျိုးသမီး a woman who is not Burmese; တောင်ကြီးတို့ဘက်က လာတဲ့ ပိုက်ဆံ ရှိတဲ့ လူတွေ people who have money and come from Taunggyi and nearby; ရှိသေသမှု respect; မွေးသမိခင် the mother who bore me; တိုက်ကြီးတစ်အိမ်ကို ဝယ်ယူပြီးသကာလ after he had bought himself a large house (= ဝယ်ယူပြီးတဲ့အခါ); ၎င်းနေရာသို့ ရောက်ရှိသကာလ when we arrived at that place; မမြင်သဟန် ပြုလေ၏ he pretended not to see them; မရှိသလောက် almost none.

တဲ့ 3 *see under* တည့် *vb mod*

အတောအတွင်း (N~, VA~) ⇒ during, while, in the meantime; *cf N–*အတွင်း၊ *loc nn, CB+FB;* • ဒီအတောအတွင်း ဘယ်မှာ သွားနေမလဲ။ Where will you go and live in the meantime? • သည်အတောအတွင်း။ ထိုအတောအတွင်း။ During this/that time. • သူတို့ ဆွေးနွေးနေတဲ့အတောအတွင်း ဘာမှ မလုပ်နိုင်ဘူး။ We can't do anything while they are discussing it. • သူ မသေသေးခင်ကာလအတောအတွင်း၌။ In the time left before he dies. • အလုပ်လုပ်နေစဉ်အတောအတွင်း။ While it is working.

တော့– 1 (V~-) ⇒ V at last, after all, inevitably, nearly, merely; *with negated verbs* **V (no) longer, (no) more;** *vb mod, CB+FB; occasional variant* ရော့ *or* ကရော့; *for a discussion of* သေး၊ ဦး/အုံး၊ တော့ *see Okell 1979;* • ကိုးနာရီ ထိုးမှပဲ ရောက်တော့တယ်။ So we didn't arrive till (as late as) nine o'clock. • ကျွန်မတို့ ကျောင်းရှေ့ရှိ မှတ်တိုင်တွင် ကားဆိုက်သောကြောင့် ဆင်းပြီးလျှင် ကျောင်းဝင်းထဲသို့ ဝင်တော့သည်။ Then as the bus reaches the stop in front of our school, I get off and go into the compound (at last). • တိုက်ရှင်က ပိုက်ဆံကြီး ဟူသော အမည်ကို အတင်းယူထားလိုက်သည့်အတွက် ပီမိုးနင်းဟူသော အမည်ကို သုံးစွဲရလေတော့သည်။ As the press owner took possession of the name Paikhsangyi I was obliged to use, was reduced to using, the name P Monin. • မီးရထားထွက်ဖို့ ငါးမိနစ်ပဲ လိုတော့တယ်။ There's only five minutes to go till the train leaves (so hurry up: cf ငါးမိနစ် လိုသေးတယ် there are still five minutes to go: no hurry). • တစ်ကောင်တည်း ကျန်တော့သော ပုစွန်ကြီးကို ထည့်လိုက်သည်။ She helped herself to the last remaining big prawn. • ရထား ဆိုက်တော့မယ်။ The train is just about to arrive. • ထမင်း စားတော့မလား။ — ကျွန်မ ဒီနေ့ မစားတော့ပါဘူး။ Are you going to eat now? — No, I shan't be eating today after all. • ပြန်ရေးရုံပဲ ရှိတော့မယ်။ All we shall be able to do then is to write it out again. • ဒီလိုလုပ်ရင် ပိုဆိုးတော့မပေါ့။ If he does that it'll just get worse. • ဗမာပြည် မပြန်တော့ဘူးလား။ Won't you ever go back to Burma again? • ကား မစီးတော့ပဲ ခြေလျင်လျှောက်သွားမယ်။ We won't go any further by car but we'll go on foot. • တော်ပါပြီ၊ မစားနိုင်တော့ဘူး။ That's enough, thanks; I can't eat any more. • ရုပ်သံက စီးပွားရေးကြော်ငြာဇာတ်တွေကို မကြည့်ချင်တော့ရင် ထပိတ်လိုက်လို့ရတာပါပဲ။ If you don't want to watch the commercials on TV any more, you can get up and turn it off. • သွားတော့၊ သွားတော့။ Goodbye ("go now, go now"). • မသွားပါနဲ့တော့။ Well don't go then. Don't go after all. • ထုတ်ပြီးသားတွေ ပြန်မထည့်နဲ့တော့။ Don't put back the ones you have already taken out then.

Variant form ေရာ။ • ကဲ၊ ဒါဖြင့် သွားေလေရာ။ Right then. In that case, you may go. • ခဏသွားမချလိုက်ေလနှင့်။ အေအာ်ခံရပြီသာ မှတ်ေပေရာ။ Don't set them down even for a moment. (If you do) consider yourself severely reprimand-ed. • ေရွှစင်ရာ မင်းနဲ့ စည်းစည်းစားစား လုပ်ပါေရာ့လား။ My dear SZ, you are im-possible. Why don't you act thoughtfully?

Variant form ကေရာ။ • အကြမ်းဖက်ကေရာ့မဟဲ့။ I am goint to resort to violence!

ေတာ့ **2** *sts* ေတာ့ရင် **(Phr~)** ⇒ **however, but; as for, at least;** *stc med phr ptcl,* *CB;* = FB ကား၊ မူ၊ မူကား၊ *cf* FB ေသာ်; • ဗမာစကား နားလည်ပါတယ်၊ ဖတ်ေတာ့ မဖတ် တတ်ပါဘူး။ I can understand Burmese but I can't read it. • သိပ် အမြန်ကြီး ေတာ့ မမောင်းစေနဲ့ေနာ်။ Don't let him drive too fast, will you? • အေမက အသက် ၇၀ ရှိပြီ။ အေဖေတာ့ ဆုံးသွားပါပြီ။ My mother is 70, but my father has died. • ထုတ်ပြီးသားတွေေတာ့ ပြန်မထည့်နဲ့ေနာ်။ But don't put back the ones you have already taken out, will you. • ပထမဦးဆုံး ချုပ်တဲ့လက်ရာ ဖြစ်လို့ သိပ် ပုံမကျတာ ေတာ့ စိတ်မကောင်းပါဘူး။ But I felt bad that it wasn't a very good design because it was the very first piece I sewed. • အေးငြိမ်းတို့အတွက်ေတာ့ ငပလိ ဆိုတာ အဆန်းတကျယ် မရှိလုပါဘူး။ For AN and her friends, at any rate, Nga-pali was not unusual (because she lived there). • သည်အနားတစ်ဝိုက်တွင်ေတာ့ မြနသည်သာ အေးငြိမ်း၏ အရင်းနှီးအခင်မင်ဆုံး သူငယ်ချင်း တစ်ယောက် ဖြစ်ရှုလာသည်။ In this area at least, it was MN who came to be one of AN's closest friends. • မောင်လှေထွးကိုေတာ့ သူစိတ်ထဲ ရှိသည့်အတိုင်း ပြောရဲသည်။ To Maung Hla Htway at least (though not to her boss) she dared to say what she really felt. • အကြောင်းပြတာကေတာ့ရင် ... ကာကွယ်ရအောင် ပြုလုပ်ခြင်း ဖြစ်တယ်လို့ ပြောဆိုပါ တယ်။ As for the reason they gave: they said it was to guard against ....

ေတာ့ **3** *and* ေတာ့ခါ **(V~)** ⇒ **when V; because, since, as V;** *sub cls mkr, mainly CB but also used in FB; in temporal meaning* = FB ေသာအခါ၊ ေသာ်; *in causal meaning* = FB ေသာေကြာင့်; *also suffixed to certain nouns: see below;* • အား ေတာ့ လာခဲ့မယ်။ I'll come over when I'm free. • ေနာက်ပြီးေတာ့။ And then, later on, afterwards. • ဆတ်ခနဲ ထထိုင်လိုက်ေတာ့ ခေါင်းထဲမှာ မိုက်ခနဲ ဖြစ်သွားေလ၏။ When she sat up too abruptly she felt a shooting pain in her head. • ကြည့် ေတာ့ခါ ... ရေခွက်ကလေးတစ်ခု တွေ့ရပြန်တယ်။ When he looked, he found a small cup. • ညကျေတာ့ ပရိသတ်က ထင်တာထက် များသည်။ In the evening ("when it came to evening"), the audience was more numerous than ex-pected. • သားကြီး၏အသံ ကြားလိုက်ရေတာ့ ေဒါ်လှေမ မြူးပျော်သွားသည်။ When she heard her eldest son's voice, Daw Hla Me was thrilled. • သိပ် မတတ်နိုင်ေတာ့ အိမ်မှာပဲ လုပ်တယ်။ Since they couldn't afford to spend very much they held (the wedding) at home. • ကစားကွင်းကလည်း သီးသန့် မရှိေတာ့ ဒီလမ်းပေါ်တွင်ပင် ကလေးများက ကစား ေနကြရသည်။ And as there wasn't a separate playground this street was where the children had to play. • ကုန်ဈေးနှုန်းတွေ ကြီးေတာ့

ဒီလို ငွေရှာနိုင်မှ အိမ်တစ်အိမ်မှာ အသုံးစရိတ် လောက်တာ။ Since prices are so high a household can't meet its expenses unless one earns some (extra) money like this.

တော့ is used with nouns in the combinations ဒီတော့၊ အဲဒီတော့၊ ဘယ်တော့၊ သည်တော့၊ နောက်တော့။ • မြန်မာနိုင်ငံမှာ ဆိုလို့ရှိရင် သိပ်ပြီးတော့ ဆင်းရဲတဲ့သူတွေ မရှိဘူး။ သိပ်ပြီးတော့ ချမ်းသာတဲ့လူတွေလဲ မရှိဘူး။ ဒီတော့ ချမ်းသာတဲ့လူနဲ့ ဆင်းရဲတဲ့ သူကြားမှာ ကွာခြားမှု အင်မတန် နည်းတယ်။ In Burma there are no immensely wealthy people and no immensely poor people. So the gap between rich and poor is very small. • ဒီတော့ခါ ဒီပညာရပ်တွေပါ သင်ရသလား။ So then you have to take these subjects as well? • ဘယ်တော့ သွားမလဲ။ When will you go? • နောက်တော့ မတွေ့တော့ပါဘူး။ I didn't meet them again afterwards. • ဘိုးမှိ လက်မှာ တွေ့တဲ့စာဟာ အချိန်းအချက် ပေးတဲ့စာဘဲ၊ သည်တော့ခါ သည်စာကို ရေးသူဟာ ဘိုးမှိနဲ့ သည်အချိန် သည်နာရီမှာ တွေ့ဘို့ ချိန်းတဲ့လူ ဖြစ်မယ်။ The letter that was found in Hpo Hmi's hand is a letter making a rendez-vous. So the person who wrote the letter must be someone who made an arrangement to meet Hpo Hmi at this time.

See also entries ဆိုတော့ since, because, and ပြီးတော့ and

တော့ခါ *see under တော့ when, because*

တော့ရင် *see under တော့ however*

တော် 1 (N~, V~) ⇒ *indicates sacred, royal or official status;* *nn mod and sp hd nn, CB+FB; compounds of the form V–တော် are nouns, most often used in the pattern V–တော် မူ– "to perform an honourable V-ing", "to V", when referring to royal or sacred subjects, or visitors deserving great respect, or humorously;*

Sacred status: • ရွှေတိဂုံ စေတီတော် the Shwe-dagon Pagoda; သတင်းကျွတ် မီးထွန်းပွဲတော် the End-of-Lent Festival of Lights; ဆရာတော် reverend teacher, abbot (of a monastery); ဘုန်း(တော်)ကြီးကျောင်း monastery; ဓာတ်တော် sacred relic, relic of the Buddha; အမေးတော် ရှိရာ as he (the monk) asked a question.

Royal status: • နန်းတော် royal palace; ဖောင်တော် royal barge; မှူးတော်မတ်တော် royal advisers, ministers; သားတော်သမီးတော် royal children.

Official status: • မြို့တော် capital city; မြို့တော်ခန်းမဆောင် town hall; နိုင်ငံတော် kingdom, nation, state; နိုင်ငံတော် သီချင်း national anthem; နိုင်ငံတော် အလံ the state flag; ပြည်ထောင်စု မြန်မာနိုင်ငံတော် Union of Burma *(from 1948)*, Union of Myanmar *(from 1989; the suffix was dropped after 1962 but subsequently reinstated)*; ဧည့်သည်တော် state guest; ပညာတော်သင် state scholar.

After 1962 the Government began to discourage the use of တော် in connection with the state, so ပညာတော်သင် became ပညာသင်။ Other examples how-

ever, such as ည့်သည်တော်၊ မြို့ေတာ်, *remained unchanged.*

With verbs: • မင်းတရားကြီး ထွက်ေတာ် မူသည်။ The king goes out ("performs a royal exit"). • နတ်ရွာ စံေတာ် မူသည်။ (The king) dies ("performs a royal resid-ing in the village of the spirits"). • ငါကိုယ်ေတာ်မြတ် ကြားေတာ် မမူဘူးေသးဘူး။ I, your King, have never heard of this. • လက်ဖက် သုံးေဆာင်ေတာ် မူပါအုံး။ Please partake of some *lapet.* • ကြွေတာ် မူပါ။ Please proceed, please come in *(sts jocular).* • ကြွေတာ် မမူပါနဲ့ (*sts* မကြွေတာ်မူပါနဲ့)။ Please don't go in.

V–ေတာ် *is also used with the verb* ေခါ်– *in one or two expressions, e.g.* စားေတာ် ေခါ်သည် (the king) eats, စက်ေတာ် ေခါ်သည် (the king) sleeps.

ေတာ် 2 *and* ေတာ့ (**mostly Stc~**) ⇒ **term of address,** *used in addressing peo-ple or compelling their attention; used by women to men or other women, fairly familiar; the short, creaky-tone form is more emphatic and peremp-tory; cf English "My boy, My girl" etc; appended appellative, CB;* • နှင်းဆီက ေတာ်ေတာ်နဲ့ မတုံးပါဘူးေတာ်။ It'll be a long time before the roses are out of season *(customer to flower-seller).*

တို့ (N~) ⇒ **marks plural;** *nn mod, CB+FB, but with different applications in each; for* တို့ *suffixed to more than one N, see notes below;* **(a) in CB+FB: N~ ⇒ this N and others associated with it,** *hence most common with person-al referents such as pronouns, personal names and kinship terms; to be dis-tinguished from CB N–*ေတွ *"Ns" qv;*

• သူ *"he, she"* ⇒ သူတို့ *"they" ("he and his group");*

• ကျွန်ေတာ် *"I" (man speaking),* ကျွန်မ *"I" (woman speaking)* ⇒ ကျွန်ေတာ်တို့၊ ကျွန်မတို့ *"we" ("I and my group");*

• ငါ *"I" (familiar)* ⇒ ငါတို့ *"we" (familiar);* ဒို့ *"we" is an abbreviation of* ငါတို့, *hence* ဒို့ဗမာ *"we the Burmese";*

• ကျွန်ုပ်တို့ မြန်မာနိုင်ငံ *our country of Burma;*

• ဦးသက်ထွန်းတို့ *U Thet Tun and his group, his supporters, his family, his countrymen;*

• ေဒါ်ေဒါ်တို့လဲ လာကြမလား။ *And will you all be coming, Aunty?*

(b) in FB only: N~ ⇒ **Ns;** *used where English would use a plural N, to indi-cate more than one of the N; = FB* များ *and CB* ေတွ; • ေအာက်ပါ ေမးခွန်းတို့ကို (= ေမးခွန်းများကို) ေြဖဆိုပါ။ Answer the following questions. • ဂျပန်တို့၏ (= ဂျပန် များ၏) အကူအညီြဖင့်။ With the help of the Japanese. *In this use* တို့ *is also suffixed to numeral expressions (unlike FB* များ *and CB* ေတွ*):* • ကြိယာပစ္စည် (၅) မျိုး ရှိသည်။ ယင်းပစ္စည်း(၅) မျိုးတို့မှာ ...။ There are five kinds of verb particles. These five kinds are ....

(c) in FB: N¹ N²~ ⇒ **N¹ and N²** *(only), acknowledging the fact that N¹ and N² together are more than one, and not including the rest of the group as in* *(a), nor making the Ns plural as in (b);* • ကစားကွင်းနှင့် ထွန်စက်ရုံရဲ့တို့သည် ရွာ မြောက်ဘက်တွင် ရှိကြသည်။ The sports ground and the tractor shed are to the north of the village. • ဘယ်ဘက်တွင် အသံလွှင့်ရုံးကြီးကိုရင်း၊ ညာဘက်တွင် ပညာရေး တက္ကသိုလ်တို့ကိုရင်း၊ မြင်ရပါသည်။ On the left the Broadcasting Station and on the right the Institute of Education can be seen. • ဆုံးဖြတ်ချက်များနှင့် အတွေ့ အကြုံရင့်ကျက်မှု၊ ကြင်နာမှုတို့နှင့် ဆက်စပ်ထားခြင်း။ Linking their decisions with mature experience and compassion.

In this use the Ns may be singular or plural (i.e. with or without FB များ):
• နိုင်ငံရေးအဖွဲ့အစည်းများ၊ အလုပ်သမားများ၊ ကျောင်းသားများတို့သည် ဗြိတိသျှ လက်အောက်မှ လွတ်မြောက်ရန် ကြိုးပမ်းကြ၏။ Political organisations, workers and students all struggled to be free from the British.

(d) in CB+FB: where N¹ and N² are persons, N¹ N²~ may alternatively mean N¹ and N² and others, *like N~ in (a) above;* • ကိုဝင်း မအေးတို့ ⇒ *either (a)* Ko Win and Ma Aye and their family/ friends/ team/ colleagues *(etc as appropriate), or (c)* Ko Win and Ma Aye *(only), as in* ကိုဝင်း မအေးတို့သမီး the daughter of Ko Win and Ma Aye. • မောင်ငယ်နှင့် မလေးတို့သည် ရန်ကုန်တွင် နေထိုင်သည်။ Maung Nge and Ma Lay *(or* Maung Nge and Ma Lay and the rest of them) live in Yangon.

(e) in CB+FB: N¹~ N²~ ⇒ N¹ and N² and similar items, and that sort of thing; • မြေအောက် မီးရထားတို့ ဘတ်စ်ကားတို့ Underground trains, buses and that sort of thing; စောင်တို့ ခေါင်းအုံးတို့ ဘာတို့ blankets, pillows and so on; မောင်တင်တို့၊ မောင်ဘတို့၊ မောင်လှတို့ လာကြသည်။ Mg Tin, Maung Ba and Mg Hla all came (implying "and their crowd, and that lot").

(f) in pattern တို့တစ်တွေ or တို့တတွေ *see under* တစ်တွေ *the group*

တင်ကြို– *see under* ကြို– *and* ကြို့တင်– *in advance*

တောင် and တောင်မှ **(Phr~) ⇒ even, as much as;** *stc med phr ptcl, CB+FB; = FB* တိုင်အောင်; *perhaps formed from the verb* တိုင်– "to reach" *fused with the subordinate clause marker* အောင် "so as to"; • ဘုန်းကြီးရှေ့မယ်တောင် သွားပြော မိတယ်။ He even went and said it in front of a monk. • ဖွင့်တောင် ဖွင့်ခိုင်း လေးတယ်။ They even asked him to open it up. • တချို့လူတွေ ရူးသွားအောင်တောင် လုပ်ကြတာပဲ။ They even drove some people mad. • ငါးပုစွန် မရရင်တော့ ထွက်လို့ တောင် ပြေးရမလား မသိဘူး။ If I can't catch any fish or prawns I even wonder if I ought to run away. • သူ သရုပ်ဆောင်တာကို တကယ်လားလို့တောင် အောက်မေ့ပြီး တစ်ခါတစ်ခါ ကြောင်ကြောင် ကြည့်နေမိတယ်။ When she was acting I thought she was really (the character) and I gawped in amazement. • အမယ်လေး၊ လေး နာရီတောင်မှ ခွဲနေပြီ။ Goodness me! It's half past four already! • ခရီးက လှမ်း လွန်းသည်။ အိမ်က နှစ်နာရီ ကြိုထွက်တာတောင်မှ အလုပ်ခွင်ကို အချိန်မီ မရောက်ချင်။ The distance was too great. Even if she left home two hours ahead of time, she risked not arriving at work in time. • ဖိနပ် စီးရင်တောင်မှ မလွတ်ဘူး။ Even if you wear sandals you can't avoid it. • ရုံးဝင်းထဲတောင်မှ အရမ်း မောင်းကြပါလား။ So they even drive carelessly within (the precincts of) the court.

တိုင် 1 *also* **တိုင်တိုင်** *and* **တိုင်အောင် (N~, VA~)** ⇒ **up to, until, as far as;** *nn mkr and sub stc mkr, mainly FB but also used in CB for emphasis and in certain fixed phrases; = CB အထိ၊ တောင်; derived from verb* တိုင်– *"reach" and subordinate clause marker* အောင် *"so as to", so* တိုင်အောင် *= "so as to reach, as far as";* • ယခုထက်တိုင် ပြန်သံကြိုးလဲ မရသေးဘူး။ Up to now we still haven't had a reply to our telegram. • အစမှ အဆုံးတိုင် အစဉ်တစိုက် ပြောပြပါရစေ။ Let me tell the whole story, in order, from beginning to end. • သည်အမှုတွက် ကျွပ် ဆုံးခန်းတိုင် ဆောင်ရွက်ပေးမယ်။ I will see this case through until the very end. • မောင်စံရှား လာသည့်တိုင် မစောင့်ဘဲ တိုက်ပေါ်မှ မဟားတရားနှင့် အပြေးအလွှား ဆင်းသွားပြီးလျှင် လမ်းသို့ ရောက်သည့်တိုင်အောင်ပင် ပြေးလွှားလျက် ရှိသည်ကို ပြူတင်းပေါက်မှ တွေ့မြင်ကြရလေ၏။ He didn't wait till Maung SS came, but ran out of the building at full tilt, and we could see from the window that he was still running up to the point when he reached the road. • ငါးနှစ်တိုင်တိုင် သင်ကြားပြီးတဲ့နောက်။ After studying for a full five years. • သေသေချာချာ ကြည့်စမ်း။ ၂ ကြိမ်တိုင်တိုင် ပြင်ပြီးထားကြောင်း ထင်ရှားတယ် မဟုတ်လား။ Take a careful look at this. It's obvious that it has been mended twice, is it not? • မြန်မာပြည် အတွင်း၌သာလျှင်မက အိန္ဒိယတိုင်း၊ ဘင်္ဂလားနယ်၊ ဘုံဘိုင်နယ် စသည်တို့သို့တိုင်အောင်ပင် ထင်ပေါ်ကျော်ကြားခဲ့သည်။ He was famous not only in Burma, but as far as India, Bengal, Bombay and such places. • တောကြက်များ၏မြည်သံကို ညဥ့်ဦးယံ မှစ၍ မိုးသောက်ယံတိုင်အောင် ကြားနေသဖြင့်။ As he heard the cries of the jungle fowl from evening right through to dawn. • စာသင် သံဃာ (၆၀) ကျော်တို့အား စာပေကျမ်းဂန်များ ပို့ချ္လာခဲ့သည်မှာ ယနေ့တိုင်အောင် ဖြစ်ပါသည်။ He has been teaching the sacred texts to a class of 60 student monks and is still teaching up to the present day.

တိုင် 2 *and* **တိုင်အောင် (VA~)** ⇒ **even if, even though, although V;** *sub stc mkr, CB+FB; cf CB V-*ရင်တောင်၊ V-ပေမယ့်; • လူချင်း မသိကြသည့်တိုင် စိတ်ချင်းကတော့ ရင်းနှီးပြီး ဖြစ်သည်။ Even though they didn't know each other he already felt close to him. • မိုင် ၁၅၀ခန့် မောင်းသည့်တိုင် ၄၅-ကျပ် ပြည့်ချင်မှ ပြည့်သည်။ Even if he drove 150 miles (a day in his taxi) he would scarcely manage to take 45 kyats. • ဘန်ဂလိုကလေးက သေးငယ်သည့်တိုင် သပ်ရပ်သည်။ Although the bungalow was small it was well kept. • အတန်ကြာသည့်တိုင်အောင် ဆရာတော် ကြ မလာသဖြင့်။ As the Sayadaw didn't come even though some time had passed. • သီတင်းသီလ ဆောက်တည်ကြတဲ့တိုင်အောင် ... သံသရာမှ လွတ်မြောက်ကြောင်း ကျင့်စဉ်တရားအပေါ် လေ့လာချက် အားနည်းနေပါသေးတယ်။ Although they observed the precepts, they failed to apply themselves adequately to studying the conduct required to escape from *samsara.*

Also suffixed to သို့ *"thus":* • သံယောဇဉ်ကို အတင်း ဖြတ်ပြီး အလုပ်ဝင်လုပ်ခဲ့ရသည်။ သို့တိုင်အောင် တစ်ပတ်တစ်ခါ အိမ်ပြန်ရမည့်ရက်ကို မျှော်မိတတ်သည်ပင်။ She forced herself to make the break (with friends and family) and took the job. Even so, she used to look forward eagerly to the one day a week when she went home.

တိုင်း **1 (N~)** ⇒ **every N, each N;** *nn mod, CB+FB; sts the whole phrase is repeated:* N–တိုင်း N–တိုင်း။ • လူတိုင်း everyone; နေ့တိုင်း every day; နှစ်တိုင်း နှစ်တိုင်း yearly, every single year; အခန်းတိုင်းမှာ in every room; ကလေးတိုင်း အတွက် for each child. • ကျွန်မ ညနေတိုင်း လာယူပါ့မယ်။ I'll come and collect them every evening. • မဂ္ဂဇင်းတိုင်းလိုလိုပဲ မထွက်နိုင်ကြဘူး။ Almost every single magazine was unable to appear (as the presses were too fully occupied). *The combination* ခါတိုင်း *"every time" has acquired the meaning "as usual, usually":* • ခါတိုင်း တစ်ချက်မှ ပြန်နေကျမို့။ Since he usually came back only after one o'clock. • ခါတိုင်းလိုပင် သူ့အလုပ်ကို သူ အေးဆေးစွာ လုပ်နေသည်။ He carried on calmly with his work as usual. • ခါတိုင်းလို ယူခဲ့။ Bring me the same as usual! • ခါတိုင်း အဝတ်ကို ဝတ်သွားလေ။ Go wearing your usual clothes.

တိုင်း **2 (V~)** ⇒ **every time, whenever;** *sub cls mkr, CB+FB;* • ဒီကောင် ပြောတိုင်း မယုံနဲ့။ Don't believe everything this fellow says. • သက်သာတိုင်း ကောင်းလှသည် မထင်နဲ့။ Don't think that it is a good thing whenever (something) is easier, less work. • ဤသို့ ခေါ်လိုက်တိုင်း။ Everytime he called her like this. • တရား ဟောလိုက်တိုင်းလည်း "ခရက်ဒေါ့ ပြန်သွား" ဟူ၍ အမြဲတမ်း ကြွေးကြော် တောင်းဆိုသည်။ And every time he made a speech, he always voiced the demand "Craddock go home!" • စာအုပ် ရှာမတွေ့တိုင်း စိတ်တိုမိတယ်။ I get annoyed everytime I can't find a book. • မှူးမတ်များတို့၊ ကြားတိုင်းမြင်တိုင်း၊ ဆိုးယုတ်တိုင်းကို၊ ဟုတ်တိုင်း မတင်။ The ministers did not report truthfully each thing they heard and saw, each thing that was evil (cf အတိုင်း in accordance with).

အတိုင်း **(N~, VA~)** ⇒ **according to, in accordance with N; in the manner of N; N as itself, in its original state; as if V;** *nn mkr and sub stc mkr, CB+FB; cf* အရ၊ အညီ၊ အလိုက်၊ အားလျော်စွာ၊ အလျောက်; • ရုံးဆင်းလာပြီး ပန်းဆိုး တန်းအတိုင်း လျှောက်လာသည်။ After coming out of the office she walked along Pansodan. • ထုံးစံအတိုင်း ကျေးဇူးတင်စကားကို ပြုံး၍ ပြောသည်။ As usual she said Thank you with a smile. • သူ့စည်းကမ်းများအတိုင်း စတင်ဆောင်ရွက်ရပါသည်။ I had to start doing the job in accordance with their regulations (a writer working as a taxi driver). • သင် မှာလိုက်သည့်အတိုင်း ကျွန်ုပ် လုပ်သည်။ I did as you ordered, as you said. • သူ့အတိုင်း ဆိုရင်။ If we go by him, by what he says. • သည်အတိုင်းသာဆိုလျှင် တစ်လလောက်နေလျှင် အကျိုလေးတစ်ထည်ပင် ချုပ်ဝတ်နိုင်စရာ

အကြောင်း ရှိ၏။။ If things continued in this way, there was a chance that she would be able to afford an *eingyi*. • အားလုံး သိတဲ့အတိုင်းပဲ ဒီပြဿနာဟာ မလွယ် ဘူး။။ As you all know, this is not an easy problem. • အစ်ကိုအတိုင်း ညီလေး လိမ္မာသည်။။ The younger brother is well behaved, like his elder brother. • မောင်ရစ်သည် အပြေးပြိုင်ခြင်းကို ဝါသနာ ပါသည်။။ ဝါသနာ ပါသည့်အတိုင်းလည်း ထူးချွန်သူ ဖြစ်သည်။။ Maung Yit was keen on running races and excelled at it as a result. • စပါးကို စက်ဖြင့် မကြိတ်ပဲ စပါးအတိုင်း တင်ပို့ကြ၏။။ They loaded and sent the rice just as it was without milling it. • ဒီအတိုင်း စားရသလား။။ — ဟုတ်ကဲ့၊ ဒီတိုင်းပဲ။။ Can one eat it just as it is? — Yes, just as it is. • မလိမ်တတ် သော မနွေက အမှန်အတိုင်း ပြောလိုက်မိသည်။။ Ma Nwe, who was incapable of falsehood, told ("spoke in accordance with") the truth. • ဘကြီးကို ကူနေကျ အတိုင်း ကူလုပ်ပေးရန် တံမြက်စည်းတို့၊ ရေပုံးတို့ကို ရှာသည်။။ So as to help her uncle as usual, she looked around for the broom and bucket. • သူတို့ ပြောလိုက်ရင် ဒီအတိုင်းချည်းပဲ။။ Whenever they say anything, it's always the same story. • ၎င်း ကုန်လျှင် ဆေးရင်းအတိုင်း တိုက်။။ If the violent fever is over, give the original medicine as before. • ပန်းသည်တွေက ထွက်ဆွဲမယ့်အတိုင်း သူတို့ဆိုင်က ပန်းဝယ်သွားဖို့၊ ... ခေါ်ကြ အော်ကြနဲ့ ဆူဆူညံညံ လုပ်ကြရော။။ The flower-sellers made a great noise, calling out that they should buy flowers from their shops, all but grabbing ("as if about to grab") them physically.

In verse or older texts, V–သည့်အတိုင်း may be shortened to V–တိုင်း။။ • ဟုတ်တိုင်း မတင် = ဟုတ်သည့်အတိုင်း မတင်။။ Did not report in accordance with the truth.

တစ် or တ– (~N) ⇒ **(a) one N, a N;** *for spelling variant* တ– *see note below; number, CB+FB. Mostly in numeral compounds of the form [counted noun +* တစ် *+ numerative]; e.g.* လူတစ်ယောက် / လူတယောက် *a person;* စာတစ်စောင် / စာတစောင် *one letter. In appropriate contexts the counted noun is omitted; e.g.* တစ်နှစ် / တနှစ် *a year;* တစ်ရာ / တရာ *one hundred. Such numeral compounds are not normally listed in a dictionary.*

(b) the whole N, throughout the N; *restricted to a few expressions; e.g.* မြစ်တစ်လျှောက် *all along the river;* မြို့တစ်ဝိုက် *all around the city;* နိုင်ငံတစ်ခွင် *throughout the country;* ကမ္ဘာတစ်ဝှန်း *or* ကမ္ဘာတစ်ဝှန်းလုံး *(variant spelling* ၀မ်း:*) throughout the world.*

In numeral compounds the spelling တ– *was widespread up to 1984, when the Burmese Language Commission decreed that this word should be written* တစ် *in all contexts. The new spelling was enforced by fines for non-use and quickly came into universal use. The old spelling is still to be seen in texts printed before 1984, and later in handwritten documents: many Burmese have found it hard to change the habit of a lifetime. Two advantages of the change are that it helps to differentiate* တ– *the prefix from* တ– *"one" (now တစ်); and it brings တစ် "one" (pron /တ/ in compounds) into line with နှစ် "two" and ခုနစ် "seven" (pron /န, ခွန်န/ in compounds but never so written).*

တစ်–NN *or* **တ–NN** ⇒ **some N or other;** *for variant spelling တ– see under တစ်;* CB+FB; • တစ်မျိုးမျိုး some kind or other; တစ်ခုခု something or other; ကျောင်းသားတစ်ယောက်ယောက် some student, any student; တစ်နေရာရာ some place or another, somewhere; တစ်နိုင်ငံနိုင်ငံ some country or other; တစ်နေ့နေ့ one day or another, sometime.

တစ်–N–စ **နှစ်–N–စ** *see under* စ *a few Ns here and there*

တစ်–N–တလေ *or* **တ–N–တလေ** ⇒ **some Ns; a N here and there;** *for variant spelling တ–N–တလေ see under တစ်;* CB+FB; • တစ်ယောက်တလေ one or two people; တစ်ရက်တလေ a day here and there; တစ်ခါတလေ from time to time, sometimes.

တစ်–N–တည်း၊ တစ်–N–ထဲ *and variants* "only one, (one and) the same": *see under* တည်း *only, just*

တစ်ချို့ *see under* အချို့ *some*

တစ်ခြား *see under* အခြား *other*

တစ်စုံ *formerly* တစုံ *(~တ–N¹–သော N²)* ⇒ **some N or other, any N, a certain N, (not) any N, (no) N;** *selective noun, FB; pron /တစွန်/; regular equivalent of Pali koci in nissaya translation (Okell 1965 p 208);* • တစ်စုံတစ်ရာသော ပြောင်းလဲခြင်း သို့မဟုတ် ဖြည့်စွက်ခြင်း မရှိကြောင်း။ That there is no alteration or addition. • နောက်ထပ်တစ်စုံတစ်ရာ ပြုလုပ်ခြင်းမျိုး မလိုအပ်ပေ။ No further action is required. • မော်တာကြီး တစ်စုံတစ်ရာ ချွတ်ယွင်းနေမည်။ There will be something wrong with the motor belt. • တစ်စုံတစ်ယောက်က အိမ်ရှေ့ခန်း မီးခလုတ်ကို ပိတ်လိုက်သည်။ Someone turned off the light switch in the front room. • ပုံပြင်တို့သည် လူသားတို့ကို တစ်စုံတစ်ခုသော အတိုင်းအတာအထိ ကောင်းကျိုး သက်ရောက်စေနိုင်သည်မှာလည်း အမှန်ပင်ဖြစ်ပါသည်။ It is true that folk tales can up to a certain point bring some benefit to people. • သူ့စိတ်တွင် ထူးခြားသော ခံစားမှု တစ်စုံ တစ်ရာမှု မရှိ။ There was no unusual feeling in his mind. • ကိပါဟဲ၊ နှစ်ရက် သုံးရက်။ ကိဗ္ဘို့ တစ်စုံတစ်ခွန်းသော စကားကို။ ရဩောၚ၊ မင်းကြီးအား။ မာဝဒေထ၊ မဆိုပါလင့်ဦး။ For a day or two say no word to the king *(nissaya).*

တစ်ဆင့် *formerly* တဆင့် *(N–မှ~ FB = CB N–က~, N–ကနေ~)* ⇒ **(passing) through, via N, by N as intermediary;** *nn mkr, FB+CB;* • ဘန်ကောက်မှတဆင့် လာပါ မည်။ I shall travel via Bangkok. • မသန်းမြတဆင့် ပေးလိုက်မယ်။ I shall get it to you by/through Ma Than Mya. သူ့ကတစ်ဆင့် ဖောက်သည် ယူရောင်းတတ်သည်။ She regularly bought them from him for reselling. • ကင်မရာမှန်ဘီလူးက တစ်ဆင့် မြင်ရသည့် ပုံရိပ်။ The image you could see through the camera lens.

တစ်တွေ or တတွေ (N~) ⇒ **N and the rest of them, that group of Ns**; *numeral phrase, used as nn mod, CB+FB*; • တက္ကသိုလ်နယ်မြေသည် ကျော်သူတို့ အပေါင်းအသင်းတစ်တွေ စာပေဆွေးနွေးရာ၊ လက်ဖက်ရည်သောက်ရာ၊ ဘဝ ခံစားချက်တွေ စုပေါင်း ရင်ဖွင့်ရာနေရာ ဖြစ်နေခဲ့ပြီ။ The university campus had become the place where KT and his group discussed literaure, drank tea, and shared their experiences of life. • ကျော်သူအဖေ အလုပ်ပြုတ်သွားပြီး ကျော်သူတို့မောင်နှမတစ်တွေ ခြံအလုပ် ကို ယခင်ကထက် ပိုလုပ်ကြရတာ မနေ့သိသည်။ Ma N knew that after their father had lost his job, KT and his sister had to spend more time working in the smallholding. • အငယ်ဆုံးသားလေးနှင့် ခင်လွမ်းတို့တတွေကို မေမေ စိတ်မချတာချ ဖြစ်နေသည်။ Mother was a little uneasy about (leaving) her youngest son and KL. • မင်းတို့ ငါတို့တစ်တွေလဲ ဘာလိုလိုနဲ့ ကလေးရဲ့ မိခင်ဖခင်တွေ ဖြစ်လာ ကုန်ကြပါကောဟ။ You and I find ourselves the mother and father of a child!

တစ်ပါး: 1 *formerly* တပါး: (N~, ~N, ~သော–N) ⇒ **other, different N**; *also* အခြား တပါး: N; *selective noun, mainly FB, pron* /အဘား:/; *from* အပါး: *"place, numerative for royal and sacred persons" as in* ဘုန်းကြီး တစ်ပါး: *"one monk"; regular equivalent of Pali* aññ̃a *in nissaya translation (Okell 1965 p 220)*; • တိုင်း တပါး:မှ။ From another country, i.e. from a foreign country. • အခါတပါး:။ At a certain time, once upon a time. • သူတပါး:ကို ထိခိုက်စေချင်လို့ မဟုတ်ဘူး။ It's not that they want to cause harm to another. • ကိုယ့်ကိုယ်ကို လူတပါး: မသိစေ ချင်ရင် အင်္ကျီမှာ နာမည် ရေးမထားရဘူး မိတ်ဆွေရဲ့။ If you don't anyone to know who you are, you shouldn't write your name on your coat, my friend. • အခြားတပါး:သောလူ။ Another person. • တပါး:သော အယူ ရှိသူ။ An adherent of another sect, a heretic. • တပါး:သူတို့၏ လွှမ်းမိုးခြင်းကို ခံရသည်။ He came under the influence of other people. • ကျောင်းထိုင်ဆရာတော်သည် အခြားတပါး:သို့ ကြ သွားနေခိုက် ဖြစ်သည်။ It was a time when the presiding monk had gone elsewhere. • အည၊ တပါး:သော နဝမတ္တိကာဘာဇန်၊ မြေအိုးသစ်ကို။ A new, different, earthen pot *(nissaya)*. • *Cf* တပိုတပါး: သွား:– *to go elsewhere and* တပေါ့တပါး: သွား:– *to go for relief, euphemisms for going to the toilet.*

တစ်ပါး: 2 *formerly* တပါး: (N–မှ~) ⇒ **apart from N, besides, except N**; *nn mkr, FB, cf CB* N–က လွဲလို့; *pron* /တဘား:/; • ထိုမှတပါး:။ Apart from that, besides, moreover. • ဤပညာကို ကျွန်တော်မှတပါး: မည်သူမျှ မတတ်ပါ။ Except for myself, no one has this knowledge. • မိမိဖခင်မှတပါး: မည်သည့်ယောက်ျားကိုမျှ စေ့စေ့စပ်စပ် မကြည့်ပေ။ She never looked carefully at any man other than her father.

တစ်ပြိုင်နက်(တည်း) *formerly* တပြိုင်နက်(တည်း) (V–သည်နှင့်~ FB = CB တာနဲ့~) ⇒ **at the same time as V, as soon as V, no sooner than V**; *sub stc mkr; pron* /တပျိုင်နက်ထဲ/; • လယ်သမားတို့သည် မိုးသံကို ကြားသည်နှင့်တစ်ပြိုင်နက် ထွန်တုံးကို ပြင်ကြသည်။ As soon as the farmers hear the sound of rain they prepare their ploughs. • တောင်ပေါက်ဝမှ ထွက်မိသည်နှင့်တပြိုင်နက် နိုင်ငံရေးစကားတို့သည်

ဆရာတော်၏ နှုတ်ဖျားမှ အလိုလို ပေါ်ပေါက်လာပြန်တော့၏။ The moment he emerged from the prison gate, talk of politics once again sprang from Sayadaw (U Ottama)'s lips. • အလုပ်အားတာနဲ့တစ်ပြိုင်နက် ကျွန်တော့် ခြေထောက်တွေကလည်း လုံမုန်ဒမ်းဘက်ကို ဦးတည်နေပြီ။ No sooner was I free from work than my feet headed towards Lon-mon-dam.

တစ်လျှောက်(လုံး) *formerly* **တလျှောက်(လုံး:)** (N~) ⇒ **the length of, all along N;** *nn mkr, CB+FB;* • လမ်းတစ်လျှောက်လုံး the whole length of the road, all the way; စခန်းတစ်လျှောက် all along the route, at each camp; မြန်မာသမိုင်းတစ်လျှောက် all through Burmese history; ဘဝတလျှောက်လုံး throughout one's life; မြစ်ဝ ကျွန်းပေါ်တစ်လျှောက် လှည့်လည်ပြေးလွှားနေရ၏ had to flee through the length and breadth of the delta.

တည် *and* **အတည်** *see under* **တီ** *which*

တည့် **1** (V~) ⇒ **suffix of uncertain meaning,** *FB, mainly in verse; sts apparently emphatic, sts merely filling a slot after a rhyme; pron* /တီ/; *common after negated verbs; unclassified;* • မနည်းကုံးသိ၊ များလေပြီတည့်။ Have been threaded together in no small number. • နတ်တည့်ပျော်ရွှင် Even the nats enjoy it. • ကျမ်းမြင်ထွေပြား၊ အပါးပါးနှင့်၊ များသည့်ထုံးနည်း၊ မှတ်ဖွယ်ချည်းတည့်။ There are many precedents to be noted in the numerous texts. • ထိုတရား လျှင်၊ ထင်ရှားစင်စစ်၊ မဂ္ဂင်သစ်တည့်။ That principle is a new route to salvation, truly remarkable. • မဲဇာတောင်ခြေ၊ စီးတွေတွေတည့်။ At the foot of Meza, where the current swirls.

After negated verbs: • ပြည်ထဲအရေး၊ ပေါက်နှင့်ကျေးသို့၊ ကြံတွေးလှည့်ကာ၊ မသိသာ တည့်။ They were unskilled in matters of state, like the parrot and the pauk flower. • ရန်စစ်ထသော်၊ ဖြဖြလိုက်လံ၊ စစ်ဦးနှံမှ၊ ရှံ့လေရှံ့ရှံ့၊ နောက်မဝံ့တည့်။ Once he has hurried to meet the challenge of battle and found himself enmeshed therein, he becomes timid and is no longer brave. • နည်းသည်နှင့်နှင်၊ လိုအင် ပြည့်ခဲ၊ မရောင့်ရဲတည့်။ His desire is not satisfied, he claims he has not enough, and he is discontented. • ကောင်းမြဲ မကောင်း၊ မိုးလည်းအောင်း၍၊ သောင်း ခဲ့ကောက်ပင်၊ မျိုးမရှင်တည့်။ The rains, which are normally good, are sparse, and the rice crop that was so abundant does not thrive. • ထိုသည့်မင်းကား၊ စောင့်ခြင်းတရား၊ မယွင်းမှားတည့်။ Such a king does not deviate from the principles to be observed. • ရှတ်တရက်မကွယ်တည့်။ Was not immediately obscured.

တည့်– **2** *also written* **ထည့်၊ သည့်၊ တဲ့၊ ထဲ့ ၊ သဲ့** (V~~) ⇒ **suffix of unknown meaning;** *described in MED as "emphatic", and in Judson sv as "directly", but not all examples support this interpretation; vb mod, CB+FB; pron* /တဲ့၊ ထဲ့/; *rare in contemporary language; examples below are arranged by context;*

Followed by sentence marker, commonly ဘူး:, *perhaps suggesting "regularly, normally":* • မြန်မာ ဆိုတာ အချိန်မီ မရောက်တဲ့ဘူး။ Your Burman doesn't regularly arrive on time. • ဆွေးနွေးဖို့ ဒကာတွေ ကျောင်း မလာတဲ့ဘူး။ The donors don't come to the monastery for discussions. • လင်နဲ့မယား အချင်းချင်း နင်နဲ့ငါ မသုံးတဲ့ဘူး။ Husband and wife don't use the terms *nin* and *nga* to each other. • ဆွမ်းကျွေးတွေကို ဆရာတော်က မလိုက်တဲ့ဘူး။ The Abbot doesn't go to *sun-gyway* invitations. • ဗမပြည်က ပင့်ကူတွေက မကိုက်တဲ့ပါဘူး။ Spiders in Burma don't bite.

Followed by subordinate clause marker, commonly FB ၍ *or CB* ပြီး။ • ပါတဲ့ အောင် ... ပြောအုံးမှ။ I'll have to persuade her to come with me. • အမှု သာ ထည့်အောင်။ So that the case goes well. • ဝင်မိကြထည့်သောကြောင့်။ Because they had already entered. • သံတော်ဦးတင်ထည့်သော်။ When they had informed the king. • ကြည့်ထည့်ပါသော်လည်း။ Although they had a look. • နေရာမှ ထတဲ့၍ "တိတ်စေ"ဟု အော်လိုက်ရာ။ When he got up and cried out "Silence!" • ဆန်ဆေး တဲ့၍ ထမင်းအိုး တည်နိုင်ရာလေသည်။ She washed the rice and put it on to cook. • ထိုအခါ ယောက်ျားက တဖန် ဝင်တဲ့၍ "..." ပြောနေစဉ်ပင်။ While the husband had come in and was just saying ... • အဲဒီကနေတည့်ပြီး ပြန်သွားမယ်။ I'll go straight home from there.

Sts apparently with ၍/ပြီး *understood:* • ကိုသောင်းစိန်က လှမ်းတဲ့ နောက်လိုက် သည်ကို ကိုလှဖူး ပြုံး၍ လှည့်ကြည့်နိုင်လေပြီ။ Ko Thaung Sein's taunt made Ko Hla Bu turn and smile. • အပေါ်အကျီ‌လေး ကောက်တဲ့ ဝတ်၍ "ဈေးဦးတော့ ပေါက် သွားပြီ။" He took up his jacket and put it on saying "I've made my first sale". • မေးတဲ့ ကြည့်လိုက်ရာ။ When he inquired.

Followed by verb modifier: • မချဉ်းထည့်ဝံ့။ They dared not approach. • မလျှောက်ထည့်ဝံ့အောင်။ They dared not address him. • မပေးမဆက်ထည့်သာပါ။ It was not appropriate to hand it over.

တည့် 3 *see under* တဲ့ *quoted*

တည့် 4 *and* အတည့် *see under* တ်ိ *which*

တည်း 1 (Stc~) ⇒ **indeed, verily,** *emphatic; often adds a note of gravity, solemnity, to a passage; frequently used to round off a paragraph sonorously; stc fin phr ptcl, FB; pron* /ဒ်ီး/; *cf CB* ပဲ/ဘဲ; • ၍ဤလူသည် ဦးလှပေတည်း။ This man is indeed U Hla. • ငါကား တံ့ငါးသားတည်း။ I am indeed a fisherman's son. • သျှင့်နာမကား ကမ္ဘာတည်သရွေ့ ရှိမည်တည်း။ His name will stand as long as the world lasts. • အားလုံးကို စိန်ခေါ်ခဲ့လေပြီတည်း။ She had issued a challenge to them all. • မြစ်ကြီးတမန်ဆည်၊ သာဘိသည်တည်း။ The dam over the great river is a delight to behold.

The combination သည်+တည်း *frequently contracts to* သတည်း။ • သက်တော် ၆ဝ-ပြည့်သည် ၁၉၃၉–ခုနှစ်တွင် ပျိုလွန်တော်မူရာသတည်း။ He sadly passed away in

1939, in the 60th year of his life. • သေဒဏ်အပြစ် ပေးလိုက်လေသတည်း။ They sentenced him to death.

In pattern N¹–တည်း ဟူသော N² ⇒ N² named N¹, N² which is known as N¹, N¹ which may be likened to N²; *a formula for presenting a simile;* • တရားတည်း ဟူသော ဆီမီး။ "The lamp which is called the Law", the lamp of the Law. • တရားတည်း ဟူသော စက်။ The wheel of the Law. • အိန္ဒိယပြည်နှင့် မြန်မာပြည် ခွဲရေးတွဲရေးပြဿနာတည်း ဟူသော တိမ်နီ။ "The red cloud named the issue of the separation of India and Burma", the red cloud of the separation issue. • ထိုဆောင်းပါးများသည် ဆရာကြီး၏ စာဆိုဘဝတည်း ဟူသော ဗိမာန်တွင် အုတ်မြစ် ဖြစ်သည်။ Those articles were the foundation stones of the edifice of Sayagyi's career as a writer. • ဤလူ့လောကကြီး အတွင်းသို့ ဖွားမြင်လွန်မြောက် မလာသေးမီ ကျွန်တော်သည် မိခင်၏တိုက်ခန်း၌ သန္ဓေတည်ခဲ့ရပါသည်။ ထို့အတူ ကျွန်တော်သည် စာရေးဆရာ ဖြစ်မလာမီ မြန်မာ့ယဉ်ကျေးမှုဘဝ အနုပညာစာပေတည်း ဟူသော မိခင်ကြီး၏ တိုက်ခန်းတွင် ပဋိသန္ဓေ တည်နေခဲ့ရသေးသည်။ Before I was born and passed into this world I was nurtured in my mother's womb. Likewise before I became a writer I was nurtured in the womb of Burmese art and literature and cultural life.

တည်းက *see under* ကတည်းက *since*

တည်း **2 (Nᵒ+N~) ⇒ only, just, not more;** *nn mod, CB+FB; pron /*ထ၊ ဒဲ/; • ကျပ် ငါးဆယ်တည်း a mere 50 kyats; နှစ်နာရီတည်းတွင် within only two hours; နှစ်ယောက်တည်း only two people, two alone.

In pattern တစ်–N–တည်း *or* တ–N–တည်း ⇒ **one and the same N, the same N, N alone;** *often written* ထဲ *in CB;* • တစ်အုပ်တည်း ပုံနှိပ်သည် printed in a single volume; တစ်တွဲတည်းတွင် in the same railway compartment; တစ်ယောက်ထဲ သွားတယ် I went on my own; လက်တစ်ဖက်တည်းနဲ့ မ,နိုင်တဲ့သေတ္တာ a suitcase that can be lifted with just one hand; သူနဲ့ ကျနော်နဲ့ တစ်နှစ်ထဲမှာပဲ မွေးတယ် he and I were born in the same year.

In pattern တစ်–N¹–တည်းသော N² ⇒ the sole N²; • တစ်ဦးတည်းသော သမီး her only daughter; တစ်ခွန်းတည်းသော ဝေဖန်စကားကို ဆိုသည် spoke just a single word of comment; တစ်ထည်တည်းသော အကောင်းဆုံး အင်္ကျီလေး her best and only good blouse; တစ်ပါးတည်းသော မင်း sole monarch; တခုတည်းသော ဦးတည် ချက် မရှိဘူး they didn't have just one single objective.

In pattern တစ်–V–တည်း: V– ⇒ to do nothing but V, V all the time, V continuously, V and V; • တစ်ခေါ်တည်း ခေါ်နေတာပဲ။ She was calling and calling. • တမေးတည်း မေးနေတယ်။ She was asking and asking. • တဟုတ်ကဲ့ တည်း ဟုတ်ကဲ့ရင်းနှင့် ရပ်လျက်သာ နေလေ၏ ။ He just stood there saying ဟုတ်ကဲ့ over and over again (*where* ဟုတ်ကဲ့ *is used as a verb*).

In certain set phrases: • တစ်ပြိုင်တည်း simultaneously; တစ်ညီတစ်ညွတ်တည်း

evenly, altogether; တစ်ချက်တည်းနှင့် at a single stroke, all at once; တစ်ခါတည်း at the same time, all at once, right away; တစ်ခါတည်း *pron* /အဒဲ/ *and sts written* တကထဲ ⇒ Really! Words fail me! Goodness gracious! • တောင်တန်း နယ်များကိုပါ တပါတည်း လွတ်လပ်ရေး မပေးလိုသဖြင့် As they did not wish to give independence at the same time to the hill regions as well. • တာဝန်များကို မသွေဖြည်ပဲ၊ လူထုနှင့် တသားတည်း ရပ်တည်၍ အမှန်တရားအတွက် တိုက်ပွဲ ဝင်သွား ရမည်။ Without shirking our tasks we must stand solidly ("in one flesh") with the masses and fight for the truth.

တတ်– 1 (V~–) ⇒ (a) **know how to V, be able to V;** *usually where V denotes some skill; vb mod, CB+FB; cf* ရ၊ သာ၊ နိုင်; • မသိမ်းတတ်လို့ ပုပ်သွားတာ။ It was because they didn't know how to store it that (the crop) rotted. • ဗမာစကား ပြောတတ်သလား။ – ကောင်းကောင်း မပြောတတ်ပါဘူး။ Can you speak Burmese? — No, I can't speak it very well. • ကျွန်တော်ဖြင့် ဘယ်လို လုပ်ရမယ် ပြောဘဲ မပြော တတ်ဘူး။ As for me, I just can't say what I should do. • ကား မမောင်းတတ်သေး ပါဘူး။ He doesn't yet know how to drive, can't drive yet. • ပလွေ ကောင်း ကောင်း မှုတ်တတ်တယ်။ He plays the flute well.
Sts in pattern V–၍ တတ်– *FB = CB* V–လို့ တတ်–: • ပြော၍ တတ်သလား။ – ပြော၍ မတတ်။ *FB = CB* ပြောလို့ တတ်သလား။ – ပြောလို့ မတတ်ပါဘူး။ Can you speak? — No, I can't.

(b) usually V, to be in habit of V-ing, be likely to V; • ဆေးလိပ် သောက် တတ်သလား။ – မသောက်တတ်ပါဘူး။ Do you smoke? — No, I don't smoke. • မစံပယ်သည် သူငယ်ချင်းများကို ကူညီတတ်သည်။ Ma Sabeh usually helps her friends. • နားမလည်၍ ထပ်မေးလိုက်လျှင် ပိုဆိုးသွားတတ်၏။ If she failed to under-stand them and asked again, things usually got worse. • ညကျတော့ နဲနဲ ချမ်းလာတတ်တယ်။ It is likely to get a bit cold in the evenings. • အကြောင်း မပြပဲ၊ အလုပ် မဖြုတ်တတ်ပါဘူး။ They don't usually sack people without giving their reasons. • သတိထား။ ခွေး ကိုက်တတ်တယ်။ Be careful! The dog bites. • တောအရက် ကြိုက်တတ်မှန်းလဲ သိပြန်။ Also I happened to know that he liked country spirit.

တတ် 2 *in combination* မကောင်းတတ်– ⇒ **to be inappropriate if not done, to be unavoidable, to look bad;** *CB+FB;* • ကောင်လေး တယောက်က နားပူနားဆာ လုပ်လို့ မဖြစ်မနေ မရေးချင်ဘဲ ရေးလိုက်ရပါတယ်။ အဲဒီစာအတွက် ဘာမှ လုပ်ပေးစရာ အကြောင်းပြန်စရာ မလိုပါ။ မကောင်းတတ်လို့ ရေးပေးလိုက်ရတာပါ။ A young man badgered me so that I had to write it although I didn't want to. Please don't feel obliged to do anything or respond to the letter. I just wrote it because it was hard to avoid doing so. • သင်ကြားနည်းသင်တန်းကို ငပိ သဘော မကျတော့ပါဘူး။ ပြီးခဲ့တဲ့အပတ်ကတော့ လစ်တောင်လစ်တယ်။ ကျွန်တော်ကတော့ မကောင်းတတ်လို့ ဆက်တက်နေပါတယ်။ Ngapi doesn't think much of the teaching methods class any more. Last week she missed it. I am going on with it because it wouldn't look good if I missed it too. • လူမှုရေးအရ မကောင်းတတ် လို့ ထုတ်မမေးသော မေးခွန်း။ A question that it is socially inappropriate to ask.

တတ် 3 *in combination* V–သတတ်– ⇒ **it says;** *indicates that a statement is being retold; unclassified suffix, FB; cf CB* တဲ့; *regular equivalent of Pali* kira *in nissaya translation (Okell 1965 p 218);* • အိမ်သို့ ပြန်ရောက်လျှင်ရောက်ချင်း လည်း ဆုံးသွားသတတ်။ "And," says the story, "as soon as he reached home he died". • ဒီလိုဆိုရင် သာကောင်းသေးတယ်၊ တို့တတွေ နေရိပ်ထဲမှာ တိုက်ရတာပေါ့ဟု ပြန်၍ ဖြေသတတ်။ "In that case, so much the better: we shall be fighting out of the heat of the sun" he replied, according to the story. • သတ္တသံဝစ္ဆရာန်၊ ခုနစ်နှစ်တို့ပတ်လုံး။ ကမ္မွဲ၊ အမ္မွကို။ ကတွာ၊ ပြု၍။ ဘရိယံ၊ မယားကို။ လဘိကိရ၊ ရ သတတ်။ After working for seven years he acquired a wife, so the story goes *(nissaya).*

တတ် 4 *see under* မတတ် *almost*

တန်– 1 (V~–) ⇒ to **be suitable, fitting to V, worth V-ing; to be liable, likely to V;** *vb mod, FB+CB; cf* V–အပ်–၊ V–သင့်–၊ V–ထိုက်–၊ V–ရာ–၊ V–ဖို့ ကောင်း–; • မသေတန်ပဲနဲ့ သေရတယ်။ He died before his proper time, before he deserved to die. • ဟုတ်တန်သလောက် ဟုတ်၏။ It is quite likely to be true ("as true as it should be"). • ပြတန်သလောက် ပြရုံပဲ လိုတယ်။ You need only show as much as should be shown. • မပြောတန်သည့်စကားများ။ Words that it is not fitting to utter. • အခုနေအချိန်မှာ ဗမာပြည် ရောက်တန်ပြီ။ She should have arrived in Burma by now. • ယဉ်ကျေးမှု ကွယ်ပျောက်ပါက လူမျိုးပါ ပျောက်ကွယ်တန်သည်။ If your culture disappears then the whole race is liable to fade away.

In the pattern V–တန် V ⇒ **to V if or where V-ing was required;** • နက်ဖြန် ခါမှပဲ ဆန် ချေးငှား ချက်တန် ချက်မယ်။ And tomorrow I'll borrow some rice to cook if I have to. • ပစ္စည်းများကို ချတန် ချ၊ တင်တန် တင်နှင့် အစီအစဉ် ပြုလုပ်ကြ ပြီးနောက်။ After making their dispositions, loading and unloading the baggage as required. • ဖြတ်တန် ဖြတ်၊ ဖြည့်တန် ဖြည့် စသည်ဖြင့် အစီအစဉ်သစ် ထုတ် လုပ်ရမည်။ (A person trying to become a writer) will have to develop a new style of working, deleting or supplementing as required.

In the pattern N¹ တန်တယ် N² တန်တယ် *(CB = FB)* **N¹ တန်သည် N² တန်သည်** ⇒ **either N¹ or N² as appropriate:** • ဆယ့်ငါးရက် တန်တယ် တစ်လ တန်တယ် ကျပ် နေပြီးမှ။ After I'd been there for a fortnight or a month. • ပူတာအိုကို တစ်လ တန်သည် နှစ်လ တန်သည် ဆင်းပြီး ဘုန်းကြီးကျောင်းမှာ ရဟန်းကျင့်ဝတ် နားလည်အောင် ကြိုးစားရမည်။ You must go down to Putao for one or two months and try understand the code of conduct of the monks in the monastery.

တန် 2 (N°+N~) ⇒ **worth (specified sum of money)**; *truncated verb attribute, short for* တန်တဲ့၊ တန်သော, *CB+FB;* • နှစ်ကျပ်တန် တံဆိပ်ခေါင်း a two-kyat stamp; ဆယ်တန် ငွေစက္ကူများ ten-kyat notes; ၉၀–တန် တစ်ရွက် ပေးလိုက်။ Give him a 90-kyat note.

တန်ကောင်း: *see under* ကောင်း 1 *to be likely*

တန်ရာ– (V~–) ⇒ to **be usual, normal to V, be likely, appear to V**; *vb mod, mostly FB;* • သာမန်အားဖြင့် ဆိုလျှင်တော့ သည်ရာသီဥတုမှာ ချွေးမထွက်တန်ရာ။ In the normal course of events she wouldn't have been perspiring in this sort of weather. • ပျောက်သည့် ကျန်ရစ်သည့် ပစ္စည်းက မည်သည့်ပစ္စည်းပါလိမ့်။ မိုး–ခါ ဆိုတော့ ထီး–ပဲ ဖြစ်တန်ရာသည်။ What could the lost object be? As it was the rainy season it would most likely be an umbrella. • ထိုခေတ်လည်း တစ်မျိုး စိတ်ညစ် စရာ ကောင်းသောခေတ် ဖြစ်တန်ရာသည်။ That period must have been a particularly depressing period. • ဤသို့ပြောခြင်းသည် အမှန်အတိုင်း ပြောဆိုသော သူ၏ လက္ခဏာနှင့် တူသည်၊ အပြစ်ရှိသောသူသည် အပြစ်ကို ဝန်မခံဘဲ ဤသို့ မပြောတန်ရာ။ This statement bears the stamp of a man who speaks the truth. A guilty person would not speak in this way without admitting his guilt. • ငေါ်လာ သည် လက်တွင်ရှိသော ဝါးရင်းတုတ်နှင့် ရိုက်နက်လျှင်လည်း ရိုက်နက်တန်ရာ၏ဟု အောက် မေ့မိပြန်လေ၏။ Then it occurred to him: Nga Pawla most probably struck her with the cudgel he had in his hand.

တန်း– (~V–) ⇒ to **V directly, without delay or deviation**; *comm pre-vb, CB+FB; from* တန်း– *to stretch out straight;* • လက်ဖက်ရည်ဆိုင်ကနေ တန်းပြန်မယ်။ I'm going to go straight home from the café. • ခြင်းတောင်းကို တစ်ဖက်က ဆွဲပြီး နောက်ဖေးကို တန်းဝင်သွားတယ်။ She picked up her basket by one side and went straight to the back of the house. • ဘုန်းကြီးလည်း သံဃာစင် ရှိရာဆီသို့ တန်းကြသွားလေသည်။ The monk made straight for where the (other) monks were sitting. • ဒီတစ်ခါ ... လိုချင်တာကို တန်းပြီး ဈေးဆစ်နိုင်ပြီ။ But this time I was able to start bargaining for what I wanted without hesitation.

တုန်း (V~) ⇒ **while, when V-ing**; *sub cls mkr, CB, = FB V–ခဲ့; see also* တုန်းက *below;* • ကလေးတွေ ထမင်းစားနေတုန်း ကျမ အဝတ် သွားလဲလိုက်အုံးမယ်။ I'll go and change while the children are eating. • နင် မရှိတုန်း ငါ ဒီကို တစ်ခေါက်ပဲ ရောက်တယ်။ I only came here once while you weren't here. • အခု သတိရတုန်း မှတ်ထားပါရစေ။ Let me make a note while I still have it in mind. • လသာတုန်း ဖိုင်းငင်။ Spin while the moon shines ("make hay while the sun shines"). • *Used before the verb* ရှိ–, *or at the end of a sentence with* ,

In pattern V–တုန်း ရှိ– ⇒ to **be still V-ing, in the process of V-ing**; *often with* ရှိ– *omitted;* • မိုးရွာတုန်း ရှိသေးသလား or မိုးရွာတုန်းပဲလား။ Is it still raining? • ကျောင်း တက်တုန်း ရှိသေးတယ်။ He is still going to school. • ဖေဖေဟာ အရင်က

လဲ ကျန်းမာရေးအတွက် ဆိုပြီး တင်းနစ် မှန်မှန် ရိုက်တယ်၊ ခုလဲ ရိုက်တုန်းပဲ။ Father used to play tennis regularly for the sake of his health. And he still plays.

တုန်: *see under* တို့ *open question*

တုန်းက (V~, N~) ⇒ **while, when V-ing, during N,** *with reference to past time; nn mkr and sub cls mkr, CB+FB;* • ဘယ်တုန်းက ရောက်သလဲ။ When did you arrive? ဟိုတုန်းက အခြေအနေ the situation at that time; အရင်တုန်းက formerly; သည်တုန်းက at this time, then; စစ်မဖြစ်မီတုန်းက before the war; ငယ်ငယ်တုန်းက when I was young; ရှေးရှေးတုန်းက long ago, once upon a time. မမရီတုန်းက in Ma Ma Yi's time, when MMY was here; ရန်ကုန်မှာတုန်းက ဒါမျိုး သိပ်မရိုက်ဖူးပါ။ အခုတော့ တော်တော် ရိုက်တတ်နေပြီ။ I hadn't done much of that sort of typing before when I was in Yangon. Now I can type pretty well. • ပြောတုန်းက တစ်မျိုး၊ ရောက်တော့ ပုံစံ တစ်မျိုး ဖြစ်နေတတ်သည်က များသည်။ Usually it was one thing when she talked, but a different story when she arrived. • လေယာဉ်ပျံ ပျက်ကျတုန်းက မင်း မရှိဘူးနော်။ You weren't here when the plane crashed, were you? • အစ်မဆီမှာ နေတုန်းက ခဏခဏ ကြည့်ရတယ်။ We often used to watch while we were living at my sister's.

တမ်: (V~) ⇒ **indicates that the verb involves some form of mutual action;** *mostly with negated verbs, except in the names of games; sub cls mkr, FB+CB;* • အားမနာတမ်း မှာပါနော်။ Tell me, ask (for what you want) without any embarrassment, won't you? • ဒုစရိုက် ဆယ်ပါးတို့ကို မမောတမ်း ပြောဟောဆုံးမလေ့ ရှိလေသည်။ He used to preach sermons on the Ten Sins without tiring. • သူတို့နှစ်ယောက် အိမ်မဝင်တမ်း သဘောတူကြတယ်။ They made an agreement that neither would go into the other's house. • မညှာတမ်း ရိုက်တယ်။ He beats them without mercy. • မခွဲတမ်း ချစ်မယ်။ We shall love one another and never part. • မလျှော့တမ်း မောင်းသွားတယ်။ He drove on without slowing down. • လက်က မချတမ်း ဖတ်ရှုနေရမည်။ You will read it without being able to put it down. • မဲလိပ် နှိုက်ကြမယ်။ ကံထူးသူ ရှင်းတမ်းကွာ။ We'll draw lots. (The agreement is that) the winner settles the bill.

In names and descriptions of games: • ဂေါက်သီး ရိုက်တမ်း ကစားကြသည်။ They played golf. • ကလေးတွေ လိုက်တမ်းပြေးတမ်း ကစားနေတယ်။ The children were playing catch. • ယုံတမ်းစကား ပြောတယ်။ Play a game (in which both participants agree to believe whatever the other one says, however far-fetched). • ပွဲက,တမ်း ကစားတယ်။ Play at putting on a zat show.

As an optional element in certain words: • အမြဲ(တမ်း) always; တကယ်(တမ်း) really, truly.

တို့ 1 (V¹~ V²~) ⇒ **doing now V¹ now V², alternating between V¹ and V²;** *sub cls mkr, CB+FB; used with pairs of verbs of opposed meaning, before the verb ဖြစ်–; most commonly in the phrase ချီတုံ့ချတုံ့ "picking up and putting* *down, dithering"; cf* ချည်...ချည်၊ လိုက်...လိုက်၊ လား...လား၊ ဟယ်...ဟယ်; *probably from verb modifier* တို့; • ချို့တုံချတုံ အကြာကြီး ဖြစ်နေပြီးမှ ကျွန်မ မယူဖြစ်တော့ ပါ။ After dithering for a long time I turned down (the offer). • ချို့တုံချတုံ တအုံ့ နွေးနွေး ဖြစ်ရရှာသည်။ He was paralysed with anxiety and indecision. • ရွှာတုံ ကပ်တုံ ဖြစ်နေတယ်။ They were alternately approaching and retreating.

တို့– 2 (V~~) ⇒ *indicates recurring action; unclassified suffix, FB;* • နဲ့မျှလုံးခြို၊ မတတ်တုံလည်း တစ်စုံတစ်ခု၊ တတ်အောင်ပြုရျှ။ And should he not be able to provide complete security, he must find a way to do so. • ထိုနယ်လည်းကောင်း၊ ဖြစ်တုံရှောင်းရျှ။ And should this happen again. • အဘယ်တုံနည်း။ Whither now?

တုံး: *sts* တုန်: **(Stc~)** ⇒ *indicates an open question; stc fin phr ptcl, CB = CB &* FB လဲ *or FB* နည်း: *rather brusque, familiar;* • အဲဒါ ဘာတုံး။ What's that? • ဘာ (ပြု)လို့ မလာ(သ)တုံး။ Why didn't you come? • ဘယ်မှာ ကစားမလို့တုံး။ Where are you going to play? • ဘယ်သူက မပြန်ဘဲ နေမှာမို့တုံး။ Who do you think is going to stay behind? • ဘယ်ဆိုးလို့တုံး။ Not bad! ("How could that be bad?"). • ဘာ လို့ ဝင်စွက်ချင်ရတာတုံး။ Why do you have to interfere?

တယ် 1 *and variant forms* သ၊ တာ၊ ထ **(V~)** ⇒ **V-s, V-ed;** *indicates general statement of realised or non-future state; also habitual action; translatable by English past or present tenses, stc mkr, CB, = FB* သည် *from which it is derived; may be omitted in rapid speech before* လား: *and* လဲ *question markers; attributive form* တဲ့ *or* တယ့် *qqv;*

In form တယ်, *the standard form:* • မိုး ရွာနေတယ်။ It was raining, is raining. • မနေ့က ဖျားနေတယ်။ He was ill yesterday. • မနက်ဖန် အစည်းအဝေး တက်စရာ ရှိတယ်။ I have to attend a meeting tomorrow. • ဥပုသ်နေ့တိုင်း ဘုရားသွားဖူးတယ်။ Every sabbath day he goes to visit the pagoda. • *For* တယ် *in questions without* လား: *or* လဲ *see under Zero question marker in the English entries.*

The form သ *is used before some phrase particles, some appended appellatives and ejaculations, and sts before the particle* တဲ့ *"reported speech":* • ရေ နက်သလား။ Is/was the water deep? • နာသကွာ။ It really hurts, man. • ငါးကျပ် တောင်းသျို့။ They asked 5 kyats, my boy! • မြစ်ထဲ မျောပါသွားသတဲ့။ The story goes that he was carried away down the river.

Examples of သ *omitted:* • ဆရာနဲ့ တွေ့လား။ = ဆရာနဲ့ တွေ့သလား။ Did you see Saya? • ဘယ်က ရလဲ။ = ဘယ်က ရသလဲ။ Where did you get it from?

The form တာ *(after a stop consonant pron and sts written* ထာ*) is mainly used in the contexts described below. Note the contrasting ordering of* တယ် *and* တာ *with suffix* ပါ — V–ပါတယ် *but V–*တာပါ;

a) for emphasis, or when correcting the hearer's mistaken view: • ငါတောင် အိမ်ကို ရောက်မှ ရောက်ပါ့အုံးမလားလို့ အောက်မေ့နေတာ။ There was me wondering if you'd ever get home! • တွေးချည်: တွေးနေတာ။ Spends all his time brooding.

• မဟုတ်ဘူး။ ဖွင့်ထားတာ။ No! I *did* open it *(correcting a wrong impression).*

• အဟုတ်ကို ထုတ်ပစ်ထာ။ မသိဘူးလား။ They did actually throw him out! Didn't you know?

b) as the preferred form before the phrase particles ပေါ့၊ ပဲ၊ ပါ၊ ကိုး။ • သိပ် ဝမ်းသာတာပဲ။ I am very pleased indeed. • တွေ့ကြသေးတာပေါ့။ See you again soon! • မျဉ်းပြောင့် မျဉ်းကွေးတွေတောင် နားလည်နေတာကိုး။ Well well! So you have a grasp of straight and curved lines, I see.

c) when the information conveyed by the verb is already known to the lis-tener and the new information in the sentence is in one of the noun phrases preceding the verb; compare English sentences of the form: It was because X that Y; • အခုဥက္ကဋ္ဌနဲ့ နဲနဲမှ မတည့်ဘူး။ ခန့်ကတည်းကိုက မတည့်ကြတာ။ He does-n't get on at all well with the current president. They've been at odds ever since he was appointed. • အခန်းထဲမှာကို ထိုင်နေတာ။ It was actually inside the room that she was sitting *(i.e. not outside).* • မသိမ်းတတ်လို့ ပုပ်သွားတာ။ ရာသီ ဥတုကြောင့် မဟုတ်ဘူး။ It was because they didn't know how to store it that (the crop) rotted. It wasn't because of the climate. • တချို့ကျောင်းတွေမှာသာ ဒီလို ဖြစ်နေတာပါ။ It's only in some schools that this is happening. • တရားလို ရှေ့နေအနေနဲ့ မေးတာ မဟုတ်ပါဘူး။ ဖြူဖြူအောင်ရဲ့ ဖခင် တစ်ယောက်အနေနဲ့ မေးတာ ပါ။ I'm not asking you this as the plaintiff's lawyer. I'm asking you as Pyu Pyu Aung's father. • ဘယ်တုန်းက မွေးတာလဲ။ When were they born? • ဒီကောင် ဘာလုပ်နေတာလဲ။ What's this fellow up to now?

(d) in sentences embedded before the verb ဖြစ်- *"to be the case that":* • ကျင်း ပလာတာ ဒီနှစ် နှစ်ပေါင်း ၁၀၀ ရှိပြီမို့ ရာပြည့်ပွဲသဘင် ဆင်ယင်တာ ဖြစ်ပါတယ်။ As for the celebration of this festival, (it was the case that) it was held as a cen-tenary celebration since it was 100 years since the event. • သူ့ကြောင့် မင်း စည်းစိမ်ကို ရခဲ့တာ ဖြစ်တဲ့အတွက်။ As it was thanks to him that he had attained his position as king. • ဒါ့ကြောင့် ပိုးကရင် အမျိုးသားများက ဒီအရွက်ကို "ယား သောက်" လို့ ခေါ်ကြတာ ဖြစ်တယ်လို့ သမိုင်းက ဆိုတယ်။ History relates that it is for this reason that the Pwo Karen call this leaf Ya-thauk.

The form တယ် **with** လား *is used when the questioner is putting words in the mouth of the listener and requires confirmation:* • ဒါဆို အလုပ်က နုတ်ထွက် မယ်လား။ (= ဒါဆို အလုပ်က နုတ်ထွက်မယ် ဟုတ်လား။) In that case are you (do you mean you are) going to resign? • မိန်းမတွေကို ခေါ်လာလို့ ရတယ်လား။ (Are you claiming that) you can bring women here? • မကြားရရင် လက်မြှောက်ပေး ပါ။ ကြားတယ်လား။ If you can't hear me please raise your hand. (Do you mean) you can hear, then?

With negated verbs (မ–V) **the form** တာ *is common in the context (c) above:* • ဒါကြောင့်မို့ မလာတာ။ So that's why they didn't come. • မဟုတ်ဘူး။

ဆားကို မထည့်တာလေ။ No: it was the salt she had failed to add. • ဘယ်လို ဟာမျိုး မကြိုက်တာလဲ။ What sort of things does he not like?

The form သ *with negated verbs is used before* တုံး *and* လဲ *question markers:* • ဘာပြုလို့ မသွားချင်သလဲ။ Why don't they want to go? • ဘယ်အချိန် မအားသတုံး။ What time are you not free?

Also before လား *question marker in positive-negative pairs:* • မြင်ဖူးသလား မမြင်ဖူးသလားတော့ မပြောတတ်ပါဘူး။ I can't say whether they had seen them before or not.

The form တယ် **with negated verbs** *is rare, but does occur, in contexts similar to those described for* တာ *under (c) above:* • မိန်းကလေးရှေ့မှာမို့ မပြောတယ်။ It was because there was a girl present that I didn't say it *(where the listener knows that the speaker said nothing).* • ခရီးခ ပေးနိုင်ရက်နဲ့ မပေးတယ်။ It was in spite of being able to pay the fare that they didn't *(where the listener knows they failed to pay).* • ကိုယ်ခံရလဲ မကောင်းဘူး။ တခြားလူ တစ်ယောက် ယောက်က မဟုတ်ပဲနဲ့ ခံရလဲ ပိုတောင် မကောင်းသေးတယ်။ It would be a shame if you had to suffer for it yourself. And if someone else had to suffer for it, without being the culprit, that would be even worse. • လိပ်စာအပြည့်အစုံ ကျွပ်သာ မသိတယ်။ It's just that I don't have the full address. • အခေါ်ခိုင်းရှာ သေးတယ်။ ... ပုတီးစိပ်နေတယ် ပြောလိုက်မှ မခိုင်းတော့တယ်။ She asked me to fetch him ... it was only when I said I was telling my beads that she desisted. • ညီမတွေက အမေကို သွားပြီး လက်ခံဖို့ ပြောတာ ကံကောင်းလို့ တုတ်နဲ့ ရိုက်မခံရ တယ်။ My sisters went and asked my mother to accept (the eloped couple), and it was only by good luck that they didn't get a beating. • ရွာမှာ ဘုန်းကြီး ကျောင်းသာ မရှိတယ်။ ဘုံဆိုင်ကလေးတော့ ရှိတယ်။ It's only a monastery that the village lacks: a drinks shop is something it does have. • တော်မို့လို့ မရှက်တယ် ရှင်။ No-one but you would be able to bear the shame.

Before the verb ရှိ– *the suffix* တယ် *is occasionally used as a nominalizer:* • ရောက်ဖူးတယ် ရှိအောင် သွားမယ်။ I'm going to go for the sake of having been there. • အဖတ် တင်တယ် မရှိဘူး။ There's nothing left. • မင်း ဦးလေးက အိမ်ကို ကပ်တယ်လို့ကို မရှိဘူး။ Your uncle is never at home.

တယ်– 2 (~V-) ⇒ **to V very much, a lot;** *comm pre-vb, CB; cf* သိပ်–၊ ဖိ–၊ နှင်း–၊ တွန်း–၊ လွတ်–; • ဒီနေ့ တယ် အိုက်တယ်။ How hot it is today! • တယ်လို့လဲ ခက်ပါ လား။ What an awkward problem! • ဆေးလိပ် တယ် မသောက်ပါဘူး။ I don't smoke much. • ရှင်တို့ကတော့ အတိတ်တွေ နိမိတ်တွေ တယ် အယူသည်းတုန်း ရှိသေး တာကိုး။ Well, after all, you lot are still deep in the grip of superstitions about omens.

တယ့် *see under* တဲ့ *which V-s, vb atrb mkr*

တွေ (N~) ⇒ *general plural, indicating more than one of the head noun;* *also used with mass nouns, when it may sometimes be translated by "lots of N"; nn mod, CB; = FB N-များ၊ normally pron /ေ့ဒ/ in colloquial style, or /ေဒွ/ in formal contexts; not normally used in numeral compounds such as "three men, four books" where English uses a plural;* • ကျောင်းသူကျောင်းသား တွေ students; တောရွာတွေထဲမှာ in country villages; ရေကြောင်း သယ်ယူပို့ဆောင်ရေး အဖွဲ့ သင်္ဘောတွေ Water Transport Board boats; စာရေးခြင်းနဲ့ အသက်မွေးတဲ့ စာရေးဆရာမှာ ကောင်းတာတွေ ရှိသလို မကောင်းတာတွေ ရှိတယ်။ Just as there are advantages for a writer who earns his living by writing, so there are disadvantages. ငွေတွေ money; အမှိုက်တွေ rubbish, pieces of rubbish; ချွေးတွေ sweat, lots of sweat; ပရိသတ်တွေ the audience; အဲဒီညက ကိုယ်တွေ ချစ်ချစ်တောက် ပူပြီး ငကွန်းကလေး သေသွားတယ်။ That night Nga Kun's child died, after his body ("bodies") had become blazing hot.

In combination တစ်တွေ or တတွေ *see under* တစ်တွေ *the group*

အတွက် (N~, VA~) ⇒ **on account of, because of, as a result of; on behalf of, for the sake of, for the purpose of;** *nn mkr and sub stc mkr, CB+FB; also in combination N-အတွက်ကြောင့် "because of", and FB V-ရန်အတွက် "for the purpose of"; sts N-၏အတွက် FB = CB N-ရဲ့အတွက်;* • ကျွန်တော့အတွက်တော့ စိတ် မပူပါနဲ့။ Don't worry about me, on my account. • အဲဒီစာအတွက် ဘာမှ လုပ်ပေး စရာ အကြောင်းပြန်စရာ မလိုပါ။ There's no need to do anything or write a reply for that letter. • အာကာသသုတေသနအတွက် ယှဉ်ပြိုင်ဆောင်ရွက်လို့ လာခဲ့ပါတယ်။ They had been competing in space research. • ထိုကိစ္စ၏ အတွက် အများကြီး စိတ်မကောင်းခြင်း။ Great unhappiness on account of that matter. • မင်းကတော် ရဲ့အတွက် ခက်လှချည်ရဲ့နော။ It's a problem for you, isn't it, Madam? • ကလေးတွေ အတွက်ကြောင့် ရန်ကုန်မှာ နေရစ်ခဲ့ရတယ်။ She had to stay behind in Yangon because of the children. • သို့အတွက်ကြောင့် FB = CB အဲဒီအတွက်ကြောင့်။ For that reason. • လာမဲ့ ညီလာခံမှာ စကားပြောရမဲ့အတွက်(ကြောင့်) ဒီအတောအတွင်းမှာ တခြားဟာတွေ တယ် မကိုင်ချင်ဘူး။ As he will have to speak at the coming conference, he doesn't much want to take on other things in the meantime. • ဤဝတ္ထု ရေးနိုင်စွမ်း ရှိရန်အတွက် မည်မျှ အပင်ပန်းခံ ကြိုးစားခဲ့ရသည်ကို ပြောလို မိပါသည်။ I want to say how much effort and hard work I had to put in to be able to write this novel. • ရွာကို စောစော ပြန်ရောက်ရေးအတွက် စားပြီးပြီးချင်း ပြန်ကုန်ကြတာက များပါတယ်။ They usually go home straight after eating, so that they can get back early.

တွင် (N~) ⇒ **(a) in, at, on, among N;** *nn mkr, FB; cf FB ၌၊ ဝယ်; = CB N-မှာ; regular equivalent of Pali locative case meaning "among" in nissaya translation (Okell 1965 p 200);* • ကျွန်တော် စုစုပေါင်း ၂၁-ရက် အငှားယာဉ်ဌာနတွင် အလုပ လုပ်ခဲ့ပါသည်။ I worked a total of 21 days in the taxi department. • ရထားပေါ်

တွင် စုံထောက်များ ပါကောင်းပါကြမည်။ There may be detectives on the train. • သူသည် နံနက် ၆–နာရီတွင် အိပ်ရာက နိုးသည်။ He awoke from sleep at six o'clock in the morning. • ခုနစ်ရက်တစ်ပတ်ခန့် အကြာတွင်။ In about a week's time, after about a week. • ဤ၍စာအုပ်ကို ပုံနှိပ်ထုတ်ဝေရာတွင် ရည်ရွယ်ချက်ကား။ Our purpose in publishing this book is .... • ကျောက်မျက်ရတနာတို့တွင် စိန်သည် အမာဆုံး ဖြစ်သည်။ Among precious stones, diamond is the hardest. • တာသု ဒွိသု ဂါထာသု၊ ထိုနှစ်ဂါထာတို့တွင် In those two gāthā verses *(nissaya)*. • သို့ရာ တွင် တကယ် လက်တွေ့ အသုံးပြုသည့်အခါ။ However, when you use them in practice .... • ကျွန်တော် သွားမည့်ဆဲဆဲတွင် သူ ရောက်လာသည်။ He arrived as I was on the point of leaving.

In the combination V–သည်တွင် ⇒ **upon V-ing, when V** *(see Allott 1994 p 5)*: • ... သာရကျစ် ပြောဆိုသော စကားကို ရွှေနားတော်ကြား လျှောက်ထားသည်တွင် ဆဒ္ဒန်ဆင်မင်းသခင် ဘဝရှင်မင်းတရားကြီးလည်း ဆရာတော်သံဃာတော် မင်းညီမင်းသား မူးတော်မတ်တော်တို့ကို စည်းဝေးညီညွတ်တိုင်ပင်တော်မူရာ။ Upon their having inform-ed the king of the report from Sarkies, his Righteous Majesty, Lord of Life, Master of the Great Chaddanta Elephant, held a meeting with the Sayadaws and monks, and the royal princes and ministers.

(b) in, within, inside, not beyond N; *CB; often pron* /ဒင်/ *and then sts written* တင်; *cf* အထဲ; • ဒိုဘီဆိုင် ဒီနားတွင် ရှိသလား။ Is there a laundry near here, in this neighbourhood? • ရန်ကုန်ထဲတွင်တော့ မတွေ့ဖူးသေးဘူး။ I have never yet come across one in Yangon itself. • ပိုက်ဆံ ရှုံးရုံတွင် မကဘူး။ It was-n't only that he lost money. • လိပ်စာလေး မေးရုံတင်ပါကွာ။ I'm only asking for her address. • နမ်းတာနဲ့တွင် သေနိုင်တယ်။ One can die by merely sniffing at it. • ကျွန်တော်တို့ ခရီးက မန္တလေးမှာတွင် ဆုံးတာ မဟုတ်သေးဘူး။ ဆက်သွားရအုံးမယ်။ Our journey wasn't yet over at Mandalay; we had to go further on. • သည် မိန့်ခွန်းနဲ့တင် ဟစ်ချ်ကောက် ဆိုသူဟာ သူ့ပရိသတ်ကို စဖို့၊ ကလိဖို့ ဝါသနာထုံသူမှန်းလည်း သိလာရမှာ ဖြစ်သည်။ From this speech alone one can appreciate that Hitch-cock was a man who enjoyed teasing his audience. • တစ်နေ့တော့ ဂျပန် ကင် ပေတိုင်က သတင်းရသွားပြီး ကျွန်တော်တို့ကို လိုက်ဖမ်းတယ်။ ဒီတွင် ကျွန်တော်တို့တစ်တွေ လူစုခွဲပြီး တောရွာတွေမှာ လျှောက်ပြေးပြီး ပုန်းနေကြရတယ်။ One day Japanese Kem-petai got news of us and came after us. Whereupon we all split up and fled into different villages and had to stay hidden. • ဒီမှာတင် ကျွန်တော် ဝတ္ထုတို ကလေးတစ်ပုဒ် ရေးလိုက်တယ်။ Here, at this point, I wrote a short story. • ဒီတင် ရပ်ကြစို့။ Let's stop at this point. • ခုတွင်က ဖုန်း လာတယ်။ Sn phoned just now. *(The phrase* ခုတွင်က *has variants* ခုနင်က၊ ခုနက၊ ခုန၊ *and* ခုနလေးတင်။*)*

တွင်: *or* အတွင်: (N~) ⇒ **(a) inside, within (a place)**; *loc nn, mainly FB; = CB* (အ)ထဲ; *opp* အပြင် *outside*; • နန်းတွင်းဝယ် inside the palace; တပ်တွင်းသို့ into the fort; ပြည်တွင်းစစ် civil war; မြို့အတွင်းပိုင်း the area inside the town; အက္ခို

အတွင်းအိတ် inside coat pocket; ပြည်တွင်း သယ်ယူပို့ဆောင်ရေး အဖွဲ့, Inland Water Transport Board; ပြည်တွင်းကုန် internal products, home produced goods (cf ပြည်ထဲရေးဝန်ကြီးဌာန Ministry of Home Affairs); ကြေငြာချက်အတွင်း ပါရှိပြသသော သင်းဖွဲ့စည်းမျဉ်း the constitution of the group as stated in the announcement; ကျောင်းပရဝုဏ်အတွင်း ဖိနပ် မစီးကြပါဘူး။ They don't wear sandals within the monastery precincts.

(b) during, within (of time); *CB+FB;* • စစ်အတွင်းက ဆုံးသွားသည်။ He died during the war. • တစ်နှစ်အတွင်း စာတမ်း တင်ရပါတယ်။ You have to hand in the thesis within one year. • မိုးတွင်း သွားလို့ မရဘူး။ You can't go during the rainy season. • မြန်မာနိုင်ငံသည် အင်္ဂလိပ်တို့ လက်အောက်တွင် ရှိနေစဉ်အတွင်း။ During the period when Burma was under British rule. • ဝါတွင်း လေးလ he four months of Lent, i.e. Lent; များမကြာမီအတွင်း before long; ဒီအတောအတွင်း in the meantime.

တွန်း:– (~V-) ⇒ **to V very much, a lot;** *comm pre-vb, CB; cf* သိပ်–၊ တယ်–၊ ဖိ–၊ နင်း–၊ လွတ်–; *from verb* တွန်း:– *to push;* • ခုအခါ မကွေးဘက်မှာ နှမ်းတွေ တွန်းဝယ် နေကြတယ်။ At present around Magwe people are falling over each other to buy sesame. • ကလေးတွေက စာမေးပွဲအတွက် တွန်းသင်နေရတော့။ As the children had to be studying hard for their exams.

ထာ *see under* တယ် *stc mkr*

ထား:– 1 (V~-) ⇒ **V permanently, V and leave, V so that there is some lasting result;** *vb mod, CB+FB; FB sts* V-၍ ထား:–; *negative form usually* V-မ ~; *mostly not voiced, but voiced by some speakers;* • ဦးလေးသည် ကျွန်တော်တို့ လာမည်ကို သိ၍ ထမင်း ချက်ထားသည်။ Uncle cooked a meal ready because he knew that we were coming. • ခဏ ကိုင်ထားပါ။ Hold on a moment, please (i.e. keep hold: to person telephoning). • အင်္ကျီ ချွတ်ထားပါ။ Please take off your jacket (and keep it off). • ပြတင်းပေါက်တွေ အားလုံး ဖွင့်ထား တယ်။ All the windows have been opened. • ဥပဒေ ထုတ်မထားဘူးလား။ Didn't they bring out a regulation? • အဲဒါ ကျွန်တော် လုံးဝ မေ့ထားတယ်။ I had completely forgotten that. • ၁ဝတန်း အောင်ထားတဲ့ ကလေးတွေ။ Children who have passed their Tenth Standard exam. • သေတ္တာက ထင်ထားသည်ထက် လေးသဖြင့်။ As the case was heavier than she had thought. • ဒီအကြောင်းကို ထည့်ပြီး မရေးချင်ရင်လည်း ဖြစ်ပါတယ်။ ဆရာ သိထားအောင်သာ ပြောရတာပါ။ And it's all right if you don't want to put these facts in. I had to tell you just so that you were aware of them. • ရှေ့မှတ်တိုင် ပါရင် ထွက်ထားကြနော်။ If there's anyone for the next bus stop, come to the front in good time, won't you? • အဲဒီ လို ရောဂါ ရှာဖွေစစ်ဆေးမှုတွေကို မလိုအပ်ပဲ မလုပ်ရဘူး ဆိုတဲ့ တားမြစ်ချက် ရှိထားလို့။ Because there is this rule that forbids us from using this diagnostic method when it is not necessary. • ပြီးခဲ့တဲ့လက ထွက်ထားတဲ့ မန္တလေးယဉ်ကျေးမှု ဂျာနယ်။ The Mandalay Culture Journal that came out last month.

ထား 2 or **ထားဦး:** (Stc ~) ⇒ **leave it that Stc, let it be, let it stand that Stc, even if Stc**; *a way of setting up an unlikely hypothesis; main clause, CB+FB; pron /ထားအုံး/ ;* • မိမိက သဘော တူသည် ထား။ Say she did herself agree (what then?). • ကိုကိုမောင်အား ပြုစုလိုသည် ထားဦး။ Even supposing she did want to look after Ko Ko Maung.

ထိ and **အထိ** and **ထိအောင်** (N~, VA~) ⇒ **up to, until V, as far as, as much as N**; *nn mkr and sub stc mkr, CB+FB; = FB တိုင်အောင်; not voiced;* • ခုထက်ထိ မှတ်မိသေးတယ်။ I remember it even now. • ဒီအထိ အိမ်တွေအားလုံး။ All the houses up to here. • ခါးထိ ရှည်လျားသော ဆံပင်။ Hair that reached down as far as her waist. • မြစ်ကြီးနားမှ ရေးမြို့(အ)ထိ မီးရထားဖြင့် သွားနိုင်သည်။ One can go from Myit-kyi-na to Ye by train. • တပေါင်းလပြည့်ကျော် တစ်ရက်နေ့မှ ဝါဆို လပြည့်နေ့(အ)ထိသည် နွေကာလ ဖြစ်သည်။ The period from the full moon of Tabaung to the full moon of Wazo is the hot season. • သေတဲ့အထိ (= FB သေသည့်အထိ) မမေ့ပါဘူး။ I shall not forget this till my dying day. • ရေနွေး ဆူလာသည်အထိ စောင့်ပါ။ Wait till the water boils. • မီးလျှို့ပစ်မဲ့အထိ မမိုက်ပါဘူး။ He wouldn't be so stupid as to burn them. • ကျွမ်းကျင်တတ်မြောက်သည့်အထိ ဆည်းပူးသည်။ He studied (languages) until he mastered them fully. • လူ လေးဆယ်လောက်အထိ တင်ပစ်တာ။ He loaded up as many as 40 (passengers). • ဘုရားလူကြီးတွေက လက်တွေ့ရုံကို ဖွင့်ပေးလိုက်ရတဲ့အထိ ဖြစ်သွားတယ်။ (The demand from the audience was so strong that) the pagoda trustees had to open up the boxing hall. • ရာဇဝိရာဇ်ဟာ သူ အလွန် ချစ်တဲ့ လဝွန်းအိမ်ကို သတ်ပစ်ဖို့အထိ လုပ်ခဲ့ပါတယ်။ R attempted to go as far as killing L, who he was extremely fond of. • သူတို့သည် ဘောလုံးကွင်းထိအောင် လမ်းလျှောက်ကြသည်။ They walked as far as the football ground. • မောင်ဝင်းသည် မိုးလင်းထိအောင် စာဖတ်သဖြင့် ခေါင်းမူး နေသည်။ Maung Win felt giddy from reading until dawn.

ထီး and **အထီး:** (N~) ⇒ **male N**; *nn mod, CB+FB; cf ဖို၊ ဝ male, မ female;* • နွားထီး: bull; ခွေးထီး: dog; ဆင်ထီး:/ဆင်အထီး: bull elephant.

ထဲ and **အထဲ** (N~, VA~) ⇒ **inside, among; while, during; on top of, as well as**; *loc nn, CB+FB; cf အတွင်း၊ opp အပြင် outside;* • အိမ်ထဲ ဝင်ကြည့်မလား။ Will you go inside the house and look? • တောထဲက ရွာ။ The village in the forest. • ရင်ထဲဝယ် ဒိန်းခနဲ ဖြစ်သွားသည်။ He felt a great thump in his breast. • နောက် စာထဲ ကျမှ တခြားအကြောင်းအရာတွေကို ရေးပါအုံးမယ်။ In my next letter I'll write about other matters. • ပိုက်ဆံအိတ်ကလေးထဲက ငွေအစိတ် ထုတ်လိုက်သည်။ She took 25 kyats out of her purse. • ဒီအထဲထဲမှာ သိမ်းထားမယ်။ I'll put it away inside here. • ဆရာမက ကျောင်းသားများအထဲမှ တစ်ယောက်ကို အတန်းမှူးအဖြစ် ရွေးချယ်လိုက်သည်။ The teacher chose one person from among the students as leader of the class. • ၄င်္တို့အထဲမှာ ဒေါင်းသည် ကျက်သရေ အရှိဆုံး ဖြစ်သည်။ The peacock is the most glorious, the noblest, of birds. • လခ ပြတ်နေတဲ့ အထဲမှာသာ လုပ်ရပါတယ်။ He only had to do it while his pay was stopped. • သည်အထဲမှာ ၄၅–ကျပ် ပြည့်ရေးကလည်း အားထုတ်ရပါသည်။ On top of this I had to endeavour to make my full (daily) amount of 45 kyats (driving a government taxi in Yangon). • သည်အထဲတွင် လမ်းကလည်း ကြမ်းလိုက်သေးသည်။ On top of this the road was very bumpy.

ထဲက *see under* ကတည်းက *since*

ထဲ့ *see under* တည့် *vb mod*

ထို (~N *or* ~sfx) ⇒ **this, that,** *with ref to sth pointed out or just mention-* ***ed, the afore-mentioned;*** *selective noun, FB; cf FB* ယင်း၊ = CB *အဲဒီ၊ အဲဟို;* *regular equivalent of Pali* so, ⊕so *in nissaya translation (Okell 1965 p 208);* • ထိုအခါ၌ then, thereupon, at that time; ထို့နောက် later, after this; ထိုထက် more than this; ထိုပြင် beside that; ထိုမှတပါး besides, moreover; ထိုသို့၊ ထိုကဲ့သို့ like that, so, thus; ထိုနည်းအတူ၊ ထိုနည်းတူစွာ similarly, likewise; ထိုအတူပင်လျှင် in like manner. သူသည် ရိုးသားဖြောင့်မတ်သည်။ ထို့ကြောင့် သူ့ကို အများက ယုံကြည်လေးစားသည်။ He is honest and upright, and for that reason most people trust and respect him. ထိုထိုသော စာအုပ်များ၌ မြန်မာပြည်အကြောင်း ပါသည်။ There is something about Burma in all those various books. သူရိယာ သတင်းစာမှာ ထိုအခါက ရက်ခြားသတင်းစာမျှသာ ဖြစ်လေသည်။ At that time the Sun newspaper was only issued every other day. အခန်းထဲ ဝင်၍ ထိုထိုညှိညှိ ကြည့်သည်။ I entered the room and looked here and there (cf CB ဟိုဟိုဒီဒီ).

ထက် **1** *and* အထက် (N~) ⇒ **above, upon, superior to** N; *loc nn, FB;* = *CB* (အ)ပေါ်; *opp* အောက် *underneath;* • နန်းတော်ထက်ဝယ်။ Upon the throne, in the palace. • ကျွန်တော် စာပေစင်မြင့်ထက်ကို စာရေးသူ ဟောပြောသူ တစ်ဦးအနေနဲ့ တက်ရောက်ခွင့် ရခဲ့တာ နှစ်အတော် ကြာပါပြီ။ For some years now I have had the opportunity to give talks ("to mount the literary platform") as a writer and lecturer. • ပြည်မြို့အထက်မှာ မနေဖူးဘူး။ We have never lived above (i.e. up-stream from) Prome. • ဗိုလ်မှူးအထက် ရာထူးတွေ။ Ranks senior to major.

ထက် **2** (N~, VA~) ⇒ **over and above, more than, than, compared to** N *or* V; *nn mkr and sub stc mkr, CB+FB; equivalent of Pali ablative case in nissaya translation (Okell 1965 p 200);* • အခုအိမ် အရင်အိမ်ထက် ကြီးတယ်။ This present house is bigger than our previous one. • ရွာသူကြီးထက် အဆင့် အတန်း နိမ့်သည်။ They are of lower rank than the village headman. • တစ်ပန်း ကန်ထက် မစားနိုင်ဘူး။ I can't eat more than one plateful. • သူ့ထက် မပေးချင်ဘူး၊ *or* သူ ပေးတာထက် မပေးချင်ဘူး။ I don't want to give more than he gave. • လှိုင်း တံပိုးတို့သည် သည့်ထက် ကြီးမားပြည့်လျှံလာကြပေတော့မည်။ The waves were to be-come bigger and stronger than this. • ငါးရက်နေ့ထက် နောက်မကျစေပဲ။ Not later than the 5th. • ငိုရတာလည်း ၅-ခါထက် မနည်းတော့ပါ။ I wept at least five times. • ရောဂါဖြစ်မှ ကုသသည်ထက် ရောဂါ မဖြစ်မီ ကြိုတင်ကာကွယ်သည်က ပို၍ သင့်မြတ်သည်။ It is more suitable to prevent an illness in advance than to treat it only after it has occurred. • ည ကျတော့ ပရိသတ်က ထင်တာထက် များတယ်။ In the evening the audience was larger than he expected. • အခြေ အနေသည် ဆိုးသထက် ဆိုးလာသည်။ The situation became worse and worse. • အပြုံးအရယ် နည်းသည်ထက် နည်းလာသည်ကို ထားက သတိထားမိ၏။ Htar noticed that he laughed and smiled less and less. • ထိုဓမ္မစရိယသီလရှင်တို့သည် အမှုမဲ့ နေကြသည်ထက် အချင်းချင်း စုပေါင်း၍ သီလရှင်ဓမ္မစရိယအသင်း ဖွဲ့ကာ ပါဠိတက္ကသိုလ် မရသည့်တိုင်အောင် ဖြစ်မြောက်နိုင်မည့် နည်းလမ်းတို့ကို ရှာဖွေသင့်ကြပေသည်။ Although they had no Pali University, these nuns, rather than remaining idle, should have formed associations and sought means of establishing one. • ကျောင်းသားများသည် သူ့ထက်ငါ စာကြိုးစားကြသည်။ The students strove to outdo one another ("me more than him") at their studies. • ဒါ့ထက် ကျမ မှာတဲ့ စာအုပ်ကို ဝယ်ခဲ့ရသလား။ By the way ("over and above that"), did you buy the book I asked for? • ပိတုတော၊ အာဘထက်။ ပုတ္တော၊ သားသည်။ သေယျော၊ မြတ်၏။ The child is more noble than the father (nissaya).

ထက်ထိ (N~) ⇒ **until, up to N**; *nn mkr, CB+FB*; • (အ)ခုထက်ထိ။ Up to the present, till now, still.

ထက်တိုင် (N~) ⇒ **until, up to N**; *nn mkr, FB*; • ယနေ့ထက်တိုင်။ Until now, to the present day.

ထက်မနည်း (N°+N~) ⇒ **not less than N°**; *truncated sub cls, short for N–ထက်* မနည်းဘဲ *etc, mainly FB; pron* /ထက်မနဲ့/; • ငါးယောက်ထက်မနည်း လာသည်။ No less than 5 people came. • အဘိုးအိမ်မှာ တိုက်ကြက်ချည့် အကောင် ၂၀ ထက်မနည်း ရှိတယ်။ At the old man's house there were no less than 20 fighting cocks.

ထိုက်– (V~~) ⇒ **be suitable, fitting, right to V; worthy, deserving of V-ing**; *vb mod, CB+FB; cf V–အပ်–၊ V–သင့်–၊ V–တန်–၊ V–ရာ–၊ V–ဖို့ ကောင်း–*; • ကျွန် တစ်ယောက်သည် အမတ်ကြီးများနှင့် မဆွေးနွေးထိုက်။ A slave should not join discussions with ministers. • စစ်ပွဲနိုင်သူတိုင်း ရထိုက်သော ပန်းခွေ။ A wreath that all who are victiorious in battle should be given. • ဆွေမျိုးသားချင်း ရပ်သား ရွာသား မခွဲခြားဘဲ နှိပ်ကွပ်ထိုက်သူကို နှိပ်ကွပ်၍၊ ချီးမြှောက်ထိုက်သူကို ချီးမြှောက်ခြင်း။ Punishing those who deserve punishment, and praising those who deserve praise, without exception for relatives or villagers. • သားသမီးတိုင်း မိဘတို့၏ ဆုံးမသွန်သင်မှုကို နာခံထိုက်၏။ Every child ought to pay heed to its parents' admonitions. • လေးစားထိုက်တဲ့ သတင်းစာ။ A newspaper worthy of respect.

ထင့် *see under Induced creaky tone in the English entries*

ထည် (N°~) *and* အထည် (~N°) ⇒ **garment**, *comm nmtv for clothes; CB+FB; pron* /ထယ်/; • စွပ်ကျယ် နှစ်ထည် two vests; စောင် တစ်ထည် a blanket.

ထည့် *see under* တည့် *vb mod*

ထပ်– *or* ထပ်မံ– (~V-) ⇒ **to V twice, over again, repeat V-ing;** *comm pre-vb,
CB+FB; cf* ဆင့်–၊ ပြန်–; *from verb* ထပ်– *to layer;* • ရင်းနေ့ ပြင်သစ် သံအရာရှိ
တို့လည်း ရှေ့တော်သို့ ထပ်၍ ဝင်သည်။ And on that day the French envoys
visited His Royal Highness again. • စာ ထပ်မံ ရေးပေးလိုက်ပါမည်။ I will write
the letter out for you again. • ဒီတစ်ပိုဒ် ထပ်ဆိုတယ်။ One sings this verse
twice.

ထံ *and variants* ထံပါး *and* ထံမှောက် (N~) ⇒ **vicinity, place, presence of N,**
*where N is a person; used with words meaning "to, from, near" etc; loc nn,
FB; = CB* ဆီ; *not voiced;* • သူ့ကြွယ်ထံသို့ သွားလေ၍။ Going towards the mer-
chant. • တရုပ် ဥဒည်းမင်းထံက လက်ဆောင် ရောက်သည်။ Gifts arrived from the
Emperor of China. • ဦးလှထံ၌ မော်တော်ကား မရှိ၍။ Because U Hla does not
possess a car. • သူငယ်ချင်းထံ ပေးစာ။ A letter to a friend. • ဘုန်းတော်ကြီးထံပါး
သို့ ရောက်လာကာ ရိုသေစွာ ရှိခိုးကန်တော့သည်။ He approached the monk and
bowed reverently. • ဆရာထံပါးတွင် တစ်နေ့တစ်ပါး သင်အံလေ့ကျက်ကာ။ Studying
under the teacher every day. • အမတ်တစ်ယောက်၏ အသနားခံချက်ကြောင့် သူ
လင်တော်မောင်ထံပါးသို့ ပြန်လာခွင့်ရလေ၏။ Thanks to the favour of one of the
ministers, she obtained leave to return to her husband. • သခင်ထံမှောက်တွင်
သစ္စာ ဆိုလျက်။ Swearing allegiance in the presence of the master.

ထံပါး *see under* ထံ *vicinity, place, presence of N*

ထံမှောက် *see under* ထံ *vicinity, place, presence of N*

ဒါ (~ *or* ~sfx) ⇒ **this, that (thing);** *variants* အဲ့ဒါ *and* ဟောဒါ *qqv; selective
noun, CB; = FB* သည်အရာ၊ ၍အရာ၊ ထိုအရာ; *derived from* ဒီ+ဟာ *"this + thing",
hence occurs with noun markers but does not require a following noun, cf* ဒီ
below; • ဒါက သူ့အခန်း၊ ဒါက ကျွန်တော့်အခန်း။ This is his room, this is my
room. • ဝယ်ချင်တဲ့ လက်ဆောင်က ဒါပါပဲ။ The present I wanted to buy was just
that. • ဟောဒါက ပဲခူးကား။ That one there is the Pegu bus.
With suffixes: • ဒါလောက် this much, to this extent: ဒါလောက် ဒုက္ခ မရှာပါနဲ့။
Don't go to so much trouble. • ဒါကြောင့် *or* ဒါကြောင့်မို့ that's why, for that
reason. • ဒါပေမဲ့ *or* ဒါပေတဲ့ *or* ဒါပေမဲ့လို့ but, however. • ဒါနဲ့ so, with that; by
the way: ဒါနဲ့ သူလဲ ဆုံးသွားပြန်ရော။ So then he went and died too. • ဒါနဲ့
ဟိုနေ့က အကြောင်း ပြောပြပါအုံး။ By the way, tell me about what happened the
other day. • ဒါနဲ့တောင် *or* ဒါနဲ့များတောင် even so: ငါ တတ်နိုင်သလောက် ကူညီ
တယ်၊ ဒါနဲ့များတောင် ငါ့ကို ကျေးဇူးမတင်ဘူး။ I helped him as much as I could,
but even so he wasn't grateful. • ဒါဖြင့် in that case, and so. • ဒါမှမဟုတ်ရင်
or ဒါမှမဟုတ် alternatively, otherwise, or, or else. • ဒါမှသာ only thus.

ဒီ (~N *or* ~sfx) ⇒ **this, that N; this place, here;** *variants* အဲ့ဒီ *and* ဟောဒီ *qqv;
selective noun, CB; = FB* သည် N၊ ၍ N; • ဒီ(က)နေ့။ Today. • ဒီဆေးကို ကိုယ်နှင့်

မကွာ ဆောင်ထားရတယ်။ You have to keep this medicine by you at all times. • ဒီ ရောက်နေတာ ကြာပြီလား။ Have you been here long? • အဲဒီ သွားမလို့။ That's just where I was going to go. • ဒီ လာခဲ့။ Come here! • ဒီမှာ ထိုင်ပါ။ Please sit here. • အဲဒီက ရလာတဲ့ အတွေ့အကြုံတွေ။ The experience he brought from there. • ဒီလောက် မသယ်နိုင်ဖူး။ I can't carry this much. • ဒီအထိပဲ။ Only as far as this. • ဒီလို လုပ်ပါ။ ဒီနည်းအတိုင်း လုပ်ပါ။ Do it like this. Do it this way. • ဒီလို လူမျိုး။ This sort of person, people like this. • ဒီကြားထဲမှာ။ In the meantime. • ဒီတော့ သူတို့ ဘာ လုပ်ကြသလဲ။ In that case, what did they do? • ဟောဒီမှာ ရှိတယ်။ Look! Here it is. • ဒီအပြင် (*or* ဒို့ပြင် *or* ဒိပြင်) ဘာ လိုချင်သေးသလဲ။ Besides this what else do you want?

ဒဏ် (N~, V~) ⇒ (a) penalty, punishment; *comm elem cpd nn, CB+FB;* • ထောင်ဒဏ် imprisonment; သေဒဏ် the death penalty; လျော်ဒဏ် payment of compensation; ပြည်နှင်ဒဏ် exile;
(b) damage, injury; • စစ်ဘေးဒဏ် war damage; မိုးဒဏ်လေဒဏ် storm damage; ကျွတ်ဒဏ် leech bite; အလေးဒဏ် imposition of weight.

နား *and* **အနား (N~, VA~) ⇒ near, by N, the vicinity of N; the edge of N;** *loc nn, CB+FB; = FB အနီး၊* • စားပွဲနား the edge of the table; ကမ်းနား the strand; ကမ်းနားလမ်း Strand Road. • ညအခါ ကျတော့ သင်္ချိုင်းနား မသွားရဲဘူး။ They dare not go near the burial ground at night. • သင်္ကြန်နား နီးပြီ ဆိုတော့ အလုပ်တွေ များကြရောပေါ့နော်။ As it's getting near Thingyan now I expect you must all be pretty busy by now. • ဝန်ကြီးများရုံးအနားမှာ ကားဟွန်း မတီးရ။ You mustn't sound your horn in the vicinity of the Secretariat. • နတ်တို့သည် တိုက်တံခါးမှစ၍ စကြဝဠာနားတိုင်အောင် စောင့်ရှောက်ကုန်၏။ The gods kept watch (over Queen Maya) from the door of the palace to the very edge of the universe *(nissaya)*. • စင်စစ်တော့ သည်အနားမှာလည်း ကြာကြာ မနေချင်တော့။ And in reality he didn't want to stay around there any longer.

အနီး (N~) ⇒ near, nearby N; *loc nn, mainly FB; = CB အနား၊* • ဟံသာဝတီအဝိုင်းကြီးအနီးတွင် စာပေဗိမာန်ကို မြင်ရသည်။ Near the Hanthawaddy roundabout you can see the SB building. • ရေကူးနေသူ မိန်းကလေးတစ်သိုက်အနီးသို့ ရောက်လာ၏။ She came up to near the group of girls who were swimming. • သမ္မတဟိုတယ်သည် ဘူတာရုံကြီးအနီးတွင် တည်ရှိပါသည်။ The President Hotel is situated near the main station.

နီးဆဲဆဲ– *see under* ဆဲဆဲ *on the point of*

နီးနီး *and* **နီးပါး (N~, N°+N~) ⇒ nearly N, nearly as much as N, almost as good as N;** *nn mod, CB+FB; from verb* နီး– *to be near;* • တစ်ပေနီးနီး ရှည်မည့် ဝါးတုတ်ချောင်းကလေးများ။ Pieces of bamboo nearly a foot long. • အင်မတန် စိတ်ရှည်သဘောထားပြည့်ဝတဲ့ မဒ္ဒီ လက်သစ်ကလေးလောက်နီးနီး ဟန်ဆောင်ပြီး နေလေ့ရှိတယ်။ She used to give the impression of being immensely tolerant and forgiving, almost like a second Maddi. • ပန်းချီကားကလည်း ပြီးသလောက်နီးနီး ရှိနေပါပြီ။ His painting was very nearly completed. • ယခု အသက် ၅ဝနီးပါး ရှိနေကြပြီ ဖြစ်သည့် အမှုထမ်းများ။ Staff who are now nearly 50 years old. • မင်း ဒီမှာနေတာ ဘယ်လောက်ကြာပြီလဲ။ — နှစ်နှစ်နီးပါး ရှိပါပြီ။ How long have you been living here? — Nearly two years.

နီးပါး see under နီးနီး nearly

နေ– 1 (V~~) ⇒ **to be V-ing, V for the time being; to stay, remain V-ing;** *vb mod, CB+FB; negative form usually V-မ ~, sts မ–V~; sts V-လို့ နေ–;* • ဘာ လုပ်နေသလဲ။ — စာထိုင်ဖတ်နေတာပါ။ What are you doing? — I'm sitting and reading. • မိုး ရွာနေသလား။ Is it raining? • အဲဒီတုန်းက ရန်ကုန်မှာ နေနေတယ်။ At that time I was staying in Yangon. • ရန်ကုန် ရောက်နေတာ ဘယ်လောက်ကြာပြီလဲ။ How long have you been in Yangon ("arrive and stay")? • ဒီအခန်းထဲ စကား ပြောမနေပါနဲ့။ Don't keep on talking in this room! • ကြုပ်ပြီ ခြောက်နေသော ဓနိမိုး ကို ဆက်တိုက် လောင်သွားသည်။ The *dani* thatched roof which was dry as a bone ("brittle and dry") caught fire straightaway. • ကျွန်တော်တို့ ကျောင်းသည် အမြဲ သန့်ရှင်းနေပါသည်။ Our school is always clean. • တအံ့တသြ ဖြစ်နေလိုက် ကြတာ။ They are struck with amazement. • ထိုင်နေရကောင်းနိုး၊ ဆင်းရကောင်းနိုး နှင့် ချီတုံချတုံ ဖြစ်နေဆဲတွင်။ While she was in a state of uncertainty as to whether she should stay sitting there or get off. • မောင်ကြီးလည်း ဆောင်ရွက် ဖွယ်ရှိသော ကိစ္စတို့ကို ဆောင်ရွက်နေလေ၏။ And Maung-gyi occupied himself with ("remained carrying out") some things he had to do. • ငါ့စိတ်ထဲမှာ ကြည်လင်လို့ နေတာပဲ။ ငြိမ်းချမ်းလို့ နေတယ်။ My mind is tranquil. It is at peace. • သဘာဝဘေးအန္တ ရာယ်များကလည်း ပက်ပင်းကို ဝင်တိုးလို့ နေချေသည်။ Natural hazards were staring him in the face. • ခြင်တွေကတော့ ကျွန်တော့်ကို ဒုက္ခပေးလို့နေကြပြီ။ The mosquitoes are bothering me.

နေ 2 (N¹~ N²) ⇒ **N² living in, resident of N¹;** *truncated verb attribute, FB, = FB N¹-တွင် နေသော N², CB N¹–မှာ နေတဲ့ N²;* • မကွေးမြို့. ကျောင်းလမ်း အမှတ်– ၂၃ဝ–နေ ဦးထွန်းမြ။ U TM of 230 Kyaung Lan, Magway. • သာစည်မြို့.နေ ဒေါ်တင်မေ။ Daw TM, resident of Thazi.

နေ 3 see under ကနေ from

နေကျ (V~ N) ⇒ **N that is usually, habitually, V-ed, that regularly V-s;** *vb atrb mkr, CB+FB;* • ဆယ်နာရီဆိုတော့ ကျမ ရောက်နေကျ အချိန်ပဲ။ Ten o'clock — that's the usual time I arrive. • သူ သွားနေကျ လမ်းမို့ မမှားနိုင်ဘူး။ He can't go wrong because it is the way he always goes. • စားနေကျ အစာပဲ စားချင်ပါတယ်။ I only want to eat the food that I usually eat. • ဒီရွာတွေဟာ ပုရစ်လာနေကျ ပုရစ်ကောက်နေကျ ရွာတွေပေါ့။ These villages are villages to which the crickets regularly come, and where they are regularly caught.

Also with N unstated: • ကျွန်မတို့.က စားနေကျ မဟုတ်တော့ ကြက်သီးထတယ်။ As they are not the sort of thing we are accustomed to eating, we were horrified. • စာရေးတိုင်းလိုလိုပါပဲ ဆရာဦးအောင်ညို့ကို သတိရတဲ့အကြောင်း အမြဲ ထည့်ရေး နေကျ။ Almost every time I wrote (to my parents) I would include a mention of remembering Saya U AN. • ဒီမြို့ဒီဘက်ပိုင်း ရောက်ရင်တော့ ဘကြီးဆောင် ဒီဇရပ်ပေါ်မှာ တည်းနေကျ အိပ်နေကျ။ When he was in this area, BGS customarily lived and slept in this *zayat*.

နေနေသာသာ (V–ဖို့ ~) ⇒ **far from V-ing, let alone V-ing**; *sub cls mkr, CB+FB*; • အဲဒါမျိုးတွေကို လက်တွေ့ လုပ်ဖို့ နေနေသာသာ စိတ်ကူးတောင် မယဉ်ရဲဘူး။ Far from actually doing that sort of thing, I dared not even contemplate it. • ကျွန် တော် ဘယ်လို ဖြစ်သွားလေသည် မသိ၊ သူ၏ လက်ကလေးတွေ့ကို လွှတ်ပစ်ဖို့ နေနေ သာသာ သံလိုက်ဓါတ်ငြိသလို ကျွန်တော်လက်တွေ့ကို ခွာမရ။ I don't know how it happened, but far from being able to let her hands go, I found I was held as by a magnet. • ဦးလေးကျင်က ရောင်းဖို့ နေနေသာသာ မနက်တိုင်း ဘုရားမရှိခိုးရင် သာ နေရမယ်၊ ... တယော မထိုးတဲ့နေ့ကို မရှိဘူး။ Selling his violin was out of the question: U LK could put up with not being able to say his daily prayers, but there was not a day when he missed out on playing his violin. • ကြိုက်ဖို့ နေနေသာသာ ကိုအောင့်ကို သူနဲ့ တတန်းတည်း နေခဲ့ဖူးလို့တောင် မမှတ်မိတာကို ကြည့်။ Let alone fancying Ko Aung, just see how she didn't even remember having been in the same class with him. • ကျွပ် ခေါင်းကိုက်နေတာ ကြာပြီ။ ပျောက်ဖို့ နေနေသာသာ သက်သာတယ်တောင် မရှိဘူး။ I had had the headache for a long time. Far from going away, it gave me no respite.

အနေနဲ့ *CB = FB* **အနေနှင့်** *and* **အနေဖြင့် (N~, VA~)** ⇒ **as N, in the rôle of N, from the point of view of, with the status of N;** *nn mkr and sub stc mkr;* • တရားလိုရှေ့နေအနေနဲ့ မေးတာ မဟုတ်ပါဘူး။ ဖြူဖြူအောင်ရဲ့ ဖခင် တစ်ယောက်အနေနဲ့ မေးတာပါ။ I am not asking you this as the plaintiff's lawyer. I am asking you as the father of PPA. • သိပ္ပံရှင် တစ်ယောက်အနေနဲ့ ဘယ်လို မြင်သလဲ။ As a scientist, how do you see it? • နိဂုံးချုပ်အနေဖြင့်။ In conclusion, by way of conclusion. • ပြည်ထောင်စုသား သွေးစည်းညီညွတ်မှုကို ဂုဏ်ပြုသည့်အနေဖြင့် ပြည် ထောင်စုနေ့ဟု သတ်မှတ်ထားသည်။ (That day) has been designated Union Day in honour of the unity and solidarity of the citizens of the Union. • လွတ်လပ် ရေးတိုက်ပွဲတွင် တောင်သူလယ်သမားတို့သည် အင်အားစုတစ်ခုအနေနှင့် ပါဝင်ခဲ့ကြသည်။ The peasants and farmers participated as one of the forces in the struggle for independence. • သတိ ပေးတဲ့အနေနဲ့။ By way of a reminder. • ကျွန်မအနေနဲ့ အမှန်အတိုင်း ပြောရမယ်ဆိုရင်။ If I am to speak frankly. • ဒီဟာ မလုပ်ရဘူးလို့ ပြောရမှာ ကျွန်တော့်အနေနဲ့ အင်မတန်မှ ဝန်လေးပါတယ်။ It is very hard for me to say one should not do this sort of thing.

နေပြီး၊ နေပြီးတော့ *see under* ကနေ *from*
အနေဖြင့် *see under* အနေနဲ့ *as, in the rôle of*

နေရာ (VA~) ⇒ **(a) place where V, location, site of V**; *loc nn, CB+FB; cf more formal V–ရာ;* • သည်မျှဝေးလံသည့်နေရာသို့ မိန်းမပျိုလေး နှစ်ဦးတည်း အဖော်မပါဘဲ လာရောက်ကြသည် ဆိုသည်မှာ အံ့ဩစဖွယ် ဖြစ်၍နေလေသည်။ That two young women should come on their own to such a far-away place was quite astonishing. • လူရှင်းသောနေရာတွင် ရွေး၍ ကူးကြသည်။ They found a place where there weren't many people and swam there.

(b) the matter of V, when V-ing; • အခွန် ကောက်သည့်နေရာတွင်လည်း ကွဲပြားနေ၏။ There are also differences in the matter of levying taxes (cf ကောက်ရာတွင်). • ပညာရှာတဲ့နေရာ၊ စဉ်းစားကြိဆတဲ့နေရာမှာ ဟိုအကောင်ကို ငါ လုံးဝ မမီဘူး။ In the matter of acquiring knowledge, of taking a balanced view, I am nowhere near the level of that fellow. • အကြွေး ပြန်ဆပ်တဲ့ နေရာမှာ ပြဿနာ ရှိလာပါတယ်။ Problems emerged in the matter of debt repayment. • အမျိုးသား ရေး လုပ်တဲ့နေရာမှာ ကိုယ့်ကျရာတာဝန်ကို ထမ်းဆောင်ရမယ်။ When we are serving the nationalist cause, we must each carry out the duties that are allotted to us.

နေ၍ *in pattern* မှနေ၍ *see under* မှ *from*

နဲ့ *see under* နှင့် *and*, နှင့် *with, and* နှင့် *don't*

နဲ့ *followed by other suffixes: see under* နှင့် *followed by the suffixes*

နဲ့သိဆွာ *see under* အညီ *in accordance with*

နဲ့အညီ *see under* အညီ *in accordance with*

နဲ့တကွ *see under* တကွ *along with*

နဲ့တပြိုင်နက် *see under* တစ်ပြိုင်နက် *at the same time as*

နဲ့တမျှ *see under* အမျှ *equal to*

နဲ့တစ်ပြိုင်နက် *see under* တစ်ပြိုင်နက် *at the same time as*

နဲ့ပတ်သက်ပြီး၊ ပတ်သက်လို့ *see under* ပတ်သက်၍ *concerning*

နဲ့အမျှ *see under* အမျှ *equal to*

နော် *sts* နော or နော် (Stc~) ⇒ **that's right isn't it? OK? Is that all right? If you don't mind**; *suffix implying a question, soliciting agreement or assent, or softening a request; friendly, intimate; stc fin phr ptcl, CB only; the form* နော *is associated with rustic or familiar speech;* • နေ ကောင်းတယ်နော်။ You are well, I hope? • ရွှဲလိမ့်မယ်နော်။ You'll get soaked — you know that, don't you? • သွားမယ်နော်။ I'm going, OK? • လွှင့်ပစ်လိုက်မယ်နော်။ I'm going to throw it away — is that all right? • ခဏလေး စောင့်နေနော်။ Just wait here a moment. OK? • နောက် မကျနဲ့နော်။ Don't be late now, will you?

နီ့ (~ *or* ~sfx) ⇒ **that, thus**; *selective noun, CB; cf CB* ဒါ၊ ဒီလို, *FB* သို့; *colloquial alternative for FB* သို့၊ ဤသို့ *"thus"; only used in a few set contexts:* • နီ့ပေမဲ့ (= FB သို့ပေမဲ့၊ CB ဒါပေမဲ့) however, in spite of that; နီ့မဟုတ်(ရင်) [= FB သို့ မဟုတ်(ရင်), CB ဒါမှမဟုတ်(ရင်)] alternatively, otherwise; နီ့ *(used alone at start* *of sentence)* Well then, Now, In that case, Right, *etc:* နို့ နေပါအုံး။ Well then: hold on a minute.

နိုး– 1 (V~-) ⇒ likely to V; *vb mod, CB+FB;* • "ကြိုးကြယ်" ဆိုသော ဝေါဟာရကို ထောက်သော် "ခြိုးခြယ်"ဟု ရစ်မှသာလျှင် သင့်နိုးသည်။ In view of the spelling ကြိုးကြယ် the spelling ခြိုးခြယ် is likely to be correct. • မင်းသားသည် ကောင်းနိုးသော မြင်းကို ရွေးခြယ်၍ တောကစား ထွက်သည်။ The prince chose a likely looking horse and set out to hunt.

နိုး 2 (V~) ⇒ in the hope, expectation, suspicion, fear that V; *sub cls mkr, CB+FB; also in patterns V–နိုးနိုး၊ V–နိုး V–နိုး၊ V¹–နိုး V²–နိုး, sts followed by နှင့် or ဖြင့်; cf V–မလားလို့ ;* • ပိုင်ရနိုး မျှော်ကိုးစိတ်။ The expectation of becoming the owner. • လူ့ဘောင်သို့ ပြောင်းဝင်ရကောင်းလိမ့်နိုးနှင့်လည်း တိတ်တိတ်ခိုး ကြံမိချေသေးသည်။ He wondered secretly whether he should return to the lay life. • မေ့ပျောက်အံ့နိုးနှင့် နေပြည်တော်မှ ထွက်၍။ Left the country in the hope that he would forget her. • သင်္ဘော ရောက်နိုးနိုး စောင့်နေသည်။ He waited hoping the boat would arrive. • ကြက်သား ချပေးလာနိုးနိုးဖြင့် မျှော်စောင့်နေသည်။ She was waiting in the hope that she would be served with some chicken. • တစ်နေ့ ရနိုးရနိုးနဲ့ စောင့်မျှော်ပေမဲ့ ဘာမှ မရဘူး။ I waited expecting to get it one day but I got nothing. • ထိုင်နေရကောင်းနိုး၊ ဆင်းရကောင်းနိုးနှင့် ချီတုံချတုံ ဖြစ်နေဆဲတွင်ပင်။ While she was wavering, wondering if it would be better to remain sitting there or to get off (the bus). • ဝင်သွားရကောင်းနိုး အပြင်ကပဲ စောင့်နားထောင်ရကောင်းနိုး ဝေခွဲမရ ဖြစ်နေသည်။ She couldn't decide whether she should go in (to the courtroom) or wait and listen outside. • မင်း ဟိုနား ရှိနိုး ဒီနား ရှိနိုး ထင်ထင်လာရ။ Now thinking you might be here, then thinking you might be there. • ဟိုလူကို ဖမ်းနိုး ဒီလူကို ဖမ်းနိုးနှင့် တထိတ်ထိတ် ဖြစ်နေကြရလေသည်။ They were terrified, expecting now one person to be arrested, now another.

အနက် (N~, VA~) ⇒ among, out of; *loc nn, CB+FB; cf အထဲ ;* • ရဲဘော်သုံးကျိပ်တို့အနက် ဗိုလ်ချုပ်အောင်ဆန်းသည် ခေါင်းဆောင် ဖြစ်သည်။ Among the Thirty Comrades, General Aung San was the leader. • မွေးချင်း လေးယောက်အနက် အငယ်ဆုံး ဖြစ်သည်။ Of the four brothers and sisters, he was the youngest. • တပ်ပေါင်းနှစ်ဆယ် ချီတက်သည့်အနက် မောင်ရစ်သည် လူငါးထောင်တပ် တစ်တပ်ကို အုပ်ချုပ်သည်။ Among the 20 units that advanced, Maung Yit commanded a unit of 5,000 men. • ဆရာတော်ကြီး မိန့်ကြားခဲ့တဲ့အနက်မှာ ပါချင်ရင် ပါမယ်။ It may well be included in what the abbot preached.

နောက် (N~, VA~) ⇒ behind N; after, later than V; *loc nn, CB+FB; opp ရှေ့ in front, အလျှင် preceding; purists distinguish နောက် "behind" from အနောက် "West", but some younger writers also use the form အနောက် for "behind";*
• သူ့နောက်မှာ မထိုင်ချင်ဘူးတဲ့။ He doesn't want to sit behind her, he says.
• သစ်ပင်နောက်က ဖြုံးခနဲ ထွက်လာတယ်။ It suddenly came out from behind the

tree. • ဒို့နောက် စီမံကိန်းတွေ။ Projects following on this. • စာမေးပွဲ ဖြေပြီးတဲ့နောက် မတွေ့တော့ဘူး။ I haven't seen him since we took the exam. • စစ် ဖြစ်ပြီးသည့်နောက်။ After the war broke out.

Examples of the prefixed form: • ကျွန်တော့်အနောက်မှ လူက တန်းစီလိုက်တယ်။ People formed a queue behind me. • သမီးလေးနာမည်ရဲ့အနောက်မှာ "ရန်နိုင်" ဆိုတာ ထည့်ချင်တယ်။ I wanted to add "Yan Naing" after my little daughter's name.

နင်း– *or* **နင်းကန်–** (~V-) ⇒ **to V very much, a lot;** *comm pre-vb, mainly CB; cf* သိပ်–၊ တယ်–၊ ဖိ–၊ တွန်း–၊ လွှတ်–; *from verb* **နင်း–** *to tread on;* • စာအုပ်တွေတော့ နင်းကန်ဖတ်တာပဲ။ He reads books voraciously.

နိုင်– (V~-) ⇒ **(a) to be able to V, can V, be possible to, be permitted, entitled to V;** *vb mod, CB+FB; pron* /နိုင် *or* နှိုင်/; *cf* ရ၊ တတ်၊ သာ; • ခြေထောက် တစ်ဖက် ကျိုးနေလို့ သူ လမ်း ကောင်းကောင်း မလျှောက်နိုင်ဘူး။ He can't walk very well as he has a broken leg. • အခုတော့ ဖြစ်လဲ မဖြစ်ပါဘူး။ ဖြစ်လဲ မဖြစ်နိုင်ပါဘူး။ But now it has not happened, and it could not happen. • ရေ မယိုနိုင်အောင် ဖာထားတယ်။ They patched it so that it couldn't leak. • ယာဉ်ပျက်ကို စက်ပြင်က ပြင်မပေးနိုင်သည်က များသည်။ Most times the mechanic was not able to mend the broken-down vehicle for me. • ဖြစ်တယ် ဆိုတာ ဘယ်သူမှ မငြင်းနိုင်ပါဘူး။ No one can deny that it is so. • ဖြစ်နိုင်ပါတယ်။ Possibly, it may be so, it could happen. • အလွယ်ဆုံး သိနိုင်တဲ့နည်းက။ The easiest way to discover. • အသက် ၁၈–နှစ် ပြည့်သူတိုင်း မဲဆန္ဒ ပေးနိုင်သည်။ Every citizen of 18 years of age can vote. • သည်တိုင်းပြည်တွင် အလို ရှိရာ သွားနိုင်ပါသည်။ You may go wherever you like in this country.

(b) *with negated verbs:* **to take an unduly long time in V-ing;** *cf* ခဲ–; • ရီဇတ် ထွက်ကို မထွက်နိုင်ဘူး။ The results are taking a long time to come out. • အမိန့် ကျကို မကျနိုင်လိုက်တာ။ The authorization is taking a long time coming. • ထားထားသည် အိပ်ငိုက်ငိုက်နှင့် ဝေဝေအလာကို သတိပြုနေစဉ် မလာနိုင်၍။ Hta Hta was waiting sleepily for WW to arrive, and as she was taking a long time.

(c) *in combination* **တတ်နိုင်–** ("*to know + to be able*") ⇒ **to be capable, to manage, to afford;** • ဒီလောက်ပဲ တတ်နိုင်ပါတယ်။ That's all I can manage. • သိပ် ဝယ်ချင်တာပေါ့၊ မတတ်နိုင်ဘူး။ Of course I'd like to buy. I can't afford it. • ကံ၏အကျိုး မည်သည်ကို တစ်စုံတစ်ယောက်သောသူသည် တားမြစ်ခြင်းငှာ မတတ်နိုင်။ Not a single person has the power to to prevent the outcome of (this thing we call) karma. • တတ်နိုင်သလောက် ကူညီပါမယ်။ I'll help as much as I am able.

နည်း: 1 (V~, VA~) ⇒ **method, manner, way of V-ing;** *sp hd nn; cf* ပုံ; *pron* /နီး/; • လန်ဒန်တက္ကသိုလ် သင်နည်းတွေ ပြောပြပါအုံး။ Please tell us about London

University teaching methods. • ဥပဒေလွတ် ဝင်ခွင့် ရနည်း မရှိဘူးလား။ Isn't there a way of getting an entry permit that avoids the regulations? • အနောက်နိုင်ငံသားတွေ လုပ်တဲ့နည်းနဲ့ မလုပ်ကြပါနဲ့။ Don't do it the way Westerners do! • ကမ္မဝါစာ ရွတ်ဖတ်နည်းများကို အပတ်စဉ် လေ့ကျက်သင်ပြပေးခြင်း။ Weekly teaching and studying in the methods of reciting the *kammawa.* • ကျက်အောင် ပြုလုပ်နည်းအမျိုးမျိုး တတ်ကျွမ်းရမယ်။ You have to know different ways of ensuring that (food) is cooked.

Also suffixed to nouns: • ဒိုင်ယာလက်တစ်နည်း dialectical method; ဒီမိုကရေစီနည်း democratic method; မြန်မာ့နည်း the Burmese way, etc.

နည်း 2 (Stc~) ⇒ *indicates an open question;* *stc fin phr ptcl, FB, old-fashioned, increasingly yielding place to* လဲ; *cf CB* တုံး၊ *pron /*နီး*/;* • မြန်မာနိုင်ငံ၌ မြစ်ကူးတံတားကြီးပေါင်း မည်မျှ ရှိသနည်း။ How many large river bridges are there altogether in Burma? • ဤသူသည် မည်သူနည်း။ Who is this man? • ပညာကို ဘယ်အရွယ်တွင် သင်ရမည်နည်း။ At what age should one study? • ကျော်သူ ဘာတွေ ဖြစ်နေသနည်း။ What was happening to Kyaw Thu?

နံဘေး *see under* ဘေး *side*

အနှာ (~N *or* ~sfx) ⇒ that; *selective noun, mainly FB; rare and old-fashioned; cf FB* ထို; • ရေးရင်းရေးရင်း အနှာတွေကို၊ ချေင်းကဗျာနှင့် တွေးလိုက်တော့၊ အေးစရာ့ အခါပါပေနော်ကွာ။ While writing I think of those things in the *egyin* and other poems, and how it makes one feel good!

အနှိ (~N *or* ~sfx) ⇒ this, that; *selective noun, mainly FB; rare and old-fashioned; cf FB* သည်; • လိုက်ရှာကြသော အနှိလူများကိုလည်း ... ရွှေကြောကြီးတွေ ... လိုက်ရှာခိုင်းချင်စိတ် ပေါက်နေမိ၏။ Seeing all those people searching, I conceived a desire to ask them to look for veins of gold. • အနှိပြူစောထီးတို့ ကိုင်တဲ့ လေးတွေ။ The bows carried by this PZT.

နှိက် *see under* ၌ *in, at, on (listed at end of Burmese entries)*

နှင့် 1 *FB = CB* **နဲ့ (N^1~ N^2) ⇒ and, together with;** *coord mkr; with more than two Ns the usual patterns are N^1 N^2 ... NY–နှင့် NZ, or N^1–နှင့် N^2–နှင့် ... NY–နှင့် NZ, or N^1–နှင့် N^2–နှင့် ... NY–နှင့် NZ–နှင့်၊ and correspondingly with CB* နဲ့; • သာသာယာယာနဲ့ စည်စည်ကားကား ဖြစ်ပုံ ရတယ်။ It appears to be a pleasant and populous place. • ဦးလှ၊ ဦးတင်နှင့် ဒေါ်မြတင်။ U Hla, U Tin and Daw Mya Tin. • ငါးနှင့်ငါး ပေါင်း တစ်ဆယ်။ Five plus five makes ten. • မုတ္တမနှင့် ယိုးဒယား အစပ်။ The frontier between Martaban and Siam. • တစ်ကင်းနှင့် တစ်ကင်း မတူကြချေ။ One guard post was not the same as another.

နှင့် 2 *FB = CB* **နဲ့ (N~, N^1~ N^2) ⇒ with, by, in relation to, because of,** *etc: see examples; nn mkr and nn atrb mkr; in some meanings = FB* ဖြင့်;

(a) with, equipped with, having; • မျက်မှန်နှင့် အမျိုးသမီးတစ်ယောက်။ A woman with glasses. • ရေချိုးခန်းနှင့် အခန်း။ Room with a bathroom.

• အိမ်ထောင်နဲ့လား။ Are you married? ("with household").

(b) with, in concert with; • သူ့ရည်းစားနဲ့ စကားထိုင်ပြောနေတယ်။ He was sitting and talking to his girlfriend. • ဒီနေ့မနက် ဆရာကြီးနဲ့ ချိန်းထားလို့ပါ။ It's because I made an appointment to see Saya this morning. • ကျောင်းအုပ်ကြီး နှင့် တွေ့ချင်သည်။ They wanted to meet the headmaster. • ဦးတင်မောင်နဲ့ အဆက်အသွယ် ရှိသလား။ Are you in touch with U Tin Maung? • နိုင်ငံခြားသူ တစ်ယောက်နှင့် အိမ်ထောင် ကျသွားသည်။ He married a foreigner. • ဒီဗမာမနဲ့ ရရော။ So he took this Burmese girl (as his wife).

(c) with, by, by means of (instrument), of (material); = FB ဖြင့်; • ဘောပင် နှင့် မရေးရ။ You must not write with a ball-point pen. • လေယာဉ်ပျံနဲ့ သွားမလား၊ မီးရထားနဲ့ သွားမလား။ Will you go by plane or by train? • လက်နဲ့ လှည့်လို့ မရဘူး။ It can't be turned by hand. • အိမ်ကို ကျောက်နှင့် ဆောက်သည်။ They built the house of stone. • မဟာဗန္ဓုလသည် စစ်သူကြီးအင်္ဂါနှင့် ပြည့်စုံသည်။ Maha Bandoola possessed in full measure the qualities of a warrior. • ပေးတဲ့ဆုနဲ့ ပြည့်ပါစေ။ May the blessing you gave me be fulfilled. • ကထိကက အဖြစ်နှင့် အလုပ် လုပ်နေသည်။ He is working as a lecturer. • သတိ ပေးတဲ့အနေနဲ့ ပြောတာ။ I told her to remind her ("as a reminder").

(d) *also* ~အတူ *or* ~အတူတူ ⇒ **with, together with, alongside, in the company of;** • မိဘနှင့်အတူ နေသည်။ He lives together with his parents. • စိုးလွင်ညွန့်နှင့်(အတူ) ထွက်လိုက်ခဲ့သည်။ I left the house with SLN. • ဖေဖေနဲ့ (အတူ) မလိုက်ချင်တော့ဘူးတဲ့။ He says he doesn't want to go along with Daddy. • လယ်သမားကြီးတွေနဲ့အတူတူ စပါး ရိတ်သိမ်းကြစို့။ Let's harvest the paddy together with the farmers.

(e) with, together with, in relation to; *with verbs of comparing, matching, resembling, differing, being near, being far, joining, separating, etc;* • ရုံးမှာလည်း သူများနဲ့ စာရင် ကျမက အင်္ဂလိပ်လို ပိုပြောနိုင်တယ်။ I can speak more English compared to the others in the office. • သူ့ပန်းပွင့်တွေ ကလေးတွေ ဝင်ခူးပစ်တယ်နဲ့ တူတယ်။ It looks as if the children just came in and picked his flowers. • အရင်ကဟာနဲ့ သိပ်ကွာတယ်။ It's very different from the stuff we had before. • ပင်လယ်နဲ့ တစ်မိုင်လောက် ဝေးတဲ့ အရပ်။ A place about a mile from the sea. • ဒီနေရာမှာ အနောက်နိုင်ငံထုံးစံဟာ ဒို့ထုံးစံနဲ့ သိပ်ကွာတာပဲ။ In this matter western customs are very different from ours. • သာယာကုန်းရွာသည် မြို့နှင့် မလှမ်းမကမ်း၌ ရှိသည်။ T village is not far from the town. • ဈေးနဲ့ ပိုနီးတဲ့အိမ် မကောင်းဘူးလား။ Wouldn't a house nearer the market be better?

(f) with, in the specified manner; *with adverb expressions and subordinate clauses, often optional;* = FB ဖြင့်; • အမှတ်တမဲ့(နှင့်) ရောက်လာသည်။ He arrived unexpectedly. • တဖြေးဖြေး(နှင့်) မောင်းသွားသည်။ He drove away slowly. • သင်ရင်းသင်ရင်း(နှင့်) သူ အင်္ဂလိပ်စကား တတ်လာသည်။ By dint of studying he learnt English. • စာသား မသိပဲ(နဲ့) ဘယ် တီးလို့ရမလဲ။ How can he possibly play it without knowing the words? • လူတွေကတော့ဗျာ အသိတရား ရှိလျက်နဲ့ မိုက်မဲတယ်။ That's the way people are: they know what they ought to do, but they are wicked nonetheless.

(g) for (price); *with verbs of buying and selling;* • ဘယ်လောက်နဲ့ ဝယ်ရသလဲ။ How much did you buy it for? • မြန်မြန် ကုန်စေ့ချင်လျှင် တစ်ပွင့် ပြားသုံးဆယ်နှင့်ပဲ ရောင်း။ အလုအယက် ဝယ်ကြမည်မှာ သေချာ၏။ If you want to sell off all your stock, sell them at 30 pya a bloom. They'll be falling over themselves to buy them. That's for sure. • လေးကျပ်နဲ့ပဲ ယူ အစ်မရေ။ Have it for just 4/-, Sister *(seller to buyer).*

(h) what with, because of; right after; *following FB V–သည် or CB V–တာ; =* *FB V–သဖြင့်;* • ကလေးတွေ သိပ်နေရတာနဲ့ သူတို့ နောက်ကျတယ်။ They were late because they had to put the children to bed. • သူသည် ရှူရှူညံည အသံကြား သည်နှင့် အိပ်ရာမှ နိုးလာသည်။ He was woken from sleep by hearing the sound of a noise. • အိမ် ပြန်ရောက်တာနဲ့ ထမင်း စားတယ်။ Right after getting back home he had a meal.

(i) (V–ကြောင်း:နှင့်) that; *in reporting statements, speeches, etc; FB; cf V–* ကြောင်းဖြင့်; • သင်္ကာမကင်း ဖြစ်ဖွယ်ရှိမည် စိုးရိမ်ရကြောင်းနှင့် ပြောဆိုသဖြင့်။ As he said he was concerned that it might look suspicious. • ထောင်ဒဏ်တစ်နှစ်မျှသာ ကျခံစေရန် စီရင်ချက် ချလိုက်ကြောင်းနှင့် သတင်းစာတစ်စောင်တွင် တွေ့မြင်ဖတ်ရှုလိုက်ရ လေသည်။ He saw a report in a newspaper that the sentence was imprison- ment for only one year. • အမရပူရမြို့သို့လည်း လာရောက်လည်ပတ်စေလိုပါကြောင်းနှင့် တောင်းပန်ပြောဆိုလေ၏။ He apologised, saying that he would like them to come and visit him in A.

For နှင့်တကွ၊ နှင့်အညီ၊ နှင့်အမျှ၊ and variants, see separate entries below.

နှင့်– 3 (V~–) ⇒ to V ahead, in advance, before someone else; *vb mod,* *CB+FB;* • ကျွန်တော်တို့ မရောက်မီပင် အခြားကျောင်းသားများ စာသင်ခန်းထဲသို့ ရောက်နေနှင့်ကြလေပြီ။ Even before we arrived other students were already in the classroom before us. • သမီးအကြီး နှစ်ယောက်ကလည်း "တီဗွီ ပါမလာရင်တော့ သမီးတို့ ထမင်းမစားတော့ဘူး" ဟု ကြိုတင် ဆန္ဒပြနှင့်သည်။ And his two elder daughters mounted an advance demonstration, saying "We shall stop eating if you don't bring back a TV set". • လူကြီးတွေ အရင် ထွက်နှင့်မှ ကောင်းမယ်။ It will be best if the senior people go out first. • သူတို့ဆီတော့ စာမရေးနှင့်ပါနဲ့နော်။ Don't write to them before (I do), will you?

နှင့် 4 *FB = CB* **နဲ့. (မ–V~) ⇒ don't V;** *indicates negative command, prohibition;* *stc mkr; cf older FB လင့်;* • ပညာ လိုသော် မပျင်းနှင့်။ If you wish to be educated, be not slothful. • အရှုံးပေးကာ ပြန်မလာပါနှင့်။ Do not return in defeat. • အပူ အပင် မထားပါနဲ့။ Try not to worry. • မငိုပါနဲ့တော့။ Don't cry any more. • ဘယ်မှ

မသွားနဲ့နော်။ Don't go anywhere, will you? • မသောက်ပါရစေနဲ့။ I'd rather not drink it ("allow me not to drink").

နှင့်ညီစွာ *see under* အညီ *in accordance with*

နှင့်အညီ *see under* အညီ *in accordance with*

နှင့်တကွ *see under* တကွ *along with*

နှင့်တပြိုင်နက် *see under* တစ်ပြိုင်နက် *at the same time as*

နှင့်တမျှ *see under* အမျှ *equal to*

နှင့်တစ်ပြိုင်နက် *see under* တစ်ပြိုင်နက် *at the same time as*

နှင့်ပတ်သက်၍၊ *see under* ပတ်သက်၍ *concerning*

နှင့်အမျှ *see under* အမျှ *equal to*

နယ် (N~, VA~) ⇒ **like, the same as;** *nn mkr and sub stc mkr, CB+FB; in CB mostly in exclamatory phrases; cf CB* လို, *FB* ကဲ့သို့; • သူ့နယ် စောစော ထ၍ အလုပ်ခွင်သို့ ဦးတည်နေကြသူ တစ်ယောက်စ နှစ်ယောက်စကို တွေ့ရသည်။ He saw one or two people who like himself had risen early and were heading for work. • အသားအရေမှာ ကြေးနီကို ပွတ်တိုက်ထားသည့်နယ် ဝင်းမွတ်နေသည်။ (The child's) skin glowed like burnished copper. • လေယာဉ် ... မြေပြင်ဆီသို့ ထိုးဆင်းသွားပုံ မှာ စင်ရော်တစ်ကောင် ကမ်းစပ်တွင် နားလိုက်သည့်နယ် ပေါ့ပါးလျှင်မြန်လှသည်။ The plane came to land lightly and speedily, like a seagull alighting on the beach. • ဘယ့်နယ်လဲ။ How's things? How did this happen? (*more forceful than* ဘယ်လိုလဲ။). • အို၊ မင်းနယ်။ Oh really! People like you (sc. are hopeless, etc). • ဒီခလေးနယ်၊ ဆိုးရန်ကော။ My goodness! This child ("people like this child")! He's terrible.

ပ **1** *or* အပ **(N~)** ⇒ **outside N, apart from N;** *loc nn, CB+FB; cf CB* အပြင်; *opp* အတွင်း *inside;* • ရဟန်းကို ခေါ်၍ သိမ်အပသို့ သွား၍။ He summoned the monk and went out of the *sima.* • ပြည်တွင်းပြည်ပ ဆက်သွယ်ရေး။ Internal and international communications. • ဝါတွင်းဝါပ။ Both during Wa (Buddhist Lenten period) and at other times. • ပြည်ပစာ။ Foreign letter, letter for abroad. *In the combination* မှအပ *outside of N, besides, apart from, excluding N:* • ပြန်ပေးလုပ်မည့် ကျားမ ၂၂–ယောက်မှအပ။ Apart from the 22 men and women who were to be held as hostages (the rest were released). • ဒါရိုက်တာမှအပ ပုဂ္ဂိုလ်တစ်ဦးသည်။ A person other than the director. • ရင်းမြန်မာ့အသံ ရေဒီယို လှိုင်းမှအပ အခြားသော ရေဒီယိုလှိုင်းများ။ Radio signals other than those from the Myanma Athan.

ပ **2** *see under* ပါ့ *indeed*

ပါ– **1 (Stc~, V~~)** ⇒ *indicates politeness, respect, deference, or (when correcting a mistaken idea) emphasis, insistence; stc fin phr ptcl and vb mod, CB; used in questions only when the speaker wishes to show marked deference; in FB less frequent except after negated verbs, or where* *the writer directly addresses the reader, as in instructions or formal letters: see examples below; takes creaky tone (ပါ့) in certain combinations: see separate entries below;* • သွားပါအုံးမယ်॥ Goodbye, I'll be going. • ထမင်း မစား တော့ပါဘူး။ I won't eat after all. • ထိုင်ပါ॥ Please sit down! • သူ့ကို မပြောပါနဲ့။ Please don't tell him! • ဟုတ်ပါတယ်॥ That's right. • ဟုတ်ကဲ့ပါ॥ Yes, yes *(a polite expression that became widespread in the 1960s, replacing the expected* ဟုတ်ပါ့ရဲ့*).* • ကျွန်တော့်နံမည် မောင်တင်ပါ॥ My name is Maung Tin. • ဘာ အလို ရှိပါသေးသလဲ ခင်များ။ What else do you require, sir? • နံမည် ဘယ်လို ခေါ်ပါသလဲ॥ What might your name be? • ညာဘက် မဟုတ်ဘူး။ ဘယ်ဘက်ပါ॥ Not the right side: on the left.

In FB: • မိုးချုန်းတိုင်းလည်း မိုးမရွာပါ॥ And it does not rain every time there is thunder. • ဤသို့ မဟုတ်ပါ။ It is not so. • တစ်ဖက်ပါ ဇယားကို ကြည့်ပါ॥ Please consult the chart overleaf. • အောက်ပါ မေးခွန်းများကို ဖြေပါ॥ Answer the questions below. • ကျွန်မ တင်တင်ဝင်း စာရေးလိုက်ပါသည်။ This (letter) is from me, TTW. • အဆွေတော် ကိုယ်စိတ်နှစ်ဖြာ ကျန်းမာချမ်းသာစေရန်နှင့် အမေရိကန်ပြည်သူများ ဆက်လက် တိုးတက်သာယာဝပြောစေရန်အတွက် ကျွန်ုပ်အနေနှင့် ဆုမွန်ကောင်း တောင်း လိုက်ပါသည်။ On my behalf I wish you (fellow head of state) well in both body and soul, and that the American people may continue to prosper. *In subordinate clauses rare in CB, but in FB used with some markers (*ပါက၊ မ–ပါဘဲ၊ ပါမူ၊ ပါမှ၊ ပါရန်၊ ပါလျက်၊ ပါလျှင်၊ ပါသောကြောင့်၊ ပါသော်လည်း၊ ပါ၍*);* e.g. • အလို ရှိပါက အကြောင်းကြားပါ။ If you need anything please inform me. • အခက်အခဲ ရှိပါသောကြောင့်။ Because there are difficulties.

ပါ **2 (N~) ⇒ including, as well as N, and, N too;** *stc med phr ptcl, CB+FB; derived from verb* ပါ– *"be included in, contain, go along with"; cf* အပါအဝင်; *and* ရော…ပါ; • လွတ်လပ်ရေး တောင်တန်းနယ်များကိုပါ တပါတည်း မပေးလိုသဖြင့်။ Not wishing to give independence to the hill regions as well (as central Burma), at one and the same time. • သူမယားပါ လာအုံးမလား။ Will his wife come too? • ကလေးတွေပါမကျန် တစ်ရွာလုံး လာကြတယ်။ The entire village including the children came along.

Also in the pattern N¹–ရော N²–ပါ: • နေ့ရော ညပါ by day and by night; • စိတ်ရော ကိုယ်ပါ wholeheartedly ("with mind and body"); • ဈေးမှာရော သမဝါယမမှာပါ ရနိုင်ပါတယ်။ You can get them both at the market and at the Co-operative.

ပါ **3 (N¹~ N²) ⇒ N² included in, located in, belonging to N¹;** *truncated verb attribute, short for* N¹–တွင် ပါသော N² *etc; CB+FB; derived from verb* ပါ– *"be included in, contain, go along with"; in certain set attributes:* • အဆိုပါ aforementioned: အဆိုပါ စာချုပ် the aforementioned contract; အောက်ပါ mentioned below: အောက်ပါအတိုင်း as detailed below; အထက်ပါ mentioned above:

အထက်ပါ ဥပဒေ the law referred to above; တစ်ဖက်ပါ located on the other side: တစ်ဖက်ပါ ဇယား the table overleaf; လင်ပါသမီး husband's daughter by a previous wife ("included wth the husband"); တိုင်ပင်ရာပါ accomplice ("one included in the planning").

ပါ 4 *in the pattern V–ပါ များ– to V many times: see under ဖန် times*

ပါက *see under က if*

ပါကလား *or* **ပါလား (V~) ⇒ How V!** *exclamatory, indicating surprise; stc mkr, also used with noun sentences, CB;* • တယ် မြန်ပါကလား။ Goodness, you were quick! • ဘာမှ မဖြစ်ပါကလား။ Nothing happens then! • သူတို့ ဝင်ရပြီး ဒို့ မဝင်ရပါကလား။ Aren't we allowed in then, while they are? • ဒီကောင် အမေရိကန်ပါလား။ So this chap is American then? • အမလေး၊ အမဲသားဟင်းပါလား။ Wow! So it's beef curry!

ပါစ *see under စ question*

ပါစေ၊ ပါရစေ *see under စေ may you V, may I V*

ပါမူ *see under မူ if*

ပါရန် *see under ရန် in order to*

ပါလား 1 *and* **ပါဦးလား** *or* **ပါအုံးလား (V~) ⇒ how about V-ing? Why not V? Why don't you V?** *stc mkr, CB; combines the effects of ပါ "please V" with လား "question";* • နောက်တစ်ခါ မောင်ကလေး ခေါ်လာခဲ့ပါလား။ Why don't you bring your little brother next time? • အဝတ်အစားတွေ ဗီရိုထဲ ထည့်ထားပါလား။ Aren't you going to put your clothes in the cupboard? • ဝတ္ထုကလေး ဘာလေး ရေးကြည့်ပါလား။ Why not try writing a little story or something? • ထိုင်ပါအုံး လား။ Won't you sit (i.e. stay) a bit longer? *Cf negative imperatives with လား* —စိတ်မကွက်ပါစေနဲ့လား။ Don't be downhearted.

ပါလား 2 *see under ပါကလား surprise*

ပါလိမ့် *and* **ပါလိမ့်မလဲ (V~, N~) ⇒ I wonder what V? What can be V-ing?;** *stc mkr, CB;* • ဘာများပါလိမ့်။ And what on earth might that be? • ဘယ်သူပါလိမ့် မလဲ။ I wonder who that might be? • ဂနေ့ည ဆိုမှာ ဘာသီချင်းများပါလိမ့်။ I wonder what songs they will sing tonight? • ဘယ်က ကြားရပါလိမ့်(မလဲ)။ I wonder where he could have heard it from. • သည်ခေတ်က ဘယ်လောက်များ ဆိုးနေလို့ပါလိမ့်။ What a dreadful age we live in!

ပါလျက် *see under လျက် -ing*

အပါအဝင် (N¹~ N²) ⇒ N² including N¹, as well as, and, too; *nn atrb mkr, CB+FB; cf ပါ "including"; derived from verb ပါဝင်– "be included in, participate";* • အတုမရှိကျောင်းတော်ကြီးအပါအဝင် ဘုန်းကြီးကျောင်းကြီးတွေ မီးလောင်ပျက်စီး ရတယ်။ The major monasteries, including the Atumashi, had been destroyed by fire. • ကျွန်တော့်ကဗျာတွေ ချယ်ရီမဂ္ဂဇင်းအပါအဝင် အခြားသော မဂ္ဂဇင်းတွေမှာ မကြာခဏ ရွေးချယ်ခံခဲ့ရပါတယ်။ My poems have often been selected by Cherry Magazine and other magazines. • စည်းမျဉ်း ၇-၈-၁ မှ ၇-၈-၈ အထိအပါအဝင်က။ The regulations from 7-8-1 up to and including 7-8-8. • ကိုစိုးနိုင်သည် မြဝတ်ရည်ကို လိုလားနှစ်သက်သူယောက်ျား အများအပြားထဲမှ တစ်ယောက်အပါအဝင် ဖြစ်၏။ Ko SN was one of the many admirers of MWY.

ပါ့ or ပ (V~) ⇒ **V indeed, exclamatory, emphatic**; *sts used in the same way as* ပေ့ ; *stc mkr and stc fin phr ptcl, CB, old style and poetic; derived from* ပါ *polite;* • ရှိးပါ့ မသိရ။ You're so naïve, Ma Thi! • လာတာပါ့။ I'll come by all means. • ကြားဖူးပေသည် တစ်ခါပါ့၊ ပြည်မြန်မာမှာ ထွန်းလာရတာက၊ အင်မတန် လွမ်းစရာ ဘဝပေပါ့။ I have indeed heard of this. Being born in our country of Burma is a life we look back on with nostalgia. • သည်လူကို ခင်ခင်ညွန့်က မျက်စိကျသွားတာပ။ It was this man that KKN fancied. • ပင်လယ်ကမ်းစပ် တစ်လျှောက်မှာ ရိုက်ပုတ်လာတဲ့ လှိုင်းတွေဟာ တို့မြေရဲ့ အင်အားတွေပဲပါ။ The waves that beat all along our coast are a power for our land. • ပုံဆွဲကလည်း ကောင်းလိုက်ပ။ And he's really good at drawing.

In the pattern V-ချင်သပ *ဆိုရင်* "if sn really wants to V": • ကြည့်ချင်သပ ဆိုရင် စနေနေ့လောက် လာခဲ့ပါလား။ If you're really keen to see it, how about coming round on Saturday?

Also in set phrases: • တင်ပါ့ဘုရား and မှန်ပါ့ဘုရား။ Yes, my Lord (used to monks and royalty).

ပါ့မယ် (V~) ⇒ **I certainly will V**, *indicates firm commitment; stc mkr, CB;* • တတ်နိုင်လို့ရှိရင် ကိုရင် ဆောင်ရွက် ကူညီပေးပါ့မယ်။ If it lies within my power I (the koyin) will certainly give you my assistance. • လုပ်ပေးပါ့မယ်။ I will do it for you without fail. • စိတ်ချပါ၊ ကျွန်မ လာပါ့မယ်။ Rest assured, I will come.

ပါ့မလား and ပါ့မလဲ (V~) ⇒ **Will it really V? Are you sure it will V?** *indicating incredulous question; stc mkr, CB;* • အတူ ခရီးသွားလို့ ဖြစ်ပါ့မလား။ Would it really be appropriate for the two of us to travel together? • လုပ်မှ လုပ်နိုင်ပါ့မလား။ Will you really be able to do it? • နိုင်ပါ့မလား။ Will you be able to manage? • ဘယ်လို ဖြေရပါ့မလဲ။ How on earth could I answer?

ပါး 1 (Nº~) and အပါး (~Nº) ⇒ **person**, *comm nmtv for people; used for beings deserving respect such as monks, deities, royalty; also for revered objects and conventional sets of abstract notions, both good and bad; CB+FB; cf* ယောက်၊ ဦး၊ • ဘုန်းကြီး နှစ်ပါး: two monks; မင်းသမီး သုံးပါး: three princesses; နတ်တစ်ပါးသို့ like a god (verse); မိဘနှစ်ပါး: both parents; ကပ်ကြီး သုံးပါး: the Three Great Scourges (epidemic disease, war and famine); ရတနာ သုံးပါး: ကိုးကွယ်သည် to worship the Three Gems; သစ္စာ လေးပါး: the Four Truths; သီလ ငါးပါး: the Five Precepts (also often in Pali order ငါးပါး:သီလ); ပါရမီ ဆယ်ပါး: the Ten Perfections.

ပါး 2 *see under* မှတပါး: apart from, တပါး: other, different

အပါး (N~) ⇒ **vicinity, place, presence of N,** *where N is a person; used with words meaning "to, from, near" etc; loc nn, FB, more high flown than FB* ထံ; = *CB* ဆီ; *cf FB* ထံပါး၊ • မင်းတရားကြီးအပါးဝယ်။ In His Majesty's presence. • မနေ့ သူတို့အပါးမှ ထွက်ခွာလာတော့။ As Ma N moved away from them. • ဦးလတ်ရဲ့အပါး ကတော့ သူ့နှမ မမြကလဲ ... မျက်ရည်ယိုပြီးလျှင် ပြင်းပြစွာငိုနေသတဲ့။ At U Lat's side stood his sister Ma Mya, weeping copiously. • ထိုသူငယ်မမှာ ပွဲကတော်ကြီး ဒေါ်မြနုအပါးတွင် ဆေးပေးကွမ်းယူ လုပ်နေလေ့ရှိလေသည်။ This young woman used to work as a personal attendant for the lady Daw MN.

ဉ် *see under* ပြီ *stc mkr: is V-ing now*

ဉ်း *see under* ပြီး: *to finish V-ing,* ပြီး: *after V-ing,* ပြီ: *already V-ed*

ပေ– (Stc~, V~~) ⇒ **euphonic;** *generally adds a note of gravity or emphasis to the sentence, sts suggesting considered opinion; stc fin phr ptcl and vb mod, CB+FB, with effect differing according to context: see sections below; cf* ပါ၊ လေ၊ ချေ;

(a) N~ at end of sentence ⇒ slightly formal, old style, grave, euphonic; *FB, rare in CB; usually followed by another phrase particle;* • ဘုန်းလက်ရုံးတို့သည် ... အထွန်းတောက်ဆုံး အချိန်အခါကြီးပေ။ It was the time when his power was at its height. • ဒီပညာရပ်က အင်မတန် အဖိုးတန်တဲ့ ပညာရပ် ပေပဲ။ This subject is a very valuable one. • ဆရာကြီးသည် အစည်းအဝေး ပရိသတ်ကို ကြည့်ကာ အံ့ဖွယ်သူရဲပါပေတကားဟု ချီးမွမ်းသည်။ Sayagyi, looking at the people attending the meeting, praised them saying "How astonishing this is". • ရေခရီးနှင့် အသက်မွေးဝမ်းကျောင်းသူတစ်ဦးက ရေလှိုင်းရော ကုန်းလှိုင်းရော ဘယ်မှာ မူးတော့မည်နည်း။ ကျွမ်းကျင်သူပေကို။ Why should a professional sailor feel seasick? He is after all an experienced person. • မည်သည့်အချိန်က အစ ပြုသော စကားစစ်ထိုးပွဲပေလဲ မသိ။ She didn't know when the argument had started. • ထိုခုနစ်ပါးကား အောက်ပါတို့ပေတည်း။ Those seven attributes are the following. • သည်နေ့ တနင်္ဂနွေနေ့ပေ။ အောင်အောင်တော့ ပါလာလိမ့်မည် မထင်ပေ။ Today was Sunday. She didn't think that AA would be among (the visitors). • အင်မတန် လွမ်းစရာဘဝပေပဲ။ It is a life we look back on with nostalgia. • ခင်ဗျားဖြင့်ဗျာ အံ့လို့ပဲ မကုန်နိုင်လောက်တဲ့ လူတစ်ယောက်ပါပေပဲ၊ တတ်လဲ တတ်နိုင်ပါ ပေသဗျာ။ As for you, you are absolutely amazing. And you are really inventive.

(b) V~ in FB ⇒ euphonic, old style; *frequent in the pattern* မ–V–ပေ *at end of sentence;* • ဘုန်းတော်ကြီး တစ်ပါးသည် မန္တပ်တွင်းသို့ ကြွရောက်လာပေသည်။ A monk came into the mandat. • လေ့လာကြည့်လျှင် အောက်ပါအတိုင်း အပိုင်း ၄ပိုင်း ခွဲခြား၍ တွေ့ရမည် ဖြစ်ပေသည်။ If you want to examine this topic, you will find it set out below in four sections. • အခန်းထဲမှ တယ်လီဖုန်းသံ ကြားရသည်။ ကိုစိုးနိုင်သည် သူ့မိဘများအိမ်တွင် ရောက်နေပေလိမ့်မည်။ She heard the phone ring in her room. No doubt Ko SN had reached his parents' home. • ဦးပေါက်ဆိန် သည် အတော်ပင် ဆိုးသွမ်းသော လူတစ်ယောက် ဖြစ်ပေလိမ့်မည်ဟု တွေးထင်ကြရလေ၏။ They decided that UPS must be a pretty evil man. • အမေသည် အန်တီကြီးတို့ မိသားစုအတွက် နံနက်စာကို ပြင်ဆင်၍နေပေပြီ။ Her mother was preparing breakfast for Auntie and her family. • ပြောရင်းဆိုရင်း အတော်ပင် ညဉ့်နက်သွား ပေပြီ။ It had become quite dark while they were talking. • ဧည့်သည်များ ရောက်လာကြပေရာ။ When the visitors arrived. • လူသာမန်တို့ လုပ်နိုင်သော လုပ်ငန်း များ မဟုတ်ပေ။ It is not the sort of task that can be performed by ordinary people. • ဗေဒင် မေးနေစရာ မလိုတော့ပေ။ It was no longer necessary to consult the astrologers.

(c) V~ in CB ⇒ *frequent in expressions of judgement or considered opinion, sometimes ironical;* • တော်ပါပေတယ် ခင်ဗျာ။ ဒါကြောင့်လဲ နာမည် ကျော်ကြားပေတာဘဲ။ You are talented, Sir. That is why you are so well known. • အခုလောက်ဆိုရင် လူအများမြင်ထားတဲ့ ရုပ်ပုံလွှာထဲက ဟစ်ချ်ကောန်နဲ့ တကယ့် ဟစ်ချ်ကောန် အစစ်တို့ ဖြောင့်ဖြောင့်ကြီး ခြားနားပေတယ် ဆိုတာ ထင်ရှားလောက်ပါပြီ။ By now it should be clear that the Hitchcock in the well known portrait and the true Hitchcock are totally different. • အုန်းပေါင်စောဘွားဟာ အလွန် သစ္စာ ရှိပါပေတယ်။ The OB Sawbwa is indeed loyal to me. • ဘယ့်နယ်တော်ရယ်။ ဒီလောက်ကလေး ဖြစ်ရတာနဲ့များ ပြုမှုပြုရက်ပါပေတယ်။ What's all this about? You are very harsh to me for such a small thing. • တော်ပါပေတယ်။ Oh well done! What a clever fellow you are! *(ironical)* • နယ်ချဲ့သမားတို့ကား လပ်မြင်ကြပါပေ သည်။ ခြေထိုးကောင်းကြပါပေသည်။ The colonialists were mighty good at seeing their opportunity and making the most of it *(ironical)*. • ရှင်းပါပေခင်ဗျာ။ လွန်ပါရော။ တော်ပါပေ၊ ကောင်းပါပေတယ်။ It is quite clear, Sir. Abundantly so. Well done. Everything is fine. • သီချင်းသစ်တွေနဲ့ ကြိုဆိုခြင်း ဆိုရင်လည်း မမှားပေ ဘူး။ You could not go wrong if you were to greet them with some new songs. • တယ် ဉာဏ်များပေသဗျာ။ ရိပ်ဘဲ မရိပ်မိပါပေဘူး။ What a vivid imagina-tion you have. I had not even suspected (anything of the sort). • မြန်မာတွေ လည်း မညှိုးခဲ့ပေဘူ။ We Burmans are not in decline. • သည်လို အစီအစဉ်မျိုးမှာ အခမ်းအနားမှူး တစ်ယောက်တည်းနဲ့ မလုံလောက်ပေဘူးလား။ In an event of this kind would not a single MC be enough? • အရင်စပြီး ရေးဘို့ စီစဉ်တဲ့လူက ခေါင်းဆောင် မဟုတ်ပေဘူးလားဗျာ။ Is it not the individual who first arranged for (the letter) to be written who is the leader?

(d) *in combination* V-ပေတော့ ⇒ *imperative, often brusque; CB;* • မေးမယ် ဆို။ မေးပေတော့။ You said you would ask her, didn't you? Well do it then. • ကဲ...ကဲ... အချိန်ရှိတုန်း သုံးပင်ကွင်းကို လိုက်ကြပေတော့။ Right. Come along now to Thoun-bin-gwin while there's still time. • ကဲ နောက်ထပ်ပြီး ပြောစရာရှိရင် ရုံးကျမှ ပြောပေတော့။ If you have more to say, say it when you get to the police station.

(e) in combination V–ပေစေ ⇒ let sn V; *FB+CB;* • နေပေစေ။ Let it be, leave it alone. • လိုက်ချင်ရင် လိုက်ပေစေပေါ့။ Let him come if he wants to. • သူ မနာခံ ရင် သူ့အဘိုး အဘွားတွေဆီ သွားနေပေစေ။ If he won't obey, then he must be sent to his grandparents. • သူတို့ကို မိဘိုးရာ တာဝန်ကတော့ ကျုပ် တာဝန် ရှိပေစေ။ ကြားလား။ As for the duty of catching them, let that be my responsibility. *Sts with induced creaky tone:* • ဘီ–ယူ–တီ "ဘွတ်"ချင် "ဘွတ်"ပေစေ။ If he wants to B-U-T "but" then let him "but".

(f) in combination V–ပေလို့ ⇒ thank goodness for V, but for V; *CB;* • တော်သေးလို့ဟော့၊ ချောင်းရေထဲ ကျပေလို့။ What a mercy! We were lucky that it fell into the stream ... ! • ဘုရားသခင် ကယ်ပေလို့။ Thanks to the mercy of God. • ကံအားလျော်စွာ ခင်ဗျားတို့ ပြေးလာကြပေလို့ နို့မို့ဖြင့် ကျုပ်မှာ နောက်များ အမှု စုံထောက်နိုင်ဖို့တောင် အခွင့်ရှိတော့မယ် မဟုတ်ပါဘူးဗျာ။ What a mercy you lot came running up. But for that I wouldn't have stood a chance of being able to conduct any more investigations.

(g) with induced creaky tone: V–ပေ့ ⇒ How V! *exclamatory; CB; perhaps a fusion of* ပေ *and* ရဲ့; • ရက်စက်ပါပေ့ကွယ်။ You are very hard on me. • ငါ့မြေးက မြားပစ်ကျင့်နေတာကိုး။ ဟုတ်ပေ့ ကွာ။ So my grandson has been practising archery! Well done, my boy!

(h) in the pattern V–ပေ့ ဆိုတဲ့ N *and similar* **⇒ N that is extremely V;** *CB+FB;* • အိမ်အပြန်တွင် လှပေ့ ဆိုသည့် နှင်းဆီပန်းတွေကို သယ်သွားတတ်ရာ။ As he was in the habit of buying the most beautiful roses on his way back home. • ခမ်းနားပေ့ ဆိုတဲ့ နန်းတော်များ။ Palaces of great grandeur. • ကောင်းပေ့ ဆိုတဲ့ အသီးတွေ။ Fruit that is tremendously good.

ပေတဲ့(လို့) *see under* ပေမဲ့ although

ပေမဲ့၊ ပေမဲ့လို့၊ ပေတဲ့၊ ပေတဲ့လို့၊ ပေမည့်၊ ပေသည့်၊ ပေမင့်၊ ကပေမဲ့၊ မန့် **(N~, V~) ⇒ (a) although V, in spite of N, however;** *sub cls mkr, also used with noun sentences, CB;* = *FB* V–သော်လည်း၊ ပေသည့် *pron* /ပေသို့/ *; cf Phr–တော့;* • မိစံတို့က အသက်ငယ်ပေမယ့် ကိုယ့်ဘဝကို ကိုယ့်ဘာသာ ရှန်းကန်ရတယ်။ Though Mi San was young in years she and her family had had to struggle to establish them-selves. • ထို့ကြောင့် မုန့်ဟင်းခါး ကောင်းပေမည် သည်ဆိုင်သို့ ရောက်လေ့ရောက်ထ မရှိခဲ့။ For this reason he had not been in the habit of coming to this food-stall even though the *monhinga* was good. • အသား မချောပေတဲ့ တော်တော့်ကို နိုင်တယ်။ The material is not very fine but it's remarkably strong. • ၈၈ နေချင်သည် ဆိုပေသည့် ... ၈၈ နေမရသော ခေတ် ဖြစ်နေပြီ။ We'd like to live in peace, but it's not a time when you can live in peace. • သူတို့ နှစ်ယောက် သက်တူရွယ်တူချင်းပေမယ့် အခြေအနေချင်းမတူဘူး။ Though the two of them are the same age they have different backgrounds. • ဒါပေမယ့်လို့ ဟိုက လက်ခံမှာ

မဟုတ်ဘူး။ Nonetheless, it won't be accepted over there. • ချာတိတ်ကပေမဲ့ အတော် လာတဲ့ ချာတိတ်ပဲ။ He may be only a lad, but he does pretty well. **(b)** *following an interrogative:* **however sn may V, whoever may V,** *etc; CB; cf interrogative followed by repeated verb sv Repetition;* • ဘယ်လောက် ပြောပေမဲ့ နားမထောင်ဘူး။ However much one tells him, he won't listen. • ဘယ် အထိပဲ ရောက်နေပေမဲ့လို့ ခေါ်ရင် ချက်ချင်း ပြန်လာတာပဲ။ However far he may have gone, he comes straight back when you call him.

ပေမည့် *see under* ပေမဲ့ *although*

ပေမင့် *see under* ပေမဲ့ *although*

ပေသည့် *see under* ပေမဲ့ *although*

ပေ့ *see under* ပေ *indeed*

ပေး– **1** (V~–) ⇒ **V for, on behalf of (sn else), so as to assist, to affect (sn else);** *vb mod, CB+FB; negative form usually V–မ ~, sts မ– V~;* • ကျွန်မရဲ့ ငါးဖန်းကို ကူပြီး မ,ပေးပါနော့။ Give me a hand in lifting my tray of fish would you? • ကျုပ်က မရေးတတ်တော့ ဆရာကိုယ်တိုင် ရေးပေးရာတယ်။ As I can't write the Saya wrote it down for me himself. • ရှင်းပြပေးပါ။ Please explain this. • နန်နဲ့. တွေ့တဲ့အခါ ဒီစာလေး ပေးပေးပါ။ When you see NN could you please give this letter to her for me. • မြန်မာလူမျိုးများအတွက် မြန်မာကျပ်ငွေဖြင့် လက်ခံပေးနေပါ တယ်။ (Hotelier announces:) For Burmese guests we are accepting payment in Burmese currency (not in dollars as for foreign guests). • ဟိုဘက်က ကြားရလား။ မကြားရရင် လက်မြှောက်ပေးပါ။ Can you hear over there? If not, please raise your hand for me. • စိုးကျော်ကို ကူကြည့်ပေးသည်။ She helped SK with his looking (into the broken engine). • ဗြိတိသျှအစိုးရသည် ... ပြည်မနှင့် တောင်တန်းနယ်များ မပူးပေါင်းနိုင်စေရန် အမျိုးမျိုး သွေးခွဲပေးလျက် ရှိပေသည်။ The British government was sowing dissension to prevent cooperation between central Burma and the hill districts. • ပစ္စည်းပစ္စယများကို စိတ်ချလက်ချ ထားခဲ့ နိုင်ရေးအတွက် ဘကြီးမောင်က စောင့်၍ နေပေးတတ်ခဲ့သည်။ So that they could leave their belongings behind without worry, Ba-gyi Maung used to watch over (the house) for them. • မွန်မွန်က သူ့ရင်ကို အသာဖိပေးထားကာ စိုးရိမ်တကြီး ကြည့်နေ၏။ MM held her hand to her heart and looked on anxiously.

ပေး– **2** (~V–) ⇒ **allow sn to V;** *comm pre-vb, CB+FB; from verb* ပေး– *to give; neg* ပေး:မ V– *or sts* မပေး:– V; *cf V–စေ–, which is being superseded in CB by* ပေး:– V, *and* V–ခွင့် ပြု–; • တစ်ခါတလေတော့ ကောင်လေးကို ပေးမောင်းလိုက်ပါလား။ Why not let the boy drive sometimes? • တစ်နှစ်ထက် ပေးမလုပ်တော့ဘူး။ They don't allow (the Karen girls) to work for more than a year. • မောင်လေးကို မပေးကိုင်နဲ့။ Don't let your brother touch it. • သူ့ဆီ စာသပ်သပ် မရေးတော့ဘူး နော်။ ဒီစာကိုသာ ပေးဖတ်လိုက်ပါ။ I won't write separately to her. Would you please let her read this letter? • စက်ဘီး မပေးစီးချင်ဘူး။ I don't want to let you ride my bike.

ဲ **1** *formerly* ဘဲ *sts* ကပဲ **(Stc~)** ⇒ **really, indeed,** *emphatic,* **sts exclamatory; at least, at any rate;** *stc fin phr ptcl, mainly CB,* = *FB* ပင်၊ တည်း၊ ဖြစ်သည်; *before* ဲ *sentence markers* တယ် *and* မယ် *in CB usually take the forms* တာ *and* မှာ။ **Spelling.** *Until the 1970s the spelling* ဘဲ *was in general use for the sentence final phrase particle (as in* ဒီကောင်က အညာသား ဘဲ *this fellow is an Upper Burman), and the sentence medial phrase particle (*ငါးကျပ်ဘဲ ပေးရတယ် *you only have to pay K5), and the subordinate clause marker (*အဖော် မပါဘဲ မသွားရဲဘူး *I dare not go without taking a companion). At that point a spelling reform prescribed* ဲ *for all three words. By 1986 there was a further revision:* ဲ *was retained for the phrase particles, but the marker was to be written* ဘဲ။ *This is the practice current at the time of writing (2000).* • ဝမ်းသာပါတယ် ခင်ဗျာ။ သိပ်ဝမ်းသာတာပဲ။ I am delighted, Sir. I really am delighted. • ခင်ဗျားဖြင့်ဗျာ အဲ့လိုပဲ မကုန်နိုင်လောက်တဲ့ လူတစ်ယောက်ပါ ပေပဲ။ As for you, you are absolutely amazing. • ပစ္စည်းတွေ ပျောက်သွားတာ မနည်းဘူးပဲ။ He really lost a lot of his possessions. • ဒီ ကိစ္စတော့ ပြီးသွားပြီပဲ။ ဘာ စကားများစရာ လိုသေးသလဲ။ The matter is over and done with. What need is there for further argument? • ငယ်ငယ်တုန်းက နေခဲ့တဲ့ ရွာကလေးလိုပဲ။ It is just like the little village where we lived when we were young. • ကျွန်တော် စိတ်ပူတာက သူ့ ကျန်းမာရေးအတွက်ပါပဲ။ What I am worried about is his health. (In FB the same idea might be expressed as: ကျွန်တော် စိတ်ပူသည်မှာ သူ့ ကျန်းမာရေးအတွက် ဖြစ်ပါသည်။)• သူက စစ်သားပဲ။ မြေကြီးပေါ်မှာလည်း လက်ကို ခေါင်းအုံး၍ အိပ်နိုင်သည်။ After all he was a soldier: he was able to sleep on the ground, using his arm as a pillow. • လာမယ်လို့ ပြောတာပဲ။ သိပ်တော့ မသေချာဘူး။ He certainly said he would come, but I'm not entirely sure of it. • ထုံးများလဲ အရှိသားပါကဘဲ။ There are of course precedents (for this action).

ဲ **2** *formerly* ဘဲ **(Phr~)** ⇒ **(a) even, very,** *emphatic;* *highlights the phrase as the important informative item in the sentence; stc med phr ptcl, mostly CB,* = *FB* ပင်; *for the two spellings see under* ဲ 1; • ခင်ဗျား သူငယ်ချင်းပဲ ရေးတာ လား။ Was it your friend who wrote it? • ဘယ်မှ မသွားနဲ့နော်။ ဒီမှာပဲ နေရစ်ခဲ့။ Don't go anywhere will you? Stay right here! • ကျောင်းသားဘဝကတည်းကပဲ သိနေကြတာ။ We have known each other since our school days. • ဒါသည်ပင် လျှင် သဘာဝကျတာ ဖြစ်နေပြီလား။ သဘာဝမကျတာကပဲ သဘာဝကျနေတာလား။ What it this very thing that was now realistic? Was it the very lack of realism that was realistic? • ခင်ဗျားဖြင့်ဗျာ အဲ့လိုပဲ မကုန်နိုင်လောက်တဲ့ လူတစ်ယောက်ပါပေပဲ။ As for you, you are absolutely amazing.
(b) just, only; = *FB* သာ; • ထမင်း နည်းနည်းပဲ ပေးပါ။ Please give me just a

little rice. • တွေ့ပဲ တွေ့ဖူးတယ်။ ကောင်းကောင်းတော့ မသိဘူး။ I have only met him. I don't know him well. • အိမ်ပြန်ပြီးပဲ ထမင်း စားမလို့ (I had intended) just to go home and have a meal. • ဒါပဲ ယူမလား။ — ဟုတ်ကဲ့ ဒါပါပဲ။ Is that all you want? — Yes, that's all. • သူပဲ သိတယ်၊ သူပဲ တတ်တယ် ထင်ပြီး။ Think-ing only he knows, only he can do it. • ချဉ်ပေါင်က တစ်စည်း တစ်မတ်၊ ခြွေလိုက်ရင် ခြောက်ရွက်လောက်ပဲ ရှိတာ။ Roselle leaves are 25 pya a bunch: when you pick off the leaves you've only got about six.

ပဲ **3** in pattern မ–V–ဘဲ without V-ing: see under ဘဲ

ပေါ် and အပေါ် (N~, VA~) ⇒ **on, over, above, around; on top of, in addition to; towards, concerning, with regard to**; loc nn, CB+FB; cf ထက်; opp အောက် underneath; after a noun, the prefixed form အပေါ် tends to be used for "above" and the unprefixed form for "resting on"; • စားပွဲပေါ် ထားပါ။ Please put it on the table. • မီးအပေါ်မှာ ချိတ်ထားပါ။ Please hang it above the fire. • ဗီဒိုပေါ်က စာရွက်တွေ။ Papers from the top of the cupboard, from on the cupboard. • အိပ်ရာလိပ်တွေ ဆင့်ထပ်ထားတဲ့အပေါ်မှာ ထိုင်ဖို့ ဆရာတော်ကို လျှောက်ကြ တယ်။ They asked the Sayadaw to sit on a pile of bedding rolls. • မြို့ပေါ် လျှောက်လည်ကြစို့။ Let's wander round the town. • ခြေထောက် ကျိုးသွားတဲ့ အပေါ်မှာ ဒဏ်ဆောင်ရသေးတယ်။ On top of breaking a leg, he had to pay a fine. • အိမ်ပုံကလဲ ကျဉ်းရတဲ့အပေါ်မှာ တံခါးမရှိ ပြတင်းပေါက်မရှိ၊ ခပ်မှောင်မှောင် ခပ်နိမ့်နိမ့်။ As well as being cramped the house had no window and no door. It was dark and low-ceilinged. • အကျင့်စာရိတ္တ ကောင်းမွန်မှုဆိုတဲ့အပေါ်မှာ တည်တယ်။ It depends on how good his character is. • ထိုမြေအမျိုးမျိုးပေါ်တွင် ကောက်ခံသည့် အခွန်။ Taxes levied on those various kinds of land. • သူ့အပေါ် တော်တော်လေး သဘော ကောင်းတယ်။ They have been pretty kind to him. • တပ်မတော်အပေါ် မမှန်မကန်သတင်းများ တီးတိုးပြောဆိုခြင်း။ Secretly spreading false reports about the army.

ပေါ့ (Stc~) ⇒ **of course, by all means, naturally, obviously; presumably, no doubt, I suppose; you know, let's say, I mean**; stc fin phr ptcl, mainly CB; before ပေါ့ sentence markers တယ် and မယ် often take the forms တာ and မှာ, sts သ and မ; • အကြိမ်ကြိမ် လုပ်ရရင်တော့ မောတာပေါ့။ If you have to do it over and over again then naturally you get tired. • မင် ကုန်သွားရင် ရေးလို့ မရတော့ဘူးပေါ့။ Obviously, when the ink runs out you can't write any more. • ဆံ့မပေါ့။ Of course it will fit in. • မကြိုက်ရင် ထပ်လုပ်အုံးပေါ့။ If you don't like it, do it again of course. • လက်ဖက်ရည်လေး သောက်ပါအုံးလား။ — သောက်တာ ပေါ့။ Would you like a cup of tea? — Yes I would. • တွေ့ကြသေးတာပေါ့။ See you! ("naturally we'll meet again"). • လန်ဒန်မှာ ရှိတုန်းက ဒါမျိုး တွေ့ဖူးမှာပေါ့။ No doubt you came across that sort of thing while you were in London? • သူ ဝတ္ထု တော်တော်များများ ဖတ်ဖူးပြီပေါ့။ I take it you have read quite a few novels by her? • သည်လိုနှင့် ပူလောင်တဲ့ နွေရာသီ နေ့တစ်နေ့မှာပေါ့။ သူ့ကို မထင်မှတ်ပဲ ဘွားခန် ပြန်တွေ့သည်။ And so it was that one hot summer day, you know, she unexpectedly bumped into him again.

Frequent in combination ပေါ့လေ — • ဒါကြောင့်လဲ ရှုပ်ရှုပ်ယှက်ယှက် ဖြစ်တာပေါ့လေ။ That's why they ran into all this trouble, you see. • ရောဂါကတော့ တစ်ခါတည်း အမြစ်ပြတ်တော့ မသွားဘူးပေါ့လေ။ တစ်ခါတစ်ခါ သူပေါ်ချင် ပေါ်လာတတ်တယ်။ Needless to say, the disease wasn't cured outright. It does recur from time to time. • ကျွန်တော်တို့ ဖြစ်မြောက်ရေးကော်မတီ ဖွဲ့မယ်။ ကိုယ်နဲ့ နီးစပ်ရာပေါ့လေ။ We're going to set up an implementation committee. Just people I'm close to, you understand.

ပို– *or* ပိုမို– (~V-) ⇒ to V more, be more V, Vadditionally; *comm pre-vb,* CB+FB; *cf* သာ– *which is more formal; from verb* ပို– *to exceed;* • ဘယ်ဟာ ပိုကြိုက်သလဲ။ Which do you like better? • ဒီထက် ပိုမရဘူးလား။ Can't you get more than that? • ဆောင်းပါး မထည့်ရသေးပါ။ ပို၍ ပြည့်ပြည့်စုံစုံ ထည့်ရေးလိုက်ချင်ပါ သေးသည်။ I haven't sent in the article yet; I want to write it more fully, in greater detail. • ငါးကြော်အနံ့ကို ရသည်နှင့် မစားနိုင်။ ပိုမို၍ မူးလာသောကြောင့် ပြန်ပေးလိုက်ရလေသည်။ As soon as I smelt the fried fish I couldn't stomach it. I had to send it back because it made me feel even more sick. • အဲဒီလို လေ့လာခွင့် ရပြီးတော့ မြန်မာနိုင်ငံနဲ့ ပတ်သက်ပြီး ပိုလို့တောင် စိတ်ဝင်စားခဲ့တယ်။ After having had this opportunity to study Myanmar Naingngan I became even more interested in it. • မြို့ထဲ နေရတာ ပိုပြီး ကောင်းတာပဲ။ It really is better living in town.

ပက် *or* ပက်လျှင် (Phr~) ⇒ indeed, that very, precisely, *emphatic;* *stc med phr ptcl, in verse; cf CB* ပဲ, *FB* ပင်; • နေ့တိုင်းပက်လျှင်။ Every day.

ပင် 1 *or* ပင်လျှင် (Phr~) ⇒ even, indeed, actually, that very, precisely, *emphatic;* *stc med phr ptcl, FB; cf CB* ပဲ, *poetic* ပက်; • တရပ်လုံး ဆိတ်ငြိမ်လျက် ရှိသည်ဖြစ်၍ ကျွန်တော်တို့၏ အသက်ရှုသံများနှင့် ရင်ခုန်သံများကိုပင် ကြားရလေ၏။ The whole neighbourhood was so silent that we could even hear our breathing and the beating of our hearts. • ဆရာကြီး မဖတ်ရှူဖူးသော ပေပုရပိုက်ဟူ၍ မရှိ သလောက်ပင် ဖြစ်သည်ဟု ပြောကြသည်။ They even say that there was practically no manuscript in the library that he had not read. • ရိုးသားသော သဘာဝသည် ပို၍ပင် ထင်ရှားလာသည်။ The honesty of his character became even more discernible. • အလွန်ပင် စိတ် ဝင်စားဘွယ် ကောင်းသည်။ It is very interesting indeed. • ကျောင်းသို့ နံနက် ၇–နာရီအချိန်ခန့်ကပင် ကြိုတင်ရောက်ရှိနေကြပါသည်။ We were already at the school by (as early as) seven o'clock in the morning. • ယင်းတို့ထက်ပင် နောက်ကျသည့် စစ်တန်းများ။ *Sit-tans* of even later date than these. • မိုးခေါင်းခြင်းသည် တောင်သူများအဖို့ အစဉ် စိုးရိမ်စရာ ဖြစ်၍ ဒေသ၏ အန္တရာယ်ပင် ဖြစ်တော့သည်။ Drought is a constant cause of anxiety for the farmers, and it is in fact the (main) hazard of the region. • အလားတူပင် သားငါး ဈေးနှုန်းများသည် တိုးမြင့်လာသည်ကို တွေ့ရှိရကြောင်း။ In precisely the same way we find that prices of meat and fish have increased. • ထိုစဉ်က ရုပ်မြင်သံကြားစက် မရှိသေး။ ရေဒီယိုပင်လျှင် ပေါ်ကာစ ရှိသေးသည်။ At that time there was no television. Even the radio was in its early days. • ဖက်ဆစ်အစိုးရများပင်လျှင် အလျှော့ပေးနေရသော ယခုအချိန်မျိုး၌။ At a time like the present when even fascist governments are admitting defeat. • အစစအရာရာ အလွန်တရာ တူလှသည် ဖြစ်၍ မောင်စံရှား ကိုယ်တိုင် ထိုင်၍နေသည်ဟု ကျွန်တော်ပင်လျှင် မှတ်ထင်ရပေ၏။ (The shadow) looked exactly like Maung SS in all respects, so that even I (who should have known better) thought that it was Maung SS himself who was sitting there.

ပင် 2 (Stc~) ⇒ indeed, in fact, verily, *emphatic;* *stc fin phr ptcl, FB; = CB ပဲ၊ ပါပဲ; cf FB တည်း၊* • ဦးမောင်မောင်လတ် ရယ်မိသည်။ သူ့ဇနီးကို ပြောမယ့်သာ ပြောနေရသော်လည်း သူလည်း ဒီရပ်ကွက်ထဲမှာ ပျော်သည်ပင်။ U MML couldn't help smiling. In spite of what he had said to his wife, he too did in fact enjoy living in this neighbourhood. • သင်္ဘောဆေးအနံ့ကို ခံ၍မရ။ သင်္ဘောဆေးနံ့ကို ရလေ မူးလေပင်။ I couldn't stand the smell of the paint. The more I smelt it the sicker I felt. • သူတို့အသီးသီး ဝတ်လုံပြတ်ကိုယ်စီနှင့်။ ကျွန်တော်တို့လည်း ဝတ်လုံများနှင့်ပင်။ Each one of them had his short (college) gown on. We too had our gowns. • ကိုယ့်ဒေသနှင့် ဆန့်ကျင်ဘက်ကြီး ဖြစ်နေလေသည်။ အတု မယူသင့်သည့်နေရာတွင် အတုယူခြင်းပင်တည်း။ (Taking a western-style bath in Burma) is totally inappropriate for our own country. It is a case of imitating when one should not imitate.

ပင် 3 (N°~) *and* **အပင် (~N°) ⇒ plant,** *comm nmtv for plants, threads, ropes, hairs, etc; CB+FB;* • ညောင်လေးပင် four banyan trees; ကြိုးတစ်ပင် a cord.

ပေါင် (မ–V~) ⇒ *marks end of negative statement;* *stc mkr, CB, = CB ဘူး, FB Zero; more common in intimate or rustic speech;* • ကဲ – ဒီမှာ။ သရက်သီးသနပ် – အဲလေ ဟုတ်ပေါင်။ နှင်းဆီပွင့် လှလှကြီးတွေ ယူသွားကြဦး အစ်မရေ။ Right now. Look here. Mango pickle — no, that's not right. Some really nice roses, that's what I want you to take along, my sister. • ဟာ – ဒါ ကိုထွန်းဇံ မဟုတ်ပေါင်ဗျာ။ What? That's not Ko TZ, Sir. • တချို့ဟာတွေဆို ငါဖြင့် နားမလည်ပေါင်။ လိုက်မမီဘူး။ Some of his points I just don't understand. I can't follow him.

ပေါင်း (N~) ⇒ total, number, in all, combined; *nn mod, CB+FB;* • နှစ်ပေါင်းတစ်ရာကျော်။ Over one hundred years. • တပ်ပေါင်း နှစ်ဆယ် ချီတက်သည့်အနက်။ Of the total of 20 units that advanced. • လူပေါင်း (၁၁) ယောက်နှင့် အခြေချကာ ကျောက်ဖြူရွာကို တည်ခဲ့လေသည်။ He settled there with a group of 11 men and founded Kyaukpyu. • ချော်လဲခဲ့ရတဲ့ အကြိမ်ပေါင်းလည်း များပြီ။ And the number of times she has tripped up is great. • အသင်းဝင်ပေါင်း (၅၀၀၀)ကျော်။ Over

5000 members.

In combination N–ပေါင်းစုံ ⇒ **all sorts, of every description;**
• နိုင်ငံတော်အစိုးရ၏ ဂိုဏ်းပေါင်းစုံ သံဃာ့အဖွဲ့အစည်းများ။ State-approved Sangha organizations from all sects. • အဲဒီ ကောလိပ်ပေါင်းစုံက ကျောင်းသားတွေ အကုန် ထွက်တာပါ။ It was from this range of colleges that students set off (to take part in the literacy movement). • မြို့နယ်ပေါင်းစုံ အခြေခံပညာကျောင်းသား သမဂ္ဂ။ Combined Townships High School ("basic education") Students' Union.

In combination N–ပေါင်းများစွာ ⇒ **a large number, many;** • မျက်စိနဲ့ မမြင်နိုင်တဲ့ ပိုးမွှားတွေ သိန်းပေါင်းများစွာဟာ။ Many hundreds of thousands of invisible organisms. • နှစ်ပေါင်းများစွာက ဖြစ်ပွားခဲ့လေသည်။ It took place many years ago. • အသက်ပေါင်းများစွာနှင့် လဲလှယ်၍ ယူခဲ့ရသော လွတ်လပ်ရေး။ Our in-dependence obtained in exchange for (the loss of) many lives.

ပိုင်– (V~–) ⇒ **have the right to V, be authorized to V;** *vb mod, CB+FB;*
• ပြောပိုင်ခွင့် ရှိသူ။ Spokesman, person authorized to speak. • အစည်းအဝေးတော့ ဥက္ကဋ္ဌမှ ခေါ်ပိုင်တယ်။ Only the president is empowered to convene a meeting. • ဒီလိုအမှုမျိုး ကျတော့ တရားသူကြီးတောင်မှ အမိန့် မချပိုင်ဘူး။ In this kind of a case even a magistrate hasn't the authority to give a decision.

ပိုင်း (N~) ⇒ **part, area, section, space, period;** *comm elem cpd nn, CB+FB; often used optionally following expressions of time, place etc; cf* ဘက် *direction, area;* • မြန်မာနိုင်ငံ အရှေ့တောင်ပိုင်း။ The south-eastern part of Burma. • ပုံအပေါ်ပိုင်း။ The upper portion of the picture. • ညနေ(ပိုင်း)။ Even-ing, in the evening. • စောစော(ပိုင်း)က။ Earlier on. • လကုန်ရက်ပိုင်း ကျလျှင်တော့ မလွယ်။ But when it came to the (period of) days at the end of the month, it wasn't easy (to make the money last). • အဲဒီစက္ကန့်ပိုင်းအတွင်းမှာ။ In the space of those few seconds. • လာမဲ့ ရက်ပိုင်းအတွင်းမှာ။ In the next few days. • စစ်အစိုး ရ တက်တဲ့ နောက်ပိုင်းမှာ။ After the military government had come to power. • ဦးနေဝင်း စတဲ့ ထိပ်ပိုင်းခေါင်းဆောင်တွေ။ Top leaders including ("starting from") U Ne Win. • တပ်မတော်အရာရှိ အငယ်ပိုင်းနဲ့ အကြီးပိုင်း အချို့။ Some junior and senior army officers. • ကျွန်တော်တို့ ဌာနမှာ လူငယ်ပိုင်းက ကျွန်တော် တစ်ယောက်ပဲ အင်္ဂလိပ်လို တတ်တာ။ Of the younger ones in our department it's only me who can speak English. • အချိန်ပိုင်း နာရီ–၂၀ အလုပ်တွေ များတယ်။ They are mostly part-time, 20 hour per week jobs (that are available). • ဗမာစာပေပိုင်း ဆိုင်ရာမှာ တော်တယ်။ He knows a lot in the area of Burmese literature. • စီမံခန့်ခွဲရေးပိုင်းမှ စာရွက်စာတမ်းများ၊ အစီရင်ခံစာများ။ Documents and reports from the administrative departments. • ဘီဘီစီမြန်မာပိုင်းဌာန။ The Burmese Section of the BBC.

ပစ်– (V~–) ⇒ **to V quickly, thoughtlessly, toss off V-ing;** *vb mod, CB+FB; pron and sts written* ပြစ်; *not voiced;* • သူပန်းပွင့်တွေ ကလေးတွေ ဝင်ခူးပစ်တယ်နဲ့

တ္တုတယ်။ It looks as if the children just came in and picked his flowers.
• ဗီဒိုကြီး အသုံး မကျတော့ဘူး ဆိုပြီး မီးလျှို့ပစ်လိုက်မလို့။ Thinking that the old
cupboard was no longer any use I was going to burn it. • သူသည် ကျွန်တော်
၏ စာအုပ်ကို ဖျောက်ပစ်သည်။ He simply lost my book for me. • မေ့ပစ်လို့တော့
မရဘူး။ We can't simply forget them. • စက်ကုခံတပ် အလွယ်ကလေး ကျဆုံးသွားရ
သောအခါ အစီအစဉ်အားလုံးကို ဂျပန်တို့က တစ်မျိုး ပြောင်းပစ်လိုက်၏။ When the
fortress of Singapore fell to them so easily, the Japanese completely
changed all their plans. • ဤကိစ္စများ ပြီးပြတ်သွားအောင် ရှင်းလင်းပစ်လိုက်ပါဟု
အကြံပေး၏။ They suggested he should give a definitive explanation so as to
clear up these questions.

ပတ်လည် *or* ပတ်ပတ်လည် (N~) ⇒ **surrounding, round the edge of N; the
surrounds of, neighbourhood, around N;** *(with measurements)* **square;**
loc nn, CB+FB; pron /ပတ်လယ်/ ; • ဆိုင်ကလေးတွေဟာ ပွဲခင်းပတ်ပတ်လည်မှာ
တစ်ဆိုင်နဲ့ တစ်ဆိုင် ထိလုနီးပါး တည်ခင်း ရောင်းချနေကြတယ်။ All around the
grounds of the fair small shops, set so close as almost to touch each
other, were busy trading. • ဖိတ်စာလေးရဲ့ ပတ်ပတ်လည်မှာ။ Around the edge of
the invitation. • တပ်မှူးရဲ့ ပတ်လည်မှာ။ Surrounding their captain. • ရွာပတ်လည်
မှာ သစ်ပင် မရှိတော့ဘူး။ Around the village there are no longer any trees.
• လေးပေပတ်လည် မီးဖို။ A kitchen 4 feet square (i.e. each wall is 4 ft long).
• *Cf also:* နှစ်ပတ်လည် အစည်းအဝေး။ Annual meeting ("year comes round
again").

ပတ်လုံး (N~) ⇒ **for the duration of (time stated), throughout (time);** *nn
mod, CB+FB;* • တစ်သက်ပတ်လုံး။ Throughout one's life. • သည်အရှုပ်ကို မရှင်းသမျှ
ကာလပတ်လုံး ကျွန်တော်ဖြင့် စိတ်မအေးနိုင်ဘူး။ I cannot set my mind at rest for as
long as this mystery remains unsolved. • မြန်မာနိုင်ငံ လူဦးရေ သန်းကောင်စာရင်း
ပြုစုရေးတွင် တက္ကသိုလ်များ ကွန်ပျူတာဌာနမှ (၂၄) နာရီပတ်လုံး စက်အားလူအား အပြည့်
အဝဖြင့် ပါဝင်လုပ်ဆောင်ပေးခဲ့သည်။ During the compilation of the Census of
Burma the University Computer Department had all its machines and
staff working round the clock. • သင့်တော်သော အခန္ဓန်းကို ပေးသမျှကာလပတ်လုံး။
For the duration of the time that (for as long as) they paid a reasonable
rent. • ကမ္ဘာပတ်လုံး၊ ပြောမဆုံးတည့်။ If you spoke for an entire world-era, you
would not say enough *(verse).*

ပတ်ဝန်းကျင် *and* ဝန်းကျင် (N~) ⇒ **around, approximately N; the surroundings
of, the environment of N;** *loc nn, CB+FB;* • မီးပတ်ဝန်းကျင်မှာတော့ အလင်း
အလွန်နည်းတယ်။ In the area around the lamp the light was very weak. • ၁၀၀
အုမ်း ဝန်းကျင်ခန့်သာ။ Only about 100 ohms. • သူပတ်ဝန်းကျင်ကလူတွေပေါ့။
People from his own background.

ပတ်သက်၍ *FB = CB* **ပတ်သက်လို့** *or* **ပတ်သက်ပြီး (N–နှင့်~** *FB = CB* **N–နဲ့~) ⇒ concerning, in connection with;** *sub cls;* • ကုန်စျေးနှုန်းများ ကြီးမြင့်နေခြင်း ကိစ္စနှင့် ပတ်သက်၍ တွေ့ဆုံဆွေးနွေးပွဲကို ကျင်းပသည်။ A meeting was held concerning the issue of the increase in the price of commodities. • ဒီကိစ္စနဲ့ ပတ်သက်လို့ သတင်းစာထဲမှာ ဘာမှ မပါဘူး။ There was nothing in the papers about this affair. • ကျွန်တော့်ပုံပန်းသဏ္ဌာန်နဲ့ ပတ်သက်ပြီး အသေးစိတ် ပြောပြထားပြီး ပါပြီ။ Concerning my appearance I have already given a detailed account.

ပုဒ် (N°~) and အပုဒ် (~N°) ⇒ item, *comm nmtv for short written texts, songs, poems, paragraphs, etc; CB+FB; pron /ပုတ်/;* • ဇာတ်လမ်း တစ်ပုဒ် a narrative; ရတု သုံးပုဒ် three yadu poems; သီချင်း ဘယ်နှစ်ပုဒ် ရပြီလဲ how many songs have you learned?

ဝိမ့် (V~) ⇒ will V, indicates future; *stc mkr, FB, mainly verse; fused from* ပေ *"euphonic" and* အံ့ *"future";* • ကြားပိမ့်သူမြတ်၊ အများမှတ်စိမ့်။ The noble one will speak, let all take note *(verse).* • ကောင်းကျိုးစကား၊ ငါလျှင်ကြားပိမ့်။ I shall speak words that bring you weal *(verse).*

ပုံ 1 (N~) ⇒ shaped like N, N-shaped; *comm elem cpd nn, FB+CB;* • ဆလင်ဒါပုံ တစ်ဖက်ပိတ် အုပ်ဆောင်း။ Cover shaped like a cylinder. • ရေအိုးစင်ပုံ သံစင်။ Metal frame shaped like a water pot stand. • ကြက်ဥပုံ ဘောလုံး။ An oval ball.

ပုံ 2 (V~) ⇒ (a) manner, way of V-ing, how sn Vs; *sp hd nn, CB+FB; cf V–နည်း၊* • မြွေဆေး ဖော်စပ်ရန်အတွက် မြွေဆိပ် ထုတ်လုပ်ပုံမှာ အလွန်ပင် စိတ်ဝင်စားဘွယ် ကောင်းပါသည်။ The way snake venom is extracted to make serum is very interesting indeed. • လွတ်လပ်ရေး ရအောင် ကြိုးပမ်းခဲ့ရပုံများကို မမေ့မလျော့ကြစေ ရန်။ So as not to forget the way we had to struggle to obtain independence. • တိုင်းရင်း မြန်မာဆေးပညာ၏ ထက်မြက်ပုံ ဆောင်းပါးများ။ Articles on the efficacy of Burmese indigenous medicine. • အင်းသားတွေ လှေ လှော်ပုံ တစ်မျိုးပဲ။ The way the Intha paddle a boat is extraordinary. • ဘုရားကြီးနားမှာ ဘုရားရုပ်ပွား တော် ထုနေပုံ သွားကြည့်ကြမယ်။ We are going to watch them carving Buddha images near the Great Pagoda. • သူကလည်း အိမ်ထောင်သည်၊ ကိုယ်ကလည်း အိမ်ထောင်သည် ခက်လိုက်ပုံများ။ One of the pair was a married man and the other was a married woman: what a muddle they got themselves into.

(b) picture, appearance of V-ing; seem to, appear to V; *cf V–ဟန်; especially frequent in two combinations meaning "seem to V": V–ပုံ ပေါ်– ("appearance of V-ing emerges") and V–ပုံ ရ– ("one gets an appearance of V-ing");* • ဟင်္သာဖို ဟင်္သာမ သောင်ပေါ် နားနေပုံ ဆွဲထားတယ်။ He drew a picture of a male and female hamsa goose resting on a sandbank. • ဒီနေ့ ဆရာ တော်တော် နေမကောင်းပုံ ပေါ်တယ်။ Saya seems quite unwell today. • သူတို့ ဟိုမှာ တော်တော် ပျော်ပုံ ရတယ်။ They seem to have enjoyed themselves there quite a lot. • မြိုင်ကို အမေ နည်းနည်း ရှက်ပုံ ရသည်။ It seemed as if Myaing's mother was a bit ashamed of her.

ပုံ 3 *also* ပုံစံ၊ ပုံစံမျိုး (VA~) ⇒ **appearance of V, as if V, sort of V;** *noun "manner", perhaps in process of becoming a stc fin phr ptcl; CB+FB; cf* သဘော *"as it were";* • မသမာမှု လုပ်ကြမယ့်လူတွေ မဟုတ်မှန်း သိလို့ ထသွားတဲ့ပုံစံ။ It was as if they had got up and left knowing that (the others) were not the sort to enagage in unlawful activities. • ခါးလေးကို သည့်ထက် ကုန်းလိုက်ဦး၊ ကုန်းလိုက်ဦး။ အားစိုက် ဆွဲလာတဲ့ ပုံစံမျိုး။ Bend your back a bit more. Bend more! As if you were using all your strength to move (the boat) (photographer to subject). • တစ်စုံတစ်ရာကို မသိမသာ ရှာဖွေနေသည့် ပုံစံမျိုး ဖြစ်သော် လည်း။ Although he looked as if he were furtively searching for something.

ပျော်– (V~–) ⇒ **to V adequately, reasonably, to give satisfaction in V-ing;** *vb mod, CB+FB;* • ကား မဆိုးပါဘူး။ ကြည့်ပျော်ပါတယ်။ The film's not too bad. It's worth seeing. • ဒါလေးသာ ရှိမယ်ဆိုရင် ရမယ်ဆိုရင် ခင်မိုးတို့ လောကကြီးမှာ နေပျော်ပါပြီ။ If only she could have that much, acquire that much, the world would be a good place for KM to live in. • အိမ်က စိတ်ကြိုက် မဟုတ်တဲ့ နေပျော်ပါ တယ်။ The house isn't exactly what we wanted, but it's livable in. • ရန်ကုန် ရောက်သွားရင် သေပျော်ပြီ ထင်နေတာ။ I thought if I'd been to Yangon I could die in peace. • ကြည့်ပျော်ရှုပျော် လူတစ်ဦး။ A man of personable appearance.

ပြ– (V~–) ⇒ **show how to V, V towards sn, for sn;** *indicates the presence of a listener or observer towards whom the action is directed, hence may often require a pronoun in English translation; vb mod, CB+FB; not voiced; negative form usually V–မ~, sts မ–V~;* • ဗမာလုံချည် ဝတ်နည်း ဝတ်ပြရတယ်။ I had to show him how to put on a Burmese lon-gyi. • အုန်းသီး မခြစ်တတ်တော့ အဖွား ကြီးကို ခြစ်ပြခိုင်းရတယ်။ As I didn't know how to scrape a coconut, I had to ask the old lady to show me how to do it. • အောက်ပါ ဝါကျ ဖတ်ပြပါ။ Read out the following sentence. • အခြေအနေ ရှင်းပြပါအုံးမယ်။ I will explain the situation to you. • ယိုးဒယားသီချင်း အခု တီးပြလိမ့်မယ်။ They will now play us a Siamese tune. • ကျွန်တော်တို့ဘက် လှည့်ပြီး ပြုံးပြတယ်။ She turned towards us and smiled (at us). • ရွှေဝါသည် အမြီးကို လှုပ်ပြသည်။ Shwe Wa (the cat) waves his tail (at me).

ပြီ (V~) ⇒ **is V-ing (now), has (already) V-ed, is V-ed (by now);** *stc mkr, CB+FB; normally pron and sts written ပြီ in CB; sts weakened to /ပ/ in questions before လား: and လဲ။ This suffix indicates that the point of realisation or fulfilment has been reached in relation to a given time. Different translations are called for, according to the type of verb and the structure of the Burmese sentence. In questions* ပြီ *can be equated to English "yet", as in:* • ရောက်ပြီလား။ Is he here yet? Has he arrived yet? • ဆူပြီလား။ Is it boiling yet? Has it started boiling? *The equivalence is limited to this one sentence structure. In positive answers to such questions, Burmese can use* ပြီ *but English can't use "yet":* • ရောက်ပြီ။ He is here (now). He has arrived. • ဆူပြီ။ It is boiling (now). It has started boiling. *In negative answers, English can use "yet", but Burmese can't use* ပြီ*;* • မရောက်သေးပါဘူး။ He's not here yet. He has not arrived yet. • မဆူသေးပါဘူး။ It's not boiling yet. It has not yet started boiling. *For a more detailed description see Okell 1969 vol 2 p 383.*

• အမေ ပြန်ရောက်ပြီလား။ — ဟုတ်ကဲ့၊ ပြန်ရောက်ပါပြီ။ Has Mother arrived back yet? — Yes, she has. • ထမင်း ကျက်ပြီလား။ — မကျက်သေးပါဘူး။ Is the rice cooked yet? — No, not yet. • စာ ရေးပြီးပြီလား။ — ရေး မပြီးသေးပါဘူး။ Have you written the letter? — I haven't finished writing it yet. • အသက် ဘယ်လောက် ရှိပြီလဲ။ — သုံးဆယ့်ငါးနှစ် ရှိပြီ။ How old is he (now)? — He is 35 years old (now). • လေးနာရီ ထိုးပြီလား။ — ဟုတ်ကဲ့၊ လေးနာရီ ရှိပါပြီ။ Is it four o'clock yet? — Yes, it is four o'clock (now). • မိုး ရွာနေပါပြီ။ It is raining *(now: implying that it was not raining before; contrast* မိုး ရွာနေပါတယ် *"It is raining", where there is no reference to the preceding situation).* • အတန်ငယ် မှောင်လာပြီ ဖြစ်သဖြင့် အိပ်ရာခေါင်းရင်းမှ မီးခလုတ်ကို စမ်း၍ ဖွင့်လိုက်သည်။ Since it had become quite dark he felt for the light switch at the head of the bed and put it on. • အစ်ကိုအောင်တို့၏ အိမ်ထောင်သက် ငါးနှစ်ခန့် ရှိပြီ ဖြစ်သော်လည်း မရီးဖြစ်သူနှင့် တစ်ခါမျှ စကားလက်ဆုံ မကျဖူးသေးပေ။ Although his brother Aung (and his wife) had been married for about five years now he had never once yet had a good chat with his sister-in-law. • ဖမ်းထားသူများ လွတ်ကြပြီလား။ Are the arrested persons free now? Have the detainees been freed yet? • ဗမာစကား တော်တော် တတ်လာပြီနော်။ You've (already) learned quite a lot of Burmese, haven't you? • ကလေးငယ် ရှစ်ဦး အိပ်နေကြစဉ် (ပုံ ၁မှာ) အစွန်ဆုံး တစ်ဦးက စငိုသည်။ ဒုတိယပုံတွင် သုံးဦး ငိုပြီ။ Eight babies are sleeping (in a strip cartoon). In picture 1 the baby at the end starts to cry. In the second picture three of them are crying. • ၄၉ခုနှစ်တုန်းက လွတ်လပ်ရေး ရပြီ။ We already had Independence in '49. • တည့်တည့် သွားပါ၊ အိမ်လေးငါးလုံးလောက် ကျော်ရင် ရောက်ပြီ။ Go straight ahead. When you have passed 4 or 5 houses you're there (you will have arrived). • သွားပြီ။ အိုးထဲမှ အဆီအနှစ်ကလေးများကို ခြစ်ယူခဲ့သမျှတော့ ကုန်ပြီ။ That had done it! All the gravy juices that she had scraped up from the cooking pot were gone (leaked away out of her overturned lunch box).

Note that there may be differences between V–ပြီ with and without certain verb modifiers: • အိမ်ရောင်းပြီလား။ Have you started selling your house yet? Is your house on the market? *vs* အိမ် ရောင်းလိုက်ပြီလား။ Have you sold off your house yet? Is your house now sold?

Negative မ V–ပြီ *occurs rarely in CB but is used in FB, where it is the equivalent of CB* မ V*တော့ဘူး no longer V:* • အခြားနည်း မရှိပြီ *or* အခြားနည်း မရှိတော့ပြီ *or* အခြားနည်း မရှိတော့ပါ။ There was no other way. • ငါ မပြောလိုပြီ။ I don't want to tell you any more, to continue the story. • ယခုတော့ အမေအားကိုးရာ အဖေ သည်လည်း မရှိတော့ပြီ။ But now her father, who had been such a support to her mother, was no longer alive.

ပြီး– 1 (V~-) ⇒ (a) to finish, to complete V-ing; *vb mod, CB+FB; in CB usually pron and sts written* ပီး၊ *the main verb may optionally be followed by* လို့ *in CB or* ၍ *in FB; the duration and then the completion of the activity is the focus of interest; negative form usually V–မ~; pron without voicing;* • ငါ့စာအုပ် ဖတ်(လို့) ပြီးပြီလား။ – ဟုတ်ကဲ့၊ (ဖတ်)ပြီးပါပြီ။ Have you finished reading my book? — Yes, I have. • မနက်ဖန် ကျမှ ဖတ်(လို့) ပြီးမယ်။ I won't finish reading it till tomorrow. • ထိုစာအုပ်ကို ဖတ်၍ပြီးမှ ဤစာအုပ် ဆက်ဖတ်ပါ။ Go on to read this book only when you have finished reading that one. • ပိုက်ဆံ တော်တော် များများ ရှိပီးတဲ့အခါမှာမှ။ Only when I have got (finished getting) a fair amount of money.

(b) to have V-ed, have already V-ed; *at end of sentence; mostly in pattern V–ပြီးပြီ; rarely preceded by optional* လို့ *or* ၍*; the prior occurrence of the event is the focus of interest;* • ကိုးနာရီ ထိုးပြီးပါပြီ။ Nine o'clock has struck. It is after nine o'clock. • အဲဒီကား ကြည့်ပြီးပြီလား။ – ကြည့်ပြီးပါပြီ *or* မကြည့်ရသေးပါဘူး။ Have you seen that film (yet)? — Yes, I have *or* No, I haven't. • ထမင်း စားပီးပီလား။ – မစားရသေးပါဘူး။ Have you eaten yet? — No, not yet. • အိမ်ပြန် ရောက်ပြီးတဲ့အခါ။ After they had got back home.

(c) *emphasising prior occurrence of V;* *mid sentence, followed by a subordinate clause marker etc meaning "when, after" etc, the combination often being close in function to V–ပြီး subordinate clause marker qv;* • အင်္ကျီ အပ်**ပြီးသောအခါ** အေးမိစံသည် ... သူ့နေရာသို့ ပြန်လာခဲ့လေသည်။ After she had handed over the *eingyi* AMS went back to her place. • ဆုံးရှုံး**ပြီးတဲ့အခါ** လွတ်လပ်ရေး ဘာဖြစ်လို့ ပြန်ရခဲ့သလဲ။ After having lost our independence, why was it that we regained it? • ကားပေါ်က ဆင်း**ပြီးလျှင်** ကျောင်းထဲသို့ ဝင်သည် *FB = CB* ကားပေါ်က ဆင်း**ပြီးရင်** ကျောင်းထဲ ဝင်တယ် *or CB* ကားပေါ်က ဆင်း**ပြီးတော့** ကျောင်းထဲ ဝင်တယ်။ When they had got off the bus they went into the school. *Note the difference between V–ပြီးတော့ in this use (= FB V–ပြီးလျှင်) and its use with pre-verbs (= FB V–၍): see under* ပြီး *2 "after V-ing";* • ဝိုင်း၍ ဖမ်းဆီးကြ**ပြီးသော်** ဘုရင်ကြီး၏ ရှေ့တော်သို့ သွင်းလိုက်ကြလေ၏။ They surrounded and captured him and presented him to the king. • ဤအမိန့်ကို ထုတ်**ပြီး၍** ဘာမျှ မကြာသေးခင်။ Shortly after having issued the order. • ညစာ စား**ပြီးနောက်** သူတို့ စကားပြောနေကြသည်။ That day after having eaten supper, they stayed talking.

• ပင်စင်ယူ**ပြီးမှ** အေးအေးဆေးဆေး နေမည်ဟု စိတ်ကူးရှိသည်။ He was planning to live an easy life after retiring. • ခု မိတ္တူစာတက် လုပ်**ပြီးပြီးချင်း** ပြန်ပို့။ Send it back to me as soon as you've made the photostat. • စစ်မြင်းဖြူကြီးကို **စီးပြီးကာ** ... တရကြမ်း ဝင်၍ တိုက်လေ၏။ Riding a great white warhorse, he launched a furious attack. • လက်ထပ်**ပြီးစ** သူတို့ မန္တလေးမှာ သွားနေသည်။ They went to live in Mandalay soon after they married.

ပြီး 2 *and* **ပြီးတော့ (V~) ⇒ after V-ing, having V-ed, V¹ and then V², V¹ and V²;** *sub cls mkr, mainly CB; cf FB ကာ၊ ရာ၊ လျက်၊ ၍; in CB usually pron and sts written ပီး၊ not with negated verbs, but see မ–V–ဘဲ; V¹ usually has the same subject as V², but not invariably;* • နာရီ သော့ ပေးပြီး စားပွဲပေါ် တင်ထားတယ်။ After winding up the clock he put it on the table. • နေဟာ အရှေ့က ထွက်ပြီးတော့ အနောက်ကို ဝင်တယ်။ The sun rises in the east and sets in the west. • ဘုရားဖူးတွေ ဇရပ်မှာ ခဏ နားပြီးတော့ ဘုရားဆီကို ခရီးဆက်ကြတယ်။ The pilgrims rested in the *zayat* for a while and then continued their journey towards the pagoda. • ဘယ်အချိန်ကတည်းက ထိုင်ပြီး နားထောင်နေသည် မသိ။ He didn't know from what time they had been sitting and listening (to his conversation). • ချစ်ခင်ကြင်နာပြီး တည်ကြည်တဲ့စိတ်ထား။ An attitude of affection and stability. • ပေါင်မုန့်ဟာ နီပြီး ကြွပ်နေမယ်။ The bread will be red and crisp. • အရင်ဆုံး ပြီးပြီး မှန်သူကို "အလွန့်အလွန် ကောင်းသည်"ဟု ... မှတ်ချက် ပေး၏။ The pupil who finished first and had the correct answer was awarded the comment "Excellent".

With different subjects: • ဒေါ်အေးအေးရွှေက မန္တလေးဆရာအတတ်သင်သိပ္ပံကို သမိုင်းဌာနမှူးအဖြစ် ပြောင်းရပြီး ကျမက မန္တလေးတက္ကသိုလ် အင်္ဂလိပ်စာဌာနကို နည်းပြအဖြစ် ပြောင်းရတော့ ဒေါ်အေးရွှေနဲ့လဲ မတွေ့ဖြစ်ကြပါဘူး။ Daw AAS has been transferred to the Teacher Training College in Mandalay, and I have moved to the Dept of English in Mandalay University, so we don't see each other. • အဘ အကြံတစ်ခု ရပြီ။ သမီး ရည်ရွယ်ချက်လဲ မြောက်ပြီး အဘလဲ စိတ်ချမ်းသာမဲ့နည်း။ I've thought of a plan. It's a scheme that will enable you to do what you want and will give me peace of mind.

Pre-verbs often take ပြီး or its variant ပြီးတော့ in CB, corresponding in this environment to FB ၍; • အထဲ ဝင်ကြည့်တယ် = အထဲ ဝင်ပြီး ကြည့်တယ် = အထဲ ဝင်ပြီးတော့ ကြည့်တယ် = အထဲ ဝင်၍ ကြည့်သည်။ He went in and looked. • ဒီဟာ ပိုကြိုက်ပါတယ် = ပိုပြီး ကြိုက်ပါတယ် = ပိုပြီးတော့ ကြိုက်ပါတယ် = ပို၍ ကြိုက်ပါသည်။ I like this one more.

ပြီး 3 *and* **ပြီးသား (V~ N) ⇒ already V-ed;** *vb atrb mkr, CB+FB; in CB usually pron and sts written ပီး(သား); usually in the pattern V~ N (or V~သော N) or V~ ဖြစ်–;* • ထွန်ပြီး၊ သမန်ရပြီး လယ်များတွင် ပျိုး စိုက်သည်။ They plant seedlings in the fields which are already ploughed and with a tilth. • ကျက်ပြီးသား ထမင်း

ရှိတယ်ဟေ့။ There is some rice already cooked. • ကျွန်မကတော့ လက်မှတ် ဝယ်ပြီးသား(လူ)ပါ။ But I have (am one who has) already bought my tickets. • ထုတ်ပြီးသားဟာတွေတော့ ပြန်မထည့်နဲ့တော့။ But don't put back (the ones) you have already taken out. • ဒီမိုကရေစီတောင်းဆို ဆန္ဒပြမှုအရေးအခင်းတွင် အချို့ ပါဝင်ဆောင်ရွက်ခဲ့ကြပြီး ဖြစ်ပါသည်။ Some (are people who) have taken part in the pro-democracy demonstrations. • မိမိလက်ထဲမှာ စာရေးသူများရဲ့ သဘောတူညီ ချက် လက်မှတ်များ ရှိထားပြီး ဖြစ်ကြောင်း သိရှိရပြီး။ We learned that he already held in his hand the signed agreement made with the writers. • သူတို့ သိနှင့်ပြီး ဖြစ်ပေတော့မည်။ They will already have learnt about, be aware of this. • အလုပ်တစ်ဝက် ပြီးပြီးသား ဖြစ်သည်။ Half the job is already done. • သက် သေသာဓက ရှိနှင့်ပြီးသားသော လျှိုကလောင်အမည်နာမကစ္စများ။ Instances of secret pen names for which we already have examples. • ဆရာတော် (ကန်တော်လေး ဆိုတဲ့) နာမည် ရွေးပေးတဲ့ အချိန်မှာ "ကန်တော်ကြီး" ဆိုတာ ရှိနေပြီးသားလား။ – ရှိပါတယ်။ ရှိနေပြီးသား ဖြစ်ပါတယ်။ When the Sayadaw gave it the name "Small pool" was there already a "Large pool"? — Yes, there was. It already existed.

ပြီး **4** *in pattern* တစ်–N~ တစ်–N ⇒ **one N after another;** *CB+FB; truncated sub cls, from* ပြီးလျှင် *etc; in CB usually pron and sts written* ပီး။ • ရန်သူတို့ကို တစ်တပ်ပြီး တစ်တပ် ပျက်အောင် တိုက်ခိုက်ချိတက်သွားသည်။ They advanced attacking till one enemy unit after another was destroyed. • တစ်ခုပြီး တစ်ခု Bit by bit.

ပြီး **5** *see under* ပြီးတော့ *and then*

အပြီး (V~) ⇒ **on completion of V, after V;** *loc nn, CB+FB; in CB usually pron and sts written* အပီး။ • ကျွန်တော်သည် အလုပ်သင်ဆရာဝန်အဖြစ် တာဝန်ထမ်းဆောင် အပြီးတွင် ရွာကို ပြန်ရောက်သည်။ After having worked as a trainee doctor I got back to my village. • အဲဒီနေ့ တွေ့အပြီး တစ်ပတ်ခန့်အကြာမှာ။ About a week after I had met him on that day. • ဗိုလ်ချုပ်ကြီးနှင့်အဖွဲ့သည် တပ်မတော်သားများကို တွေ့ဆုံအားပေးအပြီး အနောက်မြောက်ပိုင်းသို့ သွားကြောင်း သိရှိရပေသည်။ We learned that after the General and his entourage had met and encouraged the soldiers, they went on to the NW area.

ပြီးတော့ *and variants* ပြီး၊ ပြီးလျှင်၊ ပြီးရင်၊ ပြီးမှ *etc* (~ Stc) ⇒ **and then, subsequently, afterwards; in addition, moreover;** *sub cls, CB+FB; compare V–*ပြီးတော့ *"V and then" sv* ပြီး *2; in CB usually pron and sts written* ပီးတော့; • ပြီးတော့ ဘာဖြစ်လဲ။ What happened then? • သည်နေ့ မြနှင့် မတွေ့ရ သေးသည်ကို သတိရကာ ထမင်းကို ကမန်းကတန်း စားလိုက်သည်။ ပြီးတော့ မြတို့ အိမ်ဘက်သို့ ကူးလာခဲ့လေသည်။ Remembering that he hadn't yet seen MN today, he ate his meal in a hurry. Then he set off towards MN's house. • အေးငြိမ်းထက် တစ်နှစ်သာ ယယ်သော်လည်း မြနက သေးကွေးလွန်း၍ အေးငြိမ်းကလည်း

ဖွံ့ထွား၍ သုံးလေးနှစ်ငယ်ဟန် ထင်ရသည်။ ပြီးတော့ မြနသည် အမြဲတမ်း ကပိုကရိ
နေတတ်သည်။ Although MN was only a year younger than EN, as MN was so
slight, and EN was so big and strong, you took her for a good three years
younger. On top of that, MN always looked untidy. • ခရီးကတော့ ထောက်၏။
ပြီး အထမ်းနှင့် ရောင်းသော ကောင်လေးတွေကလည်း ပေါလှပေရာ...။ It was slow
journey. On top of that there were crowds of boys lugging around goods
for sale. • မင်း ရွာကို ခဏပြန်ချင်ရင် ပြန်ပါ။ ပြီးရင် ပြန်လာခဲ့ပေါ့။ If you want to
go back to your village for while, go. Afterwards come back here. • သားရေ
အိတ်ကြီးကို စားပွဲပေါ် ပစ်တင်လိုက်၏။ ပြီးလျှင် ပက်လက်ကုလားထိုင် ရှိရာသို့ သွားကာ
ထိုင်ချလိုက်သည်။ She flung her bag on the table. Then she went over to the
easy chair and sat down. • မနွေက ခြင်းကို ဆွဲကာ ဘတ်စ်ကားပေါ် သွက်သွက်
လက်လက် တက်သည်ကို အံ့သြစွာ ကြည့်နေသေးသည်။ ပြီးမှ ဘတ်စ်ကား ခြေနင်းခုံကို
တွယ်တက်ရင်း လိုက်ပါလာသည်။ Ma N watched her in amazement as she
nimbly boarded the bus, carrying her basket. Then she too climbed onto
the platform and was carried along.

ပြီးမှ *see under* ပြီး*တော့* *and then, and* ပြီး *1 after V-ing*

ပြီးယင် *see under* ပြီး*တော့* *and then, and* ပြီး *1 after V-ing*

ပြီးရင် *see under* ပြီး*တော့* *and then, and* ပြီး *1 after V-ing*

ပြီးရင်း **(V~ V)** ⇒ **V more than before, V increasingly;** *sub cls mkr, CB+FB; in
CB usually pron and sts written* ပီးရင်း*,* • ဒီလို တဘက်က ရှိပြီးရင်း ပိုပြီးရှိရင်း
တဘက်ကလဲ မရှိတဲ့သူက မရှိပြီးရင်း ပိုပြီးမရှိရင်း ဆိုရင် လူထုမငြိမ်သက်မှုတွေက ဖြစ်ကို
ဖြစ်မှာပဲ။ In this way, if the haves acquire more and more, and the have-
nots have less and less, there are bound to be outbreaks of disorder. • ဒီလို
ပဲ လုပ်နေရင် မတရားမှုတွေက ဖြစ်ပြီးရင်း ဖြစ်မှာပဲ။ If they continue down this
road there will be more injustice than there is now. • တဲ့ပေါ်က လူတွေ တိုက်
ပေါ် ရောက်ပြီးရင်း ရောက်နေကြပြီ ဖြစ်၏။ More and more people are moving
from shacks to brick buildings.

ပြီးလျှင် *see under* ပြီး*တော့* *and then, and* ပြီး *1 after V-ing*

ပြီးသား *see under* ပြီး *3 already*

ပြု– **(V~–)** ⇒ **and so on, and suchlike;** *used after another verb to broaden the
meaning to include similar types of action; vb mod, CB+FB; cf V+rhyme* ကို*;*
• နှိုက်နှက်စမ်းပြုကြည့်လေသည်။ He rummaged and felt around (looking for
something in a drawerful of clothes). • ဆေးပစ္စည်း တင်ပြုထားသည့် စားပွဲ။ The
table on which he laid (and handled) his medical supplies. • မျက်စေ့ ဖွင့်
ကြည့်ခြင်း ပြုခြင်း မရှိတော့ပေ။ She no longer opened (or moved) her eyes.
• သားရယ်၊ မတော်တဆ လဲပြုပြီး ကျိုးပဲ့သွားမှုဖြင့်။ My son: just suppose you fell
over or something and broke an arm or a leg? • စီးကရက်အသောက်အပြု။

Smoking (and using) cigarettes. • ဖုန်းအသုံးအပြု နည်းပေသည်။ They made little use of the telephone.

ေပြး– (~V-) ⇒ **to run and V, go swiftly and V, V suddenly;** *comm pre-vb,* *CB+FB; from verb* ေပြး– *to run;* • လာမယ့်ဘေး ပြေးတွေ့ဝံ့တဲ့ သတ္တိမျိုး။ The kind of courage that speeds forward to meet a threat. • မြှားတံသည် လေးကြိုးမှ ပြေး ထွက်သွားပြီး။ The arrow sped from the bowstring. • ကျွန်တော့်မျက်စေ့ထဲတွင် ... လှည်းမောင်းသမားနှင့် နွားလှည်းကို ပြေးမြင်မိလေသည်။ In my mind's eye I suddenly saw the cart driver and his cart. • ငယ်ငယ်က ဘုဒလင်အနီးရှိ တွင်းတောင်ရွာသို့ အလည်သွားသည်ကို ပြေးသတိရမိလေသည်။ I suddenly remembered childhood visits to TT village near Budalin.

ပြင် 1 *or* အပြင် (N~, VA~) ⇒ **outside; besides, as well as, in addition to;** *loc* *nn, CB+FB; cf FB* အပ ; *opp* အထဲ၊ အတွင်း: *inside;* • မြို့ပြင်မှာ နေချင်ပါတယ်။ I want to live outside the town. • ပွဲရုံအပြင်ကနေ ကြည့်ကြတယ်။ They watched from outside the theatre tent. • ဒီအပြင် (ဒိပြင်) ဘာ ဝယ်စရာ ရှိသေးသလဲ။ What else (besides this) have you to buy? • ဒိပြင်လူတွေကို ဂရု မစိုက်ပါနဲ့။ Don't pay attention to other people. • ဒါ့အပြင် ပြဿနာတစ်ခု ပေါ်လာသေးတယ်။ As well as that another problem arose. • သူအပြင် လုပ်နိုင်သည့်လူ မရှိပါ။ There is no one besides him who can do it. • သန်းခေါင်အပြင် ညဉ့် မနက်။ The night is never darker than at midnight. • ကိုရင်ဝတ်နဲ့ ပြန်လာလေတော့ မနက်ရတဲ့အပြင် ကိုယ် တော်မြတ်ကို ဆွမ်းတော်တောင် ကပ်လိုက်ရသေးသက။ But when he came back all clad in the robes of a novice, not only could I not give him a beating (as I planned), but I had to present the noble fellow with his food!

ပြင် 2 *or* အပြင် (N~) ⇒ **surface; open space, expanse;** *comm elem cpd nn,* *CB+FB;* • မြေမျက်နှာပြင် face of the earth; ပင်လယ်ပြင် open sea; ကုန်းပြင်မြင့် plateau; အိပ်ရာအပြင်၌ အိပ်စေသည်။ Caused her to sleep upon a bed *(nissaya).*

ပြန်– 1 *or* ပြန်လည်– (~V-) ⇒ **to return to, resume V-ing; V over again, re-V;** **V back, V in return;** *comm pre-vb, CB+FB; cf* ထပ်–၊ ဆင့်–; *from verb* ပြန်– *to* *return; pron* /ပျန်လယ်/ ; • အတန်း ပြန်တက်နေကြရတယ်။ They had to attend class again. • ရပ်ရာကနေ ပြန်ထိုင်လိုက်တယ်။ He sat down again from his up-right position. • ပြန်ပြောပါအုံး။ Please say that again. • ဘယ်တုန်းက ပြန်ရောက် သလဲ။ When did you get back here? • အမေ ပြောသည့်ပုံကို ကျွန်မသမီးကို ပြန်လည်၍ပြောပြသည်။ I retold to my daughter the story told by my mother. • အကြွေ ပြန်အမ်းပါ။ Please give me change. • လူကြီးကို ပြန်မပြောနဲ့။ Don't an-swer back to your elders! • ရန်သူသည် ပြန်လည်၍ တိုက်ခိုက်၏။ *FB = CB* ရန်သူ ပြန်တိုက်တယ်။ The enemy counter-attacked.

Frequent in Burmese equivalents for English words that use "re-":
• ပြန်လည်တည်ဆောက်ရေး reconstruction, ပြန်လည်ထူထောင်ရေး rehabilitation, ပြန်လည်ဖွင့်လှစ်ခြင်း re-opening, ပြန်လည်ရှင်သန်ရေး re-awakening, etc.

ပြန်– 2 (V~-) ⇒ **go back to, resume V-ing, V again; V in turn** (of one action following upon another; often used when narrating a series of events); vb mod, CB+FB; meaning partly overlaps ပြန်– pre-verb; • မိုး ရွာနေပြန်ပြီ။ It's started raining again. • လာပြန်ပြီ။ There he goes again! (e.g. starting a familiar argument). • ပြောကြပြန်လေ၏။ They repeated it. • ပင်ပင်ပန်းပန်းနဲ့ ပြန် တပ်ပြီးတဲ့အခါ လေတိုက်လို့ ပြုတ်ကျပြန်ပါလေရော။ After I had gone to great trouble to fix it up again the wind blew and down it came again. • မာမီ ခေါင်းမူးပြန်ပလား။ Are you having another bout of giddiness, Mummy?

ပြန် 3 (N~) ⇒ **one who has returned from N, has been to N**; comm elem cpd nn, CB+FB; • တရုတ်ပြန် one returned from (who has been to) China; စစ်ပြန် one returned from the battlefront.

ပြန်ပြောင်း:– (~V-) ⇒ **to V over again, to re-run, work through V-ing**; comm pre-vb, CB+FB; • သူငယ်ချင်းများနှင့်အတူ အာရှတောင်ပိုင်းက တိုင်းပြည်များသို့ သွားကြ မည် စိတ်ကူးကြသည် ဟူ၍ ပြန်ပြောင်းသတိရသည်။ He recalled how he had planned to go with his friends to visit the countries of South Asia. • စိတ်ဒုက္ခ ရောက်ကြရသည်ဟု ပြန်ပြောင်းပြောပြသည်။ He recounted how sad they had felt. • မောင်စံရှားသည် ၎င်း၏ရှေ့တည့်တည့်မှ ရပ်လျက် အောက်ပါအဖြစ်အပျက်များကို ပြန်ပြောင်းပြောဆိုလေ၏။ Maung SS stood directly in front of him and related the following events.

ဖ formerly ဘ (N~) ⇒ **male, father**; nn mod, CB+FB; cf ဖခင် father; မိဘ parents; အဘ father; cf ဖို male, မ female; • ယောက်ဖ brother-in-law; ကြက်ဖ cockerel; မွေးဖ begetter, father.

ဖိ– formerly အိ (~V-) ⇒ **to V very much, a lot**; comm pre-vb, CB; cf သိပ်–၊ တယ်–၊ နင်း–၊ တွန်း–၊ လွတ်–; from verb ဖိ– to press down; • ဆေးလိပ် ဖိသောက် တယ်။ He was smoking a great deal. • အဲဒီဆိုင်မှာ ဖိတောင်းတယ်။ They ask tremendously high prices at that shop. • စိတ်ညစ်လို့ အလုပ်ကို ဖိလုပ်တယ်။ Because he is so miserable he's working like mad. • ဆေးသာ ဖိစားနေလို့ မဖြစ်ဘူး၊ အားကစားလဲ လုပ်အုံး။ You can't just take vast amounts of medicine. Do some sports as well.

ဖူး:– 1 formerly ဘူး: (V~-) **to have V-d before, have experience of V-ing, have ever V-ed**; vb mod, CB+FB; • ဗမာပြည် ရောက်ဖူးသလား။ — တစ်ခါမှ မရောက်ဖူး ဘူး။ Have you ever been to Burma? — No, never. • မီးရထား တစ်ခါမျှ မစီးဖူး ချေ။ He had never ridden in a train before. • ဤကိစ္စနှင့် ပတ်သက်၍ တစ်ခါမျှ မရေးခဲ့ဖူးပါ။ I have never before written concerning this matter, on this topic. • သူသည် ရေနစ်ဖူးသဖြင့် ရေနက်ထဲသို့ မဆင်းတော့။ As he had once nearly drowned (been submerged) he no longer went into deep water. • အရက်ဖြူ သောက်ကြည့်ဖူးချင်တယ်။ He wants to have tried drinking rice spirit — wants to have had a taste, had the experience. • ဒီမှာ ဒီတစ်ခါပဲ ဆုံဖူးတယ်နော်॥ This is the first time we have run into each other like this, isn't it?

ဖူး 2 see under ဘူး stc mkr for negative statements

ဖူး 3 see under စဖူး as never before

ဖော် formerly **တော်** in the pattern V–ဖော် ရ– ⇒ **to make the effort to V, care to V, take the trouble, bother to V;** sp hd nn with verb ရ–, CB+FB; • ငါက ဖိနပ်ဆိုင် သွားလည်ခိုက်မှာ သူ့အစ်မ၊ သူ့အမေ၊ သူ့အမျိုး တစ်ယောက်ယောက် ရှိနေပြီ ဆိုရင် နှုတ်ဆက်ဖော် မရ၊ ထိုင်ပါအုံးလား ပြောဖော် မရ၊ အ့ကြောင်ကြောင် ငေါင်းစင်းစင်း ဖြစ်ရပေါင်း များခဲ့ပြီ॥ When I went to the shoe shop, if her sister or mother or some relative were there, she never bothered to say Hallo, or to say Do sit down. Time and again I've just been left standing there like an idiot. • အိမ်က မောင်ညီမတွေက ဘာသတင်းမှ ရေးတော် မရပါ॥ My brothers and sisters back home never take the trouble to send me any news. • မနွေ့ကို သိသော ကျော်သူ့ သူငယ်ချင်း တစ်ယောက်က လက်ဖက်ရည်ဆိုင်ရှေ့မှာ ယောင်ချာချာ ဖြစ်နေသော မနွေ့ကို လာမေးဖော်ရ၍ တော်ပါသေးသည်॥ Ma Nwe was feeling lost in front of the café, when fortunately one of Kyaw Thu's friends who knew her was kind enough to come and talk to her. • ကြည့်၊ ဒီဖအေကြီးဟာ သားသမီးကို တစ်ချက် ကလေးမှ ဟန့်တားဖော်မရဘူး॥ Look at that! This old father can't be bothered to control his children in any way. • ဘာပဲဖြစ်ဖြစ် ကျွန်မ၏စိတ် အပြောင်းအလဲ ဖြစ်သွားအောင် စာရေးဖော်ရသော မိုချယ်ကို ကျေးဇူးတင်ပါသည်॥ Anyway, I was grateful to Moche who had been good enough to write and help me change my mind.

ဖို or **အဖို** formerly **(အ)ဘို** (N~) ⇒ **male N; one of a pair of opposites;** nn mod, CB+FB; cf ဖ male, မ female; • ဒေါင်းဖို peacock, cf ဒေါင်းမ peahen; ဒရယ်ဖို male deer; ထန်းဖို male palm tree; ဝတ်ဆံဖို stamen; ဓာတ်ဖို–ဓာတ်မ positive and negative electrical charges; စကားဖို–စကားမ compound word of which one member is formed artificially to accompany the other.

ဖို့ 1 or **အဖို့** formerly **(အ)ဘို့** (N~, N¹~ N²) ⇒ **for, intended for, for the sake of, as far as concerns;** nn mkr and nn atrb mkr, CB+FB; • အစ်ကိုကြီးသည် ညီ ငယ်ဖို့ ဖိနပ်တစ်ရန်စီ ဝယ်လာသည်॥ The elder brother bought a pair of sandals for each of his younger brothers. • သူ့ဖို့ ဟင်း နည်းနည်း ချန်ထားပါ॥ Leave a little curry for him. • ကျောင်း မှန်မှန် တက်သူတို့အဖို့ မည်သည့်စာမျှ မခက်ပါ॥ For those who attend school regularly no lesson is difficult. • ကျွန်တော့်အဖို့ ဒုက္ခ မခံစေချင်ဘူး॥ I don't want you to be inconvenienced on my account. • သူ့တို့ အဖို့ သေရေးရှင်ရေးပဲ မဟုတ်လား॥ For them it's a matter of life and death, isn't it?

ဖို့ 2 formerly **ဘို့** (V~, V~ N) ⇒ **(a) to V, in order to V, for V-ing;** sub cls mkr and vb atrb mkr, CB+FB; = FB ရန်; • ကျမင်တန်တွေ့ကို တိုက်ခိုက်ဖို့သာ လာတာ॥

They had only come to fight the KMTs. • သူသည် ငွေ စုဖို့ ဆုံးဖြတ်ထားလေပြီ။ He had now decided to save some money. • သောက်ဖို့ ရေ။ Water for drinking (cf သောက်ရေ drinking water). • ကြောင် အိပ်ဖို့ နေရာကိုလည်း သီးသန့် ထားပေးပါသည်။ And we set aside a special place for the cat to sleep in. • ဆရာ တော်က မောင်း ဖြုတ်ဖို့ ပြောတယ်။ The Abbott told me to take the gong down.

(b) variants ဖို့လို့၊ ဖို့အတွက်၊ ဖို့ရာ၊ ဖို့ရန်၊ ဖို့ရာအတွက်၊ ဖို့ရန်အတွက် *are all replaceable by* ဖို့, *though* ဖို့ရာ *and* ဖို့ရန် *often have a more noun-like status, suggesting "the matter of V-ing, something to be V-ed"; cf CB* စရာ *(less formal) and FB* ဘွယ်ရာ *(more formal);* • ပုဂံ သွားဖို့လို့ စီစဉ်ထားပြီးပြီလား။ Have you made arrangements to go to Pagan? • မှန်ကန်ပါကြောင်း ဝန်ခံဖို့အတွက် ကျွန်တော့်အတွက် ဝန်မလေးလှပါဘူး။ I had no problem with admitting that it was true. • စားဖို့အတွက်တော့ မပူရပါဘူး။ You need have no worries on the score of eating, of having enough to eat. • အိမ်မှာ စားဖို့သောက်ဖို့ရ မပြည့်စုံရတဲ့ အထဲမှာ။ As well as not having enough in the house to eat and drink. • PC တစ်လုံး ဝယ်ယူခြင်းမှာ သင် လုပ်ချင်သည့် အလုပ်လုပ်ဖို့၊ ကလေးများ ပျော်ရွှင်ဖို့၊ ကွန်ပျူတာဘက်တွင် နှံ့စပ်သူတစ်ယောက် ဖြစ်ဖို့ရာ ဝယ်ယူခြင်း ဖြစ်သည်။ Your purchase of a PC is to carry out some work you want to do, to entertain your children, or to enable you to acquire computer skills. • သင်ဟာ ဈေးဝယ်ဖို့ရာ အတွက် ယုဇနကို သွားတယ် ဆိုပါစို့။ Let's suppose you went to the Yuzana (shopping centre) to do some shopping. • ကျွတ်တို့ကလည်း သွေးစုတ်ဖို့ရာအတွက် အသင့်အနေအထားမှာ ပြင်ထားသည်။ The leeches put themselves on the alert to suck our blood. • တည်းခိုဖို့ရန် လက်မခံသည်က များလေသည်။ Their request to stay the night was often refused. • ပေါင်မုန့်ဟာ နီပြီး ကြွပ်လာရင် ... အစာ ကြော်ဖို့ရန် သင့်တယ်။ When the piece of bread goes brown and crisp, then (the oil) is ready for frying.

(c) common patterns: V–ဖို့ လို– ⇒ **to be necessary to V;** V–ဖို့ ရှိ– ⇒ **to have some V-ing to do;** V–ဖို့ ကောင်း:– ⇒ **to be proper to V, ought to V;** • အဝတ်လဲဖို့ မလိုပါဘူး။ There's no need to change your clothes. • ဈေးဝယ်ဖို့ အများကြီး ရှိသေးတယ်။ I still have a lot of shopping to do. • မလာနိုင်ရင်တော့ ဒို့ကို အသိပေးဖို့ ကောင်းတယ်။ If she can't come she should have let us know.

(d) optionally after a verb followed by certain verb modifiers, *namely* လွယ်– လောက်– အား:– နိုင်:– ကောင်း:– တန်– ထိုက်– အပ်– သင့်– ရဲ– ဝ့ံ– *qqv;* • သူတို့ လုပ်(ဖို့)အားမလား မသိဘူး။ I wonder if they'll be free to do it. • အဝတ် လျှော်(ဖို့)နိုင်းလိုက်တယ်။ She told me to wash the clothes. • မလုပ်လွယ်ဘူး။ လုပ်ဖို့ မလွယ်ဘူး။ It is not easy to do.

ဖို့အတွက်၊ ဖို့ရာ(အတွက်)၊ ဖို့ရန်(အတွက်)၊ ဖို့လို့ *see under* ဖို့ 2 to V
ဖို့ နေနေသာသာ *see under* နေနေသာသာ *far from*

ဖိုး *formerly* ဘိုး (N~) ⇒ **cost of N; worth N, to the value of N,** *where N is a price; comm elem cpd nn, CB+FB;* • ပန်းချီကားဖိုး the cost of the painting; ဆေးဖိုး cost of medicine; ချင်းငါးကျပ်ဖိုး five kyats' worth of ginger; ငါးကျပ်တန် တံဆိပ်ခေါင်း တစ်ရာဖိုး a hundred kyats' worth of five kyat stamps.

ဖက် *see under* ဘက် *direction*

ဖန် *formerly* ဘန် *sts* ပါ (V~ များ:–) ⇒ **to V many times, to have frequent experience of V-ing;** *sp hd nn with verb* များ:–, *CB+FB;* • ဈေးရောင်းဖန် များတော့ အေးမိစံ အတွေ့အကြုံတိုးလာ၏။ When she had been out selling a number of times, AMS gained some experience. • လှံတံများသည် ထိုးရဖန် များ၍ ကျိုးပဲ့ကုန်ကြသောအခါ။ When their spears were chipped and broken by frequent use. • "ဆရာဝန်ညွှန်ကြားချက်အတိုင်း သုံးစွဲပါ" ဟူသည့် စာတန်းကို မြင်တွေ့ ဖန်များလာရာမှ ဤ၀တ္ထုကို စိတ်ကူးရပါသည်။ It was after seeing the directive "Use according to your doctor's directions" many times that I had the idea for writing this story. • အတူစား အတူနေပါများတော့ ညီစွန်းကုန်ကြပါရော့လား။ They'd eat together and spend time together, and then they'd find they were hooked on each other!

ဖြင့် 1 *sts* ဖြင့်ရင် (Phr~) ⇒ **as for, as regards Phr;** *stc med phr ptcl, CB; cf CB* တော့, *FB* ကား: *fused from* ဖြစ်–+–ရင် *or* လျှင် *"if it is, if it were";* • သူပန်းချီကားကို ကြည့်ပြီး ဒီပုံကဖြင့် ဘုရားလူကြီး ဖြစ်လောက်တယ်။ ဒီလူဟာဖြင့် တကယ့်ကို သမ္မာသမတ် ရှိတဲ့ တရားသူကြီးရဲ့ ဥပမဲ။ Looking at his paintings (you could say) "As for this one, he could be a founder of a pagoda", and as for this person, he looks like a really wise judge. • ဒါဖြင့် *or* ဒါဖြင့်ရင်။ In that case, if that is so. • ကျွန်တော်ဖြင့် ဒီလို မဟုတ်ဘူး။ As for me, I wasn't like that. • ရှာဖြင့် မရှာရသေး ဘူး။ As for looking for it, I haven't had a chance yet. • စိတ်ထဲမှာဖြင့် ရူးနေပြီလို့ ထင်ပါတယ်။ I thought to myself, in my mind, I had gone mad. • ညနေစောင်းရင် ဖြင့် လောကနန္ဒာဆိပ်ကမ်းကပဲ ပုဂံနေဝင်ချိန်ကို ထပ်မံခံစားမှတ်တမ်းတင်ကြဖို့။ In late afternoon (we had decided) to enjoy and record the Pagan sunset again from the Lawkananda landing place. • ဆေးလိပ်ကိုတော့ဖြင့် သူ မသောက်ပဲ မနေနိုင်ဘူး။ As for tobacco, it was impossible for him not to smoke. • ခါတိုင်း အလေးချိန် စီးတဲ့ ထင်းရှူးသေတ္တာကလေးဟာ အခုတော့ဖြင့် ပေါ့နေတယ်လေ။ The little deal box that was usually so heavy was now no weight at all. • အရှင် မရှိသော လှေကလေးကိုဖြင့် စွဲမက်နေမိပြီ။ As for that little ownerless boat, he coveted it.

ဖြင့် 2 (N~) ⇒ **with, by means of (instrument); at the rate of (price); thanks to, as a result of; in the manner (adverbial);** *nn mkr, FB; cf* နှင့် *FB = CB* နဲ့; *not voiced; equivalent of Pali instrumentive case in nissaya translation (Okell 1965 p 200); see also* အနေဖြင့် *"as" sv* အနေ *and* ကြောင်းဖြင့် *"that" sv* ကြောင်း၊ *the meaning "with, by means of" is also carried by* အားဖြင့်

qv; • ခဲတံဖြင့် ရေးသည်။ They wrote in pencil. • နဖူးကို လက်ဝါးဖြင့် ရိုက်လိုက်၏။ He struck his forehead with the palm of his hand. • ဂျပန်တို့ အကူအညီဖြင့်။ With the help of the Japanese. • ငွေတစ်ရာဖြင့် သွားပေါင်သည်။ She went and pawned it for 100 kyats. • မင်းပြစ်မင်းဒဏ်ကို ကြောက်လန့်ခြင်းဖြင့် ဆောက်တည်ရာမရနိုင်လောက်အောင် စိတ်ချောက်ချားလာမိတော့သည်။ In fear of the penalties the authorities might impose, he became so nervous that he almost lost control. • ထို့နောက် ကိုင်းကိုင်း၊ ကိုင်းကိုင်းဖြင့် လျှောက်သွားလေသည်။ After that he walked off bent double. • အဘွားအိုသည် စိတ်ရှုတ်ထွေးသွားဟန်ဖြင့် ခေါင်းကုတ်ပြန်၏။ The old lady looked puzzled and scratched her head. • နောက်ပြန်လှည့်တော့မလို၊ ရှေ့ဆက်လှမ်းရမလိုဖြင့် ရတ်တရက် �’ဘာလုပ်ရမည်မသိ ဖြစ်နေဟန် ရှိသည်။ Undecided as to whether he should turn back or go ahead, he seemed not to know what he should do. • သို့ဖြင့်၊ ဤသို့ဖြင့်၊ သည်သို့ဖြင့်၊ ယင်းသို့ဖြင့်။ In this way. • ပါတိယာ။ ခွက်ဖြင့်။ ဥဒကံ၊ ရေကို။ အာဟရိတွာ၊ ဆောင်၍။ Taking water in (by means of) the cup *(nissaya).*

ဖြင့် **3 (V–သဖြင့်)** ⇒ **as, because, as a result of V-ing;** *sub stc mkr, FB;* • ရွာဦး ကျောင်း၌ လက်ရှိဘုန်းတော်ကြီး ပျံလွန်တော်မူသဖြင့် ရွာထဲက ဒကာဒကာမတို့သည် မိမိတို့ ကိုးကွယ်စရာ ကျောင်းတွင် ဘုန်းကြီး မရှိသဖြင့် နောက်ထပ် ကျောင်းထိုင်ဆရာတော်တစ်ပါး အလိုရှိ၍ လိုက်ရှာကြလေသည်။ As the current abbot of the village monastery had passed away there was no monk in the monastery the villagers supported, so they looked around for a replacement. • အုန်းမှုတ်ခွက် ရှာမတွေ့ သဖြင့် ဇောချွေးများကျလာလေသည်။ As he couldn't find the coconut shell cup he broke out in a cold sweat. • သေတ္တာက ထင်ထားသည်ထက် လေးသဖြင့် အိမ်ရှေ့ တံတားလေးနား မရောက်မီ ခေတ္တနားလိုက်ရသည်။ As the box was heavier than she thought, she rested a while before she reached the wall in front of the house. • နေကာမျက်မှန်ကြီးကို တပ်၍ထားသဖြင့် ဥမ္မာ့မျက်လုံးများကို မမြင်ရ။ Since Ohnma had put on a pair of sunglasses you couldn't see her eyes.

ဖြင့် **4 (N–သဖြင့်)** ⇒ **-ly;** *nn mkr, CB+FB; suffixed to a restricted set of adverbial expressions;* • အထူးသဖြင့် especially; စသဖြင့် etcetera; အစဉ်သဖြင့် continuously, all the time; မတရားသဖြင့် illegally, unreasonably.

ဖြင့် **5** *see under* အား:ဖြင့် *1 by means of, 2 by way of*

ဖြင့်ရင် *see under* ဖြင့် *1 as for*

ဖြစ်– **1 (Stc ~)** **it is Stc, it is a case of Stc;** *verb, CB+FB; this verb has many meanings (for a good list see MED sv). It is included here because one of the characteristics of FB is that it often uses* ဖြစ်– *where the equivalent sentence in CB does without. See the examples. For the pattern V–လိုက် သည် ဖြစ်ခြင်း see under* ဖြစ်ခြင်း *below.* • သူသည် ကျောင်းဆရာ ဖြစ်သည် *FB = CB* သူ ကျောင်းဆရာ။ He is a schoolteacher. • ဤစာတန်းသည် ရေသွင်းလုပ်ငန်း အကြောင်းကို ဖော်ပြသော စာတန်း ဖြစ်ပါသည် *FB = CB* ဒီစာတန်းက ရေသွင်းလုပ်ငန်း

အကြောင်းကို ဖေါ်ပြတဲ့ စာတန်းပါ။ This paper is a paper describing irrigation. • ဤ)ကား ပထမစိတ်ကူး ဖြစ်၏ *FB = CB* ဒါဟာ ပထမစိတ်ကူးပဲ။ This was the first (time I had the) idea. • ထိုကြောင့် ကျွန်တော့်ကိုယ်ကို ကျွန်တော် ငယ်ဖြူစာရေးဆရာဟု ခေါ်လိုက်ရခြင်း ဖြစ်ပါသည် *FB = CB* ဒါကြောင့် ကျွန်တော့်ကိုယ်ကို ကျွန်တော် ငယ်ဖြူ စာရေးဆရာလို့ ခေါ်လိုက်ရတာပါ။ It is for this reason that I have called myself a "life-long" writer (writing for over 40 years). • သိချင်လို့ အဲဒီလို စာရေးခြင်း ဖြစ်ပါတယ်။ It is because I want to know that I am writing this letter (*CB but slightly more formal letter-writing style*). • ဆွေးနွေးပွဲကို ဒီဇင်ဘာ ၁၀–ရက်နေ့အထိ ပြုလုပ်မည် ဖြစ်သည် *FB = CB* ဆွေးနွေးပွဲကို ဒီဇင်ဘာ ၁၀–ရက်နေ့အထိ ပြုလုပ်မှာပါ။ (It is the case that) the discussions will take place until the 10th December. *This use of* ဖြစ်– *is not negatable as it stands. Instead the sentence is negated by substituting* မဟုတ် "is not true": • သူသည် ကျောင်းဆရာ မဟုတ် *FB = CB* သူ ကျောင်းဆရာ မဟုတ်ဘူး။ He is not a schoolteacher. • ဆွေးနွေးပွဲကို ဒီဇင်ဘာလအထဲတွင် ပြုလုပ်မည် မဟုတ် *FB = CB* ဆွေးနွေးပွဲကို ဒီဇင်ဘာလထဲမှာ ပြုလုပ်မှာ မဟုတ်ပါဘူး။ The discussions will not take place in December. *Examples of FB use of* ဖြစ်– *in attributive and subordinate expressions:* • ဇနီး ဖြစ်သူအား ခေါ်လိုက်၏ *FB = CB* ဇနီးကို ခေါ်လိုက်တယ်။ He called the person who was his wife, he called his wife. • ဆိုက်ကား နင်းဘက်ဖြစ်သူ ကိုထွန်း *FB = CB* ဆိုက်ကား နင်းဘက် ကိုထွန်း။ His side-car mate, Ko Htun. • အမျိုးသမီးက ကား အမှတ်ကိုလည်း ပြောထားပြီး ဖြစ်၏ *FB = CB* အမျိုးသမီးက ကားအမှတ်ကိုလဲ ပြောထား ပြီးသားပဲ။ The woman had already told them the number of the car. • ယင်း ကိစ္စနှင့် ပတ်သက်၍ ပြီးဆုံးသွားခဲ့ပြီ ဖြစ်၍ အထူးပြောရန် မလိုအပ်တော့ပါ *FB = CB* အဲဒီကိစ္စနဲ့ ပတ်သက်လို့ ပြီးဆုံးသွားခဲ့ပြီမို့ အထူးပြောဖို့ မလိုတော့ပါဘူး။ As this matter is finished and done with, there is no further need to make especial mention of it. • ကျွန်တော် ငါးဖိုးအတွက် ဆုလပ် များစွာ ရမည် ဖြစ်၍ ငါးဖိုးထက်ဝက် သူအား ပေးမည်ဟု ကတိထားသည် *FB = CB* ကျွန်တော် ငါးဖိုးအတွက် ဆုလပ် များများ ရမှာမို့ ငါးဖိုးထက်ဝက် သူ့ကို ပေးမယ်လို့ ကတိထားတယ်။ As ("it was that") I would gain a big reward for the value of the fish, I promised to give him half. • နံနက် ၈–နာရီအချိန်တွင် ကျောင်းသားအားလုံး ရောက်ရှိပြီ ဖြစ်သဖြင့် ဘတ်စ်ကား သုံး–စီးဖြင့် ထွက်လာခဲ့ပါသည် *FB = CB* မနက် ၈–နာရီမှာ ကျောင်းသားအားလုံး ရောက်ပြီမို့ ဘတ်စ်ကားသုံး–စီးနဲ့ ထွက်လာခဲ့ပါတယ်။ At eight in the morning, since all the students had arrived by then, we set out in three buses. • ခရီးသည်မှာ စုစုပေါင်း ၆–ယောက် ဖြစ်သည်။ The passengers (who wanted the taxi) were six persons in all.

ဖြစ်– **2 (V~–)** ⇒ **(a) to be practicable to V, manage to V, V-ing comes about;** *vb mod, CB+FB;* • တစ်လလုံး အလုပ် ရှုပ်နေ၍ စာမရေးဖြစ်ခဲ့ပါ။ I haven't managed to write as I have been busy the whole month. • စီမံသည့်အတိုင်း မလုပ်ဖြစ်ခဲ့ချေ။ It didn't actually work out as planned. • ဒီဇင်ဘာ ၂၄–ရက်နေ့

ညမှာ ပျဉ်းမနားမြို့မှာ ဟောပြောရပါတယ်။ တစ်ပြည်လုံးမှာ အဲဒီစာပေဟောပြောပွဲ တစ်ခုပဲ လုပ်ဖြစ်ပါတယ်။ On December 24th in the evening I spoke in Pyinmana. This literary lecture was the only one that was actually held (this year) in the whole country. • ဓာတ်ဆီနဲ့မှ မီးလျှို့ဖြစ်မယ်။ You won't be able to set fire to it unless you use petrol. • လာဖြစ်အောင် လာခဲ့ပါ။ Make sure you come, don't fail to come.

(b) *used redundantly* *in some contexts, perhaps for stylistic effect:*
• ဆရာဆရာမများ၏ စေတနာကို ... မျက်နှာပေါ်မှာ ဖတ်ရလို့ ရခဲ့သဖြင့် ... ကြည်နူးနေဖြစ်ပါသည်။ The goodwill of the teachers was plain to see on their faces, and I felt moved by it. • အရင်းထဲမှ ရှုံးဖြစ်ကြလေတော့၏။ They lost some of their capital. • ဟိုနေ့ မြဝတီက လွှင့်နိုးနိုး သည်နေ့ မြဝတီက လွှင့်နိုးနိုးနဲ့ ကျွန်တော် နားစွင့်နေဖြစ်တယ်။ Thinking that Myawadi might start broadcasting any day now I kept my ear to the ground. • ဟိုတွဲသည်တွဲ လျှောက်ကြည့်နေဖြစ်သည်။ I wandered from carriage to carriage (to see what people were saying about the new train). • တီဗွီမှာ ပြတော့ ကြည့်လိုက်ဖြစ်သည်။ I saw the film when they showed it on TV. • ဒါကြောင့် ကျွန်တော်လည်း တည့်တည့်ပဲ မေးလိုက်ဖြစ်တယ်။ That's why I put the question straight out. • ပုဂ္ဂလိကဖွံ့ဖြိုးမှုသည် ... အကျိုး မယုတ်တန်ရာဟု တွေးဖြစ်ခဲ့သည်။ Private enterprise should not be so unsatisfactory, I thought to myself.

အဖြစ် (N~) ⇒ **as, in the status of, with the position of;** *nn mkr, CB+FB; often* အဖြစ်နဲ့ *CB =* FB အဖြစ်နှင့်၊ အဖြစ်ဖြင့်; *cf* အနေနဲ့; • မြို့ဝန်အဖြစ် ခန့်အပ်ခြင်း ခံရသည်။ He was appointed as myo-wun (governor of the town). • ဘုရားအဖြစ် မွေးဖွားရန် အချိန် တန်ပြီ။ It is time for me to born as a Buddha. • အင်္ဂလိပ်စာ ဆရာအဖြစ် အလုပ်လျှောက်မယ်။ He's going to apply for a post as a teacher of English. • သမီးက အပျို့မဂ္ဂဇင်းမှာ မော်ဒယ်(လ်)အဖြစ် စတင်ပါဝင်ခဲ့ပါတယ် ဦး။ မဂ္ဂဇင်းမျက်နှာဖုံးရှင်အဖြစ်နဲ့ ပါဝင်ခဲ့ပြီး တီဗွီကြော်ငြာသရုပ်ဆောင်လည်း လုပ်ဖူးခဲ့ပါတယ်။ My first appearance was as a model in Apyo magazine. Then I was a cover girl in a magazine, and I have acted in TV commercials. • မောင်ခိုင်မာ့ရဲ့ ကဗျာတွေကို စိုင်းထီးဆိုင်က သီချင်းအဖြစ်နဲ့ သီဆိုမယ်။ STS is to sing as songs some poems by Maung KM.

ဖြစ်ခြင်း *in pattern* **V–လိုက်တဲ့ ဖြစ်ခြင်း** *CB =* FB **V–လိုက်သည် ဖြစ်ခြင်း၊ V–လိုက်သည် ဖြစ်ခြင်း၊ V–လိုက်မည် ဖြစ်ခြင်း** *etc* ⇒ ***exclamatory and emphatic;*** *unclassified expression;* • ချမ်းလိုက်သည် ဖြစ်ခြင်း။ မေးကို ခိုက်ခိုက် တုန်နေ၏။ It was really cold. Even my jaw was chattering. • အကြည့်ရ ဆိုးလိုက်တဲ့ ဖြစ်ခြင်း ခင်ဗျာ၊ မပြောပါနဲ့တော့။ She was horrendous to behold. Please don't talk about it. • သည်ရဟူဒီကလဲ ခင်ဗျား ပိန်လိုက်တဲ့ ဖြစ်ခြင်း။ အရိုးချည်း ရှိရာတော့တာဘဲ။ This Jew was as emaciated as could be. He was nothing but bones. • ဟို ရောက်တော့ အောင်မယ် မြင်မကောင်းပါဘူး မောင်ရယ်။ မျက်စိတဘက်လပ်တွေ လာလိုက်

ကြတဲ့ ဖြစ်ခြင်း။ When we got there ... My Goodness, what a horrific sight. One eyed men had come in droves. • မှက်တွေကလည်း ပေါ်လိုက်သည့် ဖြစ်ခြင်း။ There was a positive plague of gnats. • အိမ်က ကလေးတွေ စားလိုက်မည့် ဖြစ်ခြင်း။ How the children back at home would wolf down (the leavings of the diners in the restaurant).

ဖြစ်စေ 1 *FB = CB* ဖြစ်ဖြစ် **(N¹~ N²~ *or* Stc¹~ Stc²~)** ⇒ **whether it be N¹ or N², whether Stc¹ or Stc²**; *parallel subordinate clauses;* • ဇာတ် ဖြစ်ဖြစ်၊ အငြိမ့် ဖြစ်ဖြစ် ပွဲတစ်ခုခုတော့ ငှားဖို့ ကောင်းတယ်။ You ought to hire some kind of a show, whether it be a zat or an anyeint. • မိန်းမ ဖြစ်စေ၊ ယောက်ျား ဖြစ်စေ လူတစ်ယောက်ယောက်ကို ခေါ်သွားရမည်။ You must take someone with you, whether a man or a woman. • အိမ်ထဲမှ ဇနီး၏အသံ ဖြစ်ဖြစ်၊ သားသမီးတစ်ယောက် ယောက်၏အသံ ဖြစ်ဖြစ် မကြားရသေးပါ။ He had not yet heard any voices from the house, whether his wife's or his children's. • တယောသံပဲ ဖြစ်ဖြစ်၊ စန္ဒရား သံပဲ ဖြစ်ဖြစ်၊ စောင်းသံပဲ ဖြစ်ဖြစ်၊ ဂစ်တာသံပဲ ဖြစ်ဖြစ် လူတွေ့ရဲ့ တင်းကျပ်ပိတ်လှောင်ဖိစီး နေတဲ့ စိတ်သောကကို ချုပ်ငြိမ်းစေတာပဲ။ Whether it be the sound of a violin, or a piano, or a harp, or a guitar, it cures the unhappiness that oppresses and confines us. • သူ လာသည် ဖြစ်စေ၊ မလာသည် ဖြစ်စေ ကျွန်တော် ရောက်အောင် လာမည်။ Whether he comes or not, I will be there. *Sentences like the preceding can also be expressed using repetition (mainly in CB):* သူ လာလာ မလာလာ ကျွန်တော် ရောက်အောင် လာမယ်။ • မိုးရွာသည် ဖြစ်စေ၊ နေပူသည် ဖြစ်စေ သူ စက်ဘီး စီးသွားလေ့ ရှိသည်။ Rain or shine, whatever the weather, he usually goes off on his bicycle (cf CB = မိုးရွာရွာ၊ နေပူပူ သူ စက်ဘီး စီးသွားလေ့ ရှိတယ်။). • စာရေးဆရာတွေ ဆိုလို့ရှိရင် စာရေးဆရာတွေ ရှိတော့သည် ဖြစ်စေ၊ မရှိတော့သည် ဖြစ်စေ၊ သူတို့ရဲ့ အရေးအသားတွေဟာ ကျွန်ခဲ့မှာပဲ။ In the case of writers, whether they are still alive or have passed away, their writings will remain with us.

ဖြစ်စေ 2 *FB = CB* ဖြစ်ဖြစ် **(interrogative N+ ~)** ⇒ **however, whatever, whenever etc;** *sub cls, CB+FB; CB also uses repeated verb in place of* ဖြစ်ဖြစ်; • မည်မျှပင် ကြိုးစားမည် ဖြစ်စေ ရာထူးတိုးမည် မဟုတ် *FB = CB* ဘယ်လောက်ပဲ ကြိုးစားကြိုးစား ရာထူးတိုးမှာ မဟုတ်ဘူး။ However hard he tries, he won't be promoted. • ဘယ်သူပဲ ဖြစ်ဖြစ်၊ တောင်သူလယ်သမားကြီးတွေပဲ ဖြစ်ဖြစ်၊ ဈေးရောင်းတဲ့ ဈေးသည်တွေပဲ ဖြစ်ဖြစ် အားလုံးဟာ တရားမျှတမှုကို လိုလားတာပဲ။ Whoever people may be, whether they are farmers or traders, they all want justice. • သည် စာကို ဘယ်သူဘဲ ရေးသည် ဖြစ်စေ ဘိုးမိုန့်နဲ့ သည်အချိန် သည်နာရီမှာ တွေ့ဖို့ ချိန်းတဲ့လူ ဖြစ်မယ် အမှန်ဘဲ။ Whoever may have written this letter, it must have been someone who wanted to meet PH at this time. • မည်သို့ပင် ဖြစ်စေ *FB = CB* ဘယ်လိုပဲ ဖြစ်ဖြစ်၊ ဘာပဲ ဖြစ်ဖြစ်။ Whatever happens, however it may be, anyway.

ဖြစ်ဖြစ် 1 (Phr~) ⇒ **Phr or something similar, or whatever is possible;** *sub cls, mainly CB;* • ရေခဲစိမ်ဘီယာတစ်ဗူးလောက် ဖြစ်ဖြစ် မော့သောက်ပစ်လိုက်ပေါ့။ Knock back a can of cold beer or something. • တစ်ဝက်ဈေးနဲ့ ဖြစ်ဖြစ် ပြန်ရောင်းခဲ့ပါ ဦးစောရွှေရယ်။ ကျွန်မ တစ်လနှစ်ဆယ် ဆပ်ပါ့မယ်။ Sell it back to me at half cost or something, U SS. I'll repay you K20 a month. • ဧကရိက ဖြစ်ဖြစ် အကူအညီတောင်းရမှာပဲ။ We'll have to ask someone to help — Ekari or whoever we can get. • လွှင့်ပစ်မယ်ဆိုရင် ဟောဒီဇရပ်တဝိုက် ဒါမှမဟုတ် ရေလယ်ဇရပ် တဝိုက် ဖြစ်ဖြစ်သာ လာပစ်လှည့်ပါမောင်။ If you're going to throw it away, then please come and throw it away near this *zayat* or near Ye-leh *zayat* or somewhere like that.

ဖြစ်ဖြစ် 2 *see under* ဖြစ်စေ *whether...or, and* ဖြစ်စေ *however*

ဖွယ် 1 *and* **ဖွယ်ရာ** *formerly* ဘွယ်(ရာ) **(V~, V~N)** ⇒ **(a) thing that can be V-ed, is to, has to be V-ed;** *sp hd nn and vb atrb mkr, mainly FB;* = CB *စရာ;* • ပွဲစားအကြောင်း သိကောင်းဖွယ်ရာများ ဖော်ပြခဲ့ပြီး ဖြစ်ပါတယ်။ I have now stated what needs to be known about brokers. • မိဖုရားကြီးကိုယ်တော်တိုင် ကြီးကြပ် ညွှန်ကြားပြီး စားဖွယ်သောက်ဖွယ်များကို စီမံပါတယ်။ The queen herself took charge of the arrangements for the food and drink. • ကြေကွဲဖွယ်ဇာတ်သိမ်း။ A tragic end to the story. • ဗဟုသုတဖြစ်ဖွယ် စာအုပ်။ An informative book, factual book. • ကျောင်းသို့ လှူဖွယ် ပစ္စည်းများကို ယူကာ လာကြလေသည်။ They brought with them items for donating to the monastery. • ပင်လယ်ပြင်နှင့် လှိုင်းတန်းကြီးကို ကြည့်ရသည်မှာ ခြောက်ခြားဖွယ် ကြေကွဲဖွယ် ဖြစ်၍ လာလေသည်။ Watching the expanse of the sea and its mighty waves became an unnerving and disturbing experience.

(b) in pattern V-ဖွယ် ကောင်း:- **to make one feel V, to generate feelings of V;** *with verbs of feeling, mental state, etc; cf V-*စရာ ကောင်း-; • နှစ်လိုဖွယ် လည်း ကောင်းရဲ့၊ စိတ်ဝင်စားဖွယ်လည်း ကောင်းရဲ့လို့သာ ဆိုလိုက်ချင်ပါတော့တယ်။ I just want to say it was both pleasing and interesting. • အလွန်ကြောက်မက်ဖွယ် ကောင်းသော ရုပ်ဆင်းသဏ္ဌာန်ကြီးဖြင့် ကိုယ်ထင်ပြလိုက်သည်။ He made himself visible in a terrifying form. • ပျော်ရွှင်ဖွယ်ရာလည်း ကောင်းလှသည်။ It was also a very happy occasion.

(c) in pattern V-ဖွယ် ရှိ- **there is a possibility of V, a need for V;** • မိတ် ဆွေများအဖြစ် လက်ခံနိုင်ဖွယ် မရှိပါဘူး။ There was no possibility of accepting them as allies. • ထိုညက ... ပျော်ကြည်ကြသည်မှာ ပြောဖွယ်ရာ မရှိ။ I need not say what an enjoyable time they had that night. • ထိုကဲ့သို့ ဖွင့်ထားပါက လာရောက်သောသူသည် သက်မကင်းဖြစ်ဖွယ် ရှိမည်။ If we were to leave the door open like that, anyone who comes along would be suspicious. • မောင်ကြီး လည်း ဆောင်ရွက်ဖွယ်ရှိသော ကိစ္စတို့ကို ဆောင်ရွက်နေလေ၏။ And Maung Gyi occupied himself with things he had to do.

ဖွယ် 2 *formerly* ဘွယ် **(N–သ~)** ⇒ **just like, in the manner of;** *nn mkr, CB+FB;* = *CB* N–လို; • သောကထွေထွေကို မေ့ကာ ရေထဲတွင် ငါးကြင်းမလေးသဖွယ် မြူးရွှနေလေ ပြီ။ Forgetting her various worries, she cavorted in the water like a little *ngagyin fish.* • ညီမလေးတစ်ယောက်သဖွယ် ဂရုတစိုက် ပြောလိုက်သည်။ He spoke to her caringly as though she were his younger sister. • မီးသားစုသဖွယ် ချစ်ခင် ရင်းနှီးကြပါတယ်။ (Our village) is warm and friendly, just like a family. • ခရု ရှည်ရှည် ချွန်ချွန်လေးများကို ရွေးကာ ကြီးစဉ်ငယ်လိုက် ဘယက်သဖွယ် သီပေးနေလိုက် သည်။ She picked out the long and pointed shells and arranged them by size, and then threaded them like a necklace.

ဖွယ် 3 *see under* စဖွယ် *such as to cause*

ဗျာ *and* **ဗျ** *or* **ဗျ** **(mostly Stc~)** ⇒ **Sir, Madam, term of address,** *used in addressing people or compelling their attention; appended appellative, CB; used by male speakers, to other males or to women; less courteous than* ခင်ဗျာ; *the short, creaky-tone form is more emphatic and peremptory;* • ဟုတ် တာပေါ့ဗျာ။ Of course it is, my good fellow. • *Also used alone with a rising intonation as a polite response meaning "I beg your pardon, What did you say?", or as an answer to hearing oneself called:* • အကိုရေ။ — ဗျာ။ Brother! — Yes?

ဗျို့ *and* **ဗျို့** **(mostly Stc~)** ⇒ **term of address,** *used in addressing people or compelling their attention; appended appellative, CB; used by male speakers, to other males or to women; more familiar than* ခင်ဗျာ; *the short, creaky-tone form is more emphatic and peremptory;* • ဖိုးသူတော်ကြီး ဖြစ်ပြီဗျို့။ I've turned into a darned pothudaw, everybody! • ကဲ ... ကျွပ်အရက်ဆိုင်ကို ပြန်လိုက်ဦးမယ်ဗျို့။ Right folks. I'm heading back to the liquor shop. *Frequent as a way of calling someone from a distance:* ဗျို့ ကိုသိန်းနိုင်။ Hey! Ko Thein Naing!

ဘ *see under* ဗ *male*

ဘိ– 1 (V~–) ⇒ **How V! emphatic;** *adds a sense of vividness or strong feeling to statement; vb mod, CB+FB; frequently with sentence marker omitted (compare other exclamatory expressions sv zero marker);* • လူကြီးမင်းများ အနေနဲ့ ကျွန်တော်နဲ့အတူ မျှဝေခံစားကြည့်စေချင်စမ်းလှပါဘိတော့တယ်။ How I wish you ladies and gentlemen could share my emotion! • ကျွန်တော့်ကို ကြိုဆိုသော လက်များကား အေးစက်လှဘိသည်။ How cold were the hands that greeted me! • တကယ်ပင် သူ့မျက်မှောက်မှာ မိခင်သည် အသက်ပျောက်နေဘိသကဲ့သို့ ဝမ်းနည်း ထိတ်လန့်နေသော အသွင်ကို ဆောင်သည်။ She looked as horrified as if her mother had really died before her eyes. • အဆုံးထားခဲ့သော ရတနာကို လက်ဝယ် ပြန်လည်ရရှိဘိသကဲ့သို့ ဆရာကြီး ဝမ်းသာအားတက်မိမည်မှာလည်း မုချပင် ဖြစ်သည်။ There is no doubt that Sayagyi would be as delighted as if he had recovered a precious gem that he had lost. • ဆရာတော် သယံတော်တွေကလဲ များလိုက် ပါဘိသနဲ့။ Oh! There were so many reverend abbots! • သည်အိမ်ကြီးက ကောင်းက ကောင်းပါဘိသနဲ့။ နောက်ဖေးမှာလဲ ၄က်ပျောပင်တွေက စိမ်းစိမ်းစိုစိုနဲ့ တယ်ပြီး သာယာတယ်။ What a splendid house it was! At the back there were banana trees flourishing — a really delightful place.

Examples without sentence marker: • ရယ်စရာ ကောင်းလိုက်ပါဘိ။ It was so funny! • အငယ်မလေးက တရှုပ်ရှုပ် ငိုစပြုသည်။ ဟင်း စိတ်ပျက်လိုက်ပါဘိတော့။ The younger one started to cry. Oh, it was so depressing! • သူအစ်မကြီးက အပေါက်က ဆိုးပါဘိနဲ့၊ ငါတော့ နည်းနည်းမှ မကြိုက်ဘူး။ Her sister looks so grim! I don't like her at all. • ယခုကဲ့သို့ စာရေးခြင်းအမှုကို ပြုရသည်မှာ အရသာ ရှိလှပါဘိ။ Being able to devote myself to writing like this is a great joy. • ကမ်းခြေနှင့် မျက်နှာချင်းဆိုင်နေသော သည်လိုအိမ်မျိုးကို မဆိုထားဘိ၊ ကားလမ်းမကြီး၏ အခြားတစ် ဘက်မှ အိမ်များတွင်ပင် ညဉ့်သည်များကို လက်ခံနေကြရသေးသည်။ It wasn't only ("don't mention") houses like this one that faced onto the beach: even the houses on the far side of the road were taking in guests. • ကြုံရတဲ့ ကြမ္မာ ရိုင်းကလည်း ဆိုးလိုက်ပါဘိတော့နယ်နော်။ What rotten luck he had! • ငါတို့သာ ရှုံးရမယ်ဆိုရင် ဒီလို သတ္တိပြပြီး အသေခံလိုက်ချင်စမ်းပါဘိ။ How I wish that we would have been able to die so bravely if we had been defeated.

ဘိ **2** *see under* ၈ *very much*

ဘာ **1 (a)** (~ *or* ~N) ⇒ **What? What N?**; *selective noun, mainly CB; cf FB* မည်သည့်အရာ *etc*; • ဘာ လုပ်ပေးရမလဲ။ What can I do for you? • သူ ဘာလုပ်တယ် မသိဘူး။ I don't know what he did. • ဘာအဓိပ္ပါယ် ရသလဲ။ What meaning does it have? • နိုင်ငံရေးဟာ ဘာလဲ။ What is politics?

(b) (N + ~) ⇒ **N and the like, N and so on, and all that**; *sts augmented to* ဘာ...ညာ; • ဆေးတွေ ဘာတွေ မပို့ပါနဲ့တော့။ Don't send any more medicines and the like. • အင်ဂျင်ဝိုင်က ဈေးတက်ပြန်ပြီလား ဘာလား ညာလား မေးတတ်တယ်။ Then he asks "Has the price of engine oil gone up?" and all that sort of stuff. • ထိုကျောင်းတွင် အစရိယပူဇော်ပွဲ၊ အားကစားကြေး၊ ဘာကြေး ညာကြေးတွေ ကောက်ပြီး။ In that school they collect for Teachers' Gifts, for sports sub-scriptions, this subscription, that subscription. • ကျကျနန ခေါင်းပေါင်းနဲ့ ဘာညာနဲ့ ထွက်လာကြတယ်။ They came out in fine style with *gaungbaungs* (headdresses) and all that. • တိုက်တွေ ဘာတွေ(ညာတွေ)လဲ မဆောက်နိုင်ပါဘူး။ And they can't build brick buildings and suchlike. • ကျွပ်သမီးကို ငါးထောင် တင်တောင်းမှ ပေးစားမယ်တော်တို့ ဘာတို့ပေါ့လေ။ (Saying) "I'll let you have my daughter in marriage only if you can pay me K5000, my good Sir" and all that. • ထောင်ထဲမှာ ဇိမ်နဲ့ နေရသလိုလို ဘာလိုလို (ညာလိုလို) ရေးထားပါတယ်။ They write to the effect that in prison they live in comfort and all that sort of thing. • ပြီးတော့ ဘာသံမကြား ညာသံမကြားနဲ့ ပြန်ဆို ရန်ကုန် ဆင်းချသွားကြတယ်။

And then, without any warning or anything, they suddenly shoot off down to Yangon. • ခုလို အဖွဲ့နဲ့ဆိုတော့ ပရိသတ်ရှေ့ထွက်ရမယ်၊ ဟိုဟိုဒီဒီ သွားလာရမယ်၊ အပေါင်းအသင်းများမယ် ဘာညာပေါ့များ။ Being (a performer) with a group like this, (they said) you'll have to appear on stage, you have to travel all over the place, you'll have to meet lots of people, and all that sort of stuff.

(c) (~sfx) ⇒ *English translation varies according to suffix;* • ဘာဖြစ်လို့ or ဘာပြုလို့ or ဘာလို့ why? ဘာကြောင့် why? for what cause? ဘာလုပ်ဖို့ or ဘာလုပ် why? for what purpose?

သာ **2** *with repetition "whatever, whichever": see under Repetition in the English entries*

ဘာညာ *"and such like": see under* သာ *what?*

ဘာမဆို *anything at all: see under* မဆို *whatever*

ဘာမှ *and* ဘာမျှ *with negated verb: not any: see under* မှ *4 even*

ဘေး *and* နံဘေး *(N~)* ⇒ **side of N, beside N;** *loc nn, CB+FB;* • လမ်းဘေးဈေးသည် များ။ Roadside vendors. • ရေတွင်းဘေးမှာ နှစ်ယောက်သား အေးအေးဆေးဆေး ထိုင်ရင်း။ The pair of them sitting comfortably beside the well. • ကျော်သူ့ဘေး မှာ ဝင်ထိုင်သည်။ She came and sat beside KT. • သူတို့ကားလေး မနွေတို့ဘေးမှ ဖြတ်တက်သွားသည်။ Their little car passed by Ma Nwe and her companion. • သဲသဲသည် ပေ့ါပါးရွှင်လန်းစွာဖြင့် ထား၏ဘေးမှာ ပါလာသည်။ Theh Theh came cheerfully alongside Hta. • ကျွန်တော့်နံဘေးမှာ ကပ်လျက် ကျော်သက်က ဂီတာတီးနေ သည်။ KT was sitting close beside me playing his guitar. • ဗိုလ်ဥတ္တမလမ်းနံဘေးက။ At the side of Bo Uttama Road.

ဘဲ **1** *or* ပဲ *sts in combination* ဘဲလျက် *or* ဘဲနဲ့ *(မ–V~)* ⇒ **without V-ing, in spite of V-ing, not V but ...;** *sub cls mkr, CB+FB; the spellings* ဘဲ *and* ပဲ *are both used, but* ဘဲ *is now officially approved;* • ပိုက်ဆံ မပေးဘဲနဲ့ ထွက်သွားတယ်။ He left without paying. • မပြိုင်ဘဲ ရှုံးလေသူ။ One who lost without competing. • ကားကို ဂရုမစိုက်ဘဲ ဇွတ်နင်းသွားသည်။ He paid no attention to the car but drove straight into it. • မဆာဘဲလျက် မုန့်ကို စားသည်။ He ate a snack although he wasn't hungry. • စည်းကမ်းဥပဒေ မဖောက်ဖျက်ပါဘဲ လူကြီးတစ်ယောက်က မကျေနပ်ရုံလေးဖြင့် အလုပ်ဖြုတ်ပစ်လေ...မရှိကြပါ။ They don't as a rule sack (employees) if there has been no infringement of the rules, merely on the whim of some dissatisfied manager.

Also used before verbs ဖြစ်– *and* ရှိ– *and* နေ– *adjectivally:* • ကား မရှိဘဲ ဖြစ်နေတယ်။ I am without a car at present. • စကား များနေရင် မီးရထား မမီပဲ နေလိမ့်မယ်။ If you keep on arguing you'll miss the train. • လျှောက်လဲရန် စကား လည်း စဉ်းစားမရနိုင်ပဲ ရှိနေပုံ ရ၏။ He seemed to be unable to think of a rejoinder. • ဒီကိစ္စနဲ့ ပတ်သက်လို့ ကျနော် မသိဘဲ ရှိနေပါသည်။ I don't at the moment know about this matter.

In pattern Phr–မှ မ–V–ဘဲ ⇒ He doesn't even … ! *exclamatory, CB;* • လိပ်စာမှ မသိဘဲ ဘယ် ရေးလို့ ဖြစ်မလဲ။ How could he possibly write to her without knowing her address? • ပိုက်ဆံမှ မပါဘဲ။ I didn't even have any money on me (so how could I possibly have bought some?) • လုပ်မှ မလုပ်ဖူးဘဲ။ He's never even done it before.

ဘဲ 2 *see under* ပဲ *really, indeed,* ပဲ *even, very*

ဘူး 1 *sts* **ဖူး (မ–V~) ⇒ *marks end of negative statement;*** *stc mkr, CB only; FB uses no marker in this position: CB* မဖြေဘူး *= FB* မဖြေ *"He didn't answer"; sts written* ဘု *in songs (see Creaky tone sentence final in the English entries); may be translated by English past, present or future tenses according to context;* • ဘုရားပေါ်မှာ ဖိနပ် မစီးရဘူး။ You mustn't wear shoes at a pagoda, i.e. when walking round a pagoda *(cf FB* ဖိနပ် မစီးရ *official sign displayed at entrance to some Burmese pagodas, sts with English translation "Foot-wearing prohibited").* • ဘုန်းကြီးကျောင်းဝင်းထဲ ကား မဝင်ရပါဘူး။ Cars can't go into the monastery compound *(cf FB* ယာဉ် မဝင်ရ *No entry for vehicles).* • ဆရာမက အမေရိကန် မဟုတ်ဘူးလား။ Teacher, you are American, aren't you? • မနက်ဖန် လာနိုင်မယ် မထင်ဘူး။ I don't think I can come tomorrow.

Note that ဘူး *in itself carries no negative meaning: it only marks the conclusion of a negative statement. It is not used in:*

(a) subordinate clauses : • မဖြေရင် if he doesn't answer; မဖြေနိုင်အောင် so that he won't be able to answer;

(b) verb attributes: • မဖြေတဲ့အခါ when he didn't answer; ဖြေလို့ မရတဲ့ မေးခွန်း an unanswerable question;

(c) questions ending in လဲ — • ဘာပြုလို့ မမေးသလဲ။ Why didn't you ask her? • ဘာကြောင့် မလုပ်ရသလဲ။ Why shouldn't he do it?

(d) statements ending in တာ — • မနေ့က အချိန် လုံးလုံး မရဘူး၊ ဒါကြောင့် မလာတာ။ Yesterday I had no time at all. That's why I didn't come.

(e) certain types of statement ending in မ–V–တယ်၊ *see under* တယ်။

ဘူး– 2 *see under* ဖူး– *ever before*

ဘော် *in the pattern V–ဘော် ရ– to V make the effort to V: see under* ဖော်

ဘို *and* **အဘို** *see under* (အ)ဖို *male*

ဘို့ *and* **အဘို့** *see under* (အ)ဖို့ *for,* ဖို့ *in order to*

ဘိုး *see under* ဖိုး *cost, worth, value*

ဘက် *sts* **ဖက် (N~) ⇒ direction, side, area;** *loc nn, CB+FB; pron /ဖက်/ after glottal stop;* • တောင်ဘက် the south; အတွင်းဘက် interior; ညဘက် night time; ဘယ်ဘက် သွားရမလဲ။ Which way should I go? ဆေးရုံဘက်မှ လာသည်။ (The bus) comes from the direction of the hospital.

In pattern N–ဟိုဘက်၊ N–ဒီဘက် ⇒ **the far side, the near side of N**: • မီးပွိုင့် ဟိုဘက် the far side of the traffic lights; လမ်းမဒီဘက် this side of the main road

ဘက် *sts* ဖက် (N~) ⇒ **(a) area of activity**; *comm elem cpd nn, CB+FB; pron* /ဖက်/ *after glottal stop*; • စစ်ဘက်ဆိုင်ရာ military affairs, military authority; ကွန်ပျူတာဘက်တွင် နှံ့စပ်သူတစ်ယောက် ဖြစ်ဖို့ရာ။ In order to become skilled in computing.

(b) companion, mate, fellow; • ကျောင်းနေဘက် schoolmate; ရဲဘက် comrade, mate; ဆိုက်ကားနင်းဘက် a fellow sidecar pedaller.

ဘန် *in the pattern* V–ဘန် များ:– *to V many times: see under* ဖန်

ဘယ် *and* အဘယ် (a) (~N) ⇒ **which N?**; *selective noun; the form* အဘယ် *is restricted to FB, while* ဘယ် *is used in both; cf the more formal FB* မည်သည် *etc*; • ဘယ်အခန်းမှာ နေချင်သလဲ။ Which room do you want to stay in? • ဘယ် သတင်းစာ ဖတ်တတ်သလဲ။ Which newspaper do you read? • ဘယ်အချိန် လာမယ် ထင်သလဲ။ What time do you think he's going to come?

(b) (~sfx) English translation varies according to sfx; • ဘယ်က (CB) where from? • ဘယ်မှာ (CB) where (at), in what place? • ဘယ်(ကို) (CB) where to? • ဘယ်တုန်းက (CB) when (past time)? • ဘယ်လောက် (CB = FB) ဘယ်မျှ၊ အဘယ်မျှ how much? • ဘယ်တော့ (CB = FB) ဘယ်သောအခါ when (future time)? • ဘယ်သူ (CB sts = FB) အဘယ်သူ who? • ဘယ်လို (CB = FB) ဘယ်သို့၊ ဘယ်ကဲ့သို့၊ အဘယ်သို့၊ အဘယ်ကဲ့သို့ how? what kind? • အဘယ်ကြောင့် (FB) for what reason?

(c) *in phrase* ဘယ်ကလာ *or* ဘယ်ကလာပြီး ⇒ **however V?** *("coming from where?")*; • ဟ ဒကာ၊ ဘယ်ကလာပြီး ဘုန်းကြီးက ဒီလို မတော်တရော် လုပ်ပမလဲဟ။ Hold on, my good man. However would a monk behave in such an improper way? • ဟဲ့၊ မီးမွှေးရအောင် ထင်းခြောက် ရှာပါဆို။ ထင်းတုံးကို ရေနဲ့ ပက်တော့ ဘယ်ကလာ မီးမွှေးလို့ ရဦးမှာလဲ။ Hey! I thought I told you to look for some dry wood to rekindle the fire? If you sprinkle water on the log how can you expect to get it to rekindle? • ဒီမြို့ဆိုတာ နယ်စွန်နယ်ဖျား၊ အရင်က ဘယ်ကလာ ဒါမျိုးတွေ လာပြတာ ရှိပါ့မလဲ။ This town was far away on the border. In the old days however would they have come and shown things like that (circus)?

(d) *in appropriate contexts* **and suchlike, and so on**, *sts augmented by* ညာ *(more commonly* ဘာ...ညာ၊ *see under* ဘာ): • "သုံးထောင်ဆိုရင် တော်ရော့ပေါ့ဗျာ၊ ကျွန်တော်တို့ကလဲ ခေတ်ကြပ်ကြီးမို့" ဘယ်လို ညာလို့နဲ့ ဈေးဆစ်နေကြသေးတယ်။ They try and bargain with you, saying "Surely K3000 would be quite enough. After all we are in a time when money is tight", and so on and so on.

အဘယ် *see under* ဘယ် *which?*

ဘယ်နှစ် or ဘယ်နှ (~N) ⇒ **how many Ns?** *selective noun, CB+FB; = FB မည်မျှ; pron /ဘယ်န/; • အုန်းသီး ဘယ်နှစ်လုံး ယူမှာလဲ။ How many coconuts are you going to have? • စောဘိုးချစ်နဲ့ ဟိုညက စပြီး ဘယ်နှစ်ကြိမ် တွေ့သလဲ။ How many times did you see SBC after that night? • ဒီနေ့ လာဖို့ဟာ ဘယ်နှစ်ယောက်လဲ အမေ။ How many are coming tonight, Mother? • အတတ်ပညာ ဘယ်နှစ်မျိုး ရှိပါသနည်း။ အဋ္ဌာရသ တဆဲ့ရှစ်မျိုး ရှိသည်။ How many skills are there? There are eighteen skills.*

ဘယ်မှ *and* ဘယ်မျှ *with negated verb: not any: see under* မ *even*

ဘွယ်(ရာ) *see under* ဖွယ်(ရာ) *that must be V-ed,* ဖွယ် *like*

မ **1** *or* အမ (N~) **female** *(with animate nouns);* **main, central** *(with inanimate nouns); nn mod, CB+FB;* • ဆရာမ woman teacher; စာရေးဆရာမ woman writer; နွားမ cow; ကြောင်မ she-cat; ဘုရင်မ reigning queen (in her own right, *opp* မိဘုရား queen consort); သူမ she *(used by some modern writers in place of standard* သူ*);* လမ်းမ main road, highway; မြို့မ capital, main city; ရိုးမ backbone; range of mountains; ပြည်မ Burma proper (excluding the hill regions); လက်မ thumb, inch.

Note. ကျားမ *may mean (a) tigress or (b) male and female, shortened from* ယောက်ျား: *and* မိန်းမ။ *These abbreviations are used on notices above public toilets etc:* ကျား: *for men and* မ *for women.*

မ– **2** (~V) ⇒ **not V;** *prefix used to negate verbs, CB+FB; when the verb is sentence final, and the sentence is a statement, CB follows it with suffix* ဘူး *qv, but FB either uses no suffix at all, or uses a verb modifier such as* ပါ၊ ပေ၊ ချေ *etc;* • ဤမြို့နယ်၌ စာမတတ်သူ မရှိ *FB = CB* ဒီမြို့နယ်မှာ စာမတတ်သူ မရှိဘူး။ There are no illiterates in this township. • စာရေးသူက ဂျပန်တို့ကို မယုံ။ The present writer did not trust the Japanese (FB = CB မယုံဘူး:). • ကိုယ့်ကိုယ်ကို မပြောင်းလဲဘဲနဲ့တော့ ပြင်ပအပြောင်းအလဲတွေ မမျှော်မှန်းပါနဲ့။ If you don't reform yourself, don't expect reforms outside you. • မလတ်မှာတော့ မပူနဲ့။ Don't be afraid that it won't be fresh. • လူ ကြားလို့ မကောင်းတဲ့ အလုပ်တွေ။ Actions that people should not hear about. • သူသာ သဲသဲနှင့် မဆုံဖြစ်ခဲ့လျှင် သည်ပြဿနာတွေ ပေါ်ပေါက်လာစရာအကြောင်း မရှိပေ။ If only he had never met TT these problems would never have come about.

In disyllabic compound verbs မ– *may precede the first element or the second or either or both, depending on the type of compound: ordinary compounds favour the pattern* မ–VV: မစဉ်းစား– not think over; မကျန်းမာ– not be healthy; မငြင်းဆန်– not refuse; *pre-verb compounds regularly follow the pattern* V–မ–V, *with the negation applying to both:* ပိုမပြောတော့– not say any more; ဆက်လက်မပြုလုပ်– not continue to do; လိုက်မပြ– not show round;

in compounds with verb modifiers some modifiers prefer one pattern, some the other, and some may take either: မသွားလို *FB = CB* မသွားချင်– not wish to go; မဝင်ရ– must not enter; လုပ်မပြီးသေး– not finished yet; မထခိုင်း– or ထမခိုင်း– not order to get up; စောင့်မနေ– or မစောင့်နေ– not wait; ဝယ်မပေး– or မဝယ်ပေး– not buy for sn;
verbs with both elements prefixed occur more commonly in non-final position and in FB: • မမွေ့မလျော် မပျော်မပါးပဲ အိပ်ပျော်လေ၏။ Taking no pleasure (in the music) he went to sleep. • မတွန့်မရွံ့သူ။ A person who does not flinch. • မရေမတွက်နိုင်အောင် ပေါများကြလေသည်။ They were so numerous as to be incalculable. • ဖခင်ကြီးနှင့် ... မခွဲမခွာဘဲ နေထိုင်လျက် ရှိ၏။ He remained with his father without leaving his side. • သူ့ကို ပြန်မပြောဝံ့မဆိုဝံ့အောင်လဲ ကြောက်ရွံ့နေရပါပြီ။ They are so frightened they dare not reply to him.
Some မ– *V expressions are used as nouns or adverbs, e.g.* • မသာ funeral ("not pleasant"); မစင် excrement ("not clean"); မကောင်းမှု deeds that are not good, evil deeds; မတရား လုပ်တယ် to act unjustly, illegally. • ကားကြပ်လို့ မနဲ (*or* မနည်း) တိုးစီးပြီး အိမ်ကို ပြန်ရတော့။ As she had to force her way strenuously ("not a little") into the crowded bus on her way home. • အင်မတန် ဝမ်းသာပါတယ်။ He was exceedingly pleased ("strength not matching"). • အချိန်မရွေး လာလည်ပါ။ Come and visit us any time ("time not selected"). • မကျန်းမမာ ဖြစ်သည်။ He became ill ("not well"). • ရွာနှင့် မလှမ်းမကမ်း၌။ Nearby, in the vicinity of the village. • အကြည့်တွင် တစ်မျိုး၊ မကြည့်တွင် တစ်မျိုး။ When watched, (he behaved) one way, when not watched (he behaved) another way.

မ– 3 *see under* မယ် *and* မည် *will V, stc mkrs*

မ–V–ခင် *see under* ခင် *before V-ing*

မ–V–တ–V ⇒ not fully V, moderately V; *prefixed sub cls mkr, CB+FB; induces creaky tone on first V where possible;* • မကောင်းတကောင်း moderately good; မပျော့တပျော် not entirely happy; မကျက်တကျက် half-cooked; မထိတထိ not quite touching; အသက်လေးဆယ် မပြည့်တပြည့် not quite 40 years old; ကွန်မြူနစ် လူမထွက်တထွက် a still wavering ex-Communist.

မ–V–နဲ့ *see under* နှင့် *don't V*

မ–V–နှင့် *see under* နှင့် *don't V*

မ–V–ပဲ *see under* ဘဲ *without V-ing*

မ–V–ဘဲ *see under* ဘဲ *without V-ing*

မ–V–ဖူး *see under* ဘူး *negative statement*

မ–V–ဘူး *see under* ဘူး *negative statement*

မ–V–မချင်း *see under* မချင်း *until*

မ–V–မီ *see under* ခင် *before V-ing*

မ–V–မှ၍ see under မှ၍ without V-ing
မ–V–ခင် see under ခင် before V-ing
မ–V–လင့် see under လင့် don't V
မ–VV–အောင် see under အောင် so that

မ–V¹V² V¹V² ⇒ **not fully V-ing**; sub cls mkr, CB+FB; V² is usually CB ချင် or FB လို "to want to"; sts followed by CB နဲ့ or FB နှင့် or ဖြင့်; • စက်ကိုလည်း မနှိုးချင်နှိုးချင်နှင့် နှိုးသည်။ He started the engine reluctantly. • ထဘီ မဝတ်တတ် ဝတ်တတ်နဲ့။ Barely able to wear a *longyi* successfully. • မလိုက်လိုလိုက်လိုနှင့် လိုက်ပါလာခဲ့လေ၏။ He came along with us, rather unwillingly. • မညှိပြာက ခေါင်း မညိတ်ချင်ညိတ်ချင် ညိတ်သည်။ Ma NP inclined her head unwillingly. • မညှိမြတို့ ဇနီးမောင်နှံက သဘော မတူချင်တူချင်ဖြင့် တူလိုက်သည်။ Ma NM and her husband grudgingly gave their consent.

မက (N~) ⇒ **not so few, not so little as N; more than N**; truncated sub cls, short for မကဘဲ etc, CB+FB; • မိဘမေတ္တာသည် မြင့်မိုရ်တောင်မက ကြီးမားလှသည်။ The love of parents (for their children) is greater than Mount Meru. • တပ်မ တော်၍ အမျိုးသားများသာမက အမျိုးသမီးများလည်း တာဝန် ထမ်းဆောင်ကြသည်။ Not only men but also women serve in the armed forces. • ရွာလည်း မက မြို့လည်း မကျသော နေရာ။ A place not as small as a village, but not quite a town. *Sts used without truncation, but still attributively:* • ဆရာသာ မကဘူး။ ကျောင်း သားတွေလဲ ပါသေးတယ်။ There weren't only teachers there, but pupils as well. • တစ်ခါတရံ နေ့ဝက် မကဘူး စောင့်ရတယ်။ Sometimes one has to wait more than half an day.

က– *is also used as a normal verb in full sentences, often rhetorical questions:* • အစည်းအဝေးကို လူငါးဆယ်လောက် တက်တယ် ထင်တယ်။ — မကဘူး၊ အနည်းဆုံး ရှစ်ဆယ်ကျော်လောက်။ About 50 people attended the meeting, I think. — No, more than that! At least 80. • ဈေးထဲက အိတ်တွေ ဘယ် ကမလဲ ပိတ်စတွေပါ ဝယ်ခဲ့တယ်။ She bought not only bags but cotton material as well from the market. • ဟာဗျာ ခင်ရဲတင် ဘယ် ကမလဲ။ အတူတူတောင် လျှောက်သွား နေကြတာ၊ ရုပ်ရှင်အတူတူကြည့်တယ်။ It's not just that they were friendly. They used to go out walking together. They went to the cinema together. • မညှိ ညာရဲ့ ဘာ ကမလဲခင်ဗျာ။ သည်စာဟာ လူတစ်ယောက်တဲ ရေးတဲ့စာ မဟုတ်ဘူးခင်ဗျ။ It's not just that (the letter) is uneven. This letter was not written by a single person.

မဆို CB = FB မဟူ (Phr ~) ⇒ **(what, which) not specified, any, whichever**; truncated sub cls, for မဆိုဘဲ etc, CB+FB; usually follows an interrogative word or a pair of alternatives; • ဘယ်သူမဆို ဝင်နိုင်ပါတယ်။ Anyone at all ("who not specified") can go in. • မည်သည့်ပြဿနာ မဟူ။ Any problem whatsoever. • ဟိုးရှေးရှေးတုန်းကလို့ အစချီပြီးပြောတဲ့ ရှေးစကားကို ကြီးငယ်မဟူ လူတိုင်းကြိုက်ကြ

တယ်။ Everyone whether young or old likes old stories that begin "Long, long ago". • ဆင်းရဲချမ်းသာမဟူ။ Both rich and poor alike, whether rich or poor. • ဘယ်ပုဂ္ဂိုလ် ဘယ်သတ္တဝါမဆို အချင်းချင်း ပေးကမ်းကြတာ ဒါနကြီးဘဲ။ If someone gives something to another, whatever person, whatever creature it may be, that is dana (charity). • ဆရာဘုန်းတော်ကြီး ပြုလုပ်သည်များကို ဘာမဆို လိုက်၍ အတုလုပ်လေ့ ရှိသော ကျောင်းသားနှစ်ယောက် ရှိလေ၏။ There were two pupils who used to copy whatever the Sayadaw did.

မဆိုထားနဲ့ *and variants* **(Phr ~)** ⇒ **don't mention, don't consider, not just, let alone;** *main clause; variants CB* မဆိုနဲ့၊ မဆိုထားနဲ့တော့၊ မဆိုထားပါနဲ့၊ *etc,* *FB* မဆိုထားနှင့်၊ မဆိုထားဘိ၊ မဆိုထားဘိဦး *etc;* • ညအခါ မဆိုထားဘိဦး။ နေ့အခါမှာ ပင်။ Not just at night, but even in the day. • သည်လိုအိမ်မျိုးကို မဆိုထားဘိ၊ ကားလမ်းမကြီး၏ အခြားတစ်ဘက်မှ အိမ်များတွင်ပင် ဧည့်သည်များကို လက်ခံနေကြရသေး သည်။ It didn't stop at houses like this one. They were also taking guests in the houses on the other side of the motor road. • လူတစ်ဖက်သားကို အကျိုး ယုတ်အရှက်ကွဲ ဖြစ်ဘို့ကို မဆိုထားနဲ့တော့၊ နာကြည်းအောင်တောင် ပြောတတ်တဲ့လူတစ် ယောက် မဟုတ်ပါဘူးရှင်။ Let alone causing injury or embarrassment to another person, this man would not even so much as say a harsh word. • အပူတွေကြားထဲမှာ အလုပ်လုပ်ရန် မဆိုနှင့် ခြေလှမ်းပင် မလှမ်းချင်အောင် နွမ်းနယ်ခဲ့ဖူး သည်။ In the heat we became so weak that we could barely bring ourselves to take another step, let alone do our work.

မဆိုထားဘိ *see under* မဆိုထားနဲ့ *not just*

မဆိုနဲ့ *see under* မဆိုထားနဲ့ *not just*

မချင်း (မ–V~) ⇒ **for as long as sth has not V-ed, not been V-ed, until V;** *sub cls mkr, CB+FB; cf V–*သည့်အထိ*;* • သူကဗျာ မပြီးမချင်း နေရာမှ မထဟု သန္နိဋ္ဌာန် ချပြီ။ Having made a resolution that he would not rise from his seat until his poem was completed. • မပြန်မချင်း ကျွန်တော်တို့ဆီမှာ တဲ့ပါလား။ Why not stay with us until you go back? • အိပ်မပျော်မချင်း အကုန်လုံး စဉ်းစားထားတယ်။ I thought it all out before I fell asleep. • အိမ်ထောင်သည်ဘဝ မရောက်မချင်း အပျိုရည်လူပျိုရည် မပျက် ရှိအပ်တယ်။ Until such time as they achieve married state, they should preserve their chastity unimpaired.

မတတ် (V~) ⇒ **almost V, up to the brink of V-ing;** *sub cls mkr, FB; also common in combination* လုမတတ်, *for which see under* လု*;* • မျက်ရည် ထွက် မတတ် မီးကို ကုန်းမှုတ်နေဆဲမှာ။ While she was bending over and blowing on the fire so hard that her eyes were almost watering. • နာမည်ရင်းများမှာ ပျောက်သွားမတတ် လူသိနည်းသွားသည်။ The real names (of some authors using pen names) were so little known that they virtually disappeared. • ဗိုလ်ချုပ် ဈေးရ၏ အလယ်ဗဟိုတည့်တည့်မှာ လမ်းကို ပိတ်ဆို့မတတ် ရပ်နေ၊ ထိုင်နေကြသော လူငယ်လေးတွေကို ရှောင်ရှားပြီး ရုံးထဲ ဝင်ခဲ့ရ၏။ We went to the office in Bogyok

Market, skirting round the young people who were standing and sitting right in the middle so as almost to block the way. • သူတို့နှင့် ပါလာသော လူရွယ်သည်လည်း လေယာဉ်ပျံရုံးသို့ ခြေတိုမတတ် သွားနေရလေသည်။ The youth they brought with them had to keep going to the airline office till he was almost worn out. • ကြက်သီးမွေးညင်းထမတတ် ကြည့်နူးလိုက်မိ၏။ We were so moved that we almost broke out in goose pimples.

မနဲ့ *see under* **ပေမဲ့** *although*

မနည်း *see under* **ထက်မနည်း** *not less than*

မရွေး: (N~) ⇒ **any N whatsoever, irrespective of N**; *truncated sub cls, from* မရွေးဘဲ, *CB+FB*; • ဆေးခန်းကို အချိန်မရွေး လာလို့ ရတယ်။ One can come to the clinic at any time. • နိုင်ငံရေး အခြေအနေမရွေး။ Irrespective of the political conditions. • ကျားမမရွေး။ Irrespective of sex, both male and female (short for ယောကျ်ားမိန်းမမရွေး).

မဟု *see under* **မဆို** *unspecified, any*

မိ– 1 (V~~) ⇒ **to V inadvertently, unintentionally, by mistake; to be unable to help feeling (emotion)**; *vb mod, CB+FB*; • သူ့ခြေထောက် သွားနင်းမိ တယ်။ He accidentally trod on her foot. • ကျွန်မ ထီး မှားပြီး ယူသွားမိတယ်။ She inadvertently walked off with my umbrella. • သူ့ကိုယ်သူ မှန်ထဲ ကြည့်မိသည်။ He found himself looking at himself in the mirror. • သူတို့ကလဲ ခုမှ (စကား ရိုင်းရိုင်း ပြောရရင်) ရေ မရှိတဲ့ တောထဲမှာ ချီးကိုင်မိသလို ဖြစ်နေတာပဲပေါ့။ As for them, they are now — to quote a crude proverb — like someone who has got shit on his hand in the jungle where there isn't any water (to wash it off). • သတိ ရမိသည်။ It came to mind. • သူ့ကို စ ချစ်မိတုန်းက။ When I first fell in love with her. • ရှာမတွေ့တော့ စိတ်တိုမိတယ်။ He gets irritated when he can't find them. • ပြုံးမိသည်။ I couldn't help smiling.

In the pattern V–မိ V–ရာ V ⇒ **to V wildly, incoherently**: • ပြောမိ ပြောရာ ပြောလိုက်သည်။ He rambled on (saying whatever he happened to say). • ဆွဲမိ ဆွဲရာ ဆွဲသည်။ To grab wildly at anything (clutch what one happens to clutch).

မိ 2 (V~) ⇒ **catch, be caught**; *comm elem cpd vb, usually indicating an achieved or completed process; CB+FB*; • စု– to collect together, save: စုမိ– to save; ဖမ်း– = ဖမ်းမိ– to catch, apprehend; ကာ– to shield; ကာမိ– to cover (expenses); မှတ်– to mark, note; မှတ်မိ– to remember; ရိပ်– to intimate, hint; ရိပ်မိ– to suss out, twig, discover; ခြုံ– to enclose, envelop; ခြုံမိ– grasp (idea), cover (all aspects).

မိမိ ⇒ **oneself, one's own**; *noun, mainly FB,* = *CB* ကိုယ်၊ ကိုယ့်; *in object position often* မိမိကိုယ်; *for a discussion of reflexives see Bradley 1995*; • လျှံဒါန်းသူရော မိမိပါ ကုသိုလ်ရအောင် ရည်ရွယ်လျက် မိမိကိုယ်တိုင် မသုံးဆောင်တော့ပဲ ဘုရားသို့ ...

ကပ်လျှုလိုက်လေတော့သည်။ With the intention of gaining merit both for the donor (of the food) and for himself, he didn't eat it himself, but made an offering of it to the Buddha image. • မိမိအမှု မိမိကို ပတ်တော့မည်ဟု သိသော ဦးသူတော်။ U TD realised that he was about to be trapped in his own scheme. • မိမိကိုယ်ကို ပါးနပ်သူဟု ထင်ပြီး။ Thinking that he (himself) was a smart fellow. • မည်သည့်ယောက်ျားကိုမျှ စေ့စေ့စပ်စပ်မကြည့်ပေ။ မိမိကိုယ်ကိုလည်း အကြည့်မခံပေ။ She didn't look for long at any man, and she didn't allow herself to be looked at. • သူတို့က ဥစ္စာရှင်ဆိုတော့ မိမိက နမြောနေဖို့ မသင့်။ Since they were the owners (she appreciated that) there was no need for her to feel regret. • သူက မိမိ တတ်ကျွမ်းသည့် ပညာဖြင့် ဖြောင့်မတ်စွာ လုပ်ကိုင်စားချင်သည်။ She wanted to make an honest living with the skills that she (herself) had acquired.

အီ *see under* **ခင်** *before V-ing*

အမီ (N~) ⇒ **in time for N**; *nn mkr, CB+FB; pron* /အမှိ/ ; • ခရစ္စမတ်အမီ လာမယ် ထင်တယ်နော်။ I suppose they'll come in time for Christmas, won't they? • ခြေထောက်နှစ်ချောင်းကို အချိန်အမီ ပြန်လည်ဆွဲစေ့ထားလိုက်ပါပြီ။ She pulled her legs back together in time.

မူ 1 (Phr~) ⇒ **as for Phr, however, on the other hand, but**; *stc med phr ptcl, FB, = CB* တော့; *cf FB* မူကား။ • ပလိကမ်းခြေသို့ ဧည့်သည်များ တဖွဲဖွဲ ရောက်လာစ ပြုပြီ။ အေးငြိမ်းတို့အိမ်သို့မူ တစ်ဦးမျှ မရောက်သေး။ Visitors had started trickling in to Ngapali, but AN's house had not had a single one. • အမေသည် အဖေနည်း တူ စကားပြောလျှင် ရခိုင်သံဝဲ၍ နေတော့သည်။ သံတွဲမြို့ပေါ်တွင် မွေးသော အေးငြိမ်းတို့က မူ စကား သိပ်မဝဲတော့။ မြန်မာသံဖြင့်ပင် ပြောကြဆိုကြလေသည်။ Her mother's speech was like her father's: she had an Arakanese accent. But AN and her sisters, who were born in Sandoway, didn't have much of an accent any more. They spoke standard Burmese. • ခပ်ဝေးဝေးတွင် လူတစ်ယောက် ညောင်ပင်ဆီသို့ ခပ်သုတ်သုတ် လာနေသည်ကို မြင်ရ၏။ လိုင်းကားကိုမူ မမြင်ရ။ Some way off she could see someone walking quickly towards the banyan tree. But of the bus there was no sign.

မူ 2 *or more frequently* **ပါမူ (V~)** ⇒ **if**; *sub cls mkr, FB, old-style, = FB* လျှင်, *CB* ရင်; • သနစ်သနာ၊ ဆင်ခြင်ပါမူ။ If you consider the circumstances. • လုံ့လဝိရိယ ကို ပင်စည်ပင်မအဖြစ်ဖြင့် အရင်းတည့်ပါမူ ပညာတည်းဟူသော အခက်ရှည်တို့ ပေါ်ထွက် ကြလိမ့်မည်။ If you start out with diligence as the trunk of your tree, then the branches that are wisdom will surely sprout forth. • အကယ်၍ ပြည့်ရှင် မင်းကြီးသည် တရားစောင့်ပါမူကား မြေကြီး၏အနှစ်သည် အရသာအဆီဩဇာတို့ တိုးတက် ကြလိမ့်မည်။ If the king of the country is righteous, then the fertility of the land will increase. • ရင်အုတ်ခဲမှာ မောင်စံရှား၏ဦးခေါင်းပေါ်သို့ ကျခဲ့ပါမူ ဈကန်မှုချ ပွဲချင်းပြီး သေဆုံးရမည် ဖြစ်ပေသည်။ If that brick had landed on Maung SS's head, he would certainly have died instantly. • အတွင်းမှ စောင့်ဆိုင်းနေမူ ထိုသူကို မိနိုင်မည်။ If we wait inside we shall be able to catch that person. • အဘယ့်ကြောင့်ဟူမူ။ If we ask Why ....

မူ 3 *see under စေကာမူ however*

မူ 4 *see under တော် sacred, royal or official status*

မူကား (Phr~) ⇒ as for Phr, however, on the other hand, but; *more strongly contrastive than မူ; stc med phr ptcl, FB, = CB တော့; cf FB ကား and rare variant တမူကား။* • အချို့မှာ ပြေးပွဲခုန်ပွဲများကိုပင် ပျော်ပျော်ရွှင်ရွှင် ကျင်းပလျက်ရှိ၍ အချို့မှာမူကား သူတို့၏ ဆံရှည်များကို ကြော့နေအောင် ဖြီးလျက် ရှိကြသောကြောင့်ပင် တည်း။ (Of brave soldiers on the eve of battle) some were happily holding athletics events, while others were combing their long hair till it shone. • ကိုင်းမူကား ချောင်းရိုးများပေါ်တွင် တည်ရှိလေရကား၊ မြို့ရွာတိုင်း၌ ကိုင်းများ မရှိချေ။ As for *kaing* (farmland), since it is situated in river beds, not all towns and villages have it. • ဆရာကြီးသည် ... ပို့၊ ကဗျာ၊ လင်္ကာ၊ ရာဇဝင်တို့ကို လေ့လာခဲ့သည်။ မန္တလေး ထီးကျိုးစည်ပေါက် ရာဇဝင်ကိုမူကား မျက်ဝါးထင်ထင် မြင်ခဲ့ရသူ ဖြစ်သည်။ Sayagyi studied pyo, kabya, linga and the chronicles. The history of the fall of Mandalay, however, was something he had witnessed with his own eyes. • ယခုသော်တမူကား။ Now however, ...

မူ၍ (မ–V~) ⇒ not V-ing, without V-ing; *sub cls, mainly FB; regular equivalent of Pali gerund of verbs with negative prefix a- in nissaya translation (Okell 1965 p 213):* • လျှော့ထားသည့် နှုန်းအတိုင်းပင် မပေးမူ၍။ Without even giving (prizes) in accordance with the reduced rate. • သစေ၊ အကယ်၍။ ပါတိံ၊ ခွက်ကို။ အဓောဝိတွာ၊ မဆေးမူ၍။ ဟတ္ထဓောဝနံ၊ လက်ဆေးရေကို။ အဒတွာ၊ မပေးမူ၍။ ဒဿတိ၊ ပေးလတ္တံ့။ If she gives me the bowl without washing it, and without offering water to wash my hands *(nissaya).*

မဲ့ 1 (N~) ⇒ lacking N, not having N, without N, N-less; *truncated vb atrb, short for မဲ့သော၊ မဲ့တဲ့ etc, CB+FB;* • မိဘမဲ့ ကလေး orphan, child without parents; တရားမဲ့ lawlessly, illegal; အိုးမဲ့အိမ်မဲ့ homeless; ကြောင့်ကြမဲ့ untroubled, without making any effort; အကြောင်းမဲ့ without cause, without reason; အကြောင်းမဲ့တုံ့ပြန်မှု automatic reflex; ရှိစုမဲ့စု all (the little) there was; အခမဲ့ without charge, for free; အလုပ်လက်မဲ့ without work, unemployed.

မဲ့ 2 *or* **မယ့် (V~ N) ⇒ N that will V, that is to V, that would have V-ed;** *vb atrb mkr with future reference, CB, = FB မည့်; used with negated and non-negated verbs; from suffix မယ် with induced creaky tone (see English entries sv);* • မနက်ဖန် လာမဲ့ ဧည့်သည်။ The visitor coming tomorrow, who is to come tomorrow. • ဒီကြားထဲ လိုအပ်မယ့် စာအုပ်စာတန်းတွေ ရှာထားဦး။ In the meantime look around for the books and documents you're going to need. • လင် ဘယ်တော့မှ မရမဲ့ မိန်းခလေး။ A girl who is never going to get a husband. • ချက်ပေး

မယွဲ့လူ ရှိရင်တော့ လိုချင်သားကွယ်။ If there's someone who would cook for us I'd be delighted to have him. • မချိမဆန့် ခံစားရမယ့် ဝေဒနာက ကင်းလွတ်ခဲ့ပါပေ့။ I have escaped the suffering that would have afflicted me.

မွဲ့ 3 *CB = FB* **မည့်** **(V~ V)** ⇒ **really V-s, finally V-s, it comes to the crunch and the serious V-ing begins**; *usually in "if" or "when" clauses; sub cls mkr; မည့် pron /မို့/;* • စားမွဲ့ စား။ အလှ မစားနဲ့။ အဝသာ စားပါ။ If you're really going to have something to eat, don't toy with your food: have enough to fill yourself up. • သူ့ဆီက ငွေ ပို့မလား မျှော်နေတာ မလာမလာနဲ့၊ ကြားမွဲ့ ကြားရ တော့ အမယ်လေး မချိပါလားကွယ်နော်။ I've been waiting and waiting for him to send money and it never comes and now that I do hear from him — ah what unbearable news! • စကား မပြောမပြောနှင့် ပြောမည့် ပြောတော့လည်း ဂွတော လိုက်သည်။ Having failed to speak on several occasions, when he did get around to it at last he threw a spanner in the works • ကား မစီးရရင် နေပါစေ တဲ့။ စီးမွဲ့ စီးရင် နောက်ဆုံးပေါ်ပဲ စီးချင်သတဲ့။ ကားစုတ်နဲ့များ ကျောင်းလာရရင် ရှက်လို့ သေမယ်တဲ့။ If she can't come by car, no matter, she says. If she's going to go by car at all, it must be the latest model. If she had to come in some worn out old car she says she'd die of shame. • ပို့မွဲ့ ပို့။ ကူးတို့ ရောက်အောင် ပို့။ If you're going to take someone along (don't take them only part of the way), take them all the way to the ferry *(Proverb)*.

မွဲ့သာ *or* **မယွဲ့သာ (V~ V)** ⇒ **V for form's sake only, only because one is expected to,** *not with any sincerity or commitment; sub cls mkr, CB+FB;* • အမျိုးသမီးကိုလဲ သေနပ်နဲ့ ချိန်ထားရသေးတယ်။ ချိန်မွဲ့သာ ချိန်ထားတာပါ။ အမျိုးသမီး က နည်းနည်းမှ လှုပ်ရဲတာ မဟုတ်ပါဘူး။ ဆန်နီ့ကို သိပ်ကြောက်နေကြောင်း သိသာလှပါ တယ်။ He kept the woman covered with his gun. It was only because he felt he ought to. The woman wouldn't have dared move. It was obvious she was terrified of Sonny. • သူ့ဘက်မှပင် ကာကွယ်ပြီး ပြောခဲ့ရသည်။ ပြောမယ့်သာ ပြောရသော်လည်း သိပ်ပြီး အားရှိလှသည်တော့ မဟုတ်ပေ။ He spoke up on her behalf. It was only from a sense of duty. She didn't seem to be much heartened. • အခုဟာက ရေးမယ့်သာ ရေး၊ ပြောမယ့်သာ ပြောနေရတာ။ မပြောဘဲ နေရင် ကိုယ်ပါ သစ္စာ ဖောက်ရာ ကျမစိုးလို့။ I'm only writing and saying this because I feel I ought to. It's because if I left it unsaid it might look as if I were being disloyal.

မို့၊ မို့လို့၊ မို့.လို့ (N~, VA~) ⇒ **because, as Stc, on account of Stc;** *sub stc mkr, mainly CB, used with noun sentences, and with verb sentences ending in V-ပြီ၊ V-တာ၊ V-မှာ၊ V-သည်; cf N-ကြောင့်;* • ဇာတ်ထုပ်က ဗုဒ္ဓဝင်မို့ ကာလသားတွေ တယ်မကြိုက်ကြပါဘူး။ The young men weren't very keen on the play as it was about the life of the Buddha. • ဗီဒီယို ရိုက်တဲ့လူက မော်တော်ကားခ စတဲ့ ကုန်ကျတဲ့ စရိတ်လောက်ကိုသာ ယူတာမို့ ဒီလောက်ထိအောင် သက်သာသွားတာပါပဲ။ It's because the person who made the video film only charged for the expenses of the car and so on that (the cost) was so reduced. • ခရီးသည်မိသားစုက ဝါးနှစ်ရိုက် သုံးရိုက် ကျန်ရစ်ခဲ့သည်မို့ ပြေး၍လိုက်လာနေကြသည်။ Because the family that wanted to board (the taxi) had been left several yards behind, they came running up after it. • မနက်ဖန် ဧည့်သည်တွေ လာမှာမို့ ကျွန်မ အလုပ် သိပ်ရှုပ်တယ်။ I'm very busy as some visitors are coming tomorrow. • ကိုဝင်းတို့တော့ ကလေးတွေနဲ့မို့လို့ ဒီခရီးသွားလို့ မရဘူး။ As Ko Win and his wife have children they can't undertake this journey. • ဒါကြောင့်မို့လို့ ...။ For that reason, therefore .... • မန္တလေးတောင် ဆိုတာက ... မြို့ကို စီးထားသလိုမို့ စစ်ရေးစစ်ရာ အတွက် အရေးပါတဲ့အပြင်။ Mandalay Hill is important for military strategy because it is as if it overhangs the town. • ကျွန်မကို ဖုန်းနဲ့ ချိန်းပြီးမို့ စိတ်အေး နေလိုက်ပါတယ်။ Because they had earlier made an appointment with me by phone, I had no worries. • ကျင်းပလာတာ ဒီနှစ် နှစ်ပေါင်း ၁၀၀ ရှိပြီမို့ ရာပြည့် ပွဲသဘင် ဆင်ယင်တာ ဖြစ်ပါတယ်။ Because this year is the 100th anniversary of its celebration, we are holding a centenary festival. • ဆုတ်ကပ်ကြီးမို့ အသက်တိုလာတယ်၊ ရောဂါတွေ ထူပြောလာတယ်။ Because (this age) is an age of deterioration, lifespans are shorter, disease is rife. • အေးသမို့။ Because it was cold.

Sometimes မို့ *is suffixed to V–လို့* *"because"*: • စိတ်ဆိုးလို့မို့ ပြောတာ မဟုတ်ဘူး၊ မေတ္တာ ရှိလို့သာ ပြောတာပါ။ I didn't say it because I was angry, but only because I am fond of you.

မို့လား *contraction of* မဟုတ်ဘူးလား: *isn't that so?*

မည် **1 (V~)** ⇒ **will V, is going to V, would V, must V**; *marks statement of future, intended action, or assumptions; stc mkr, FB,* = *CB* မယ် *qv; pron* /မို့/ ; *see also* အံ့၊ လတ္တံ့, *elevated equivalents of* Vမည်; *attributive form* မည့် *qv;* • နက်ဖြန် ပြန်လာမည် (= CB ပြန်လာမယ်)။ He will come back tomorrow. • ရေ သောက်ပါမည်လားဟု ယဉ်ကျေးစွာ မေးပြီးလျှင်။ After he had asked politely "Would you like a drink of water?" • မြန်မာအမျိုးသမီးများပင် ဖြစ်မည်ဟု ခန့်မှန်းရ ၏။ He assumed they must be Burmese women.

Frequent in sentences embedded before the verb ဖြစ်– *"to be the case that"* *(cf CB* V–မှာ ဖြစ်–*):* • အစည်းအဝေး ကျင်းပမည် ဖြစ်၏။ (It is the case that) a meeting will be held. • File တစ်ခုလုံးကို ရှာမည် ဆိုပါက အချိန်ကြန့်ကြာမည် ဖြစ်ပါ သည်။ If you had to search through the whole file it would be time-con-suming. • လူ့ဘောင်သစ်ကြီးသည် မလွဲမသွေ ပေါ်ပေါက်လာရမည် ဖြစ်သည်။ A great new society would undoubtedly emerge. • ဆောင်ပင်ရိပ်၌ ရပ်လျက် ဆေးရုံဘက်မှ လာမည် ဖြစ်သော လိုင်းကားကို စောင့်မျှော်နေကြလေသည်။ They stood in the shade of the banyan tree and waited for the bus that was to come from the hosp-ital. • ဒါတွေကို ခံစားဖူးမှ နားလည်မည် ဖြစ်၏။ She would only understand those things when she had had experience of them herself. • သူ့ကို အထင်ကြီး အားကျစိတ် ရှိခဲ့ကြောင်း ဝန်ခံရမည် ဖြစ်ပါသည်။ I have to admit that I admired him.

In the pattern V-မည် မဟုတ်– will not V ("will V is not so"): a way of making negative statements relating to the future, since the alternative မ–V etc may also refer to present and past: • ဖေဖေ၏ ပြတ်သားသော အမူအရာကို မြင်ရပြီးသည့် နောက် ဘာမျှထပ်ပြော၍ ရတော့မည် မဟုတ်သည်ကို သိလိုက်လေသည်။ Once she had seen her father's determined behaviour she realized that there would be no purpose in saying anything more. • ဘီပီအိုင်မှာ အလုပ်ရလျှင်တော့ အိမ်နှင့် မဝေးလှသဖြင့် ယခင်အလုပ်လောက် သွားရေးလာရေး ခက်တော့မည် မဟုတ်ပေ။ If she could get a job at BPI, since it was not far from her home, travelling would not be as difficult as at her previous job. • ကျွန်တော့်ပညာကို ကျွန်တော် ဘယ်တော့မှ စွန့်လွှာမည် မဟုတ်။ I shall never abandon my learning. • အလွန်အကျွံ ဖြစ်လာလျှင်ကား ဘကြီးမောင်က ခွင့်ပြုလိမ့်မည် မဟုတ်။ If things got out of hand BGM would not forgive them.

The form မည် with negated verbs is rare, but does occur, in contexts similar to those described for မှာ under (c) sv: • နှုတ်သီးကို ... ဖြတ်ပေးရမည်။ ... သို့မှ သာ တကောင်နဲ့ တကောင် မဆိပ်မည်။ သွေး၏ အရသာကို မသိမည်။ You have to trim the beaks (of the chickens): only then will they not peck each other and learn the taste of blood.

မည် 2 (V~) ⇒ **V-ing, that sth will V;** *converts a verb clause with future reference to a "nominalized clause", a noun-like entity that can be used as a noun in a larger sentence; sp hd nn, FB; = CB V–မှာ; cf V–သည်; pron /မို/; common in sentences embedded before appropriate verbs:* • နျူကလီယာ: စစ်ပွဲကြီး ဖြစ်မည် မဖြစ်မည်ကို ဘယ်သူ ပြောနိုင်ပါမည်လဲ။ Who would be be able to say whether there would be a nuclear war or not? • ကျွန်ုပ်၏ သား ဖြစ်သူ ရွှေတိုးကလည်း ညစဉ်ပင် နောက်နေ့တွင် မည်သူ လာမည်၊ ဘာအကြောင်းမေးမည်၊ ဘယ်မှာရှိမည်ကို လာ၍ပြောသောကြောင့်။ Because my son ST used to come every evening and tell me who would come the next day, what they would ask about, and where they would be. • မည်မျှ ဒုက္ခခံခဲ့ရမည်ကိုလည်း တွေးပြီး စာနာ နေမိပြီ။ She thought about the troubles they would encounter and felt sympathy for them. • နံနက်ငါး:နာရီခန့် ရှိမည်ကို အလိုလို မှန်းမိသဖြင့် အိပ်ရာမှ ထပြီး ထမင်းချက်ဖို့ ပြင်သည်။ Estimating that it must be about 5 a.m. she got up and started cooking the rice. • သတိပြုရမည်မှာ ထရန်စစ္စတာ အမျိုးအစားပင် ဖြစ်သည်။ Something we have to pay attention to is the type of transistor. • သန်း ရှိမည်မှာလည်း အမှန်ဖြစ်၏။ That there will be lice is true. • ကတ်ပြားနှင့် ယှဉ်ပြီး လေ့လာပါက ပို၍ သဘောပေါက်မည်မှာ သေချာသည်။ If you compare (the circuit) with the card, you will certainly understand it better.

မည်ကာ or မည်ကာမျှ and မည်ကာမတ္တ (N~) ⇒ **N in name only, not a true N;** nn mod, FB; pron /မျို၀ါ/; • များစွာသော မြို့တို့သည် မြို့မည်ကာမျှသာ ဖြစ်ကြသည်။ Many towns are towns in name only.

မည်ကဲ့သို့ see under မည်သို့ how?

မည်ကဲ့သို့သော see under မည်သို့သော what sort of?

မည်ပုံမည်နည်း (~ or ~sfx) ⇒ **in what way? how?;** selective noun, FB, = CB ဘယ်ပုံဘယ်နည်း၊ pron /မျိုပုန်မျိုနိ/; • ပစ္စည်းတန်ဖိုးကို မျှတစွာ သတ်မှတ်၍ မည်ပုံမနည်းဖြင့် ခွဲဝေရမည်။ In what manner they should make a fair assessment of the value of the goods and apportion them.

မည်မျှ sts မည်ရွေ့မည်မျှ ⇒ **how much? to what extent?;** selective noun, FB, = CB ဘယ်လောက်; pron /မျိုပွေ့မျိုမျှ/ ; • သို့သော် မည်မျှပင် ခက်ခဲစေကာမူ။ Nonetheless, however difficult it may be (= CB ဒါပေမဲ့ ဘယ်လောက်ပဲ ခက်ခက်။).
• မျိုးချစ်စိတ်ဓာတ်တို့သည် မည်မျှ ပြင်းထန်လျှက်ရှိသနည်း ဆိုသော်။ To show how fervent their nationalist spirit was. • ဖွားသေစာရင်းတွင်ပါ ရှိတဲ့ အသက် မည်ရွေ့မည်မျှ။ မည်သည် ရပ်ကွက်နေ မောင်ထွန်းဖအ၏ အလောင်းကို တူးဖော်ကြည့်ရှုခွင့် ပေးလိုက်သည်ဟူသော အမိန့်ကို ကျွပ်ရသမျှ။ I obtained (a copy of) the order authorizing the exhumation of Maung TZ, showing how old he was in the Register of Births and Deaths, and the neighbourhood in which he lived.
• မည်မျှ ရှုပ်ထွေးပွေလီစေသော လျှို့ကလောင်အမည်ကွဲ ကိစ္စပါနည်း။ What a lot of complications this matter of multiple secret pen names brings about!
• မည်မျှ ဂုဏ်ယူစရာ ကောင်းလိုက်ပါသနည်း။ What a great source of pride!

မည်ရွေ့မည်မျှ see under မည်မျှ how much

မည်သူ (~ or ~sfx) ⇒ **who?;** selective noun, FB, = CB ဘယ်သူ; pron /မျိုသှူ/; • မည် သူ လာမည်နည်း။ (= CB ဘယ်သူ လာမလဲ) Who will come? • မည်သူ ရေးသည် ဆိုသည်ကိုလည်း ငါတို့ မသိ။ And we don't know who wrote it. • မည်သူ၏ အရေး အသား ဖြစ်သည်ကို ပြောပြနိုင်၏။ You can say whose writing it is. **With suffix –မျှ and a negated verb ⇒ (not) anyone;** • မည်သူမျှ ထိုတိုက်အိမ်ကြီးသို့ မသွားဝံ့သည့်ပြင်။ Besides the fact that no one dared go to that house.
• မည်သူ့ကိုမျှ ဂရုမပြုကြဘဲ။ Paying no attention to anyone.

မည်သူမဆို anyone at all vsv မဆို

မည်သို့ or မည်ကဲ့သို့ or မည်သို့မည်ပုံ ⇒ **in what way? how?;** selective noun, FB, = CB ဘယ်လို; pron /မျို(ဲ့)သို့/; • မည်ကဲ့သို့ ပြုလုပ်ရမည်နည်း။ (= CB ဘယ်လို လုပ်ရ မလဲ။) How are we to act? What are we to do? • တက္ကသိုလ်ဝင်ခွင့် ရေးဖြေစာမေးပွဲ များ မည်သို့မည်ပုံ ဖြေဆိုရမည်နည်း။ How one should answer the written exams for university entrance. • အခွင့်အရေး မည်သို့ပင် ရှိစေကာမူ။ Whatever rights they may have. • အကြောင်း မည်သို့ သိလိုတဲ့ မျက်နှာဖြင့်။ With an expression that showed that he wanted to know how things stood. • ကျွန်တော်၏ စိတ်ကို မည်ကဲ့သို့ သိလေသည်ကို အံ့သြလျှက်။ Astonished at the way he read my mind.

With suffix –မျှ and a negated verb ⇒ **(not) in any way**; • မည်သို့မျှ မကြံတတ်တော့။ Being unable to make any further plans.

မည်သို့ဆိုစေ (~ Stc) ⇒ **anyway, however that may be** (*"let it be said in any way, in whatever way it may be said"*); sub cls, FB, = CB ဘယ်လိုပဲ ပြောပြော; pron /မျို့သို့ဆိုစေ/; • မည်သို့ဆိုစေ လွန်ဝမ်နှင့် သူဇနီးကတော့ ဤ)အတွက် ဝမ်းမနည်းချေ။ Anyway LW and his wife were not upset about this matter. • မည်သို့ပင် ဆိုစေကာမူ။ However that may be.

မည်သို့(သော) or မည်ကဲ့သို့(သော) (~N) ⇒ **what sort of N?**; *selective noun, FB*, = CB ဘယ်လို; pron /မျို့(ကဲ့)သို့သော/; • မည်သို့သော အလုပ်များကို လုပ်၍ ပစ္စည်း ရှာကြရပါမည်နည်း။ What sort of work should they engage in in order to earn a living? • သူတို့နှင့်အတူ မည်သို့သော ပြဿနာများ ပါလာကြမည် မသိ။ She didn't know what sort of problems they would bring along with them. • မည်ကဲ့သို့ သော ဘေးရန်မျိုးသည် မည်သည့်အရပ်မှ ပေါ်ပေါက်၍ လာမည် မသိသဖြင့်။ As we didn't know what sort of threat might spring from what quarter. • ထိုကျောင်း သခမ်းသည် မည်ကဲ့သို့သော ကျောင်းသခမ်းပေနည်း။ What kind of monastery was this monastery? • မည်ကဲ့သို့သောသူသည် မည်ကဲ့သို့အကြံအစည်နှင့် မည်သည့်လက်နက် မျိုးဖြင့် ပစ်ခတ်သတ်ဖြတ်၍သွားသည်ကို။ (To discover) what kind of person, with what kind of motive, with what kind of weapon, had fired the fatal shot.

With suffix –မျှ and a negated verb ⇒ **(not) any N**; • သို့ဖြင့် မည်သို့သော အကြောင်းကြောင်းနှင့်မျှ ပန်းတော်ဆက်ဝတ္ထုရား မပျက်မကွက်ရလေအောင် သူ သတိဝိရိယ ကြီးစွာထားခဲ့သည်။ And so it was that he took great care not to fail for any reason at all in his duties as supplier of flowers to the court.

မည်သည် (N~) ⇒ **that which is called N, the entity known as N**; *nominalized clause, FB*, = CB ဆိုတာ, *cf FB* ဟူသည်; pron /မျို့သို့/; *translation of Pali* nāma, *that which is named*; • လူ့စိတ် မည်သည် အတော် ထူးဆန်း၏။ The mind of man ("that which is called the mind of man") is a strange thing. • ကံ၏ အကျိုး မည်သည်ကို တစ်စုံတစ်ယောက်သောသူသည် တားမြစ်ခြင်းငှာ မတတ်နိုင်။ No one at all has the power to obstruct (this thing we call) the results, the workings of karma. • သာလ်နာမ ဇရပ်မည်သည်ကို။ The object known as zayat (*nissaya*).

မည်သည့် (~N) ⇒ **which?**; *selective noun, FB*, = CB ဘယ်; pron /မျို့သို့/; • မည်သည့် အားကစားကို သင် အနှစ်သက်ဆုံး ဖြစ်သနည်း။ Which is your favourite sport? (= CB ဘယ် အားကစားကို သင် အနှစ်သက်ဆုံး ဖြစ်သလဲ။). • မည်သည့်အခါတွင် မည်သို့ ဖြစ်မည်ဟု ကုသိုလ်ကံက ခန့်တွက်ထားသောအခါ။ When one's karma decrees at what time and in what manner it will happen.

With suffix –မျှ and a negated verb ⇒ **(not) any N**; • မည်သည့်နည်းနှင့်မျှ မလုပ်နိုင်။ It can't be done by any means at all (= CB ဘယ်နည်းနဲ့မှ မလုပ်နိုင်ဘူး။).

မည့် (V~ N) ⇒ N that will V, that is to V, that would have V-ed; *vb atrb mkr with future reference, FB, cf FB အံ့သော; = CB မဲ့/မယ့်; used with negated and non-negated verbs; from suffix မည် with Induced creaky tone (see English entries sv); pron /မျို/;* • ထိုနေ့ သွားမည့် ခရီးစဉ်။ Our itinerary for that day. • လမ်းတွင် ဆင်းမည့် ခရီးသည်များကို မေး၍။ (The bus conductor) asked which passengers were going to alight on the way. • ဤနေရာ၌ ငါ့ကို ဖိစီးမည့်အရာများစွာမရှိ။ In this place there was not much that would oppress me. • တစ်ပေနီးနီး ရှည်မည့် ဝါးတုတ်ချောင်းကလေးများ ဖြစ်သည်။ They were short lengths of bamboo that must have been nearly a foot long. • ပျော့ညွတ်ခွေကျတော့မည့်နှယ် မှတ်ထင်ရသည်။ It looked as if it was going to soften and bend.

မည့်ဆဲဆဲ– *see under* ဆဲဆဲ *on the point of*

မယ် 1 *and variants* **မ၊ မှာ (V~) ⇒ will V, is going to V, would V, must V;** *marks statement of future, intended action, or assumptions; stc mkr, CB, = FB မည် qv; attributive form မဲ့ or မယ့် qv;* • နက်ဖြန် ဗမာပြည် ပြန်သွားမယ်။ Tomorrow I go back to Burma. • သွားပါအုံးမယ်။ Goodbye ("I'll be going"). • ဒီလို လုပ်ရင် ကောင်းမယ် ထင်တယ်။ I think you should do it like this. • အဲဒီတုန်းက ဟင်္သာတဟာ ကျရတော့မယ်။ At that time Henzada was going to fall, its fall was inevitable. • မန်ကျည်းသီး စားဖူးမယ် ထင်တယ်။ I think he must have eaten tamarinds before. • မှန်လိမ့်မယ်။ That may be true. • စစ် မဖြစ်ခင်က ဆိုရင် သူက အနှစ် နှစ်ဆယ်လောက်ပဲ ရှိအုံးမယ်။ Before the war, he would only have been about 20. • ဘယ်တော့ ပြီးမလဲ။ When will it finish? • အရည် ပျော်မလောက် ဖြစ်နေတယ်။ It was on the point of melting. • တစ်ခုခု ဝယ်ပေးရမလား။ Should I buy you something? • ဒီနေ့ည ကြည့်မလို့ ကြံထားတယ်။ I had thought of seeing (the film) this evening. • လာမလား မလာမလား မသိဖူး။ I don't know whether he will come or not. • သွားခွင့် မရမလိုလို။ As if he weren't going to get permission to go. • မှတ်မိမလားပဲ။ (I thought) you might remember? • ဆရာ လှဘေ သိမလား မသိဘူး။ I don't know if Saya Hla Pe would know?

***The form* မှာ** *is mainly used in the contexts described below. Note the contrasting ordering of* မယ် *and* မှာ *with suffix* ပါ–*: V–*ပါမယ် *but V–*မှာပါ။

(a) for emphasis, or when correcting the hearer's mistaken view: • သတိထား။ ဖေဖေ စိတ်ဆိုးမှာ။ Take care! Father will be angry. • အများကြီး ယူမှာပါ ဘကြီးရဲ၊ နည်းနည်း မဟုတ်ပါဘူး။ ပြီးတော့ နေ့တိုင်း ယူမှာ။ They're going to take loads, Uncle! Not just a bit. And they're going to take some every day! • သူ့ စာအုပ်ကို ပုံနှိပ်မှာ။ အဟုတ်ကို ပြောတာ။ They are going to print his book! I really mean it.

(b) as the preferred form before the phrase particles ပေါ့၊ ပဲ၊ ပါ၊ ကိုး — • ဒါနဲ့ ဗမာပြည် ရောက်ဖူးမှာပေါ့။ And so I suppose you've been to Burma? • ဆန်ပြုတ်လည်း ကျက်တော့မှာပါ။ The rice gruel will be cooked in a minute. • အင်္ဂလန်မှာ

ခုအချိန်ဆို တော်တော် အေးမှာပဲ။ It should be pretty cold in England at this time (I imagine). • လွှင့်ပစ်လိုက်ရုံပဲ ရှိမှာပေ့ါ။ All we shall be able to do then is throw them away.

V–မှာပါ is common in sentences where English would use "I hope": • အချိန်မှီ ရမှာပါ။ (I'm sure) you will, (I hope) you will, get it in time. • မြန်မြန် သက်သာ မှာပါ။ (I hope) you will get better quickly. • ချောချောမောမော ရောက်သွားမှာပါ။ (I'm sure) you'll get there safely, have a safe journey.

(c) when the information conveyed by the verb is already known to the listener and the new information in the sentence is in one of the noun phrases preceding the verb; compare English "cleft sentences": It was because X that Y: • ဒီပြန်ရောက်မှပဲ စားရမှာ။ It's not till I get back home that I'll be able to eat. • နောက်ပွဲမှာ ကိုမျိုးညွန့် စောင်းမတီးဘူး ဆို။ ဘာလို့ မတီးမှာလဲ။ I hear you, Ko MN, are not playing the harp at the next show. Why won't you play? • ခဏပဲ ကြာမှာပါ။ It'll only take a moment.

(d) in pattern V–မှာ ဖြစ်– "to be the case that sth will V": • တချို့ဟာ ကျတော့ တက္ကသိုလ်ကိုပဲ အားကိုးရမှာ ဖြစ်ပါတယ်။ For some items we shall have to depend on the university. • ကျွန်မတို့ဟာ ကြိုးစားမှ ခရီးရောက်မှာ ဖြစ်ပါတယ်။ We shall make progress only if we work at it. • အဲဒီတော့ လူထုရဲ့ စွမ်းအားနဲ့အညီ လုပ်တဲ့ စီမံကိန်းများမှ အောင်မြင်မှာ ဖြစ်ပါတယ်။ Therefore, only those projects that are consistent with the the resources of the people will succeed. • သူသေရင် သူ့မယားကို သူများ ယူမှာ ဖြစ်တယ်။ When he died, someone else would take his wife.

(e) in pattern V–မှာ မဟုတ်– will not V ("will V is not so"): a way of making negative statements relating to the future, since the alternative မ–V–ဘူး etc may also refer to present and past; • အလုပ်တခုကို လုပ်တဲ့နေရာမှာ မှန်မှန်ကန်ကန် မလုပ်လို့ရှိရင်တော့ အောင်မြင်နိုင်မှာ မဟုတ်ဘူး။ When you do a job, if you don't do it honestly you will not succeed. • ဒီကိုတော့ လိုက်လာရဲမှာ မဟုတ်ဘူး။ They wouldn't dare to come along here. • သည်အတိုင်း အထီးကျန်ထားရင် ဘယ်လိုမှ လှမှာ မဟုတ်။ If you leave it all on its own like this it won't look nice at all. • မင်းတို့ကော ဒီကားနဲ့ လိုက်မှာ မဟုတ်ဘူးလား။ Are you not going to take this bus?

မယ် 2 see under –မှာ in, on, at

မယ့် see under မဲ့ which will V, vb atrb mkr

များ 1 (N~) ⇒ Ns, *indicates plural*; nn mod, FB, = CB တွေ, FB တို့; • ကျောင်းသူ ကျောင်းသားများ ဆန္ဒပြကြသည်။ The students held a demonstration. • မောင်တင် လှသည် ကျောင်းပိတ်ရက်များတွင် လုပ်အားပေးစခန်း၌ ရှိလိမ့်မည်။ During school holidays Maung TH will be at the volunteer work camp. • ခေါင်းရင်းဘက် အခန်းများ၌ရှိ အဆောင်သူလေးများ များသောအားဖြင့် အပြင်ထွက်ကြသည်။ The girls in the rooms down the hostel corridor had mostly gone out.

Note that Burmese may use များ *with words that are mass nouns in English, e.g.* • ငွေများ money; အမှိုက်များ rubbish; ပရိသတ်များ the audience; သူများ other people (compare သူတို့ they).

CB uses FB များ *in names and titles such as:* • တက္ကသိုလ်ဆရာများ‌ရိပ်သာ University Staff Quarters; အလုပ်သမားများ‌ကော်မီတီ Workers' Committee.

များ **2 (Phr~)** ⇒ **or something**; *serves to make phrase reference less precise, less specific, particularly when speculating or suggesting; stc med phr ptcl, mainly CB;* • ဒီအထဲ‌ထဲမှာ‌များ ည‌ပ်‌နေ‌မလား။ Could it have slipped inside here or somewhere (I wonder)? • ဘယ်လိုများ တူးလို့ ရ‌ပါ‌လိမ့်။ However can they have dug it? • ဗမာတစ်ယောက်ယောက်နဲ့‌များ ခရီး‌သွား‌ရင် ပိုကောင်း‌မ‌ယ်။ It would be better if you were to travel with some Burman. • မ‌ပွား‌ပွား‌ရဲ့ အ‌ဖေ ဆိုတာ‌များ လား‌ရှင်။ Are you Ma Pwa Pwa's father? • နောက်တစ်ယောက်များ‌လား‌လို့။ (I was wondering if) it might be another (baby on the way)? • အိပ်‌များ အိပ်‌နေ‌မလား မသိ‌ဘူး။ I wonder if he might be asleep or something. • ရူး‌တယ်‌များ ထ‌င်‌မလား မသိ‌ဘူး။ I don't know whether they would think me mad or something.

အများ *see under* များ‌စွာ *many*

များ‌စွာ *or* အများ **(N~)** ⇒ **many Ns, most Ns**; *also* များ‌စွာ‌သော– N; *nn mod, mainly FB, cf CB* အများ‌ကြီး၊ များ‌များ၊ • ကျောင်း‌သား‌အများ many students, most students (compare the simple plural ကျောင်း‌သား‌များ "the students"); နှစ်‌ပေါ‌င်း‌များ‌စွာ many years; များ‌စွာ‌သော‌သူတို့‌သည် many people. • ပြည်‌ထောင်‌ဘက်‌ချင်း‌ မင်း‌အများ‌ကို ဖိတ်‌ကြား‌၏။ He invited many kings of neighbouring countries. *Note that in the extended FB form* အ‌မြောက်‌အ‌မြား *the spelling is unexpectedly different:* • မြန်‌မာ‌နိုင်‌ငံ‌အ‌တွင်း လ‌ယ်‌ကွ‌င်း‌ကြီး‌များ‌ကို အ‌မြောက်‌အ‌မြား တွေ့‌ရ‌၏။ One can see very many large paddy fields within Burma.

မြ **1** or စ‌မြ **(V~)** ⇒ **always, V, habitually, V**; *stc mkr, CB+FB;* • နည်း‌နည်း‌ မူး‌ပြီ ဆို‌လ‌ျှင် ဦး‌လေး‌က အ‌ပြ‌စ်‌ရှာ‌စ‌မြ။ When he got a bit drunk, Uncle always found fault. • လူ‌ဆိုတာ နောက်‌ဆုံး‌တော့ ကိုယ့်‌လ‌မ်း‌ကိုယ်‌လျှောက်‌ကြ‌ရ‌စ‌မြ‌ပဲ။ It is the lot of man that each of us must always find his own way. • မိ‌ခင် ကမ္ဘာ‌လိပ်‌မ‌ကြီး ကလည်း သ‌မီး မ‌ယ်‌ထွေး ရောက်‌အ‌လာ‌ကို မ‌ျှော်‌နေ‌လေ့‌ရှိ‌မြ။ Her mother the great turtle would always watch out for the arrival of her daughter Me Htway. • ထို‌ကြောင့် ရ‌ပ်‌ထဲ‌ရွာ‌ထဲ‌က လူ‌တို့‌သည် ဖိုး‌သူ‌တော်‌ကို သူ‌တော်‌စ‌င်‌အ‌ဖြ‌စ်‌ဖြ‌င့် ယုံ‌မှ‌တ်‌ရို‌ကျိုး‌ မြ‌တ်‌နိုး‌ကြ‌မြ ဖြ‌စ်‌သည်။ And that is why ordinary people always have respect for a po-thudaw and regard him as a virtuous person. • တ‌ပို့‌တွဲ‌လ‌ရာ‌သီ‌တွ‌င် ကျ‌င်း‌ပ‌မြ ဖြ‌စ်‌သော ရ‌ထား‌ပွဲ။ The feast of the chariots, that is always held in the month of Tabodwe.

မြ **2 (V~ V)** ⇒ **to V as before, to continue V-ing**; *stc med phr ptcl with restricted distribution, CB+FB;* • ကျောင်း‌အ‌စ်‌မ‌ကြီး‌ကား‌ ဘယ်‌သူ တ‌ရား‌ပြ‌၍‌မှ တ‌ရား

မကျ။ ငိုမြ ငို၊ ပရိဒေဝမီး တောက်မြ တောက်၍သာ နေလေသည်။ Whoever it was that preached the doctrine to her, the devoted lady could not see the truth. She wept as before, she was as anguished as ever. • ပြန်လည်ပြောဆိုခြင်း မပြုပေ။ ပုတီးစိပ်မြ စိပ်နေလေသည်။ He made no response, but continued to tell his beads without breaking off. • ထိုသို့ ရွှေတိုးဟု မည့်ခေါ်ပြီးသော်လည်း ... ကျွန်ုပ်သည် မည်သို့မျှ မထူးခြားဘဲ လာဘ်ပိတ်မြ ပိတ်နေသောကြောင့်။ Although I was called Shway To ("gold increases") things continued in the same way and good fortune was denied me as before. • ထပ်မံ အသံပြုကြည့်သည်။ တိတ်ဆိတ်မြ တိတ်ဆိတ်နေသည်။ They tried making a noise again. Everything remained silent.

မြှောက် 1 (N~, N°+N~, N°+N~သော) ⇒ -th, *indicates ordinal number; verb attribute, truncated and full, CB+FB;* • ပဌမမြှောက် ဂျော့ဘုရင်မင်းမြတ် King George V; ဒုတိယမြှောက် သား second son; ၃၆ ကြိမ်မြှောက် ပြည်နယ်နဲ့တိုင်းပွဲ the 36th States and Divisions Festival; သုံးရက်မြှောက် ထိုးလိုက်တဲ့အခါ when he injected (the drug) on the third day; ငါးရက်မြှောက်သော နေ့ the fifth day; နှစ်ထပ်မြှောက်သော နတ်ပြည် the second (level) deva heaven. • ရင်သွေးလေးဦး ရှိတဲ့အထဲမှာ ဒုတိယမြှောက် ဖြစ်ပါတယ်။ He was the second of their four children.

မြှောက်– 2 (V~~) ⇒ **to achieve V-ing;** *comm elem cpd vb, CB+FB;* • ပြီး(မြှောက်)သည် to complete; ဖြစ်(မြှောက်)သည် to take place; လွတ်(မြှောက်)သည် to escape; ပြောင်(မြှောက်)သည် to excel; တတ်(မြှောက်)သည် to master (a skill).

မှ 1 (N~) ⇒ **(a) from (place or time);** *sts* မှသည်; *nn mkr, FB,* = *CB* က; *equivalent of Pali ablative case in nissaya translation (Okell 1965 p 200);* • တစ်နေ ရာမှ တစ်နေရာသို့ (= CB တစ်နေရာက တစ်နေရာ)။ From one place to another. • တပေါင်းလပြည့်ကျော် တစ်ရက်နေ့မှ ဝါဆိုလပြည့်နေ့အထိသည် နွေကာလ ဖြစ်သည်။ The hot season is from the first of the waning moon of Tabaung to the full moon day of Wazo. • ကျောင်း ဖွင့်သည်မှ စ၍ ကျောင်းသားများ စာကြိုးစားသည်။ The pupils worked hard from the day school began. • အမှန်တရားဘက်မှ ဆက်လက် တိုက်ပွဲ ဝင်ကြရမည့် ကျွန်ုပ်တို့။ We who must continue to fight on the side of right. • ရာထူးမှ ချသည်။ They dismissed him from his post. • ရန်သူတို့သည် တက်စိန် ခံတပ်မှ ခုခံကြသည်။ The enemy resisted from the TS stronghold, held out in the TS fortress. • ဘကြီး၏ တူမဝမ်းကွဲ တစ်ယောက်မှ မွေးသော အစ်ကိုဝမ်းကွဲ တစ်ယောက် ဖြစ်သည်။ He was a cousin born of one of her uncle's nieces. • ရုက္ခတော၊ သစ်ပင်မှ။ ဩတရိတွာ၊ သက်၍။ Descending from the tree *(nissaya).* **Variant form** မှသည် *is used in formal styles, especially in chronicles:* • မြို့ ကလေးမှသည် စောဝေရှိရာ ရွက်ပုန်းသီးမြို့ကလေးသို့ မျဉ်းဖြောင့်တစ်ကြောင်း ဆွဲကြည့်လိုက် သည်။ He drew a straight line from the little town to the town of YPT where SW now was. • ရန်ကုန်မှသည် တစ်နိုင်ငံလုံးသို့ ပျံ့နှံ့သွားသည်။ It spread from Yangon to the whole country. • တောင်းပန်သော မျက်လုံးများမှသည် အားကိုးသော မျက်လုံးများ အသွင်သို့ ပြောင်းသွားလေသည်။ Her eyes, that had been suppliant, now looked confident of his support.

(b) *in pattern* **N–မှနေ၍** ⇒ **from (place or time)**; *sub cls, FB,* = *CB ကနေပြီး၊ the main difference between* မှနေ၍ *and simple* မှ *seems to be that the former is clearer and less ambiguous than the latter;* • အဖွားကြီးက သံစကာကွယ်မှနေ၍ ကဲ့ကြည့်သည်။ The old woman eyed me from behind the iron grille. • ထိုဒုတိယ စခန်းမှနေ၍ ကြည့်သော်။ When we looked on it from that second camp. • ပိုးဟပ် သည် စာအုပ်စင်မှနေ၍ စားပွဲပေါ်သို့ ကူးပြောင်းရွေ့လျားလာခဲ့သည်။ The cockroach crawled across from the bookshelf to the table.

(c) *in pattern* **N¹–မှ N²** ⇒ **the N² from the N¹, by the N¹, near the N¹;** = *CB N¹–က N²;* • စီမံခန့်ခွဲရေးပိုင်းမှ စာရွက်စာတမ်းများ၊ အစီရင်ခံစာများ။ Documents and reports from the administration. • ကုန်းလမ်းသယ်ယူပို့ဆောင်ရေးအဖွဲ့မှ ယာဉ်မောင်းလုပ်သားတို့၏ ဘဝကို လေ့လာခဲ့ပါသည်။ I studied the way of life of vehicle drivers from the Road Transport Board. • စပါးခွံကို ဖယ်ရှားပစ်လိုက်လျှင် အတွင်းမှ စပါးစေ့ကို တွေ့နိုင်သည်။ If you remove the paddy husk you can see the paddy seed inside. • ပါတီယူနစ်ရုံးမှ အရာရှိများ ည်းခံသည်။ Officials from the Party Unit Office entertained them.

(d) *marks N as subject of sentence, when the subject is a personal agent, or an inanimate noun standing for a personal agent. In this usage, FB* မှ *is equivalent to FB* က*, but in CB* က *has more contrastive force; e.g.* ညွှန်ကြားရေး မှူးက ဆုချီးမြှင့်ပါတော့မည် *or* ညွှန်ကြားရေးမှူးမှ ဆုချီးမြှင့်ပါတော့မည် *or CB* ညွှန်ကြားရေး မှူးက ဆုချီးမြှင့်ပါတော့မယ်။ *"The director will now present the prizes". This use of* မှ *is frequent in modern formal style, but purists regard it as erroneous.* • အတက်အဆင်းတံခါးကို ခရီးသည်များမှ မဖွင့်ရပါဘူး။ Passengers are not to open the entry-exit door. • ဆူပူသူများအား လုံချုံရေးမှ ဖမ်းဆီးရမိပြီး စစ်မေးရာတွင်။ When the Security forces arrested the rioters and questioned them. • ယခု အချိန်အခါ၌ တပ်မတော်မှ နိုင်ငံတော်အာဏာ အရပ်ရပ်ကို တာဝန်ယူူခဲ့ပြီး။ At the present time the Army has taken over responsibility for (exercising) various state powers.

မှ 2 *sts* **မှသာ** *or* **ပါမှ (V~)** ⇒ **only if, only when V;** *sub cls mkr, CB+FB; often translatable as "not V until V, unless V";* • ဓါတ်ပုံတွေဘာတွေ ပါမှ ဖတ်ကြပါ တယ်။ They read them only if they have pictures, won't read unless they have pictures in. • စာရေးအလုပ်ကလဲ လက်နှိပ်စက် ၅၅–၆၀–၇၀ တစ်မိနစ်ကို ရိုက် နိုင်မှ၊ ကွန်ပြူတာ တတ်ပါမှ ရမှာ။ And as for a secretarial job, only if you can type 55-60-70 words a minute, only if you know how to use a computer, will you get one. • ရည်းစား လုံးဝ မရှိမှ သဘောကျကြတယ်။ They only like it if (a girl) has no boyfriends at all. • ထမင်း စားပြီးမှ ပြန်နေ့ာ။ Don't go home till you have had something to eat. • နှစ်ရက်သုံးရက်လောက် ကြာမှ စာရတယ်॥ It was only after two or three days had passed that she got a letter. • အုပ်ချုပ်သူ သေလွန်မှ အရာခံသားမြေး ဆက်ခံရသည်॥ Only when the ruling person died could the next descendant in line take over (the position). • နှင်းဆီတစ်ပွင့်ကို ပိုက်ဆံ ပေးဝယ်မှသာ ရတတ်တာကို လက်ခံပေမယ့်॥ Though I knew that I could only get a rose if I paid for it.

Also common in CB in incomplete sentences: • လက်ဆောင်လေး ဘာလေး ပေး;မှ (supply ဖြစ်မယ်)॥ Only if we give him a little present or something (will it be OK). We'd better give .... • ကောင်းကောင်း သတိ ထား;မှ (တော်မယ်)॥ (We had better) be very careful. • အပြင် ထွက်မှ (ဖြစ်မယ်) ထင်တယ်॥ I think we'd better go outside (e.g. when the building is about to be closed). • ဟိုက် မီးပွိုင့် နီတော့မယ် ထင်တယ်॥ မြန်မြန်လွတ်အောင် နင်;မှပဲ॥ Oh oh. The traffic lights are just going to turn red, I think. Better pedal fast so I'm not caught.

In pattern V–ချင်မှ V, _or_ V–မှ V ⇒ **probably will not V;** _see also sv_ ချင်မှ; • ဆရာ ဒီနေ့ ကျောင်း လာချင်မှ လာမယ်॥ Saya probably won't come to school today. • သဘောကောင်းတိုင်းလဲ အကျင့်စာရိတ္တက ကောင်းချင်မှ ကောင်းတာလေ॥ It's not likely that everyone who is kind also has an upright character. • မပြောင်းလဲဘဲ နေချင်မှ နေမှာ॥ They are not likely to remain unchanged.

မှ **3** _sts_ မှသာ **(Phr~)** ⇒ **only Phr, not other than Phr;** _stc med phr ptcl, CB+FB; often translatable as "not V till Phr, not V except Phr";_ • မနက်မှ လုပ်ပါမယ်॥ Only in the morning will I do it. I won't do it till the morning _(cf also_ မနက် ကျမှ _with_ မှ = _only when)._ • အခုမှ သိတယ်॥ I didn't know till now. • တောင်ပေါ်မှာမှ ပေါက်တယ်॥ It only grows in the hills. • အသက် ကြီးတဲ့ လူတွေမှ သွား;နာကြတာ॥ Only the old people go and listen. • အိမ် မပြန်ခင်ကလေးမှာမှ ရောက်လာတယ်॥ She didn't arrive till just before I left for home. • နိုင်ငံခြားသား မှ ရောင်းမယ်တဲ့॥ They say they are only selling to foreigners. • အသားမာတဲ့ ထင်;ဟာ တဖြည်းဖြည်းမှ မီးတောက်တယ်॥ Firewood of hard wood takes time to catch fire ("only catches slowly").

မှ **4** _CB = FB_ မျှ **(Phr~)** ⇒ **(a) even, so much as Phr,** _in the pattern_ တစ်–N–မှ/မျှ "even one N", _or_ နဲနဲမှ/မျှ _(and similar)_ "even a little", _followed by a negated verb; stc med phr ptcl, CB+FB;_ • ပိုက်ဆံ တစ်ပြား;မှ မပါခဲ့ဘူး॥ I didn't have a penny ("not even one") on me. • အိမ်မှာလဲ ည့ည့်သည်တစ်ယောက်မှ မရှိဘူး॥ There isn't any visitor ("not even one") in the house. • သံရုံး;ထဲသို့ ကျွန်တော် တစ် ခါက်မျှ မရောက်သေးပါ॥ I have never ("even once") been inside an embassy. • သူတို့ကို တစ်ယောက်မျှ လှမ်းမကြည့်ကြ॥ No one looked at them. • အနည်း;ငယ်မျှ မကြိုက် (= CB နဲနဲမှ မကြိုက်ဘူး)॥ I don't like it in the least, at all. • တစ်ယောက်နဲ့ မှ မတွေ့ဖူးဘူး॥ We have never met any of them.

(b) any Phr, _when suffixed to an interrogative phrase and followed by a_ *negated verb;* • ဘာအဓိပ္ပါယ်မှ မရှိဘူး။ It hasn't any meaning, has no meaning at all. • ဘယ်သောအခါကမျှ မယုံကြည်ခဲ့ပါ။ I didn't at any time believe it, I never believed it. • ဘယ်ဆရာဝန်နှင့်မျှ မကုသလို။ I don't want any doctor at all to treat me. • ဘယ်ပုံနှိပ်စက်မှ မအားကြဘူး။ Not a single printing press was free. • မည်သူကမျှ ရန်စဝံ့မည် မဟုတ်။ No one will dare to provoke a fight. • မည်သူ့ထံမျှ အခွင့်မပန်မတောင်းခဲ့ပဲ။ Without asking anyone. • သည်ပစ္စည်းတော့ ခင်ဗျား ဘယ်နည်းနဲ့မှ ပြန်မရနိုင်ဘူး။ There is no way in which you can recover this property.

Sts in the pattern interrogative + တစ်–N–မှ/မျှ, giving more force to the expression; • မည်သူတစ်ဦးတစ်ယောက်အတွက်မျှ မဟုတ်သော ကျွန်တော့်၏ ကဗျာစာအုပ်။ My book of verse, which was not (written) for anyone at all. • အဖြေဘာတစ်ခုမှ မမှန်ဘူး။ Not a single answer was right. • ဘာ စကားတစ်ခွန်းနဲ့မှ မတားမြစ်နိုင်ခဲ့ရတဲ့ မိန်းကလေးတစ်ယောက်။ A young woman who was not to be held back by any single word.

မှ **5 (Phr~) ⇒ *emphatic,*** *used in a range of patterns and combinations usually with some forceful or vivid effect; stc med phr ptcl, mainly CB;*

(a) *In pattern* V-မှ မ–V–ဘဲ *and similar* ⇒ **without V-ing (how could ... ?!),** *often in incomplete sentences:* • လိပ်စာမှ မသိဘဲ ဘယ် ရေးလို့ ဖြစ်မလဲ။ How could he possibly write without knowing her address? • ပိုက်ဆံမှ မပါဘဲ။ I didn't even have any money on me (so how could I possibly have bought some?) • လက်ပဒေါ်မှာ သရဏဂုံတင်စရာ ဘုန်းကြီးမှ မရှိတာကိုး။ After all, it wasn't as if there were a monk in L who could conduct the merit-sharing ceremony. • သူက အချိန်ကို လေးစားအသုံးချတတ်တဲ့လူမှ မဟုတ်ဘဲကိုး။ After all, without his being a person who understands how to use his time (how could you expect him to have done it efficiently?).

(b) *In pattern* V^1–လို့မှ မ–V^2 ⇒ not to V^2 even if V^1, even when V^1: • ကိစ္စပြီးလို့ ကြွေအိုးရှေ့က ခွာလိုက်ရင်တော့ ဘောင်းဘီ ဇစ်ဆွဲတင်လို့မှ မပြီးသေးခင် ဆပ်ပြာရေမွှေးတစ်မျိုး ထွက်ကျလာပြီး ဆေးကြောသန့်စင်ပစ်လိုက်ပါတယ်။ After you have concluded your business (in a public lavatory) and have stood up from the bowl, you have barely zipped up your trousers before some fragrant cleansing fluid gushes out and cleans the pan. • ထိုအတွက် အချိန်နှစ်ပတ် ပေးထားသည်။ ၂ပတ် ကျော်လို့မှ ဒဏ်ငွေ ရောက်မလာလျှင် ... တရားရုံးသို့ ဆင့်စာ ထုတ်သည်။ For this (payment of parking fine) they give you two weeks. If two weeks pass and the fine is not received they issue a summons to court. • လက်ဝါးကို ထောင်ကြည့်လို့မှ လက်ကြား မမြင်ရ။ (It was so dark) you couldn't see between your fingers even if you held your hand open in front of your face. • ငါးကျပ်တန်လေး တစ်ရွက်မှ ယောင်လို့မှ ထွက်မလာကြပါဘူး။ They didn't come forward to offer even a measly five kyat note (to the performer), not even by mistake. • အရေးအခင်း ရှိလို့မှ ခေါ်ရင်တောင် မလွယ်လှပါလား။ If there were some emergency it wouldn't be easy to call them (because their names are so long).

(c) ***In pattern*** **Phr–မှ V-ပါ့မလား ⇒ Would it really V? Could it possibly V?**; *often with the verb repeated: V–မှ V-ပါ့မလား။* • သူကတိ တည်မှ တည်ပါ့မလား။ Can I rely on him keeping his promise? • မီးရထား မှီမှ မှီပါ့အုံးမလား။ Shall we be in time for the train? • ဗမာစာကိုမှ ကောင်းကောင်း ဖတ်နိုင်ပါအုံးမလား။ Will she still be able even to read Burmese properly ? • ရွေးကောက်ပွဲမှ ဖြစ်ပါ့မလားလဲ မသိဘူး။ And I wonder if there will even be an election. • ငါတောင် အိမ်မှ ရောက်မှ ရောက်ပါအုံးမလားလို့ အောက်မေ့နေတာ။ I wondered if I'd ever get home.

(d) ***In pattern*** **Phr–မှ မVရင် ⇒ if not V with Phr,** *with the suggestion that Phr ought to work, that it's the last resort:* • အဲဒီလိုမှ မရရင်။ If we can't manage (even) that way. • ဒါလောက်မှ မယုံကြည်ရရင်လဲ ဘာလို့ တစ်ယောက်နဲ့တစ်ယောက် အိမ်ထောင်ပြုကြသေးသလဲ။ If they don't even trust each other to that extent, then why did they marry each other? • တီဗွီတစ်လုံး ဝယ်ခဲ့ပါ ဖေဖေ၊ ဒါမှ မဟုတ်ရင် ဗီဒီယိုပြစက်တစ်လုံး။ Buy a TV set (in Japan), Daddy! Or failing that a video player.

(e) ***In pattern*** **N–မှ ... မဟုတ် ⇒ it is not N,** *with the suggestion that N is impressive enough, but the truth is even more remarkable:* • ဒီလိုရပ်ကွက်ကလေးထဲကိုပင် သူက တီဗွီ ဝယ်လာခဲ့မိသည်။ တီဗွီမှ သေးသေးလေး မဟုတ်။ လက်မ ၂၀ တီဗွီ ဖြစ်သည်။ It was into a neighbourhood of this sort that he introduced a TV set. And this TV was no small thing. It was a 20" TV. • ခင်ဗျား့ကျောင်းဆရာဟာ ... သူပုန်ကြီးတယောက် ဖြစ်နေပြီဗျ ဟုတ်လား။ သူပုန်မှ နယ်နယ်ရရ မဟုတ်ဖူးနော်။ ... ရောမအဓိပတိ သူပုန်ကြီး။ Now your school teacher has become a rebel. Do you understand? And he's not just any small-time rebel, he's a powerful rebel leader!

(f) ***In pattern*** **တစ်–N–မှ ⇒ per N,** *distributive, with a suggestion of "even for a whole N, only ...":* • ပိတောက်ပန်းလောက် အပျင်းကြီးတဲ့ပန်း မရှိဘူး။ တစ်နှစ်မှ တစ်ခါ၊ တစ်ခါမှ တစ်ရက်၊ ဒါတောင် မိုးရွာမှ – ဟွန်း။ The padauk is the laziest of all the flowers. In the whole year (it flowers) only once. And that once is only for a day. And even then it's only if there's rain. Humph! • လက်ခြွေပွင့်တွေ တစ်ပွင့်မှ တစ်မတ်ထဲ။ Hand picked flowers! Only 25 pya a blossom. • ဗိုကေကျွန်းက လွန်ရော ကျွံရော တစ်နှစ်မှ ၃၀၀၀–လောက်ပဲ ကျန်ပေမဲ့။ Even when (their plot on) BK island was at its most prolific, in a whole year they only had about K3000 left over.

(g) ***In pattern*** **N–မှ N ⇒ only N is N,** *i.e. N is one of a kind, unmatched:* • ကျွန်မက နဘေဆန့်ကျင်ရေးသမား မဟုတ်သလို နဘေမှ နဘေသမားလည်း မဖြစ်ပါရစေ

နဲ့။ While I am not against rhyme chains, I hope that I will ("may I") not be a writer who must have rhyme chains at all costs. • ကျပ်စေ့နဲ့ မဖြစ်ဘူးကွ။ မတ်စေ့မှ မတ်စေ့။ It doesn't work with a K1 coin. It must be a 25 pya coin.

(h) *In pattern* V-မှ V ⇒ **V really, immensely, tremendously,** *strongly emphatic; a usage at first associated with Moulmein, but now widespread:* • ကောင်းမှ ကောင်း။ It's really good. • စပ်မှ စပ်။ It's as hot/spicy as can be. • ဒီလောက် တော်တဲ့လူကို ရှားမှ ရှားမှန်း သိတယ်။ I know it's really hard to find sn as talented as he is.

(i) *In pattern* V-မှပဲ ⇒ **they have already V-ed,** *etc;* • မှန်၊ ဘယ်လောက်များ ကြာသွားသလဲ။ အနှစ်သုံးထောင်တောင် ကျော်မှပဲ။ Now let's see: How long did it last? It must be over 3000 years! • မွန်းလွဲလောက် ရောက်မယ် ထင်တယ်။ — မွန်းလွဲနေမှပဲ။ I imagine they'll be here a little after noon. — It is after noon already. • သကြား ထည့်ပေးလိုက်ရမလား။ — ဆရာ ထည့်လိုက်မှပဲ။ Should I put in some sugar for you? — I've put some in already. • ကျောက်မီးသွေး သယ်နေရ တာ သနားတယ်ဗျာ။ အသက်ကြီးနေမှပဲ။ I was sorry for them having to carry coal around. They were old by then.

(j) *In combination with* အင်မတန် *and* အလွန် **"very"** ⇒ **very very, ex-tremely:** • James Last ဆိုတဲ့ နာမည်ဟာ မြန်မာနိုင်ငံသားတွေအတွက် အလွန် ရင်းနှီးနေခဲ့ပြီး အင်မတန်မှလည်း ကြိုက်ခဲ့ကြပါတယ်။ The name of JL is well known to Burmese people and he is extremely popular. • အလွန်မှ ရက်စက်တာပဲ။ They were very cruel.

(k) *In combination* V-မှဖြင့် ⇒ **if V, when V:** • လူတွေက သူတို့ လိုချင်တာကို မရပလား ဆိုမှဖြင့် ရန်လုပ်တတ်ကြတယ်။ People become hostile when they don't get what they want. • ဆွေရယ်မျိုးရယ် မရှိမှဖြင့် လူတိုင်းက အထင်သေးချင်တယ်။ If you have no relatives everyone looks down on you. • သခင်တွေ တရားပွဲ လုပ်ပလား ဆိုမှဖြင့် သူက မြို့ထဲရွာထဲ လျှောက်ပြီး အော်ရဟစ်ရတယ်။ When the Thakhins were to hold a political meeting it was his job to go round the streets shouting out the news.

(l) *In combination* V-မှဖြင့် ⇒ **What if V? Suppose V,** *in incomplete sentences:* • သားရယ်၊ မတော်တဆ လဲပြုပြီး ကျိုးပဲ့သွားမှဖြင့်။ My son: suppose you fell by accident and broke an arm or a leg? • မတော်တဆ ပစ်ခတ်သွား မှဖြင့်ဗျာ။ Suppose they were to open fire?

(m) *In other patterns and combinations* so far not fully understood, but all suggesting some extra emphasis: • [ဈေးဝယ်] လတ်တော့ လတ်ပါတယ်နော်။ — [ဈေးရောင်း] အော်၊ စိတ်ချ။ မလတ်မှာတော့ မပူနဲ့။ ... လတ်သမှ အရည်ကို တရွှမ်းရွှမ်း နဲ့။ (Shopper:) They are fresh aren't they? (Shopkeeper:) Oh, have no fear! Don't have any concern about their not being fresh. As for freshness, they are positively bursting with juice. • ဒီဟာထက် အများကြီး ပိုပြီး နွမ်းနယ်တဲ့

ကျပ်တန်ကလေးတွေမှ အများကြီးပဲ။ There were after all many other K1 notes that were much more shabby than this one. • ကျွန်တော် ဘာမှ မဖြစ်ပါလား ဖေဖေ။ ကျွန်မာတာမှ ဒေါင်ဒေါင် မည်နေတာပဲ။ There's nothing wrong with me, Father! As for being healthy I positively resound with health! • သူလည်း ရတ်တရက် ပျော်သွားတယ်။ အံ့လည်း အံ့သြသွားမိတယ်။ အံ့သြတာမှ အတော်ကို အံ့သြ သွားတာ။ He too suddenly felt happy. He was also astonished. He was very astonished. • လခထုတ်ရက် မဟုတ်သေးသော်လည်း အိမ်ရှင်ဆီက ကြိုတင်တောင်းလာခဲ့ ဖို့ သတိမှ ရပါ့မလား။ Though it wasn't yet payday for the month, (she wondered) if he would really remember to ask for the money in advance from their landlord. • အငယ်မလေးက ညည ကောင်းကောင်းမှ အိပ်ရဲ့လား မသိ။ She did-n't even know whether her younger daughter was sleeping well at night. • တဲ့အိမ်ငယ်ထက်တွင် မွေးကင်းစကလေးငယ်နှင့်မှ လူလေးယောက်သာ ရှိသည်။ There were only four people in the little hut, even including the newborn baby.

မှတစ်ဆင့်၊ မှတဆင့် see under တစ်ဆင့် through, via

မှတစ်ပါး၊ မှတပါး 2 see under တစ်ပါး apart from

မှနေ၍ see under မှ from

မှအပ see under (အ)ပ outside of

မှသည် see under မှ from

မှာ 1 sts **မယ် (N~)** ⇒ **in, at, on; per (with units of measure)**; nn mkr, FB+CB, = FB တွင်၊ ၌၊ ဝယ်; the variant မယ် is associated with rural areas and Upper Burma; • သူ့မိဘတွေ မန္တလေးမှာ နေပါတယ် (= FB သူ၏ မိဘများ မန္တလေးမှာ နေပါ သည်)။ Her parents live in Mandalay. • စာတိုက် ဘယ်နားမှာလဲ။ Whereabouts is the post-office? • ဥသြတွန်သံကို နွေဦးမှာ ကြားရသည်။ The call of the cuckoo is heard at the beginning of summer. • တစ်လမှာ ထောင့်ငါးရာ ရတယ်။ She gets 1500 a month. • တစ်နှစ်မှာ တစ်ခါ အကြီးအကျယ် ရေလျှံတဲ့ မြစ်။ A river that floods heavily once a year. • ဦးပိန်းတံတားမယ် စောင့်နေမယ်။ I'll be waiting at U Pein's bridge.

မှာ "in, at" is subject to the same rule as က၊ မှ "from" and ကို၊ သို့ "to" in not being suffixed directly to personal referents: instead these suffixes are preceded by CB ဆီ or FB ထံ "place": • ကျွန်တော်တို့ဆီမှာ လာတဲ့နိုင်ပါတယ်။ You can come and stay with us, at our place. • ငါ့သမီးထံမှာ ဒီအိုးကို ထားခဲ့ပါရစေ။ May I leave this pot with you, in your place? • ဂီတဆရာမတစ်ယောက်ထံမှာ အဆိုသင်တန်း တက်စေခဲ့၏။ He had her attend a singing class with a music teacher.

There is one common exception to the above rule. မှာ is suffixed directly to a personal referent in the pattern N¹-မှာ N² ရှိ- "N¹ has an N²" ("there is an N² at/with N¹"): • ကျွန်တော်တို့မှာ ပိုက်ဆံ သိပ် မရှိဘူး။ We haven't got much mon-ey. • မောင်လှမှာ တူနှင့် လွှ ရှိသည်။ Maung Hla has a hammer and a saw.

မှာ **2 (N~, Phr~)** *indicates topic of sentence,* usually the subject; nn mkr or stc med phr ptcl, FB, sts CB; *cf* CB ဟာ "topic", FB သည်၊ ကား "topic"; common in defining or equational sentences; sts contrasting with a preceding topic; • ကံ ဝိဘတ်မှာ "ကို" ဖြစ်သည်။ The object suffix is *ko.* • မောင်စံရှားမှာ အလုပ်မပြီးက အအိပ်အစားကို ခင်မင်သူတစ်ယောက် မဟုတ်သဖြင့်။ As Maung SS was a man who had no care for eating or sleeping if his work was unfinished. • စစ်တန်း ကောက်ရသည့် အကြောင်းမှာ ... သိရန် ဖြစ်ပါသည်။ The reason for keeping *sit-tan* records was to know .... • ဟုတ်သည်၊ မှန်သည်။ ဦးဘရီ ပြော သည်မှာ မှန်သည်။ True. Correct. What U BY said was correct. • သတိပြုရမည် မှာ ထရန်စစ္စတာ အမျိုးအစားပင် ဖြစ်သည်။ Something we have to pay attention to is the type of transistor. • ဇာတိချက်ကြွေ မွေးရပ်မြေ၊ ရမ်းပြိုကျွန်း ကင်းရွာသို့ သတိရကြောင်း ဖွဲ့ဆိုထားသည်မှာ ...။ His words in remembrance of his birthplace Kin Village on Ramree were .... • စပျစ်သီးအချို့သည် ချဉ်သည်။ အချို့မှာ ချိုသည်။ Some grapes are sour, and some are sweet. • ဝက်သားဟာ တရုတ်နဲ့ ဗမာတွေအဖို့ အစားကောင်း ဖြစ်ပေမယ့် ပသီကုလားတွေအဖို့မှာတော့ ရွံ့စဖွယ်လိလိ ဖြစ်နေသလိုပဲ။ For the Chinese and Burmese pork is (considered) a good foodstuff, but for the Muslim Indians it is as if it were disgusting. • သူပေး လိုက်တဲ့ စကားဟာ ကျွ်ုပ်အတွက်မှာတော့ အင်မတန် သိသာထင်ရှားတာပဲ။ For me at least the message he has sent is extremely clear. • ဤမြို့ကို သိမ်းယူရန်မှာ နည်းတစ်နည်းသာ ရှိလေသည်။ To take this town there was only one way. *Common in the pattern V–*သည်မှာ *ကြာ– "V-ing has been long" and similar (cf CB V–*တာ*):* • ရန်ကုန်သို့ ရောက်နေသည်မှာ သုံးရက်ခန့် ရှိပြီ။ I have been in Yangon about three days. • အမေနှင့် မတွေ့ရသည်မှာ ကြာလုပြီ။ She hadn't met her mother for a long time. • စာသင်သံဃာ (၆၀) ကျော်တို့အား စာပေကျမ်းဂန်များ ပို့ချလာခဲ့သည်မှာ ယနေ့တိုင်အောင် ဖြစ်ပါသည်။ He has been teaching sacred texts to a group of over 60 student monks right up to the present time. *Common in the combination N* ဟူသည်မှာ *or N* ဆိုသည်မှာ *(= CB* ဆိုတာ*) specially when followed by a definition:* • သုတစာပေ ဟူသည်မှာ အကယ် ဖြစ်သော အကြောင်းတစ်ရပ်ရပ်ကို ရေးသားသော စာပေ ဖြစ်ပါသည်။ General knowledge literature is literature written on a subject that really exists, really happened (i.e. not imagined). • ယဉ်ကျေးမှု ဆိုသည်မှာ လူမျိုးတစ်မျိုး၏ ပင်မ ရေသောက်မြစ် ဖြစ်ရာ။ Culture is the main source of (the identity of) a race. • ခုံရုံး ဆိုသည်မှာ အခြားမဟုတ်။ ၃ ပါတီ ခုံရုံးဖြစ်သည်။ What this tribunal was, was a three-party tribunal.

မှာ **3 (V~)** ⇒ **that which will be V-ed, thing that is to be V-ed, V-ing**; *converts a verb clause with future reference to a "nominalized clause", a noun-like entity that can be used as a noun in a larger sentence; sp hd nn, CB; = FB V–*မည်၊ *V–*မည်မှာ*; cf V–*တာ*; formed from* မယ်+ဟာ *"thing";*

***(a) the verbal noun behaves like an ordinary noun** and combines with noun modifiers (such as တွေ) and noun markers (such as နဲ့၊ ကြောင့်):* • ဈေးဝယ်ရမှာတွေကို စဉ်းစားနေတယ်။ I was thinking over the things I have to buy. • ရေဒီယို၊ ရုပ်မြင်သံကြားကနေပြီး လွှင့်ခွင့် ပေးပါတယ်။ ဒါပေမဲ့ သူတို့ ပြောမှာတွေကို ကြိုတင်ပြီး တင်ပြရပါတယ်။ They are allowed to make radio and television broadcasts, but they have to submit what they are going to say (to the censor) beforehand. • ဧည့်သည်တွေ မနက်ဖြန် လာမှာမို့ ကျွန်မ သိပ် အလုပ်များနေပါတယ်။ I am very busy because visitors are coming tomorrow. • မနက်ဖြန်အတွက် ရေးရမှာ ရှိသေးသလား။ Have you still got something to write for to-morrow? • သင်္ကန်းဝတ်မှာနဲ့ ဘာမှ မဆိုင်ဘူး။ It's nothing to do with the fact that you're going to don the robe of a monk.

(b) in sentences embedded before appropriate verbs: • မောင်တော် လာရင် ရောဂါကူးမှာ စိုးလို့ ခုလို ပုဝါနဲ့ ဖုံးထားရတာပါ။ I was concerned that if you (Maungdaw) came you might catch the infection, so I covered it with a cloth. • အမေ စိတ်မကောင်းမှာ စိုးလို့ မပြောတာ။ I didn't mention it because I was afraid it might make Mother unhappy. • ဒီဟာ မလုပ်ရဘူးလို့ ပြောရမှာ ကျွန်တော့်အနေနဲ့ အင်မတန်မှ ဝန်လေးပါတယ်။ For my part, I am extremely reluctant to have to say we mustn't do this. • အိပ်မက်အရ ဆိုရင် ဘုရင်ဖြစ်မှာ သေချာနေပြီ။ According to the dream, it is certain that he will be king. • ပန်းနည်းတော့ စောစောကုန်မှာ သေချာသည်။ As she had few flowers (to sell) it was certain that she would run out early. • ကွန်ပျူတာရဲ့ အပြန်အလှန်တုံ့ပြန်နိုင်မှု (Interactivity) ဟာ ကျောင်းသားတွေရဲ့ သိလိုစိတ်၊ စူးစမ်းလိုစိတ်တွေကို ဖြည့်ဆည်းပေးနိုင်မှာကြောင့် ကျောင်းသားတွေဟာ သင်ခန်းစာတွေကို စိတ်ဝင်စားမှု ပိုပြီးရှိလာမှာကတော့ ထင်ရှားပါတယ်။ Since the interactivity of a computer can satisfy the curiosity of the students, it is clear that they will take a greater interest in their lessons. • အပြတ်အသတ် ချေမှုန်းခံရမှာကို ကာကွယ်ဖို့။ To take precautions against being overwhelmingly defeated. • အလည်ပြန်မှာကို ပြောတာလား။ Did he say that he was coming back for a visit?

မှာ 4 *see under* မယ် *will V, stc mkr*

မို *see under* ခင် *before V-ing*

မှု (V~, N~) ⇒ (a) legal case of N, of V-ing; *comm elem cpd nn, CB+FB;* • ပြစ်မှု crime, charge; မုဒိမ်းမှု rape case; ခိုးမှု theft.

(b) act, deed of V-ing, *used to form abstract nouns from verbs and sts nouns; sp hd nn; cf V–ချက်၊ V–ခြင်း၊ V–ရေး၊ V–သည်၊ V–တာ;* • လွတ်မြောက်ရေးလှုပ်ရှားမှု liberation movement; ကုသိုလ်ကောင်းမှု a work of merit; စုပေါင်းလုပ်ကိုင်မှု cooperative activity; လူမှု ဆက်ဆံရေး social relations; လူမှုရေး မျှတမှု social justice; ချောင်းမြောင်းတိုက်ခိုက်မှု sniping; နှစ်ဖက်စလုံးကလဲ နားလည်မှုနဲ့ ဆက်ဆံရမယ်။ And both sides must treat each other with understanding.

မှူး **(N~)** ⇒ **chief N, head N, leader of Ns**; *comm elem cpd nn, CB+FB*; • စာကြည့် တိုက်မှူး librarian; ညွှန်ကြားရေးမှူး director; ဌာနမှူး head of department; အဆောင် မှူး warden (of a hostel); အကျိုးဆောင်အတွင်းရေးမှူး Honorary Secretary; ကင်းမှူး leader of a patrol; စဖိုမှူး chef, head cook; ဗိုလ်မှူး major, lieutenant commander

မို့၊ မို့လို့ *see under* မို့ *because*

မှတ်လား *contraction of* မဟုတ်ဘူးလား *isn't that so?*

မှန်လျှင် *FB = CB* မှန်ရင် **(N~)** ⇒ **if sth is a true N, if sth qualifies as N, any genuine N**; *sub cls, FB+CB; cf CB* ဖြစ်ရင်၊ ဆိုရင်; • ဗုဒ္ဓဘာသာမြန်မာလူငယ် မှန်လျှင် ဘုန်းကြီးကျောင်းသားအဖြစ်၊ ကိုရင်ကလေးအဖြစ်ဖြင့် ဘုန်းကြီးကျောင်းတွင် နေဖူးကြသည်॥ Any young Burmese male has lived in a monastery as a mon- astery boy or as a novice monk. • လူကြီးလူကောင်း မှန်ရင် တို့အခြေအနေမှန်ကို နားလည်မှာပဲ॥ If they are genuinely responsible people they will understand our circumstances. • ယောက်ျားမှန်ရင် ရှင်မပြုဘူးတဲ့သူ ... ရယ်လို့ မရှိအောင် ရှားပါ တယ်॥ Among those who are male, there are so few who have not worn the robe as to be non-existent.

မှန်သမျှ *all that are truly N: see under* မျှ *as much as*

မှန်သရွေ့၊ မှန်သရွှ *all that are truly N: see under* ရွေ့ *as much as*

မှန်း **(V~, Stc~)** ⇒ **that Stc, the fact that Stc**; *sub cls mkr and sub stc mkr, CB+FB; usually with verb* သိ– *but occasionally found with other verbs; suffixed to noun sentences, and to sentences ending in verbs and in V–*မယ်; • ဒီဥစ္စာ ဘာမှန်း မသိဘူး॥ I don't know what this thing is. • သူ သေသွားမှန်း မသိလို့॥ Because I didn't know he had died. • ဘယ်လို လုပ်ရမယ်မှန်း မသိဘူး॥ I didn't know what I ought to do. • လက်မှတ်ဝယ်လို့ ဒီလောက် ခက်မယ်မှန်း သိရင် မလာပါဘူး॥ If I'd known it was going to be so difficult to buy a ticket I wouldn't have come. • အိပ်မောကျနေမှန်း စိတ်ချလက်ချ ရှိမှ॥ Not until it was certain that they were fast asleep. • သူအတွေ့တွေမှာ မကြည်လင်သေးမှန်း မျက်နှာ အိုနေခြင်းသည် ပြနေပေသည်॥ Her sad expression showed that her mind had not yet cleared. • ဂုဏ်မငယ်မှန်း စိတ်အေးသွားသည်॥ She felt relieved that he was not socially inferior. • သူတို့မှန်း မထင်ဘူး॥ I don't think that (these people) are the ones (we want).

Common in pattern V–မှန်းမသိ V ⇒ **to V without one's being aware of it**: • အချိန် ကုန်မှန်းမသိ ကုန်သွားတာပဲ॥ The time has passed without my being aware of it. • မနက်ထုတ်သတင်းစာဟာ ညနေထုတ်သတင်းစာ ဖြစ်မှန်းမသိ ဖြစ်သွားရှာ တယ်॥ The morning papers became evening papers without their realising what was happening.

မှန်းမသိ *without one's being aware of it: see under* မှန်း *that*

မှု 1 (N~, VA~) ⇒ as much as, as many as, equivalent quantity; as much as V, all that is V; *nn mkr and sub stc mkr, FB, = CB* လောက်; *common with selective nouns, and VA in the form V–*သမျှ; *sts used attributively in the form V–*သမျှသော; • ထိုမျှလောက် ကျွန်ုပ် စွဲလမ်းချစ်ကြိုက်နေပြီ ဖြစ်သောသူကလေး။ That young person to whom I was so attached. • ထိုမျှ ဝေးလံသော ခရီး။ Such a long journey. • ဤမျှ ပြန်ချင်ဇော ကြီးနေခြင်းမှာ။ My wanting to go home so greatly. • ဤျမျှ ထူထပ်စွာ ကျနေသော မိုးနှင်းများ။ The snowflakes that fell so thickly. • ကျွန်ုပ် ခုန်နေသည်ကား မည်မျှ ကြာသည်ကို မသိနိုင်။ I don't know how long I was jumping for. • ရွှေငွေဥစ္စာ မည်မျှ ပါသွားသနည်း။ How much gold, silver and valuables went (in the robbery)? • ဝတ္ထုဆောင်းပါးတို့ကား မည်မျှပင် ကောင်းသော်လည်း။ However good the articles might have been. • ရောင်းရသမျှ နှင့်ပင် ကျွန်ုပ်တို့ကို အသက်မွေးခဲ့ရလေသည်။ Supported us (children) with whatever she could earn by selling. • ပြောဆိုလိုသမျှ ဘွင်းဘွင်းကြီး ရေးသားခဲ့လေသည်။ I set down openly everything ("as much as") I wanted to say. • မိမိလုပ်ငန်းခွင် မှာ ဖောက်လွဲဖောက်ပြန်တွေ မလုပ်မိသမျှ အလုပ်ပြုတ်သွားမှာ မစိုးရိမ်ရဘူး။ One has no worries over losing one's job as long as one does not happen to do anything unacceptable. • လိုသမျှ ခရီးသည်ကိုသာ တင်ဆောင်သည်။ (The bus) takes on only as many passengers as there is room for. • သားကြီးငါးကြီး တတ်နိုင် သမျှ ရှောင်သည်။ He avoids meat as much as he can.

Common in a set of similar phrases: **N** ရှိသမျှ *or* ရှိရှိသမျှ ⇒ **all Ns there are, N** မှန်သမျှ ⇒ **all that are truly N, N** ဟူသမျှ။ **N** ဆိုသမျှ ⇒ **all that can be said to be N, i.e. all Ns;** *subordinate clauses, often used attributively before or after head noun, CB+FB; cf FB* ရှိသမျှ၊ မှန်သမျှ၊ ဟူသမျှ, *and CB* ရှိသလောက်; • ပြောစရာရှိသမျှဟာ ဒါပါပဲ။ All that I have to say ("things to be said, all that exist") is just that. • ရှိသမျှပိုက်ဆံလေး အစ်မကို ပေးခဲ့ရသဖြင့် ကုန်ပြီ။ All the money she had she had had to give to her sister, and there was none left. • ရှိရှိ သမျှ ညောင်ပင်ကြီးတွေ။ All the large Bodhi trees there were. • နိုင်ငံခြားသား မှန်သမျှ မောင်းထုတ်ချင်တယ်။ He wants to expel all foreigners ("as many as are true foreigners"). • အလုပ် ဟူသမျှကို စေ့စေ့စပ်စပ် လုပ်ကိုင်တတ်သူ ဖြစ်သည်။ He was someone who used to do all his work ("as much as is called work") precisely and thoroughly. • ရိုးတံလှလှ အငုံအဖူးမှန်သမျှ ရွေး၍ ခူးပေးလိုက်လေ သည်။ She sought out and picked every bud that had a pretty stem. • လာ သမျှသော ရန်သူ ဟူသမျှကို ဖြိုဖျက်ချေမှုန်းပစ်မည် ဟူသော သန္နိဋ္ဌာန်ဖြင့်။ Having made a resolution that they would destroy all of the enemy who came. • တစ်တိုင်း ပြည်လုံးမှာ ရှိသမျှ တန်ခိုးကြီး ဘုရား၊ စေတီများနဲ့ ဘုန်းကြီးကျောင်း မှန်သမျှ လည့်လည် ဖူးမြော်ရင်း လှူခဲ့တန်းခဲ့တာ။ I have made pilgrimage to all the great and famous pagodas in the whole country and every monastery and made offering to them. • တစ်နိုင်ငံလုံးရှိ တန်ခိုးကြီးသည် ဆိုသမျှ ရဟန်း၊ ပုဂ္ဂိုလ်မှန်သမျှ လည့်လည်ဆည်း

ကပ်ခဲ့ပြီးပြီ။ He had been all over the country to visit every monk and lay-man who was said to have influence.

မျှ **2 (Phr~)** ⇒ **in extent, in quantity;** *stc med phr ptcl, FB; usually suggesting that the quantity specified is either more or less than you would expect;*

(a) *more than you would expect (cf CB* တောင်*):* • ၉-လကြာမျှ အငြင်းပွားနေတဲ့ ကိစ္စ။ A matter that had been argued over for (as long as) nine months. • ၂-ထောင်မျှ မက။ More (even) than 2,000 (kyat). • ကျွန်တော် မှတ်မိသလောက် ၄-တန်းရှိရာ ကျောင်းသားပေါင်း ၁၅၀ကျော်မျှ ရှိပါသည်။ As far as I can remember, there were altogether as many as 150 pupils in the fourth form. • ထိုစဉ်က သတင်းစာများမှာ ... စာမျက်နှာ ပုံမှန် ၂၄-မျက်နှာမှ ၂၈-မျက်နှာမျှ ပါလေသည်။ The newspapers of those days regularly had from 24 to as much as 28 pages.

(b) *less than you would expect, sts* မျှသာ *(cf CB* သာ၊ ပဲ*):* • အပူအပင် မရှိသည့် ကလေးမျှသာ ဖြစ်လေသည်။ I was only a carefree little child. • ခဏမျှ အမော ဖြေနေရတော့၏။ I rested for a brief moment. • ကျွန်ုပ် ရရှိသော လခမှာ တလ ၄၀ဝိမျှသာ ဖြစ်သော်လည်း။ Although the pay I got was a mere K40 a month. • သူရိယာသတင်းစာမှာ ထိုအခါက ရက်ခြားသတင်းစာမျှသာ ဖြစ်လေသည်။ At that time the Sun newspaper was only published every other day. • စက်ပြင် ဆိုပေမည့် အဆင့် ၃မျှသာ ဖြစ်သည်။ Although he was (called) a mechanic, he was only qualified to Grade 3. • နို့ယာဂုတွေ မကုန်ရုံမျှ မဟုတ်သေးပါဘူး။ It wasn't just that her rice gruel didn't run out (it also had miraculous curative powers).

မျှ **3** *see under* မှ *(not) even,* အမျှ *as much as,* သမျှကာလပတ်လုံး *so long as sv* ကာလ

အမျှ *sts* တမျှ **(N–နှင့်~** *FB =* **CB N–နဲ့~)** ⇒ **equivalent to N, as much as N, the same as N;** *nn mkr, CB+FB; cf* လောက်; • ဆရာနှင့်အမျှ (ဆရာနှင့်တမျှ) တတ်သည်။ To know as much as one's teacher. • ရန်ကုန်မြို့တစ်မြို့လုံးရဲ့ လူဦးရေနဲ့အမျှ သေ သွားတယ်။ As many people died as the population of all Yangon. • စပါး အထွက် ပိုသည်နှင့်အမျှ ပြည်ထောင်စု၏ ဝင်ငွေများလည်း တိုးတက်လာ၏။ The Union's income increases to the extent that rice production goes up. • မိတ်ဆွေအသစ် တွေ မိနစ်နဲ့အမျှ တိုးနေတယ်။ I was gaining a new friend almost every minute ("as much as there were minutes"). • အသက်နဲ့အမျှ စောင့်ရှောက်သွားမယ်။ I will look after you as I would my life. • ယခုတော့ အရွယ်တွေ ကြီးရင်လာသည်နှင့်အမျှ အခြေအနေတွေလည်း ပြောင်းလဲခဲ့ရလေပြီ။ But now they are all older and their circumstances are correspondingly altered. • နေ့စဉ်နှင့်အမျှ သတိရသည်။ We remember you practically every day. • အသံကြီးသည် မိုးချုန်းသံတမျှ ရှိသည်။ The great noise was as loud as thunder. • ဖခင်ရင်းတမျှ သူ အလွန် ချစ်ခင်ကြည်ညိုသော ဘုန်းဘုရား။ The monk whom he loved and respected as much as if he were his own father. • ထိုအခါ ပွဲတော်ကြီးတမျှ စည်ကားလှပေသည်။ In those days it used to be as crowded as a grand festival.

သူ– (V~–) • **(a) V and take, V for oneself;** *vb mod, CB+FB;* • ကျွန်တော် ကိုဘုန်းမြင့်ကို interview လုပ်ယူထားတယ်၊ ပေဖူးလွှာမဂ္ဂဇင်းမှာ ပါလာပါလိမ့်မယ်။ I have interviewed (taken down an interview) with Ko Hpon Myint. It will probably appear in Pe-bu-hlwa Magazine. • ကျူးလွန်မိသော အပြစ်တစ်စုံတစ်ရာအတွက် အကြီးအကဲက ပေးသောဒဏ်ကို ခံယူရသည်။ One has to endure the punishment given by a superior for some crime one has committed.

Regular companion verb for ဝယ်– *to buy:* • နံပါတ် ၈ ရေဆေးစုတ်တံ ဖိုလ်ချုပ်ဈေးခွဲ့ သွားရောက်ဝယ်ယူရဦးမည်။ I must go and buy a n° 8 watercolour brush in Bogyoke Market.

(b) V strenuously, exert oneself, make an effort to V; • အဓိပ္ပါယ် နက်နဲ လွန်းလို့ အင်မတန် တွေးယူရတယ်။ it was so profound that one had to think extremely hard (to get the meaning). • ကုလားတောင်မှ အော်ယူအောင် စပ်တယ်။ (The chillie) is so hot that even an Indian cries out. • ချောင်းထဲ ပစ်မချရန် တားမြစ်ယူရပါသည်။ They had to be forbidden to throw away (the jute stems) in the river.

ယောက် (N°~) *and* **အယောက်** (~N°) ⇒ **person,** *comm nmtv for people; CB+FB;* *less respectful than* ဦး၊ *cf* ပါး၊ • မျက်စိမမြင်တဲ့သူတစ်ယောက် a blind man; အဆိုတော်သုံးယောက် three singers; ဒို့နှစ်ယောက် you and I ("we two persons"). အဲဒီနှစ်က ကျွန်တော်လို ဘိုင်အိုကျတဲ့လူ အေ–တန်း ရော ဘီ–တန်းပါ အားလုံး ၁၉ ယောက်၊ အယောက် ၂၀ လောက် ရှိမယ်။ In that year there must been 19 or 20 people who were allocated to biology like me.

ယင် *see under* လျှင် *if, when*

ယင်း: **1** (~ *or* ~N) **this, that, the above-mentioned, the latter;** *selective noun, FB, mainly in older or more formal texts: the less formal option is FB* ထို *qv; = CB* အဲဒီ; • အနုမကန်၏ မြောက်ဘက်တွင် အနုမမြို့ရိုး ရှိသည်။ ယင်းမြို့ရိုး၏ အရှေ့ ဘက် …။ North of the A Lake is the A city wall. East of this wall …. • သူနှင့် သူ့ဇနီးတွင် စိတ်လိုဘ မပြည့်စရာတစ်ခုပဲ ရှိသည်။ ယင်းမှာ သူတို့တွင် သားသမီး တစ်ဦးမှ မရှိသေးခြင်းပင် ဖြစ်သည်။ There was one thing that made him and his wife less than fully content. And that thing was that they had no children. • ဆရာဦးဖိုးချွန်းဃေး၊ ရမ်းပြဦးစံတင် စသည့် … ကဝိအကျော် စာဆိုတော်များ ပေါ်ထွန်း ခဲ့ပါသည်။ ယင်းတို့အနက် ကင်းဆရာလည်း အပါအဝင်ဖြစ်သည်။ Saya U PCY, Yanbye U ST and similar learned poets flourished. One of their number was the Kin Saya. • ယင်းသို့ ဖြစ်ရခြင်းမှာ။ The fact that it was like this. • ယင်းသောအခါ။ Thereupon, and then (= CB အဲဒီတော့). • ယင်းထက်။ More than this.

ယင်း: **2** *see under* ရင်း *while*

ယောင်– 1 (V~-) ⇒ **to seem to V, to V in one's mind**; *vb mod, CB+FB; only with* မြင်– *"to see" and* ကြား– *"to hear"*; • ယမန်နေ့က သူတို့ ကကြသည်ကို မြင် ယောင်နေသည်။ In my mind's eye I saw them dancing as they did the other day. • ပြောဆိုသွားသည်ကို ယခုထက်တိုင် ကြားယောင်နေလေသည်။ Even today I can still hear (in memory) what he told me. • သူ့သမီး စာအုပ်ပေါ်မှာ မင်နီများ မြင်ယောင်မိသည်။ He saw in his mind's eye the red ink (correction marks) in his daughter's schoolbook.

ယောင် 2 *and* အယောင်၊ ယောင်ယောင် (N~, V~, VA~) ⇒ **appearance, semblance, pretence of; as if, like**; *nn mkr, sub cls mkr and sub stc mkr; CB+FB; cf* ဟန်; • ပြီးယောင်ယောင် မျက်နှာနဲ့ ကြည့်နေတယ်။ He was watching with a slight smile on his face. • ဆီပြန်ယောင်ယောင် ချက်ရင် ပိုစားကောင်းတယ်။ It tastes better if it is cooked like a braised dish ("so that the oil returns to view"). • နားလည်သယောင်ယောင် ထိုင်ကြည့်နေတယ်။ I was sitting and looking on pretending I understood. • ပူလောင်သယောင် ပြောကြဆိုကြ၏။ They spoke as if it were really hot. • လူ၏အနံ့နှင့် ဆင်တူသယောင် ရှိသည်။ It was something like the smell of a person. • ပီမိုးနင်းဟု အင်္ဂလိပ်နာမည်ယောင်ယောင် ရေးထိုးခါ။ Writing my name "P Monin" as if it were an English name. • ကိုယ့်ချစ်သူရှေ့ကျရင် တကယ့် သူတော်ကောင်းလေးတွေအယောင်၊ မခုတ်တတ်တဲ့ ကြောင်ကလေးများလို ဟန် လုပ်ပြီး နေလေ့ရှိတတ်ကြတယ်။ When they are in the presence of the loved one, they often put on a show, making out they are really well behaved little people, like the (proverbial) "cats that never pounce". • ကဗျာဆရာယောင် ယောင်၊ စာရေးဆရာယောင်ယောင်၊ နိုင်ငံရေးသမားယောင်ယောင်မို့ မြအေးကြည့်၏ စိတ်ထဲမှ ယောင်ခြောက်ဆယ်မောင်မောင်ဟု ကျိတ်ပြီး အမည်ပေးထားမိသည်။ Because he was making himself out to be something like a poet, or a writer, or a politician, in her mind MAK had secretly given him the name Maung Maung The Good-for-nothing ("Maung Maung with 60 guises").
*In the patterns V–*ချင်ယောင် ဆောင်–၊ *V–*ယောင် ပြု– *"to pretend to V"*: • မူးချင် ယောင် ဆောင်နေတယ်။ He was pretending to be drunk. • ကျွန်မ ပြောတာ မကြားချင်ယောင်ဆောင်တယ်။ He pretended not to hear what I said. • အောင်နိုင်ဦး လက်ထဲမှ မေမြို့ပန်းအပွင့်လှလှကြီးတစ်စည်းကို မမြင်ယောင်ပြုကာ အောင်နိုင်ဦးကို နှုတ်ဆက်ရသည်။ She greeted ANU, pretending not to see the bunch of lovely big asters in his hand.
In the pattern N ယောင် ဆောင်– *"to disguise oneself as N"*:
• မယ်ထွေးယောင်ဆောင်ပြီး။ Disguising herself as Meh Htway.

ယောင်– 3 (~V-) ⇒ **to V absently, without thinking, in error, in sleep**; *comm pre-vb, CB+FB*; • အဲ၊ ဟုတ်ပေါင်။ ယောင်ပြောတာပါ။ Oh. No. I didn't mean to say that. • ဒါလဲ ပုစ္ဆကလေးတွေ အိပ်နေရင်း ယောင်အော်တဲ့ အသံပဲ ဖြစ်မှာပါ။ And that too must no doubt be the sound of the little crickets calling out in their sleep.

ရ– **1 (V~-) ⇒ (a) have to V, must V, be obliged to V; (b) be able to V, have opportunity to V, can V, get round to V-ing;** *vb mod, CB+FB; cf တတ်၊ သာ၊ နိုင်; the common component of the two sets of translations is "non-volitional" action, i.e. the subject or agent of the verb is not actively willing or initiating the action or state; rather he is a passive actor, "obliged" to do or "given the possibility" of doing something. The following sentence illustrates both poles of meaning:* ကျွန်တော်သည် ၄တန်းအောင်ပြီးနောက် ၅တန်းမှာ <u>မနေရဘဲ</u> ၆တန်းသို့ <u>ခုန်တက်သွားရသည်။</u> *After I had passed the 4th standard (exam) I didn't have to stay in the 5th standard but jumped (was allowed to jump) up to the 6th standard. And an ambiguous example:* ၆တန်း ရောက်တော့ ၄တန်းစကောလားရှစ် စာမေးပွဲ ဖြေဆိုရ၏။ *When I reached the 6th standard I had to sit (was allowed to sit) the 4th standard scholarship examination. See also V–လို့* ရ– *and V–၍* ရ– *below.*

Examples of (a): • မနက်ဖန် အတန်း တက်ရမယ်။ You have got to go to lessons tomorrow. • ဘာ ဝယ်ပေးရမလဲ။ What should I buy for you? • စဉ်းစားရဦးမယ်။ I shall have to think it over. • မန္တလေး သွားချင်ရင် အမြန်ထားား လက်မှတ် ရရမယ်။ If he wants to go to Mandalay he must get an express train ticket. • သူ မသေတန်ပဲ သေရတယ်။ He died (had to die) before his proper time, before he deserved to die. • တစ်နေ့ ကျနော်လဲပဲ ခေါင်းဖြူကြီးနဲ့ ဖြစ်ရမှာပါပဲ။ One day I too shall (have to) become a white-haired old man. • အဲဒီတုန်းက ဟင်္သာတ ကျရ တော့မယ်။ At that time Henzada was on the point of falling, it had to fall. • ယာဉ် မဝင်ရ။ Vehicles must not enter, no entry for vehicles. • ရောဂါ မပျောက်မချင်း ငါး မစားရဘူး။ You mustn't eat fish till your illness is cured. • ဦးခင်မောင် ပါလီမန်အမတ် အရွေး ခံရသည်။ U Khin Maung was elected a member of Parliament.

Examples of (b): • ထမင်း မစားရသေးပါဘူး။ I haven't eaten yet, haven't yet had a chance to eat (in answer to question ထမင်း စားပြီးပြီလား Have you eaten yet?). • ၃–နှစ်အောက် ကလေးများသာ မီးရထားကို အခမဲ့ စီးရသည်။ Only children under three years can travel free. • ဆရာမကြီးနဲ့ စကားပြောခဲ့ရသလား။ Did you manage to speak to Sayamagyi? • ဘကြီးကို လွမ်းတဲ့အခါ ကြည့်ရအောင် အိမ်ယူ သွားမှဘဲ။ I'd better take (this portrait of my uncle) home so that I can look at it when I'm missing him. • လက်တွေ့ စမ်းကြည့်ရအောင် မင်းတို့ဆေး ငါ့ကို တစ်ဆုပ်လောက် ပေးကြစမ်း။ Give me a handful of your medicine so that I can try it out.

ရ– *is notably frequent after verbs of hearing, seeing, finding, meeting, becoming etc, where it carries so light a load as to require no English trans-*

lation: • တွေ့ရတာ အင်မတန် ဝမ်းသာပါတယ်။ I am very pleased to meet you.
• ကိုယ့်ကိုယ်ကို ပြန်စဉ်းစားကြည့်သောအခါ ငယ်ကလို မဟုတ်တော့သည်ကို တွေ့ရသည်။
When I thought about myself again, I found that I was no longer like when
young. • ရွှေဒဂုန်ဘုရား ဒီကနေ မမြင်ရဘူး။ You can't see the SDP from here, it's
not visible from here. • ထိုထိုသောစကားမျိုးကို ကြားရသောအခါ ကျွန်တော် ဂုဏ်ယူပါ
သည်။ I felt proud when I heard those kinds of words. • ဆောင်းပါးဖတ်အပြီးမှာ
ရွှေဘုံသာလမ်းက ဆေးခန်းတွေနဲ့ ပတ်သက်ပြီး ... ပြောပြလိုစိတ် ဖြစ်ရပါတယ်။ After I
had read that article I was seized with a desire to describe the clinics in
SBT Road. • ရဲလွင်က အုန်းရွှေ ပြောသလို မဟုတ်ရပါဘူးလို့ ငြင်းပါတယ်။ YL said "It
cannot be as OS says". • ဒီမှာ နေရတာ ဘယ်လို နေသလဲ။ What's it like living
here?

ရ– 2 **(V(လို့) ~~ CB = FB V(၍) ~~)** ⇒ **to succeed in V-ing, to manage, to be
able to V, to be permitted, be all right to V;** *vb mod, CB+FB; sts without*
လို့ *or* ၍; • မနေ့ညက အိပ်၍ မရ။ Last night I was unable to sleep, couldn't
manage to sleep. • ဗမာပြည်မှာ ဈေးဆစ်ရတယ်နော်။ အင်္ဂလန်မှာတော့ ဈေးဆစ်လို့
မရဘူး။ In Burma it is all right to bargain, isn't it? In England you can't
bargain. • ဒီမှာ ဖိနပ် စီး(လို့) ရသလား။ Is it all right, is it permitted, to wear
sandals here? • တကယ်တော့ ဗျာ၊ ဇရာရဲ့ဒဏ်ကို ခဏတဖြုတ် ရွှေ့ထားလို့ ရတယ်။
ရှောင်ကွင်းလို့ မရဘူး။ But in reality, my friend, one can put off (the the
advance of) old age for a short while. One cannot avoid it.

ရ 3 **(V–ရ–rhyme)** ⇒ **-ish,** *infix used to convert verb to adverb or attribute,
with poetic effect; sub cls mkr, CB+FB;* • ဖြူ– to be white: ဖြူရရ whitish;
• စီ– to set in line: စီရရီ in line; • ပု– to be short, squat: ပုရရ squat. dwarf-
ish; • တွန့်– to be wrinkled: တွန့်ရရွန့် gathered, puckered.

ရ 4 *see under* ရာ *appellative suffix*

ဿရ **(N~, VA~)** ⇒ **(a) according to, in accordance with;** *nn mkr and sub stc
mkr, CB+FB; cf* အညီ၊ အလိုက်၊ အားလျော်စွာ၊ အလျောက်၊ အတိုင်း၊ • ပုဒ်မ ၅၊အရ
အရေး ယူထားသည်။ Proceedings have been taken under Section 5 (of the
Criminal Code, i.e. the person has been arrested). • ဝန်ကြီးချုပ် ပြောကြားသည့်
အရ။ As the Prime Minister said. • ထိုပင်လုံစာချုပ်အရ မြန်မာနိုင်ငံ လွတ်လပ်ရေး
ရရှိသောအခါ။ When Burma attained independence in accordance with the
Panlong agreement. • ထိုအသင်းမျိုးကို ဖျက်ဆီးရန် အမျိုးမျိုး ကြိုးစားအားထုတ်ခဲ့သည်
အရ ထမြောက်အောင်မြင်ခဲ့သည် ဖြစ်၍။ As they had succeeded in their various
plans to destroy such associations. • အဆိုပါပြင်ဆင်ပြုပြင်ထားသည့်အရ အဓိပ္ပါယ်
သက်ရောက်စေရမည်။ The interpretation must be in accord with the amend-
ments described above.

(b) on the level of, -ly; • သူ့ကို ပုဂ္ဂိုလ်ရေးအရ သဘောမကျစရာအကြောင်း မရှိပါဘူး၊
ခုဟာကတော့ အလုပ်နဲ့ ဆိုင်တယ် သမီး။ On a personal level I have nothing

against him. The present issue is to do with work, my daughter. • အလုပ် သဘောအရ သူ့ကို တွဲတာပဲ॥ I associate with him in the course of my work, professionally. • စီးပွားရေးအရ အောင်မြင်သည်ဟု ဆိုရပါမည်॥ We have to admit that economically it has been a success.

ရကား: (V~) ⇒ **because, since** V; *sub cls mkr, FB; sts V–လေရကား၊ pron* /ယှဂါး:/; *cf* မူ၊ တော့၊ သောကြောင့်၊ သဖြင့်၊ သည့်အတွက်၊ တာနဲ့ *etc*; • တပ်သားများ၏ အင်အားမှာ မနှိုင်းယှဉ်နိုင်လောက်အောင် ကြီးမားလှရကား ရန်သူတပ်သားများသည် အတုံး အရုန်း သေကြရလေ၏॥ As our forces were immeasurably greater, the enemy troops fell in great numbers. • ဒီဇယ်ရထားသည် ဘူတာမှ အထွက်တွင် မီးရထား ကဲ့သို့ တဖြည်းဖြည်း အရှိန်ယူ၍ ထွက်သည် မဟုတ်ရကား အတော် လျင်မြန်စွာ ထွက်လေ သည်॥ When a diesel draws out of the station, being unlike a train which gathers momentum slowly, it leaves rather rapidly. • ထိုသို့ ဖြစ်ရကား:॥ That being so, that being the way it was.

ရကျိုး *in pattern* V–ရ~ နပ်– *to be worth* V-*ing: see under* ကျိုး:

ရအောင် 1 *and* **ရအောင်လား:** (V~) ⇒ **Shall we V? How about V-ing? Let's V;** *stc mkr, CB+FB; cf* V–စို့; • ခဏ နားကြရအောင်॥ Shall we rest a moment? • လက် ဖက်ရည် သွား သောက်ရအောင်॥ Let's go and have some tea. • ကြည့်ရအောင်॥ Let's have a look, let me have a look. • စာကို တိုတိုပဲ ရေးကြရအောင်ဟု တိုင်ပင်ပြောဆို ကြပြီ॥ Agreed after discussion, saying "Let's just write a short note". • အင် ဂျက်ရှင်း လုပ်ကြည့်ရအောင်လား ဆရာ॥ Let's try the injection, Doctor.

ရအောင် 2 *see under* ရ– *to be able to* V, *အောင် so as to* V

ရာ 1 (V~) ⇒ **thing, matter, item that V-s,** *in certain combinations; sp hd nn, CB+FB;*

(a) *in combination* V–ရာ ကျ– *or* V–ရာ ရောက်– ⇒ **to amount to V-ing:** • ဤသို့ လုပ်သည်မှာ ရိုင်းရာ ကျသည်॥ So doing amounted to rudeness, being rude. • သူတို့ဝါဒ ထောက်ခံရာ ရောက်မှာပေါ့॥ That would be equivalent to supporting their policy.

(b) *in combination* V–ရာ ရ– ⇒ **to achieve V-ing:** • သူ စိတ် သက်သာရာ ရအောင်॥ So as to ease her mind. • ငါ့ခေါဘဏီတပ်ကြီးကို မြင်ကာမျှဖြင့် ဘယ်ရန်သူ မှ ဆောက်တည်ရာ ရတယ်လို့ ငါကိုယ်တော်မြတ် ကြားတော်မမူဘူးသေးဘူး॥ I have never yet heard of a case where any enemy was able to stand firm even when he simply caught sight of my troops.

(c) *in form* V–ရာ *or* V–ရာရာ *or* V–လေရာ ⇒ **thing or place that V-s, whatever is V-ed, wherever is V-ed;** *cf CB* V–တဲ့ဟာ; • ကြိုက်ရာ ယူပါ॥ Take whatever you like! • ကြိုက်ရာ မေး॥ Ask what you like. • ပြောချင်ရာ ပြောနိုင်ပါတယ်॥ You can say whatever you want to say. • ထင်ရာ လုပ်ရင် ဒုက္ခ ရောက်မယ်॥ If you do just as you think, you'll be in trouble. • သွားချင်ရာ သွားပေစေ၊ မထူးပါ ဘူး:॥ Let him go where he wants. It makes no difference. • ရောက်လေရာ

အရပ်တွင်॥ Every place he reached, each place he was in. • မြန်မာနိုင်ငံအတွင်း သွားလေရာရာ ဒေသအနှံ့အပြားတွင်॥ Whatever region you go to all over, throughout the length and breadth of, Burma. • တောင်သူလယ်သမားများ ရရာမှ ငွေချေး ကြရသည်॥ The peasants had to borrow money wherever they could get it from.

ရာ 2 (V~ sts N~) ⇒ **place of V or N, site, mark left by V or N;** *loc nn,* CB+FB; • အိမ်ရာ site of a house ("house-place"); နေရာ place, position, location ("stay-place"); အိပ်ရာ sleeping place, bed; မွေ့ရာ mattress ("go-to-sleep place"); ဒဏ်ရာ wound, injury ("blow-place"); ခြစ်ရာတွင်ရာ scratch marks; တဲ့တော်ရာ the place where (the king) stayed (*where a pagoda was built*).
• ဖွင့်ပွဲပြုလုပ်ရာ ဖိတ်ကြားထားသူများ တက်ရောက်ကြသည်॥ The invited guests arrived at the place of the opening ceremony. • ပျော်ရာမှာ မနေနှင့်၊ တော်ရာမှာ နေ॥ Don't stay where life is easy, stay where you ought to be. • ပုန်းကွယ်ရာမှ ပြေးထွက်လာခဲ့၏॥ He came running out from where he was hiding. • စာရေး ရာက လှမ်းပြောလိုက်တယ်॥ He called out from where he was writing.

ရာ 3 (V~) ⇒ **when, while V-ing;** *sub cls mkr, FB, cf* ကာ၊ ပြီး၊ လျက်၊ ၍;
• ယိုးဒယားတို့နှင့် တိုက်ရာ၊ တပ်တော်များ ဆုတ်ခဲ့ရ၏॥ In fighting with the Siamese, the royal (Burmese) troops had to retreat. • ထိုအချိန်တွင်ပင် မြန်မာနှင့် ကသည်းစော်ဘွားတို့ စစ်ဖြစ်ရာ၊ မောင်ရစ်သည် စစ်ကဲကြီးအဖြစ် ချီတက်ရသည်॥ At that point, war having broken out between the Burmese and the Manipur Sawbwa, Maung Yit (Bandula) advanced into battle as a commander (of a unit). • ဘာအသံလဲလို့ သွားကြည့်ရာ ငှက်ကလေးတစ်ကောင် တွေ့တယ်॥ Going to see what the sound was, I found a little bird.

In combinations V–ရာမှာ၊ V–ရာတွင် etc ⇒ **in the place of, time of V, while V-ing, in V-ing:** • ဟာသပါတဲ့ စကားမျိုးကို ပြောလေ့ရှိတယ်॥ အလုပ်လုပ်ရာမှာ လည်းပြောတယ်॥ အားနေရင်လည်း ပြောတယ်॥ He used to say amusing things. He would say them while he was working, and he would say them when he was at leisure. • ဝှက်ထားသောငွေတစ်ကျပ်ကို သတိရ၍ သွားယူပြန်ရာတွင် ကျောင်း သားများက တွေ့နှင့်သောကြောင့် ... မတွေ့ရတော့ပေ॥ When he remembered the kyat that he had hidden and went to fetch it, he couldn't find it any more because the monastery boys had beat him to it. • ကျောင်းသားကလေးသည် အခြားကျောင်းသားများထက် ပညာသင်ရာတွင်လည်း ကြိုးစားသင်ယူသည်॥ The young pupil made greater efforts than the others in his studies. • ရေခပ်သွားရာတွင် ရေခပ်သွားရာလမ်းမှ ... မှန်ဝိုင်းလေးတစ်ချပ်ကို ကောက်ရလေ၏॥ When he was fetching water he found a little round mirror on the path he took to fetch the water. • ကစားရာ၌ မတော်တဆ ထိခိုက်ဒဏ်ရာရသူများကို ယုယုယယ ပြုစုသည်॥ He would tend with loving care those who were accidentally injured when playing games.

In combinations V-ရာက၊ V-ရာမှ etc ⇒ **from V-ing, stop V-ing and V:**
• ဆိုက်ကား နင်းရာမှ အိမ်သို့ ပြန်၏။ He returned home from pedalling his side-
car. • ငေးနေရာက မော့ကြည့်တယ်။ He broke off his reverie and looked up.
• ထိုင်ရာက ထတယ်။ She got up from where she was sitting, she stopped
sitting and stood up.

ရာ **4 (V~ N)** ⇒ **N which V-s, which is V-ed, which is for V-ing;** *vb atrb mkr,*
mostly FB; cf CB V-စရာ-N, V-ဖို့ရာ-N, V-တဲ့-N; • သူတို့ နေထိုင်ရာရွာ (= သူတို့
နေတဲ့ရွာ)။ The village they lived in. • တည်းခိုရာအိမ် (= တဲ့ဖို့ အိမ်)။ House to
stay in. • အပြည်ပြည် ဆိုင်ရာလုပ်ငန်း။ An international enterprise. • မျက်နှာ
မူရာထရံတွင်။ On the facing wall. • ထိုက်တန်ရာ အဆောင်အရွက်။ Suitable in-
signia. • ဆိုင်ရာအရာရှိများ။ The authorities concerned, the responsible
authorities. • မိမိတို့ အားသန်ရာ ဝါသနာအလိုက်။ In accordance with one's own
inclinations, interests. • မရောင်းရသေးတဲ့ဟာတွေ လျှောင်ထားရာအခန်း။ The room
for storing the things that haven't been sold yet. • နွား တင်ရာရထား။ Train
for transporting cattle.

ရာ **5 (V–ရာ V–ကြောင်း)** ⇒ **a means to V, a path to V-ing;** *sub cls mkr,*
CB+FB; • စပါးသည် မြန်မာနိုင်ငံ၏ စီးပွားရေး ဖွံ့ဖြိုးရာ ဖွံ့ဖြိုးကြောင်း အခြေခံ ဖြစ်
သည်။ Rice is the foundation of Burma's path to economic development.
• သတ္တဝါအများ ချမ်းသာရာ ချမ်းသာကြောင်း။ For the good of, the advancement,
of all living creatures. • လူကြီးမိဘများသည် သူ့အား ကောင်းရာကောင်းကြောင်း
ဆုံးမပေးသည်။ His parents and elders instructed him in the ways of good
conduct. • အေးရာအေးကြောင်း ဝင်ဖျန်ဖြေတယ်။ He intervened to find a way to
reconcile (the parties). • အောင်ရာအောင်ကြောင်း ဗိုလ်ကျောင်း ပို့မှ ပိုဆိုးတယ်။ After
having sent him to a European school to ensure his success, things were
worse.

ရာ– **6 (V~–)** ⇒ **should V, ought to V, must be V-ing;** *vb mod, FB, rather for-*
mal and old-fashioned; V–ရာ is the regular equivalent of Pali optative and
future passive participles in nissaya translation (Okell 1965 p 203); cf V–
အပ်–၊ V–သင့်–၊ V–ထိုက်–၊ V–တန်–၊ V–ဖို့ ကောင်း–; • ကိုယ့်အားကို ကိုယ်ကိုးရှ၍
အားထုတ်ရာ၏။ One ought to exert oneself and rely on one's own strength.
• မြို့တွင်းမြို့ပနစ်ပါးတွင် ပြုလုပ်ရာ၏။ It should be done both within and with-
out the city. • လင်နှင့်မယား ဆိုသည့်အရာမှာ လျှို့ဝှက်ရသော စကား မရှိရာသည်။ In
relations between husband and wife there should be no words that have
to be kept secret. • မောင်ရင်မောင်နှင့် တွေ့ဆုံရအောင် မဖှားဉအိမ်သို့ သွားရာသည်ဟု
တွေးထင်၏။ He thought she must be going to Ma PU's house so as to meet
MYM. • မဟောသဓပဏ္ဍိတော၊ မဟောသဓသုခမိန်သည်။ ဇာနေယျ၊ သိရာ၏။ The wise
man M is likely to ("should") know *(nissaya)*. • ဣဏမိနာ၊ ဤ၍ါသားနှင့်။ သဒ္ဒိ၊
တကွ။ ဇာတဒါရကေဟိ၊ ဘွားသောသတို့သားတို့သည်။ ဘဝိတဗွံ၊ ဖြစ်ရာ၏။ There must

be other children born at the same time as ("together with") my son *(niss-aya).* • ဤသူငယ်ကား ဝေဿန္တရာမင်းကြီး၏သား ဖြစ်ရာ၏။ This child must be (is surely) the son of King Vessantara.

ရာ 7 *and variant* **ရာ့** *also written* **ရ** **(N~) ⇒ *appellative suffix,*** *suffixed to a personal referent (e.g. a name or term of address) and used when calling or addressing sn, often pleading or remonstrating; the creaky tone version is more emphatic or peremptory; CB; occurs in various forms: the full set is:* ရေ၊ ရေ့၊ ရယ်၊ ရယ့်၊ ရှဲ၊ ငယ်၊ ငယ့်၊ ငဲ့၊ ရာ၊ ရာ့; *for other examples see under* ရေ *and* ရယ် *and* ငယ်; • မမရာ၊ မြန်မြန် လုပ်စမ်းပါ။ Look here, MaMa! Do hurry up! • အော်၊ အောင်မြင်မှာပေါ့ ကိုယ့်လူရာ့။ စိတ်သာချပါ။ Oh, of course they'll win, my good fellow. You can bet on it. • ဒီခေတ်ထဲမှာ မင်းသမီးလုပ်တာများ ဆန်းလား မမရာ။ Are you claiming that it's uncoventional to be a dancer these days, my dear girl?

အရာ (VA~, N~) ⇒ thing, matter, item that V-s; *mainly FB, = CB* ဟာ; *noun used as nominalizer;* • လင်နှင့်မယား ဆိုသည့်အရာမှာ လျှို့ဝှက်ရသော စကား မရှိရာသည်။ In relations between ("in the matter of") husband and wife there should be no words that must be kept secret. • ညည်းစော်နံပြီး အနှစ်မရှိတဲ့ အရာတွေကလည်း လောကမှာ အများသားကလား။ Things that smell bad and have no value — what a lot of them there are in the world! • ဘယ်အရာမျှမကောင်း။ Nothing was any good. • ဤနေရာ၌ ငါ့ကို ဖိစီးမည့်အရာ များစွာမရှိ။ In this place there was not much that was likely to trouble me.

ရာ့ *see under* ရာ *appellative suffix*

ရေ *and variant* **ရေ့** **(N~) ⇒ *appellative suffix,*** *suffixed to a personal referent (e.g. a name or term of address) and used when calling or addressing sn, often pleading or remonstrating; the creaky tone version is more emphatic or peremptory; CB; occurs in various forms: the full set is:* ရေ၊ ရေ့၊ ရယ်၊ ရယ့်၊ ရှဲ၊ ငယ်၊ ငယ့်၊ ငဲ့၊ ရာ၊ ရာ့; *for other examples see under* ရာ *and* ရယ် *and* ငယ်; • သမီးရေ။ Da-a-aughte-er *(calling).* • မေကြည်ဝင်းရေ။ My dear May Kyi Wynn *(beginning an informal letter).* • နေပါစေ မိစံရေ။ Oh, never mind, Mi San. • ဒီနေ့ ပန်းတွေ သိပ်လှတယ် အစ်မရေ၊ တစ်စည်းလောက်ယူသွားပါဦး။ The flowers are very beautiful today, Auntie. Take a bunch with you.

ရေ့ *see under* ရေ *appellative suffix*

ရေး (V~, N~) ⇒ V-ing, affair, matter of V-ing, N affairs; *used to form nouns from verbs; sp hd nn and comm elem cpd nn, CB+FB; cf V–*မှု၊ *V–*ချက်၊ *V–*ခြင်း၊ *V–*သည်၊ *V–*တာ;

(a) in established abstract nouns, common in names of institutions, suffixed to both verbs and nouns; • စိုက်ပျိုးရေး agriculture; ကျန်းမာရေး health; နိုင်ငံရေး politics; လူမှုရေး social duties; တော်လှန်ရေး resistance, revolution; အိမ်ထောင်

ရေး marital affairs; အမျိုးသားရေး the nationalist cause; စားဝတ်နေရေး everyday needs, food, clothing and shelter; ပညာရေး ဝန်ကြီး Minister of Education; သာသနာရေး ဝန်ကြီးဌာန Department of Religious Affairs; လူဝင်မှု ကြီးကြပ်ရေးဌာန Department of Immigration; လွတ်လပ်ရေးနေ့ Independence Day; ပြည်တွင်းရေကြောင်း သယ်ယူပို့ဆောင်ရေးအဖွဲ့ Inland Water Transport Board; ကာကွယ်ရေး ဦးစီးချုပ် Chief of Defence Staff: ပြည်ထဲရေး ဝန်ကြီး Minister of Internal Affairs, Home Minister; စာပေစိစစ်ရေးအဖွဲ့ Press Scrutiny Board, PSB, censorship board; နိုင်ငံတော် ငြိမ်ဝပ်ပိပြားမှု တည်ဆောက်ရေးအဖွဲ့ The State Law and Order Restoration Council (formed in 1988, abbreviated SLORC = နဝတ); နိုင်ငံတော် ကြံ့ခိုင်ရေးနှင့် ဖွံ့ဖြိုးရေးအသင်း Union Solidarity and Development Association, USDA (formed in 1993); နိုင်ငံတော်အေးချမ်းသာယာရေးနှင့် ဖွံ့ဖြိုးရေးအဖွဲ့။ State Peace and Development Council (inaugurated Nov 1997, abbreviated SPDC = နအဖ).

(b) to make a nominal phrase from a verb clause: • အလုပ်သမား အချင်းချင်း အဆင်ပြေရေးအတွက်။ For the sake of harmonious relations between workers. • တတိယလုပ်ငန်းကြီးမှာ အရှေ့ပိုင်းနယ်စပ်ကို အတည်ပြုရေး၊ ဒန်းဇစ်နှင့် ပိုလန်စင်္ကြံကို ဂျာမနီသို့ ပြန်ပေးရေး၊ အထက်ပိုင်း ဆိုက်လေးရှားနယ်စပ်ကို အတည်ပြုရေးတို့ ဖြစ်ပါသည်။ The third important task was ratifying the eastern border, returning the Danzig and Poland corridor to Germany, and ratifying the border of Upper Silesia. • ယာဉ် မထိခိုက် မပျက်စီးရေးအတွက် အစဉ် သတိရှိရခြင်း။ Having to be constantly vigilant against crashing or damaging the vehicle. • သည်အထဲမှာ ၄၅ကျပ်ပြည့် ရရေးကလည်း အားထုတ်ရပါသည်။ In addition one had to struggle to make the full 45 kyats (a day when working as a taxi driver). • ဝိတ်ကား ဖျော်ဖြေရေးသမိုင်း။ The history of screen entertainment. • နိုင်ငံသူနိုင်ငံသားများ ရသင့်ရထိုက်တဲ့ အခွင့်အရေးများ ရရှိရေးကို ဆက်လက် ထမ်းဆောင်မယ်။ We will continue to work to win the rights which all citizens should have.

ရေးချ (မ–V~) ⇒ **definitely, absolutely not V;** *unclassified suffix, CB;* • မပေး ရေးချမှ မပေးပါ။ I won't give it to you, definitely not! • သယ်ယူစရိတ် တိုးတောင်း ရပြီ။ မတောင်းလို့က မဖြစ်ရေးချ မရ။ He was asking for an increase in transport costs. Not to ask for more was impossible, was out of the question.

ရဲ– (V~-) ⇒ **to dare, be brave enough to V;** *vb mod, CB+FB; cf ဝံ့;* • သူ့ကို အမှန်ကို ဘယ်သူမှ မပြောရဲဘူး။ No one dares to tell him the truth. • ဇာတ်ခုံပေါ် ထွက် ကရဲမလား။ Would you have the nerve to get up on the stage and dance? • အိမ်ကိုလည်း မပြန်ရဲ။ And she dared not go home. • ချစ်သူ ရှိခဲ့ရဲပြီ။ She had been bold enough to accept an admirer. • အလားတူစွပ်စွဲချက်များဖြင့် သူတို့ကိုလည်း အစိုးရက ပြစ်မှုစီရင်ချက် ချမှတ်ရဲမည်လောဟု။ (Wondering) whether the government would have the nerve to make similar accusations against

them too and pass a guilty verdict. • ဘကြီးမောင်ကို တားလိုသော်လည်း မတားရဲ။
He wanted to hold back BGM, but hadn't the courage.

ရဲ့ 1 *or* ကဲ့ **(V~)** ⇒ **V-s, V-ed;** *marks a statement; stc mkr, CB; the form* ကဲ့ *oc-*
curs after stop tones; cognate with FB ၏ *and presumably once used in*
*precisely the same way; over time it has been replaced by CB V–*တယ် *(= FB*
*V–*သည်*) and now survives in only a limited range of functions, as follows:*

(a) in the phrase ဟုတ်ကဲ့ ⇒ **yes:** *perhaps its most frequent use: either an*
affirmative answer to a question, or signifying assent to a request, or a sign
that the listener is following what is being said.

(b) in the phrase ဟုတ်ကဲ့ပါ ⇒ **yes:** *a variant of (a), more polite. It would be*
more usual to find the polite particle ပါ *preceding* ကဲ့ *but this expression has*
become so widely used as an automatic response that it is no longer felt to
be a verbal sentence, hence the addition of the polite particle in final
position.

(c) in the phrase ထင်ရဲ့၊ ထင်ပါရဲ့ ⇒ **I think, I suppose:** • ကိုစိုးနိုင်တော့ မအိပ်
သေးဘူး ထင်ပါရဲ့။ I suppose Ko SN hasn't gone to bed yet. • နောက်နှစ်မှပဲ
ဖြေရလိမ့်မယ် ထင်ပါရဲ့။ I expect she'll have to put off taking (the exam) till
next year. • စနေနေ့မို့ ထင်ရဲ့။ တံတားပေါ်မှာ ဖြတ်သွားဖြတ်လာ သိပ်မတွေ့ရဘူး။ I
suppose it was because it was a Saturday. I didn't see many people
crossing the bridge.

(d) in the phrase တော်သေးရဲ့၊ တော်ပါသေးရဲ့ ⇒ **Just as well, what a good**
thing, how fortunate that: • တော်ပါသေးရဲ့ မမရယ်၊ ဖေဖေ ဆူများ ဆူမလားလို့
လန့်နေတာ။ What a relief, Ma Ma. I was afraid that Daddy might scold us.
• တော်သေးရဲ့၊ ထမင်းက လျှပ်စစ်ထမင်းအိုးမို့၊ တူးမှာ ဝေကျမှာ မပူရ။ It was just as
well that I didn't have to worry about the rice burning or boiling over: it
was in an electric rice cooker. • ဆိုင်တစ်ဆိုင်ကို တွေ့တော့ အားတက်သရော ဝင်ကြ
ရာ ထမင်းကြော်၊ ခေါက်ဆွဲကြော် ရသည်တဲ့။ တော်ပါသေးရဲ့။ We found a shop and
went inside. Thank goodness: they said we could have some fried rice and
fried noodles.

(e) in the phrase အံ့ပါရဲ့ *and similar* ⇒ **I am astonished, I am shocked;**
(cf အံ့ရော *sv* ရော*):* • ဒီဇော်ဂျီကတော့ အံ့ပါရဲ့။ သွားပုံလာပုံက အသက်မရှိသလို နေးနေး
ကွေးကွေးနဲ့၊ ဟန်မရလိုက်တာ။ This zawgyi amazes me. He droops along as if he
had no life in him: what an undistinguished performance! • မင်းကိုတော့ ငါ
က အံ့ပါရဲ့ကွာ။ You astonish me, my boy. • ကိုယ့်ချစ်သူ တစ်ယောက်တောင် ထားပစ်
ခဲ့တာ အံ့ဩပါရဲ့။ He just drops his girlfriend and runs off! I'm disgusted.

(f) in combinations with V–ကောင်း– ⇒ **will probably V,** *adding a feeling*
of Who knows? to predictions: • လက်ထဲ ဒါမျိုး ဆောင်ထားရင် ဂုဏ်တက်ကောင်းရဲ့
ဆိုတဲ့အထင်နဲ့ ဝယ်ထားတတ်ကြတာပါ။ People just buy them because they be-

lieve that if they own that sort of thing they'll probably gain more respect. • သွား မေးကြည့်ရင် ပြန်ရကောင်းပါရဲ့॥ You'll probably get it back if you go and ask about it. • စာမေးပွဲ ပြီးရင်တော့ လွတ်လပ်ခွင့် ရကောင်းပါရဲ့॥ After the exams I'll probably have more freedom.

(g) in combinations with V–စေ ⇒ may I V, *adding emphasis, solemnity to oaths and prayers:* • ဘုရားကြီး စူးရပါစေရဲ့॥ May the great Lord strike me down (if I am not telling the truth). • မိုးကြီးကြီး ပစ်ရစေရဲ့॥ May I be struck by a thunderbolt.

(h) in combinations with V–စို့ ⇒ let us V, *adding mild insistence to suggestions and exhortations:* • တို့ ဘုရားသခင်ကိုယ်တော်မြတ်ကြီးရှေ့မှာ ဝတ်ပြု ဆုတောင်းလိုက်ကြဦးစို့ရဲ့॥ Let us worship and pray before Almighty God. • ကဲ၊ အင်စပိတ်တော်မင်း॥ ကျုပ်တို့ပြန်နှင့်ကြစို့ရဲ့။ ခင်ဗျားနဲ့ တိုင်ပင်စရာကလေး တစ်ခုနှစ်ခု ရှိသေးတယ်॥ Well, Inspector. Let us return before the others. There are one or two more questions I should like to discuss with you. • ကဲကွာ၊ တလွဲ ရှည်ထွက်လာပြန်ပြီ॥ လိုရင်း ကောက်ကြစို့ရဲ့॥ Well now. We've come a long way off the point. Let's pick up the threads again.

(i) in conventional exchanges about each other's health:
• နေကောင်းရဲ့လား။ – နေကောင်းပါတယ် or နေကောင်းပါရဲ့॥ Are you well? How are you? — Fine, thank you. • မာရဲ့လား။ – မာပါတယ် or မာပါရဲ့॥ (As preceding, but old-fashioned). • အောင်မိုးတစ်ယောက် သက်သာရဲ့လား॥ Has AM recovered (from his illness)?

(j) in questions, indicating disbelief, expecting the answer No: • ဟုတ် ရဲ့လား or ဟုတ်ကဲ့လား။॥ Is that really true? (sc I can't believe it). • သဘော ကျရဲ့ လား။॥ Do you really like it? (sc I suspect you don't). • ခလောက်နို့က ပုံပြော ကောင်းတဲ့ လူတွေ ထွက်တယ်လို့ ကြားဖူးတယ်॥ မင်း ပုံပြောတတ်ရဲ့လား॥ I've heard that there are good story tellers among the Khalauk-no people. Can you tell a story? • ဘိုးဘိုးကို ချစ်ရဲ့လား॥ Do you really love your grandpa? • ကျောင်း ကော တက်ဖြစ်ရဲ့လား သမီးရယ်॥ Did you really go to school, my daughter? • အဲဒါလေး ကြည့်ပေးစမ်းပါ၊ ဆယ့်ငါးတဲ့॥ တန်ရဲ့လားလို့॥ Just have a look at this (for me). She says it'll cost K15. Is it really worth that, I'm asking myself. • မင်းနေကောင်းရဲ့လား॥ ခုတလော မင်းကြည့်ရတာ နုံးခွေခွေနဲ့ မျက်နှာတွေလည်း အမ်းနေ သလိုပဲ॥ Are you really well? Recently you've been looking listless and sheepish.

Sometimes used reprovingly or threateningly: • ကိုယ် ပြောတာ ကြားရဲ့လား။॥ Do you hear what I'm saying? • ဟောပြောချက်ကို ကြားကြရဲ့ မဟုတ်လား။॥ You heard what he said in his speeech didn't you? • ငါ မနက်အစောကြီး ဆိုင်သွားရမှာ သိရဲ့ လား။॥ I'm going to have to go to the shop early in the morning, do you real- ise that?

Sometimes the ရဲ့ *in the question is repeated in the answer:* • ခင်ဗျာ၊ မှတ်ဉာဏ် တော်တော် ကောင်းရဲ့လား — ဟုတ်ကဲ့၊ တော်တော်ကောင်းပါရဲ့ခင်ဗျာ။ Do you have a good memory? — Yes, it's pretty good. • ကောက်ပဲသီးနှံ ပေါက်ဈေးနှုန်းများ ဘယ် လို ရှိနေတယ် ဆိုတာ ခင်ဗျား စုံစမ်းမိသေးရဲ့လား။ — ဟုတ်ကဲ့၊ နေ့စဉ်ဘဲ သတင်းစာ ကြည့်မိလို့ သိပါသေးရဲ့များ။ Do you happen to have investigated the current price of vegetables? — Yes: I read the newspapers every day and I do know that.

(k) *in statements, indicating some reservation:* • အဘမှာ သားကြီးသမီးကြီး တွေတော့ ရှိပါရဲ့ နဲ့ပေမယ့် အားမကိုးပါဘူး။ It's true I do have children. But I don't depend on them. • ကျွန်မ ဘီပီအိုင်မှာ အလုပ်ရတော့မယ် အစ်မ — ဟာ ဟုတ်လား၊ နင့်အတွက်တော့ ဝမ်းသာပါရဲ့၊ ငါ့ နောက်တစ်ယောက်ရှာရဦးမှာ။ I'm going to take a job at the BPI. — Oh are you? Well, I'm happy for you. But I'll have to find someone to come in your place. • သူတို့ ဘာလုပ်စားမှန်း သိကို မသိဘူး၊ အဲ့ စိမ်း လုပ်တတ်တာလေးတွေတော့ နည်းနည်းပါးပါး သိပါရဲ့။ I've no idea what they do for a living — though it's true that I know a bit about what Sein can do. • ဒါတွေ မြင်ပြန်တော့လည်း အားကျမိပါရဲ့၊ ငါ့နယ် ဒီဘဝ တိုက်လေးကား လေးနဲ့မှ နေနိုင်ပါ့မလား။ When I saw all that I have to admit I was envious. I wondered if someone like me could ever acquire a nice house and a car in this lifetime.

(l) *in statements, with a certain exclamatory force,* sts translatable as *"certainly, definitely, indeed":* • ရေတွေ့ရင် နှုတ်သီးနဲ့ ထိုးမလား ထိုးရဲ့။ ရေကူး မလား ကူးရဲ့။ When (ducks) find water, do they dip their beaks in it? They certainly do. Do they swim in it? They certainly do. • အတိုးနဲ့ ချေးလား ချေးရဲ့။ နားကပ်လေး ပေါင်လား ပေါင်ရဲ့။ Did she borrow money at interest? She certainly had to. Did she pawn her earrings? She certainly had to. • အေး။ ငါလည်း မိုးပျံတဲ့ ဇော်ဂျီတွေကို ခဏခဏ တွေ့ပါရဲ့ ဒီတစ်ခါတွေ့ရင် မင်းကို ငါကူညီနိုင်အောင် သူတို့နဲ့ငါ တစ်ခုခု ကြီးစားကြည့်ပါမယ်။ Sure: I certainly do often see flying *zawgyis*. Next time I see some I'll try and fix up something with them that will be a help to you. • ဒီနေ့ ပန်းတွေ သိပ်လှတယ် အစ်မရေ၊ တစ်စည်း လောက် ယူသွားပါဦး။ — ဟုတ်ပါရဲ့ လှလိုက်တာ။ The flowers are very pretty to-day. Why not take a bunch? — They certainly are. They're lovely. • ဒီလို ပုံမျိုးနဲ့ အောင်ပါ့လိမ့်မယ် အားကြီး၊ အားအားရှိ ကက်ဆက်လေး တကိုင်ကိုင်နဲ့၊ ဖအေကလဲ အလိုလိုက်ပါပေရဲ့ ခုကြည့် တီဗွီ ဝယ်ဦးမလို့တဲ့၊ လုပ်လုပ်။ ဒီနှစ် ဆက်မကျရင် ငါ့ပြော။ On his current showing there's a fat chance of his passing (the exam). As soon as he has a minute free he goes off with his cassette player in his hand. And his father spoils him too. Here's the latest: he says he's going to buy him a TV! Go on, buy it. If he doesn't fail again this year, let me know. • ဆိုကရေးတီးကတော့ အေးအေးပါပဲ။ အဆိုတစ်ခုတောင်မှ ပြုလိုက်ပါသေးရဲ့ As for Socrates, he remained quite calm. He even produced a quotable saying. • ကျွန်မကတော့ ထူးခြားတဲ့သူများရဲ့ နှလုံးသားဟာ အဲသလိုပဲ နားလည်ရ ခက် သလောက် နှစ်လိုဖွယ်လည်း ကောင်းရဲ၊ စိတ်ဝင်စားဖွယ်လည်း ကောင်းရဲ့လို့သာ ဆိုလိုက်ချင် ပါတော့တယ်။ As for me, all I want to say is that, though it is hard to see into the hearts of such remarkable persons, they certainly are admirable and fascinating.

(m) *in combination* လူချည်ရဲ့ *see under* လူချည်ရဲ့ *exclamatory*

ရဲ့ **2** *or* ကဲ့ **(N¹~ N²)** ⇒ **N¹'s N², the N² of, belonging to N¹**; *nn atrb mkr, CB, =* FB ၏ ; *the form* ကဲ့ *is used after stop tones. The use of* ရဲ့/ကဲ့ *is optional:* အဖွားရဲ့ အိမ် = အဖွား အိမ် (= FB အဖွား၏ အိမ်၊ အဖွား အိမ်) *"Grandmother's house". So not every English "'s" corresponds to a possessive in Burmese:* ကလေးစာပေ *children's literature,* ကလေးစာအုပ်များ *children's books,* တက္ကသိုလ် ဆရာများရိပ်သာ *University Staff Quarters. When N¹ ends in a low tone, the final syllable may take induced creaky tone:* အဖေရဲ့ အိမ် = အဖေ့ရဲ့ အိမ် = အဖေ့ အိမ် *"Father's house". A few high tone words can take induced creaky tone, e.g.* မင်း *"you",* မင့် *"your". See further the entry "Induced creaky tone" in the English entries.* • သူတို့ရဲ့အဒေါ် *their aunt;* ကိုလတ်ကဲ့အခန်း *Ko Lat's room;* ဆေးရဲ့အနံ့ *the smell of the medicine;* ကလေးရဲ့စာအုပ် *the child's book;* ကိုယ့်ရဲ့ နဂိုလုပ်ငန်း *one's own primary work.* • အန်တီ့ရဲ့ တပည့် ကိုဘုန်းမြင့်လည်း ဝင်းမာတို့အိမ်ကို လာလည်တယ်။ And your (Aunty's) student, Ko Hpon Myint, came round to our house (Win Mar speaking). • အန်တီ့ကျေးဇူးကို အောက်မေ့ပါ တယ်။ We remember your generosity, what you have done for us, Aunty. • မဝင့်(မြစ်ငယ်)ရဲ့ သူ့ရဲ့ ဝန်ထမ်းသည်ဘဝ သရုပ်တွေ။ Ma Wint (Myit-ngeh)'s portrayals of her life as a civil servant.

ရဲ့ **3** *see under* ရယ် *appellative suffix*

ရော **1** *or* ကရော sts ရော **(V~)** ⇒ **V-s, V-ed**; *marks a statement, referring to present or past time, similar to V–*တယ် *but mainly used in narrating a series of events vividly, sts suggesting "as you would expect", sts "what do you make of that!", sts "and that was that"; the form* ကရော *occurs after a stop tone; stc mkr, CB;* • ပွဲကောင်းနေတုန်း မိုးရွာပါလေရော။ While the show was still in full swing it went and rained. • လုံချည် လဲနေတုန်း ဧည့်သည်တွေ ရောက်ကရော။ While I was changing my longyi the visitors suddenly arrived. • အိမ် ပြန် ရောက်ရောက်ချင်း ထမင်း မစားပဲ အိပ်ပါရော။ As soon as she came home she went straight to bed without eating anything. • သူ့ကို ကားဝင်တိုက်မိတယ်။ သေရော။ A car ran into him, and he died. • ဘုရားဖူး လိုက်ကြတဲ့ လူတန်းကြီးက တစ်ယောက်စီ တန်းပြီး သူ့နောက်က လိုက်သွားကြရော။ Off went the whole crowd of pilgrims, following after him in single file. • တောင်းတန်းဝက ခြသေ့ကြီး လွန်တာနဲ့ ပန်းသည်တွေက ထွက်ဆွဲမယ့်အတိုင်း သူတို့ဆိုင်က ပန်းဝယ်သွားဖို့၊ ထီးတို့ ဖိနပ်တို့ ထားခဲ့

ဖို့ ခေါ်ကြအော်ကြနဲ့. ဆူဆူညံည လုပ်ကြရော။ No sooner had they passed beyond the *chinthe* statues at the entrance of the covered way than the flower-sellers made a great hubbub, all but taking hold of them as each urged them vociferously to buy flowers from her shop, to leave their sandals and umbrellas behind with her. • တကယ် ချစ်တာလားလို့ မေးတော့။ ကျွပ်မျက်နှာနား ကပ်ပြီး 'တကယ်ပြောတာပေါ့'လို့ တိုးတိုးလေး ပြောတယ်။ ပြီးလည်းပြီးရော ကျွပ်ပါးလေး ကို ရွတ်ခနဲ နမ်းပြီး ထွက်ပြေးသွားရောဗျာ။ When I asked her if she really loved me, she put her face close to mine and said quietly "Of course I mean it", then she planted a resounding kiss on my cheek and off she ran! • ဒီလို ဝိုင်းပြောကြတော့ ကိုယ်စားလှယ်နှစ်ယောက်လည်း ပြန်သွားရောတဲ့။ After they had all spoken to them in these terms the two delegates went off home, so I heard. • အတူစား အတူနေပါများတော့ ညီစွန်းကုန်ကြပါရောလား။ They'd eat together and spend time together, and in no time they'd find they were hooked on each other! • ဆက်ပြီး ငါးများနေပြန်တယ်။ ဒါပေမယ့် အချိန်သာကုန်သွားရော နောက် ထပ် ငါးမရတော့ဘူး။ He carried on fishing. But he was wasting his time: he didn't catch any more fish.

In certain set phrases:

အံ့ရော ⇒ **I am astonished,** (cf အံ့ပါရဲ့ sv ရဲ့): • သူတို့ ကြည့်ရတာ ပင်ပင်ပန်းပန်း အလုပ်လုပ်ရတဲ့ ပုံမျိုးလည်း မဟုတ်ပါဘူး။ ဆင်းဆင်းရဲရဲတွေလည်း ဟုတ်ဟန် မတူပါဘူး။ ဒါနဲ့.များ တစ်နှစ်တစ်ခါ လာပြီး အပန်းဖြေကြရသတဲ့။ အံ့ရော။ They don't look as if they have particularly strenuous jobs. And they don't seem to be poor. But in spite of that they come here once a year to relax, they say. It's beyond me! • သားသမီးတွေကို ဒီလို ရောင်းရောင်းစားနေကြတဲ့ မိဘတွေဟာ ဘယ်လောက် ဆိုးသလဲ။ ပြီးတော့ သူတို့က အဲဒီ "လူရောင်းပွဲကြီး"ကိုများ မင်္ဂလာဆောင်တဲ့၊ အံ့ရော အံ့ရော။ What a dreadful thing it is that these parents actually sell their sons and daughters. Then they call this human sale a wedding! Can you believe it!

လွန်ရော ⇒ **it is extreme:** • စည်းကမ်းကျတော့လည်း မရှိလိုက်တာ လွန်ရော။ When it comes to discipline, they're totally lacking. It's extreme!

ပြီးရော ⇒ **that's the end of that, that's all that's needed:** • မလုပ်ချင်ဘူးလို့ ပြောလိုက်။ ပြီးရော။ Just say you don't want to do it, and that'll be the end of the matter. • သမီး စာမေးပွဲကျတာ ဒီတစ်နှစ်ပဲ ရှိသေးတယ်၊ နောက်နှစ်အောင်ရင် ပြီးရော မဟုတ်လား။ I've only failed my exams this once. If I pass next year that's all that matters, isn't it? • Variant form ရော။ တစ်နေ့.တော့ ပြုန်ဆို ဘကြီးက မြန်မာပြည် ပြန်လာပြီး အင်းစိန်မြို့. ရွာမထဲမှာ မြေယာဝယ်၊ အိမ်ကြီးဆောက်ပြီး တစ်ယောက်ထဲ နေပြန်ပါရောခင်ဗျာ။ One day BG suddenly came back to Burma, bought land in YM in Insein, built a large house, and lived there by himself.

In pattern V–ရောပေါ့ ⇒ **must have V-ed by now, will surely have V-ed by now**; marking an assumption or deduction; • အခုလောက် ဆိုရင် ဗမာပြည် ရောက်ရောပေါ့။ They must have reached Burma by now. • ခင်ဗျား အိပ်ငိုက်နေ လောက်ရောပေါ့။ No doubt you are about ready for sleep by now. • ၃ – ၄ ရက်နေရင် တော်ရောပေါ့။ If we stay for two or three days that will surely be enough. • ဒါတွေကို အကုန်သိတဲ့ လူတစ်ယောက် ရှိသေးတယ်၊ သူလာပါလိမ့်မယ်။ အဲဒီ တော့ အားလုံး ရှင်းရောပေါ့။ There is one other person who knows all about this. He will be here soon. Then no doubt everything will become clear.

ရော **2** *sts* ကရော (V~) ⇒ **just as V, as soon as V**; *sub cls mkr, CB, cf* VV–ချင်း၊ *normally in the pattern* N–လည်း (လဲ) V–ရော, *and often combined with sentence marker* ရော *"vivid narrative" in the second clause*; • ယောက္ခမတွေ လည်း အိမ်ရှေ့ ရောက်ရော၊ သူလည်း နောက်က ထွက်သွားရော။ Just as his in-laws arrived at the front of the house, he went out at the back. • တာလည်း လွတ် လိုက်ရော ကားကလေးတွေ မောင်းထွက်သွားလိုက်ကြတာ လောက်စာအိမ်က လောက်စာ လွတ်လိုက်သလိုမျိုး။ As soon as the signal was given the little cars hurtled out like pellets slung from a catapult. • ဆေးလိပ်လည်း မီးစွဲရော မီးခြစ်ကို အသာ ပိတ်ပြီး ဆေးလိပ်ကို အားပါးတရ ဖွာနေမိတယ်။ As soon as his cheroot had caught, he carefully extinguished the match and drew deeply on the cheroot. • သီချင်းလည်း ဆုံးရော ဘကြီးဆောင်လည်း တော်တော် မောသွားတယ်။ At the conclusion of the song BGS was exhausted. • ဆေးလိပ်မီးခိုးတွေလည်း ပြယ်သွား ရော ခြင်တွေက ညာသံပေးပြီး ပြန်ရောက်လာကြပြန်ရော။ No sooner had the cheroot smoke cleared than back came the whining mosquitoes again. • မောင်ဘဝင်း လဲ အနားရောက်ကရော တစ်ယောက်လဲ လုံးရာက လဲသွားပြီး ကျန်တစ်ယောက်လဲ ထွက် ပြေးပါရောတဲ့ ဆရာရဲ့။ At Maung BW's approach one of the pair who had been struggling fell to the ground and the other ran off, Sir. • ဒါပေမယ့် စစ်ကြီး လည်း ပြီးပါရော သူတို့ရဲ့ လေသံလည်း ပြောင်းသွားပါလေရော။ However, no sooner was the war over than they changed their tune.

ရော **3** *or* ကော (Phr¹~ Phr²~) ⇒ **both Phr¹ and Phr²**; *coord mkr, CB, cf FB* Phr¹–လည်းကောင်း Phr²–လည်းကောင်း၊ *also in pattern* Phr¹–ရော Phr²–ပါ, *and with more than two Phr; the form* ကော *occurs after a stop tone*; • နှမ်းအိတ်ရော ဆေရတ်အိတ်ရော ကြက်သွန်အိတ်ရော ဆန်အိတ်ရော အကုန်တင်။ Sacks of sesamum, sacks of chillie, sacks of onions, sacks of rice — he loaded them all on. • အပူကြောင့်ရော အအေးကြောင့်ရော ဖောက်ပြန်ရပါတယ်။ It can be spoiled by both heat and cold. • ဒုံးအဖွဲ့တွေ ပြိုင်ကတဲ့ နေရာမှာရော၊ အော်ပွဲမှာရော၊ လှေပြိုင်ပွဲမှာရော၊ စကားအနိုင် လုကြရာမှာရော ပြိုင်ဘက်တွေ ဖြစ်ခဲ့ကြပါတယ်။ In the *don* dance event, and in the shouting event, and in the boat race, and in the debate, they became rivals. • နေ့ရော ညပါ။ By day and by night. • စိတ်ရော ကိုယ်ပါ။ With mind and body, with heart and soul. • ဗမာပြည်ကရော ယိုးဒယားကရော အိန္ဒိယကပါ။ From Burma, Siam and India.

ရော 4 (Phr~) ⇒ **Phr as well, Phr too;** *stc med phr ptcl, CB; cf* လည်း *also; cf* ကော *and how about;* • ကိုထွေးရော အဲဒီလို မမှားမိအောင် သတိထားပေ့နော်။ And you too Ko Htway, make sure you don't make the same mistake. • ဒေါ်ဒေါ် ရော လိုက်ချင်တယ်တဲ့။ Auntie says she'd like to come too.

ရော 5 *and* ရောနှော (~V-) ⇒ **to join and V, to V with;** *comm pre-vb, CB+FB; from verb* ရော– *to mix;* • ဒီစာအိတ်ထဲ ရောထည့်လိုက်မယ်နော်။ I'll put them both in this same envelope, OK? • ဘုရားဖူးသွားမယ့် ကလသားတွေနဲ့၊ ရောနှောလိုက်သွား ကြတယ်။ They ("joined up and") went along with the youngsters who were visiting the pagoda.

ရော 6 *see under* ကော *how about*

ရော *see under* ရော *stc mkr,* လေရောသလား *rhetorical question, and* တော့ *at last*

ရောမယ် (V~) ⇒ **must have V-ed, will have V-ed by now;** *stc mkr, CB+FB; cf* V–ရောပေ့၊ *sv* ရော; • အဲဒါ တနင်္ဂနွေနှစ်ပတ်လောက် ရှိရောမယ်။ It must be about two weeks ago by now. • ခင်များလဲ အိပ်ချင်ရောမယ်။ အိပ်ပေဦးတော့။ You must need sleep. Go to bed now. • ရေနံဆီ အခု ဝယ်လိုက်အုံးမှ၊ နက်ဖြန် ဆိုရင် ကုန်ရော မယ်။ I'd better buy some more kerosene now. (This lot) is bound to be used up by tomorrow. • သူတို့၏ အကျီ္ဂဝတ်စုံတွေ ပိုးများ ကိုက်နေရောမည်။ I expect the moths will have been at their clothes (after so long a period of neglect).

ရှိး (V~) ⇒ **marks end of sentence;** *stc mkr, perhaps sp hd nn, CB+FB; restricted to two specific contexts:*

(a) in combination ရှိးလား ⇒ **marks a question posed as challenge,** *cf* CB V–ပါ့မလား၊ • ငါနှင့် ငါ့သား လက်ရှိးနှစ်ပါး၊ ပြိုင်ဆိုင်၍ နိုင်ငံတကာကို လုပ်ကြလျှင် ခံနိုင်ရှိးလား။ When I and my son combine forces and attack other countries, will they be able to withstand us? • ဦးခင်ကျော်ဟာ တခြားလူ ဟုတ်ရှိးလား၊ အန်တီတို့နဲ့ ပြည်မြို့မှာ တစ်ရပ်တည်း နေလာခဲ့သူတွေပေါ်၊ Who else could U KK be but one of the people who lived in the same quarter as you in Prome? • ဟုတ်ရှိးလား ကိုသိန်းမောင်ရဲ့။ Can this really be true, Ko TM?

(b) in pattern Stc–ရှိး **:** မှန်– ⇒ **to be true that Stc;** • သူခိုးဟာ ခွေးတိုးပေါက်က ထွက်ပြီး ပြေးရှိး မှန်ခဲ့ရင်။ If it were true that the thief escaped through the back door. • စိုးကျော်သည် အိမ်ကိုတော့ သံယောဇဉ် မရှိရှိး အမှန်ပင်။ It was certainly true that SK had no affection for the house. • ကျွပ်ဖြင့် သူရဲ့ သဘက် ထင် တာပါဘဲ။ လူဟုတ်ရှိး မှန်လျှင် ကောန် သည်လို လုပ်နိုင်မယ် မထင်ပါဘူး။ Personally, I think it was a ghost. If it were true that it was a human, then I don't think he would have been able to do this. • ထိုစဉ်ကတော့ သည်စကား၏ အဓိပ္ပာယ်ကို စိုးကျော် နားမလည်ခဲ့ရှိး အမှန်ပင်။ At that time it was true that SK didn't understand the meaning of these words.

ရက်– 1 (V~-) ⇒ **to bring oneself to V, be heartless enough, inconsiderate enough, to V;** *vb mod, CB+FB;* • မိမိ မိဘကို ဤမျှ ရိုင်းစိုင်းသော စကားကို ပြော ရက်မလား။ Would I bring myself to utter such offensive, such rude words to my parents? • သူသည် ကျေးဇူးရှင်ကို ပြစ်မှားရက်သည်။ He was heartless enough to commit an offence against his benefactor. • အေးမိမိ ဈေးရောင်းပြီး စုထား သည့် ပိုက်ဆံလေး ပါလာသည်မှာပင် အစ်မ ဒုက္ခကို မကြည့်ရက်၍ ထုတ်ပေးလိုက်ရသဖြင့်။ AMS couldn't bear to see her sister in such distress, so she gave her the little cash that she had saved up from her sales. • လောကမှာ လူတစ်ယောက် ဟာ မိုက်မဲတယ်၊ ဉာဏ်ပညာမရှိ၊ အမှားကို ပြုရက်တယ်။ (Suppose there is) in the world a man who is stupid and lacking in intelligence, who doesn't mind doing wrong. • ငြိမ်းချမ်းက စာအိတ်ကို မဖောက်ရက်။ တရိတရသေ ကပ်ထားသော ကော်ကို ခွာလိုက်သည်။ NG couldn't bring himself to tear open the envelope: he carefully peeled it open where it was stuck down.

ရက် 2 and ရက်(က)နဲ့၊ ရက်သား(နဲ့) *see under* လျက် -ing, while, despite, etc

ရောက်– (V~-) ⇒ **to arrive;** *comm elem cpd vb for verbs of movement:* • သွား (ရောက်)သည် to go; လာ(ရောက်)သည် to come; ကျ(ရောက်)သည် to arrive, befall; ဝင်(ရောက်)သည် to enter, join in; တက်(ရောက်)သည် to attend.

ရင် *see under* လျှင် *if, when*

ရင်လည်း *see under* လျှင်လည်း *either … or …*

ရင်း 1 *sts* ယင်း (V~) ⇒ **while V-ing, at the same time as, from V-ing, arising out of V-ing;** *sub cls mkr, CB+FB;* • မောင်လှသည် ခေါက်ဆွဲထုပ်ကို ဖြေရင်း ဇနီး အား ခေါ်လိုက်သည်။ Maung Hla called out to his wife as he undid the package of noodles. • … ကို တင်ပြရင်း နိဂုံးချုပ်လိုက်ပါသည်။ Making this point, I conclude (my speech). • ဤသို့ အလုပ်ရှုပ်ရင်းနှင့်ပင် သင်္ဘောဆိပ်သို့ ဆင်းရန်အချိန်သို့ ရောက်ခဲ့၏။ As we busied ourselves with all this activity the time came to go down to the jetty. • သွားရင်းလာရင်း စဉ်းစားတယ်။ I think it over as I come and go. • သင်ရင်းသင်ရင်းနဲ့ တဖြည်းဖြည်း တတ်လာမယ်။ By dint of studying you will gradually come to learn it. • ကျောင်းသုံးစာအုပ် သင်ကြားရင်းမှ ကာလပေါ်ဝတ္ထုများ သို့ ရောက်သွားတတ်လေသည်။ From teaching us the school readers (our teacher) would get on to teaching us about modern novels. • ထမင်း စားနေရင်းမှာ ခရီးစဉ် ဆွေးနွေးကြရအောင်။ Let's discuss our route while we are having our meal. • ဟံသာဝတီဘက်ကို စစ်ထွက်ရင်း ကျဆုံးသွားပြီးတဲ့အချိန်မှာ။ After he had fallen on campaign in H.

ရင်း 2 (V~) ⇒ **essence of V-ing;** *sp hd nn, CB+FB;* • ကဲ၊ လိုရင်း ဆက်ပြောမယ်။ Now: I will go on to tell you what is really needful, the essence of the situation. • တည်းခိုခန်း လုပ်ငန်းရှင်တွေရဲ့ ထမင်းလုပ်ကို ပုတ်ချဖို့ ရည်ရွယ်ရင်းလည်း မရှိပါ။ I have no intention of disparaging the means of livelihood of hoteliers.

ရင်း 3 *or* **ရင်းစွဲ (V~ N) ⇒ original, N that was V-ed previously;** *vb atrb mkr, CB+FB;* • ရှိရင်း အကျင့်ဆိုးကလေး။ A bad habit that he had always had. • ဆိုလိုရင်း အဓိပ္ပါယ်။ The basic meaning. • ရှိရင်းစွဲစိတ်။ The attitude that they already had. • နဂို ရှိရင်းစွဲ စွမ်းရည်တန်ဖိုးထက် နည်းသွားမည်။ It will be less than the value of the previously available power.

ရင်း 4 (N~) ⇒ original, genuine, true N; *comm elem cpd nn, FB+CB;* • တရုတ်တွေ တူနဲ့ ထမင်းစားရခြင်းအကြောင်းရင်း။ The real reason why the Chinese eat with chopsticks. • ဆရာရင်းသမားရင်း။ Their own teachers. • အမည်ရင်း။ Original name (as against pen name etc). • အကိုရင်း။ A true brother (as against cousin so called). • တိုင်းရင်းသား။ Original inhabitant, indigenous people. • မောင်ခိုင်မာရဲ့ မူရင်းကဗျာတွေ။ Maung KM's original poems.

ရင်း 5 *see under* ပြီးရင်း *more than before*

ရစ်– (V~-) ⇒ to remain behind and V, V back there; *vb mod, CB+FB; often used with* ခဲ့ *qv;* • အေးငြိမ်းသည် သူတို့ကို ထားရစ်ကာ အိမ်ဘက်သို့ ပြန်၍ ပြေးလာလေသည်။ AN left them where they were and ran towards the house. • လူကြီးများ အလှူ သွားကြသဖြင့် ကျွန်မသည် အိမ်စောင့်အဖြစ် ကျန်ရစ်သည်။ I stayed behind to mind the house as the grown-ups had gone to an alms-giving celebration. • လွယ်အိတ် ဆိုင်မှာ မေ့ကျန်ရစ်ခဲ့တယ်။ I forgot and left my shoulder bag behind in the shop.

ရန် *or* **ပါရန် (V~, V~ N) ⇒ to V, in order to, with the intention of V-ing;** *sub cls mkr and vb atrb mkr, FB, = CB* ဖို့*; variant forms* ရန်အတွက် *and (more formal and old-fashioned)* ရန်အလို့ငှာ*; cf also* ဖို့ရန်*;* • မီးဘေးကို ကာကွယ်ရန် ရွာသားတိုင်း ကင်းစောင့်ကြသည်။ Every villager serves as a lookout to prevent fire disasters. • အိပ်ပျော်ရန် ကြိုးစားနေရလေသည်။ She tried to sleep. • မြင်းပွဲတွင် ထိုးရန် ဆုံးဖြတ်လိုက်သည်။ He decided to wager the money at the horse races. • လုံချည်လဲရန် အိမ်ငယ်လေးပေါ်သို့ တက်ခဲ့သည်။ He went up into the hut to change his *longyi*. • မိန်းမ နောက်ထပ်ယူရန် တိုက်တွန်းကြလေ၏။ They urged him to marry again. • ရုပ်ပွားတော်ကြီးကို လှူဒါန်းပူဇော်ရန် ဖယောင်းတိုင်။ Candles for offering to the image. • ကျွန်တော် ဘာကြောင့် နေ့တိုင်းရောက်နေသည်ကို ပြောရန် ခက်ပါသည်။ It was hard to say why I came every day. • သူတို့အပါးမှ ထွက်ခွာရန် ဟန်ပြင်လိုက်သည်။ She made as if to leave them. • မီးတောင်သည် ပေါက်ကွဲရန် အတွက် နှစ်ပေါင်းများစွာ ငြိမ်သက်ခဲ့ရသည်။ In order to erupt, the volcano had lain dormant for many years. • ကျွန်တော် အရက်ပြင်းပြင်းတစ်ခွက် သောက်ချင်သည်။ သတိရနေတာတွေ အားလုံးကို မေ့ပျောက်ပစ်ရန်အတွက် မဟုတ်ဘဲ မေ့ပျောက်နေတာတွေ အားလုံးကို ပြန်လည်သတိရလာစေရန်အတွက် ဖြစ်သည်။ I wanted to drink a glass of strong liquor. This was not so as to forget everything I remembered, but so as to remember everything I had forgotten. • နိုင်ငံ၏ စီးပွားရေးတိုးတက်ရန်အလို့ငှာ ကုန်များကို အဆင့်မီမီ ထုတ်လုပ်ကြရမည်။ For the country's economy to prosper we must produce goods that are up to standard. *Also used in incomplete sentences, especially on public notices and official forms:* • ၄၃းရန်။ For hire. • လက်မှတ်ပြရန်။ Tickets are to be shown. • ပုံစံရှိ စာမျက်နှာတိုင်း အောက်ထောင့်ဘက်တွင် လက်မှတ်ရေးထိုးရန်။ Every page of this form is to be signed at the lower corner.

ရန်ကော (V~) ⇒ **How V!** *marks exclamatory statement expressing indignation or annoyance; stc mkr, CB; cf* လိုက်တာ; • အတော်လေး ကလေး ဆန်တဲ့လူ၊ ကပ်သီး ကပ်သပ် ဆော့နေရန်ကော ထင်မလားပဲ။ Perhaps you will think what a childish fellow! Playing around like that! (re writer playing at riding the escalators at Bangkok airport). • ဒီကလေး တယ် ဆော့ရန်ကော။ How naughty this child is! • မကြာမကြာ ပြောရန်ကော၊ မိမိတာဝန် သိပါတယ်။ I know what my duty is; do you have to keep on telling me?

ရန်အတွက် *see under* ရန် *in order to*

ရန်အလို့ငှာ *see under* ရန် *in order to*

ရပ် (N°~) *or* **အရပ် (~N°)** ⇒ **item;** *comm nmtv for ideas, subjects of study, abstract items; CB+FB;* • ဘာသာ ဘယ့်နှစ်ရပ် ယူမလဲ။ How many subjects will you take? • ဆွေးနွေးပွဲ တစ်ရပ် ကျင်းပမည် ဖြစ်၏။ A discussion will be held. • ကြွေးမြီ တင်ရန် အကြောင်းကြီး တစ်ရပ်မှာ။ One major cause of indebtedness was.... • အောက်ဖော်ပြပါ လုပ်ငန်း ၄–ရပ်။ The four tasks listed below. • ပြဿနာ တစ်ရပ်။ A problem. • လူထု တစ်ရပ်လုံး။ The entire people, the masses. *Also in repeated form* အရပ်ရပ် *various items, various places:* • ပညာအရပ်ရပ်။ Various branches of learning. • တပ်မတော်မှ နိုင်ငံတော်အာဏာ အရပ်ရပ်ကို တာဝန် ယူခဲ့ပြီး။ The Tatmadaw (Army) assumed the various powers of the state. • မြန်မာပြည် အရပ်ရပ်သို့ ပျံ့နှံ့သွားခဲ့သည်။ (The news) spread all over Burma, to all places.

ရုံ (V~) ⇒ **mere act of V-ing, only, merely V-ing;** *sp hd nn, CB+FB; frequently in combinations* V–ရုံသာ၊ V–ရုံမျှ။ V–ရုံပဲ *"only V–*ရုံ*";* • ကူးရုံပဲ လိုတော့တယ်။ It merely needs copying out now, all I have to do now is copy it out. • လွှင့်ပစ် လိုက်ရုံပဲ ရှိမှာပေါ့။ All we shall be able to do is throw them away. • မအ္ပပင်တွင် ၁၂နာရီမျှ တွေ့ရရုံနှင့် မကျေနပ်နိုင်သောကြောင့်။ Because he couldn't be satisfied with merely meeting (his wife) for 12 hours at Maubin. • တစ်နာရီကို ၉– ကျပ်ခန့် ဝင်မှ တော်ရုံ ကျမည်။ He would have to earn about 9 kyats an hour to get by, for it to be merely adequate. • ၄းရုံ ၄းတယ်။ အဝိုင် မပေးဘူး။ I only lent it. I didn't give it for good. • တချို့ဆိုင် တံခါး ဖွင့်ရုံပဲ ဖွင့်ပြီး ဆိုင် မခင်းပဲ ထိုင်နေကြတယ်။ Some stall (owners) merely opened their shutters and sat there but didn't lay out their wares (after civil disturbance). • ဘတ်စကား သည် လူ ပြည့်ရုံသာ တင်ပါသည်။ The bus took on only enough people to fill it. • နို့ယာဂုတွေ မကုန်ရုံမျှ မဟုတ်သေးပါဘူး။ Not only did her miraculous pot of

yagu not get used up (however many people ate from it, but it cured the eaters of their ailments as well).

Often in combination with မက *"not so little as, not only":* • တလမ်းလုံး ဖုံ တထောင်ထောင်နှင့် လာရရုံမျှမက ပူအိုက်လှသော အချိန်လည်း ဖြစ်သည်။ Not only did we have to come the whole way through clouds of dust but it was at a very hot time of day. • ဂျပန်တို့သည် စစ်မှန်သော လွတ်လပ်ရေးကို မပေးရုံသာမက ပြည်သူ လူထုကိုလည်း ညှင်းပန်းကြသေး၏။ The Japanese not only did not grant true independence but they also ill-treated the population.

ရယ် **1** *and variant* ရယ့် *also written* ရဲ့ **(N~)** ⇒ ***appellative suffix,*** *suffixed to a personal referent (e.g. a name or term of address) and used when calling or addressing sn, often pleading or remonstrating; the creaky tone version is more emphatic or peremptory; CB; occurs in various forms: the full set is:* ရေ၊ ရေ့၊ ရယ်၊ ရယ့်၊ ရဲ့၊ ငယ်၊ ငယ့်၊ ၃့၊ ရာ၊ ရှ; *for other examples see under* ရေ *and* ရာ *and* ငယ်; • သားလေးရယ်၊ သိပ်မဆော့နဲ့၊ လိမ့်ကျလိမ့်မယ်။ Son, don't mess about: you'll fall off. • ကျွန်မကို ရောင်းပါ ဘကြီးရယ်။ ကျွန်မ ညနေတိုင်း လာယူပ! မယ်။ Please sell them to me, Uncle. I'll come and collect them every evening. • ပန်းချင်း မတူပါဘူး အန်တီရယ်။ ဒါက နိုင်ငံခြားနှင်းဆီ၊ နှင်းဆီနက်လို့ခေါ်တာ အန်တီရဲ့။ My flowers are not the same, Auntie. Theirs are foreign roses. They're called black roses, Auntie.

ရယ် **2** *or* ကယ် **(Phr~)** ⇒ **and Phr, Phr for one,** *when listing nouns or phrases; coord mkr, CB; variant* ကယ် *is used after stop tones;* • ဆရာမရယ် ခင်လှလှရယ် လာစေချင်တယ်။ I want you and Khin Hla Hla to come. • ကျောင်း မတက်ခင်ရယ် ကျောင်း တက်တုန်းရယ်။ Both before I went to school and while I was there. • ကိုခင်မောင်လတ်ကယ် သူ့အမျိုးသမီးရယ် ကျွန်တော်ရယ်နဲ့။ Ko Maung Maung Lat, his wife, and I. • ဆောင်းပါးဖတ်အပြီးမှာ ရွှေဘုံသာလမ်းက ဆေးခန်းတွေရယ်၊ အထူးကု ဆရာဝန်တွေရယ်၊ ဆေးခန်းပိုင်ရှင်တွေရယ်၊ ဆေးရောင်းသူတွေရယ်၊ လူနာတွေရယ်နဲ့ ပတ်သက်ပြီး ... ပြောပြလိုစိတ် ဖြစ်ရပါတယ်။ After I had read that article, I had an urge to tell people about the clinics of SBT Street, its specialist doctors, the clinic owners, the drug salesmen, and the patients.

ရယ် **3 (Stc~)** ⇒ **really, only, as little as;** *used when remonstrating or trying to convince the listener; stc fin phr ptcl, CB;* • ဈေးကလဲ များလိုက်တာ၊ ဟိုထိပ်မှာမှ တစ်ပွင့် တစ်မတ်ရယ်။ Your prices are very high. At the end of the road they are only 25 pya for a bloom. • စိုက်စရိတ် ထောင့်ငါးရာ နှစ်ထောင်ရယ်၊ ဒါလေးပါပဲ။ All you needed as down payment was K1500 or 2000. That was all. • ငါ တော့ အပုံကြီး အောက်မွေ့နေတာ။ လက်စသတ်တော့ နဲနဲလေးရယ်။ I thought there was plenty. Now we get here there's only a little bit. • ဒီလိုလဲ မဟုတ်ဘူးရယ် No, that's not right either. • သူ့အိမ်ကလဲ အကျယ်ကြီးရယ်။ And his house is huge. • ကမ်းနားက အဝေးကြီးရယ်။ And it's miles from docks. • ကျွန်မတို့အိမ်

နီးနီးရယ်။ It was no distance from our house. • သူ့အကောင်ကလဲ မွဲချာချာရယ်။ Her boyfriend is a mere pauper. • အဲဒီတုန်းက ကျွမက အလယ်တန်းကျောင်းသူလေး ရယ်ပါ။ in those days I was just a Middle School schoolgirl. • "ကျက်စားခဲ့ရ တယ်" ဆိုရာမှာ မိမိ့ရဲ့ဝန်ထမ်းလခနဲ့ မလောက်လို့ အချိန်ပိုလုပ် ဆေးခန်း ထိုင်ပြီး ရန်ကန်လှုပ်ရှားရှာဖွေစားသောက်ခဲ့ရတာကို ဆိုလိုတာရယ်ပါ။ When I say "I frequented those places" I mean that I used to slog away in my spare time trying to earn a living by running a clinic, as my regular salary was too low.

ရယ် 4 or **ရယ်လို့** *CB = FB* ဟူ၍ **(N~)** ⇒ **N as such, so called, such a thing as, "N"**; *nn mkr; usually with a negated verb;* • ခုတင်ရယ်လို့ မခေါ်နိုင်ဘူး။ One can't really call it a bedstead. • ပန်းတော်ဆက်သဖို့ ပျက်ကွက်ခဲ့သည့် နေ့ဟူ၍ မရှိစဖူး။ There wasn't a single day when he failed to present flowers to the court. • လိုင်းမမူးသူဟူ၍ မရှိ။ There wasn't anyone who was not seasick. • ဂုဏ်ထူးတန်းရယ်လို့ ရှိရဲ့လား။ Do they have such a thing as an Honours Class? • ဘာကြောင့်ရယ် မသိ။ He didn't really know why. • ဘာရယ် မဟုတ်တဲ့ ကိစ္စနဲ့ သူစိတ်ဆိုးတတ်တယ်။ He gets angry for no reason at all. • ဤ၍စခန်းသို့ ရောက်စက သစ်ပင်ဝါးပင်တို့တွင် အရွက်ဟူ၍ မရှိ၊ ခြောက်သွေ့သွေ့ကြီး နေ၏။ When we first reached this camp there was not so much as a leaf on the trees, they were quite parched and bare. • ဘယ်သူရယ်လို့ အမှတ်မထားပါဘူး။ I didn't notice who it was.

ရယ်လို့ *see under* ရယ် *as such, so called*

ရယ့် *see under* ရယ် *appellative suffix*

ရွေ့ 1 or **၍** **(VA~)** ⇒ **as much as V, so long as V**; *sub stc mkr, mainly FB,* = *CB* လောက်, *cf FB* မျှ; • သဒ္ဓါသရွေ့ ပေးပါ။ Give me as much as your charity dictates, as much as you feel kind enough to give. • ကိုယ့်ဂုဏ်သိက္ခာနဲ့ ကိုယ့် လူမျိုးရဲ့ ဂုဏ်သိက္ခာကို မထိခိုက်သရွေ့တော့ သည်းခံရမှာပေါ့။ One should tolerate it so long as (to the extent that) it doesn't impinge on one's own honour or the honour of one's people. • တတ်နိုင်သရွေ့ ကြိုးစားစောင်မဘို့ကိုလဲ သူက သံကြိုး ပြန်လိုက်တယ်။ He replied with a telegram asking me to do everything I could to help her. • အသက်ရှင်နေသ၍ တိုင်းရင်းသားစည်းလုံးညီညွတ်မှုကိစ္စ ဆိုတာ ကျွန်တော် တို့ ဆက်ပြီးတော့ လုပ်နေရမှာ ဖြစ်ပါတယ်။ We must continue to serve the cause of national unity for as long as life is left to us.

Common in a set of similar phrases: **N ရှိသ၍** ⇒ **all Ns there are, N မှန်သ၍** ⇒ **all that are truly N, N ဟူသ၍** *or* **ဟူဟူသ၍** ⇒ **all that can be said to be N, i.e. all Ns;** *subordinate clauses, also used as attributes, mainly FB; cf FB* ရှိသမျှ၊ မှန်သမျှ၊ ဟူသမျှ, *and CB* ရှိသလောက်; • အချိန်ရှိသ၍ အရက်သောက်၊ ဖဲရိုက်နှင့် ပျက်စီးချင်တိုင်း ပျက်စီးနေတော့သည်။ All the time he had he spent drinking and gambling, and was well on the road to ruin. • သတ္တဝါမှန်သရွေ့၊ တရားတွေ့၊ ချမ်းသာသာယာ ရှိပါစေ။ May all living creatures know the dharma and have

peace and happiness. • အရေးကိစ္စဟူဟူသရွေ့ကို ... မမေ့မလျော့ စောင့်ရှောက်ကြရာ သည်॥ One should attend to all duties conscientiously.

ရွေ့ 2 *see under* ၍ *and,* -ing, *after (listed at end of Burmese entries)*

ရွေး *see under* မရွေး *any whatsoever*

ရာ– (V~~) ⇒ **expresses sympathy or pity,** *usually referring to a third person, i.e. not used of speaker or hearer; vb mod, CB+FB;* • ဦးဥတ္တမသည် သက်တော် ၆ဝပြည့်သည့် ၁၉၃၉ ခုနှစ်တွင် ပျံလွန်တော်မူရှာသတည်း॥ U Ottama, sad to say, passed away at the age of 60 in 1939. • အဖမ်း ခံရသွားရှာတယ်॥ He was caught, poor fellow. • အသက် မရှည်ရှာဘူး॥ Unfortunately, he did not live long. • အမေကြီးကလည်း သတိ ရရှာပါတယ်॥ My dear old mother remembers you. • ဗိုလ်မှူး ရာထူး ရဖို့ တန်ပေမဲ့ မရရှာပါဘူး॥ He should have been made a major, but sadly he wasn't.

ရှိ 1 (V~~) ⇒ **to exist, to have;** *common element in a range of compound verbs, mainly FB; e.g.* • သိ(ရှိ)သည် to know; ကျန်(ရှိ)သည် to remain, be left over; ရ(ရှိ)သည် to obtain, receive; ပါ(ရှိ)သည် to be included; တည်(ရှိ)သည် to be situated, established; တွေ့(ရှိ)သည် to meet, find; ရောက်(ရှိ)သည် to reach, arrive.

ရှိ 2 (N¹~ N²) ⇒ **N² located in, situated in N¹;** *truncated verb attribute, short for FB N¹–တွင် ရှိသော N², CB N¹–မှာ ရှိတဲ့ N²; mainly FB;* • ရွာရှိ မူလတန်း ကျောင်း॥ The primary school in the village. • ကားပေါ်ရှိ လူအရေအတွက်॥ The number of people on the bus. • ကျောင်းရှေ့ရှိ မှတ်တိုင်॥ The bus stop in front of the school. • မြန်မာနိုင်ငံ တစ်ဝှမ်းလုံးရှိ ကျောင်းသားများ॥ Students all over Burma.

ရှိသမျှ *all Ns there are: see under* မျှ *as much as*

ရှိသရွေ့၊ ရှိသ၍ *all Ns there are: see under* ရွေ့ *as much as*

ရှေ့ (N~) ⇒ **in front of, before N;** *loc nn, CB+FB; opp* နောက် *behind; purists distinguish* ရှေ့ *"front" from* အရှေ့ *"east", but some younger writers also use the form* အရှေ့ *for "front";* • ကားရှေ့တွင်ပင် ရပ်သည်॥ He stopped just in front of the bus. • ကျောင်းရှေ့ရှိ မှတ်တိုင်॥ The bus stop in front of the school. • သူ ရှေ့မှာ ထိုင်နေတဲ့လူ॥ The person sitting in front of him. • ကျောင်းရှေ့ဘက် သွားတယ်॥ He went towards the front of the school. • မိမိနေရာမှ အသာထ၍ ဆရာမရှေ့သို့ သွားသည်॥ She calmly got up from her place and went in front of the teacher. • အိမ်ရှေ့မင်းသား॥ The crown prince (who occupied the palace in front of the king's palace which faced east).

ရှောက် *see under* လျှောက် *go along*

ရှင် *and* ရှင့် **(mostly Stc~)** ⇒ **Sir, Madam,** *polite term of address,* used in addressing people or compelling their attention; appended appellative, CB; used by women speakers, to other women or to men; the short, creaky-tone

form is more emphatic and peremptory; • အခုလို ကူညီပေးတဲ့အတွက် ကျေးဇူးတင်
ပါတယ်ရှင်။ Thank you for helping me like this, Sir/Madam.
*Also used alone with a rising intonation as a polite response meaning "I beg
your pardon, What did you say?":* • ခွက်တစ်လုံး ယူခဲ့အုံးဗျာ။ — ရှင်?။ Bring me
another cup. — I beg your pardon? Excuse me?
Also as an answer to hearing oneself called: • စံစံရေ။ — ရှင်။ San San! —
Yes?

လာ– **1** *or* လာရောက်– (~V-) ⇒ **come and V**; *comm pre-vb, CB+FB; from verb*
လာ– *to come;* • ဘယ်သူများ လာလုပ်ပေးထားတာပါလိမ့်။ whoever came and did
this for you? • အိပ်ရာက လူးလဲထပြီး လာခေါ်တဲ့လူ နောက်ကို လိုက်သွားတယ်။ He
struggled out of bed and went off with the men who had come to fetch
him. • ပုလင်းကလေး တစ်လုံးကို လာ၍ ပြတော့သည်။ They came and showed him
a small bottle. • တို့နယ်က ဆေးရွက်ကြီးကို အစိုးရကတောင် လာပြီး လေ့လာရတယ်
ဆိုတော့ ဂုဏ်ယူစရာပေါ့ကွာ။ Even the government had to come and study the
tobacco plants in our district — well, that's something to be proud of.
• ရန်ကုန်ရောက်တိုင်း ကျွန်ုပ်အိမ်သို့ လာရောက်လည်ပတ်၏။ Every time he's in Yan-
gon he comes and visits me at home. • လူပေါင်းမြောက်မြားစွာသည် ဝမ်းသာအားရ
လာရောက်အားပေးစဉ်။ While a large crowd of people had come along and were
happily encouraging him.

လာ– **2** (V~-) ⇒ **V and come; begin to V; become V**; *vb mod, CB+FB; sts V-*
လို့ လာ– *(CB) or* V-ကာ လာ– *(FB); negative form usually* V-မ ~, *sts* မ-V~; *for
further discussion see Soe 1994;* • ဆရာ ကျောင်း ရောက်မလာသေးဘူးလား။ Has-
n't Teacher reached school yet? • ဒီနားး နဲ့ နဲ့ တိုးလာစမ်း။ Come a little closer
to here. • မိုး တစ်ပေါက်နှစ်ပေါက် ကျလာတော့။ As a drop or two of rain began to
fall. • သူ့အမျိုးသမီး ခေါ်မလာဘူးလား။ Won't he bring his wife? • မသန္တာရဲ့ ဆောင်း
ပါးကတော့ ဒီဇင်ဘာ သို့မဟုတ် ဇန်ဝါရီလောက်မှာ ပါလာပါလိမ့်မယ်။ Ma T's article
will be included (in the magazine) sometime in December or January.
• သင်ရင်းသင်ရင်းနဲ့ တဖြည်းဖြည်း တတ်လာမှာပဲ။ As you continue studying you
will slowly learn. • အဲဒီလိုကို စလာတာ။ That was how it began. • သူနှင့် သိလာ
သည်မှာ ဆယ်နှစ်တောင် ရှိသွားပြီ။ It is 10 years since I came to know him.
• အိမ်ထောင် ကျတော့ ဝလာတယ်။ She got fat when she married. • တစ်တန်းလုံး
တိတ်ဆိတ်လာတာနဲ့။ When the whole class had become silent. • ၁၉၉၈ခုနှစ်ထဲကို
ထဲထဲဝင်ဝင် ရောက်လို့ လာပြီ။ By now we were well into 1998. • ကျွန်ုပ်မှာ ငယ်
ရွယ်စဉ်က စ၍ လှေတက်နှင့်ပင် ရေထဲ၌ ကြီးပြင်းကာ လာရသည်။ I have grown up in
the water with a paddle in my hands since early childhood.

လား: **1** (Stc~) ⇒ **indicates a yes-or-no question**; *stc fin phr ptcl, mainly CB,
but increasingly used in FB where the standard equivalent FB* လော *now
sounds old-fashioned; for the combinations* V-ပါလား: *"why don't you V?", N*

ဆိုလား *"was it called N?"*, *V–ရအောင်လား "how about we V?"*, *V–လှချည်လား "exclamatory", see under the first syllable; for yes-or-no questions without လား see Rising intonation in the English entries;* • မင်းမိဘများ နေထိုင်ကောင်းကြရဲ့လား။ Are your parents well? • ထမင်း စားပြီးပြီလား။ Have you eaten yet? • ပွဲမသွားတော့ဘူးလား။ Aren't you going to the festival after all? • အဲဒါ အမေ့ဟာလား။ Is that mother's? • ဟုတ်သလား *or* ဟုတ်လား။ Is that so? • မဟုတ်ဘူးလား *often shortened to* မဟုတ်လား *or* မှုတ်လား *or* မို့လား *or* မလား။ Isn't that so?

Used in pairs **to indicate alternatives:** • မန္တလေး သွားမှာ လေယာဉ်ပျံနဲ့လား၊ ရထားနဲ့လား။ Are you going to Mandalay by plane or by train? • များသလား၊ မများဘူးလား။ Is that too much or not? • ယူမလား မယူမလား မေးကြည့်စမ်းပါ။ Do please ask if he'll take it or not. • မင်း မြို့အုပ် ဖြစ်အောင် လုပ်မှာလား၊ မလုပ်ဘူးလား။ Are you going to take steps to become a Township Officer or aren't you? • ဒီမှာတော့ ကြက်သွန်တွေလား ဘာလား လဲနေတယ်။ ဘာ ဖြစ်သလဲ။ But here the onions or whatever they are are lying flat. What went wrong?

Before verbs of saying, thinking etc ⇒ **if Stc, whether Stc:** • ညောင်ရွက်များကို ရေတွက်နေသည်လား မဆိုနိုင်။ I couldn't tell if he was trying to count the banyan leaves. • ဒါကို ပန်းကန်ပြားပျံလား၊ ဘာလား၊ ညာလား စဉ်းစားနေတာ။ I was pondering whether it was a flying saucer or something like that.

Also common ***with verb of saying, thinking etc omitted:*** • ဟေ့လူ၊ ဘယ်တုန်းဗျ။ – အဆောင်မှူးဆီ သွားမလားလို့ဗျာ။ Hey, you! Where are you off to? — (I was wondering) if I should go to the hostel warden. • တစ်ကိုယ်လုံး ပူထူရှိန်းဖိန်းပြီး ပေါ့ပါးလာတာပဲ။ ဆေးကြောင့်ပဲလား။ I felt hot and flushed all over and light headed. (I thought it might be) because of the medicine. • အတိအကျမသိရတော့ ခက်နေတယ်၊ ဆရာတို့တော့ သိမလားပဲ။ We were in difficulties because we didn't know for sure. (We thought) you might know? • မန်းနီးမိတ်ကားလို့ပြောရင် ရမလားဘဲ။ (I wondered) whether it would be accurate to call him a "money-maker". • စီးပွားရေးလုပ်ငန်းတစ်ခုခု လုပ်မလို့နဲ့ တူတယ်။ တည်းခိုခန်းလား၊ စားသောက်ဆိုင်လား။ It seemed as if he was planning to start some business or other. (I can't remember) if it was a guest house or a restaurant.

လား 2 (V^1~ V^2~) ⇒ V again and again, in various ways; *sub cls mkr, CB+FB; used with pairs of verbs, usually disyllabic compound verbs, but sometimes also verbs with short complements; frequently before the verb လုပ်–, with the meaning "do many times in quick succession", often from several directions or in several different ways, with the effect of flustering or intimidating the patient; occasionally before other verbs: see examples below; cf ချည်…ချည်၊ တုံ…တုံ၊ လိုက်…လိုက်၊ ဟယ်…ဟယ်;* • မေးလားမြန်းလား လုပ်အုံးမှာလား။ စစ်လားဆေးလား လုပ်အုံးမှာလား။ Will they give us more of these long and flustering interrogations? • တားလားဆီးလား လုပ်ရမလား။ Should we attempt to

intercept him? • ကိုင်လားထိလား မလုပ်နဲ့။ Don't go grabbing and snatching.
• မျက်လုံးကို ဖွပ်လားသပ်လား လုပ်လာကြသည်။ They started desperately rubbing
their eyes. • ပစ်လားခတ်လား လုပ်ရင် ဒုက္ခ။ If they shower us with bullets we
shall be in trouble. • ဂျပန်ကိုယ်တိုင် လာပြီး သူကြီးကို ကြိမ်းလားမောင်းလားနဲ့ လုပ်
သေးတယ်။ The Japanese came in person and bullied and threatened the
headman.

Examples of use before verbs other than လုပ်– : • ဆူလားပူလား ဖြစ်လာပါတယ်။
Uncontrolled disturbances broke out. • သူတို့ကို စစ်လားဆေးလား မေးမြန်းစုံစမ်း
ခြင်း မရှိတော့မှ သက်မကြီး ကျသွားသည်။ It wasn't until they stopped hurling
questions at them that he breathed a sigh of relief. • အဲ့ဒီလို အားထုတ်ရင်းက
ထိုးလားကြိတ်လား ဖြစ်လာလို့ ကိုချစ်ခင်ဟာ ... ပြေးခဲ့ရပါတယ်။ The struggle (to
wrest the camera from him) turned into a flurry of flailing fists, and Ko
Chit Khin had to run for it. • ထွေးလားလုံးလား ပေါ်နေလေ၏။ A scene of brawl-
ing was revealed.

Used with verbs with short complements: ခဲနဲ့ ပေါက်လား ဒုတ်နဲ့ ပစ်လား သစ်ပင်
စာဆွဲလား လုပ်မှဖြင့်။ If they were to throw stones or sticks, or nail notices to
trees. • စကား အငြင်းပွားလား ရန်များလား ဖြစ်မည်ကိုလည်း မလိုလား။ He didn't
want them to have a furious argument.

အလား: (N~, VA~) ⇒ **like N, in the manner of N, as if V;** *nn mkr and sub stc
mkr, FB, = CB* အတိုင်း၊ *လို* ; • မိုးကျမယ့်အလားသို့။ As if it were going to rain.
• မှက်ကိုက်လိုက်လျှင် ပရွက်ဆိတ်ခဲ့လိုက်သည့်အလား လူ့ကို တွန့်ခန ဖြစ်သွားသည်။
When the midges bit you they made you flinch as if you had been stung
by an ant. • သူမျက်လုံးများကို လက်ဖဝါးအစုံနှင့် ပွတ်ကြည့်မိသည်။ ရုပ်ရှင်ပြကွက်တစ်ခု
အလား ဝင်ရောက်လာသော မြင်ကွင်းကို သူ မယုံကြည်နိုင်တော့။ She couldn't believe
the sight that met her eyes: it was like a scene in a film. • အမျိုးသားရေးစိတ်
ဓါတ် အရှိန်အဟုန်သည် ဒီရေအလား တိုးပွားမြင့်မားလာတော့သည်။ The impetus of the
nationalist spirit swelled like a tide. • ခရီးသည်အားလုံးမှာ မိုးရေထဲတွင် ကစားနေ
ကြသည့်အလား ရွှဲရွှဲစိုနေကြသည်။ All the passengers were soaked to the skin, as
if they had been out playing in the rain.

လီလီ (Phr~) ⇒ **utterly, completely;** *stc med phr ptcl, mainly FB; in pattern V–
(စ)ဖွယ်လီလီ and the combination* ကြောက်ခမန်းလီလီ *"terrifying";* • ရွံ့စဖွယ်လီလီ
ဖြစ်နေသည်။ It is totally disgusting. • ရှက်ဖွယ်လီလီ မျက်နှာငယ်ရပေရော့မည်။ It
would be utterly shameful and humiliating. • ကိုချစ်ညို့ ကြိုးစားအားထုတ်ပုံက
လည်း ကြောက်ခမန်းလီလီပဲ။ Ko CN's efforts were terrifying (to behold).
• ကြောက်ခမန်းလီလီ ဆူသံပူသံ အော်ဟစ်သံများကို ကြားရသဖြင့်။ As they could hear
terrifying cries and shouts.

လု– and လုနီး:– (V~~) ⇒ **almost V, on the point of V;** *after stop tone sts pron
and written* လ့ ; *vb mod, CB+FB; mainly occurs with sentence marker* ပြီ *and*

in certain set phrases used attributively: see examples below; • သူတို့နှင့် နီး စပ်သမျှ အသိမိတ်ဆွေတွေလည်း ကုန်လှပြီ॥ They were on the point of running out of close friends (who could be used as blood donors). • မီးရထား ဆိုက်လှူပြီ॥ The train is on the point of arriving.

In combination လှနီး *or* လှနီးနီး *or* လှနီးပါး॥ • ပန်းရောင်းရသည့် တစ်ပတ်အတွင်းမှာ အေးမိစံ ငွေနှစ်ဆယ်ခန့် စုမိ၍ လုံချည်တစ်ကွင်းပင် ဝယ်နိုင်လှနီးပြီ॥ In a week of selling flowers AMS had saved about K20 and was almost able to afford a *longyi*. • ဆယ်နာရီ ထိုးလှနီးရောမယ်॥ It must be nearly ten o'clock. • စကားပြော ရင်း ထမင်းစားကြသည်မှာ စကားဝိုင်း ပြီးဆုံးချိန်တွင် လေးလုံးချက်ထမင်းအိုးပင် ပြောင်လှ နီးလေပြီ॥ They ate as they talked, and when they stopped talking the four-can ricepot was almost wiped clean. • တံတားကို အစွမ်းကုန် ဝိုင်း၍ ဖျက်ကြရာ တံတားလည်း ပျက်လှနီးနီး ရှိသွားလေ၏॥ They had put all their effort into destroying the bridge, and it was on the point of collapse. • ချလိုပြော‌ပြီး ကမန်း ကတန်း ထွက်သွားတော့ သူနောက်က ကျောလုံးပြည့်လှနီး ရှိတဲ့ ပွေးကွက်ကြီးကို အများက တွေ့လိုက်ကြတာနဲ့ တစ်ရုံးလုံး ဝိုင်းရယ်ကြပါသတဲ့॥ When he finished speaking he got up in a hurry and went out. When people saw the ringworm marks that almost completely covered his back the whole office burst out laughing. • ဆိုင်ကလေးတွေဟာ ပွဲခင်းပတ်ပတ်လည်မှာ တစ်ဆိုင်နဲ့တစ်ဆိုင် ထိလှနီးပါး တည် ခင်းရောင်းချနေကြတယ်॥ All around the festival grounds little stalls were set up, so close as to be almost touching.

In combination လှလှ॥ • ဂျပန်တွေ ဗမာပြည်သို့ ဝင်လာလှလှ အချိန်၌॥ When the Japanese were on the point of entering Burma. • လန့်အော်လှလှ ဖြစ်သွားတဲ့ ကျွန်တော်ဟာ ကိုယ့်ကိုယ်ကို မနည်းကြီး ထိန်းသိမ်းလိုက်ရတယ်॥ I was on the point of letting out a scream of fear and had difficulty keeping myself under control. • လျှောကျလှလှ ဖြစ်နေသော ထဘီအထက်ဆင်နားမှ॥ From the waistband of her *longyi*, which was on the point of slipping off. • အငတ်ဘေးကြီး နှင့် မဝေးစာ စားသောက်ရသော အဖြစ်မျိုး॥ A situation where people were rationing themselves on the eve of a famine. • ဆောင်းရာသီမှာလည်း တဖြည်းဖြည်းနှင့် ကုန်လှနီးလာလေသည်॥ ဆောင်းကုန်လှလှတွင် ...॥ The cold season was nearly over at last. Near the end of the cold season ....

In combination လှမတတ်॥ • သူ့ပယင်းရိုးမှာ ကြည့်စမ်း॥ ကိုက်ထားလိုက်တာ အရိုးကို ပေါ်လှမတတ် ဖြစ်နေတာဘဲ॥ Just look at his cheek-bone: he's been so badly bitten that the bone is almost showing. • ထိုသူတို့၏ သားသမီးများကို တစ်ယောက်မကျန် လိုက်လံသတ်ဖြတ်နေကြသည်မှာ သွေးချောင်းစီးလှမတတ် ရှိ၏॥ They hunted out the sons and daughters of those people and killed every last one of them so that there was practically a river of blood.

လှခမန်း *see under* ခမန်း *almost V-ed*
လှဆဲဆဲ– *see under* ဆဲဆဲ *on the point of*

လှုန်း– *see under* လှ– *almost*

လှုမတတ်– *see under* လှ– *almost*

လှုလှ– *see under* လှ– *almost*

လေ– 1 (V~-) ⇒ *euphonic*, *cf* ပေါ ချေ; *vb mod, FB+CB; in CB restricted to certain fixed patterns, but in FB used widely to give desired rhythm to the phrase; it is more favoured by some writers than others: modern writers suggest that it is an affectation which should be dropped. Note: Taking into account the range of functions (see following entries) of this morpheme* လေ *it seems probable that all are derived from the same original. For the shift in position between V–*လေ*– sfx and Stc–*လေ *compare the similar shift in* ပါ *polite:* ဟုတ်ပါရဲ့ *"it is true" vs* ဟုတ်ကဲ့ပါ *"Yes, I agree", and* ဒါ ငါ့ဟာပါ *"That's mine". Examples from FB:* • သူရသည့်ငွေမှာ သူသောက်တာနှင့်ပင် ကုန်လေသည်။ The money he earned was spent on drink. • ကျောင်းသားနှစ်ယောက်သည် ဒန်ပူ စားကြလေတော့သည်။ The two monastery boys finally brushed their teeth. • သွားရောက်တွေ့ဆုံလေသည်။ တွေ့လေလျှင် ဆရာတော်က ဦးပဉ္စင်းအား နေရပ်ဇာတိများ ကို မေးလေ၏။ (The abbot) went off to find the monk. When he found him he asked the monk his residence and birthplace. • ယခုတော့ အေးမိစံနှင့် ဘကြီးသည် ရင်းနှီးခင်မင်၍ နေလေပြီ။ But now AMS and BG were on good terms. • သူတို့တွင် အခြားပြဿနာတွေ မရှိကြလေရော့သလား။ Did they have no other problems than these? • မည်သို့သောအစားအစာ ဖြစ်လေမည်နည်းဟူ၍ တွေး တောရင်း။ Wondering what kind of food it might be. • အပြောအဆို မခံရလေ အောင်၊ စည်းကမ်းအတိုင်းလည်း ဖြစ်ရလေအောင် ပျက်ကွက်ရက် နှစ်ရက်အတွက် လုပ်ခငွေ ကို ဖြတ်ခိုင်းလိုက်သည်။ So that there should be no criticism, and so as to keep the rules unbroken, he told her to deduct their salary for the two working days lost. • ခရီးသည်များနှင့်တကွ သင်္ဘောသားများပါ တစ်ယောက် မကျန် နစ်မြုပ်ပျက်စီး၍ ကုန်လေသောကြောင့်ပေတည်း။ The reason was (that ship) with all its passengers and crew had been lost at sea. • ဘုန်းတော်ကြီး မြင်လေသော် "ဘယ်လဲဒကာကြီး" ဟုမေး၏။ When the monk saw him he asked "Where are you off to, Benefactor?" • ကြက်ဥပြုတ်များကို တွေ့ရလေရာ မနေနိုင်တော့သဖြင့် အားလုံးစားပြီး။ Coming upon the boiled eggs he could not restrain himself and ate up the lot. • ထိုအခြင်းအရာကို ဘုန်းတော်ကြီး မြင်လေလျှင် ဒကာဒကာမများ အတွက် စိုးရိမ်ပူပန်မိလေ၏။ When the monk saw it he became anxious for his benefactors. • ဤသင်ဖြူးပေါ်တွင်ပင် ... အိပ်လေဦးလော့။ Sleep on this mat. *Fixed patterns in CB:*

(a) V–လေတယ် ⇒ *adds a touch of mild irony:* • ဒီလိုဖြင့် နေရာကျလိုက်လေ တယ်ဗျ။ If that's the way it is, then that's fine.

(b) V–လေသလား *and* V–လေမလား *(also FB* V–လေမည်လား *etc)* ⇒ **Could it be that V?,** *wondering question:* • အရပ်ထဲက လူတစ်ယောက်ယောက်က အပျင်းပြေ

ကြည့်ချင်လို့ လာများဖွင့်လေသလားဗျာ။ Could it be that someone from roundabout came and opened it just to amuse himself? • သည်အတွက်ပင် ခင်လွမ်းသည် ဆရာဝန် ဖြစ်ချင်ခဲ့လေသလား မပြောတတ်။ There was no knowing whether it was for this reason that KL wanted to be a doctor. • သူခိုးများ … အနီးအနားမှာပဲ ရှိလေအုံးမလားလို့ ဇရပ်ရဲ့အရှေ့ဘက် ချမ်းသာရတံတားတစ်လျှောက် လှမ်းမြော်ကြည့်မိတယ်။ Wondering if the thieves might still be nearby he looked far down the Chanthaya Bridge east of the *zayat.* • နွယ်နွယ်ဦးကဲ့သို့ပင် သီတာသည် ကျွန်တော့်ကို စွန့်ခွာသွားလေမည်လား ကျွန်တော် မသိပါ။ I didn't know if Thida would drop me just as NNU had done.

(c) V–လေရော့သလား: *(also FB)* ⇒ ***adds a note of exasperation, desperation, to the question:*** • အိမ်ထဲမှာ ဘာဖြစ်နေကြတာလဲ။ တစ်ယောက်ယောက်များ ဖျားနာနေလေရော့သလား။ What could be going on indoors? Could it be that someone was ill? • ဤသည်ကို မေမေ မသိရော့လေသလား။ Didn't Mother know this already?

(d) V–လေရော ⇒ ***for graphic narrative:*** • ဘွဲ့လဲ ရရော ဟော မိန်းမလဲ ယူသွားပါလေရော။ No sooner had he got his degree than he went and got married!

(e) V–လေရဲ့ ⇒ **V-ed but …,** ***adds a hint of reservation:*** • ရေခဲခြစ်သည်က အချိုရည် ဆမ်းပြီးလို့ ပြန်ပေးတာကို မယူသေးဘဲ ဘကြီးဆောင်ရဲ့ ဓာတ်ပုံးကို ကြည့်နေလေရဲ့။ (The children were distracted:) without taking the ice-lolly that the vendor had bathed in syrup and was holding out to them, they certainly looked in the direction of BGS's *datpon* (but it was not yet certain that they would pay to watch).

(f) မ–V–လေနဲ့ (*also FB* **မ–V–လေနှင့်**) ⇒ **= မ–V–နဲ့ do not V,** ***with perhaps a slight softening of the imperative:*** • ခင်ဗျားက ကျွန်ဘော့်ကို လက်ခုပ်တီးပြီး အားပေးဂုဏ်ပြုဖို့ မမေ့ပါလေနဲ့။ Don't forget to give me the support of your applause. • ရန်ဘက်ဖြစ်သော ထိုလူဆိုးတို့ကို မညှာလေနှင့်မင်း။ Do not spare those evil men, for they are your enemies.

(g) V–ပါလေစေ ⇒ **= V–ပါစေ let it V;** *often spoken and written* ပလေစေ; • ရွှဲနေသော ချွေးတို့က သုတ်မနိုင်တော့။ ထွက်ပလေစေတော့ဟု ထားလိုက်သည်။ He couldn't wipe away the sweat that covered him. He left it as it was, thinking "Let it flow".

(h) V–လေတော့ *(also FB)* ⇒ **= V–တော့ since, as, given that V:** • သည်အလုပ်မျိုးကလဲ အသက်တဖျား လုပ်ကိုင်ရတာ ဖြစ်လေတော့ လုပ်မယ့်လူလဲ ရှားတယ်။ This kind of work carries a high risk of accidental death, so there are not many who are prepared to do it. • သည်တုန်းက မနွေကလည်း စကားကို တိတိကျကျ မပြောတတ်သေးလေတော့ ဘာပြန်ပြောရမည်မှန်းမသိ ဖြစ်လေသည်။ At this time Ma N still couldn't talk very coherently, so she was left not knowing what to say.

(i) V–လေခြင်း: *(also FB)* ⇒ **How V!,** ***exclamatory:*** • အဖေရာ လုပ်ရက်လိုက်လေ

ခြင်းဗျာ။ Oh Father! How could you be so cruel? • တစ်ဦးတည်းသောသမီး…သည် ဤသို့ ကွယ်လွန်ရလေခြင်းဟု ဘယ်လိုမှ ဖြေမဆည်နိုင်ဘဲ ရှိလေသည်။ She was inconsolable, crying out "Oh that my only daughter should have died like this!"

(j) V–လေရာ N *(also FB)* ⇒ **whatever N is V-ed:** • နောင် ဖြစ်လေရာဘဝ၌။ In every rebirth in the future. • သွားလေရာခရီး ဖြောင့်ဖြူးပါစေ။ May every journey you undertake be smooth.

(k) in set phrases *(also FB):* • သွားလေသူ။ The deceased, the departed. • ကွယ်လွန်လေပြီးသောသူ။ One who has passed away, the deceased. • လိုလေသေး(သည်) မရှိ(အောင်)။ So that nothing is lacking, complete sufficiency. • (ဖြစ်မှ) ဖြစ်ရလေ။ How sad! What a terrible thing to happen!

လေ **2 (Stc~)** ⇒ **you see, as you know, I mean, don't you remember?;** ***softens imperatives,*** *making an order sound more like a request or suggestion; stc fin phr ptcl, CB; much used in intimate, friendly conversation;* • အဲဒီအချိန်မှာ မှောင်နေပြီလေ။ By that time it was dark, you see. • သူ့အမေ တစ်ခုလတ်လေ။ His mother is divorced, you know. • မနက်ဆွမ်း ကျွေးနေမယ်လေ။ I shall be giving (the monks) their morning meal, remember? • လက်တွေ့ ပညာပဲ ရှိခဲ့ဘူးတာပေါ့လေ။ You mean that you have only ever had practical knowledge, then? • ဥရောပတိုက်ကို သွားလည်ဖို့လဲ (တတ်နိုင်ရင်ပေါ့လေ) ကောင်းတယ်။ It is also a good idea (if you can afford it, that is) to go and visit the Continent. • အိပ်ပျော်သွားတယ် — ကလေးလေ။ He went off to sleep — the child, I mean. • ငါ့နာမည်လေး ရေးပေးပါ။ — ရတယ်လေ၊ ရေးပေးပါ့မယ်။ Could you please write down my name? — No problem. I'll do that. • အေးလေ။ Yes indeed. • ကျွန်မကို ရောင်းပါ ဘကြီးရယ်။ — ယူလေ။ Please sell it to me, Uncle. — Have it then. • မမ မောရင် နေခဲ့လေ၊ ကျွန်မ သွားထည့်လိုက်ပါ့မယ်။ If you're tired, Ma Ma, you can stay behind. I'll go and post them. • လာပါလေ။ ထိုင်ပါဦး။ Come along in. Sit yourself down. • ပိုက်ဆံ အမ်းဦးလေ၊ ပိုက်ဆံ။ Give me my change then. Change please. • စားချင်ရင် စားလေ။ Do eat it if you want to.

လေ **3** *or* **လေလေ (V^1~ V^2~)** ⇒ **the more V^1, the more V^2;** *stc mkr, CB+FB, only in parallel main clauses;* • အိမ်နား ရောက်ခါနီးလေ ရင်ခုန်နှုန်းက မြန်လာလေ။ The closer he came to the house the faster his heart beat. • သူတို့က ရှေ့မှ ကန့်လန့်ဖြတ်ရောင်းနေလေလေ ဝယ်သူတွေက အလွယ်တကူ ရတာ ဝယ်သွားသဖြင့် ထိုင်ရောင်းနေသူတွေမှာ နစ်နာလေလေ။ The more they (the itinerant flower sellers) walked around selling their wares, as that made it easier for customers to buy, the worse it was for the sellers who sold sitting down. • တချို့ကတော့ စာမတတ်လေ ကောင်းလေ။ စာတတ်လျှင် ရည်းစားစာ ရေးတတ်သည်။ စိတ်မချရ။ Some (think that) the less literate (girls are) the better. If they can write then they may write love letters. You can't trust them. • သဘော

ဆေးအနံ့ကို ခံ၍မရ။ သဘော်ဆေးနံ့ကို ရလေ မူးလေပင်။ I couldn't stand the smell of the paint (on board the ship). The more I smelt it, the sicker I felt. • စောစော ရောက်နိုင်လေလေ၊ ကြာကြာ အတူ နေရလေလေ၊ ခင်မ မျက်နှာကလေးကို ကြည့်နေခွင့် ရလေလေ။ The sooner he arrived, the longer they could be together, the more chance he would have to be looking at Khin Ma's sweet face. • ဘယ်တော့မှ မလာလေ၊ ကောင်းလေပဲ။ If he were never to come again the happier I would be ("The more he never comes, the better"). • စားလေ လုပ်နိုင်လေ ဖြစ်သည်။ It's a case of the more you eat the more you can do. • တွေးလေ တွေးလေ ရှုပ်လေလေ။ The more he thought about it, the more confused he became.

လေရကား *see under* ရကား *since*

လေရော့သလား *sts* **ရော့လေသလား (V~) ⇒ could it be that V? I wonder if perhaps V?** *marks rhetorical question; stc mkr, mainly FB;* • အိမ်ထဲမှာ ဘာဖြစ်နေကြတာလဲ။ တစ်ယောက်ယောက်များ ဖျားနာနေလေရော့သလား။ What was happening inside the house? Was someone ill (I wondered). • သူတို့တစ်တွေတွင် မိဘအုပ်ထိန်းသူ မရှိလေရော့သလား။ Could it be that they all had no parent or guardian? • မနွေကလည်း ကျော်သူ့ဆီကို သွားခြင်းသာ ဖြစ်၏။ ဤသည်ကို မေမေ မသိရော့လေသလား။ It was only that Ma N had gone to KT's. Didn't Mother know this?

လေ့ (V~) *and* **V–လေ့–V–ထ ⇒ habit, custom;** *sp hd nn, CB+FB; normally in pattern V–လေ့–(V–ထ) ရှိ– "to be in the habit of V-ing, to V usually, used to V"; ထ is not normally voiced;* • လမ်းက ဆိုးသဖြင့် ကားကို လမ်းထိပ်မှာ ရပ်ထားခဲ့လေ့ ရှိသည်။ As it was a bad road we used to leave the car at the top of the road. • ကျွန်တော်တို့ ထိုင်လေ့ထိုင်ထ ရှိတဲ့ "ဝိုင်း"လက်ဖက်ရည်ဆိုင် ပိတ်ထားတဲ့အတွက်။ Since the Waing café where we usually met was closed. • ရာဇဂြိုဟ်ပြည်၏ ထုံးတမ်းစဉ်လာအရ ချမှတ်လေ့ ရှိသော ပြစ်ဒဏ်သုံးမျိုးအနက်မှ။ Of the three types of penalty normally imposed according to the custom of Rajagraha.

လေး: 1 (Stc¹~ Stc²~) ⇒ *indicates quotation, reported speech;* *sub stc mkr, used with parallel sentences, CB; sts followed by နဲ့ ; indicates not only that the sentence is quoted, but also that the original speaker has delivered it emphatically, portentously, for many to hear, has made much of the statement, made a great fuss about it;* • သူ့သမက်က ပညာဝန်ကြီးလေး၊ သူ့သားက တိုင်းမင်းကြီးလေးနဲ့ လျှောက်ကြွားနေတယ်။ She went around boasting that her son-in-law was Minister for Education, and her son was Divisional Commissioner. • ပုလဲကို "ကျောင်း လာပါအုံးလေး၊ မောင်ပဇင်းက မေးသလေး မြန်းသလေး"နဲ့ လောကွတ်တွေ ပိုနေလိုက်တာ။ He goes over the top with his attentions to Pale: "Do come round to the monastery — the monk is asking after you" and all that stuff. • မိန်းကလေးတန်မဲ့ အပျိုတန်မဲ့ အာကျယ်သလေး

လျှာကျယ်သလေး နဲ့॥ (Complaining that) she behaves outrageously, a young girl like that yelling at the top her voice (to sell her wares).

Frequently followed by ဘာလေး:(နဲ့) *"and more in the same vein":* • အစကတော့ ငါ့ကို ညကြီးမင်းကြီး မပြန်ဝံ့ဘူးလေး ဘာလေးနဲ့၊ အခုတော့ လစ်သွားပြီ။ At first (she told me) she dared not go home late at night and all that; and now she's scarpered! • ဖြိတ်သျှ ပြန်လာသလေး ဘာလေးနှင့် ၎င်း နားရှုပ်အောင် ပြောသေးသည်။ They said the British were back and more on the same lines till NgaBa got thoroughly muddled. • အတော်ကြာ လူတွေက ကျွပ်ကို ကဲ့ရဲ့နေပါ့မယ်။ မယား:- တယောက် ဝအောင် မကျွေးနိုင်ဘူးလေး ဘာလေးညာလေးနဲ့။ People would laugh at me, saying that I couldn't afford to keep a wife and all that sort of thing. • ဒီကိစ္စကို ငါနဲ့ သာဖန် စုံစမ်းသလေး ဘာလေးနဲ့ ဘယ်သူ့မှ မပြောနဲ့နော်။ Don't tell anyone that TP and I were asking about this or anything.

ၜေး **2** *see under* ကၜေး *small, little*

လဲ **1** (Stc~) ⇒ *indicates an open question,* hence always preceded by a question word such as ဘာ *"what?",* ဘယ်တုန်းက *"when?",* etc; *stc fin phr ptcl, mainly CB, but increasingly used in FB where the standard equivalent FB* နည်း *now sounds old-fashioned; cf CB* တုံ:၊ *before* လဲ *sentence markers* တယ် *and* မယ် *weaken to* သ *and* မ, *and in rapid speech* သ *is often omitted; for open questions without* လဲ *see Rising intonation in the English entries;* • ဒါ ဘာလဲ။ What's that? • ဘယ်နှစ်နာရီ ရှိပြီလဲ။ What time is it? • ဘယ်ဟာက ပိုပြီး တော့ မြင့်မြတ်ပါသလဲ။ Which is the more noble? • ဘယ်နေရာ သွားထိုးထည့်လိုက် သလဲ မသိဘူး။ I've no idea where she tidied it away. • ပဝလီကို မည်သူတွေ လာကြမည်လဲ။ မည်သို့သောသူမျိုးတွေက ပဝလီ၏ အလှကို လာရောက် ခံစားကြသည်လဲ။ "Who would come to Ngapali? What sort of people would come and savour the delights of Ngapali?" (she wondered). • ဘာဖြစ်လို့ မလုပ်ရဘူးလဲ *or* ဘာဖြစ်လို့ မလုပ်ရသလဲ။ Why aren't you allowed to do it? • အစ်ကိုတို့ကို ဘာများ မကျေနပ် တာ ရှိလို့လဲဟင်။ What do you have against Ako and his friends? • မင်းတို့က ဘာတွေ လုပ်ကြရမလဲ ဆိုတော့ မီးဖိုချောင်က စပြီး အဆင်အပြင် တစ်မျိုးပြောင်းကြရမယ်။ What you have to do is to change the arrangement of the kitchen and everything else.

လဲ **2** *see under* လည်း *also*

လော (Stc~) ⇒ *indicates yes-or-no questions; stc fin phr ptcl, used mostly in older style FB, especially Pali-influenced texts, but yielding widely to CB+FB* လား: *in contemporary FB;* • သင်တို့သည် သူတစ်ပါး: ကြီးပွားချမ်:သာသည်ကို ဝမ်:မြောက်ဝမ်:သာ ရှိကြပါ၏ လော။ Are you pleased that others prosper? • သောက်ရေ ရှိချေအုံ့လော။ Will there be drinking water there? • သို့အတွက် ဤကျော်စိုးကို အာဇာနည်ဟု ခေါ်ရမည်လော။ Are we on these grounds to call this KS a hero? • ဘာမှ မစဉ်:စား မဆင်ခြင်ကြဘဲ မိုက်ရှူးရဲထ၍ လုပ်ကြခြင်းပေလော။ Did they do it out of sheer foolhardiness, with any forethought? • သူ့ကို အိမ်မှ နှင်ထုတ်လိုက်ဖူးပြီ မဟုတ်လော။ He had driven him out of his house before, had he not?

လော့ (V~) ⇒ **V!**; *indicates command, request; stc mkr, used in very formal FB and in verse; regular equivalent of Pali imperative in nissaya translation (Okell 1965 p 202)*; • ကျမ်းစာသိမြင်၊ တတ်အောင်သင်လော့။ Study till you have a knowledge of the scriptures *(verse)*. • ဆုံးမပေးထွေ၊ နားဝင်စေလော့။ Let my admonition enter your ears, listen to my instruction *(verse)*. • သွေးစည်းညီညွတ် ကြလော့။ Be united *(slogan in newspaper)*. • သင်တို့သည် ဤအိမ်မှ ယခု ချက်ချင်း ထွက်သွားလော့။ You all leave this house immediately! • နွေအခါ၌ ရေကို ရှေ့ရွှေ့ တာတာ သုံးစွဲကြလော့။ Use water sparingly in summertime. • ငါးဖိုးကို လို သလောက် တောင်းလော့ဟု မိန့်တော်မူ၏။ "Ask as much as you want for the fish," said (the king). • တို့၊ သင်သည်၊ သုဝဏ္ဏပါဒုက်၊ ရွှေခြေနင်းကို။ အာဟာရ၊ ဆောင်လော့။ You bring the golden sandals *(nissaya)*.

လို– 1 (V~–) ⇒ **to wish to, desire to V; be inclined to, likely to V**; *vb mod, FB = CB V–ချင်–*; • လွတ်လပ်ရေး ရလိုသော ပြင်းပြသည့် ဆန္ဒ။ A fervent desire to gain independence. • နယ်တစ်နယ်၏ သမိုင်း လေ့လာလိုလျှင်။ If you wish to study the history of a region. • ဦးချစ်မောင် မကွယ်လွန်မီက ရေးသားခဲ့သည့် နေ့စဉ် မှတ်တမ်းကို ထုတ်ဝေလိုသော စေတနာ ပေါ်ပေါက်လာမိသည်။ I was seized by the feeling that I wanted to publish the diary that U Chit Maung had written before he died.

လို 2 (N~, N~N, VA~) > **like N, as, in the way of N, in (a language), as if V-ing, in the same way as, just as V, not only V**; *nn mkr and nn atrb mkr and sub stc mkr, CB, = FB* သို့၊ ကဲ့သို့; *may induce creaky tone (see English entries sv) in a personal referent*; • ငါလည်း သင့်လိုပါပဲ။ I am like you. • သူလို လူ။ A Man like Him *(title of a book)*. • မြောက်လို ကတယ်။ He dances like a monkey. • ခါတိုင်းလို ဗမာလို ဝတ်သွားတယ်။ She went wearing Burmese clothes as usual. • သူ့ကို ဗမာလို ပြောနိုင်ပါတယ်။ You can talk to him in Burmese. • အဲဒီလို မဟုတ်ဘူး။ It's not like that. • မန္တလေးမှာလို လွယ်လွယ်ကူကူနဲ့၊ ရမှာ မဟုတ်ဘူး။ You won't get it easily, as (you would) in Mandalay. • လုပ်ချင်သလို လုပ်တာပဲ။ They do just what they like. • စကားပြောသလို ရေးရမည် ဟူသော လှုပ် ရှားမှု။ The "write as you speak" movement. • ဤကိစ္စသည် လယ်ပြင်မှာ ဆင်သွား သလို ထင်ရှားသည်။ The matter is as plain as a pikestaff ("as conspicuous as an elephant in a paddy field"). • ထိတ်လန့်သလို ခံစားရတယ်။ He felt in a state of near panic ("as if panicked").

Used with ရှိ– and ဖြစ်– *"somewhat V"*: • ဇာတ်လမ်းကျောရိုးက ကောင်းချင်သလို ရှိပါတယ်။ The story-line is not too bad ("is as if it wants to be good"). • ဝိုင် အမ်ဘီအေ လူငယ်စု၏ နိုင်ငံရေးခြေလှမ်းသည် အလှမ်းမညီချင်သလို ဖြစ်လာသည်။ The younger members of the YMBA became somewhat ("as if they wanted to be") out of step. • နောက်ပိုင်းရက်များတွင် သူသည် ... အပျော်များ ကုန်ဆုံးသွားသလို ဖြစ်လာပြန်သည်။ In later life he seemed to lose ("it was as if he lost") his capacity for enjoyment.

In the sense "not only ...": • ကွန်ပျူတာ ပိုက်ကွန်ဟာ ကောင်းကျိုး ရှိသလို ဆိုးကျိုးလည်း ရှိတယ်။ A computer network does not have benefits only: it also has liabilities. • လူအင်အားကို အလဟဿ ဖြုန်းတီးရာ ရောက်နေသလို ပရိသတ်အတွက်လည်း မျက်စိ ရှုပ်ပါတယ်။ Not only does this waste manpower: it is also upsetting for the audience. • ၎င်းနိုင်ငံခြားသားဖြစ်သူ၏ စိတ်တိုမှု၊ ရိုင်းပျစွာ ဆက်ဆံမှု၊ အော်ဟစ်ကြိမ်းမောင်းမှုများကို မကြာခဏ ကြုံတွေ့ရသလို ရုံးခန်းတံခါးများကို ခြေဖြင့် ဆောင့်ကန်ခြင်း၊ တယ်လီဖုန်းများကို ကိုင်ပေါက်ခြင်း၊ ကွန်ပျူတာများကို ရိုက်ခွဲဖျက်ဆီးခြင်း စသည့် အပြုအမူများကိုလည်း ဝန်ထမ်းများ တွေ့ကြုံခဲ့ရသည်။ The employees of this foreigner were not only exposed to his short-temperedness, rudeness and aggression, but also saw him kicking the doors, flinging telephones about, smashing computers and so on.

လို **3 (V~ V) ⇒ to V as one wishes, capriciously, at whim;** *sub cls mkr, CB; a contraction of V–ချင်သလို;* • အချို့လည်း မစွံပဲ ကျန်ရစ် ဖြစ်သူ ဖြစ်၊ အခြားသူနဲ့ အိမ်ထောင် ပြုလို ပြု ဖြစ်ကုန်ကြလေသည်။ Some of those who failed to marry were left on the shelf; others married someone else as took their fancy. • ဖျာပုံမြို့ရဲ့ စည်ပင်ဝပြောမှုကို ဖျက်လိုဖျက်ဆီး ပြုလုပ်လာမဲ့ ဘယ်သူကို မဆို ထာဝရ ရန်သူအဖြစ် သတ်မှတ်ပြီး တုံ့ပြန်ကြမှာ ဖြစ်ပါတယ်။ Anyone whoever who comes with the intention of destroying the prosperity of Pyabon will be treated as an eternal enemy and will be retaliated against. • စက်ဘီးပေါက်ဖါခ ငါးကျပ်မှ ၁၀ ကျပ် ယူချင်သလို ယူ၊ ဆံပင်ညှပ်ခ တစ်ခေါင်း ၂၀ ကျပ်မှ ၃၀ ကျပ် ယူလိုယူ။ For a puncture repair some charged from K5 to K10 as they pleased. For a haircut they took from K20 to K30 a head.

လို...ငြား *see under* ငြား *in the hope of V-ing, in case V*

လိုလို **(N~, N~N, VA~) ⇒ rather like, rather as if, almost, on the point of;** *nn mkr and nn atrb mkr and sub stc mkr, CB+FB; cf markers* နှယ်၊ နည်း၊ ယောင်ယောင်; • ငုလိုလို သစ်ပင်။ A tree rather like a laburnum. • လူလူချင်း ရှိခိုးနှုတ်ဆက်နေတာ နေ့စဉ်လိုလို တွေ့နေရပါတယ်။ We can see people greeting each other with joined palms almost every day. • စာရေးတိုင်းလိုလိုပါပဲ ဆရာဦးအောင်ညိုကို သတိရတဲ့အကြောင်း အမြဲထည့်ရေးနေကျ။ Almost every time I wrote I used to send my regards to Saya U AN. • အရေးထဲမှ ကွမ်းစားချင်သလိုလို၊ ဆေးလိပ်သောက်ချင်သလိုလို။ ခံတွင်းချဉ်လာတယ်။ On top of all this he felt a sour taste in his mouth, rather as if he needed to chew betel or have a smoke. • ရုတ်တရက် ကြည့်ရင်တော့ ဟုတ်သလိုလိုပါပဲ။ At a cursory glance it seemed to be more or less all right. • လူတစ်ယောက်ယောက် စက်ဘီးပဲ ဖြတ်စီးသွားသလိုလို၊ ဇရပ်က သိမ့်ခနဲ

သိမ့်ခနဲ လှုပ်သွားသလိုလို၊ ဘကြီးဆောင်ရဲ့ စိတ်ထဲမှာ ဇဝေဇဝါနဲ့။ Bagyi Hsaung be-
came uneasy: it was as if someone was riding past on a bicycle, or as if his
zayat (where he lived) had moved a little. • မျက်လုံးကလေးတို့က တစ်ခုခုကို
အချိန်စောင့်ကာ ဟားတိုက် ရယ်မောတော့မလိုလိုမျိုး။ His eyes looked as if he was
just biding his time before bursting out laughing. • မင်းကို သင်္ကန်းစည်းပေး
လိုက်တာနဲ့ သူမှာ တကယ့်က်ထူးရှင်ကြီးပဲ ဖြစ်သွားတော့မလိုလို ထင်နေတယ်။ He gave
the impression that once he (your father) had clothed you in a monk's
robe he would immediately become a man of great good fortune.

လို့ **1 (Phr~, Stc~)** ⇒ **that Stc; Phr as such, such a thing as Phr;** *marks end
of quotation, reported speech; nn mkr and sub stc mkr, CB,* = FB ဟု၊ ဟူ၍;
• စဉ်းစားအုံးမယ်လို့ ပြောတယ်။ He said he would think it over. • ဒီဟာ ဇမာလို့
ဇာတာလို့ ခေါ်တယ်။ This is called "*zata*" (horoscope) in Burmese. • မေမြင့်ဦးလို့
မည့်ထားတယ်။ She was named MMU. • ဒါတွေဟာ တကယ်ပဲလားလို့ ကျွန်တော်
တွေးကြည့်သည်။ I wondered if those things were true. • အက်နေသလားလို့ ခေါက်
ကြည့်တယ်။ He tapped it to see if it was cracked. • တိုက်ပွဲ ဆင်ရတယ်လို့တော့
မရှိသေးဘူး။ It was not as if we had actually been in action yet ("there was
not such a thing as"). • အိမ်ကို ကပ်တယ်လို့ကို မရှိဘူး။ He never ever stays at
home.

*Used in incomplete sentences, after questions with an unstated verb mean-
ing "I wonder" etc:* • ရုံးမှာတော့ မရှိဘူး၊ အိမ်ကို ဖုန်းဆက်ကြည့်ရမလားလို့။ He's not
at the office. (I wonder) whether I should try ringing his home. • နောက်
တစ်ပတ်ကျရင် ကြက်ဥတွေ သယ်မလားလို့။ I was wondering if I should carry (and
sell) eggs next week.

Frequent in sentences ending in မလို့ *or* မယ်လို့ *followed by a verb meaning "I
was thinking of", "I intend to", etc:* • ငါ့ညီမကို ရေလောင်းမလို့ ကြံထားတာကွာ။
ဖျားနေတယ်ဆိုတော့ မလောင်းရတော့ဘူး။ I meant to pour water on you (sister),
but as you're not well I mustn't. • နှစ်ယောက်စလုံး ဓာတ်ပုံ ရိုက်မလို့ စိတ်ကူးထား
တာ မရိုက်လိုက်ရဘူး။ I meant to take a photograph of the two of us but didn't
manage it.

Also common in such sentences with the verb left unstated: • သူတို့နဲ့ ရေ
သွားကူးမလို့။ I was planning to go swimming with them. • ဘယ်သွားမလို့လဲ။
Where are you off to? *(conventional greeting to acquaintance met in the
street).* • ခင်ဗျားက ပါရီမှာ ဘာလုပ်မလို့လဲ။ What are you thinking of doing in
Paris? • မမဥမ္မာတို့ လမ်းလျှောက်ထွက်မလို့လား။ Are you (Ma Ma Onma) going
out for a walk? • ဓာတ်ပုံလေးတွေ ပါလာရဲ့လား၊ ပေးစမ်းပါဦး။ ဒီမှာ ဥမ္မာတို့ကို
ပြမလို့။ Did you bring the photographs with you? Hand them over. I've
been wanting to show them to Onma and the others.

လို့ 2 (V~) ⇒ **because, as a result of, V and so;** *sub cls mkr, CB, = FB* ၍၊ သောကြောင့်၊ သဖြင့်; *see also* အောင်လို့ ; *occasional variant* လို့မို့ ; • ဆံပင်ဖြူလို့ ဆေးဆိုးရတာ။ He had to dye his hair because it was white. • လင်က နောက် မိန်းမ ယူလို့ ငိုပြီး ပြန်သွားရရှာသည့် မိန်းမတွေ။ Wives who had to go back home in tears because their husband took a second wife. • နေမကောင်းလို့ အိမ်မှာ နေရစ်ခဲ့တယ်။ He stayed at home because he was unwell. • ဘာပြောချင်လို့ လာတာလဲ။ What was it he came to say? • စိတ်ဆိုးလို့မို့ ပြောတာ မဟုတ်ဘူး၊ မေတ္တာ ရှိလို့သာ ပြောတာပါ။ I didn't say it because I was angry, but only because I am fond of you.

လို့ 3 (V~) ⇒ **V-ing;** *used to join two verbs in a range of different contexts, optional in some, obligatory in others; sub cls mkr, CB, = FB* ၍;

(a) V–လို့ ရ– ⇒ **to be allowed, possible, manageable, to V;** လို့ *sts omitted:* • နောက်ဖေးမှာ ချက်စားလို့ ရပါတယ်။ You can do your cooking at the back of the house. • ဒီမှာ ဖိနပ် စီး(လို့) ရသလား။ Is it all right, is it permitted, to wear sandals here? *There is some overlap between* ဝင်(လို့) မရဘူး *and* မဝင်ရဘူး။ *Both mean "You can't go in", but depending on context the first suggests that the way is physically blocked, and the second that going in is forbidden.*

(b) V–လို့ ကောင်း– ⇒ **to be good, enjoyable, to V;** လို့ *sts omitted:* • မနေ့ညက တော်တော် စကား ပြော(လို့) ကောင်းတယ်။ We had a good talk yesterday evening ("the talking was good"). • အင်္ဂလိပ်စာ ဆိုတော့ သိပ် စား(လို့) မကောင်းဘူး။ As it was English food it wasn't very good to eat — not very tasty. • နေ ကောင်းရဲ့ လား။ — တယ် နေလို့ မကောင်းဘူး။ Are you well? — I am not very well. *Note the difference between* စား(လို့) မကောင်းဘူး *and* မစားကောင်းဘူး။ *The first means the food is not enjoyable, not tasty, and the second that it is not edible, not healthy.*

(c) V–လို့ ဖြစ်– ⇒ **to be possible, workable, acceptable, to V:** • ကလေးငယ် တွေ ထားခဲ့လို့ ဖြစ်ပါ့မလား။ Is it really all right to leave the little children behind? • ဘောပင်နဲ့ ရေးလို့ မဖြစ်ဘူး။ You can't (it's not acceptable to) write it with a ball point pen. • ဒီလို နေလို့ မဖြစ်ဘူး။ We can't go on like this. *Note the difference between e.g.* ပလွေ မှုတ်လို့ ဖြစ်တယ် *"It was possible to play the flute (the flute was just about playable)", and* ပလွေ မှုတ်ဖြစ်တယ် *"He managed to play the flute (after being held back by some problem)".*

(d) V–(လို့) ပြီး– ⇒ **to finish V-ing;** လို့ *often omitted:* • သတင်းစာ ဖတ်လို့ မပြီးသေးဘူးလား။ Haven't you finished reading the paper yet?

(e) V–(လို့) လွယ်– ⇒ **to be easy to V;** လို့ *optional:* • ဒီမေးခွန်း ဖြေ(လို့) လွယ် တယ်လို့ ထင်သလား။ Do you think this is an easy question to answer? • ပုစွန် စတဲ့ ကျက်(လို့) လွယ်တဲ့ အစား။ Food that is easily cooked, such as prawns.

(f) V–(လို့) နေ– ⇒ to be V-ing; လို့ *used infrequently:* • အခုဆိုရင် အခြားဂြိုဟ်တွေ လေ့လာရေးကိုလဲ လုပ်ဆောင်လို့ နေပါတယ်။ They are now conducting studies of other planets. • ရုရှားလို့ ကောင်းကောင်း တတ်တယ်။ မွှတ်လို့ နေတာပဲ။ They knew Russian very well: they were very fluent.

Sts with နေ *omitted, with exclamatory effect:* • နံလိုက်တာ ဟောင်လို့။ What a smell! It's revolting! • မန္တလေး တက္ကသိုလ်မှာ သူငယ်ချင်းတွေ စုံလို့ပေါ့။ He has a wide range of friends in M University. • သစ်သားချောင်းတွေ တစ်ပွေ့ကြီးနဲ့ ရောက်နေတယ်။ မသိက ဆေးပေါ့လိပ် သောက်လို့။ အငယ်ဆုံးမနဲ့ နို့ညှာမက ငွေကောင်တာမှာ ထိုင်လို့။ He turned up with an armful of timber. Ma Thi was there smoking a cheroot. His youngest daughter and the baby were happily sitting at the cash desk. • အံမယ်၊ လူဝါးဝလို့။ Heavens above! What impertinence! • ကလေးတွေ ဆော့လိုက်တာ။ ရှုပ်လို့။ How naughty the children are! The place is a mess! • ဝလိုက်တာ။ ဖီးလို့။ How fat he is! Positively bloated. • ပုရွက်ဆိတ်တွေ အများကြီးပဲ။ ပွလို့။ What a lot of ants! (The place is) crawling (with them)

(g) V–(လို့) လာ– ⇒ to come V-ing, to become V; လို့ *used infrequently:* • ခရီးသည်တင်ယာဉ်ဟာ ခရီးသည် တစ်ဦးတည်းနဲ့ ရောက်လို့ လာခဲ့ပါတယ်။ The passenger transport arrived bearing only one passenger. • အဲဒီအချိန်က စပြီး USSRနဲ့ USAက အာကာသသုတေသနအတွက် ယှဉ်ပြိုင်ဆောင်ရွက်လို့ လာခဲ့ပါတယ်။ From that time on the USSR and the USA started competing in space research.

(h) V–(လို့) သွား:– ⇒ to get V, become V; လို့ *used infrequently:* • သူချစ်တဲ့ အနုပညာ လောကကြီးကို စွန့်ခွာလို့ သွားခဲ့ပါပြီ။ He has abandoned the world of art that he loved.

(i) V–လို့ ရှိရင် ⇒ if V, *a lengthened variant of* V–ရင်, *sts* V–လို့ ရှိလို့ ရှိရင် ; • နိုင်ငံရေးဟာ တိုတို ပြောလိုက်လို့ရှိရင် အမျိုးသားရေးပါပဲ။ Politics, if we are to put it briefly, is the affairs of the nation. • လူငယ်များ မပါလာလို့ရှိရင် ကျွန်တော်တို့ရဲ့ အရေးဟာ အောင်မြင်တယ်လို့ ကျွန်တော်တို့ မဆိုနိုင်ပါဘူး။ If we don't carry the youth with us, then we cannot say that our cause is succeeding.

(j) V–လို့ ဝ– ⇒ to be sated, satisfied with V-ing: • ကြည့်လို့ မဝဘူး။ I am not satisfied with looking, I could look at it indefinitely. • စားလို့ ဝရဲ့လား။ have you really had enough to eat? • ရှုမဝ။ Shumawa (name of monthly magazine: "gazing not sated").

(k) V–လို့ မဆုံး– ⇒ V-ing is unending, immense; လို့ *sts omitted:* • သနားလို့ မဆုံးပါဘူး။ I felt so sorry for them. • ကျေးဇူးတင်(လို့) မဆုံး ဖြစ်နေတယ်။ I was immensely grateful.

(l) V–လို့ ကြာ– ⇒ time passes since V: • အမေ သေပြီးလို့ နှစ်နှစ် ကြာမှ။ Not for two years after his mother's death. • ဆယ်တန်း ဖြေပြီးလို့ မကြာသေးဘူး။ It's not long since he took the Tenth Standard exam.

(m) *between certain set pairs of verbs, mainly optional, (= FB ၍):* • ရှာလို့ တွေ့သည် to seek and find, to succeed in finding; • အိပ်လို့ ပျော်သည် to succeed in sleeping, to fall asleep; • ဖမ်းလို့ မိသည် to succeed in catching, to catch; • စားလို့ မြိန်သည် to be tasty to eat.

(n) V–လို့ V ⇒ V and V, *in verse and poetic prose,* = CB ပြီး။ • ဂျူဘီလီဟောတွင်မှၢ တူညီတဲ့သဘောတွေနှင့်ၢ လူစည်လို့ ပေါလိုက်ပုံက။ At Jubilee Hall the crowds of people were huge, all of like mind. • ကျန်းခန့်သာလို့ၢ မာပါလေစ။ Are you fit and well? • လူတစ်ယောက် ... ယာမဟာ ဆိုင်ကယ်ကြီး အခန့်သား စီးလို့ ရောက်လာတယ်။ Someone came along riding a Yamaha motorbike in great style.

(o) N–က လွဲလို့ ⇒ except N, with the exception of N; = CB N–က လွဲပြီး၊ FB N–က လွဲ၍; • ဒီနှစ်ယောက်က လွဲလို့ ကျန်တဲ့လူတွေက ကုလားချည်းပဲ။ Apart from these two, the rest were all Indians.

(p) N–နဲ့ ပတ်သက်လို့ ⇒ concerning N, in relation to N; = CB N–နဲ့ ပတ်သက်ပြီး၊ FB N–နှင့် ပတ်သက်၍; • ဒီကိစ္စနဲ့ ပတ်သက်လို့ သတင်းစာထဲမှာ ဘာမှ မပါဘူး။ There is nothing about that affair in the papers.

(q) *used optionally in the word* တကယ်(လို့) ⇒ **really, if;** = FB အကယ်၍;

(r) *used optionally in the suffixes* ဖို့(လို့)၊ ပေမဲ့(လို့)၊ ဖို့(လို့)၊ အောင်(လို့)။ *See under the separate suffixes.*

အလို့ငှာ *see under* ငှာ *for*

လို့ ရှိယင် *and* လို့ ရှိရင် *see under* လျှင် *if, when*

လက်စ **(V~ N) ⇒ N for which V-ing has started but is not yet finished, N that is halfway through V-ing;** *vb atrb mkr, CB+FB;* • သောက်လက်စ ဆေး လိပ်ကို နှစ်ဖွာသုံးဖွာ ဖွာကြည့်လိုက်တော့ မီးသေနေပါပြီ။ He took two or three puffs at the cheroot he had been smoking and found it had gone out. • စားလက်စ ထမင်းပုဂံ့ကို ချထားလိုက်တယ်။ He set down the plateful of rice he had started eating from. • ကြောင်အိမ်ပေါ်က ဘိစကစ်မုန့်ပုံး အသစ်နှစ်ခု ယူသွား။ ဖောက်လက်စဘူး နဲ့ မှားယူသွားဦးမယ်နော်၊ သတိထားဦး။ Take the two new tins of biscuits from on top of the kitchen cupboard. Take care you don't take the already opened box by mistake.

လောက်– **1 (V~–) to be enough to V, enough to warrant V-ing;** *sts in pattern* V–ဖို့ လောက်–; *vb mod, CB+FB;* • အခုလစာနဲ့ မစားလောက်ဘူး or စားဖို့ မလောက် ဘူး။ My present salary is not enough to live on. • ပတ်ဝန်းကျင် အလှဟာ အအေး ဒဏ်ကို မေ့သွားစေလောက်ပါတယ်။ The beauty round about was enough to make one forget the severe cold. • အခန်းခတွေဟာ အတော် မြင့်နေတယ်လို့ ဆိုနိုင် လောက်ပေမဲ့ ... အဆင်ပြေလောက်တဲ့ ဈေးနှုန်းတွေပါ။ Although the room charges (in the hotel) are (high) enough to be described as high, they are nonetheless (low) enough rates to be acceptable. • ဖော်ပြထားသော ဗျာ။အရ မြန်မာသရ သံများ၏ သဘော ထင်ရှား။လောက်ပါသည်။ The charts presented are enough to make clear the nature of the vowel sounds of Burmese. • လူပုံကတော့ ထင် လောက်စရာ မရှိပါဘူး။ The looks of the person don't suggest (that he could be the right one to arrest). • ထိုမိတ်ကို ဆက်ဆံကြပုံမှာ အော့ကြော လန်လောက်ပါသည်။ The way they treated that maid was enough to make you sick. • ဖိနပ် အရည် ပျော်လောက်ပြီ။ Our sandals were (so sodden that they were) almost liquid (after prolonged walking in the rain). • မျက်ရည် ကျလောက်တယ်။ It was (sad) enough to make one cry. • မြန်မာစကားတွင် "ယိုသူမရှက် မြင်သူရှက်" ဆိုသည့် စကားမှာ အတော်လေး တာစားနေသည်ဟု ဆိုနိုင်လောက်သည်။ It is (shocking) enough to enable one to say that the Burmese proverb "It is not the defe-cator who is embarrassed but the observer" has come into its own (re pet-ting in public parks). • တို့ ပက်တိုင် ရောက်လောက်ပြီ။ We must be nearly at PT by now.

In combination လောက်အောင် ⇒ *to the extent that it is enough to V:* • မန်ကျည်း ပင် တစ်ပင် စိုက်လောက်အောင် မြေ ရှိရဲ့လား။ Have you enough land to plant a tamarind tree? • ပြောပလောက်အောင် မကောင်းဘူး။ It's not good enough to be worth mentioning. • ကဗျာ တပုဒ် ခေါ်လောက်အောင် မဖွဲ့ပါဘူး။ They didn't com-pose anything that is (good) enough to be called verse. • အလွယ်တကူ ခွဲခြား သိရှိနိုင်လောက်အောင် သိသိသာသာ ကွဲပြား။မှု မရှိကြလေတော့။ (The two varieties of rice) don't have enough perceptible difference for one to be able to tell them apart easily. • မကြားရလောက်အောင် ဖြစ်သွားပါတယ်။ It has become al-most unheard of.

Sts in incomplete sentences: ကျမတို့ ဒုက္ခရောက်ချက်ကတော့ ပြန်တောင် မပြောချင် လောက်အောင်ပဲ။ As for the disaster that happened to us (having our money stolen), I don't even want to talk about it any more ("it was bad enough that"). • တစ်မြို့လုံးမှာ စစ်သားတွေချည်းပဲ ဆိုရလောက်အောင်ပဲ။ The whole town was practically full of soldiers ("it was full enough to say that").

လောက် 2 (N~, VA~) ⇒ **as, as much as, equivalent to, as good as N, as much as V, as long as V; all that V;** *nn mkr and sub stc mkr, CB+FB;* = *FB* မျှ။ ရွေ့.; • ဆင်တစ်ကောင်လောက် ကြီးတယ်။ It is as big as an elephant. • ဘုရား လောက် ဂုဏ်ကျေးဇူး ကျော်ဇောခြင်း မရှိရာ။ There cannot be (anyone of) such renowned virtue as the Buddha. • ကျွန်မလောက်တော့ သူ မရပါဘူး။ She doesn't get as much as I (do), cf ကျွန်မ ရသလောက်တော့ သူ မရပါဘူး။ She doesn't get as much as I get. • ဆန် ဘယ်လောက် ယူမလဲ။ How much rice will you take? • ဒါလောက်ပဲ လိုချင်ပါတယ်။ That's as much as I want, all I want. • အဲဒီလောက် ကို ရက်စက်တာ။ He was as cruel as that! • ထင်တာလောက် (or ထင်သလောက်) လူ မလာဘူး။ Not as many people came as expected. • ကျွန်ုပ်၏ အိမ်တွင် နေချင်

သလောက် သင် နေနိုင်ပါသည်။ You may stay in my house as long as you wish.
• ပေးချင်သလောက် ပေးပေ့။ Of course give as much as you want to! • မှန်
သလောက်လဲ မှန်တာပေ့။ Of course that is true as far as it goes. • သိသလောက်
ပြောပြစမ်းပါ။ Just tell us as much as you know, all you know. • တတ်နိုင်
သလောက် ကူညီပါမယ်။ I will help you as much as I can. • ပိုက်ဆံ ပါသလောက်
ကုန်ပြီးမှ။ Not till we have used up all the money we have with us. • ရူး
မလောက် ဖြစ်ပြီ။ She is on the verge of madness ("as much as about to be
mad"). • သေရတော့မလောက် ပူဆွေးပါသည်။ I am so heartbroken that I am on
the verge of death.

လောက် **3 (N~, N°+N~) ⇒ approximately, about, more or less, something
like N;** nn mod, CB+FB; = FB N–ခန့်; • လူ ဆယ်ယောက်လောက် စုလာတယ်။
About ten people collected together. • အိမ်လခ တစ်ရာလောက် ပေးရပါမှိမ်မယ်။
You'll probably have to pay about K100 a month rent. • ခြောက်လနီးနီး
လောက်။ For nearly six months. • သုံးနာရီလောက် လာခဲ့ပါ။ Come at around 3.
• စနေနေ့လောက်ကတည်းက။ Since about Saturday. • ၁၈၉၁–လောက်မှ စ၍။ Start-
ing from about 1891. • ဆားနည်းနည်းလောက်နဲ့ ဖြစ်တယ်။ It works with just a
little salt. • အတူတူလောက်ပဲ။ They are about the same, more or less identic-
al. • ကျွန်တော်တို့က မနက်ရှစ်နာရီက ဆယ်နာရီအထိ အိမ်မှာဆိုတော့ မုန့်ဟင်းခါးလောက်
တော့ ကျွေးမယ် ထင်တာ။ We thought they would at least serve something like
monhinga since (the wedding) was from 8.00 to 10.00 in the morning at
their house.

After ဘယ် *and* ဒီ *noun modifier* လောက် *"about" follows the marker* လောက် *"as
much as"*: • ဘယ်လောက်လောက်လဲ CB = FB မည်မျှခန့်နည်း။ About how much?
• ဒီလောက်လောက်ပဲ။ Approximately this much.

လိုက်– **1 (V~~) ⇒ (a) to V away, out, thoroughly, decisively; to just V, to V
lightly, briefly, simply,** *minimizing the time and effort involved in the
action; a high frequency suffix used with a range of meanings not yet fully
understood; for discussion see Allott 1965, Soe 1994;* vb mod, CB+FB;
• မန္တလေးမြို့ကို သိမ်းပိုက်လိုက်၏။ They captured the town of Mandalay. • ကျွပ်
တို့ စားလိုက်တဲ့ ကြက်ဥ။ The hen's egg we ate down. • ကိုဘုန်းမြင့်ကို အင်တာဗျူး
လုပ်ယူထားလိုက်တယ်။ I have just done an interview with Ko Hpon Myint.
• သူတို့ဆီ ကားတစ်စီး အခေါ် လွှတ်လိုက်ပါလား။ Why not send a car to fetch
them? • အိပ်မက်ရတဲ့နေရာမှာ တူးလိုက်တော့ ရွှေပန်းခိုင်ရတယ်။ When they dug in
the place he had dreamed about, they found a golden posy. • ဒါက ဆေး
တက္ကသိုလ်ကျောင်းသားတစ်ဦးက ရေးလိုက်တာပါ။ This (poem) is one written by a
student at the Institute of Medicine. • ဘာ ပြောလိုက်ပါသလဲ ရှင်။ Excuse me,
what did you just say? • ကျွန်ုပ်သည် မှန်သည့်အတိုင်း ပြောပြလိုက်သည်။ I explain-
ed things as they really were, told him the truth. • အမေ ရောက်လို့ရှိရင် မပြော

လိုက်ပါနဲ့နော်။ If (your) mother comes you won't tell her, will you? • ဧည့်သည် လာမယ် ဆိုရင် ဧည့်ခန်း ခဏ ရှင်းလိုက်အုံးမယ်။ If visitors are coming I'll just give the front room a quick tidy-up. • စကား များနေရတဲ့အစား စာအုပ် ကြည့်လိုက်။ ပြီးတာပဲ။ Instead of going on arguing about it, just take a look at the book, and there's an end of it, that will settle the matter. • ကိုတင်တို့ဆီ ခဏပဲ ဝင် လိုက်ရတယ်။ We could only drop into Ko Tin's place for a moment. • ရွှေသီး များကို ဆွတ်ခူးရန် လက်ရွယ်လိုက်ရုံနှင့်ပင် ရွှေပင်ပေါ်တွင် ရှိနေသမျှ ရွှေသီးအားလုံး အလို အလျောက် ကြွေကျလာသည်။ All she did was to stretch out her hand to pluck the golden fruit, and all the golden fruit that were on the golden tree fell off of their own accord. • လက်အုပ်ကလေး ချီပြီး ဟိုဘက်သည်ဘက် လှည့်လိုက်ရင်၊ အားလုံးကို နှုတ်ဆက်ပြီးသား ဖြစ်သွားရော။ You just press your palms together and turn this way and that, and you've given a greeting to everyone. • ကျူ ရိုးလှေကိုများ အထင်မသေးလိုက်ပါနဲ့။ သမုဒ္ဒရာကိုတောင် ကျူရိုးလှေနဲ့ ဖြတ်နိုင်ပါတယ်။ Don't lightly dismiss boats made of reeds. You can even go out to sea in a reed boat. • သတိုးမင်းဖျားက ရုတ်တရက် လက်ထဲက သံလျက်ကို တင်းတင်းဆုပ်ပြီး ထလိုက်ပါတယ်။ Thadominbya suddenly stood up, tightly grasping the sword in his hand. • သည်အထဲတွင် လမ်းကလည်း ကြမ်းလိုက်သေးသည်။ On top of all this (intense heat) the road surface was appalling. • ချောင်းရေထဲ မျောပါသွားလိုက် တဲ့ ဥစ္စာ။ I was carried off by the river. • ငံပြာရည်နှင့် ငရုတ်သီးမှုန့်များကို များများ စားစား ထည့်ယူလိုက်သည့်အတွက် မုန့်ဟင်းခါးသည်က မျက်စောင်းထိုးသည်ကို မသိဟန် ဆောင်နေလိုက်သည်။ The *monhinga* seller gave her a dirty look for taking a lot of fish sauce and chillie, but she pretended not to see.

(b) to V momentarily, fleetingly, to happen to V; • ကားပေါ်က မြင်လိုက် သည်။ He caught a glimpse of it from the bus. • နံမည်တော့ မသိလိုက်ဘူး။ I just don't happen to know her name. • ကိုခင့်ကို ပြောလိုက်သလား မသိဘူး။ I don't know if you happened to mention it to Ko K? • ရန်သူ ပါရှန်စစ်သားများကို တွေ့လိုက်တာနဲ့ လီယိုနီးဒပ်စ်ကို သွားပြောပါတယ်။ As soon as they caught sight of the enemy Persian troops, they went and told Leonidas. • ဘုရင်မင်းခေါင်ခမျာ မှာလည်း နှုတ်မစောင့်စည်းမိလိုက်လို့ သားအရင်းသဖွယ် အားကိုးတွယ်တာရသူလည်း ဆုံးရတယ်။ Poor King Mingaung, for simply having failed to keep his mouth shut, lost someone he loved as dearly as his own son.

(c) to V greatly, tremendously, astonishingly, exclamatory; *most often in the sequence V-လိုက်တာ "How V!";* • လှလိုက်တာ ကွာ။ ငါနုငယ်အတွက် ခူးဦး မယ်ကွာ။ How lovely the flowers are! I'll pick some for Nu Nge. • နံလိုက်တာ — ဟောင်လို့။ What a nasty smell — it's revolting! • သမီးကြီးကို လွမ်းလိုက်တာတော့။ I do so miss my daughter! • ဒီဧည့်သည်နဲ့ စကားပြောကောင်းနေလိုက်တာ။ It was really enjoyable talking to the visitors! • အမိန့် ကျကို မကျနိုင်လိုက်တာ။ The authorization is taking such a long time coming. • ဖုံးဝင်ဝင်ကြလို့ သေလိုက်တဲ့

လူတွေ မနည်းခဲ့။ The bombing raids came again and again and the numbers of the dead (labourers on the death railway) were huge. • အို လိမ္မာလိုက်တဲ့ ဗျိုင်းဖြူမကလေးပါလား။ Oh what a very clever little egret! • အကြည့်ရ ဆိုးလိုက်တဲ့ ဖြစ်ခြင်းခင်ဗျာ။ It was a terrible sight. • သူကလည်း အိမ်ထောင်သည်၊ ကိုယ်ကလည်း အိမ်ထောင်သည် ခက်လိုက်ပုံများ။ She was a married woman and I was a married man: what a muddle we got ourselves into.

လိုက်– 2 *or* **လိုက်လံ– (~V-)** ⇒ **to follow and V, to accompany, join in V-ing;** *comm pre-vb, CB+FB; from verb* လိုက်– *to follow;* • လိုက်ပို့သည် to accompany, escort; လိုက်ပြသည် to show round. • အဖေနှင့် ကျောက်ဖြူသို့ လိုက်သွားကာ။ She accompanied her father to Ngapali. • ပါးကွက်ကို သွားပွတ်တံဖြင့် လိုက်ဖျက်သည်။ She went over the *thanakha* markings on her cheeks and rubbed them off with a toothbrush. • ကိုဇော်သည် ရေမကူးတတ်သဖြင့် အေးငြိမ်နောက်သို့ လိုက်မကူးဝံ့။ အေးငြိမ် မျက်နှာလေးပေါ်လာမည့် နေရာကို လိုက်၍ ရှာသည်။ Ko Zaw couldn't swim, so he dared not join Aye Nyein in the water. He trained his eyes on the spot where she was likely to surface. • မြနုက သူတို့လက်ထဲမှ ပုတီးများ၏ တန်ဖိုးကို လိုက်၍တွက်ပြလိုက်သည်။ Mya Nu counted up the value of the beads in their hands. • အေးငြိမ်ကြည့်ရာသို့ လိုက်ကြည့်ရင်း။ She looked to where Aye Nyein was looking. • သူတို့အားလုံး၏ မျက်နှာများကို ကျွန်တော် အောက်မေ့တမ်းတစွာ လိုက်လံကြည့်ရှုနေမိ၏။ I looked round longingly at the faces of every one of them.

လိုက် 3 (V¹~ V²~) ⇒ **doing now V¹, now V², alternating between V¹ and V²;** *sub cls mkr, CB+FB; used with pairs, or longer strings, of verbs of opposed or complementary meaning, sometimes with short complements; frequently with marker CB* နဲ့၊ *FB* နှင့် *or* ဖြင့်၊ *or followed by verb* ဖြစ်–; *evidently from verb modifier* လိုက်–; *cf* တဲ့...တဲ့၊ ချည်...ချည်၊ လား...လား၊ ဟယ်...ဟယ်; • တောင် ကြောတွေက မဆက်တော့ ပင်ပန်းတယ်ကွာ၊ တက်လိုက်ဆင်းလိုက်နဲ့။ It's tiring, with the mountain ridges not joining up. We have to trudge uphill and downhill, uphill and downhill. • မယ်ခသည် ဗိုက် ပိန်လိုက်၊ ဖောင်းလိုက်ဖြင့် ကလေး ရှိလိုက် မရှိလိုက် ဖြစ်နေ၏။ Me Kha's belly now shrank, now swelled. Now she carried a baby, now she didn't. • အန်တီကြီးသည် လက်ပတ်နာရီကို ငုံ့ကြည့်လိုက် လမ်းမဆီသို့ မျှော်ကြည့်လိုက် ဖြစ်နေသည်။ Auntie alternated between consulting her watch and looking down the road. • ဆေးတွေဖိတိုက်လိုက် ဆေးသွင်းလိုက်နဲ့ လူနာရှင်ကျေနပ်အောင် လျှောက်လုပ်နေတာပေါ့ကွာ။ I'm just going around keeping the patients happy, alternating between stuffing medicine into them and giving them injections. • ခြင်းကို မ,လိုက်၊ ... လမ်းသလားလိုက်၊ ဝယ်သူရှိလာလျှင် အသာလေး ထိုင်ရောင်းလိုက်နှင့် ပန်းတစ်ဝက်ခန့် ကုန်သွားလေသည်။ (The flower seller) now hoisting her basket, now wandering along the road, now squatting quietly to sell flowers when a buyer appeared, got rid of about half her flowers.

လိုက် 4 (N~) ⇒ **according to, by the N;** *nn mkr; CB+FB; from* လိုက်– *to follow;* • အကောင်လိုက် ဝယ်ပါ။ Buy the whole (fish), i.e. by the body, not in portions. • အစုံလိုက် ရောင်းတယ်။ They are sold in sets. • အစိမ်းလိုက် စားတယ်။ They eat them raw. • အရှင်လိုက် ဖမ်းတယ်။ They catch them alive. • အလျားလိုက် လှဲည် စမ်း။ Lie down lengthways. • ဂျူးလူမျိုးများကို အစုလိုက် အပြုံလိုက် ရက်ရက်စက်စက် သတ်ဖြတ်ခဲ့သူ။ The people who massacred the Jews in huge numbers ("by the crowd, in large groups"). • မိသားစုလိုက် ကြည့်မယ် ဆိုရင်တောင် သိပ်မျက်နှာ ပူစရာမျိုး မဟုတ်ပါဘူး။ Even if you see (the film) as a family it's not the sort of thing that would cause embarrassment.

လိုက် *in* V-လိုက်သည်ဖြစ်ခြင်း: *see under* ဖြစ်ခြင်း: *exclamatory*

အလိုက် (N~) ⇒ **according to, depending on;** *nn mkr; CB+FB;* cf အရ၊ အညီ၊ အားလျော်စွာ၊ အလျောက်၊ အတိုင်း၊ • ရေစီးအလိုက် သွားခြင်းကို ရေစုန်ဟု ခေါ်သည်။ Going according to the current is called "downstream". • ကိုယ့်ဘာသာအလိုက် အသီးသီး ရှိခိုးကြတယ်။ Each worshipped in accordance with his own religion. • ဒေသစရိုက်အလိုက် သုံးတဲ့ဝေါဟာရတွေ။ Phrases used according to the custom of the place, regional dialect terms. • ရာသီအလိုက် ပြောင်းလဲလှုပပ်ကြကုန်သော လောက၏ ရှုခင်းရောင်စုံ။ The colourful spectacle of the world around us as its beauty changes in accord with the season. • Cf ကြီးစဉ်ငယ်လိုက် in order of size or age.

လင့် (ၑ–V~) ⇒ **don't V;** *indicates negative command, prohibition; stc mkr; found mainly in older texts as in later writings it has been almost entirely replaced by FB* နှင့် = *CB* နဲ့; *regular equivalent of Pali aorist used as negative imperative in nissaya translation (Okell 1965 p 202);* • မင်းမြတ်၊ စိတ်မဆိုးပါ လင့်။ ... မင်းတကာတို့၏အရှင်၊ အမျက်မထွက်ပါလင့်။ Your Majesty, be not angry. ... O king among kings, contain your wrath. • မကြံလင့်ကုန် *or* မကြံကုန်လင့်။ Think ye not (*plural*). • ဝေရှုပ၊ ဤသို့သဘော ရှိသော ခိုးမှုကို။ မာအကာသိ၊ မပြုလင့်။ Do not commit thefts like this (*nissaya*).

လင့်ကစား (V~) ⇒ **although V, despite, V;** *sub cls mkr, FB, more old-fashioned than FB* သော်လည်း၊ = *CB* ပေမဲ့; • ဦးမြတ်သာသည် ရေလုပ်သားပင် ဖြစ်လင့်ကစား ရေ မကူးတတ်ပေ။ Although U MT is a fisherman he cannot swim. • အိမ်ရှင်မ၏ မျက်နှာပြင်တွင် ဆောင်းတွင်းပင် ဖြစ်လင့်ကစား ချွေးသီးများ သီးလျက်။ Though it was winter the housewife's face was beaded with sweat. • သမီးကြီးမှာ မိန်းမသားပင် ဖြစ်လင့်ကစား သိပ်ပျော့ပျောင်းပုံ မရ။ Despite being a woman, the eldest daughter showed no lack of strength.

လည်း 1 *or* လဲ (Phr~) ⇒ **also, as well, too, in addition;** *in parallel clauses:* **both Phr¹ and Phr², neither Phr¹ nor Phr²;** *stc med phr ptcl, CB+FB; the* *spelling* လဲ *is often used in CB, but* လည်း *is regarded as correct; in the examples in this work we use either spelling, preferring to retain the form used in the original text, where appropriate; pron* /လီး/ *in formal reading,* /လဲ/ *in colloquial speech;* • ဆရာကြီးသည် ကျောင်းအုပ်ချုပ်ရေးအပြင် သင်ကြားရေးကိုလည်း တာဝန် ယူရသည်။ The head teacher had to be responsible for the teaching as well as for the school administration. • တပ်မတော်၌ အမျိုးသားများသာမက အမျိုး သမီးများလည်း တာဝန် ထမ်းဆောင်ကြသည်။ Not only men serve in the Burmese army but also women. • ပတ်ဝန်းကျင် မြူတွေ ဆိုင်းနေတယ်။ ချမ်းကလဲ ချမ်းတယ်။ It was misty all around, and cold as well. • ကာဖီလဲ ကြိုက်တယ်။ လက်ဖက်ရည် လဲ ကြိုက်တယ်။ I like both tea and coffee. • မောင်ထူးသည် စာလည်း မကျက်၊ အတွက်လည်း မတွက်။ Maung Htu neither learned his lessons nor did his sums. • အရက် ဘယ်တော့မှ မသောက်ဘူး။ ဖဲလဲ မကစားဘူး။ He never drinks. Nor does he play cards. • ရန်ကုန်မှာလဲ မရှူး၊ မန္တလေးမှာလဲ မရဘူး။ We couldn't get any either in Yangon or in Mandalay.

လည်း **2** *or* လဲ *short for* ရင်လည်း *or* ရင်လဲ *see under* ရင် *when*

လည်းကောင်း **1** *or* ရင်: **(Phr¹~ Phr²~)** ⇒ **both Phr¹ and Phr², Phr¹ and Phr²;** *coord mkr, FB,* = *CB Phr¹*–ရော *Phr²*–ပါ *; pron* /လကေါင်း/, *sts* /လီးကေါင်း/; *cf* သော်လည်းကောင်း *either ... or ...;* • တရုတ်ပုံပြင်များတွင်ရင်၊ အနောက်တိုင်းပုံပြင်များ တွင်ရင် ... ဆင်တူရိုးမှား ပုံပြင်များရှိကြသည်။ There are very similar folk tales both among Chinese and Western tales. • ဟိန္ဒီဘာသာ၊ သက္ကတဘာသာများကို ဆရာကြီးဦးညွှန့်မောင်ထံတွင်လည်းကောင်း၊ အာဘိဓမ္မာဘာသာကို ... ဆရာကြီးဦးကျော်ထံ တွင်လည်းကောင်း အထူးပြု၍ လေ့လာဆည်းပူးခဲ့ပါသည်။ He specialized in the study of Hindi and Sanskrit under Saya U NM, and Abhidhamma under Saya U Kyaw. • ရံခါ သဘောထားကြမ်းတမ်းခက်ထန်စွာဖြင့်လည်းကောင်း၊ ရံခါ သဘောထား နူးညံ့ပျော့ပျောင်းစွာဖြင့်လည်းကောင်း ဆုံးမလေ့ရှိသဖြင့်။ Since he used to admonish us sometimes fiercely and sometimes gently. • ဆရာ၏ စာပေလက်ရာများမှာလည်း ရင်း၏ မျိုးဆက်များနှင့် စာပေမြတ်နိုးသူများထံတွင် လက်ရေးမူအားဖြင့်လည်းကောင်း၊ ပေမူ အားဖြင့်လည်းကောင်း ရှိနေကြပါသည်။ The poet's writings and poems are in the possession of his descendants and literary scholars, both in handwriting and on palm-leaf. • ဤ၍ရေးအမွေအနှစ်တစ်ရပ် ဖြစ်သော တံခါးများမှာ မသမာသူတို့၏ လက်ချက်ကြောင့်လည်းကောင်း၊ သမိုင်းတန်ဖိုးမသိနားမလည်သူတို့၏ ပယောဂကြောင့် လည်းကောင်း၊ သဘာဝဘေးဒဏ်ကြောင့်လည်းကောင်း၊ ပျက်ပြိုလဲလျောင်းကာ နေရာအနှံ့ ခြေဆန့်လျက်ရှိကြသည်။ These gates, which form part of our ancient heritage have been torn down and lie scattered around by the activities of vandals, by people who fail to understand the value of history, and by the damage caused by nature. • ထိုသူကြောင့်လည်းကောင်း၊ ဆရာတော်ကြောင့်လည်းကောင်း၊ ကျောင်း၌ရှိကုန်သောသာမဏော၊ ကျောင်းသားတို့ကြောင့်လည်းကောင်း ထိုသတင်းသည် ရွာထဲမှတစ်ဆင့် ရွာနီးချုပ်စပ်သို့ ချက်ချင်းပင် ပျံ့နှံ့သွားကာ။ Thanks to this man, to the abbott, and to the novices and students at the monastery, the news spread rapidly from the village to neighbouring areas. • ပိတ်ကားပေါ်မှာ မြ ဝတ်ရည်၏ အလှသည်လည်းကောင်း၊ နာမည်သည်လည်းကောင်း မွေးမှိန်လှစွာ ဖျတ်ခနဲသာ ထင်ရုံရှိသည်။ Both MWY's good looks and her name appeared only briefly and unclearly on the screen. • ထားသည်လည်းကောင်း၊ ကိုစိုးနိုင်သည်လည်းကောင်း၊ သဲသဲသည်လည်းကောင်း မြဝတ်ရည်ကို မျက်နှာချင်း ဆိုင်နိုင်ဖို့ အတော့်ကို ကြိုးစားနေရ သည်။ T and Ko SN and TT tried hard to get to face MWY.

လည်းကောင်း 2 *written* ၄င်: (~ *or* ~N) ⇒ **this, the same, the aforementioned;** *selective noun*, FB, = FB ယင်:, CB အဲဒီ; *pron* /လဂေါင်:/; • အိမ်ရှင်၊ ၄င်း၏သမီး။ The landlord, his daughter (*characters in a play*). • ဖိုးသူတော်ကြီးတစ်ပါး ပျံလွန် တော်မူသဖြင့် ၄င်း၏ အိပ်ရာနေရာများကို ရှင်းလင်းကြသောအခါ။ When an elderly religious had passed away and they were clearing out his sleeping place. • ရှေးအခါက ရွာတစ်ရွာတွင် အသက် ၆၀-ကျော်ရှိ အဖိုးအို လင်မယား ရှိ၏။ ၄င်းတို့မှာ သားသမီး ၁၀-ယောက် ရှိရာ။ Once upon a time, in a certain village, there lived an elderly couple. They had ten children. • အတွင်းမှ စပါးစေ့ကို တွေ့နိုင်ပါ သည်။ ၄င်းအစေ့ကို အညိုရောင် အမွေးက ဖုံးအုပ်သည်။ You can see the paddy grain in the inside. This grain is covered by a thin brown film. • ၄င်းနောက် after this, afterwards; ၄င်းပြင် besides that, moreover; ၄င်းအတိုင်း as above, ditto.

လည်းကောင်း 3 *written* ၄င်: ⇒ **ditto, as above;** *in columns and lists; sentence,* FB; *pron* /လဂေါင်:/; • မောင်ဆုရှိန်၊ ၁၅/-။ မောင်တင်လှ၊ ၄င်း။ Maung SS: K15. Maung TH: ditto.

လည်းကောင်း 4 *see under* သော်လည်းကောင်: *either ... or ...*

လတ်– (V~~) ⇒ **euphonic;** *vb mod*, FB, *used mostly in elevated styles, common before subordinate clause markers meaning "when" or similar, sts with others; used regularly in nissaya in combn* လတ်သော် *to render a Pali present participle or past participle in locative absolute (see Okell 1965 p 215); also in combn* လတ္တံ့, *qv*; • နိက္ခန္တေ၊ ထွက်လတ်သော်။ Leaving, as he left (*nissaya*). • ဝဿေ၊ မိုးသည်။ ပတိတေ၊ ကျလတ်သော်။ Rain having fallen (*nissaya*). • ခုနစ်နေ့ လျှင်၊ စေ့လတ်သောအခါ။ After seven days had passed. • အတန်ငယ်ကြာလတ်သော် မောင်စံရှားလည်: တိုက်ပေါ်သို့ တက်လာလေ၏။ After a little while Maung SS also went up into the building. • ယခု ကျောက်ဖြူတောင် ရှိရာအရပ်သို့ ရောက်လတ်သော အခါ ဖွေးဖွေးဖြူသည့် ကျောက်ဖြူကြီး နှစ်လုံးကို တွေ့ရှိမှတ်သားလျက်။ When he reach-ed the spot where Kyaukphyu Hill now stands he found two large rocks of dazzling whiteness. • သွေးတက်သောသူ၊ ဖြစ်လတ်မူကား၊ စားယူဉ့်ခွင့်၊ ပေးလိုက်သင့် သည်။ But if (the patient) has "rising blood", then he should be allowed to eat. • ဤသို့ လုပ်ဖန်များလတ်သဖြင့်။ When they had done this many times.

လလွတ့်. **(V~)** ⇒ **will V, is going to V**; *stc mkr, also used in attributes, usually in combination* လလွတ့်.သော, *FB,* = *FB* အံ့၊ မည် *and* မည့် *qv; fused from vb mod* လလတ် + *stc mkr* အံ့; *common in prophecies and predictions; pron* /လတန့်/; • ၂၀၀၀-ပြည့်နှစ်တွင် ကမ္ဘာ့ လူဦးရေ သန်းပေါင်း-၆၅၀၀ ရှိလလွတ့်။ In the year 2000 the world population will be 6,500 million. • ဤအိမ်မက်၏ အကျိုးသည် ... ငါ့ဘုရားလက်ထက်၌ မဖြစ်လလွတ့်။ The events foretold by this dream will not take place during my lifetime. • ကြိယာ၏ ပြုလလွတ့်၊ ဖြစ်လလွတ့်၊ ရှိလလွတ့်. ကာလကို ပြသော ဝိဘတ်ကို အနာဂတ်ကာလပြ ကြိယာဟု ခေါ်သည်။ The particle which shows the time (when something) will be done, will happen, will be, is called the "future-time particle". • နောင် ရေးလလွတ့်.သော စာ ကဗျာ၊ ဋီကာကျမ်း များ။ The books, poems and commentaries that he was to write later. • ဤ သည်မှာ ဥပမာသာ ဖြစ်သည်။ နောင်ဖော်ပြလလွတ့်.သော မေးခွန်းပုစ္ဆာသည် ဤ့လို လွယ်မည် မဟုတ်ပါ။ This is just an example. The question that appears next will not be as easy as this. • နောက် ဖြစ်ပေါ်လလွတ့်.သော သားကလေး၊ သို့မဟုတ် သမီးကလေး အတွက်။ For the sake of the son or daughter that you may have later on.

လုပ်– **(~V-)** ⇒ **to fabricate V-ing, V in a forced, unreal, artificial, insincere way**; *comm pre-vb, CB; from verb* လုပ်– *to make*; • လုပ်ရယ်သည် to force a laugh, pretend to be amused; လုပ်ပြောသည် to put on a false voice; လုပ်မေး သည် to ask (pretending one doesn't know). *Cf* လုပ်ဇာတ် *a trumped up story.*

လိမ့် *or* လိမ့်မလဲ *see under* ပါလိမ့်(မလဲ) *wondering question*

လိမ့်မည် *see under* လိမ့်မယ် *will probably*

လိမ့်မယ် *CB* = *FB* လိမ့်မည် **(V~)** ⇒ **probably will V, possibly will V, will no doubt V; will V imminently**; *sts apparently just adding a measure of politeness to the statement; rare with first person in meaning "probably"; stc mkr, CB+FB;* မည် *pron* /မှိ/; *from verb modifier* လာ *fused with sentence marker* အံ့; *also used with* ဦး:/အုံး: *in combinations* လိမ့်ဦး:မယ်၊ လိမ့်အုံး:မယ်၊ လိမ့်ဦး:မည်၊ လိမ့်အုံး:မည်; • ဦး:ခင်တို့လဲ လာကြမလား။ – လာကြပါလိမ့်မယ်။ Will the Khin family come too? — I expect so ("they will probably come"). • ဟုတ်ပါ လိမ့်မယ်။ That may well be true. • ဖြစ်လိမ့်မယ် မထင်ဘူး:။ I don't think that is very likely. • မပေး:လျှင် အသတ်ခံရလိမ့်မည်။ If you don't pay you will in all likelihood be killed. • မဂ္ဂဇင်:တိုင်:လိုလိုပဲ မထွက်နိုင်ကြဘူး:။ တချို့ဆိုရင် ၂-လလောက် လွတ်သွား:ကြရလိမ့်မယ်။ Nearly every single magazine has been unable to appear. Some may well have to miss two monthly issues. • ကျွန်တော့်စာအုပ်ကို လည်း: ဒုတိယအကြိမ် ပြန်ပြီး ရိုက်ပါ့မယ်။ အဲဒီအတွက်ကလည်း: ငွေ ၁၅၀၀၀/-လောက် တော့ ရပါလိမ့်အုံး:မယ်။ And my book will be reprinted for a second time; and for that I shall probably get about 15,000 kyats. • ဘယ်သိလိမ့်မတုံး:။ How on earth should he know? • နဲနဲ:လောက် ဖယ်ပေး:ပါ။ နောက်ဆုတ်လိမ့်မယ်။ Would you move out of the way a bit? I am going to reverse (my car). • တွေ့လိမ့်မယ်။

ကွေ့လိမ့်မယ်॥ (Look out!) We're going to turn! (bus conductor to traffic behind bus). • ဆရာဦးသိန်းဟန်က သဘာပတိအဖြစ် ဆောင်ရွက်ပါလိမ့်မယ်॥ Hsaya U TH will act as chairman (speaker at meeting, introducing chairman standing next to him). • ဓါတ်ပုံ တွေ့ပါလိမ့်မယ်॥ You will see the photographs (speaker on stage, with the photographs displayed beside him). • ခဏ စောင့်နေပါအုံး॥ သူ လာပါလိမ့်မယ်॥ Just wait a minute. He'll be back before long (when the person you went to visit is out). • ဘာလုပ် အော်နေရတာတုံး॥ မင်းကို ငါရိုက်လိမ့်မယ်॥ စိတ်မရှည်တော့ဘူး॥ What are you howling for? I'll have to give you a smack. My patience is exhausted (mother to small child).

လိမ့်ဦးမယ် see under လိမ့်မယ် will probably

လိမ့်အုံးမည် see under လိမ့်မယ် will probably

လုံး 1 (N°~) and အလုံး (~N°) ⇒ **item**, comm nmtv for circular, spherical, cylindrical or cubical objects, including letters of the alphabet, fruit, footballs, drums, bamboo poles, furniture, machines, houses, etc; CB+FB; • မီးသီး နှစ်လုံး two electric light bulbs; ဘီယာ တစ်လုံး a can of beer; ဝါးအလုံး ၃၀ thirty lengths of bamboo.

လုံး 2 or စလုံး (N°+N~) ⇒ **all (of many); both (of two); the whole, entire (of one)**; nn mod, CB+FB; the variant စလုံး is used with numbers greater than one; • သုံးမြို့(စ)လုံးမှာ॥ In all three towns. • အိမ်သုံးခု(စ)လုံး॥ All three houses. • မိဘ နှစ်ယောက်(စ)လုံး॥ Both parents. • သူ တစ်ကိုယ်လုံး တုန်နေသည်॥ His whole body was trembling. • တသက်လုံး လှည့်ဖြားလို့ ရမှာ မဟုတ်ဘူး॥ They wouldn't be able to deceive you all your life. • တစ်ပန်းကန်လုံး ကုန်အောင် စားပစ်လိုက် တယ်॥ He ate up the whole plateful. • တစ်အိမ်သားလုံး ကျန်းမာချမ်းသာကြပါစေ॥ May your entire household, the whole family, be well and happy.

လုံး 3 (V~) ⇒ *forms noun from verb*, in certain compounds; sp hd nn, CB+FB, cf မှု၊ ချက်; • မက်လုံး incentive; ညာလုံး deceit, trick; ကြွားလုံး boast; ထွင်လုံး fabrication; ကော်လုံးကတ်လုံး caustic criticism; ပြက်လုံး joke.

လုံး 4 (N~) ⇒ **globe, sphere**; comm elem cpd nn for items perceived as rounded; CB+FB; • ပန်းကန်လုံး bowl; ပရုတ်လုံး mothball; ခဲလုံး stone; မျက်လုံး eyeball; နေလုံး the orb of the sun; စာလုံး a letter, written character; စကားလုံး word, syllable; ကိုယ်လုံး body, figure.

လုံးကျွတ် (N~) ⇒ **the whole N, in its entirety**; comm elem cpd nn, CB+FB; • ပြည်လုံးကျွတ် ဆန္ဒခံယူပွဲ॥ National referendum ("of the entire country"). • သင်းလုံးကျွတ် အစည်းအဝေး॥ General meeting (of a society). • ပိတောက်ပင်သည် ပင်လုံးကျွတ် ပွင့်သည်॥ The padauk tree burst into flower all over.

လုံးလုံး (N°+N~) ⇒ **full, as much as**; nn mod, CB+FB; • နင်လည်း ဆရာဝန်တွေလို ခုနစ်နှစ်လုံးလုံး ပညာသင်ခဲ့သားပဲ॥ You have studied, like the doctors do, for a full seven years. • သူနှင့် နှစ်နှစ်လုံးလုံး တွဲခဲ့သော်လည်း॥ Though she had been going out with him for a good two years. • ၁၂ နှစ်လုံးလုံး အောင်မြင်မှု မရှိတဲ့ ဒဏ်။ The damage of having had no success for twelve whole years.

လယ် *or* **အလယ် (N~, VA~)** ⇒ **middle, centre, among**; *loc nn, CB+FB; sts* အလယ်ကောင် *or* အလယ်ခေါင်, *sts wrongly written* လည်; • နေ့လယ်စာ။ Midday meal. • ဆယ့်ကိုးရာစုနှစ်အလယ်။ The middle of the nineteenth century. • ရွာ လယ်လောက်မှာ ရှိတယ်။ It is roughly in the centre of the village. • နှင်းဆီပင်တွေ စိုက်ထားတဲ့အလယ်မှာ တခြားဟာ မစိုက်ချင်ဘူး။ I don't want to plant anything else in between (where I have planted) the rose plants. • စက်ဘီး စီးရင် လမ်း အလယ်ခေါင်က စီးတာပဲ။ When I ride my bike I ride in the middle of the road.

လျက် *and* **ရက် (V~)** ⇒ **(a) V-ing, V and, while V-ing**; *sub cls mkr, FB, cf* ကာ၊ ပြီး၊ ရာ၊ ၍; *as a rule the spelling* လျက် *is used in FB and* ရက် *in CB;* လျက် *pron* /ယက် *or* လျက်/ *and often wrongly written* လျှက်; • မုဆိုးသည် ချုံကို ကွယ် လျက် သားကောင်ကို ချောင်းနေသည်။ Hiding in the bushes, the hunter was stalking the game. • စကားဆက်၍ ပြောနေက နေရာမကျပေဘူးဟု အောက်မေ့လျက် နှုတ်ဆက်ခါ ကျွပ် ထွက်ခဲ့တယ်။ Thinking that it would be fruitless to continue talking (with her), I said Goodbye and left. • အကျဉ်းရုံးလျက် ပြန်လည်တင်ပြရ မည်။ You must shorten (the report) and resubmit it. • မိုးသည် တအုန်းအုန်း မြည်လျက် သည်းထန်စွာ ရွာနေသည်။ The rain sounded noisily as it fell in torrents. • သူ့ မျက်နှာထားကို ကြည့်လျက် ကောက်စိုက်မများသည် တဝါးဝါး ပွဲကျနေကြ သည်။ The paddy planting girls roared with delighted laughter watching his expression.

Regular equivalent for Pali present participle in nissaya translation (Okell 1965 p 216): • တတော၊ ထိုနေ့မှ။ ပဋ္ဌာယ၊ စ၍။ မဟာသတ္တော၊ ဘုရားလောင်း မဟော သဒ္ဓသည်။ တာယ၊ ထိုအမရဒေဝီနှင့်။ သဒ္ဓိ၊ တကွ။ သမဂ္ဂဝါသံ၊ အညီအညွတ်သော နေခြင်းကို။ ဝသန္တော၊ နေလျက်။ ရညော၊ ဝိဒေဟရာဇ်မင်းကြီးအား။ ... အနုသာသိ၊ ဆုံးမ၏။ From that day onward, the Bodhisatta, living harmoniously with Amaradevi, advised the king (*nissaya*). • မာတာ၊ သူငယ်၏အမိသည်။ ... ပုတ္တံ၊ သားကို၊ မုဉ္စိတွာ၊ လွှတ်၍။ ရောဒမာနာ၊ ငိုလျက်။ အဋ္ဌာသိ၊ ရပ်၏။ The mother of the boy, having sent her son away, stood there weeping (*nissaya*).

(b) *also variants* ပါလျက်၊ လျက်နှင့်၊ လျက်နဲ့၊ လျက်သား၊ လျက်သားနဲ့၊ လျက်ကနဲ့၊ ရက်နဲ့၊ ရက်သား၊ ရက်သားနဲ့၊ ရက်ကနဲ့ ⇒ **in spite of V, although V**; *CB+FB, cf* CB ပေမဲ့; • နီးလျက်နဲ့ ဝေး။ So near yet so far (*proverb*). • ခွင့်ပြုချက် ရပြီး ဖြစ်ပါ လျက် စာအုပ် မထုတ်ဝံ့ကြဘူး။ In spite of having obtained permission to publish, they dare not. • ကလေးများသည် မိမိခြေထောက်ပေါ်တွင် မိမိ ရပ်တည်နေနိုင် လျက်သားနှင့် ကုလားမခြေထောက်ကြီးများပေါ်တွင် မတ်တတ်ရပ်ဖို့ ကြီးစားနေကြသည်။ Although children can stand (perfectly well) on their own two feet, they still find it hard to stand upright on stilts. • ဒါလောက် ထင်ရှားနေရက်ကနဲ့ ကျွန်တော်တို့ အစက မမြင်မိတာ အံ့သြတယ်ဗျာ။ I'm astonished that we failed to spot it straightaway although it was so obvious. • ဖြစ်ရလေခြင်းဗျာ။ ကျွပ်ဆီကို လာရှာလျက်ကနဲ့ သူ့အသက်ကို ကျွပ် မကယ်လိုက်ရဘူးဗျာ။ What a tragedy. The poor fellow came to me (for help), but I was not able to save his life. • ဗိုင်း ရပ် မရှိပါလျက်နှင့် ရှိကြောင်း အချက်ပေးခြင်း။ (A computer) displaying a warning that there is a virus when there is not.

Sts in incomplete sentences: • တစ်လမှာ တစ်ရက်တည်း နားခွင့်ရတာ သိလျက်သားနဲ့ အမိုး;ရယ်။ In spite of knowing that you only get one day's leave a month, Amo, (sc. why do you still ask for more?).

(c) *in patterns* **V–လျက် ရှိ–** *and* **V–လျက် နေ–** ⇒ **to be V-ing, to be in the process of V-ing; to V;** *FB,* = *FB+CB* နေ–; • နိုင်ငံခြားတိုင်းပြည်များတွင် လက်ရှိ နေထိုင်လျက် ရှိပြီး နိုင်ငံခြားအုပ်စိုးမှုအောက်တွင် ရောက်ရှိနေသည့် ဂျာမန်လူမျိုး။ Germans who are currently living in foreign countries and have come under foreign rule. • သူတို့ ထမင်းစားပြီးချိန်တွင် မှောင်စပျိုးလျက် ရှိပြီ။ ပင်လယ်ပြင်သည် အစိမ်းရောင်မှ အပြာရင့်ရောင်သို့ ကူးလျက် ရှိလေပြီ။ After they had had their evening meal it was beginning to get dark. The sea was changing from green to dark blue. • နိုင်ငံတော်ရှိ အရာထမ်း၊ အမှုထမ်းများသည် ဝန်ထမ်းစည်းကမ်းနှင့်အညီ တိကျစွာ လိုက်နာရန် လိုအပ်လျက် ရှိနေပါသည်။ Government officials and government servants in (Burma) are required to comply precisely with the public service regulations. • အညိုရောင် အမွှေးလွှာ ဖုံးအုပ်လျက် ရှိသော ဆန်။ The rice (grain) which is covered with a thin film of a brown colour. • ဆရာကြီးသည် သင်ဖြူးတစ်ချပ်ပေါ်တွင် ဝမ်းလျားမှောက်ကာ စာရေးလျက် နေသည်။ Sayagyi was lying flat on a mat writing. • စည်းဝတ်သော ပုဆိုးကလည်း ခြေမျက်စိဖုံးလျက် နေသဖြင့်။ As the paso he was wearing covered his ankles. • တဟုတ်ကဲ့တည်း ဟုတ်ကဲ့ရင်း နှင့် ရပ်လျက်သာ နေလေ၏။ He just stayed standing there saying Yes over and over again. • အိမ်ကြီးမှာ မီးအိမ်မီးခွက် စသည်ဖြင့် ထွန်းလင်းလျက် မရှိသည် ဖြစ်သော ကြောင့် မှောင်မဲလျက် နေသည် ဖြစ်ရာ။ As there was no lamp or lantern alight in the house, it was all dark, and ....

(d) *in pattern* **V–လျက်ပါ၊ V–လျက်ပဲ၊ V–လျက်ပါပဲ** *etc* ⇒ **still V-ing, to V as before, without change;** *CB+FB;* • အစဉ် သတိရလျက်။ Always remembering you *(common ending to a letter).* • အခု အဲဒီလူ ဘယ်မှာလဲ။ အသက်ရှင်ရက်ပဲလား။ သန်သန်မာမာပဲလား။ Where is that man now? Is he still alive? Is he in good health? • သူတို့ ဝင်ငွေ မရှိလို့ ဆူပူကြမယ်လို့ ကြားတာပဲ။ ဒါပေမဲ့ ခုထိ ငြိမ်သက်လျက် ပဲ။ I have heard that there will be protests because they have no income, but so far things are still quiet. • မမာ၍ မထနိုင်တာ ခုနစ်ရက်ခန့်ရှိပါပြီ။ ဆရာဝန် ကြီး ထိုးဆေးနှင့် ကုလျက်ပါပဲ။ He's been ill in bed for about seven days. The doctor is still treating him with injections. • မိုးနဲ့ လေက ဘယ်လောက် အပွင့်ခြွေ ခြွေ သူတို့ကတော့ (စိန်ပန်းပင်) ရဲရဲ နီရက်ပဲ။ However much the rain and the wind blow off their flowers, they (the seinban trees) still go on being covered in red.

(e) V–လျက်သား ⇒ in a state of V-ing; already V-ed; *CB+FB; cf V–ပြီးသား၊*
• ကျော်သူ့ကို စာအုပ်အဟောင်းဆိုင်ရှေ့မှာ ငုတ်တုတ် ထိုင်လျက်သား တွေ့ရသည်။ She found KT already squatting in front of a second-hand book stall. • လူကြီးသည် ကုလားထိုင်ရှေ့မှ ခုံငယ်လေးပေါ်တွင် ခြေထောက်တစ်ဘက်ကို တင်လျက်သား ရှိနေရာမှ ကုန်းထလိုက်သည်။ The older man, whose foot was already resting on the little stool in front of his chair, heaved himself upright. • ဒီလိုပြန်ပြောတော့ ဆရာမနန်းမြအေးက အံ့အားကြီးသင့်သွားပြီး "ဟေ – မင်းက ဘာလုပ်ဖို့လဲ"လို့ မေးပြီးလျက်သား ဖြစ်သွားရော။ when he gave this answer, the teacher NMA was taken aback and blurted out "Hey! What is that for?". • ကျွန်တော်က အာရုံစိုက်ပြီး ပိုစတာရှေ့တည့်တည့်မှာ ခြေစုံရပ်မိလျက်သား ဖြစ်နေတယ်။ I was standing firmly in front of the poster and had my mind fixed on it. • ကျောင်းတုန်းကတော့ ကိုယ်သဘောမကျ မနှစ်သက်သူ ဆိုလျှင် မပေါင်းဘဲ နေလိုက်ရုံပဲ။ လုပ်ငန်းခွင်ထဲရောက်တော့ မကြည့်ချင် မြင်လျက်သား။ When you are at school if there's someone you don't get on with all you have to do is not mix with them. But in the workplace even if you don't want to see them there they are in front of you. • အိမ်ထောင်ရက်သား ရှိသူ။ A person who is married. • လက်ညှိုးကလေး ကွေးလျက်သား ဖြင့် အတန်ငယ် ငြိမ်သက်နေရာမှ။ After keeping still for a while with his index finger bent over.

(f) used to form adverbs and attributes from certain verbs; *CB+FB;*
• လုံးချင်း ပူးလျက် တီးတဲ့အကွက်။ A phrase played with notes joined (in octaves). • ဆိုင်းခြမ်းကို ခြောက်လုံးပတ်နဲ့ တွဲရက် သုံးတယ်။ They use the half drum circle in conjunction with the six-drum set. • ကပ်ရက်အခန်း။ The adjacent room. • အလျား မှောက်လျက် နေလေ၏။ He lay flat on his face on the ground. • ရှေ့တွင် ပုံလျက်သား ပုံလျက်သား ကျဆုံးလျက်ရှိရာ။ As (his comrades in battle) had fallen and (their bodies) were piled up in front of him.

လျက် 2 *in pattern မ–V–ဘဲလျက် see under ဘဲ without V-ing*

လျက်(က)နဲ့ *see under လျက် -ing, while, despite, etc*

လျက်နှင့် *see under လျက် -ing, while, despite, etc*

လျက်သား(နဲ့) *see under လျက် -ing, while, despite, etc*

အလျောက် (N~, N–နှင့်~, VA~) ⇒ in accordance with N, matching, as N, N to the extent that V, as befits, as is proper; *nn mkr and sub stc mkr, CB+FB; pron /အလျောက်/; cf အရ၊ အညီ၊ အလိုက်၊ အားလျော်စွာ၊ အတိုင်း၊* • သက်ကြီးရွယ်ကြီးများကို ချိန်ခါအလျောက် ရှိခိုးကန်တော့ပါတယ်။ We pay respects to our elders at appropriate times ("according to the occasion"). • ဦးသာမြတ် သတ်ပုံအလျောက် တ,သတ်နဲ့ သတ်လိုက်တယ်။ I spelt it with a final T in accordance with U Tha Myat's spelling book. • သူ့ကံအလျောက် ဖြစ်ချင်တာ ဖြစ်စေ ဆိုတဲ့သဘောနှင့်။ On the principle of "Let happen what will, as his karma de-

crees". • ဒီငွေကို လိုတာ ဝယ်ဖို့ ဒကာဒကာမတွေက စေတနာအလျောက် လှူကြတယ်။
Her lay supporters have donated the money, as much as they felt like, for
her to buy what she needs. • နိမိတ်ငါးပါးနှင့်အလျောက် အကျိုးလည်း ညီညွတ်စွာ
ဖြစ်သတည်း။ There was a favourable outcome, as indicated by the Five
Portents. • အထောက်အကူ များစွာ ပေးအပ်နိုင်မည်ဟု ယူဆသည့်အလျောက် ဤစာအုပ်
ကို ရေးသား ပြုစုရပေသည်။ I have compiled this book in accordance with my
conviction that it will be very helpful. • ဥပဒေထဲမှာ ပါတဲ့အလျောက် အတွင်းရေးမှူး
နှစ်ယောက် ခန့်ထားတယ်။ They appointed two secretaries in accordance with
(what was contained in) the regulations. • ဘုန်းတော်ကြီးက လူပျိုကြီး ကိုကျောက်
ခဲအား မိမိ၏တပည့်ဖြစ်၍ သနားကြင်နာသည့်အလျောက် ... မိမိကျောင်းသို့ ခေါ်ပြီး
ကပ္ပိယ လုပ်နေစေသည်။ The monk, (in accordance with) having some affection
for the old bachelor Ko KK, who had been his pupil, invited him to (live in)
the monastery and appointed him his *kappiya.*

အလျင် or အရင် (N~) ⇒ **preceding N, before N;** *loc nn, CB+FB; pron* /အယင်/; *cf*
ရှေ့ *in front,* နောက် *after;* • ရာမဝတ္ထု ... ဦးအောင်ဖြိုးအလျင် တစ်ခါတစ်ခေတ်က ရှိခဲ့
ကြောင်းလည်း သိသာပါသည်။ It is clear that the Rama story existed at some
time before U Aung Hpyo. • သူတို့အရင် ဇရပ်ပေါ် ရောက်နှင့်နေတဲ့ ... အဘိုးအို။
The old man who had arrived at the *zayat* before them. • သို့သော် သူ့အလျင်
ဦးနှင့်သူက ရှိနေလေပြီ။ However, there was someone who had got there before
him.
*Sometimes in pattern N-*ထက် အလျင် — ကိုသန်းနိုင်တောင် အစ်ကို့ထက်အလျင်
ကျောင်းက ဆင်းလာတာ သုံးနှစ်လောက် ရှိပြီ။ Even Ko TN had finished studying
about three years ago, earlier than her brother.

လွန်း:– *and* လွန်း:အားကြီး:– (V~-) ⇒ **to V too much, excessively; exceedingly,
very V;** *vb mod, CB+FB;* ကြီး: *not voiced;* • မငယ်လွန်း၊ မကြီးလွန်းစေရ။ It should
not be too big or too small. • ဦးမြသည် သားသမီးများကို အလို လိုက်လွန်းသည်။ U
Mya gives in to, indulges his children too much. • နီးလွန်း၍ မမြင်ရခြင်းပေ
လား။ Perhaps I never saw it because it was too close to me. • မသေးလွန်းဘူး
လား။ Aren't they too small? • ကောင်းလွန်းမက ကောင်းလွန်းမှသာလျှင် အတန်အသင့်
တွင်ကျယ်သည့် အခြေသို့ ရောက်လာတတ်ပါသည်။ Only if (the books) are excep-
tionally good ("more than very good") do they get to the stage of making
some progress (on the market). • ဘာဖြစ်လို့လဲဟင်ဟု နားမလည်စွာ မေးသောအခါ
မွန်မွန့်ကို ချစ်လွန်းလို့ သနားလွန်းလို့ပေါ့ကွယ်။ "Why is that?" she asked, not
understanding. "Because I love you (Mun Mun) so much and feel so sorry
for you."• ထမင်းအိုးသည် ကျက်လွန်းအားကြီးနေပုံကို တွေ့ရလေ၏။ He saw that the
rice pot had cooked too much. • အကြွေးခဏခဏတောင်းသည်။ ဆိုင်းရလွန်းအားကြီး
သဖြင့် သူ့ကြီးကို တိုင်တန်းရာ။ She asked again and again for repayment of the

debt. As he put her off too long, she reported it to the headman. • ရင့် အမူ အကျင့်တွေဟာ ယုတ်မာလွန်းအားကြီးတယ်॥ Your behaviour is totally wicked.

လွယ်– (V~-) ⇒ **to be easy, not difficult to V; to V readily;** *vb mod, CB+FB;* • လူပြိန်းများ နားလည်လွယ်အောင်॥ So that it was easy for laymen to understand. • ဒီဖိနပ်မျိုး သိပ်မရလွယ်ဘူး॥ This kind of sandal is not very easy to obtain. • ပုစွန်စတဲ့ ကျက်လွယ်တဲ့ အစာ။ Prawns and other easily cooked foods. • စိတ်ထိခိုက်လွယ်ခြင်း၊ သွေးမြင်လျှင် မူးတတ်ခြင်း။ Being easily upset, feeling faint at the sight of blood. • အင်မတန် စိတ်ကောက်လွယ်တတ်တဲ့ မိန်းကလေး။ A girl who goes into a sulk at the slightest provocation.

လွယ်– *is also linked to a preceding verb in several other ways:*

–ရတာ လွယ်–။ ထမင်းတစ်လုပ် ရှာစားရတာ မလွယ်ဘူးဟ။ It's not easy to earn enough to provide a mouthful of rice.

–ရသည် လွယ်–။ သူများနေရာ ကပ်ရောင်းရသည်မှာလည်း မလွယ်။ Getting in and selling (flowers) where there were many people was not easy.

–ရ လွယ်–။ သင်ခန်းစာတွေကိုများ တပည့်တွေ မှတ်ရလွယ်အောင်။ So as to make their lessons easy for his pupils to memorise.

–ဖို့ လွယ်–။ သင်္ဘောသားရဖို့ကလဲ မလွယ်ပါဘူးကွယ်။ It's not easy to get a position as a sailor.

–ရန် လွယ်–။ စိတ်ထင်ကတော့ သည်အမှု စုံထောက်ရန် တယ်လွယ်မယ် မထင်ဘူး။ My view is that it will be no easy task to investigate this case.

–၍ လွယ်–။ ကျွတ်တို့ကို တုတ်နှင့် အလွယ်တကူ ပုတ်ချလို့ ရသည်။ လက်နှင့်ကား ခွာ၍ မလွယ်။ With a stick you can dislodge leeches easily. To pick them off by hand is not easy.

–လို့ လွယ်–။ ဒီနေရာမှာ သိပ် မှားလို့ လွယ်တယ်။ It is very easy to go wrong at this point.

လှ– (V~-) ⇒ **to V very much, greatly, extremely;** *vb mod, CB+FB; from the main verb* လှ– *"to be pretty": cf the use of the English word "pretty" as an intensifier in such phrases as "pretty good", "pretty old", though V–*လှ– *is stronger than "pretty";* • မတွေ့ရတာ ကြာလှပြီ။ It is ages since we met. • အသက် ကြီးလှပြီ။ He is extremely old. • သိပ်ပြီး ပြဿနာမရှိလှပေ။ There was no great difficulty. • ရွှေမော်တင်စေတီသည် ကြည့်သို့စရာ ကောင်းလှသည်။ The Shwe Maw-din Pagoda is a very beautiful sight indeed. • သီချင်းဆိုရာမှာ အာသိသ မရှိလှသည်မို့ ပတ္တလားကိုပဲ ဖိသင်ခဲ့သည်။ He was not hugely keen on singing so he concentrated on the bamboo xylophone.

Used with or without ရင် *in phrases meaning "at the most" and similar:* • အသက်လား။ ရှိလှရင် ၁၆–နှစ်လောက်ပဲ ရှိအုံးမှာ။ His age? He can't be more than about 16. • ကြာလှ တစ်နာရီလောက်ပေါ့ဗျာ။ At the most it'll take you about an hour. • တစ်နေ့တစ်နေ့ မောင်းရလှ မိုင် ၄၀–၅၀ ပဲ ရှိမည်။ They would only drive about 40 or 50 miles a day at the most. • နောက်တစ်ယောက်က သူ့ထက် ငယ်တယ်။ အလွန်ရှိလှ သုံးလေးနှစ်ပဲ။ The other (child) was younger than him. At the most she could only have been three or four.

လှချေရဲ့ *and variants: see under* လှချည့်ရဲ့ *exclamatory*

လှချည့်ရဲ့ *or* **လှချည့်** *or* **လှချည့်သေးရဲ့** *or* **လှချည့်လား** *or* **လှချည့်ကလား** *or* **လှချည့်တကား** *or spelled* **လှချေရဲ့** *etc (V~)* ⇒ **How V!, What V!,** *exclamatory, indicating* **surprise, amazement;** *stc mkr, CB; cf* ပါကလား၊ *pron* /လှ၍ယွဲ့/ *etc* • ခိုင်မာ တောင့်တင်းလှချည့်ရဲ့ ဆိုတဲ့ ငါ့ရဲ့ စကားပြေခံတပ်။ The fortress of my prose, which was supposed to be so strong and solid. • မင့်ဆရာက လာပါဦးမလားကွယ်။ လာခဲ့လှချေကလားကွဲ့။ Will your Saya ever come? What a long time he's taking! • ဟေ့ကောင် ချောင်းကလည်း ဆိုးလှချည်လား၊ မင်းနေကောင်းရဲ့လား။ Hey you! That's a terrible cough you've got. Are you really well? • ထို့ကြောင့်ပင် မင်း ကြီးသည် သူမန၏ ဇနီးကို မိုက်မဲလှချေတကားဟု ဆင်ခြင်မိလေတော့သည်။ And that's why the king thought "What a stupid woman is this wife of Thumana". • မြတ်မြတ်တွေးအဖို့ ပဲရွေးရသည့် အလုပ်လောက်ကို ပင်ပန်းလှချည့်ဟု စာဖွဲ့ရမည် ကိစ္စ မဟုတ်တော့ပေ။ For MMT (work as a maid) was not a matter for writing a piece on "How exhausting it is" as the job sorting beans was.

လှ– *see under* လု– *almost, nearly*

လှည့်– 1 (V~–) ⇒ **do V!,** *indicates encouragement or urging; used in positive commands and requests; vb mod, CB; pron* /လှဲ့/; • လာ၊ မောင်း ထောင်း လှည့်။ Come, pound the rice. • မြန်မာတွေ တိုးတက်ပုံ၊ အလုံးစုံကို အကုန်ကြည့်လှည့် ကြပါလား။ Come and see how the Burmese have advanced! • နင့်အိုးကို လာယူ လှည့်။ Come and pick up your pot. • လွှင့်ပစ်မယ်ဆိုရင် ဟောဒီဇရပ်တဂိုက် ... လာပစ်လှည့်ပါမောင်။ If you are going to throw it away then please throw it somewhere near this *zayat*. • ငါ့ယဲ့အဖြစ်ကိုလဲ့ မြင်လာလှည့်ပါဦးလား။ Please come and see what has happened to me (Nu Nge).

လှည့်– 2 (~V–) ⇒ **to turn and V;** *comm pre-vb, CB+FB; from verb* လှည့်– *to turn; pron* /လှဲ့/; • လူငယ်ဆီသို့ ကိုလှဝ ဖျတ်ခနဲ လှည့်ကြည့်လိုက်၏။ Ko LW suddenly turned and looked at the youngster. • အေရှ့ဘက်ကို လှည့်ဝင်သည်။ He turned and went into A Block. • အခန်းဝရောက်မှ ထားဆီသို့ လှည့်ကာ ပြောသည်။ At the doorway he turned and spoke to Hta.

လှမ်း– (~V–) ⇒ **to V from a distance, reaching out, across;** *comm pre-vb, CB+FB; from verb* လှမ်း– *to reach out;* • အဲဒီဘက် လှမ်းကြည့်လိုက်တော့။ When I cast a glance in that direction. • သူ့ဆီ စာ လှမ်းရေးလိုက်မယ်။ I'll just drop him a line. • ကိုထွန်းဝင်းကို လှမ်းခေါ်လိုက်ပါ။ Just give a call to Ko Htun Win (across the way). • ကျွန်တော် လှမ်းယူမလို့ အလုပ်မှာ။ Just as I was going to reach out and take it. • ကလေးတွေရဲ့ အခြေအနေကို လှမ်းအကဲခတ်လိုက်တော့။

When he looked over the (audience of) children to see how they were reacting.

လျှောက်– or **ရှောက်– (~V-)** ⇒ **to go straight on V-ing, go along V-ing, go around V-ing, to V without thinking, aimlessly;** *comm pre-vb, mainly CB; pron* /ယှောက်/; *from verb* လျှောက်– *to proceed;* • စာအုပ် တစ်အုပ်လုံး ရှောက် ဖတ်ကြည့်ပေမဲ့ မတွေ့ဘူး။ I couldn't find it though I read right through the whole book. • ဈေးဆိုင်တွေ ဘာတွေ ရှောက်ကြည့်ရအောင်။ Shall we wander around and look at the shops and things? • ခိုင်းချင်ရာ လျှောက်ခိုင်းနေတော့၊ ဥပဒေနဲ့လဲ ညီချင်မှ ညီမှာ။ They go around telling people to do what they want them to do, and often it's not legal. • ကောင်မတွေနော်၊ ပေါက်ကရ လျှောက်ပြော မနေကြနဲ့။ Hey you girls! Stop talking rubbish. • ညဘက်ကြီး ကိုရင်ကြီးတစ်ပါး ဘုရားကြိုကြား လျှောက်ပြေးနေတာကို တစ်ယောက်ယောက်တော့ မမြင်တွေ့တန်ကောင်းပါ ဘူး။ It's highly unlikely that no-one would have noticed an elderly novice running around the pagoda grounds at dead of night.

လျှောက် see under **တစ်လျှောက်** all along

လျှင် 1 *FB = CB* **ရင်** *sts written* **ယှင် (V~)** ⇒ **if, when (in the future);** *sub cls mkr; form* လျှင် *pron* /လျှင်/; *cf FB* **က၊** **သော်**; • သားသမီး လိမ္မာလျှင် မိဘ စိတ်ချမ်း သာမည။ Parents will be happy if their children are good. • စားစရာ မပါလျှင် သား နီထွေး စိတ်ကောက်သည်။ His son Ni Htway used to be cross if he didn't bring home something to eat. • အစိုးရက အချိန် တန်လျှင် ရွေးကောက်ပွဲ ပြုလုပ် မည်ဟု အတိအလင်း ကြေညာထား၏။ The government has explicitly announced that they will hold an election when the time is right. • မအောင်ရင် ထပ်ဖြေရ အုံးမှာပေါ့။ If you don't pass (the exam), you will have to take it again of course. • မိန့်ခွန်း ပြောပြီးရင် လစ်မယ်။ I'll slip off after the speeches.

In expanded forms **–လို့ရှိရင်** *and* **–လို့ရှိလို့ရှိရင်၊** • ကွာဟမှု ကြီးနေလို့ရှိရင် လူမှုရေး တည်ငြိမ်မှု မရှိဘူး။ If the gap (between rich and poor) is large, then there is no social stability. • ဒီဟာနဲ့ပတ်သက်လို့ရှိရင် ဆရာတော်ကြီးတပါး ဟောဘူးပါတယ်။ On this point, a *Sayadaw* once gave a sermon. • တိုတိုလေးနဲ့ ပြောရလို့ရှိလို့ရှိ ရင်၊ ကျွန်တော်တို့အားလုံး တနေ့ သေမဲ့သူတွေချည်းပဲ။ To put it briefly, all of us will die one day.

The combinations **ခဲ့လျှင်၊ ခဲ့ရင်၊ ခဲ့လို့ရှိရင်** *are used to emphasise conditionality:* • အကယ်၍ ခင်လွမ်းသာ မေမေဆန္ဒများကို လိုက်လျှောမိခဲ့လျှင် မေမေ သေမှာ မဟုတ်ဘူး ဟု အမြဲ စိတ်စွဲနေမိသည်။ KL was always conscious of the fact that if only she had followed her mother's wishes her mother would not have died. • စိတ် ညစ်တော့ ထမင်းလဲ ကောင်းကောင်း မစားနိုင်၊ အိပ်လဲမပျော်နဲ့ တရားသာ မထိုင်ခဲ့ရင် ရူးနိုင်တယ်။ Being so miserable I couldn't eat properly or sleep enough. If I hadn't meditated I could have gone mad. • သားဘက်က ဝတ္တရား မကျေပွန်တာ ရှိခဲ့ရင် ... ခွင့်လွှတ်ပါ။ If I (your son) have failed at all in my duties towards you please grant your forgiveness.

In CB ရင် *is sts omitted before* လည်း/လဲ *"also"*: • အိမ်က စာလာလဲ ငိုတာပဲ၊ အိမ် ကို သတိရလဲ ငိုမိပြန်ရော၊ မမဆီက စာဖတ်ပြီးလဲ ငိုတာပဲ။ I cried when a letter came from home, and I couldn't help crying again when I thought about home, and I cried after reading your letter. • အိမ် ပြန်ချင်ရင် ပြန်၊ မပြန်ချင်(ရင်) လဲ နေပေါ့။ Go home if you want to. If you don't want to, then don't! • ဟုတ် ချင်(ရင်) ဟုတ်မယ်။ That may be true ("will be true if it wants to be").

CB ရင် *is also sts omitted after the verbs* ကျ *"get to, come to" and* ဆို *"say, state, be the case"*: • နောက်လကျ(ရင်) တွေ့ကြသေးတာပေါ့။ Next month ("when we come to next month") we shall meet again. • ဒီလိုဆို(ရင်) ကျွန်မ ညနေတိုင်း လာယူမယ်။ In that case ("if we say this way") I'll come and get some each afternoon. • ရုပ်ရှင်ထဲမှာဆို(ရင်) သိပ်လှမှာ။ If (you had a part) in a film you'd look lovely.

လျှင် **2 (N°+N~)** ⇒ **per N, *distributive*;** *nn mkr, FB,* = *CB* ကို; *pron* /လျှင်/; • လွတ်လပ်ရေး အထိမ်းအမှတ်ကို တစ်နှစ်လျှင် တစ်ကြိမ် ကျင်းပသည်။ Independence celebrations are held once a year. • အိမ်လခ တစ်လလျှင် ဒေါ်လာ နှစ်ထောင် ပေး ရမည်။ You will have to pay two thousand dollars a month rent. • နှစ်လက်မ လျှင် တစ်ချောင်း ထိုးထားသည်။ (A pin) was stuck in every two inches. • ဝါတွင်း ဥပုသ်နေ့များ၌ အသင်းဝင်တစ်ဦးစီလျှင် လက်ရေးစာမူ တစ်မျက်နှာစီ အဘိဓမ္မာဆိုင်ရာများ ကို ရေးသားစေလျက်။ On Sabbath days in Lent he had each member of the association write out a page of Abhidhamma text.

လျှင် **3 (Phr~)** ⇒ **emphatic;** *stc med phr ptcl, FB, mainly in verse; pron* /လျှင်/; *sts merely filling a slot after a rhyme; found in prose in the combinations* ပင်လျှင် *and* သာလျှင် *and occasionally elsewhere; regular equivalent of Pali* **eva** *in nissaya translation (Okell 1965 p 217);* • ဝမ်းထဲယုံယုံ။ ယုန်လျှင်ကျူ့သို့။ ဆိုတုံ့မဝံ့။ Do not dare to answer back (but) hold (your anger) in your belly as the hare shrinks (its body still through fear) *(verse).* • ရုပ်ပွားနှစ်ဆူ ညဏ် တော်တူကာ၊ သပွါယ်စွာလျှင်၊ မဟာပေါ်တော်မူဘုရား။ The two Buddha images, matching in height, look imposing at the Maha Pawdawmu Pagoda *(verse).* • ဖက်ဆစ်အစိုးရများပင်လျှင် အလျှော့ပေးနေရသော ယခုအချိန်မျိုး၌။ At a time like the present when even fascist governments are admitting defeat. • စည်းလုံးမှုဖြင့် သာလျှင် ဟုမ္မရူးကို အရယူစေချင်သည်။ He wanted (Burma) to win Home Rule by solidarity alone. • ပြည်သူ့အင်အားစုဖြင့်လျှင် ပြည်သူ့ရည်မှန်းချက်အတိုင်း အောင်မြင်မှု ရနိုင်သည်။ It is by the power of the people that we can succeed in accord-ance with the people's objective. • အဘယ်မှာလျှင် ဆရာကြီး ဝမ်းမမြောက်ဘဲ ရှိအံ့နည်း။ How could Sayagyi fail to be pleased? • ဤသို့လျှင် ရွှေပင် ပေါက်လာ သည့်အကြောင်း ရှင်းပြသည်။ She explained how the Gold Tree had grown up in this way. • တံသွံ၊ ထိုအလုံးစုံသော စည်းစိမ်ချမ်းသာကို။ ဥဒ္ဓမ္မရဒေဝိယောဝ၊ ဥဒ္ဓမ္မရ

ဒေဝီသည်လျှင်။ စီရင်၏။ It was Udumbaradevi who managed all that wealth (nissaya). • အဆွေဝ၊ ယနေ့လျှင်။ သေတံ၊ လာအံ့သလော။ Will you come even today? (nissaya).

လျှင် 4 in the pattern V-လျှင်– V–ချင်: as soon as V: see under ချင်:

လျှင်လည်: FB = CB ရင်လည်: **(Phr¹~ Phr²~)** ⇒ **either Phr¹ or Phr²**; stc med phr ptcl; used in parallel main clauses; variant spellings ရင် or ယင် and လည်: or လဲ; pron /လျှင်လီ:/ in formal reading, /လျှင်လဲ/ in informal contexts; cf သော် လည်:ကောင်: either … or …; • ယခုကား ကိုဘိုးရင်သည် တလုတ်မြို့တွင်လျှင်လည်: ရှိ မည်။ သို့တည်:မဟုတ် တောင်တွင်:မြို့တွင်လျှင်လည်: ရှိမည်။ At this time Ko PY will be either in Talok or in Taungdwin. • ကိုဘိုးရင် … မပြန်မလာသည့်အရာမှာ နာဖျား:မကျန်:၍လျှင်လည်: ဖြစ်မည်။ သို့တည်:မဟုတ် ထူး:ခြား:သော ကိစ္စ အကြီ:အကျယ် လျှင်လည်: ရှိမည်။ The fact the Ko PY has not come back must be either be-cause he is ill, or because there is some emergency. • ကျွန်တော့်ကို ဖမ်း:ဆီ:မိက ထောင်ထဲသို့လျှင်လည်: ပြန်၍ချထား:လိမ့်မည်။ သို့တည်:မဟုတ် အသက်ကိုလျှင်လည်: အသေသတ်လိမ့်မည်။ Should they apprehend me, they will either throw me back in prison, or take my life. • အဝတ်လျှော်စက်ရင်လဲ ဖြစ်မယ်။ ဒါမှမဟုတ် ရေခဲ သေတ္တာရင်လဲ ဖြစ်မယ်။ It's either a washing machine or a refrigerator. • ကျွပ် အထင်တော့ ဒင်:ဟာ တစ်ယောက်ယောက်နဲ့:များ အပျော်ကျူး:ရင်:က ဖြစ်တာရင်လဲ ဖြစ်ရ မယ်။ နို့မဟုတ်ရင် ငွေရကြေး:ရလို့ရင်လဲ ဖြစ်ရမယ်။ My view is that it happened either as a result of that girl's pursuing her pleasure with a man, or be-cause she was paid money. • မင်:ဟာ အများကို ရန်စဆော်ကား:နေတာရင်လဲ ဖြစ်ရ မယ်။ အများကို ကျောက်တွန်:နေတာရင်လဲ ဖြစ်ရမယ်။ (If you did so,) you would either be antagonizing people or getting them into trouble.

Cf variant form ကျင်လည်:ကောင်: in Pagan period Burmese: • သား:ငမြေ:ကျင် လည်:ကောင်: မြ့လူကျင်လည်:ကောင်: မသင့်စေ။ Let it harm neither my children and grandchildren, nor other persons.

လွတ်– **(~V-)** ⇒ **to V very much, a lot**; comm pre-vb, CB+FB; from verb လွတ်– to release; cf သိပ်–၊ တယ်–၊ ဖိ–၊ နင်:–၊ တွန်:–; • ကျောင်:သား:ဘဝတုန်:က ဘိုင်အို ဆိုရင် လွတ်လန့်မိကြောက်မိတာဗျ။ In my student days, when I was faced with biology I used to be terrified. • ညနေ ၄ နာရီ ၅ နာရီဆိုတဲ့အချိန်တွေက ကျောင်: ဆင်:ချိန် ရုံ:ဆင်:ချိန် ဈေး:ပိတ်ချိန် လွတ်စည်ရမယ့်အချိန်ပေါ့။ Four or five in the after-noon, being the time when people leave their offices and schools and close their shops, is a time when there are large numbers of people around.

ဝါ **(N¹~ N²)** ⇒ **N¹ or N², N¹ also known as N²**; nn atrb mkr, FB; more formal than CB+FB N¹ ခေါ် N²; from Pali vā; • ဘီပီအိုင် ဝါ မြန်မာနိုင်ငံဆေး:ဝါ:လုပ်ငန်: ဌာန။ The Burma Pharmaceutical Industry, also known as "BPI". • လွတ်လပ် ရေး:ကြီ:ပမ်:မှုလုပ်ငန်:သည် (ဝါ) မြန်မာတို့၏ ဝံသာနုလုပ်ငန်:သည်။ The campaign for independence, or the Burmese nationalist campaign.

ဝါဒ **(N~) ⇒ N-ism, teaching, theory of N;** *comm elem cpd nn; from Pali* vāda;
• ကွန်မြူနစ်ဝါဒ communism; ကြားနေရေးဝါဒ neutrality; မင်းမဲ့ဝါဒ anarchy.
Hence **N–ဝါဒီ believer in, follower of N:** ဆိုရှယ်လစ်ဝါဒီ a socialist; ဗုဒ္ဓဝါဒီ a
Buddhist; အစွန်းရောက်ဝါဒီ an extremist; ပြည်ပအားကို ပုဆိန်ရိုး အဆိုးမြင်ဝါဒီများ
the pessimists, axe-handles, those who seek support from foreign coun-
tries.

ဝင်– **1** *or* ဝင်ရောက်– **(~V-) ⇒ enter and V; take part in V-ing, join in V-ing;**
comm pre-vb, CB+FB; from verb ဝင်– *to enter;* • အထဲ ဝင်ကြည့်မယ်နော်။ I'll go
in and have a look, OK? • စွန်ကြီးဟာ ... သစ်ပင်ကြီးတစ်ပင်ပေါ် ဝင်နားတယ်။ The
kite (bird) came to rest on a tall tree. • ကုလားထိုင်လွတ် တစ်ခုတွင် သူပါ ဝင်ထိုင်
သည်။ She too (joining the others) took a seat on a vacant chair. • စိုးကျော်
အတွက် ထားရင်က ဝင်ဖြေသည့် သဘော ပြောသည်။ Hta Yin broke in, as if an-
swering on behalf of So Kyaw. • ယောက်ျားတွေအလုပ်မှာ ဝင်ရှုပ်တဲ့မိန်းမ။ A wo-
man who interferes with man's work. • အေးငြိမ်းက ဝင်ရောက်တွဲခေါ်ရပြန်သည်။
AN had to go and help him (up the steps). • ဂီတဝိုင်းတစ်ခုမှာ ဝင်ရောက်သီဆိုနိုင်
သည်အထိ။ Up to the point at which she could join in and sing with a music
group.

ဝင် **2 (N~) ⇒ member of N;** *comm elem cpd nn;* • အသင်းဝင် member of the
association; ကော်မီတီဝင် committee member; အစိုးရအဖွဲ့ဝင် member of the
council of ministers.

ဝိုင်း– *or* ဝိုင်းဝန်း **(~V-) ⇒ to gather round and V, V collectively, join in V-ing;**
comm pre-vb, CB+FB; from verb ဝိုင်း– *to surround;* • မိဘ ဆိုဆုံးမတဲ့စကားကို
နားမထောင်တဲ့ သားသမီးကို ရွာက လူရာမသွင်းကြဘူး၊ ဝိုင်းပယ်ထားလေ့ ရှိကြတယ်။
Children who failed to obey their parents' instructions were not accepted
by the village: the custom was for everyone to reject them. • အန်တီကြီး
ခေါင်းမူးသဖြင့် သားအဖသုံးယောက် ဝိုင်းဝန်းပြုစုကြရပြန်သည်။ As Auntie was feeling
dizzy the father and the two children had to gather round and tend her.
• ပုရွက်ဆိတ်တွေ ဝိုင်းကိုက်လို့ နာလိုက်တာဗျာ။ The ants all came and bit me, and
it hurts badly. • ဝိုင်းဝန်းကူညီပေးကြတဲ့ ကျော်ရင်မြင့်၊ ... ဦးကျော်ဇလှတို့ကို အထူး
ကျေးဇူးတင်ရှိပါတယ်။ I am particularly grateful to KYM, ... and U KZH who all
gave me their assistance. • ရှင်ပြုပဉ္စင်းခံအလှူကြီး လုပ်တော့ ရွာလေ့အတိုင်း
တစ်ရွာလုံးက လုပ်စရာ ကိုင်စရာတွေကို ဝိုင်းဝန်းကူညီလုပ်ကိုင်ကြတယ်။ When there is
a major ceremony (such as) a novitiate ritual or an ordination, the whole
village, in accordance with their custom, comes together and helps with
what has to be done.

ဝန်းကျင် *see under* ပတ်ဝန်းကျင် *around*

ဝံ့– **(V~-) ⇒ dare V, be bold enough to V;** *vb mod, CB+FB; cf V-ရဲ့;* • မောင်ချစ်ညို
သည် မရဲရင့်ပါ။ သစ်ပင်ထိပ်ဖျားကို မတက်ဝံ့။ Maung Chit Nyo is not very brave.

He dare not climb to the top of the tree. • သူ ရဲရင့်စွာ တင်လျှောက်ဝံ့ပေသည်။ He boldly dared to inform me *(king speaking)*. • ခင်ဗျားမြင်ရတဲ့ မျက်နာဖြူကြီးဟာ ယောက်ျားမျက်နှာတဲ့လို့ ခင်ဗျား ဧကန်မုချ ဆိုဝံ့ပါ့မလားဗျာ။ Would you have the courage to say unequivocally that that white face you saw was the face of a man? • ရေနက်နက်ထဲ မသွားဝံ့ပါဘူးကွယ်၊ ကြောက်စရာကြီး။ I dare not go into deep water. It scares me. • မူးယစ်ပြီး မမြင်ဝံ့မကြားဝံ့အောင် အော်ဟစ်ဆဲဆိုပြုလုပ် လေတော့။ When he got drunk and cursed and shouted horribly ("so that one would not dare to see or hear it").

ဝယ် **(N~)** ⇒ **upon, at, in;** *FB, nn mkr, more formal than FB* တွင်၊ ၌; = *CB* မှာ; • ကလတက် ခေါက်သံကို အရုဏ်တက်ဝယ် ကြားရသည်။ The sound of the wooden monastery gong (being struck) is heard at dawn. • ပျားများသည် ပန်းပင်ထက် ဝယ် ပျံ့ဝဲနေကြသည်။ The bees were hovering above the flowers. • ယနေ့လူငယ် နောင်ဝယ်ခေါင်းဆောင်။ The young of today are the leaders of tomorrow. • ငွေ များမှာ ရဲတော်ဖြူတို့ လက်ဝယ်၌သာ ရှိနေခဲ့ပြီး။ The money was in the hands of the White Flag communists.

သ *see under* တယ် *and* သည် *stc mkrs, and under* သည့် *and* တဲ့ *which V-s, vb atrb mkrs*

သကွဲသို့၊ သတည်း၊ သတတ်၊ သထက်၊ သဖြင့်၊ သဖွယ်၊ သမျှ၊ သရွေ့၊ သရှို့၊ သလို၊ သလောက်၊ *see under the second syllable*

သဘော **(VA~)** ⇒ **intention, objective; idea of, sort of V, as it were V, meaning, implication of V;** *noun "idea", perhaps in process of becoming a stc fin phr ptcl; CB+FB; cf* ပုံ *as if;* • ပြည်သူလူထုကို ဆူပူစရာအကြောင်း မဖြစ်အောင် လို့ ကာကွယ်တဲ့ သဘောမျိုးနဲ့ ပြောတာပါ။ I say this in a spirit of prevention, so that it doesn't provoke the people to unrest. • နိုင်ငံတော်က တိုင်းပြည်တွင်းရှိ တခြားအဖွဲ့အစည်းများကို ဦးဆောင်သွားတဲ့ သဘော။ It is as if the state leads the other institutions within the country. • ဒီလိုမှန်မျိုးဟာ အပူကို ကာဆီးနိုင်တဲ့ သဘောရှိတယ်။ This kind of glass gives a kind of protection against heat. • ဟာ... ခင်ဗျားဟာကလည်း ခင်ဗျားက မလွဲမရှောင်သာလို့ လုပ်ရမယ့် သဘောလို ဖြစ်နေ တယ်၊ ခင်ဗျားက မချစ်ဘဲ မကြိုက်ဘဲ ယူရမှာလား၊ သဘောက။ Look here! You give the impression that you're only going ahead (with the marriage) because you can't get out of it. Are you going to marry her though you don't love her? Is that the idea? • ပြောကြဆိုကြတာတွေ မြန်လွန်းတဲ့အတွက် ဘာသာစကား အခက်အခဲရှိသူများအတွက်တော့ အချိန်ယူကြည့်ရမယ့် သဘောရှိပါတယ်။ They speak very fast (in the film) which means that people who have difficulty with the language would have to take their time watching it. • လေးမိုင်လောက်ခရီးကို လျှောက်ရင်း အဆမတန် ပင်ပန်းသလို ဖြစ်ပြီး မောပန်းနေမယ်ဆိုရင် ကိုယ်ခန္ဓာဟာ လိုတာ ထက် ပိုပြီး အားစိုက်နေရတဲ့သဘော။ If you walk for about four miles and find you are unusually tired and exhausted the implication is that your body has had to exert itself more than is necessary. • စိုးကျော်အတွက် ထားရင်က ဝင်ဖြေသည့် သဘော ပြောသည်။ Hta Yin broke in, as if answering on behalf of So Kyaw.

သမား (N~) ⇒ one who deals in N, is skilled in, is involved with, attached to N; *comm elem cpd nn, CB+FB; from* သမား *physician;* • အလုပ်သမား worker; လက်သမား carpenter; တံငါသမား fisherman; လယ်သမား rice farmer; အကော်ဒီယံသမား accordion player; ဘောသမား footballer; ရုပ်ရှင်သမား person involved in the film industry; အနုပညာသမား artist; နိုင်ငံရေးသမား politician; နှစ်ကျပ်ခွဲသမား vendor (of longyis) at two and a half kyats; မူးယစ်ဆေးဝါးရောင်းဝယ်သမား drug dealer; နဘေဆန့်ကျင်ရေးသမား opponent of multiple rhymes; စာပေဝေဖန်ရေးသမား literary critic; စာပေတော်လှန်ရေးသမား literary rebel; ပကာသနသမား person who sets store by image and appearance; ဆေးပေါ့လိပ်သမား person devoted to cheroots; အရက်သမား habitual drinker, drunkard.

သမီး: *see under* သား *member of*

သာ– 1 *and* **သာလွန်– (~V-) ⇒ to V more, be more V, Vadditionally;** *comm pre-vb, CB+FB; from verb* သာ– *to excel; cf* ပို– *which is less formal;* • ဘုန်းကြီးတွေထက်တောင် သာတတ်သေးတယ်။ He knows more than the monks themselves. • ကရင်နာမည်ကတော့ နော်မဲလေဖောတဲ့။ – အဲဒါက သာတောင် ခေါ်ရခက်သေး။ My Karen name is Naw Me-lay-hpaw. — That's even more difficult to say. • သည်နေ့ကို ခင်လွမ်းတို့ တစ်မိသားစုလုံး မမေ့နိုင်ကြ။ ခင်လွမ်းက သာ၍ မမေ့။ This day was one that KL's family could not forget. For KL it was even more unforgettable. • ရိုးရိုးရာဇဝတ်သားတို့၏ ဘဝမှာ သာ၍ပင် ဆိုးသေးသည်။ The life of the ordinary criminals (in Siberia) is even worse. • မောင်စံရှားထက်ပင် ၎င်းပညာ၌ သာလွန်ထက်မြက်ကြောင်း။ He was even more accomplished in that art than Maung SS himself.

သာ– 2 (V~-) ⇒ to be feasible, to manage to V; to V conveniently, easily; *vb mod, CB+FB; cf* ရ၊ တတ်၊ နိုင်; • တံခါးမှူးလည်း မငြင်းမကွယ်သာ၍။ As the gatekeeper could neither deny nor conceal (his crime). • မိန်းမကြီးက အေးငြိမ်းကို လှမ်းကြည့်နေ၍ အေးငြိမ်းက မနေသာဘဲ ထသွားရသည်။ AN couldn't stand ("couldn't manage to stay with") the woman watching her, so she got up and left. • ကိုယ့်အပြစ်နှင့်ကိုယ်မို့ ဘာမျှ မပြောသာတော့။ As the problem was of his own making there was nothing else he could say. • အောင်မြင်သည်ဟုလည်း မဆိုသာ။ You couldn't really claim that it had been a success.

Common in some set combinations: • သိသာ– to be able to tell, to be evident: စားသာ– to manage to eat, to be profitable; တတ်သာ– to manage, to be in control; လွှဲသာ– to contrive to avoid, to escape.

Sentence examples: • ကလေးတွေက ကရင်နှင့် သိပ်မတူလှပေ။ မေးရိုး နည်းနည်းကားချင်သော်လည်း သိပ်ပြီး မသိသာလှ။ The children didn't look very Karen.

Their jaws were perhaps a little broad, but it didn't show much ("was not easy to know"). • ဒီမှာ ဆေးခန်းလာဖွင့်တာ သိပ်စားသာတယ်။ He has done very well by coming and opening a clinic here. • လူငယ်များဟာ မတတ်သာလို့ အမျိုးသားရေးများ၊ နိုင်ငံရေးများထဲမှာ ပါဝင်ပြီးတော့ လှုပ်ရှားရတာ။ The young people have had no other option but to take an active part in nationalist affairs and politics. • မယ်ထွေး မတတ်သာတော့ဘဲ … တဲရှေ့သို့ ထွက်လာခဲ့ရတော့သည်။ Me Htway had no other option but to come out in front of the hut. • ယနေ့တော့ မလွှဲမရှောင်သာ၍ တွေ့ခဲ့ရပြီ။ But today she had run into them with no chance of avoiding them.

သာ 3 (Phr~) ⇒ **only, merely, just Phr, Phr and no more;** *stc med phr ptcl, CB+FB; used in conditional clauses with the effect of "if only"; in FB often combined with a second particle, e.g. သာလျှင်၊ မျှသာ; cf ပဲ၊ မှ;* • လက်ဦးတွင် ဆန်အရောင်းအဝယ် အနည်းငယ်မျှသာ ရှိလေသည်။ At first there was only a little trade in rice. • လခမှာ တစ်လ ၄၀မျှသာ ဖြစ်သော်လည်း။ Although my salary was only 40 kyats a month. • အောက်ပြည်မှာသာ ပေါက်တာကိုး။ It only grows in Lower Burma, you see. • အပွင့်ကားကားလေးတွေသာ ကျန်တော့သည်။ Only the fully open flowers were left (not the buds). • ပန်းချီရေးဆွဲခြင်းသည်သာလျှင် အမွန်မြတ်ဆုံးအလုပ်ဟု ဆိုရတော့မလို ဖြစ်လာသည်။ We got to a point of almost having to say that painting and only painting is the most noble activity. • ကိုယ်ကောင်းဖို့ မကြည့်ဘဲ သူတစ်ပါးအကျိုးကိုသာ ထာဝစဉ် စဉ်းစား လုပ်မယ်ဆိုရင်။ If you are going to act indefinitely for the benefit of others only, disregarding your own good. • ဒီလို အခွင့်အရေးတွေ ရှိမှသာလျှင် ကျွန်တော်တို့ဟာ တကယ့်ကို လွတ်လပ်တယ်လို့ ပြောနိုင်မှာ ဖြစ်ပါတယ်။ It is only if we have such rights that we shall be able to say we are truly free. • လူနည်း၍ အိမ်တစ်ဝက် တစ်ခန်းကိုသာ ငှားလိုလျှင်လည်း ရသည်။ တစ်နေ့ နှစ်ဆယ် ပေးရုံသာ။ If there are not many (in your party) and you want to rent just half the house or a single room, that can be done. All you have to do is pay K20 a day. • ဤမျှသာ။ That's all for now ("Just this much": used at end of each instalment of serial stories etc). • စဉ်းစားသာ ကြည့်ပါတော့။ Just think about it. • ပြောသာ ပြောတယ်။ ဘာမှ တော့ မလုပ်ဘူး။ It's all talk with him. He doesn't actually do anything.

In combination **Phr–သာမက ⇒ more than merely Phr, not only Phr** *(see also under မက):* • သူရသည့်ငွေမှာ သူသောက်တာနှင့်ပင် ကုန်လေသည်။ သောက်ရုံသာမက မူးလည်းမူးသေး၏။ မူးရုံသာမက ရမ်းလည်း ရမ်းသေးသည်။ The money earned all went on drink. He didn't just drink, he also got drunk. And he didn't just get drunk, he also got violent. • ရန်ကုန်တက္ကသိုလ် ကျောင်းသားများသာမက နယ်ရှိ အထက်တန်း၊ အလယ်တန်းကျောင်းသားများပါ … ကျောင်းများကို သပိတ်မှောက်ကြသည်။ It wasn't just the students at Rangoon University, but also the students at high schools and middle schools in the districts who boycotted their schools.

In conditional clauses: • တပ်မတော်သာ အာဏာ မသိမ်းပဲ နေခဲ့ပါက မြန်မာပြည်
ငါးပါးမှောက်ဖို့ လမ်းရှိပါ၏။ If the army had not taken power Burma was
headed for chaos. • ကိုအောင်မြင့် တစ်ယောက်သာ လာနိုင်လို့ရှိလျှင်။ If only Ko
Aung Myint were able to come. • ဟာ၊ ငါ့လိုလူကို ဘယ်သူ ငြင်းမလဲ။ — ကျွန်မသာ
ဆို ငြင်းတယ် အကို။ Hah, who would refuse someone like me? — If it were
me, I'd have refused (to marry) you. • တရားသာ မထိုင်ခဲ့ရင် ရူးနိုင်တယ်။ If I
hadn't meditated I could have gone mad. • သူလို ရုံးကားလေး စီးပြီး စီးကရက်
ခဲရင်း လာရတာ မဟုတ်ဘူး၊ သူလိုသာ လာရရင် မနက်ရှစ်နာရီတောင် ရောက်သေး။ I
can't come (to work) like he does, riding in the office car, puffing on a cig-
arette. If I could come like him, I'd even be here by eight in the morning.

Also used at end of sentence, *but mostly in sentences left incomplete:*
• အသက်အသေ ခံသွားသည်ကိုကား လေးစားရမည်သာ။ However, their sacrificing
their lives is something we have to respect. • တကယ့်ကို ခေတ်စားလာတာက
တော့ ရောင်းကြခြင်းနှင့် ဝယ်ကြခြင်းများသာ။ What became really popular was
simply buying and selling. • သို့သော် အေးမိစံ စိတ်တော့ မပျက်ပါ။ ကမ္ဘာပေါ်မှာ
နှင်းဆီပန်းတွေ ရှိနေသေးသရွေ့ အေးမိစံဘဝမှာ မျှော်လင့်ချက်တွေ ရှိနေသေးသည်သာ။
However, AMS was not discouraged. As long as there were roses in the
world, AMS's life would never be without hope. • သည်အချိန်မှာ လှေရှင်ပေါ်သော်
လည်း ကိစ္စမရှိတော့။ တောင်းပန်ရုံသာ။ သောင်အချိုးအထိတော့ သူလှေကလေး ခေါ်ယူသွား
ဖို့ ခွင့်ပြုရန်သာ ကြိုးစားကြရတော့မည်။ At this point the boat owner had not
appeared, but it was not important. They would just apologise. They
would have to try and persuade him to allow them to take his boat as far
as the bend in the sandbank.

သာသာ (N°+N~) ⇒ **just over, a little over N;** *nn mod, CB+FB; from verb* သာ–
*to be better; cf N–*ကျော်; • တစ်မိုင်သာသာလောက် ဝေးလိမ့်မယ်။ It's probably a bit
over a mile away. • ငါးနှစ်သာသာရှိသေးတဲ့ ကျွန်တော်သားကလေး။ My young son,
who is just over five years old. • လူပုံသဏ္ဌာန်အတိုင်း ရှိနေသော တစ်မိုက်သာသာ
အရပ်မည်းလေး။ A small black figure in the shape of a man, a little over six
inches ("one fist-width") high. • လေယာဉ်ပျံသည် ဝေဟင်ထဲ၌ ၃နာရီ သာသာမျ
လှည့်လည်ပျံသန်းရှာဖွေပြီးနောက်။ The plane circled in the air and searched for
over three hours.

သား 1 (N~) ⇒ **(a) son of, resident of, member of N;** *either generic, including
male and female, or male only, and then opposed to N–*သူ *qv or N–*သမီး၊
comm elem cpd nn, CB+FB; from သား *son;* • မင်းသား၊ မင်းသမီး prince, princ-
ess, male and female dancer, singer, actor, film star; နတ်သား၊ နတ်သမီး nat
spirit, god, goddess; စစ်သား၊ စစ်သမီး soldier, woman soldier; တပ်မတော်သား
member of the Burmese armed forces; လုပ်သား worker, workman, work

person (*note* လုပ်သူ *is not the female counterpart, but just means "person who did sth"*); ရဲသား policeman (with exceptional female form ရဲမေ); ကျောင်းသား၊ ကျောင်းသူ student, school boy/girl; အောက်သား၊ အောက်သူ person from Lower Burma; ရန်ကုန်သား၊ ရန်ကုန်သူ resident, native of Yangon; ရွာသား၊ ရွာသူ villager; နိုင်ငံသား citizen; နိုင်ငံသားပြုလုပ်ခြင်း naturalisation; နိုင်ငံခြားသားတစ်ဦး သည် နိုင်ငံသားနှင့် အိမ်ထောင်ပြုကာမျှဖြင့် နိုင်ငံသားအဖြစ်ကို အလိုအလျောက် မရရှိစေရ။ A foreigner shall not automatically acquire citizenship by the mere fact of being married to a citizen.

(b) *following phrase expressing age:* **child of age N**; *feminine form* သမီး *or* သူ; • လက်ရန်းပေါ်တွင် လူချောချော ဆယ်နှစ်သားအရွယ်တစ်ယောက် ထိုင်နေလေ၏။ A good-looking lad of ten was sitting on the banisters. • အကြီးဆုံးသည် ၁၂ နှစ် သား ဖြစ်၍ အငယ်ဆုံးသည် ၁၁ လသမီး ဖြစ်သည်။ The oldest was a boy of 12, and the youngest a girl of 11 months. • အကြီးလေးက ကိုးနှစ်သား ဆယ်နှစ်သား လောက် ရှိမယ်။ The older child must have been about nine or ten. • အကြီးဆုံး ၁၂ နှစ်သားကလေးနှင့် အလတ် ၈ နှစ်သူကလေးတို့သည် ကျောင်းမှန်မှန် တက်ရတော့၏။ The oldest, a boy of 12, and the middle child, a girl of 8, had to attend school regularly. • ငါ့အဖေ၊ ငါ့ဆယ့်ခြောက်နှစ်သားက ဝက်ဝံကုပ်ခံရတာ ဟုတ်တယ်။ It is true that my father was mauled by a bear when I was 16. • ငယ်ငယ်က (ဆယ့်ငါးနှစ်သမီးခန့်က) သူများအိမ်မှာ တစ်ခါ လုပ်ဖူးသည်။ She had once been employed in another person's house when she was young — at the age of about 15. • အသက် ၁၄ နှစ်သားအရွယ်ကို ရောက်တဲ့အခါ။ When he reached the age of 14.

သား **2 (N~)** ⇒ **flesh, material, substance of N; weight of N**; *comm elem cpd nn, CB+FB; from* အသား *flesh;* • ဝက်သား pork; ကြက်သား chicken; အမဲသား beef; သစ်သား wood, wooden; စာသား (written) text, the words (e.g. of a song); အစိတ်သား a quarter of a viss; ငါးကျပ်သား five kyats' weight.

သား **3 (N°+N~)** ⇒ **both, all the Ns**; *restricted to groups of people, with numeratives* ယောက် *and* ဦး၊ *suggests that all the group were involved; nn mod, CB+FB;* • အောက်ရောက်တော့ နှစ်ယောက်သား ဝမ်းသာအားရနဲ့ ... ဇရပ်ကို သွားကြ တယ်။ When they got down (from the coconut palm) the pair of them set off happily for the *zayat*. • အိမ်ရှေ့တွင်မူ ထုံးစံအတိုင်း သုံးယောက်သား ဝိုင်းဖြစ်၍နေ၏။ There in front of the house the three of them had got together as usual. • ကျွန်ုပ်တို့ ၃ ဦးသားတို့သည် ဦးပြည့်စုံ သေရာ ရေကန်အနီးသို့ သွားကြလေ၏။ All three of us set off for the lake where U PZ had died. • အလွယ်တကူ ဖွင့်၍ မရ နိုင်ဘဲ ရှိရာတွင် ၄ ဦးသားတို့သည် တံခါးတစ်ခုကို အတင်း ပြေးဝင်တိုက်ခိုက်ကြရာ။ As we couldn't open (the doors) easily, all four of us hurled ourselves at one of them.

သား **4 (V~ N)** ⇒ **N that V-s, which V-s, is V-ed;** *vb atrb mkr referring to past or present, FB, mainly verse; cf FB* သည်၊ သော၊ *CB* တဲ့ *;* • သက်ကြီးမိဘ၊ ဆရာစ သား၊ စိုးရသခင်၊ ကျေးဇူးရှင်တို့။ Your masters in authority (over you) and bene-factors, starting with your elders, parents and teachers (cf စသော "etc"). • ပွဲပြင်နိစ္စ၊ ကွပ်ဆုံးမသား၊ မိဘစကား၊ နာရျ။ Listening to the words of your parents who guide and admonish, correcting you always. • ဖြူသည်အဆင်း၊ မွေးရောင်ဝင်းသား၊ လည်ပင်းခပ်ရှည်၊ ထိဉ့က်သည်ကား။ That long-necked bird (the egret), that has brilliant white plumage.

သား **5 (အV~)** ⇒ **V-ly,** *suggesting a contrast ("in spite of V") or something strik-ing, stylish; sub cls mkr, CB+FB; often (*အ*) V-*သား*နဲ့ ;* • မင်း အလိမ်မာသားနဲ့ မမိုက်နဲ့။ You're normally perfectly well behaved: don't go astray now. • အခိုင် သားနဲ့ လဲပြီး ကျိုးတာ။ (The banisters) were perfectly strong but somehow fell and broke. • ကျော့စမစ်တစ်အကြော့သား လိမ်းကာ။ Daubing herself in elegant style with cosmetics. • ဘဝကို အကွင်းသား မြင်နေရသဖြင့်။ As I could see my life as clear as can be. • အဖွားကြီးသည် မျက်လုံးများ အပြူးသားနှင့် ဖြစ်သည်။ The old lady was left staring. • ကျေးကျွန်တွေကို အကုန်သား ဓားနဲ့ ခုတ်ပြီး။ He went round slashing at his subjects with a dah — the lot of them.

သား **6 (V~ or အV~)** ⇒ **(a) V-s indeed, certainly, surely, after all, of course;** *marks an emphatic statement, suggesting sudden realisation, agreement, surprise, relish, obviousness; stc mkr, CB; often V-*သား*ပဲ;* • ဟုတ်သားပဲ။ So it is! Of course that's right (implying: I should have remembered). • ကောင်း သားပဲ။ Yes, that's fine (implying: I hadn't thought of it). • (အ)ထင်သားပဲ။ Just as I thought! • အရက် မသောက်ဘူး ဆိုတာ မင်း (အ)သိသားပဲ။ You know very well that he doesn't drink. • ရေနွေး မရှိတော့ဘူးလား။ — ရှိသေးသားပဲ။ Isn't there any plain tea left? — Yes, there certainly is. • ကျွန်တော်က ဆေးပြင်းလိပ် သမားခင်ဗျာ။ နဂါးနီဆေးပြင်းလိပ်ကိုတော့ သတိရမိသား။ I'm a cigar smoker, you know. Ah, how I remember Nagani brand cigars! • ကိုယ့်ဘဝ တွေးမိတော့လဲ ဝမ်းနဲ့သား။ And when I thought back over my life I was indeed sad. • သူတို့ ဇာတ်လမ်း ဘယ်ပုံဘယ်နည်း ဇာတ်သိမ်းကြမယ် ဆိုတာကို ခန့်မှန်းရတာတော့ အခက်သား။ It was certainly not easy to predict how their story would end (after dis-covering the marriage contract was fraudulent). • ကလေးတွေအတွက်တော့ စိတ်မကောင်းစရာ ဖြစ်မိသား။ I certainly felt concerned for the children (of a marriage with poor prospects of survival). • သမီးကတော့ ဖေဖေ နောက်မိန်းမ ယူလဲ မပူပါဘူး၊ မေမေထား ရှိသားပဲ။ ပြီးတော့ ဦးဦးလဲ ရှိသားပဲ။ As for me I wouldn't be worried if Father married again. After all I have Mother Hta. And I have Uncle. • ဆေးရုံ မတက်ပါရစေနဲ့ ဖေဖေ၊ သမီး သက်သာသွားမှာပါ၊ ခုလဲ ဆေးခန်း ကို မှန်မှန် သွားနေသားပဲ။ Please don't make me go to hospital, Father. I'll soon get better. And after all I am going regularly to the clinic. • ဂစ်တာက

လေးကိုတော့ သဘောကျသား။ မေမေဆက်သွယ်ပေးသော ဆရာတစ်ယောက်ထံမှ ...
သင်ရသည်ကိုလည်း သဘောကျသား။ သို့သော် မေမေက သူ၏ဆန္ဒကို ထုတ်ပြောသည့်
နေ့မှာတော့ ခင်လွမ်းက တစ်စခန်းထသည်။ KL was certainly pleased with the
guitar. And she was pleased at having lessons with a teacher that Mother
found for her. But on the day Mother announced her goal (to make KL a
pop star) KL took a different line.

(b) in combination V-စေသား ⇒ *emphatic, adds solemnity to a wish or
prayer;* • မိမိ မွေးထိုက်ပါက လက်ညှိုးက နို့ရည်ထွက်စေသားဟု ဝိညာဉ်ရာ နို့ရည်များ
ပန်းထွက်သည်။ He made asseveration, saying "If it is right for me to bring up
this child, let milk flow from my finger", and milk poured forth. • ကျွပ်တို့မြွေ
မျိုးသည် ဘယ်သောအခါမျှ ကြွက်သတ္တဝါတွေကို မစားပါ။ အကယ်၍ စားမိအံ့၊ စားသော
မြွေသည် မကြာခင် အန္တရာယ်တစ်ခုခုနဲ့ ကြုံပြီး အသက် သေပါစေသားလို့ သစ္စာဆိုလိုက်
တယ်။ He gave his word, saying "We snakes will never eat a mouse. If we
should chance to eat one, then may the snake that ate the mouse speedily
meet with some danger and die." • ဤ၍မှန်ကန်သော သစ္စာကြောင့် ဤ၍အခြေအနေဆိုး
မှ လွတ်မြောက်ပါစေသားဟု ခိုင်မာသော အဓိဋ္ဌာန်ကို ချလေသည်။ He made a strong
asseveration of truth, saying "As a result of this true statement may I
escape from this wretched situation".

သား 7 *see under* ပြီးသား *already,* ရက်သား(နဲ့) *in spite of; for pattern V-ချက်သား
ကောင်း– to V surprisingly: see under* ချက်

သူ 1 (V~) ⇒ **person who V-s, V-er;** *sp hd nn, CB+FB; cf FB V-သောသူ၊ CB V-
တဲ့လူ၊ V-တဲ့သူ;* • စာရေးသူ the (present) writer; ကွယ်လွန်သူ the deceased; ယာဉ်
မောင်းသူ (sts ယာဉ်မောင်း) driver; ခိုးသူ a person who steals (cf သူခိုး thief); ဒဏ်
ရာရသူ injured person, casualty. • လူကြမ်း လုပ်သူရဲ့ နံမည် ဘယ်သူလဲ။ What is
the name of the man who plays the villain? • လယ်ထွန်သူက ထွန်၊ ပျိုးစိုက်သူက
စိုက်နှင့်။ Some were ploughing and some were planting the paddy plants.
• ကိုင်ချင်သူမှ ကိုင်တာပေါ့။ Of course it's not everyone that wants to take it on
("handle it"). • ကိုအောင် ဆိုသူ။ A man called Ko Aung. • သူ့သား ဖြစ်ဟန်တူသူ။ A
person who appeared to be her son.

သူ 2 (N~) ⇒ **female resident, inhabitant, member, of N;** *comm elem cpd nn,
CB+FB; opposed to* သား *male resident etc qv; frequently paired N-သူ– N-သား
residents (members etc) male and female; for the exceptional compounds
 ပြည်သူ and စစ်သူကြီး see note below;* • မော်လမြိုင်သူ a Mawlamyine woman;
မြို့သူ townswoman, မြို့သူမြို့သား townspeople male and female; ကျောင်းသူ girl
student, ကျောင်းသူကျောင်းသားများ students male and female; ရွာသူ female
villager, ရွာသူရွာသား villagers male and female; အိမ်သူအိမ်သားတွေ members of
the household, family; နန်းတွင်းသူ နန်းတွင်းသား inhabitants of the palace,
courtiers and royalty; မြန်မာနိုင်ငံသူနိုင်ငံသား the citizens of Burma.

Exceptions:

(1) *The word* စစ်သူကြီး *"general, military commander" is a compound of* စစ် *"war, army"* + သူကြီး *"leader" (not* စစ်သူ *"war woman").*

(2) *In FB* သူ *is used with selective nouns to mean "person" = CB* လူ॥ *ထိုသူ that person,* ဤသူ *this person,* မည်သူ *which person.*

(3) *The word* ပြည်သူ *does not mean "female inhabitant" but just "person of the country". It was adopted as the Burmese equivalent of "The People" in political writing, hence:* • ပြည်သူလူထု *the people, the masses;* ပြည်သူပိုင် ပြုလုပ် သည် *to nationalize;* ပြည်သူပိုင်ပစ္စည်း *public property;* ပြည်သူ့တရားရုံး *People's Court;* လုပ်သားပြည်သူ့နေ့စဉ် *The Working People's Daily (newspaper). Cf* တိုင်းသူပြည်သား *citizens of the country.*

အသူ **who?** *see under* အ *prefix*

ေသး:– **(V~~)** ⇒ **(a) to V still, yet; to V so far, up to now;** *vb mod, CB+FB; cf* ဦး *(*အုံး*), which carries a similar meaning to* ေသး *for future statements and imperatives; the suffix* ပါ *generally follows* ေသး *after negated verbs, but precedes it otherwise; rare with* မည်/မယ် *but used occasionally in the sense of "still" or "not yet"; for a discussion of* ေသး၊ *ဦး*/*အုံး၊ ေတာ့ see Okell 1979;* • ေစာပါေသးတယ်॥ It is/was still early. • ငါးမိနစ် လိုပါေသးတယ်॥ There are still five minutes to go. Cf ငါးမိနစ် လိုပါဦးမယ်॥ There will still be five minutes left, and ငါးမိနစ် လိုပါေတာ့တယ်॥ There are only five minutes left. • ပုဂံေခတ်က နံရံေဆးေရး ပန်းချီများသည် ယခုတိုင် ရှိေသးသည်॥ Wall paintings from the Pagan period are still in existence to the present, have survived until now. • ေရှး ေကျာင်းကြီး တစ်ေကျာင်းဟာ မန္တေလးေဒးဝန်းမှာ ခုထက်ထိ အေကာင်းပကတိ ရှိေသးပြီး သံဃာေတာ်များလည်း အဆက်မပြတ် သီတင်းသုံးဆဲ ရှိေသးတဲ့ ေကျာင်းကြီး ေရွှအင်ပင်ပါ ပဲ॥ One ancient monastery that is still in good condition in Daywun Quarter in Mandalay, and is still in continued use by the sangha, is the Shwe Inbin Monastery. • အသက် သုံးဆယ်ပဲ ရှိပါေသးတယ်॥ He is only thirty years old ("so far, as yet"). • ထိုစဉ်က ကျွန်မမှာ ၁၀–ေကျာ်သမီးသာ ရှိေသးသည်॥ At that time I was still only just over ten.

(b) to V as well, additionally, even, to V more Ns, another N; • ေသာက်ရုံ သာမက မူးလည်းမူးေသး၏॥ It wasn't just that he drank. He also got drunk. • သို့ရာတွင် အချို့ရွာများ၌ ရွာသူကြီးထက် အဆင့်အတန်း နိမ့်ေသာ ေြမတိုင် ရှိေသး၏॥ However in some villages there were also *mye-daing* (local officials), who were lower in rank than village headmen. • ယိုးဒယားလိုလည်း ေြပာတတ်ေသး တယ်॥ And she can speak Thai too (sc as well as Japanese). • တခုခု လိုချင် ေသးရင် ေြပာေနာ်॥ Tell me if you want something more, won't you. • ဘာ ြဖစ်ေသးလဲ॥ What else happened? • ေနာက်တစ်ေန့ သုံးေယာက် ေပါ်လာေသးတယ်॥ Next day three more people turned up (cf ေပါ်လာဦးမယ် will turn up). • တစ်ခါ

လောက် တွေ့ချင်ပါသေးတယ်။ I would like to meet him again, another time. • တွေ့ကြသေးတာပေါ့။ See you again! Au revoir! (cf တွေ့အုံးမယ် we'll meet again). • သူ့လိုသာ လာရရင် မနက်ရှစ်နာရီတောင် ရောက်သေး။ If I came (to work) like him (in the office car) I'd be here as early as eight o'clock in the morning. • စင်ယော်ငှက်ကလေး တစ်ကောင်နှင့်ပင် တူချေသေးတော့သည်။ She even looked like a little seagull.

(c) *with negated verbs:* **(not) yet V, (not) so far;** • ယခုထက်ထိ မပြီးသေးသည့် အလုပ်ကို ဆက်၍ မလုပ်နိုင်တော့ပေ။ Work which has not been finished by now can no longer be carried on. • အလုပ် လျှောက်တာ မကျသေးလို့ ယောင်ပေပေဖြစ်နေ တာ။ As I hadn't yet had a response to my application for a job I was at a loose end. • ကလေးသည် အငိုမတိတ်သေးသောကြောင့် နို့မုန့်ချောင်းကလေးကို ယူပြီး ကလေးအား ကျွေးရလေ၏။ As the child had still not stopped crying, he had to give her an ice cream. • ပြန်ချင်ပြီလား။ — မပြန်ချင်သေးပါဘူး။ Do you want to go home yet? — No, I don't want to go home yet. • မစားသေးပါဘူး။ I'm not going to eat just yet.

သေး *does co-occur with* –မည်/–မယ် *but apparently only when relocated from a main clause into an embedded clause:* • တစ်ဖက်ကမ်း ရောက်လို့ ပြီးသေးတာ မဟုတ်ဘူး။ He hadn't yet reached the opposite bank (= ပြီးတာ မဟုတ်သေးဘူး။). • သင့်လျော်သေးမည် မထင်ပါ။ I don't think it will be appropriate yet. • အဝမြို့ တော်၏ အရေးသည် ငြိမ်ဝပ်ပိပြားသေးမည် မဟုတ်ပါ။ The unrest at Ava will not yet be calmed. • အောက်မြို့ကျေးရွာသို့ ရောက်သေးမည် မဟုတ်။ He won't yet have reached Lower Burma. • လှနေသေးမယ် ထင်လား။ Do you think (Burma) will still be beautiful?

(d) *in certain set expressions:* • တော်သေးပြီ။ That will be enough *(phrase used in bringing a letter to a close; also* တော်ဦးမယ်*)*. • တော်(ပါ)သေးတယ်။ Just as well! It could have been worse! • တော်ပါသေးသည်။ မီးက သူတို့ လမ်းဘက်သို့ မကူးလိုက်။ At least the fire hadn't spread to their side of the road.

သွဲ့ *see under* တည့် *vb mod*

သော **1 (N~ N)** ⇒ *marks adjective status; nn atrb mkr, FB; used in formal, elevated FB style, apparently originating in nissaya translations, where* သော *was used to show the adjectival status of numeral and other adjectives;* • တစ်ခုသောနံနက် one morning (= CB တစ်မနက်); • ၆၉ပါးသောရောဂါတို့ the 69 diseases (= CB ရောဂါ ၆၉–ပါး); • ၂၃၀–သောဒေသ 230 regions (= CB ဒေသ ၂၃၀); • တစုံတယောက်သော အလှူခံ a certain mendicant *(nissaya)*; • အလုံးစုံသော အမှုတို့ကို ဆောင်ရွက်၍ having carried out all her tasks *(nissaya)*; • အမျိုးမျိုး သောလူ all sorts of people (= CB လူအမျိုးမျိုး); • မြန်မာနိုင်ငံကဲ့သို့(သော) စိုက်ပျိုးရေး နိုင်ငံ an agricultural country like Burma.

သော 2 (V~) ⇒ *indicates statement of realised or non-future state;* *stc mkr, FB; restricted to old-style narrative, and always follwed by the verb* ဟူ *"to say"; cf* သည်၊ ၏ *;* • "နင့်အိမ်ပြာပုံ ဖြစ်ပေါ့ မဟုတ်လား"ဟု ပြောဆိုရေရွတ်လေသော ဟူသတည်း။ "Your house would become a heap ashes, would it not?" he cried, so the story goes. • ရှင်ဘို့မယ်က ကျွန်စော်နံသည်ဟု ပမာမခန့် ပြောသော ဟူ၏။ Shin BM spoke disrespectfully, saying "This smells of slavery", so it is said. • "ကကြီးကသတ်ကက် ရှိသေး"ဟု ပြန်၍ မိန့်ကြားလိုက်သော ဟူ၏။ To which he replied "There's still the *ket* spelled *ka-gyi ka-that*", so it is said.

သော 3 (N^1~ N^2~, V^1~ V^2~) ⇒ neither N^1 nor N^2; neither V^1 nor V^2; *followed by a negated verb, carries a suggestion of a confusingly wide range of choices; coord mkr, CB+FB; cf* သော်လည်းကောင်း *"either ... or";* • ကျုပ်တော့ နိုင်ငံရေးသော လူမျိုးရေးသော နားမလည်။ As for me I haven't the faintest idea about politics or nationalism. • ဘယ်မှ ကူးသော သန်းသော သွားသော လာသော မလုပ်နှင့်တော့။ From now on don't go trading or travelling anywhere. • လူကြီးသော ဘာသော နားမလည်ဘူး။ He didn't care whether they were elders or what they were. • တရုပ်သော ကုလားသော ကရင်သော ဗမာသော ဘယ်သူ့မှ ယုံနိုင်စရာ ရှိတော့မှာ မဟုတ်ဘူး။ From now there would be no one he could trust, whether Chinese or Indian or Karen or Burman. • ပြာတာအလုပ်သော ဘာသော ရွေးမနေရဘူး။ You must not be choosy, rejecting work as a peon or whatever. • ဝေါသော ယာဉ်သော ဆင်သော ဘာကိုမှ မစီးဘူး။ He never rode on anything, neither litter nor carriage nor elephant. • ဤမိန်းမကို ရလျှင် ဘယ်ခင်လေးကြီးသော ဘယ်မမကြီးသော သတိရမည်မထင်။ If I win this woman (as my wife) I don't think I would ever call to mind any Khin Lay Gyi or Ma Ma Gyi (names of previous wives). • မှားသော မှန်သော နားမလည်ဘူး။ He couldn't tell whether it was true or false.

သော 4 (V~ N) *see under* သည့် *which V-s, vb atrb mkr*

သော 5 *in pattern V–စေသော may you V: see under* စေ *to allow, cause*

သောကြောင့် *see under* ကြောင့် *because, on account of*

သောအခါ *see under* ခါ *time, when*

သောငှာ *see under* ငှာ *for, for the sake of*

သောအားဖြင့် *see under* အားဖြင့် *by dint of*

သော် 1 (V~) ⇒ when, if V; *sub cls mkr, FB; = CB V–တော့၊ V–တဲ့အခါ၊ V–ရင်, cf FB V–သောအခါ၊ V–လျှင်; V–သည်ရှိသော် is a variant used in nissaya translations;* • သူသည် အိမ်သို့ ပြန်ရောက်သော် အမေကို ပြောလေ၏။ When he got home he told his mother. • အရွယ် ရောက်သော် မောင်ရစ်သည် အလုပ် သွားရှာသည်။ When he came of age, Maung Yit went in search of work. • ပညာ လိုသော် မပျင်းနှင့်။ If you desire wisdom, be not idle (i.e. work hard). • နိုင်ငံရေးမျက်စိဖြင့် ကြည့်သော် ထိုအစည်းအဝေးသည် ဝမ်းမြောက်စရာ ဖြစ်သည်။ If you look through

politicians' eyes, that meeting is a cause for rejoicing. • အရင်းအမြစ် ဖြစ်သည်
ဟု ယူသော် ရကောင်းအံ့သို့ ရှိသည်။ If you take (his oeuvre) as the foundation
you are likely to be on the right track. • ဤအရပ်၌ ရာသီဥတု ပူပြင်းသည်။
အဘယ်ကြောင့်ဆိုသော် သစ်ပင် နည်းပါးသောကြောင့် ဖြစ်သည်။ The climate is very
hot in this place. The reason is that there are few trees ("if one says why,
it is because"). • အပြင် ရောက်သည်ရှိသော်။ When they got outside.
*V-သည်ရှိသော် is the regular equivalent for Pali present participles and loca-
tive absolutes in nissaya translation (see Okell 1965 p 215):* • အယံ၊
ဤ၊သူငယ်သည်။ မာတုစ္ဆိတော၊ အမိဝမ်းမှ။ ဇာယမာနော၊ ဖွားသည်ရှိသော်။ When this
child was born from his mother's womb (nissaya). • ပဝိစ္စတူတိ၊ ဝင်စေသတည်း
ဟု။ ဝုတ္တေ၊ ဆိုသည်ရှိသော်။ When (the king) said "Let him enter" (nissaya).

သော် 2 (Phr~) ⇒ **as for Phr, Phr however;** *stc med phr ptcl, FB; cf FB ကား၊ CB*
ကတော့; • ဥပမာသော်ကား။ To give an example .... • ထိုခေတ်ထိုအခါကသော်။ At
that time .... • တစ်နေ့သော် ဆရာလွှန်းသည် ထမင်းချက်နေလေ၏။ One day, Saya L
was cooking a meal. • စာပုံနှိပ်တိုက်၌ အလုပ်ရသည်။ ပထမသော် စာစီအလုပ်ကို
လုပ်ရသည်။ He was given a job in a printing press. At first however he had
to do typesetting. • သီချင်းတစ်ပုဒ်၏ အမည်မှာ နောက်ကို ပြန်လှည့်မကြည့်နဲ့၊ဟု၍ ဖြစ်
သည်။ သို့သော် ကျွန်တော် နောက်ကို ပြန်လှည့်ကြည့်လိုက်မိသည်။ There's a song
called "Don't look back". However, I did look back (*cf* သို့သော်လည်း *"how-*
ever": see under သော်လည်း *"although"*).

သော် 3 *in combination V-စေသော်* may you V: *see under* စေ *to allow, cause*
သော်မ *see under* သော်မျှ *even*

သော်မျှ *FB = CB* **သော်မှ (Phr~)** ⇒ **even, even so much as Phr;** *stc med phr ptcl,*
FB and sts CB; cf တောင်မှ; • သို့သော် ခင်လွှမ်းသည် သီချင်းတစ်ပုဒ်တလေကိုသော်မျှ
ပရိသတ်ရှေ့မှာ ထွက်မဆိုခဲ့ဖူးပေ။ However, KL had never stood up and sung
even so much as a single song before an audience. • လက်အုပ်ချီရန်ကိုသော်မျှ
မစွမ်းနိုင်ရှာတော့။ (The frail old lady) was unable even to raise her hands in
respect (to the monk). • အမျိုးသမီးတို့၏ ဓမ္မတာပန်း မပွင့်လန်းသည်ကိုသော်မျှ
အမှတ်မထင်ရှိခဲ့သည်။ (She was so preoccupied that) she didn't even notice
that her periods had stopped. • ဈေးဝယ်သူသည် မျက်စိရှေ့ ရောက်လာသော ပစ္စည်း
ကို မဝယ်သော်မှ မေးဖြစ်သည်။ အဆင်သင့်လျှင် ဝယ်သွားတတ်သည်။ Even if the shop-
pers didn't (mean to) buy anything, when the goods were right in front of
them they at least asked about them. And if things went well, they
sometimes did buy something.

သော်လည်း *also* ငြားသော်လည်း *and* သော်ငြားလည်း **(V~)** ⇒ **(a) although V, in spite**
of V; *sub cls mkr, FB, = CB* ပေမဲ့၊ ပေတဲ့; *pron /*သော်လီ*/ in formal reading,*
*/*သော်လဲ*/ in informal contexts;* • မောင်လှသည် စာကြိုးစားသော်လည်း ဂုဏ်ထူး
မရချေ။ Although Maung Hla worked hard at his studies he did not get a

distinction (in the examination). • သူတို့မှာ အခွန် မဆောင်ရသော်လည်း။ Although they didn't have to pay taxes. • စာရင်း ပြီးပြီ ဖြစ်သော်လည်း အသေအချာ ပြန်၍ မစစ်ရသေး။ Although she had finished the register (lists) she hadn't checked them over yet. • ထိုဆေးဝါးတို့ကို စားသော်ငြားလည်း အနာရောဂါမှ လွတ် ကင်းဖို့ရန် ခဲယဉ်းလိမ့်မည်။ Even though he takes the medicine, it will be hard for him to be cured of the illness.

Also suffixed to selective in combination သို့သော်လည်း *"however"; cf* သို့သော် *"however" sv* သော် *"as for":* • သမီးလိမ္မာပီပီ သူ့အမေ စီစဉ်တဲ့အတိုင်း နာခံလိုက်ပါ တယ်။ သို့သော်လည်း သူ့ရဲ့ မကျေနပ်တာကလေးကိုတော့ သူ့အမေကို ထုတ်ပြောလိုက် တယ်။ She obeyed her mother's instructions as a good daughter should. However, she did question her mother about one thing she was not content with.

(b) however sn may V, whoever may V, *etc, following an interrogative; cf interrogative followed by repeated verb sv Repetition, and CB* ပေမဲ့ ; • သူတို့ သည် သဘာဝအလှကို မည်မျှပင် ကြည်နူးနှစ်သက်ပါသည် ဆိုသော်လည်း ကြာရှည် စွဲမြဲမနေနိုင်ကြ။ However much they were enchanted by the natural beauties, they were not able to stay there for long. • ဘုရင်က မည်သို့ပင် အမိန့်တော် ပြန်ထားသော်လည်း အာဇာနည်တို့မည်သည် ပေးပြီးသော ကတိကို ပယ်သည်ဟူ၍ မရှိချေ။ However much a king may formally release (his deceased subjects from their undertakings), no true hero ever breaks a promise once given.

သော်လည်းကောင်း *or* သော်ငင်း **(Phr¹~ Phr²~)** ⇒ **either Phr¹ or Phr²**; *coord mkr, FB,* = *CB* Phr¹–ဖြစ်ဖြစ် Phr²–ဖြစ်ဖြစ် ; *pron* /သော်လကေါင်း/ ; *cf* လည်းကောင်း *both ...and...;* • သစ်ပင်အောက်မှာသော်လည်းကောင်း၊ ကျောင်းကြိုကျောင်းကြား၊ သိမ်ကြိုသိမ် ကြားများမှာသော်လည်းကောင်း အိပ်နေလေ့ရှိပြီ။ He used to sleep either under a tree, or in some corner in a monastery or a *sima.* • နော်လူးနှင့် တွေ့ချင်နေမိ သည်။ သို့သော် နော်လူးကိုသော်လည်းကောင်း၊ သူ့အစ်မ မြတ်မြတ်အေးကိုသော်လည်း ကောင်း တွေ့နိုင်ရန် မျှော်လင့်ချက် မထားတော့။ She wanted to meet Nawlu, but she held out little hope of being able to meet either Nawlu or her sister MMA. • အချို့မြို့ရွာတွင် ယောက်ျားရိုးချည်းသော်ငင်း၊ မိန်းမရိုးချည်းသော်ငင်း အုပ်ချုပ် ကြသည်။ Some townships were administered either wholly through the male line or wholly through the female line. • စာမေးပွဲ ဖြေဖြစ်လျှင်သော်ငင်း၊ မဖြေဖြစ်လျှင်သော်ငင်း စာမေးပွဲဝင်ကြေးကိုမူ ပေးကြရမည်။ You will have to pay the examination entrance fee whether you actually sit for the exam or not (= CB စာမေးပွဲ ဖြေဖြေ၊ မဖြေဖြေ).

သောဝ် *in combination V–စေသောဝ် may you V: see under* စေ *to allow, cause*

သို့ **1 (N~)** ⇒ **to, towards, into N;** *nn mkr, FB,* = *CB* ကို *or no suffix;* • ဧရာဝတီ မြစ်သည် မြောက်ဘက်မှ တောင်ဘက်သို့ စီးဆင်းသည်။ The Irrawaddy flows from the north to the south. • အိမ်သို့ ပြန်သွားလေ၏။ He returned home. • လက်ထဲ

သို့ အပ်သည်။ I delivered it into his hands. • စာအုပ်များ အိမ်သို့ ငှားခွင့် မပြုပါ။ You are not allowed to take (library) books home. • ဗြိတိသျှတို့၏ လက်အောက် သို့ ကျရောက်ခဲ့သည်။ Fell under the rule of ("under the hand of") the British. • ရေထဲသို့ ပိုက်ချလိုက်တိုင်း။ Every time he threw the net into the water. • သန်း ခေါင်ယံသို့ ရောက်ပြီ။ It is midnight now. • နိုင်ငံခြားအမည် ရှိသော လမ်းများ၏ အမည်ကို မြန်မာအမည်သို့ ပြောင်းလဲသတ်မှတ်သည်။ The names of streets with foreign names are changed to Burmese names. • မသွားချင်ကြတော့ဘူး ဟူသော အဓိပ္ပါယ်သို့ သက်ရောက်သည်။ It amounts to meaning that (it means that) they don't want to go after all. • မိမိအလှည့်သို့ ရောက်သောအခါ ... ဆရာ၏ ရှေ့တွင် ထိုင်လိုက်သည်။ When one's turn came, one sat in front of the teacher. • တိုင်း ပြည်သို့ ကြေညာချက်။ An announcement to the nation.

သို့ **2** (~ *or* ~**sfx**) ⇒ **thus, in this way, this, that;** *used with suffixes to link sentences in connected discourse; selective noun, FB and in some combin- ations in CB; variant form* နှ့ *in CB; cf CB* ဒီလို၊ ဒါ ; • သို့ကြောင့်၊ သို့မို့ကြောင့်၊ သို့အတွက်၊ သို့အတွက်ကြောင့်၊ သို့ဖြစ်သောကြောင့် *also* နှ့ကြောင့် *etc:* for this reason, and so, that is why; သို့နှင့်၊ သို့ဖြင့် *also* နှ့ဖြင့် *etc:* thus, in this way; သို့ဖြစ်၍၊ သို့ဖြစ်ရာ၊ သို့ဖြစ်ရကား: that being so, therefore, for this reason; သို့မှ၊ သို့မှသာ၊ သို့မှသာလျှင် *also* နှ့မှ *etc:* only then, only in this way; သို့သော်၊ သို့ရာတွင်၊ သို့ သော်လည်း၊ သို့ပါသော်လည်း၊ သို့ပေမယ့်၊ သို့ပေတဲ့၊ သို့တိုင်၊ သို့တိုင်အောင်၊ သို့လင့် ကစား၊ သို့တစေ၊ သို့စေကာမူ၊ သို့ဖြစ်စေကာမူ၊ သို့ပင်ဖြစ်သော်လည်း၊ သို့ပါလျက်၊ သို့ဖြစ် ပါလျက် but, however, nevertheless (= CB သို့ပေမဲ့၊ နှ့ပေမဲ့၊ ဒါပေမဲ့); သို့မဟုတ်၊ သို့ မဟုတ်က၊ သို့မဟုတ်ရင်၊ သို့မဟုတ်လျှင်၊ သို့တည်းမဟုတ်ရင် *also* နှ့မဟုတ်(ရင်) alter- natively, otherwise, or, or else ("if not so"); နယ်တစ်နယ်၏ သမိုင်း၊ သို့မဟုတ် အုပ်ချုပ်ပုံ လေ့လာလိုလျှင်။ If you want to study the history or the administra- tion of a region.

သို့ **3** *see under* ကဲ့သို့ *like, as if*

အသို့ **how?** *see under* အ *prefix*

သင့်– (V~–) *and* သင့်–ထိုက် (V–သင့်–V–ထိုက်) ⇒ **to be appropriate, right to V; should, ought to V;** *vb mod, CB+FB; cf V–အပ်–၊ V–ထိုက်–၊ V–တန်–၊ V–ရာ–၊ V–ဖို့ ကောင်း–;* • ရေဆန်ကို လှော်သင့်သောအခါမျိုးလည်း ရှိသည်။ And there are those times when it is right to go against the current ("row upstream"). • လာဘ်ပေးလာဘ်ယူဆိုတာ ဘယ်သူမှ အားမပေးသင့်ဘူး။ No one should encourage corruption. • စကားပြောသလို ရေးသင့်တယ် မရေးသင့်ဘူး ငြင်းခုန်ကြပြီးနောက်။ After disputing over whether one ought to write in colloquial style or not. • အဲဒီ တော့ ပြုပြင်ဖို့ သင့်တာတွေ ပြုပြင်၊ လိုက်နာဖို့ သင့်တာတွေ လိုက်နာပြီး စွန့်ပစ်ဖို့ သင့်တာ တွေ စွန့်ပစ်လိုက်ကြစို့။ That being so, let us put right what needs to be put right, observe (the principles) that we should observe, and discard what should be discarded. • ရသင့်ရထိုက်တဲ့ အခွင့်အရေးများ။ Rights to which one is entitled. • မလုပ်သင့်မလုပ်ထိုက်တဲ့ အကုသိုလ်အလုပ်ကြီးတစ်ခု။ A major evil act, which should not be committed. • လုပ်သင့်လုပ်ထိုက်လို့ လုပ်လိုက်တယ်။ He did it because it was right to do it.

သည် **1** (~N or **~sfx**) ⇒ **this N, that N; this, that;** *selective noun, FB, less formal than* ဤ, = *CB* ဒီ; *pron* /သို့၊ *sts* ဒီ/; • သည်အရပ်တွင် မနေလိုပါ။ I do not wish to live in this neighbourhood. • သည်မိန့်ခွန်း this speech; သည်အနှစ် ၄၀ အတွင်းမှာ in these 40 years; သည်ကနေ့ this day, today; သည်ကဲ့သို့ like this; သည်မှာ or သည်တွင် here; သည်အပြင် or သည့်ပြင် besides this.

သည် **2** *often written* သယ် (N~) ⇒ **doer, possessor of N; person involved with N;** *comm elem cpd nn, CB+FB; pron* /သယ်/ *except in* စစ်သည် /စစ်သိ/ "*sol-dier*"; • ရေသည် water-seller; ကုန်သည် merchant; ရောဂသည် invalid; မီးနေသည် woman recovering from childbirth ("one undergoing heat treatment"); ဇနီး သည် wife, consort; ကိုယ်ဝန်သည် pregnant woman; ဈေးသည် market-trader; ဧည့်သည် guest; ခရီးသည် traveller, passenger; စစ်ဘေးဒုက္ခသည် war refugee; မီးဘေးဒုက္ခသည် fire victim.

သည် **3** (N~) ⇒ **marks N as subject or topic of sentence;** *nn mkr, FB only; pron* /သို့/; *cf CB+FB* က *which in CB has a more contrastive effect; regular equivalent of Pali nominative case in nissaya translations (Okell 1965 p 199);* • စပါးသည် ပြည်ထောင်စု၏ အသက် ဖြစ်၏။ Rice is the mainstay ("the life") of the Union (of Burma). • ဆရာကြီးဦးလွန်းသည် ၁၂၃၇ ခုနှစ်တွင် ဖွားမြင် သည်။ Sayagyi U Lun was born in 1237 BE. • ထိုနေ့သည်ကား သူ့ကို ရှင်ပြုပေး မည့်နေ့တည်း။ That day was the day on which he was to be made a novice monk. • ဒီတာ၊ သမီးသည်။ အဘိရူပါ၊ အလွန်အဆင်းလှ၏။ The daughter is very beautiful. (*nissaya*).

သည် **4** *and weakened form* သ– (V~) ⇒ **V-s, V-ed;** *indicates general statement of realised or non-future state; also habitual action; translatable by English past or present tenses; stc mkr, FB, cf FB* V-၏; = *CB* V–တယ် *and* V–သ–; *pron* /သို့/; *a high frequency suffix; attributive form* သည့် *qv; the weakened form* သ– *occurs before phrase particles such as* လား၊ လော၊ နည်း၊ တည်း *qqv;* • ရာသီဥတု သာယာသည်။ The weather is/was fine. • ရေနက်သည်။ The water is/was deep. • သူ့ကို နေ့စဉ် နွားနို့ တိုက်ပါသည်။ I give her milk to drink every day. • ယခုလည်း ဓာတ်ပုံဆရာ တစ်ယောက်သာ ဖြစ်ပါသည်။ At present he is still just a photographer. • အသာယ်ကြောင့် ပြောင်းသွားပါသနည်း။ Why did he change? • လက်ဝဲအနုပညာဂိုဏ်း၏ အမြင်များနှင့်ပတ်သက်၍ သံသယရှိသလား။ Do/did you have any doubts about the views of the leftist art group? • အိမ်သို့ ပြန်ရောက်လျှင်ရောက်ချင်းလည်း ဆုံးသွားသတတ်။ "And", it says, "as soon as he reached home he died" (cf CB အိမ် ပြန်ရောက်ရောက်ချင်း ဆုံးသွားသတဲ့). A regular equivalent of Pali adjectives and past participles in nissaya translation (Okell 1965 p 212): • နံဂုတ္တံ၊ မြီးထွးသည်။ တနက်၊ ငယ်သည်။ ဟောတိ၊ ဖြစ်၏။ The tail is small (nissaya). • မူလံ၊ အရင်းသည်။ ဘာရိယံ၊ လေးသည်။ ဟောတိ၊ ဖြစ်၏။ The lower part is heavy (nissaya). • သေနကော၊ သိန်းသည်။ နီသိန္နော၊ နေသည်။ အဟောသိ၊ ဖြစ်၏။ Senaka was seated (nissaya).

သည် 5 (V~) ⇒ **(a) that which is V-ed, thing that was V-ed;** *sp hd nn, FB;* = CB V-တာ; *pron /သို့/; cf* V-မှု၊ V-ချက်၊ V-ခြင်း၊ V-ရေး၊ V-တာ; • စိတ်ပျက်သည်တို့ကို ဖွင့်ချလိုက်ချင်သည်။ I just wanted to tell her all about the things I was unhappy about. • နားမလည်သည်တစ်ခု မေးပါရစေ။ May I ask you one thing I don't understand? • သည်ပစ္စည်းများသည် ဒေါ်လှမေ ထားခဲ့သည်များ ဖြစ်ပါသည်။ These things are the things Daw Hla Me left behind (cf CB ထားခဲ့တာတွေ). • ယင်းစာရွက်စာတမ်းအတွင်း ရှိသည်များ၏ မှန်ကန်မှုနှင့်ပတ်သက်၍။ Concerning the veracity of the points contained in those documents. • မလိုအပ်သည်များကို ပယ်ဖျက်ရန်။ Please delete that which is not required. • ထမင်းဟင်း စသည်တို့ကို နှပ်ဖို့အတွက်။ So as to complete the cooking of rice, curry and such items.

(b) V-ing; *converts a verb clause to a "nominalized clause", a noun-like entity that can be used as a noun in a larger sentence; the more common use; comparable to CB V-တာ;* • လေကို မမြင်နိုင်ပါ။ လေတိုက်သောအခါ သစ်ပင်များ လှုပ်သည်ကို ကြည့်၍ လေရှိသည်ကို သိနိုင်ပါသည်။ One cannot see wind; but one can know wind exists by watching trees moving when the wind blows. • ရန် ကုန်သို့ ရောက်နေသည်မှာ မကြာသေးပါ။ I haven't been in Yangon very long yet (cf CB ရန်ကုန် ရောက်နေတာ မကြာသေးပါဘူး။). • မှန်သည် မမှန်သည်ကို အပ ထား၊ ကျွန်တော် မလုပ်ချင်ပါ။ Setting aside whether it is right or wrong, I don't wish to do it. • ထောင် ကျသည်ထက် အိမ်ထောင် ကျသည်မှာ ပို၍ ဆိုးလေသည်။ Being married is worse than being imprisoned. • ညစာအတွက် အဆင်သင့် ဖြစ်သည်နှင့် အေးငြိမ်းက မြနဒီသို့ ကူးလာခဲ့သည်။ As everything was now ready for their supper, AN went over to MN. • စပါးအထွက် ပိုသည်နှင့်အမျှ ပြည်ထောင်စု၏ ဝင်ငွေများလည်း တိုးတက်လာ၏။ The Union (of Burma)'s income increases in direct proportion to the production of surplus rice. • တောင်ဝှေး:တစ်ချောင်းကို ဆွဲကိုင်လာသည်နှင့် တူလေသည်။ It looked as if he was bringing along a walking staff. • ဗီဒီယိုပြစက်များ တပ်ဆင်ထားသည်အား ဤသို့ တွေ့ရှိရသည်။ In this way one finds that video players are connected. • စိတ်နာနာရှိသည်နှင့် အေးငြိမ်းက တီးတိုး ရေရွတ်ပစ်လိုက်သည်။ AN, feeling hurt, muttered under her breath.

သည့် and သ and သော (V~ N) ⇒ **N that V-s, which V-s, is V-ed;** *vb atrb mkr referring to past or present, FB,* = CB -တဲ့ /-တယ့်; *from suffix* သည် *with induced creaky tone; all forms occur with negated and non-negated verbs; pron /သို့/;* • သူ ပြောသည့် (or ပြောသော) စကားကို ကျွန်မ နားမလည်ချေ။ I did not understand the words he spoke. • ယိုးဒယားသို့ ချီစေသည့် (or ချီစေသော) တပ် များ။ The troops which had been ordered to advance to Ayuthaya. • သူတို့

မရောက်ဖူးသေးသည့် အရပ်။ A place they have never been to before. • အလင်း ရောင်နှင့် လေကောင်းလေသန့် ကောင်းစွာရသော အခန်းကို စာကြည့်တိုက်အဖြစ် ဖွင့်ထား ခြင်း ဖြစ်ပါသည်။ A room which got plenty of light and fresh air had been opened as a library. • ဦးလှဖေသည် စာမျိုးစုံကို ဖတ်သော အလေ့အထလည်း ရှိ၏။ And U HP had the habit of reading all sorts of written material.

Examples of သည့်/သော/သ– *with subordinate sentence markers:* • သေသည့် အထိ ချစ်ပါမည်။ I will love her till I die. • အထောက်အကူ များစွာ ပေးနိုင်မည်ဟု ယူဆသည့်အလျောက် ဤစာအုပ်ကို ရေးသား ပြုစုရပေသည်။ I have written this book as I am convinced ("in accordance with my belief") that it can be of great assistance. • သူကိုယ်တိုင် ပြောသည့်တိုင်အောင် မယုံနဲ့။ Don't believe it even if he tells you himself. • သင် မှာလိုက်သည့်အတိုင်း ကျွန်ုပ် လုပ်သည်။ I did as you ordered, as you said. • အုန်းချောင်းမှာ ပင်လယ်ဝချောင်း ဖြစ်သောကြောင့် အဝတွင် ရေတိမ်သည်။ As the Ohn-chaung is a creek leading to the sea, the water is shallow at the mouth. • ဤသို့လျှင် ရွှေပင် ပေါက်လာသည့်အကြောင်း ရှင်းပြသည်။ She explained how the Gold Tree had grown up in this way. • ကောင်းသထက် ကောင်းလာသည်။ It grew better and better.

The form သ– *is also used in the combinations* သကဲ့သို့၊ သတည်း၊ သတတ်၊ သဖြင့်၊ သမျှ၊ သရွေ့၊ သ၍၊ သလို၊ သလောက်။ *For examples see entries under the second syllable.*

သိပ်– (~V-) ⇒ **to V very much, a lot;** *comm pre-vb, mainly CB,* = FB အလွန် *etc; cf* တယ်–၊ ဖိ–၊ နင်း–၊ တွန်း–၊ လွတ်–; • သိပ်ကျေးဇူးတင်တာပဲ။ I am very grateful. • သိပ် အလုပ် များတယ်။ He is very busy. • လူ သိပ်မလာကြဘူး။ Not many people came. • သိပ်အလိုမလိုက်နဲ့။ Don't give in to him to easily. • သိပ်ပြီး ပြဿနာ မရှိ လှပေ။ It wasn't a serious problem. • ခြံထဲမှာ သိပ်ကို စိုပြေလာတာ။ The orchard became very lush.

သံ (V~) ⇒ **sound, noise of N, of V-ing;** *sp hd nn, CB+FB;* • ရုတ်တရက် လူတစ်စု ၏ ရယ်မောလိုက်သံကြောင့် အေးမိမိ လန့်သွားလေသည်။ AMS was startled by the sound of a group of people laughing suddenly. • နောက်ကွယ်မှ ရပ်ပြီး နောက် လိုက်သံကြောင့် မနွေ အထိတ်တလန့် လှည့်ကြည့်လိုက်သည်။ Ma Nwe was startled by his teasing voice coming from out of sight behind her, so she turned to look. • လေတက်သံကို တယ် ဂရုမစိုက်ကြပါဘူး။ They don't worry much about ("pay much attention to") the sound of belching. • ဗမာစကား သင်နေတယ်လို့ ပြောသံ ကြားရတယ်။ I hear that you are learning Burmese.

Also used as an element in compound nouns (N~): • အိမ်ထဲမှ ဇွန်းသံ ပန်းကန်သံ ဖန်ခွက်သံများကိုပါ ကြားရ၏။ From indoors she could hear the sound of spoons and plates and glasses.

သယ်– *see under* တယ်– *very much,* သည် *doer, possessor*

သွား– **1** *or* သွားရောက်– (~V-) ⇒ **go and V;** *comm pre-vb, CB+FB; from verb* သွား– *to go;* • အင်းစိန်ဈေးမှာ သွားရောင်း၏။ She went and sold them in Insein Market. • ဘယ်ကိုမှ သွားပို့မနေပါနဲ့နော်။ Don't go and deliver them anywhere else, will you? • ဟိုဘက်ခြံ ပန်း သွားသွားယူတာပဲရှင့်။ I always go to that garden and collect flowers. • ဖေဖေ ဘုရားသွား ပုတီးစိပ်နေတယ်ဆိုရင်။ When father has gone to the pagoda to tell his beads. • ကျောင်းသားဘဝကို သွားသတိရတယ်။ My mind ("goes and") remembers our school days. • အကျႅစအထုပ်ကို စက်ချုပ်ဆိုင်တန်း ဘက်သို့ သွားကာ အပ်လေသည်။ She went to the tailors' area and handed over the bundle of blouse cloth. • သွားရောက်ကြိုဆိုရန် စိတ်မကူးတော့။ She gave up the idea of going to meet them. • ကျောင်းပေါ်ခြံ ဝေ့ယ့ာဝစ္စ သွားရောက်လုပ်ကိုင်ပေး လေ၏။ He went and did odd jobs around the monastery.

သွား– **2** (V~-) ⇒ **V and go, V on the way there; V hence, thence; become V, get V-ed;** *for discussion see Soe 1994; vb mod, CB+FB; sts* V-လို့ သွား– *(CB) or* V-၍ သွား– *(FB); negative form usually* V-မ~, *sts* မ–V~; *cf* V-လာ "V and come"; • စက်ဘီး စီးသွားတယ်။ He rode off on his bicycle. *Contrast:* စက် ဘီး စီးလာတယ်။ He rode up (to us) on his bicycle. • အိမ်ပြန်သွားသည်။ They went home. *Contrast:* အိမ်ပြန်လာသည်။ They came home. • သူတို့ ရန်ကုန်ကို ချောချောမောမော ရောက်သွားတယ်။ They reached Yangon safely. • တစ်ခန်းတည်း အတွက်သာ စရန် ပေးသွားကြသည်။ They paid a deposit for one room only (before they left). • သေ့ာ ပိတ်မသွားသော အေးငြိမ်းတို့အခန်း။ AN's room, which had been left unlocked. • မီးလောင်တဲ့အထဲမှာ အကုန် ပါသွားတယ်။ Everything was lost in the fire. • လန်ဒန်မှာ မနှစ်က နေသွားတယ်။ I stayed in London last year. • မနေ့က လာသွားလို့ ဂနေ့ မလာတော့ဘူး။ As he came yesterday, he won't be coming today. • ဗြိတိသျှသံရုံးက စာကြည့်တိုက်အဖွဲ့ဝင်ကတော့ ကျမသွားပါဘူး။ However the membership (figures) of the British Embassy library have not gone down. • ဘယ်မှ ထွက်မသွားပါနဲ့တော့နော်။ Don't go out anywhere, will you? • နေ ကောင်းသွားပြီလား။ Are you better now? • ချီးမွမ်းခံလိုက်ရ၍ အနည်းငယ် ရှက်သွားလေသည်။ Being complimented made her feel a little shy. • မျက်စိက တစ်ချက်တစ်ချက် ပြာဝေလို့ သွားသည်။ His vision dimmed a couple of times. • လူအုပ်တွေကြားမှာ ပျောက်ကွယ်လို့သွားပြီ။ He had disappeared among the crowds. • ကြမ်းပြင်သည် အသံမြည်၍ သွားလေသည်။ The floor creaked.

ဟာ **1** (N~) ⇒ *marks the subject or topic of the sentence; nn mkr, CB, cf* CB က, *FB* မှာ; *sts emphatic, suggesting "Now I want you to listen to this carefully", sts heralding a generalization, sts marking a pause while the speaker finds the right words, sts simply marking topic after a long string of words;* ဆိုတာ *is used in similar ways; from the noun* ဟာ *"thing";* • လေယူလေ သိမ်း ဆိုတာဟာ အလွန်တရာ အရေး ကြီးတယ်။ Intonation (now) is of crucial importance. • ဒီရွှေဆိုင်းဟာ တော်တော် အဖိုးတန်တဲ့ပစ္စည်းပဲ။ This gold leaf (here) is an object of considerable value. • ဒီနေ့ဟာ အမျိုးသားအောင်ပွဲနေ့ ဖြစ်ပါတယ်။ This day is National Day. • တောင်သူတွေဟာလည်း တပ်မတော်ဟာ ရှမ်းပဒေသာရာဇ် တွေနဲ့ တွဲပြီး နှိမ်မယ်လို့ ထင်ကြတယ်။ And as for the Taungthus, they thought that the army was going to join up with the Shan rulers and oppress them. • လူတွေဟာ ဆင်းရဲပင်ပန်းမှုတွေကြောင့် စိတ်ပျက်အားငယ်နေတယ်။ It is be-cause they are impoverished and exhausted that people are depressed. • မိန်းမတွေဟာ ဒါမျိုး ဝါသနာ ပါသကိုး။ But then women are keen on that sort of thing. • နိုင်ငံတစ်နိုင်ငံဟာ လွတ်လပ်ရေး ရပြီးတဲ့အခါမှာ ငြိမ်းချမ်းသာယာဖို့ လိုပါ တယ်။ A nation, once it has achieved independence, must have peace. • ငါ့ သား။ ဒီတစ်ခါဟာဖြင့် ဒို့ အောင်ပန်း ဆွတ်ခူးဖို့ပဲကွ။ My boy. This time we shall gain the victory. • လွတ်လပ်ရေးနောက်ပိုင်းကာလမှာ ပေါက်ဖွားလာတဲ့ ကျွန်တော်တို့ တစ်တွေအတွက်တော့ တာဝန်ဟာ မပြီးသေးပါဘူး။ For those of us who were born after the attainment of independence, our duties are still not finished. • မင်းဟာ ကိုယ့်ကိုယ်ကို ညှဉ်းဆဲနေတာပဲ ဥမ္မာ။ As for you, you are torturing your-self, Ohnma. • ကျွန်တော်ဟာက အင်မတန် အအိပ်ကြီးတဲ့ လူတစ်ယောက် ဖြစ်လေတော့။ As for me, being a heavy sleeper. • သူတို့သားအဖဟာက ဘိုးမှိုကို ဘယ်အတွက် သတ်ပစ်လိုက်တယ် ဆိုတာ ကြည့်ရပြန်တယ်။ We had to re-examine the question of why this father and son had killed Po Hmi. • သူ့ဟာက စေတနာရှိလို့မှ မဟုတ် ပဲဗျာ။ As for him, it's not as if he a person with any generosity at all. • သည် လူကြီးဟာက သူတစ်ပါးနဲ့မတူ တော်တော် ထူးခြားတဲ့ လူကြီးတစ်မျိုးပဲခင်ဗျ။ As for this old man, he is unlike any other: he is a pretty remarkable individual.

ဟာ 2 (N~N) ⇒ **each to his own N, each N independently, unaided, alone, of their own accord**; *noun "thing", the pattern meaning "N's thing N Vs", CB and sts FB;* • ငါ့ဟာ ငါလိုက်တာ ဘာဖြစ်လဲ။ ငါက ယောက်ျားလေး။ If I chase after (girls), what of it? I am a young man. • မြွေတွေဟာ သူတို့ဟာသူတို့လည်း သေကြပါရဲ့။ Snakes do also die of their own accord. • ထိုအပေါက်ကြီးသည် သူ့ ဟာသူ ပြန်ပြည့်လာခြင်း မရှိပါ။ That yawning gap does not fill up again by itself. • သောက်ချင်ရင် ကိုယ့်ဟာကိုယ် တစ်ယောက်ယောက် အဝယ်ခိုင်းလိုက်ပေါ့။ If he wants to drink then he should take it upon himself to get someone to buy it for him.

ဟာ 3 (Stc~) ⇒ **indeed, for goodness' sake, dammit**; *noun or interjection perhaps in process of becoming a stc fin phr ptcl; CB, exclamatory and fam-iliar, used when remonstrating or urging, or pointing out something the lis-tener appears to overlook; perhaps from* ဟာ *"hey!", as in the group* ဟေ့၊ ဟော၊ ဟဲ့၊ ဟယ်၊ ဟာ၊ ဟာ, *or from* ဟာ *"thing"; cf* ၉ဿာ; • ကျောင်းမတက်ဘူးလားဟင် — တက်တော့ တက်တာပေါ့ဟာ။ Don't you go to school? — Yes of course I do. • ဘယ်တော့လာနေကြမှာလဲ — တစ်နေ့နေ့ပေါ့ဟာ။ When are they to come? — Oh some day or other, for God's sake. • အဆင် မပြေဘူး ဆိုပါတော့ဟာ။ Let's just say it didn't work out (and that's that). • နှင့်အဖေ သေသွားပေမယ့် အားမငယ်ပါနဲ့၊ ဟာ။ ငါတို့ရှိသားပဲ။ It's true your father has died, but please don't lose heart. We are here (supporting you). • အိမ်ကို ခေါ်လိုက်လဲ ရတာပဲဟာ၊ ဘာလို့ တကူး တက ဒီကို ချိန်းတာလဲ။ You could take me to the house, for goodness' sake. Why do we have to come out of our way to meet here? • သူက သူများမှ မဟုတ်ဘဲ မေမေထားရဲ့၊ မေမ့ဆရာပဲဟာ၊ ပြီးတော့ ဖေဖေနဲ့လဲ ခင်တယ်တဲ့။ It's not as if he were a stranger, Mother Hta! He's your own teacher, after all! Also he's friendly with Father, I hear. • လေးကျပ်နဲ့ပဲ ယူ အစ်မရေ။ — ဝယ်နေကျ ဖောက်သည်ပဲဟာ၊ သုံးကျပ်ပဲ ထား။ Take it for four kyats, Sister. — For goodness' sake, I'm a regular customer. Make it three kyats. • သို့ပေမယ့် ဝယ်ထား တဲ့ ရှယ်ရာတွေကတော့ လက်ထဲမှာ အတော်များများဘဲ အရှင်းဟာကိုးခင်ဗျ။ However, he already had quite a few shares in his possession, Sir!

For verb attribute + ဟာ used with similar effect, compare: • ဘယ်လိုလုပ်ပြီ အပျို ဟုတ်ရမှာလဲ အမေရဲ့၊ သူ့ယောက်ျားနဲ့ လာတဲ့ဟာကို အမေကလဲ။ How on earth could she be a spinster, Mother? She arrived here with her husband and all! Really, Mother. • ဘာကြောက်စရာရှိလဲဟယ်၊ ခဏလေး ရောက်သွားတဲ့ဟာကို၊ ငါတော့ စီးဖူးချင်တယ်။ What is there to be afraid of (in going by plane)? You arrive in no time! I'd certainly like to have travelled in one.

ဟု *or* ဟူ၍ **(Phr~, Stc~)** ⇒ **that Stc, believing that Stc, on the grounds that Stc, intending to Stc; known as Phr, Phr as such, such a thing as Phr;** *marks end of quotation, reported speech; sub cls, truncated and full, FB, = CB* လို့; *from verb* ဟု– *to say;* • 'မပြောပါနဲ့တော့' ဟု၍သာ ဆိုလိုက်ရှာသည်။ He merely said "Please don't speak of it any more". • ဤဆန်မျိုးကို လုံးတီးဆန်ဟု ခေါ်သည်။ This kind of rice is called *lon-di hsan* (brown rice, unpolished rice). • ထိုအချိန်မှ စ၍ အောက်မြန်မာနိုင်ငံမှာ ဗြိတိသျှဘားမားဟု၍ တွင်လာခဲ့သည်။ From that time on Lower Burma became known as British Burma. • ရွာတွင် ၁–လမ်း၊ ၂–လမ်း၊ ၃–လမ်း၊ ၄–လမ်းဟု၍ လမ်းရှည် လေးသွယ် ဖေါက်လုပ်ထားပါသည်။ In the village four long roads have been built called First Road, Second Road, Third Road and Fourth Road. • ၁၂၇၃ခုနှစ် (၁၉၁၁)တွင် သူရိယသတင်းစာ ဟု၍ ပေါ်လာသည်။ In 1273 (AD 1911) there appeared a newspaper named Thuriya. • ပညာရေးဌာနက ကန့်ကွက်လိမ့်မည်ဟု ပြန်စာကို ရရှိလေသည်။ We received a reply saying that the Education Department would object (refuse his request). • အရေး ကြီးသည်ဟု ကျွန်တော် မယုံကြည်ခဲ့ပါ။ I didn't believe that it was important. • ဆရာကြီးသည် ဟုမ္မရူး ရတော့မည်ဟု၍ ဝမ်းမြောက်သည်။ (Believing that) we were soon to be granted Home Rule, Sayagyi was delighted. • ပြည်ကြီး သိမ်းယူမည်ဟု ချီတက်၏။ He advanced (intending) to capture the capital city. • ဘားနပ်ပိဋကတ်တိုက်တွင် ဆရာကြီး မဖတ်ရှူဖူးသော ပေပုရပိုက်ဟု၍ မရှိသလောက်ပင် ဖြစ်သည်ဟု ပြောကြသည်။ They say that such a thing as a manuscript in the Bernard Free Library that Sayagyi had not read is almost non-existent. • အထူးအဆန်းဟူ၍ လုံးဝမပါ။ There was nothing in it that could be called out of the ordinary.

ဟူ see under မဆို unspecified, any

ဟူ၍ see under ဟူ quoted and ရယ် or ရယ်လို့ as such, so called

ဟူလို့ (Stc~, N~) ⇒ **take as, read as, interpret as meaning Stc/N;** truncated main clause, short for ဟူလိုသည် "it means"; • အဆုံးအမပေးသည် ဟူလို။ Read this as meaning "He admonished them". • ဒုတိယမင်းခေါင်တွင် ... နမတော် ရှိကြောင်းကိုကား မတွေ့ရပါ။ သို့ရာတွင် ... မိဖုရားငယ် တစ်ဦးဦးမှ ဖွားမြင်သော နမ တော် တစ်ယောက် ဆိုလျှင် ဖြစ်နိုင်ပါ့ချေသေးသည် ဟူလို။ I have found no evidence for Mingaung II having had a sister. However, a possible interpretation is that (the woman referred to) was a younger sister born of one of the royal concubines.

ဟူသမျှ all that can be said to be N: see under မျှ as much as

ဟူသရွေ့၊ ဟူသ၍ all that can be said to be N: see under ရွေ့ as much as

ဟူသော or ဟူသည် (Stc ~ N, N¹ ~ N²) ⇒ **N saying Stc, implying Stc, announc-ing Stc; N² called, known as N¹, N² namely N¹, N¹ which may be liken-ed to N²;** verb attribute, FB, = CB Stc/N ဆိုတဲ့ N; • ဆရာတစ်ယောက် အလို ရှိသည် ဟူသော ကြော်ငြာ။ An advertisement saying that a teacher was re-quired. • 'မောင်မှိုင်းကိုရှောင်၊ အိုအောင်မဆင်းရဲ' ဟူသော စကားပုံ။ The proverb that runs "Steer clear of Maung Hmaing, and you will never be poor". • အကျိုး ပြုနိုင်မည် ဟူသော ယုံကြည်ချက်ဖြင့်။ In the belief that he could benefit (his country). • စကား ပြောသလို ရေးရမည် ဟူသော လှုပ်ရှားမှု။ The movement (that says) that one should write as one speaks. • အေးငြိမ်းက သူ ဘယ်လိုမှ အနှောင့် အယှက်မပေးပါ ဟူသည့် သဘောဖြင့် ပြောလိုက်သည်။ AN said this to indicate that she would not bother them. • ဒေါ်မြငွေက "ကဲ မပြောလား" ဟူသော အမူအရာဖြင့် မေးငေါ့သည်။ Daw MN pointed her chin at me in a gesture that said "There! Didn't I tell you?". • အပြန်တွင် သူတို့သည် ဘယ်ယောက်ျားက ဘယ်သို့ ဟူသည့် အကြောင်းများကို သောသောညံအောင် ပြောဆိုရယ်မောကြပြန်သည်။ On the way back they talked noisily and happily about each of the men and what he was like. • မောင်ကျော် ဟူသော အမည်ဖြင့် လျှောက်ထားလိုက်လေသည်။ He applied (for the job) using the name Maung Kyaw. • ဒီမိုကရေစီ ဟူသော စကား။ The word "democracy". • ဤကျောင်းတွင် မူလတန်း၊ အလယ်တန်း၊ အဆင့်မြင့်တန်း ဟူသည့် အတန်းအားလုံးကို သင်ကြားပေးနေသည်။ All standards are being taught in this school, namely primary, middle and high school standards. • လုပ်သားပြည်သူ့ နေ့စဉ်၊ ကြေးမုံ၊ မြန်မာ့အလင်း၊ ဗိုလ်တထောင် ဟူသော မြန်မာ သတင်းစာများတွင် ဆုပေး ပွဲသတင်းကို တွေ့နိုင်ပါသည်။ News about the prize-giving can be found in the Burmese papers, namely in the Working People's Daily, the Mirror, the

New Light of Burma and Botataung.

Note: ဟူသော "namely" is correctly used here, as the list given is exhaustive. Writers sts use စသော "such as" in this position, which is an error, as စသော is only appropriate when a selection of names of the set is given, not the full set. • ယခုဘဝ ချမ်းသာစီးပွား နောင်ဘဝ ချမ်းသာစီးပွားတည်း ဟူသော ချမ်းသာစီးပွားနှစ်မျိုးတို့။ The two kinds of prosperity, namely prosperity in this life and prosperity in future lives.

In the pattern N^1–တည်း ဟူသော N^2 ⇒ "N^2 named N^1", or "N^2 which is known as N^1", "N^1 which may be likened to N^2", a formula for presenting a simile: • ထိုဆောင်းပါးများသည် ဆရာကြီး၏ စာဆိုဘဝတည်း ဟူသော ဗိမာန်တွင် အုတ်မြစ်ဖြစ်သည်။ Those articles are the foundation of the edifice of ("edifice that is called") Sayagyi's career as a writer. • ပညာ ဟူသော မျက်စိ မရှိ၍ မမြင်တတ်သောကြောင့်။ Not having the eye of ("eye known as") wisdom, they are unable to see. • ထို့နောက် အိန္ဒိယပြည်နှင့် မြန်မာပြည် ခွဲရေးတွဲရေးပြဿနာတည်း ဟူသော တိမ်နီ တက်လာသည်။ After that the red cloud of (the issue of) separation between India and Burma arose.

ဟူသည် (N~) ⇒ that which is called N, the entity referred to as N; *common when making a generalization or offering an explanation of N; nominalized clause (vsu သည်), FB, cf CB ဆိုတာ; pron /ဟူသို/;* • ရသစာပေ ဟူသည်မှာ စိတ်ကူးဉာဏ်ဖြင့် ရေးသောစာပေ ဖြစ်သည်။ "Creative literature" is literature written with the imagination. • အိမ် ဟူသည်ကား ငွေလိုချင်တိုင်း တစ်စစီ ရောင်း၍ ရသည့် အရာ မဟုတ်။ A house is not a thing you can sell off bit by bit as you need the money. • နိုင်ငံရေးလောက ဟူသည် ကျယ်ဝန်းလှသည်။ The world of politics is very extensive. • အနောက်နိုင်ငံဟူသည် ချမ်းသာကြွယ်ဝသည်။ Western countries are wealthy.

ဟူသည့် *see under ဟူသော saying*

ဟော *in combinations CB* **ဟောဒီ၊ ဟောဒါ၊ ဟောဟို** *and FB* **ဟောသည်** ⇒ **this here, that there;** *selective noun; more vivid and compelling than simple ဒီ၊ ဒါ၊ ဟို; evidently from ဟော "hey!";* • ဟောဒါက ချဉ်ရည်ဟင်း၊ ဒီဟာက ဟင်းချိုပဲ။ That there is sour soup, and this one is (ordinary) soup. • ဟော ဟောဒီမှာ တွေ့ပြီ၊ ဒီမှာ ဒီမှာ။ Hey look! I've found it here! Here you are. • ကျေးဇူးတင်ပါရဲ့ ခင်ဗျာ။ ရော့၊ ဟောသည်မှာ ခင်ဗျား စကားပြန်ခ ငွေ ၁၀။ Thank you Sir. Here. This is your fee for interpreting: ten kyats. • ခင်ဗျား မမြင်ဘူးလားဗျ။ ဟောဟိုက ဝင်လာတဲ့ ဘီးရာဘဲ။ တယ်ကြီး မထင်ရှားဘူး။ ဟောသည်ဟာက ပြန်သွားတဲ့ ဘီးရာဘဲ။ Can't you see? Over there are the tyre tracks coming in — not very clear — and this here is the tyre tracks going out again. • ဟောဟိုနားမှာ ရေကူးနေသူက လှေရှင်လား။ That person swimming over there, is he the owner of the boat? • ငှက်ပျောပင်တွေ စိမ်းစိမ်းစိုစိုကြားမှပင် ဟောဟိုမှာ ကျွန်တော့် အိမ်ကလေးကို မြင်ရပါပြီ။

Between those lush green banana trees, over there, you can see my little house.

ဟို (~N or ~sfx) ⇒ **that N; that place, there;** *usually at a distance from both speaker and listener; selective noun, CB; = FB* ထို N; *variants* အဲဟို *and* ဟောဟို *qv; sts pron and written* ဟိုး: *, reflecting long drawn out intonation for sth very far off;* • ကိုအောင့်ကို ကြည့်ပါဦးကွယ်၊ အဝေးကြီးပဲ ကူးသွားလိုက်တာ၊ ဟိုကျွန်းကလေးကို ရောက်တော့မယ်॥ Just look at Ko A. He has swum a long way out. He's nearly reached that little island. • ကျွန်မတို့က ဟိုအောက်က အိမ်လေးမှာ နေပါတယ်॥ we live in that little house down there. • မီးပွိုင့်ဟိုဘက်မှာ တွေ့မယ်॥ You'll see it on the far side of the traffic lights. • ဟိုတုန်းကရုပ်နဲ့ မတူတော့ပါ ဘူး॥ He doesn't look like he used to in the old days. • ဟိုလွန်ခဲ့တဲ့နှစ်ပေါင်း ၁၀၀၊ သက္ကရာဇ် ၁၂၅၈ ခုနှစ်က॥ Way back, a hundred years ago, in BE 1258. • ဟိုးရှေးရှေးတုန်းကလို့ အစချီပြီးပြောတဲ့ ရှေးစကား॥ Old stories that begin "Long long ago". • ဟိုး ရှေ့က ရိပ်ရိပ် ရိပ်ရိပ်ပဲ့॥ လူပဲ ထင်ပါရဲ့॥ There's some vague shape a long way in front of me. I think it's a man.

Sts used when hesitating, like "er, um": • အဲ သူ့ယောက်ျားက ဟို အတွင်းဝန်ရုံးမှာ လုပ်တယ် ထင်ပါရဲ့॥ Um. Her husband works in the ... er ... Office of the Ministers, I think. • ဟိုဒင်း whatsaname, thingummy, *and* ဟိုလူ whatsis- name, whojamacallit (when a word or name escapes the speaker).

Commonly paired ဟို...ဒီ *to mean "here and there, this and that":* • တရုတ်စစ် ပြေးတွေက သူ့ကို မသတ်ပါဘူး၊ ဖမ်းပြီး သူ့ကို တပ်ထဲမှာ ဟိုခိုင်းဒီခိုင်းနဲ့ ထားတာပဲ॥ The Chinese refugees didn't kill him. After they captured him they kept him in their army doing odd jobs ("ordering this, ordering that"). • သူတို့နှစ်ယောက် ဟာ ရွာထဲမှာ ဟိုလျှောက်ဒီလျှောက်နဲ့ ... အချိန်ကုန်အောင် နေကြတယ်॥ The pair of them spent their time wandering here and there in the village. • သူ့လူတွေ့ကို ဟိုရှာဒီရှာ ရှာရင်း॥ Looking for his people all over the place. • ပြောက်ကျားခေါင်း ဆောင်တွေဟာ ဟိုပုန်းဒီရှောင်နဲ့ နေကြရတုန်းပဲ॥ The guerilla leaders were still on the run ("hiding there, dodging here").

ဟန် (V~) ⇒ **(a) style, manner, way of V-ing;** *sp hd nn, CB+FB; cf* ပုံ; • လက်ဆွဲ နှုတ်ဆက်ဟန် သတိ ထားမိသလား॥ Did you happen to notice the way they greeted each other by shaking hands? • စိန်သိန်းအောင် ဆိုင်းတီးဟန် မြင်ဘူးမှာ ပေါ့॥ You must have seen the way Sein Thein Aung plays the drum-circle. **(b) V-ing,** *in captions to illustrated mss;* • နာဠာဂိရိဆင်ကို ဘုရားရှင် ဆုံးမတော်မူ ဟန်॥ The Lord (Buddha) admonishing the elephant Nalagiri. • တံခါးစောင့် သွား၍ နိုးဟန်॥ Going and waking the gatekeeper.

(c) appearance, semblance, pretence of V-ing; *commonly followed by verbs* တူ- "resemble, seem", *or* ဆောင်- "bear, adopt"; *cf V-*ပုံ ပေါ်-၊ V-ပုံ ရ-၊ V-ချင်ယောင် ဆောင်-; • အိမ်ရှင် ဖြစ်ဟန် တူတဲ့ အမျိုးသမီးတစ်ဦး॥ A woman who appeared to be the house owner. • ခြေထောက် နာနေဟန် ဆောင်တယ်။ He pretended his foot was hurting. • မိဘက ချမ်းသာပုံ မရသော်လည်း သူသည် ပိုက်ဆံ ဝင်သောအလုပ်ကို လုပ်ရန် စဉ်းစားဟန် မတူချေ။ Although his parents didn't appear to be well off, he didn't seem to be thinking about working to earn some money. • ပြောပြီး မောသွားဟန် ရှိတယ်။ After speaking he appeared to be tired. • သူ့အသံက စိတ်ပျက်သံ မဟုတ်သော်လည်း အားလျှော့ညှိုးငယ်ဟန်တော့ မသိမသာ ပေါ်လွင်နေသည်။ Though his voice was not desperate, it carried faint signs of despondency.

Also suffixed to nouns: • စင်စစ်ခရီးသည်ဟန် ဆောင်ပြီး လေယာဉ်ပေါ်တွင် လိုက်ပါ လာကြသည့် လူဆိုး။ Criminals who travelled on the plane posing as genuine passengers.

ဟယ် **(V¹~ V²~) ⇒ V again and again, in various ways;** *sub cls mkr, CB+FB; used with pairs of verbs, usually disyllabic compound verbs, before the verbs* လုပ်– *or* ဖြစ်–, *with the meaning "do many times in quick succession", often from several directions or in several different ways, with the effect of flustering or intimidating the patient; probably from* ဟယ် *"hey!"; cf* ချည် …ချည်၊ တို…တို၊ လိုက်…လိုက်၊ လား…လား၊ • မေးဟယ် မြန်းဟယ် လုပ်အုံးမှာလား။ ဖမ်းလား ဆီးလား လုပ်အုံးမှာလား။ Whether they (the Japanese soldiers) Master Saw would question us and interrogate us again, whether they would arrest us and carry us off again. • ဟိုဟိုဒီဒီ သွားဟယ်လာဟယ် လုပ်ရင်။ If they come and go now here now there. • တဦးက တဦးကို သတ်ဟယ်ဖြတ်ဟယ် လုပ်နေ တယ်။ လုဟယ်ယက်ဟယ် လိမ်ဟယ်ကောက်ဟယ် ဖြစ်နေတယ်။ People were killing each other, robbing each other and deceiving each other.

အ **(~V, ~N) ⇒ *prefix*** *which occurs with both noun and verb bases; the derived word (whether* အ–N *or* အ–V*) is a noun;*

(a) *Examples of words with prefix* အ– *that are derived from nouns:* • အဆုတ် lung, အခွံ skin, rind, အဖျား tip, end, အမျိုး kind, type.

(b) *A noun with prefix* အ– *can be derived from any Burmese verb, e.g.*

အလုပ် work ⇐ လုပ်– to do, make,

အဝင် entrance ⇐ ဝင်– to enter,

အသိ acquaintance, knowledge ⇐ သိ– to know,

အအိပ် sleep ⇐ အိပ်– to sleep,

အတို shortness, a short one ⇐ တို– to be short,

အကောင်း goodness, a good one ⇐ ကောင်း–: to be good,

အနှိပ်စက် oppression ⇐ နှိပ်စက် to oppress,

အကြည်ညို reverence ⇐ ကြည်ညို– to revere,

အပြောင်းအလဲ change ⇐ ပြောင်းလဲ– to change,

အထူးအဆန်း something unusual ⇐ ထူးဆန်း–: to be unusual.

(c) *Nouns derived from verbs with prefix* အ– *may also be used as adverbs and attributes:*

အင်္ကျီအဖြူ a white shirt ⇐ ဖြူ– to be white;

ပိုက်လုံးအရှည် a long pipe ⇐ ရှည်– to be long;

အမြန် ပြန်လာပါ come back quickly ⇐ မြန်– to be quick;

အထူး သဘောကျသည် he is particularly pleased ⇐ ထူး:– to be special.

(d) *Words derived from verbs with prefix* အ– *are common in location complements, often followed by a noun marker, with meanings like "on V-ing, when V" etc:* • ထိုနေ့က အိမ်အပြန်တွင် သင်္ကြန်ရေအအေးမိ၍ အေးငြိမ်း ဖျားလေသည်။ That day AN got soaked by Thingyan revellers on her way home, and caught a cold. • နဖူး ကန်မိတာနဲ့ လဲအသွား သူ့လက်က ဓား နဲ့ သူ့ပေါင် ခိုက်မိတာ ကို:။ As he fell over after receiving the kick to the forehead, he accidentally slashed his thigh with the dagger in his hand. • အဲဒါကို အဘွား:ကြီး:က အပေါ် ကနေ ကြမ်းပေါက်က ငုံ့အကြည့်မှာ မြင်သွားတယ်ကွ။ That's what the old lady saw when she peered down from above through the hole in the floor. • ကား: ခဏတ္တရပ်အပေး:လိုက်ဉ္ဒ။ While stopping the car for her for a moment.

(e) *In older written texts in FB, prefix* အ– *occasionally replaces contemporary* ဘယ် *or* မည် *e.g.*

အသို့ = FB ဘယ်သို့ = CB ဘယ်လို how?

အသူ = FB မည်သူ = CB ဘယ်သူ who?

(f) *In Old Burmese (Pagan period) prefix* အ– *was occasionally used in place of the negative prefix* မ–။

OB အဖူး:ရစေ = FB မဖူး:ရစေနှင့်။ May they not behold, let them not see.

OB သူရယ် အဝင်စိယ်လတ်ပိယ် = FB သူ့ရဲ့ မဝင်စေလတ်ပေ။ I will not allow soldiers to enter.

OB အနာ ညှန်ဆယ်ခြင် သိယ်ခြင် အန်တရဲကာ အဖြစ်ရစိယ် = FB အနာညှဉ်း:ဆဲခြင်း: သေခြင်း:အန္တ ရာယ်ကား: မဖြစ်ရစေနှင့်။ May they not suffer the danger of death or disease.

(g) *Prefix* အ– *is added or omitted in various contexts:*

(1) *Prefix* အ– *is mostly omitted when the prefixed word is used in a compound:*

အပင် plant ⇒ သစ်ပင် tree,

အသီး: fruit ⇒ ငှက်ပျောသီး: banana,

အခန်း: room ⇒ အိပ်ခန်း: bedroom,

အရောင် colour ⇒ အနီရောင် the colour red,

အဝ opening ⇒ အဝင်ဝ entrance,

အထဲ interior ⇒ မြို့ထဲ in town, inside the town,

အကျိုး: outcome ⇒ ကောင်းကျိုး: good outcome, benefit.

(2) *In a few cases there is a difference in meaning between forms with and without prefix အ–။*
အရှေ့ east ≠ ရှေ့ front,
အနောက် west ≠ နောက် behind *(though modern usage is amalgamating the two: see under နောက်),*
အမိုး roof ≠ မိုး sky, rainwater,
အဆီ fat, grease ≠ ဆီ oil.
(3) *Prefix အ– is added to one element of a personal name, especially of girls' names, to make a more familiar, affectionate nickname, e.g.*
အဝင်း ⇐ မေကြည်ဝင်း၊
အညွန့် ⇐ ညွန့်ရွှေ၊
အသိန်း ⇐ လှသိန်း။
(4) *Kin terms with prefix အ– lose it when combined with personal names, e.g.*
အကို (အစ်ကို) elder brother ⇒ ကိုစော Master Saw, Mr Saw,
အမ (အစ်မ) elder sister ⇒ မချော Miss Chaw,
အဖိုး grandfather ⇒ ဖိုးလေရှည် Grandpa Lay Shay ("Windbag"),
အမယ် lady, mother ⇒ မယ်အေး Miss Aye (a prefix often used to female servants).
(5) *Words with prefix အ– lose it when used in repeating compounds (frequent in baby talk):*
အဖေ father ⇒ ဖေဖေ Daddy,
အဖွား grandmother ⇒ ဖွားဖွား Granny,
အမ sister ⇒ မမ Sister, Sis,
အချို sweet, candy ⇒ ချိုချို sweetie.
(6) *Some nouns occur both with and without the prefix, and are perhaps in the process of losing it, e.g.*
အခု *or* ခု *(pron /ဂု or ခု/)* now, present, at present (CB, = FB ယခု),
အခွင့် *or* ခွင့် permission, leave, opportunity.
(7) *A small number of nouns normally occur without the prefix in CB today but are found with the prefix in older texts in FB, e.g.* မောင် *earlier* အမောင် brother, ကလေး *earlier* အကလေး child, ဘယ် *earlier* အဘယ် which? ကျွန့်ပ် *earlier* အကျွန့်ပ် I *(from* ကျွန် servant + နုပ် insignificant).
(8) *Some loanwords from Pali which begin with the syllable a- in Pali have become naturalised as native Burmese words and lost the "prefix" in Burmese; e.g.*
Pali **abhiseka** အဘိသေက ⇒ Burmese ဘိသိက် consecration,
Pali **arahanta** အရဟန္တ ⇒ Burmese ရဟန်း holy man, monk,

Pali alaṁkāra အလံကာရ ⇒ Burmese လင်္ကာ verse.

Conversely, some loanwords from Pali have acquired prefix အ– *in Burmese though there is no initial a- in Pali, e.g.*

Pali rūpa ရူပ ⇒ Burmese အရုပ် image, form, body,

Pali rasa ရသ ⇒ Burmese အရသာ taste, enjoyment,

Pali pada ပဒ ⇒ Burmese အပိုဒ် line of verse, paragraph.

In some Pali words an initial a- is the privative prefix meaning "un-" or "not". When these words are borrowed into Burmese they always keep the prefix and many are pronounced with a full tonal syllable /á/= /အ့/ *in place of the usual short vowel* /a/= /အ/ *as in* /အဧ/:

Pali akusala အကုသလ ⇒ Burmese အကုသိုလ် /အ့ကုသိုႆ/ demerit, guilt,

Pali akāla ⇒ Burmese အကာလ /အ့ကာလ့/ inappropriate time,

Pali adhamma ⇒ Burmese အဓမ္မ /အ့ဓမ့/ lawlessness, violent act.

However, words of this type that are well established in Burmese are pronounced with the short vowel /a/, *e.g.*

Pali acinteyya ⇒ Burmese အစိန္တေယျ /အစိန်ဒေယ့/ beyond comprehension,

Pali aveya ⇒ Burmese အဝေရ /အဝေယ့/ freedom from danger.

(h) *Prefix* အ– *and dictionaries. Given the unpredictability of the presence or absence of prefix* အ– *in a word, users of dictionaries are advised to look under the prefixed form if the unprefixed form is not found, and vice versa; e.g. in the MED:*

the element ဝ *"opening" in the compound* မြစ်ဝ *"river mouth", is listed not under* ဝ *but under* အဝ။

the element အပါး *"person" in the phrase* အပါး:သုံးဆယ် *"thirty persons", is listed not under* အပါး *but under* ပါး:။

the element ပေါ် *"on" in the phrase* ကျောပေါ် *"on his back", is listed not under* ပေါ် *but under* အပေါ်။

the word အထိန်း:သိမ်း *"detention, conservation" is not listed in this noun form but under the verb* ထိန်း:သိမ်း *"to detain, conserve" etc.*

the element ချိန် *"time" in the phrase* ရုံး:ဆင်း:ချိန် *"office closing time", is listed not under* ချိန် *but under* အချိန်။

This difficulty for users has been addressed in the Wörterbuch Burmesisch-Deutsch (Esche 1976): the compiler sorts her entries ignoring prefix အ– , *so, for example, the entries* တူ၊ အတူ၊ တူညီမျှ၊ အတူတကွ၊ တူထူ *are listed in that order. We have adopted the same principle for this Dictionary, but so far no other lexicographers have seen fit to take this path.*

အ (~NN) ⇒ **various Ns, manifold and diverse Ns;** *prefix, CB+FB; occurs with nouns that are also numeratives; with disyllabic nouns only one syllable is* *repeated;* • အဖက်ဖက်မှ from all sides, all directions; အပြည်ပြည် ဆိုင်ရာ international ("concerning many countries"); စားစရာ အမျိုးမျိုး various kinds of, all sorts of food; အနိုင်နိုင်ငံ various states (*from* နိုင်ငံ state, country); အနေရာ ရာ in different places, all over (*from* နေရာ place); ဘာသာ အရပ်ရပ် various subjects (ဘာသာ တစ်ရပ် one subject); အကမ္ဘာဘာ various worlds, many worlds (ကမ္ဘာ world). မီးထွန်းပွဲတွေ အပွဲပွဲ နဲ့ခဲ့ဖူးလေသည်။ He had celebrated a wide range of festivals of light. အရေအလိပ်လိပ်နှင့် ကျယ်ပြန့်သော နဖူး။ A broad forehead, covered with wrinkles. သွေးအလိမ်းလိမ်း ကပ်နေသော အလောင်းများ။ Corpses covered all over with smears of blood.

For words beginning with prefix အ- look under the second syllable. အချို့ for example, is located between ချေ| and ချက်။

အား:– 1 (V~~) ⇒ **(a) to be at leisure to V, be free to V**; *vb mod, CB+FB; sts V–ဖို့ အား:–* ; • ဧည့်သည်တစ်ယောက်နဲ့ စကား ပြောအားသလား။ Are you free to have a word with a visitor? • မနက်ဖန် မလာအားသေးဘူး။ Tomorrow I still won't be free to come. • အဲဒီအလုပ် လုပ်ဖို့ မအားပါဘူး။ I'm not free to do this work. • မနေ့.က သူ့လှေကို ... ယူပြီး ပစ်ထားခဲ့တာ သတိ မရအား။ ဟောသည် သောင်အချိုးမှာ ပဲ လှေကလေး ရောက်လာဖို့ လိုရင်း ဖြစ်၏။ I was too preoccupied to recall that I had taken his boat yesterday and abandoned it. The vital thing was that the little boat should get to this corner of the sandbank.

(b) to be callous enough to V, have the heart to V; *FB and verse;* • မယ့် ပူအင်ကို၊ အမြင်သားနှင့်၊ နေအားတယ်။ Though you can see my distress, you are callous enough to stand by (doing nothing to help).

အား: 2 (N~) ⇒ **to N, *marks indirect or direct object*;** *nn mkr, FB, = CB ကို or no suffix; regular equivalent of Pali dative case in nissaya translation (Okell 1965 p 199), and thus felt to be most properly used for indirect objects of verbs of giving, saying, sending, but increasingly is coming to be used for direct objects, both personal and inanimate — a development frowned on by purists (see MLC 1993b p 61);* • ငါးဖိုး၏ ထက်ဝက်ကို သူ့အား ပေးမည်။ I will give him half the price of the fish. • ဗြိတ္တိသ္သအစိုးရသည် မြန်မာနိုင်ငံအား လုံးဝ လွတ်လပ်ရေး ပေးရတော့သည်။ The British government finally had to give full independence to Burma. • ကျွန်တော့်အား စကားတာရှည် ပြောလိုကြောင်း သိသဖြင့်။ Realizing that he wanted to speak to me at some length. • ကဲ၊ လက်ထိပ်ခတ် ကြဟေ့ဟု ပုလိပ်များအား အမိန့်ပေးလေ၏။ He issued an order to the policemen, saying "Right. Put the handcuffs on him". • အင်္ဂလိပ်၊ အမေရိကန်တို့အား ဂျပန် က စစ်ကြေညာသည်။ Japan declared war on the English and the Americans. • အလံတော်အား ကြိုဆိုပါ၏။ Welcome to the National Flag (on banner at entrance to town on Union Day). • သူ့ကို ရပ်ကြည့်နေသူနှစ်ဦးအား မြင်လိုက်ရသည့် အခါ။ When she caught sight of the two men who were watching her. • လူဆိုးတို့အား ရဲတပ်ဖွဲ့က ဖမ်းဆီးလိုက်သည်။ The police arrested the criminals. • သူတို့သားအား တုန်နေအောင် ချစ်ကြသည်။ They adored their son ("loved so as to tremble"). • သိုးများအား ရဲထဲသို့ မောင်းသွင်းရသည်။ He had to drive the sheep into the shed. • အစက တိုင်းရင်းဆေးအား အထင်သေးခဲ့မိရာ။ At first he looked down on traditional medicine. • အိမ်အချို့အား ထုရိုက်ဖျက်ဆီးခဲ့ကြပါသည်။ They attacked and damaged some houses. • ဏ္ဏတ္တိ မိန့်မသည်။ အမရာဒေဝီယာ၊ အမရာ ဒေဝီအား။ အာရောစေသိ၊ ကြားပေ၏။ The woman reported it to Amaradevi (nissaya).

အားကြီး:– (V~~) ⇒ **to V too much, excessively;** vb mod, CB; more commonly V-လွန်:– or V-လွန်:အားကြီ– see under လွန်:၊ • မမြင့်အားကြီးဘူးလား။ Isn't it much too tall? • နဲ့နဲ့ လွန်အားကြီးတယ်။ That's going a bit too far. • မောင်ပေါမှာ ဟန် လုပ်အားကြီးသည့်အပြင်။ Maung P, besides putting on airs to excess.

အားဖြင့် 1 (N~, VA~) ⇒ **by means of, by dint of, as a result of N; by way of V-ing, as a means of V-ing;** nn mkr and sub stc mkr, mainly FB; the meaning "by means of" is also carried by ဖြင့် qv; • မောင်းထောင်ခြင်း(အား)ဖြင့် အခွံများ ခွာရပါသည်။ They have to dehusk (the rice) by pounding it. • တနှစ်မှာ လေးလ ပညာသင်ပေးနေခြင်းအားဖြင့် ကျောင်းသားများကို အဆင့်အတန်း မီအောင် ကြိုးစားကြရ သည်။ They had to try and get the students up to standard by teaching them four months in the year. • အဲဒီလို စတေးခဲ့တဲ့လူတွေကို မမေ့သောအားဖြင့် ကျွန်တော်တို့ဟာ လွတ်လပ်ရေးအောင်ပွဲနေ့ကို ကျင်းပခဲ့တာ ဖြစ်ပါတယ်။ We celebrate Independence Day so as not to forget those who sacrificed their lives in this way. • ကျော်သူ စေတနာကို အသိအမှတ် ပြုသောအားဖြင့် စားမည်ဟု ဆုံးဖြတ်ပြီး သား:။ She had already decided that she would eat them (anyway) as a way of acknowledging KT's kindness.

အားဖြင့် 2 (N~) ⇒ **as regards, as concerns, in terms of N;** nn mkr, CB+FB; • ကျွန်တော့်အယူအဆအားဖြင့်တော့ အဲဒီလို အဓိပ္ပါယ် ရှိတယ်။ That is its meaning, in my opinion. • ခုန ပြောပြတဲ့ အကြောင်းအရာတွေ ထောက်ခြင်းအားဖြင့် အစိုးရကိုပဲ အပြစ် တင်ရမယ်။ Considering the facts set out just now, it is the Government that must be blamed. • ငွေကြေးအားဖြင့်တော့ ခင်လွမ်းမှာလည်း သိပ်ပြေလည် သည် မဟုတ်ပေ။ KL too was not well placed in regard to money. • ငွေကြေးနှင့် ပတ်သက်၍ စိတ်ဝမ်းကွဲကြလေပြီ။ သို့သော် အပေါ်ယံအားဖြင့်တော့ ပေါင်းဆဲ။ They had fallen out over money, but to appearances they were still together. • သမီး ကြီးမှာ ပညာရေးအားဖြင့် လေးတန်းပင် အောင်ရှာသည်။ As far as education was

concerned, their eldest daughter had only passed Fourth Standard.
• ဒုတိယအားဖြင့် ကျွန်ုပ်၏ ရည်ရွယ်ချက်မှာ ...။ Secondly, my objective is ...
• ပြည်သူလူထုပညာရေး အဆင့်မြင့်တယ် ဆိုတာဟာ နံပါတ်(၁)အားဖြင့် မိဘများဟာ
ကလေးများကို ကျောင်းကောင်းကောင်း ထားနိုင်တယ် ဆိုတဲ့ အဓိပ္ပာယ် ရောက်ပါတယ်။
Saying that state education is of a high standard means, in the first place,
that parents are able to place their children in good schools. • သမဝါယမမှာ
စာရေးမအလုပ်ကို ရလေသည်။ လက်တလောအားဖြင့် အမိုး၏ ထမင်းစရိတ်ထဲ တစ်လခုနစ်
ဆယ်မျှ ထည့်ဝင်လာနိုင်သည်။ She got a job as a clerk in the Co-op. So for the
time being she was able to contribute K70 a month to Amoe's expenditure
on food. • စကားပြောသလို ရေးရမည် ဟူသော လှုပ်ရှားမှုဂယက်သည် အတော်အတန်
အားဖြင့် ရိုက်ခတ်ခဲ့ပါသည်။ The repercussions of what is known as the write-
as-you-speak movement have been quite considerable.
Also found in a number of set adverbial phrases: • သာမန်အားဖြင့် normally;
အကြမ်းအားဖြင့် roughly, approximately; အများအားဖြင့် = များသောအားဖြင့် most-
ly; အခြေခံအားဖြင့် basically; ယေဘုယျအားဖြင့် generally; အချုပ်အားဖြင့် in brief;
တနည်းအားဖြင့် in other words, put another way; ဥပမာအားဖြင့် for example;
အမှန်တကယ်အားဖြင့် in fact, really; အဓိကအားဖြင့် principally; ပျမ်းမျှခြင်းအားဖြင့်
on average.

အားလုံး (N~) ⇒ **all Ns, the whole N;** *nn mod, CB+FB;* • အိမ်ထောင်မှုကိစ္စအားလုံးတွင်
လူကြီးကဲ့သို့ ထိန်းသိမ်းနိုင်သည်။ He could cope with all household matters like a
grown-up (though only young). • ငွေမတတ်နိုင်တဲ့အခါကျတော့ တချို့နေရာတွေမှာ
မိသားစုအားလုံးဟာ ထွက်ပြီးတော့ အလုပ်လုပ်ရတယ်။ When people are short of
money, in some places the entire family has to go out and work. • ဒီလူအား
လုံး ဒီအိမ်မှာ တည်းမှာလား။ Are all these people going to stay in this house?
• သူ့အဖို့ မြင်ကွင်းအားလုံးသည် ရိုး၍ နေပေပြီ။ For her the entire scene was well
known (and not exciting).
Also used with the preceding noun unstated:• အားလုံး ငါးကျပ်ခွဲ ကျတယ်။ That
comes to 5/50 in all. • ပင်လယ်လေသည် အားလုံးကို လန်းလန်းဆန်းဆန်း ဖြစ်စေ
သည်မှာတော့ အမှန် ဖြစ်လေသည်။ It was certainly true that the sea air
freshened everyone up.

အားလျော်စွာ (VA~, N~) ⇒ **in accordance with N, in keeping with N, as is
fitting for V, as you would expect from V;** *nn mkr and sub stc mkr,
mainly FB; cf* အရ၊ အညီ၊ အလိုက်၊ အလျောက်၊ အတိုင်း၊ • ရဟန်းလူထွက် ဖြစ်သည့်
အားလျော်စွာ လက်ကြောတင်းအောင် အလုပ်မလုပ်တတ်။ As you would expect from
one who had been in the monkhood, he was not used to strenuous work.
• တစ်ခါတစ်ရံ ပြစ်မှုကျူးလွန်သူတို့ကို လက်ပူးလက်ကြပ် ဖမ်းမိသဖြင့် ထိုက်သည့်အားလျော်
စွာ အပြစ်ဒဏ်တို့ကို ရုံးမင်းက စီရင်ပေးခဲ့သည်။ Sometimes, when criminals were
caught red-handed, the magistrate would award penalties as appropriate.

• ဒေါ်မြင့်ငွေသည် တူးတူး၏ စိတ်ဆန္ဒများကို နားမလည်နိုင်သည့်အားလျော်စွာ ဆိုညည်းစ ပြု၏။ Daw MN, being unable to understand TT's attitude, started to complain. • အနှစ် ၄၀ စစ်က တစ်ချိန်လုံး တိုက်နေတဲ့စစ် မဟုတ်ပါဘူး။ အကြောင်းအား လျော်စွာ စစ်နားကြတဲ့ အချိန်များလည်း ရှိပါတယ်။ The Forty Years War was not a war that was waged continuously. There were times when, according to circumstances, there was an intermission. • ထိုလူငယ်များသည် ခေတ်ပညာကို တတ်မြောက်ကြသည့်အားလျော်စွာ မြန်မာပြည်၏ အရေးကိစ္စ ဟူသမျှသည် ခေတ်အလျောက် တိုးတက်ရမည် ... ဟူသော အမြင်ကို ရကြသူများ ဖြစ်သည်။ These young people, as you would expect from their modern education, hold the belief that Burma's affairs must progress in keeping with the times. • CIA သည် နည်းဥပဒေ များကို အခါအားလျော်စွာ ဖောင်လွဲလွေ ရှိသည်ဟု ဖော်ပြခဲ့သည်။ It revealed that the CIA bent the rules when required ("according to the occasion"). • ကြွေးကြော် သံကို သည်အခွေ မရိုက်ခင်ကတည်းက ကျွန်တော့်နားထဲမှာ ကံအားလျော်စွာ ကြားနှင့်ခဲ့ပြီး ဖြစ်ပါတယ်။ Fortunately ("in keeping with good karma") I had heard the slogan even before the tape had been recorded.

ဤ (~N or ~sfx) ⇒ **this N, this**; *selective noun, FB; more formal than FB* သည် *qv; regular equivalent of Pali* ayaṁ *in nissaya translation (Okell 1965 p 208);* • ဤကဗျာများ these poems; ဤသို့ in this way, like this: အတိုချုပ်ကား ဤသို့တည်း။ In summary, it is as follows. • ဤသို့သောကလေးမျိုး a child like this. • ဤသည်မှာ ဥပမာသာ ဖြစ်သည်။ This is just an analogy. • ဤအတွက် on this account, for this; ဤတွင် here, at this point; ဤသည်ပင်လျှင် even so, even then (= CB ဒါတောင်မှ).

ဤမည်သော (~N) ⇒ **a certain N, such and such a N**; *selective noun, FB; regular equivalent of Pali* asu, asuko *in nissaya translation (Okell 1965 p 208); pron* /အီမီ့သော/; • အသုကမာသေ၊ ဤမည်သော လ၌။ In a certain month (*nissaya*). • အသုကာယနာမ၊ ဤအမည်ရှိသော။ ဒါသိယာ၊ ကျွန်မ။ A serving girl named So-and-so (*nissaya*).

အုံး: *see under* ဦး: *still, yet*

ဦး: 1 (N°~) ⇒ **person**, *comm nmtv for people, also for animal characters in folk tales; CB+FB; more respectful than* ယောက်; *cf* ပါး၊ • သတင်းထောက် နှစ်ဦး two reporters; ဆရာတပည့် နှစ်ဦး: a teacher and his pupil, the pair of them; သင်္ကန်း ဝတ်တစ်ဦး a monk ("a wearer of the robe"); သီလရှင် ခပ်ကြီးကြီးတစ်ဦး an elderly nun; ကျေးငှက်၊ သူကြွယ်၊ မိကျောင်း သုံးဦး: three persons, the bird, the rich man and the crocodile (*folk tale*).

ဦး:- 2 *or* အုံး:- (V~-) ⇒ **(a) to V still, yet** *(in the future)*; *vb mod, CB+FB; pron* /အူး/ *in formal reading, but* /အုန်း/ *elsewhere; often written* အုံး: *in CB, but* ဦး: *is regarded as the correct spelling; only used in imperatives and sentences with* မည်/မယ် *etc, i.e. future reference or supposition: cf V-သေး:- which car-*

ries a similar meaning for statements relating to present and past; placed after နဲ့/နှင့် in negated imperatives; for a discussion of သေး၊ ဦး/အုံး၊ တော့ see Okell 1979; • စောပါအုံးမယ်။ It will still be early. Cf စောပါသေးတယ်။ It is/was still early. • ငါးမိနစ် လိုပါဦးမယ်။ There will still be five minutes left. Cf ငါးမိနစ် လိုပါသေးတယ်။ There are/were still five minutes to go, and ငါးမိနစ် လိုပါတော့တယ်။ There are only five minutes left. • အစည်းအဝေး ထိုင်နေလိမ့်အုံးမယ်။ He will probably still be attending the meeting. • ထိုင်ပါအုံးလား။ Why not carry on sitting there? (i.e. don't leave yet). • ငါးနှစ်လောက်ပဲ ရှိအုံးမယ်။ He can only be about five years old by now, *or* he will only be about five years old by then, *or* he can only have been about five years old at that time.

(b) to V as well, additionally, even, to V more Ns, another N; • သရုပ်ဆောင်တာတင် မကဘူး၊ ကလဲ ကရဦးမယ်၊ သီချင်းလဲ ဆိုရဦးမယ်နော်။ It's not just acting, you know. You'll have to sing and dance as well. • မြန်မာပြည်သို့ တစ်ခေါက် ပြန်သွားရဦးမည်။ He will have to make another journey back to Burma. Cf တစ်ခေါက် ပြန်သွားရသေးသည်။ He had to make another journey. • ဗမာပြည် တစ်ခေါက်လောက် လာခဲ့ပါအုံးလား။ Why not come again to Burma? • တစ်ခွက်လောက် သောက်ပါအုံး။ Please drink another glass. • ဘယ်သူ လာအုံးမလဲ။ Who else is coming? Cf ဘယ်သူ လာသေးသလဲ။ Who else came?

Also in contexts where the additional Ns or Vs are not so obvious: • မသွားခင် ပန်းကန် ဆေးလိုက်အုံးမယ်။ I'll just wash the dishes before we go (sc. as well as the other things we have to do). • ထမင်း မစားမီ ကျွန်တော် ရေချိုးဦးမည်။ I shall have a shower before eating (sc. as well as coming to table). • သကြား မထည့်ရသေးရင် ငါ ထည့်လိုက်အုံးမယ်။ If you haven't put any sugar in yet I will (go ahead and) put some in. • သွားပါအုံးမယ်။ Goodbye (sc. I'll be going next thing). • စဉ်းစားရဦးမယ်။ I shall have to think it over (sc. before doing the next thing).

(d) *with negated verbs:* (don't) V yet; • မပြန်ပါနဲ့အုံး။ Don't go home yet. • သဘာဝတရားကြီးကိုလည်း ပစ်ပယ်မေ့လျော့ မထားကြပါနှင့်ဦး။ Don't reject the great law of nature yet.

ဦးတော့ *or* **စေဦးတော့** *sts* **ဦးတောင် (V~) ⇒ let it V, even supposing, even if V, however much V;** *a way of setting up an unlikely hypothesis; sub cls mkr, CB+FB; also spelled (စေ)အုံးတော့၊* • အသက်ကတော့ သူတို့သားအဖ ပေါင်းဦးတော့ ငါ့မမီပါဘူး။ As regards age, even if you add together (the ages of) the father and the son, they wouldn't match me. • သရုပ်ဆောင်သူ ချာလှတဲ့အတွက် ရန်အောင်နဲ့ ဒါရိုက်တာ အပြန်တစ်ရာ ကောင်းချင်နေစေဦးတော့ ကားတစ်ကားလုံးဟာ စိတ်ညစ်စရာကြီး ဖြစ်နေပါတယ်။ The actors being so incompetent, even though Yan Aung and the director are a hundred times as good, the entire film is still a disaster. • အစိုးရဥပဒေနဲ့ မလွတ်ကင်းတဲ့ ကိစ္စဘဲ ဖြစ်အုံးတော့ ဖိုးထင်အတွက်

ဆိုလျှင် လုပ်ပေးရတော့မှာပဲ။ Even supposing it were something that was not within the law, if it's for Hpo Htin I would have to do it. • တချို့က ဦးတည် ချက် လုံးလုံး မရှိဘူးလို့တောင် ပြောကြတယ်။ ဦးတည်ချက် ရှိအုံးတော့ အမျိုးမျိုး ဖြစ်နေ တယ်။ ... တခုတည်းသော ဦးတည်ချက် မရှိဘူး။ Some of them said they had no objective at all. Even when they did have an objective, they were all different. They had no single objective among them. • ကျွန်တော့်ကို ရန်သူဟု သဘောထားကြစေဦးတော့ ...။ Even if they look on me as an enemy, ... • ဒါဟာ မလုပ်ကောင်း၊ မလုပ်ထိုက်တဲ့အပြင် လုပ်တဲ့လူက မရှက်မကြောက် လုပ်တယ် ဆိုဦးတော့ ခွင့်မပြုအပ်တဲ့ ကိစ္စပါ။ This action, besides being something that should not be done, is a matter that — even if the perpetrator acted without shame — ought not to be permitted.

Apparently developed from combination V–ဦး:တော့ as used in predictable sense (ဦး ⇒ further + တော့ ⇒ now), e.g. • ကဲ၊ ခင်ဗျားလဲ အိပ်ချင်ရှောမယ်။ အိပ်ပေ ဦး:တော့။ Well. You must be sleepy. Go ahead and sleep. • ကျွန်တော်တို့ကို ခွင့်ပြုကြပေဦး:တော့။ Please excuse us, allow us to leave. • ငါ့ မိန်းမနဲ့ တွေ့ရဦး: တော့မယ်။ I shall at last see my wife again (when I get out of prison).

အေ *and* အေ့ (*mostly* **Stc~**) ⇒ ***term of address,*** *used in addressing people or compelling their attention; used by women to men or other women, fairly familiar; the short, creaky-tone form is more emphatic and peremptory; cf English "My boy, My girl" etc; appended appellative,* **CB** • နှစ်ကျပ်ပဲ ထားပေ့ အေ။ Let me have it for two kyats (customer to flower seller). • ငါက သနားလို့ နေရာပေး:ထား:တာအေ့။ I gave you a space because I felt sorry for you my dear (shopkeeper to itinerant vendor).

အဲ **1** ⇒ **um, oops, sorry, I mean;** *interjection,* **CB** *and occasionally* **FB**; *used when the speaker hesitates for a word, or when he/she has used the wrong word and wants to replace it with a better one;* • ဟိုလေ အစ်မရယ်၊ အဲ ကျွန်မနဲ့ စေ့စပ်ထားတဲ့လူဆီက။ It's er … Sister. Um, it's from the man I am engaged to. • ဪ ထား၊ အဲ ဒေါ်ထားထားရီ၊ ခုလို တွေ့ရတာ ဝမ်းသာလိုက်တာဗျာ။ Oh Hta! — oops — sorry, I mean Daw Hta Hta Yi. I am delighted to meet you. • ဆရာဝန်က လူပဲ စိုက်ရသည်။ အဲ လူနှင့် ပညာပဲ စိုက်ရသည်။ The doctor (in the practice) only has to provide himself. Or rather, himself and his skills. • ကဲ ဒီမှာ သရက်သီးသနပ်၊ အဲလေ ဟုတ်ပေါင်၊ နှင်းဆီပွင့် လှလှကြီးတွေ ယူသွားကြဦး အစ်မရေ။ Right, here you are: mango pickle — oops: that's not it. I mean please buy some pretty roses. • သူတို့ ဘာလုပ် စားမှန်း သိကို မသိဘူး၊ အဲ စိမ်း လုပ်တတ်တာလေးတွေတော့ နည်း:နည်းပါ:ပါ: သိပါရဲ့။ I simply don't know what they do for a living … or well, actually I do know a bit about the kind of thing that Sein usually does.

အဲ **2** *in combinations CB* အဲဒီ၊ အဲဒါ၊ အဲဟို *and FB* အဲသည် ⇒ **that, that just mentioned**; *selective noun; more emphatic than simple* ဒီ၊ ဒါ၊ ဟို; *perhaps originally from* အဲ *"er"*; • ဈေးရှေ့ပလက်ဖောင်းက ရှင်းနေတယ်၊ အဲဒီ သွားရောင်းကြရ အောင်။ The pavement in front of the market is not so crowded. Let's go and sell (our flowers) there. • အဲဒါကို ပြောတာပေါ့၊ မရင့်ကျက်သေးဘူး ဆိုတာ။ အပြုအမူတွေကော စကားလုံးတွေကော သူများကို ထေ့ဖို့ငေါ့ဖို့ အထင်လွဲဖို့၊ အဲဒါကိုပဲ အမြဲ စဉ်းစားနေတယ်။ အဲဒါ မရင့်ကျက်တာပေါ့။ That's precisely what I'm talking about. That you're immature. Both in action and in speech you want to tease people, to annoy them, to misunderstand them. That's all you think about. *That* is being immature. • အဲသည်ည နာရီပြန် ၂ ချက် အချိန်လောက်ကျ တော့။ On that same night, at about 2 a.m. • ကလေးမက ဒီလူကြီးကိုမ မကြိုက် တာ၊ အဲဟိုယောက်ျားနဲ့ လိုက်သွားတာ ဆယ်ရက် လောက်ကြာဖို့တဲ့။ The girl didn't care for this older man. She ran off with the other man (I told you about) about ten days ago.

အောက် **(N~)** ⇒ **under, beneath, below N; inferior to N;** *loc nn, CB+FB; opp* အထက်၊ အပေါ် *above*; • ခုတင်အောက်မှာ ထားရတယ်။ We had to keep them under the bed. • မကောင်းတဲ့ အညစ်အကြေးတွေကိုလဲ အိမ်အောက် သွန်ပစ်ကြနဲ့။ Throwing filth and rubbish under the house (i.e. a house built on stilts). • သူ့အောက် အရာရှိကလေးတွေ။ The junior officials under him. • ကိုလိုနီအစိုးရ လက်အောက်မှ လွတ်မြှောက်အောင်။ So as to escape from beneath the hand of the colonial government. • ဒီမိုကရေစီစနစ်အောက်မှာ။ Under a democratic system. • တောက်ပသော လရောင်အောက်တွင်။ Under the light of the moon. • ၁၅နှစ်အောက် ကလေးငယ်တွေ။ Young children under 15 years of age.

အောင် **1** *and* အောင်လို့ **(V~)** ⇒ **so that V is achieved, to V, so as to V; to such an extent that V, until V;** *sub cls mkr, CB+FB; the form* အောင်လို့ *is more frequent in answer to "why" questions; cf* ဖို့ *and FB* ရန်; • ဒီမကျေနပ်မှုတွေ ပြေလည်သွားအောင် လုပ်ပေးပါ။ Please take steps to ensure that these complaints are resolved. • အစစအရာရာ အဆင်ပြေအောင် စီစဉ်ဆောင်ရွက်ပေးပါသည်။ He takes responsibility for everything running smoothly. • သူ့လို ဖြစ်အောင် ကြိုးစားရမယ်။ You must try to become like him. • မြဝတီအကြောင်း ပြောကြရ အောင် ချိန်းလိုက်ဖြစ်ခဲ့ပါတယ်။ I managed to make an appointment to talk about Myawadi. • မောင်ရင်မောင်နှင့် တွေ့ဆုံရအောင် မဖားဥအိမ်သို့ သွားရာသည်ဟု တွေးထင်၏။ He thought she must be going to Ma Pa U's house so as to meet Maung Yin Maung. • သူတို့ အာဏာ ရအောင်၊ ရွေးကောက်ပွဲမှာ အနိုင်ရအောင် နည်းအမျိုးမျိုးနဲ့ ကြိုးစားကြမှာပဲ။ They will try every possible method to win the election, so that they gain power. • ကိုလိုနီအစိုးရလက်အောက်မှ လွတ်မြှောက်အောင် လို့ လုပ်နေတဲ့အချိန်မှာ။ While they were trying to struggle free from colonial domination. • နဲ့အောင် လျှောက်လည်ကြည့်ကြစို့။ Let's go around and see everything ("look so that we cover all the ground"). • နားလျှံအောင် ပြောနေတယ်။ They talked so much that one's ears overflowed. • မဆုံးနိုင်အောင် တွေးတောမိပါ သည်။ I racked my brains endlessly ("so as not to end"). • အိုးထိန်းလုပ်ငန်းကို နှစ်နာရီကျော် ကြာအောင် လေ့လာ၏။ … မေးခွန်းပေါင်း စုံအောင် မေးနေတယ်။ They studied the work of the potters for over two hours ("so that over two hours passed"), and asked all sorts of questions. • အညောင်းအောင် ငြင်းခုန်ကြပြီး နောက်။ After arguing till our jaws ached. • အချိန်ရှိသရွေ့ အလုပ်နှင့်လက် မပြတ် အောင် လုပ်ကိုင်ရှာဖွေနေရရှာသည်။ They had to toil all the time without respite to earn a living ("so that their hands and their work were not separated"). • အငွေ့တထောင်းထောင်းနှင့် လက်ဖက်ရည်ကြမ်းကို ရှီးခဲ မည်အောင် စုပ်ယူလိုက်လေ သည်။ He sucked up the steaming tea with a loud slurp. • ကျွန်တော်လဲ အိမ် ရောက်အောင် ဆက်လက်ပြီးလျှောက်မယ် လုပ်တုန်း။ While I was preparing to continue walking back to the house ("so as to get to the house"). • အိပ်ပျော် အောင် အိပ်တော့မည်ဟူသော ဆုံးဖြတ်ချက်ဖြင့်။ Resolving to have a good sleep ("to sleep so as to fall asleep"). • ကျွန်မက ပိုသေချာအောင်လို့ ကျောင်းသားလေး တယောက်ကို ခေါ်မေးပါတယ်။ So as to be more certain I questioned a young student. • မြို့ရိုးကို ဘာပြုလို့ ကျုံးဝိုင်းထားသလဲ။ — ရန်သူ ရုတ်တရက် မဝင်နိုင်အောင် လို့။ Why is the city wall surrounded by a moat? — So that the enemy can't get in all of a sudden, to prevent a sudden enemy attack. • ငါ့ကို မျက်စိနဲ့ မြင်ရအောင် ပြစမ်းပါ။ Show it to me so that I can see it with my own eyes. • သူတို့ ထမင်းစားပြီးအောင် အဆာခံစောင့်နေရ၍။ As she had to remain hungry and wait until they had finished eating. • အိုအောင်မင်းအောင် ပေါင်းရပါစေ။ May we be together till we are old. • အဖလားဟာ ကြရာမရ ဖြစ်ပြီး ဝိုင်းထဲမှာ ထိုင်ငိုချင်အောင် ဖြစ်သွားသတဲ့။ Afala was desperate and felt like sitting and weeping in the (boxing) ring. • နိုင်ငံကူးလက်မှတ်ထုတ်ပေးရာဌာနသည် ထုတ်ပေး၍ မလောက်နိုင်အောင်ပင် ရှိ၏။ The passport issuing department didn't have enough passports to issue ("was so that there were not enough"). • မကြားရ လောက်အောင် ဖြစ်သွားပါတယ်။ It became almost unheard of.

အောင် 2 (မ–VV~) ⇒ **so as to V without fail**; *sub cls mkr, CB+FB*; • ပုလိပ်များက သူ့ကို ဖမ်းပြီးလျှင် မပေါ်ပေါ်အောင် ညှဉ်းပန်းနှိပ်စက်၍ မေးရာတွင်။ The police arrested her and interrogated her under torture to discover the facts ("so that they would emerge"). • ငါ့အဖကား ပစ္စည်း ရှိသည့်နေရာ ငါမရောက်ရောက်အောင် သေချာစွာ မှာထားသွားသည်။ မယ်ဇယ်ပင်ကြီး ခုနှစ်ပင် ရှိသည် ဆိုသည်။ ၎င်းခုနှစ်ပင်ကို မစေ့စေ့အောင် ရေတွက်ရမည်။ My father gave firm instructions that I was to go without fail to the place where the treasure is. He said there were seven big Meze trees there. I must count these seven trees and make sure they are the right number. • မဖတ်ဖြစ်ဖတ်ဖြစ်အောင် ကြိုးစားပြန်ပါ၏။ He tried again to get through reading (the book). • ဘာပဲပြောပြော အစ်မက နောက်နေ့မှာ သရက်

သီးနှစ်လုံးလောက်တော့ မဖြစ်ဖြစ်အောင် ရှာဝယ်လာမည်ကို သိနေသည်။ Anyway, he knew that the next day his sister would find and buy about two mangos without fail. • ဆရာဝန် မဖြစ်ဖြစ်အောင် အတင်းအကျပ် ကြိုးစားခိုင်းသော မိဘများ မဟုတ်ခဲ့ပါ။ My parents were not the sort who put me under pressure to become a doctor at all costs. • ရထားလက်မှတ် ဒီလောက်ခက်တဲ့ရက်မှာကို မရရအောင် ဝယ်ပြီး ဆင်းချသွားလိုက်ကြတာ။ Even on a day when it was so hard to get hold of train tickets they had somehow managed to buy some and rushed down (to Yangon). • မောင်သိန်းဟန်က ရောက်ရောက်ချင်း ဟိုညနေက လူကို မရရအောင် ရှာပြီး ဖမ်းတာကိုး။ As soon as Maung Thein Han had arrived, that very afternoon he had found a way of tracking down the man and arresting him.

အောင် 3 *see under* ရအောင် *shall we V? How about V?*

ဥစ္စာ (Stc~, VA~) ⇒ indeed, after all, for goodness' sake, don't you see, dammit; *noun "thing", perhaps in process of becoming a stc fin phr ptcl; CB; exclamatory and familiar, used to make a strong or dramatic point; cf* ဟာ; • ငါ ရှင်းပါ့မယ်။ မင်း နေပါ။ ငါ ခေါ်လာတာပဲဥစ္စာ။ I'll settle the bill. You stay put. It was me that suggested coming here in the first place. • မိန်းမ မဟုတ်ဘဲ ဘာပြုလို့ ခေါ်လာမှာလဲ၊ သူတို့အတူတူပဲ အိပ်တဲ့ဥစ္စာ။ Why should he bring her here if she isn't his wife (sc of course she is!). They sleep with each other for goodness' sake! • တကယ်ကျတော့ သူတို့ စွန့်စားတယ် ဆိုတာ ဘာဟုတ်သေးလဲ။ သူတို့ကားကလေးတွေက အန္တရာယ် နည်းအောင် သေသေချာချာ စနစ်တကျ လုပ်ထားတဲ့ကားတွေပဲဥစ္စာ။ In fact, the idea that they are taking risks is rubbish. Their little cars are made most painstakingly so as to reduce the danger, don't you see. • ငါကတော့ ဘယ်လိုကနေ ဘယ်လို အပြင်ရောက်သွားတယ် မသိပါဘူးကွာ၊ ချောင်းရေထဲ မျောပါသွားလိုက်တဲ့ဥစ္စာ၊ တော်တော် ကြာတယ်။ As for me, I've no idea how or where I got out. I was just washed along by the current of the stream. I was there quite a while.

ဧည့် *see under* ၏ *present or past tense and* ၏ *belonging to (listed at end of Burmese entries)*

အပ်– 1 (V~-) ⇒ to be suitable, right to V; should V, ought to V; *vb mod, mainly FB, cf V–သင့်–၊ V–ထိုက်–၊ V–တန်–၊ V–ရာ–၊ V–ဖို့ ကောင်း–;* • ၁၅နှစ် အောက် ကလေးငယ်တွေ မကြည့်အပ်ဘူးလို့ သတ်မှတ်ရမယ် ထင်ပါတယ်။ I think (the film) should be classified as not suitable for children under 15 to watch. • အသုံးပြုအပ်သည့် အထောက်အထား။ Sources which should be used, necessary supporting evidence. • မမြင်အပ်တဲ့နေရာမှာ မှဲ့သုံးလုံး ရှိတာကစ။ Starting from the fact that you have three moles in a place that should not be exposed to view. • ဒါဟာ မလုပ်ကောင်း၊ မလုပ်ထိုက်တဲ့အပြင် လုပ်တဲ့လူက မရှက်မကြောက် လုပ်တယ် ဆိုဦးတောင် ခွင့်မပြုအပ်တဲ့ ကိစ္စပါ။ This action, besides being something that should not be done, is a matter that — even if the perpetrator acted without shame — ought not to be permitted.

Beware of ambiguity between အပ် ⇒ *"to entrust" and* အပ် ⇒ *"should":* ပေး:အပ်သည် *may be "give and entrust = give", or "should give". The same is true of verbs like* နှင်း:အပ်–၊ လွှဲအပ်– *etc.*

အပ်– 2 (V~~) ⇒ **(a)** ***indicates passive voice*** *in nissaya translation from Pali; for nissaya translation conventions see Okell 1965 p 203; vb mod, mainly FB; this use is perhaps the forerunner of (b) below;* • တော၊ သင်သည်။ ပဉ္ဟော၊ ပြဿနာကို။ စိန္တိတော၊ ကြံအပ်၏။ Paṅho the problem — cintito was solved — te by you, *or:* You solved the problem. *An example of the convention regularly observed in nissaya translations and common in Pali-based text, by which a passive sentence in Pali is converted to an active sentence in Burmese translation: Pali "The problem (nominative) was solved (passive) by you (instrumentive)" = Burmese "You (subject) solved (active) the problem (object)".* • တေန၊ ထိုသူသည်။ ဘရိယာ၊ မယားကို။ အာနီတာ၊ ဆောင်အပ်၏။ Bhariyā a wife — ānītā is brought — tena by him, *or:* He brought a wife. • ဣဒံ၊ ဤ၂နှစ်ပါး:အပေါင်းကို။ ရူပံ၊ ရုပ်ဟူ၍။ ဝုစ္စတိ၊ ဆိုအပ်၏။ Idaṁ these two together — vuccati are to be called — rūpaṁ "rupa".

Beware of ambiguity between အပ် ⇒ *"passive" and* အပ် ⇒ *"should":* ကြား:အပ်သောစကား: *may be "words that have been heard (Pali* sutaṁ*) or "words that should be heard".*

(b) ***indicates politeness or deference,*** *or adds dignity or solemnity to a statement; perhaps a development from (a) above;* • အကြောင်း:ကြား:အပ်ပါသည်၊ ကျောင်း:အပ်ကြီး:ခင်များ။ I am writing to inform you, headmaster, Sir (equivalent to "Dear headmaster"). • တောင်း:ပန်အပ်ပါသည် *or* မေတ္တာ ရပ်ခံအပ်ပါသည်။ You are humbly requested. • ဖိတ်ကြား:အပ်ပါသည်။ You are respectfully invited.

(c) *in the compound* လိုအပ်– ⇒ **to be necessary, needful,** *same as* လို–; *a verb pair in which* အပ်– *functions merely as a companion verb, perhaps derived from the preceding; more common in FB, particularly in elevated language;* • ည့်သည်များအတွက် လိုအပ်သည်များကို မေး:မြန်း:ဖြည့်စွမ်းရန် လာရောက် ကြည့်ရှုသည်။ He came to find out and supply whatever was need by the visitors. • ယင်း:ကိစ္စနှင့် ပတ်သက်၍ ပြီး:ဆုံးသွား:ခဲ့ပြီ ဖြစ်၍ အထူး:ပြောဆိုရန် မလိုအပ် တော့ပါ။ As this matter is finished and done with there is no special need to make further mention of it. • မဖြစ်နိုင်တာတွေကို သာသာထိုး:ထိုး:လေး ဖက်ပြီး သောကပွေနေတာကတော့ မလိုအပ်ဘူး:လေ။ It is not necessary to cleave to the impossible and be consumed with anxiety about it. • ထိုနောက် ဝန်ကြီး:နှင့်အဖွဲ့. သည် ... ဥယျာဉ်မြို့.တော်အတွင်း တည်ဆောက်ပြီး:စီး:မှုနှင့် တည်ဆောက်ဆဲလုပ်ငန်း:အခြေ

အနေများကို လှည့်လည်ကြည့်ရှုစစ်ဆေးပြီး လိုအပ်သည်များကို ဆွေးနွေးမှာကြားသွားပါ သည်။ Next the Minister and his entourage made a tour of inspection of the construction work in the garden city, both work completed and in progress, held discussions and gave instructions as to what was required.

အုံ *sts* အုံသည် (V~) ⇒ **will V, is going to V;** *indicates future, intended action, or assumptions; stc mkr, FB, more elevated than FB* မည်; = *CB* မယ်; *also used in attributes, usually in combination* အုံသော, = *CB* မည် *qv; regular equivalent of Pali future tense in nissaya translation (Okell 1965 p 201);* • လူအများတို့ မှတ်သားစိမ့်ငှာ ငါသူမြတ် ပြောကြားပေအုံ။ I the virtuous one will speak for the many to hear. • သင့်လျှော်သော ပုံဥပမာကို ဆောင်၍ ပြပါဦးအုံ။ I will present an appropriate analogy. • ကေံ၊ တစ်ခုသော။ သာလံ၊ ဇရပ်ကို။ ကရိဿာမ၊ ပြုကုန်အုံ။ We shall build a hall *(nissaya).* မစောတင်နှင့် မုချအားဖြင့် အကြောင်းပါအုံသည်။ I shall surely be married to Ma ST (if I am not careful).

In combination အုံသတည်း:, *common in nissaya and nissaya style:* • မေ၊ ငါ၏။ ပုတ္တဿာ၊ သား၏။ ဥပဋ္ဌာကာ၊ အလုပ်အကျွေးတို့သည်။ ဘဝိဿန္တိ၊ ဖြစ်လတ်ကုန်အုံ သတည်း။ They will be my son's servants *(nissaya).* • တေးထပ်ကလေးတစ်ပုဒ်ကို လုပ်လိုက်ပေအုံသတည်း။ I shall compose a little taydat poem.

When used in questions is *frequently rhetorical:* • ဆရာကြီးသည် ဤ့ကိစ္စမျိုးဒ့ ခပ်မဆိတ် နေနိုင်အုံလော။ မနေနိုင်ပြီ။ Would Sayagyi be able to remain silent in this matter? He would not. • စားစရာအတွက် ဘယ်မှာ ပူစရာ ရှိအုံတော့နည်း။ How could there be any further anxiety with regard to food supplies? • သူ့ကို အာဘယ်က့သို့ အာဇာနည်အဖြစ်ဖြင့် ချီးကျူးနိုင်ပါအုံနည်း။ How could they possibly have praised him as a hero?

Used in conditional clauses in *nissaya and nissaya style texts (see Okell 1965 p 215):* • သစေဝဏ္ဍာတိ၊ အကယ်၍ ယူအုံ။ ... ဒေဟိ၊ ပေးလေလော့။ If he accepts ... give it to him. • သစေ၊ အကယ်၍။ ပူဝံ၊ မုန့်သည်။ နသုန္ဒရံ၊ မကောင်းသည် ဖြစ်အုံ။ ဘတ္တံ၊ ထမင်းကို။ ဘုဥ္ဇ၊ စားတော်ခေါ်ပါလော့။ If the cake is not good please eat the rice. • ကျွုပ်တို့မြွေမျိုးသည် ဘယ်သောအခါမျှ ကြွက်သတ္တဝါတွေကို မစားပါ။ အကယ်၍ စားမိအုံ၊ စားသောမြွေသည် မကြာခင် အန္တရာယ်တစ်ခုခုနဲ့ ကြုံပြီး အသက် သေ ပါစေသား။ We snakes will never eat a mouse. If we should chance to eat one, then may the snake that ate the mouse speedily meet with some danger and die.

In combination V–အုံ့သို့ ရှိ– ⇒ **to be as if V, to be likely to V:** • ဆောင်းပါး၊ ကဗျာ၊ ဋီကာ အာဘော်တို့၏ အရင်းအမြစ် ဖြစ်သည်ဟု ယူသော ရကောင်းအုံ့သို့ ရှိသည်။ If you take his articles, poems, commentaries and opinions as the foundation you are likely to be on the right track.

In combination V–အုံ့ဆဲဆဲ *or* V–အုံ့မူးမူး ⇒ **on the point of V-ing:** • မိန်းမူး မွေမြောနေသော လူတို့၏ ခန္ဓာကိုယ်ကို ... လေ့လာခဲ့ရသည်။ သေအုံ့မူးမူး လူနာများ၊

သက်မဲ့ရုပ်ခန္ဓာများကိုလည်း အလွတ်မပေးခဲ့ကြ။ We had to examine the bodies of people who were unconscious. And we were not spared (the examination of) people on the brink of death and corpses. • ကလောင်တစ်ချောင်းဖြင့် အသက် မွေးမည်ဟု အားထုတ်အံ့ဆဲဆဲတွင် ပြဇာတ်စာအုပ် ခေတ်စားခိုက်နှင့် ကြုံသဖြင့် ပြဇာတ်များ ကို ရေးသည်။ Just when he had decided to earn a living by the pen, play scripts became popular, so he wrote plays.

In combination V–အံ့သော N ⇒ N that is to be V-ed: • ၁၉၂၂ ခုနစ်၌ ကျင်းပအံ့ သော သရက်မြို့ ကွန်ဖရင့်။ The conference that was to be held at Thayet in 1922. • လာလတ္တံ့သောအခါ။ In time to come. **For combinations V–ချိမ့် (=ရှေ +အံ့) euphonic, V–စိမ့် (=စေ+အံ့) to cause V, V–ဝိမ့် (=ပေ+အံ့) euphonic,** *see entries under* ချိမ့်၊ စိမ့်၊ ဝိမ့်။ **For combinations အံ့သောငှာ and similar "for the purpose of",** *see under* ငှာ။ **For combination** လတ်အံ့ *see under* လတ္တံ့။

အံ့သတည်း *see under* အံ့ *will V*

အံ့သောငှာ၊ စေအံ့သောငှာ *in order to V, in order to cause to V: see under* ငှာ

အုံး *see under* ဦး *still, yet etc*

အုံးတော့ *see under* ဦးတော့ *let it V*

ေသိ *see under* ၏ *present or past tense and* ၏ *belonging to (listed at end of Burmese entries)*

၌ sts written ၌က် (N~) ⇒ **in, at, on** (place or time); nn mkr, FB; = FB တွင်, CB မှာ; regular equivalent of Pali locative case in nissaya translation (Okell 1965 p 200); • ဇူလိုင်လ၊ တစ်ဆယ့်ရှစ်ရက်နေ့၌။ On 18th July. • ကျွန်ုပ်၏ ရှေ့ မှောက်၌။ In the presence of myself. • ပျားအုံ တစ်အုံ၌ ပျားဘုရင်မ တစ်ကောင်သာ ရှိသည်။ There is only one queen in a hive of bees. • စာမေးပွဲများကို တပေါင်းလ၌ ကျင်းပလေ့ ရှိသည်။ Examinations are usually held in the month of Tabaung. • သိလိုသော အကြောင်းအရာ၊ အချက်အလက်တို့ကို မေးမြန်းရာ၌ အသုံးပြုသော ပစ္စည်းကို အမေးပစ္စည်းဟု ခေါ်သည်။ A particle used in asking for information is called an interrogative particle. • သေဋ္ဌာနုသေဋ္ဌီနံ၊ သေဋ္ဌေးကြီးသေဋ္ဌေးငယ်တို့၏။ ကုလေသု၊ အမျိုးတို့၌။ ပဋိသန္ဓိ၊ ပဋိသန္ဓေကို၊ ဂဏှိံသု၊ ယူလေကုန်၏။ They were conceived in the families of greater and lesser wealthy men (nissaya).

၍ **1** sts written ရွေ့ (V~) ⇒ **V and; V-ing; after V-ing; V and therefore ...;** generic suffix for linking two verb clauses, temporal, causal or unspecific; sub cls mkr, FB; for CB equivalents, see subentries below; cf FB ကာ၊ ပြီး၊ ရာ၊ လျက်;

(a) V and, after V-ing; = CB V–ပြီး၊ V–ပြီးတော့၊ FB V–ပြီး၊ V–ကာ၊ V–လျက်; • အမိမှာ ဒေါ်အုန်း ဖြစ်၍ အဖမှာ ဦးစံဒွန်း ဖြစ်သည်။ His mother was Daw Ohn and his father was U SD. • နေသည် အရှေ့မှ ထွက်၍ အနောက်သို့ ဝင်သည်။ The sun rises in the east and sets in the west — having risen in the east, it sets etc. • သန်းခေါင်ကျော်၍ အိပ်ရာမှထ၍ ပြင်ပမှ လေကောင်းလေသန့် ရရန် ကျောင်း

သခ်ာ်မ်းမှ ထွက်၍ ဝရံတာသို့ လာခဲ့သည်။ After midnight he got out of bed and came out of the monastery onto the veranda so as to get some fresh air from outside. • ၁၉၇၄ ခုနှစ်တွင် ဖွဲ့စည်းပုံအခြေခံဥပဒေကို ပြဋ္ဌာန်း၍ ပြည်ထောင်စု ဆိုရှယ်လစ်သမ္မတ မြန်မာနိုင်ငံအဖြစ် ထူထောင်ခဲ့ပါသည်။ In 1974, after the constitution had been laid down, the country was established as the Socialist Republic of the Union of Burma. • ပြတင်းပေါက်များ ရှိ၍ အလင်းရောင် ကောင်းစွာ ရသောအခန်း။ A room that had windows and was well lit *or:* that was well lit because it had windows. • ဖခင်ကို ရည်ရွယ်၍ (= CB ရည်ရွယ်ပြီး) လှူဒါန်းသဖြင့်။ As she made the offering with her father in mind ("aiming at her father"). • ဂျီစီဘီအေတွင် ငွေရင်းကြေးရင်းနှင့် စပ်လျဉ်း၍ (= CB စပ်လျဉ်းပြီး) မသန့်မရှင်း ဖြစ်နေပုံ။ The story of suspicions regarding the funds of the GCBA. • ကုန်ဈေးနှုန်းများ ကြီးမြင့်နေခြင်း ကိစ္စနှင့် ပတ်သက်၍ (= CB ပတ်သက်လို့၊ ပတ်သက်ပြီး) ကုန်သည်ကြီးများနှင့် တွေ့ဆုံ ဆွေးနွေးပွဲကို ကျင်းပသည်။ A discussion was arranged with the main traders concerning the high price of goods. • မနက် လင်းပါပြီ ဆိုကတည်းက အရက်သောက်ဖို့ကလွဲ၍ (= CB လွဲလို့၊ လွဲရင်) ဘာကိုမှ စိတ်မဝင်စားတော့။ From the moment it was light he was interested in nothing apart from ("excepting") drinking.

Regular equivalent of Pali gerund in nissaya translation (Okell 1965 p 213): • တံပဝတ္တိံ၊ ထိုအကြောင်းကို။ ဥတွာ၊ သိ၍။ Hearing, when he heard, of this matter *(nissaya).* • ပရိသုဒ္ဓံ၊ စင်ကြယ်သော။ ကပ္ပါသံ၊ ဝါကို။ ဂဟေတွာ၊ ယူ၍။ သုခုမသုတ္တံ၊ သိမ်မွေ့သော ချည်ကို၊ ကန္တိတွာ၊ ဝင့်၍။ ဂုဠံ၊ ချည်ထွေးကို။ ကတွာ၊ ပြု၍။ ဥစ္ဆင်္ဂေ၊ ခါးပိုက်၌၊ ထပေတွာ၊ ထား၍။ ဂါမံ၊ ရွာသို့။ အာဂစ္ဆန္တီ၊ လာသည်ရှိသော်။ (The woman) taking clean cotton, and spinning a fine thread, and making a cotton ball, placing it on her hip, came to her village *(nissaya).*

(b) *used after pre-verbs,* *where* ၍ *(and CB* ပြီး*) are optional when the first verb is close to the second:* • ထိုအချိန်မှာပင် ထောက်လှမ်းရေးသင်တန်းများကို စတင်(၍) ကိုင်တွယ် လေ့ကျင့်ခဲ့ပါသည်။ At that very time he began holding training courses in intelligence work. • ရာသီဥတုသည် ပို(၍) ကောင်းလာသည်။ The weather became better. • ဆရာကြီး၏ ကဗျာများအကြောင်းကို ဉာဏ်မီသမျှ စမ်း(၍) ရေးခဲ့ပါသည်။ He tried writing what he could about the great man's poetry. *–၍ is not omitted when the pre-verb is separated from the next verb:* • အမယ်ကြီးက ပြန်၍ ဘာမျှ မပြောဘူး။ The old lady made no reply. • ဆက်လက်၍ အမှာစကား ပြောရာတွင်။ In continuing to give his instructions, in continuing his talk.

(c) *used before certain verb modifiers,* *mainly optional, (= CB* လို့*):* • ဆရာကြီး ထွက်(၍) သွားလေသည်။ Teacher left, went out (of the room). • ကြီးသထက်ကြီး(၍) လာသည်။ It grew bigger and bigger. • ကမ်းခြေကို မျက်နှာမူ(၍) နေ၏။ (The house) faced the sea. • ဆွေးမြည့်၍ပင် နေပြီ ဖြစ်၏။ It had even gone rotten. • သတင်းစာ ဖတ်(၍) မပြီးသေးမီ။ Before I had finished reading the news-paper. • ခါးသေးသဖြင့် တစ်မျိုး ကြည့်(၍) ကောင်းနေသည်။ She had a slender waist and was attractive in a way. • ဈေး ဆစ်(၍) ရသလား။ Is it acceptable to bargain?

(d) *used between certain pairs of verbs,* mainly optional, *(= CB လို့)*: • ရှာ၍ တွေ့သည် to seek and find; အိပ်၍ ပျော်သည် to succeed in sleeping; ဖမ်း၍ မိသည် to succeed in catching; နေ၍ ကောင်းသည် to be well, healthy; ကြည့်၍ ဝသည် to gaze one's fill.

(e) V and so, because V; *= CB V-လို့၊ V-တာနဲ့* , *FB V-သောကြောင့်၊ V-သဖြင့် qv;* • ဇာတ်မင်းသား ထင်၍ မေးခြင်းဖြစ်သည်။ I asked him because I thought he was the principal actor. • ဆွေမျိုးတွေ ရောက်လာ၍ အေးမိစံ မသွားဖြစ်တော့ပေ။ Some relatives had arrived, so AMS couldn't go. • ကျွန်တော် စာမေးပွဲ အောင်၍ တစ်အိမ်သားလုံး ဝမ်းသာကြသည်။ The whole household was pleased because I had passed my exam. • နတ်တော်လသို့ ရောက်ပြီ။ သို့ဖြစ်၍ သဇင်ပန်း ပွင့်သည်။ We have reached the month of Nadaw. So the thazin orchids are in flower. • ကျွန်တော့်နှာခေါင်းထဲတွင် ယားယံလာ၍ နှာချေမိသည်။ I had an itch in my nostrils and it made me sneeze.

(f) in the word အကယ်၍ **"if"** *(= CB တကယ်လို့), where* ၍ *is exceptionally suffixed to a noun:* • အကယ်၍ သူ လာခဲ့လျှင်။ If he really comes, if he should come.

၍ **2** *see under* ရွေ့ *as much as*

ၐင်း *see under* လည်းကောင်း *both, the same*

၏ **1** *formerly written* ၏ *sts* ၏ *(N¹~ N²)* ⇒ **N¹'s N², the N² of, belonging to N¹**; nn atrb mkr, FB, *= CB* ရဲ့; *pron /အီ/; the use of* ၏ *is optional:* အဖွား၏ အိမ် = အဖွားအိမ် *(= CB* အဖွားရဲ့ အိမ်၊ အဖွားအိမ်*)* "Grandmother's house"; *when N¹ ends in a low tone, the final syllable may take induced creaky tone:* အဖေ၏ အိမ် = အဖေ့၏ အိမ် = အဖေ့ အိမ် "Father's house"; *regular equivalent of Pali genitive case in nissaya translation (Okell 1965 p 199);* • သံအမတ်၏အိမ် *or* သံအမတ်အိမ် the ambassador's house; • အိပ်ပျော်နေသော အမေ၏ ဟောက်သံများ *or* အမေ့ ဟောက်သံများ the sound of the snores of my mother asleep; • ကျွန်တော် ၏သား *or* ကျွန်တော့်သား my son; • ကျောင်း၏ ဝရန်တာ the monastery veranda; • ကြိယာအသီးသီး၏ အနက်သဘော the meaning of the various verbs; • မြတ်စွာ ဘုရား ဆင်းတုတော်ကြီး၏ ရှေ့မှောက်တွင် in front of the image of the Lord Buddha; • မူးယစ်ဆေးဝါး၏ အန္တရာယ် ကြီးမားပုံကို သူ မသိချေ။ He does not know the danger of narcotic drugs. • မာတာပိတုန်၊ အမိအဘတို့၏။ ပါဒေ၊ ခြေတို့ကို၊ ဓောဝိတွာ၊ ဆေး၍။ Having washed the feet of his mother and father *(nissaya).*

၏ **2** *formerly written* ၏ *sts* ၏ *(V~)* ⇒ **V-s, V-ed**; *indicates general state-ment of realised or non-future state; also habitual action; translatable by*

English past or present tenses; stc mkr, FB, cf FB V–သည်; = CB V–တယ် and V–ရဲ့; pron /အိ/; a high frequency suffix; unlike သည် is not used in attributive or embedded sentences, other than in quotation; rare in open questions;
• အလောင်းမင်းတရားကြီးသည် သံလျင်မြို့ကို တိုက်ခိုက်၏ ။ King Alaungpaya attacked the town of Syriam. • မကြာခင်ပင် အလုပ်ရလေ၏ ။ He soon got a job. • ထိုည လသာ၏ ။ That night the moon shone brightly. • မောင်မောင်သည် နေ့စဉ် နွားနို့ သောက်၏ ။ Maung Maung drinks milk every day. • အစည်းအဝေး ကျင်းပမည် ဖြစ်၏ ။ A meeting will be held ("it is the case that a meeting will be held"). • အမှန်တကယ်ပင် ငါသည် ဤကဲ့သို့ ခံစားနေပါ၏ လော ။ Did I really experience feelings like this?

ENGLISH ENTRIES

Entries for grammatical devices that have no written Burmese form

Chiming syllable with the rhyme –ကစ် (V~-) ⇒ **V and so on, V and that kind of thing;** *vb mod, CB; also used with nouns: see below;* • အခန်းထဲဝင်ပြီး ကြည့်ကြက်လိုက်ပါအုံးမယ်။ I'll just go into the room and have a look around. • ပြင်ပြီးသားဟာတွေကို နဲ့ နဲ မြည်းမြက်ပြီးတော့။ After having a taste of (the dishes) that have already been made. • ကောင်လေးနဲ့ တွေ့ရင် မေးမက်ပါအုံး။ If you meet the boy, just quiz him a bit.

Occasionally used with nouns with similar effect: • အနာဂတ်အနာဂက် the future and all that; • ဥပဒေဥပဒက် the law and so on; • ဖုတ်ဖက် dust and such.

Induced creaky tone (N~) ⇒ *marks certain types of juncture when the first of the two syllables in juncture is in the low tone. Induced creaky tone is found:*

(a) in numeral compounds, e.g. နှစ်ရာ + နှစ်ဆယ် ⇒ နှစ်ရာ့နှစ်ဆယ် two hundred and twenty;

(b) in sentence markers သည်၊ မည်၊ တယ်၊ မယ် *when used in verb attributes,* e.g. မှန်သည် + အဖြေ ⇒ မှန်သည့်အဖြေ a correct answer;

(c) in derived nouns *of the form* မ–V တ–V, e.g. မပျော် + တပျော် ⇒ မပျော့်တပျော် reasonably happy;

(d) before markers ကို and မှာ *when suffixed to personal referents,* e.g. အမေ + ကို ⇒ အမေ့ကို to Mother;

(e) in possessive attributes, *when the possessor is an individual person,* e.g. အဖေ + ဖိနပ် ⇒ အဖေ့ဖိနပ် Father's sandals; *nn atrb mkr. The possessor may also be a personified entity:* ပြည်သူ + ဘဏ် ⇒ ပြည်သူ့ဘဏ် People's Bank, နိုင်ငံ + ဂုဏ်ရည် ⇒ နိုင်ငံ့ဂုဏ်ရည် Pride of the State, ဗမာ + ခေတ် ⇒ ဗမာ့ခေတ် The Times of Burma, မြန်မာ + အလင်း ⇒ မြန်မာ့အလင်း New Light of Myanmar. *Some sources attempt to distinguish* မြန်မာ *and* မြန်မာ့ *in roman script by*

writing Myanmar *and* Myanma *respectively, but the practice is not univers-*
ally followed. The low tone word မြန်မာ *is romanized* Myanma *by some and*
Myanmar *by others. There are also one or two high tone words that may*
take induced creaky tone, e.g. မင်း + အမေ ⇒ မင့်အမေ *your mother.*

(f) as a result of fusion *between a verb and sentence marker* ရဲ့ – ထင် + ရဲ့
= ထင့်, *as in* ဖြစ်ပါလိမ့်မယ် ထင့်။ I think it will be.

(g) *Induced creaky tone is also found* **in the last syllable of a sentence,**
typically in a term of address or an appended appellative, e.g. Stc+ရှင် =
Stc+ရှင့်၊ Stc+ကွယ် = Stc+ကွဲ့၊ Stc+ဗျာ = Stc+ဗျာ့၊ Stc+တော် = Stc+တော့်။ *Also*
sts *in verse or poetic prose:* V+ဘူး = V+ဘူ့။ *Usually the creaky tone variant*
sounds more abrupt, less ingratiating. In this position induced creaky tone
is not of course a feature of juncture.

Repetition: *a process that is used for a range of grammatical functions:*

(a) **to form adverbs and attributes,** *from verbs, in various formations;*
sub cls mkr and vb atrb marker:

VV	မြန်မြန် fast ⇐ မြန်– to be fast;
	နည်းနည်း slightly ⇐ နည်း–to be little, not much;
NVV	စနစ်ကျကျ systematically ⇐ စနစ် system + ကျ– to fit in;
	စည်းကမ်းရှိရှိ in a disciplined way ⇐ စည်းကမ်း discipline +
	ရှိ– to have;
V¹V¹V²V²	သေသေချာချာ definitely ⇐ သေချာ– to be definite;
	ကြိုးကြိုးစားစား strenuously ⇐ ကြိုးစား– to make efforts;
	Note voicing pattern: /သေချာ/ *but* /သေသေ ချာချာ/
	and /ကြိုးစား/ *but* /ကြိုးဂြိုးစားဇား/ ။
V¹V¹V²	ချစ်ချစ်တောက် scorching hot ⇐ ချစ်– to be burnt +
	တောက်– to flare up;
	ပတ်ပတ်လည် surrounding ⇐ ပတ်– to encircle +
	လည်– to go round;
V¹V²V²	ခြောက်သွေ့သွေ့ bone dry ⇐ ခြောက်– to be dry + သွေ့– to be dry;
	နီရဲရဲ deep red ⇐ နီ– to be red + ရဲ– to be deep red;
VTT *(where T represents a syllable beginning with* တ *and rhyming with* V*)*	ဝါတာတာ yellowish ⇐ ဝါ– to be yellow;
	ယိုင်တိုင်တိုင် tottering ⇐ ယိုင်– to lean over;
VTကြီး	ဝဲတဲကြီး with a bad accent
	⇐ ဝဲ– to speak with an imperfect accent;
	လေးတေးကြီး very slow ⇐ လေး– to be slow;

Also used with certain disyllabic nouns:

$N^1N^1N^2N^2$ ခြေခြေမြစ်မြစ် radically ⇐ အခြေ basis + အမြစ် root;
ဦးဦးဖျားဖျား first and foremost ⇐ အဦး front + အဖျား tip;

(b) ***for baby-talk,*** *with nouns; nn mod:* • မေမေ mummy ⇐ အမေ mother; ချိုချို sweety ⇐ အချို a sweet.

(c) ***to indicate one by one, stage by stage, severality,*** *with nouns and phrases:* • ခဏခဏ often ⇐ ခဏ a moment; တစ်စက် တစ်စက် drop by drop ⇐ တစ်စက် a drop; အိမ်တိုင်းအိမ်တိုင်း every single house ⇐ အိမ်တိုင်း every house; သင်ရင်းသင်ရင်း step by step as you learn ⇐ သင်ရင်း while learning; တစ်ခါတစ်ခါ from time to time ⇐ တစ်ခါ one time; ဘယ်သူဘယ်သူ who (of various people) ⇐ ဘယ်သူ who; ဘယ်နှစ်နှစ် ဘယ်နှစ်နှစ် တွက်ထားသလဲ မသိဘူး။ I don't know how many years (to each period) they use in their calculations. သူတို့သူတို့မှာက တစ်နေ့တစ်နေ့ မောင်းရလှ မိုင် ၄၀–၅၀ပဲ ရှိမည်။ As for all the others, they would only drive about 40 or 50 miles a day at the most.

(d) ***to indicate repeated or increasing occurrence,*** *in the pattern $V^1V^1V^2$, in compounds with pre-verbs or verb modifiers; vb mod:* • သွားသွားကြည့်– to keep going and looking; ဝင်ဝင် တိုက်– to keep coming in and attacking; လျော့လျော့သွား– to become less and less; ဝယ်ဝယ်ပေး– to keep buying for sn.

(e) ***to indicate alternatives,*** *"whether V^1 or V^2", or "whether V or not V" or "whether N^1 or N^2"; sub cls mkr:* • မိုးရွာရွာ နေပူပူ မှန်မှန် တက်တာပဲ။ Rain or shine, he attended regularly. • မှားမှားမှန်မှန် သူ့အဖြေ သူ အော်လိုက်တော့တာပဲ။ He yells out his answer, whether it's right or wrong. • သူတို့တစ်တွေ သဘောကျကျ မကျကျ လုပ်ရမှာပါ။ We'll have to do it, whether they approve or not. • ဟုတ်ဟုတ် မဟုတ်ဟုတ် နာခံရမယ်ဆိုတာ။ (The belief) that we must obey him whether he's right or wrong. • စံပြလုပ်သား အရွေးခံရခံရ မခံရခံရ … သူတာဝန်ကျေမည်။ He would do his duty whether he was selected as a model worker or not. • ကျွန်တော်လည်း ဝိဇ္ဇာ ယူခဲ့ယူခဲ့ သိပ္ပံ ယူခဲ့ယူခဲ့ ဆရာဝန် ဖြစ်ခဲ့ဖြစ်ခဲ့ အင်ဂျင်နီယာ ဖြစ်ခဲ့ဖြစ်ခဲ့ … စာရေးဆရာ အဖြစ်သို့ မုချ ရောက်ခဲ့ရမည်။ Whether I had taken arts or science, whether I had become a doctor or an engineer, I would undoubtedly still have become a writer. • တောင်သူလယ်သမားကြီးတွေပဲ ဖြစ်ဖြစ်၊ ဈေးရောင်းတဲ့ဈေးသည်တွေပဲ ဖြစ်ဖြစ် အားလုံးဟာ တရားမျှတမှုကို လိုလားတာပဲ။ Whether people are peasants or traders, they all want justice. • ဝန်ကြီးနဲ့ တွေ့တွေ့ ညွှန်ကြားရေးမှူးနဲ့ တွေ့တွေ့ တစ်ယောက်ယောက်နဲ့ တွေ့ဖြစ်ရင် ပြီးတာပဲ။ Whether we meet with the minister or with a director, so long as we meet with someone that's all that matters. • သားလိုပဲ နေနေ ဧည့်သည်လိုပဲ နေနေ ကြိုက်သလိုနေ။ Whether you live here as my son, or live as my guest, just suit yourself. *Alternative repetition is occasionally used with nouns:* • မိုးမိုး ဆောင်းဆောင်း နွေနွေ ဆယ့်နှစ်ရာသီ ပွင့်တယ်။ It flowers all year round, rainy season, cool season and hot season.

(f) to indicate whoever, however, *etc, in the pattern interrogative + VV; ordinary compound verbs repeat in the form $V^1V^2V^1V^2$, and compound verbs with modifiers take the form $V^1V^2V^2$; sub cls mkr:* • ဘာပဲ ဝယ်ဝယ် ဒီအိတ်ထဲက ငွေသုံးရမယ်။ Whatever you buy, you must use the money from this purse. • အစ်မဖြစ်သူက ဘယ်လောက်ပဲ ဆူဆူ မြမြကို မချစ်ဘဲ မနေနိုင်။ However much fuss his sister made, he couldn't stop loving MM. • ဒီကောင် ဘယ်လောက်ပဲ ကြိုးစား ကြိုးစား တစ်ခါမှ မအောင်မြင်ခဲ့ပါဘူး။ However hard this lad tried, he never once succeeded. • ဘယ်လောက်ပဲ ခွာခွာ ဘယ်လောက်ပဲ ပုတ်ချပုတ်ချ၊ ခြေထောက်မှာတော့ သွေး ချင်းချင်းနီလျက် ရှိသည်။ However much we pulled off (the leeches), however much we hit them, our feet were still covered with blood. • စိတ်အပန်း ပြေအောင် ဘယ်လို ပြင်ဆင်ထားထား၊ နည်းနည်းလေးမှ စိတ်က အေးမသွား။ Whatever they did to make the ambience (of the restaurant) relaxing, he didn't calm down. • ဘယ်လိုပဲ အရုပ်ဆိုးနေနေ စိတ်ဝင်စားသူကတော့ စိတ်ဝင်စားကြတာပဲ။ However unattractive she may have been, there were nonetheless people who took an interest in her.

Rising intonation (Stc~, Phr~) ⇒ indicates a question *when the listener wants to verify or hear again what the speaker has said; marked in these examples by "?"; stc fin phr ptcl, CB;*

(a) in Yes-or-no questions: • ရှစ်ယောက်? (Did you say) eight people? • သူ့ကိုယ်သူ သတ်သေတယ်? (Did you say) he committed suicide?

(b) in open questions, used without the usual marker လဲ။ • နာမည်က ဘယ်သူ? What did you say your name was? • ဘာ ပြောတယ်? What did you just say? What's that you said? • နံပါတ်က ဘယ်လောက်? What's the number (again)?

Zero, *i.e. absence of marker after a verb (whether subordinate clause marker or sentence marker), here symbolized by Ø: used for a range of grammatical functions:*

(a) VØ ⇒ indicates requests and commands; *usually sounding brusque or imperious unless tempered by verb modifier ပါ–; stc mkr, CB+FB;* • ထ။ *(interpreted as ထ+Ø)* Get up! • ထိုင်ပါ။ *(sc ထိုင်ပါ+Ø)* Please sit down. • ရှေ့ကို လာ။ Come to the front. • ခဏ ငှားလိုက်စမ်းပါအုံး။ Please lend it to me for a moment. • ပြန်တော့။ Go home now.

(b) VØ ⇒ marks exclamatory or graphic statements, *frequently in the pattern သိပ်–VØ and V–သေး:–Ø and V–ဘိ–Ø; stc mkr, CB;* • ကောင်းဗျာ၊ သိပ်ကောင်း။ Good, man. Very good. • မွေးမြူရေးဥဆိုတော့ တောကြက်ဥလို ဘယ်အားရှိမလဲနော် — ဟာ ရှိသမှ သိပ်ရှိ အစ်မရေ။ It's an egg laid on a farm, so how could it be as nutritious as one laid in the wild? — Oh, it is, sister, it really is. • ပျို့ချင်သလိုလို အန်ချင်သလိုလိုကလည်း ပါလိုက်သေး။ I also felt as if I was going

to be sick. • သမီးကြီးက အမေရိကားသွားနေတော့ သူ ပါမလာလို့ စိတ်မကောင်း ဖြစ်ရ
သေး။ My older daughter has gone to America so couldn't come with us,
which is a disappointment. • ပြောပါ ကိုဆောင်းရဲ့၊ ဟိုပွဲမှာ မင်းသားမင်းသမီး
ဆိုကောင်း၊ ငိုကောင်းတုန်းရှိသေး။ ရှင် ဘာလို့ ပြန်သွားရတာလဲ ဟင်။ Tell me this, Ko
Hsaung. The actor and actress in the show over there are still singing and
weeping, so how come you had to come home (before they're finished)? • အဲ
မှာ ငါက တော်သေး။ Oh goodness me. I'm a bit better than that. • ငါတော့ သိပ်
ကြိုက်တာပဲ၊ ကော်ဖီနဲ့ဆို သာတောင်ကောင်းသေး။ Oh I love them. They're even bet-
ter when you have them with coffee. • ကရင်နာမည်ကတော့ နော်မဲလေဖော်တဲ့။ —
အဲဒါက သာတောင် ခေါ်ရခက်သေး။ My Karen name is Naw Meh-lay-hpaw. —
Oh that's even harder to say. • ရယ်စရာ ကောင်းလိုက်ပါဘိ။ It was so funny!
• ငါတို့သာ ရှုံးရမယ်ဆိုရင် ဒီလို သတ္တိပြပြီး အသေခံလိုက်ချင်စမ်းပါဘိ။ How I wish that
we would have been able to die so bravely if we had been defeated.

(c) V¹Ø V²-suffix ⇒ _indicates suspended clauses_, _i.e. a series of verb
clauses in which the marker (or other suffix) occurs only once, with the last
verb, and the verbs of the preceding clauses are left suspended without any
marker (see Okell 69 vol 1, section 7.11); CB+FB;_ • တချို့က ဆဲ၊ တချို့က အော်၊
တချို့က ကဲ့ရဲ့ပေမဲ့။ Although some people abused him, some shouted at him,
and some derided him (_read as_ ... ဆဲ–Ø, ... အော်–Ø, ...). • ဂရုစိုက်ခဲ့၊ ယုယခဲ့ပုံ။
The way in which they took care of her and were gentle with her (_read as_
ဂရုစိုက်ခဲ့–Ø). • ကိုသန်းနိုင်သည် ကျွန်တော်နှင့် တစ်ရွာတည်းသားလည်း ဖြစ်၊ ဆေး
တက္ကသိုလ်သို့ ဦးစွာ ရောက်သူလည်း ဖြစ်သောကြောင့်။ Because Ko TN came from
the same village as me, and because he went to medical college before me.
• ပေါင်းပင် သုတ်သင်၊ မြေတူး၊ မြေသြဇာ ကျွေးတော့မှ။ Only after you have pulled
out the weeds, dug over the soil, and spread fertilizer. • အိပ်ရာ ထ၊ မျက်နှာ
သစ်၊ ပါးစပ် ဆေး၊ ခေါင်း ဖီးလိုက်တယ်။ He got out of bed, washed his face,
rinsed his mouth, and combed his hair. • စာအုပ်ကို ဖတ်လို ဖတ်၊ ရုပ်ရှင်ရုံကို
သွားလို သွား၊ ဝတ္ထုတစ်ပုဒ် ရေးချင်လျှင်လည်း ရေး၊ ဘာပဲ လုပ်ရလုပ်ရ ကျွန်တော် ပျော်
ပိုက်ခဲ့လေသည်။ I could read when I wanted, go to the cinema when I felt like
it, or write a story if I wanted to — whatever I did I had a great time. • ဟော
ပြောချက် ရွေး၊ လူစား စီစဉ်၊ အစည်းအဝေး တက်ရသေးတယ်။ She also has to select
(speakers for) lectures, arrange substitutes, and attend meetings.

(d) V¹Ø, V²-နဲ့ ⇒ what with V¹ and V², V¹-ing and V²-ing; _used to list
successive events or manifold activities, sts with more verbs than two; sub
cls mkr, mainly CB; note the parallel with repetition used to form adverbs:_
ဝမ်းသာသာနဲ့ _"happily"_ vs ဝမ်းသာကြ ဝမ်းနည်းကြနဲ့ _"some happily, some sadly";_
• ရုံးဆင်း၊ ကားစီး၊ အိမ်ပြန်ရောက်၊ ရေချိုး၊ ထမင်းချက်နဲ့ အချိန် တော်တော် ကုန်တယ်
ဗျာ။ What with leaving the office, taking the bus, getting back home, hav-

ing a shower, and cooking supper — it all takes time. ● ဒီမှာ ရှင်ပြုကြ၊ ရဟန်းခံကြ၊ ဘုရား၊ ကျောင်း၊ တန်ဆောင်း၊ သိမ်ဇရပ်တွေ ပြုပြင်ကြနဲ့ သူတော်ကောင်းတရားတွေကို စဉ်ဆက်မပြတ် ပြုခဲ့ကြတယ်လေ။ In this place, what with holding novitiation ceremonies, holding monks' ordinations, repairing the pagodas and monasteries and shrines and *simas* and *zayats*, we have continuously upheld the principles of the religious life. ● ဝိုင်းဝန်းပြီး ဝမ်းသာကြ ဝမ်းနဲကြနဲ့၊ စိတ်လှုပ်ရှားမဲ့ ပရိသတ်။ An audience that would join in and be caught up by what they saw, being now happy, now sad. ● ဥပဒေထုံးစံအရ စီမံကိန်း ဆွဲ၊ ကုန်ကျမဲ့ ငွေများကို စာရင်းလုပ်၊ ဆိုင်ရာရန်ကုန်က ဌာနကို တင်ပြ၊ တစ်ခါ ဘဏ္ဍာရေးက ခွင့်ပြုသင့် မပြုသင့် စဉ်းစားနေနဲ့၊ အနည်းဆုံး ခြောက်လ ကုန်မှာပဲ။ What with drawing up a project in accordance with the regulations, making a list of the expenses that would be incurred, submitting it to the appropriate department in Yangon, then having it evaluated as permissible or not by the Treasury — it would take at least six months. ● ကိုယ့်ခုတင်မှာ ကိုယ့် အိပ်ရာ ခင်းသူ ခင်း၊ လှဲသူ လှဲ၊ ပစ္စည်းတွေ နေရာ ချသူ ချနဲ့ တော်တော် အလုပ် များနေကြပါတယ်။ They were all pretty busily engaged, some laying out their bedding, others lying down, and others arranging their belongings.

APPENDICES

OUTLINE GRAMMATICAL DESCRIPTION

This appendix contains a brief account of the grammatical description on which the *Dictionary* is based. Its purpose is to show the features of the various categories to which the grammatical forms are assigned, and to introduce the names we use for those categories (marker, numerative, etc).

There is no definitive way of analysing and classifying the grammatical forms of Burmese. Different systems have advantages for different purposes. The classification we present here deliberately ignores some of the finer distinctions, in the interest, we hope, of making it easier to follow and apply. Readers of the *Dictionary* will notice that there are certain entries whose final classification is still undetermined.

This description that follows corresponds in part to the description given in Okell 1969, but readers familiar with that grammar will find that some of its categories have been amalgamated in the *Dictionary*, some have been subdivided, and some of the terminology has been simplified. For a note on the relationship of our classification to that of the MED, see the note following the Index.

1 Sentences

The typical Burmese sentence can be analysed into one or more "noun phrases" followed by a "verb phrase"; e.g.

noun phrase	*noun phrase*	*noun phrase*	*verb phrase*
နောက်နေ့နံနက်တွင်	ကျွန်စာရေးသူသည်	စာနှစ်စောင်ကို	ရ၏ ။
The next day in the morning	the present writer	two letters	received.

"On the morning of the next day the present writer received two letters."

For brevity we use the term "noun phrase" as a cover term to include constituents of the sentence that may be translated as adverbs or certain other types of expression.

2 Markers

Some suffixes mark the rôle of a phrase in the sentence. Suffixes that perform this function we call "markers". In the example sentence, we find four markers:

–တွင် marking the time at which the action of the verb took place,
–သည် marking the subject of the verb,
–ကို marking the object of the verb, and
–၏ marking the end of the sentence and past or present time.

Not all noun phrases have to have markers; e.g.

noun phrase	*noun phrase*	*noun phrase*	*verb phrase*
မနက်ဖန်	မမအေး	နာရီဝက်	ဆိုချင်တယ်။
Tomorrow	Ma Ma Aye	half an hour	wants to sing

"Tomorrow Ma Ma Aye wants to sing for half an hour."

In this example none of the three noun phrases carries a suffix.

Markers can be split into two groups: those that are attached to nouns, which we call "noun markers" and those that are attached to the verb at the end of the sentence, which we call "sentence markers". For examples of these two types of marker see Lists 9 and 13.

3 Phrase particles

The distinctive feature of markers is that they show the rôle of the phrase in the sentence. If you exchanged –သည် and –ကို in the example sentence, it would mean that the letters received the writer and not the opposite. In contrast, there are other suffixes that can be attached to a phrase in a sentence without having any effect on its rôle in the sentence. Suffixes of this type we call "phrase particles". Often they are attached to phrases that already contain markers. Example:

noun phrase	noun phrase	noun phrase	verb phrase
မနက်ဖန်တော့	မာမာအေး	နာရီဝက်ပဲ	ဆိုချင်တယ်နော်။
Tomorrow how-ever	Ma Ma Aye	only half an hour	wants to sing, right?

"Tomorrow however Ma Ma Aye only wants to sing for half an hour: OK?"

Here we find three phrase particles:

–တော့ however

–ပဲ only

–နော် all right?

Whether the phrase particles are present or not, the rôles of the phrases in the sentence remain unaffected.

Phrase particles can be split into two groups: those that are attached to phrases at the end of the sentence ("sentence final phrase particles") and those that are attached to phrases earlier in the sentence ("sentence medial phrase particles"). For examples of the two types of particle see Lists 12 and 14.

4 Nouns

4.1 Simple and compound

Nouns may be as short as a single syllable:

ပွဲ festival

Nouns of this type we call "simple nouns".

Simple nouns may be expanded by adding other elements, e.g.

ပြိုင်ပွဲ competition

စာစီစာကုံးပြိုင်ပွဲ essay competition

အမျိုးသားအောင်ပွဲနေ့ စာစီစာကုံးပြိုင်ပွဲ National Day essay competition

၇၅ နှစ်မြောက် အမျိုးသားအောင်ပွဲနေ့ စာစီစာကုံးပြိုင်ပွဲ essay competition for the 75th celebration of National Day

These we call "compound nouns".

There are also nouns of more than one syllable that cannot be analysed as compounds of simpler elements:

သမိုင်း history

မုန်တိုင်း storm
They are also regarded as "simple nouns".

4.2 Noun modifiers

Some words occur in compound nouns with high frequency, usually as the last element in the compound, e.g. –ကြီး "great " in: ပင်လယ်ပြင်ကြီး the great open sea, အိမ်ကြီး the big house, နေကာမျက်မှန်ကြီး large sunglasses, etc. Words with this distribution we call "noun modifiers". They are listed in List 10.

4.3 Location nouns

There are two classes of noun that it is helpful to single out and name. One is the group of words meaning "above", "behind", "near" etc. They are all in common use as suffixes and occur with markers meaning "in", "to", "from", etc; e.g.

phrase with loc noun	*literal translation*	*meaning*
ဈေးနားမှာ	market-vicinity-in	near the market
မိတ်ဆွေထံသို့	friend-place-to	to a friend's
ကားမောင်းစဉ်က	car-drive-while-from	while driving

We call these "common location nouns" and list them in List 7.

4.4 Numerative nouns

The other group is used in counting. The typical number phrase in Burmee contains three elements: the noun being counted, the number, and a word used for counting that particular noun:

number phrase			*literal translation*	*meaning*
လူငယ်	သုံး	ယောက်	youngster three person	three youngsters
ကျွဲ	သုံး	ကောင်	buffalo three animal	three buffaloes
လက်	သုံး	ချောင်း	finger three longs	three fingers
သရက်သီး	သုံး	လုံး	mango three rounds	three mangoes

The third element in a number phrase is a type of noun we call "numerative".

4.5 Attributes to nouns

§4.1 above showed that a simple noun can be expanded into a compound noun by the addition of other elements in front of it. These elements usually qualify the noun in some way, or specify some aspect of it. We call them "attributes". Some attributes require a marker:

attribute	noun	translation
ဦးလေးရဲ့	ကျောင်းသားဘဝ	Uncle's student days
မြန်မာနိုင်ငံက	လက်ဖက်ခြောက်	tea from Burma

The nouns in column 1 carry markers that show they are attributes to the nouns in column 2. So we call markers of this type "noun attribute markers".

4.6 Coordinate nouns

In some sentences you will find noun phrases containing two nouns (sometimes more) in which the first noun is not attributed to the second but has equal or coordinate status with it:

noun 1	noun 2	translation
ဇနီးသည်နှင့်	သမီး	the wife and the daughter
ဘုရင်ကြီးရော	သူ့တပ်သားတွေပါ	both the king and his troops

Markers like –နှင့် and –ရော...–ပါ show this equal status. We call them "coordinate markers".

5 Verbs

5.1 Simple and compound

Verbs may be as short as a single syllable:
ပြိုင်– to compete
Verbs of this type we call "simple verbs".

Simple verbs may be expanded by adding other elements, e.g.
ပြိုင်ဆိုင်– to compete
ဝင်ရောက်ပြိုင်ဆိုင်– to enter and compete
ဝင်ရောက်ပြိုင်ဆိုင်လို– to want to enter and compete

These we call "compound verbs".

There are also verbs of more than one syllable that cannot be analysed as compounds of simpler elements:

ဆင်ခြင်– to think
ဆင်းရဲ– to be poor

They are also regarded as "simple verbs".

5.2 Pre–verbs

Some words recur in compound verbs with high frequency. Some of these occur in front of other verbs; e.g.

စပြိုင်– to start competing
လာပြိုင်– to come and compete

These words we call "pre-verbs", and the verb in front of which they appear we call the "main verb". Some common pre-verbs are listed in List 5.

5.3 Verb modifiers

Another type of element in a compound verb occurs after the main verb:

ပြိုင်ချင်– to want to compete
ပြိုင်ခဲ– to compete rarely

These words we call "verb modifiers". They are listed in List 19.

6 Subordinate clauses

Some sentences contain two or more clauses; e.g.

1a	*noun phrase*	*noun phrase*	*noun phrase*	*verb phrase*
	ကျွန်တော်တို့သည်	တကယ့်	အရေး	ရှိလာပါလျှင်
	We	really	need	if arises

1b	*noun phrase*	*noun phrase*	*verb phrase*
	တိုင်းပြည်အတွက်	အသက်ကိုတောင်ပင်	စွန့်ရဲပါသည်
	for our country	even our lives	would dare to sacrifice

"If the need should arise, we are prepared to sacrifice our lives for our country."

Structurally 1a and 1b are closely parallel. Each consists of a verb phrase preceded by two or three noun phrases, some of which carry markers or phrase particles. The main difference between the two lies in the type of marker used in the verb phrase: whereas the marker in 1b shows that the sentence is concluded, the marker in 1a shows that sentence is not concluded and is expected to continue. We call 1a a "subordinate clause" and 1b the "main clause".

As shown in §2, markers that signal the end of a sentence are called "sentence markers". Markers that require the sentence to continue we call "subordinate clause markers". The two types of verb marker are listed in Lists 13 and 16.

7 Verb attributes

7.1 Verb attribute markers

§4.5 above showed that a noun may be preceded by a "noun attribute". Nouns may also be preceded by a verb attribute. Verb attributes are usually marked by one of a set of markers:

attribute	noun	translation
ပါလာသည့်	ဆေးပေါ့လိပ်	the cheroots he had brought with him

We call an attribute of this type a "verb attribute". Frequently the verb in a verb attribute is part of a clause containing nouns with markers and particles in the same way as main clauses and subordinate clauses. In this case the entire clause is attributed to the noun:

noun phrase	noun phrase	verb phrase	noun
ကျောင်းသားများ	ဘွိုင်းကောက်	လုပ်သော	နေ့
students	boycott	hold-which	day

"The day on which the students held the boycott."

Markers that signal verb attributes we call "verb attribute markers". They are listed in List 18.

7.2 Special head nouns

A small set of nouns can take verb attributes without a marker:

noun phrase	noun phrase	verb phrase	noun
ဦးလေး	အလုပ်မှ	ပြန်လာ	ချိန်
Uncle	from work	return	time

"The time at which Uncle returns from work."

Nouns that have this property we call "special head nouns". They are listed in List 15.

7.3 Nominalized clauses

Some special head nouns have the effect of simply turning a clause into a noun:

noun phrase	noun phrase	verb phrase	noun
ဦးလေး	အလုပ်မှ	ပြန်လာ	တာ
Uncle	from work	return	thing

"Uncle's return from work."

Clauses like this we call "nominalized clauses".

8 Subordinate sentences

There is a set of noun markers that are attached not only to nouns, but also to whole sentences — normally with a verb attribute marker in place of the sentence marker. The resulting unit has the same form as a noun with a verb attribute in front of it, but it functions in the same way as a subordinate clause, so we call them "subordinate sentences":

as free-standing sentence	as subordinate sentence
သား ရဟန်း ပြုသည်။	သား ရဟန်း ပြုသည့်အကြောင်း ...
His son became a monk.	concerning his son becoming a monk ...

You will find other sentence examples in the entries for the various subordinate sentence markers, and the markers are listed in List 17.

9 Sentences with no verb

Some sentences consist of just two noun phrases and no verb phrase:

noun phrase 1	noun phrase 2
ကျွန်တော့်အစ်မက	ဆရာဝန်
My sister	doctor

"My sister is a doctor."

We call these sentences "noun sentences". Sometimes an equivalent sentence will include a verb:

noun phrase 1	noun phrase 2	verb phrase 2
ကျွန်တော့်အစ်မက	ဆရာဝန်	ဖြစ်ပါတယ်
My sister	doctor	is

"My sister is a doctor."

Noun sentences can only be negated by using the verb ဟုတ်။

noun phrase 1	noun phrase 2	verb phrase 2
ကျွန်တော့်အစ်မက	ဆရာဝန်	မဟုတ်ပါဘူး
My sister	doctor	is not

"My sister is not a doctor."

LISTS OF GRAMMATICAL FORMS ARRANGED BY CATEGORY

in alphabetical order of category

The translation equivalents in the lists are given solely to help identify the forms, and are reduced to one word where possible. For fuller treatment see the entry in the *Dictionary*.

1	clauses and verb attributes
2	common elements in compound nouns
3	common elements in compound verbs
4	common numeratives
5	common pre-verbs
6	coordinate markers
7	location nouns
8	noun attribute markers
9	noun markers
10	noun modifiers
11	selectives
12	sentence final phrase particles
13	sentence markers
14	sentence medial phrase particles
15	special head nouns
16	subordinate clause markers
17	subordinate sentence markers
18	verb attribute markers
19	verb modifiers
20	miscellaneous

1. Clauses and verb attributes (Stc~, Phr~)

ကောင်းဆဲ၊ ကောင်းတုန်း	while still
ကျ(ရင်)၊ ကျတော့ etc	when we get to
ခေါ်	which is called
ခြား	at intervals of
(အ)စ	beginning with
ဆို	didn't you say?
ဆိုကတည်းက	ever since sn said
ဆိုက	saying
ဆိုခါမှ	only when
ဆိုတာ၊ ဆိုသည်	that which says
ဆိုတော့	since it is
ဆိုနေ	I've been telling you
အဆိုပါ	the aforesaid
ဆိုပါတော့၊ ဆိုပါစို့	let's say
ဆိုပေမယ့်၊ ဆိုသော်လည်း	although it is
ဆိုပဲ	so it is said
ဆိုပြီး၊ ဆိုပြီးတော့၊ ဆို	after saying
ဆိုရင်၊ ဆို etc	if you take the case of
ဆိုရာတွင်၊ ဆိုရာ၌	when we speak of
ဆိုလား	was it called?
ဆိုလို့	because it was said that
ဆိုသော်	if you consider
တဲ့	*reported speech*
တန်	worth
ထက်မနည်း	not less than
ထား၊ ထားဦး	leave it that

ပတ်သက်၍/လို့ etc	concerning
နေ	living in
ပါ	included in
ပြီး	one after another
ပြီးတော့၊ ပြီးလျှင်၊ ပြီး etc	and then
ဖြစ်စေ၊ ဖြစ်ဖြစ်	whether it be
ဖြစ်စေ၊ ဖြစ်ဖြစ်	however, whatever
ဖြစ်ဖြစ်	or something similar
မက	not so few
မဆို	not specified
မဆိုထားနဲ့	don't mention
မရွေး	any whatsoever
မဟူ	not specified
မူ၍ (မ V~)	not V-ing
မဲ့	lacking
မည်သို့ဆိုစေ	however that may be
မည်သည်	that which is called
မြောက်	-th
မှနေ၍	from
မှန်လျှင်၊ မှန်ရင်	if sth qualifies as N
မျှ (ရှိသမျှ etc)	all there are
ဟု၊ ဟူ၍	saying that
ဟူလို	take as
ဟူသည်	that which is called
ရှိ	situated in
ရွေ့၊ ၍ (ရှိသရွေ့ etc)	all there are

2. Common elements in compound nouns (N~, V~)

ကြောင်း	line, way	ရေး	affair
စ	a piece for	ရင်း	original
စား	type	လုံး	globe
စဉ်	row, series	လုံးကျွတ်	the whole
ဒဏ်	penalty, damage	ဝါဒ	-ism
ပိုင်း	part	ဝင်	member
ပုံ	shaped like	သမား	dealer
(အ)ပြင်	surface	သား	material
ပြန်	one who has returned	သား	son, resident
ဖိုး	value	သူ	female resident
ဘက်	area, companion	သည်	doer
မှု	legal case, act	သံ	sound
မှူး	chief		

3. Common elements in compound verbs (V~)

ကျ–	to fall	မြောက်–	to achieve
ခံ–	to receive	ရောက်–	to arrive
စား:–	to savour	ရှိ	to exist, have
မိ	catch, be caught		

4. Common numeratives (N⁰~)

(အ)ကောင်	for animals	(အ)ပါး	for people
ခု	for unclassified items	(အ)ပင်	for plants, threads etc
(အ)ချောင်း	for long, pointed items	(အ)ပုဒ်	for texts, songs etc
(အ)စီး	for anything riddden	(အ)ယောက်	for people
(အ)စောင်	for letters, articles	(အ)ရပ်	for ideas, subjects etc
(အ)ဆ	for times, fold	(အ)လုံး	for globes etc
(အ)ဆူ	for sacred objects	ဦး:	for people
(အ)ထည်	for clothes		

5. Common pre–verbs (~V)

ကူ(ညီ)	help	ပြန်(လည်)	over again
ကောက်(ယူ)	pick up	ပြန်ပြောင်း	over again
ကျိတ်	secretly	ဖိ	very much
ကြို(တင်)၊ တင်ကြို	in advance	ယောင်	absently
ကြည့်	at discretion	ရော(နှော)	join in
ခိုး	furtively	လာ(ရောက်)	come
ခွဲ	split up	လိုက်(လံ)	follow, accompany
စ(တင်)	start	လုပ်	fabricate
ဆက်(လက်)	continue	လှည့်	turn
ဆင့်	repeat	လှမ်း	reach out
တန်း	directly	လျှောက်၊ ရောက်	go straight on
တယ်	very much	လွှတ်	very much
တွန်း	very much	ဝင်(ရောက်)	enter
ထပ်(မံ)	over again	ဝိုင်း(ဝန်း)	gather round
နင်း(ကန်)	very much	သာ	more
ပေး	allow	သိပ်	very much
ပို(မို)	more	သွား(ရောက်)	go
ပြေး	run		

6. Coordinate markers (N¹~N², N¹~N²~)

နှင့်၊ နဲ့	and, with	လည်းကောင်း	both ... and
ရော၊ ကော	both ... and	သော	neither ... nor
ရယ်	for one	သော်လည်းကောင်း	either ... or

7. Location nouns

ကာလ	time when	အနက်	among
(အ)ကြား	between	နောက်	behind
(အ)ခါ	time	(အ)ပ	outside
(အ)ိုက်	when	အပါး	place
(အ)ချိန်	time when	(အ)ပေါ်	upon
စဉ်	while	ပတ်(ပတ်)လည်	surrounding
ဆီ	place	(ပတ်)ဝန်းကျင်	around
ဆဲဆဲ	on the point of	အပြီး	after
အတောအတွင်း	during	(အ)ပြင်	outside
(အ)တွင်း	inside	ဘေး၊ နံဘေး	beside
(အ)ထဲ	inside	ဘက်	direction
(အ)ထက်	above	ရာ	place, mark
ထံ	place	ရှေ့	in front of
ထံပါး	place	(အ)လယ်	middle
(အ)နား	near	အလျင်၊ အရင်	preceding
အနီး	near	အောက်	under
နေရာ	place where, matter of		

8. Noun attribute markers (N~N)

နှင့်၊ နဲ့	with	လိုလို	rather like
အပါအဝင်	including	၀ါ	or
(အ)ဖို့	for	သော	*adjective*
ရဲ့၊ ကဲ့	's, belonging to	၏	's, belonging to
လို	like	induced creaky tone	's, belonging to

9. Noun markers (N~)

က	from	ဖြင့်	by means of
က	*subject*	ဖြင့်	-ly
ကတည်းက	ever since	အဖြစ်	as
ကနေ(ပြီး:(တော့))	from	ဖွယ်	just like
ကဲ့သို့၊ သို့	like	မှ	from
ကို	*object etc*	မှာ၊ မယ်	in, at, on
ကျ(စီ)	to each	မှာ	*topic*
ကြောင့်(မို့(လို့))	because of	မျှ	as much as
အကြောင်:	particulars of, concerning	အမျှ၊ တမျှ	equivalent to
ချင်:	reciprocally	(အ)ယောင်၊ ယောင်ယောင်	appearance
(အ)စ	beginning with	အရ	according to
အစား:	instead of	ရယ်(လို့)၊ ဟူ၍	as such
စဉ်	every	အလာ:	in the manner of
အညီ၊ ညီစွာ	matching	လို	like
တကွ(နက်)၊ အကွ	along with	လိုလို	rather like
တ(စ်)ပါ:	apart from	လို့	*quoted*
တ(စ်)လျှောက်(လုံ:)	the length of	လောက်	as much as
တိုင်(တိုင်)၊ တိုင်အောင်	up to	လိုက်	according to
အတိုင်:	according to	အလိုက်	according to
တ(စ်)ဆင့်	(passing) through	အလျောက်	in accordance with
တုန်:က	while	လျှင်	per
အတွက်	on account of	ဝယ်	on, at, in
တွင်	in, at, on	သို့	to
(အ)ထိ၊ ထိအောင်	up to	သည်	*subject*
ထက်	more than	ဟာ	*subject*
ထက်ထိ	up to	အား:	*object*
ထက်တိုင်	up to	အား:ဖြင့်	by means of
အနေနဲ့၊ အနေနှင့်/ဖြင့်	as	အား:ဖြင့်	as regards
နှင့်၊ နဲ့	with	အား:လျော်စွာ	in accordance with
နယ်	like	၌၊ နိုက်	in, at, on
(အ)ဖို့	for		

10. Noun modifiers (N~)

(က)လေး	little
ကျော်(ကျော်)	more than
ကြီး	large
ခန့်	approximately
ခွဲ	and a half
ငယ်	little
စီ	each
ဆုံး	most
တကာ	all
တိတိ	precisely
တော်	*sacred, royal, official*
တို့	*plural*
တိုင်း	every
တ(စ်)တွေ	and the rest
တည်း	only
တွေ	*plural*
(အ)ထီး	male
နီးနီး၊ နီးပါး	nearly as much as
ပေါင်း	total
ပတ်လုံး	for the duration
ဖ	male
(အ)ဖို	male
(အ)မ	female
မည်ကာ(မျှ)၊ မည်ကာမတ္တ	in name only
များ	*plural*
များစွာ၊ အများ	many
လောက်	approximately
(စ)လုံး	all
လုံးလုံး	full
သာသာ	just over
သား	all
အားလုံး	all
Repetition (b)	*baby talk*

11. Selectives (~, ~N, ~sfx)

အကြင်	that
အချို့၊ တ(စ်)ချို့	some
အခြား၊ တ(စ်)ခြား	other
(အ)တိ	which?
တ(စ်)စုံ	any
တ(စ်)ပါး	other
ထို	this, that
ဒါ	this, that
ဒီ	this, that
နို့	that, thus
အနှာ	that
အနှီ	this, that
ဘာ	what?
(အ)ဘယ်	which?
ဘယ်နှစ်	how many?
မည်ပုံမည်နည်း	in what way?
(မည်ရွေ့)မည်မျှ	how much?
မည်သူ	who?
မည်(ကဲ့)သို့၊ မည်သို့မည်ပုံ	in what way?
မည်(ကဲ့)သို့သော	what sort of?
မည်သည့်	which?
ယင်း	this, that
လည်းကောင်း	this, the same
သို့	thus
သည်	this, that
ဟော	this here, that there
ဟို	that
ဤ	this
ဤမည်သော	a certain
အဲ	that, that just mentioned

12. Sentence final phrase particles (Stc~)

ကိုး	*exclamatory*
ချည်း၊ ချည့်	nothing but
စ၊ စုံ့	*question*
တကား	indeed
တမုံ့	indeed
တည်း	indeed
တုံး	*question*
နော်၊ နော၊ နှော	OK? Right?
နည်း	*question*
ပါ	*polite*
ပါ့	indeed
ပေ	indeed
ပဲ၊ ကပဲ	indeed
ပေါ့	of course
ပင်	indeed
ပုံ(စံ(မျိုး))	appearance, as if
ရယ်	really
လား	*question*
လေ	you see
လဲ	*question*
လော	*question*
သဘော	idea of
ဟာ	indeed
ဥစ္စာ	indeed
Rising intonation	*question*

13. Sentence markers (V~, N~)

ဗျ	*exclamatory*
ဆဲ	is/was in the process of
တကား	*exclamatory*
တယ်၊ သ၊ တာ	*statement*
နှင့်၊ နဲ့ (မ–V~)	*negative command*
ပါ(က)လား	*exclamatory*
ပါ(ဦး/အုံး)လား	how about
ပါလိမ့်(မလဲ)	I wonder what
ပါ့	*exclamatory*
ပါ့မယ်	I certainly will
ပါ့မလား/လဲ	will it really
ပေါင် (မ–V~)	*negative statement*
ပိမ့်	*future statement*
ပြီ	is V-ing (now)
ဘူး၊ ပူး (မ–V~)	*negative statement*
မည်	*future statement*
မယ်၊ မ၊ မှာ	*future statement*
(စ)မြဲ	always
မှန်း	the fact that
ရအောင်(လား)	shall we?
ရဲ့၊ ကဲ့	*statement*
ရော၊ (က)ရော	*statement*
ရော	as soon as
ရော့မယ်	must have
ရိုး	*statement*
ရန်ကော	*exclamatory*
လေ(လေ)	the more ... the more
လေရော့သလား	could it be that
လော့	*command*
လင့် (မ–V~)	*negative command*
လတ္တံ့	will
လိမ့်မယ်/မည်	probably will
လှချည်ရဲ့ etc	*exclamatory*
သား	*exclamatory*
သော	*statement*
သည်၊ သ	*statement*
အံ့	will
၏	*statement*
Zero (a)	*command*
Zero (b)	*graphic statement*

14. Sentence medial phrase particles (Phr~)

က	as for	များ	or something
ကား	as for	မြ	as before
ကော၊ ရော	and how about	မှ(သာ)	only
ကို	really	မှ၊ မျှ	even
ချည်း၊ ချည့်	nothing but	မှ	*emphatic*
တော့(ရင်)	however	မှာ	*topic*
တောင်(မှ)	even	မျှ	*in extent*
ပါ	including	ရော	as well
ပဲ၊ ဘဲ	*emphatic*	လိလိ	utterly, completely
ပက်(လျှင်)	*emphatic*	လည်း၊ လဲ	also
ပင်(လျှင်)	*emphatic*	လျှင်	*emphatic*
ဖြင့်(ရင်)	as for	လျှင်/ရင်လည်း	either ... or
မူ	as for	သော်	as for
မူကား	as for	သော်မျှ/မှ	even

15. Special head nouns (V~)

ကျိုး (နုပ်-)	to receive the benefit of	မည်	that which will
ခမန်း	that must be	မှာ	that which will
ချက်	*forms noun from verb*	မှု	act
ခြင်း	*forms noun from verb*	ရာ	thing
ခွင့်	permission	ရေး	affair
စ	beginning	ရှိး	*forms noun from verb*
စရာ	that can be	ရင်း	essence
စိတ်	attitude	ရုံ	mere act
တာ	*forms noun from verb*	လေ့(-ထ)	habit
တော်	*sacred, royal, official*	လုံး	*forms noun from verb*
နည်း	method	သူ	person who
ပုံ	manner	သည်	*forms noun from verb*
ဖော် (ရ)	make the effort	သံ	sound
ဖန် (များ:-)	many times	ဟန်	manner
ဖွယ်(ရာ)	that can be		

16. Subordinate clause markers (V~, N~)

က	if	မှု၊ ပါမှ	if
ကတည်းက	ever since	မှဲ၊ မည့် (V~ V)	really
ကာ	-ing	မှဲသာ (V~ V)	for form's sake only
ကာမျှ(နှင့်/ဖြင့်)	by the mere fact of	မှ	only if
(အ)ကြောင်း	(say) that	မှန်း	(know) that
ခန့်၊ ကန့်	with a	(အ)ယောင်၊ ယောင်ယောင်	appearance
ခင်၊ မီ (မV~)	before	ရ (V–ရ–rhyme)	-ish
ချင်း (VV~, V–လျှင်–V~)	as soon as	ရကား	because
ချည်၊ ချိ	alternating	ရ	when
ခြင်း (–လျှင်)	if one must	ရာ (–ကြောင်း)	a means to
စဖူး (မ–V~)	unprecedentedly	ရော	as soon as
စဖွယ်	such as to cause	ရင်း၊ ယင်း	while
စေကာမူ	although	ရန်၊ ပါရန်	in order to
စွာ	-ly	လား	again and again
အဆုံး (မVချင်~)	more than one wants	လို (V~ V)	as one wishes
တ–	-ly	လို့	because
တော့(ခါ)	when, because	လို့	-ing
တိုင်း	every time	လိုက်	alternating
တုန်း	while	လင့်ကစား	although
တုန်းက	while	လျက်၊ ရက်	-ing
တမ်း	*mutual*	လျှင်၊ ရင်	if, when
တို့	alternating	သား (အV~)	-ly
နေနေသာသာ	far from	သော်	when, if
နဲ့	in the expectation that	သော်(ငြား)လည်း	although
ပေမဲ့၊ ပေတဲ့ etc	although	ဟယ်	again and again
ပြီး(တော့)	after	ဦးတော့၊ စေဦးတော့	even supposing
ပြီးရင်း	more than before	အောင်(လို့)	so as to
ဖို့	in order to	အောင် (မ–VV~)	without fail
သို့၊ ပဲ (မ–V~)	without	၍	-ing
မ (မ–V–တ–V)	not fully	Repetition (a)	*adverb*
မ (မ–VV VV)	not fully	Repetition (e)	whether...or
မချင်း (မ–V~)	for as long as not	Repetition (f)	whoever, whatever
မတတ်	almost	Zero (d)	what with

17. Subordinate sentence markers (VA~)

ကဲ့သို့၊ သို့	like		မို့(လို့)	because
ကြောင့်(မို့(လို့))	because of		မှန်း	(know) that
အကြောင်း	concerning		မျှ	as much as
အစား	instead of		(အ)ယောင်၊ ယောင်ယောင်	as if
အဆုံး (မ–V–နိုင်သည့် ~)	finally		အရ	according to
အတူ(တူ)	one might as well		ရွေ့၊ ၍	so long as
တိုင်(တိုင်)၊ တိုင်အောင်	up to		အလာ:	like
တိုင်(အောင်)	even though		လေ:	*quotation*
အတိုင်:	according to		လို့	like
တ(စ်)ပြိုင်နက်(တည်:)	at same time as		လိုလို	rather like
အတွက်	on account of		လို့	(say) that
(အ)ထိ	up to		လောက်	as much as
ထက်	more than		အလျောက်	in accordance with
အနေနဲ့၊ အနေနှင့်/ဖြင့်	as		အား:ဖြင့်	by way of
နယ်	like		အား:လျော်စွာ	as is fitting
ဖြင့်	as a result of			

18. Verb attribute markers (V~N)

စဖွယ်	such as to cause		ရာ	that, which
တဲ့၊ တယ့်၊ သ	that, which		ရင်:(ဲ့)	that was previously
နေကျ	that is habitually		ရန်	in order to, for
ပြီ:(သား:)	that is already		လက်စ	that is not yet finished
ဖွယ်	to be V-d		သာ:	that, which
ဖို့	for V-ing		သည့်၊ သ၊ သော	that, which
မဲ့၊ မယ့်	that will		Repetition (a) *attribute*
မည့်	that will			

19. Verb modifiers (V~–)

ကောင်:–	be good to		ခဲ–	rarely
ကုန်–	all		ခဲ့–	back there
က–	each, all		ခင်–	in time
ကြည့်–	try out		နိုင်:–	command

19. Verb modifiers (V~–) (continued)

Burmese	Meaning	Burmese	Meaning
ချ–	fiercely	ယူ–	for oneself
ချေ–	*(uncertain)*	ယောင်–	seem to
ချင်–	want to	ရ–	have to, be able to
ခွ–	allow	ရ– (V(လို့/၍) ~)	succeed
စို့–	let's	ရာ–	should
စမ်း–	*urgency*	ရဲ–	dare
စိမ့်–	cause to	ရက်–	bring oneself to
စွာ–	very	ရစ်–	remain behind
တော့–	at last, (no) longer	ရှာ–	*sympathy*
တည့် etc	*(uncertain)*	လာ–	begin, become
တတ်–	know how to	လု(နီး)–	on the point of
တန်–	be suitable to	လေ–	*euphonic*
တန်ရာ–	be usual to	လို–	wish to
ထား–	permanently	လောက်–	be enough to
ထိုက်–	suitable	လိုက်–	away, out, just
နေ–	be V-ing	လတ်–	*euphonic*
နိုး–	likely	လွန်း(အား‌ကြီး)–	too much
နိုင်–	able	လွယ်–	easy
နှင့်–	in advance	လွ–	very much
ပါ–	*polite*	လှည့်–	*encouragement*
ပေ–	*euphonic*	ဝံ့–	dare
ပေး–	for	သာ–	be feasible to
ပိုင်–	have the right to	သေး–	still, yet
ပစ်–	quickly	သင့်(–ထိုက်)	appropriate
ပျော်–	adequately	သွား–	on the way, become
ပြ–	show	အား–	be free to
ပြီး–	finish	အား‌ကြီး–	too much
ပြု–	and so on	ဦး၊ အုံး–	still, yet
ပြန်–	resume	အပ်–	be suitable to
ဖူး–	before	အပ်–	*passive*
ဖြစ်–	manage	Chime + rhyme –က်	and so on
မိ–	unintentionally	Repetition (d)	keep on V

20. Miscellaneous

ကိုယ်	body, one	တန်	worth
အကြောင်း	cause	တုံ–	*recurring action*
ခင်–	rather	ဖြစ်	it is
စ (တစ်–N–စ)	a few here and there	ဖြစ်ခြင်း	*exclamatory*
ဆိုသူ	person known as	အရာ	thing, matter
တကယ်၊ အကယ်	if	ရေးချ (မ–V~)	definitely
တကယ်၊ အကယ်	true, real	လည်းကောင်း	ditto
တဲ့	*reported speech*	ဟာ	thing
တစ်၊ တ	one	အ	prefix
တည့်	*uncertain*	Repetition (c)	one by one
တတ် (မကောင်းတတ်–)	unavoidable	Induced creaky tone	*marks juncture*
တတ် (–သတတ်–)	it says	Zero (c)	*suspended clause*

BIBLIOGRAPHY

including sources referred to in the text
and selected recent studies of Burmese grammar

Allott 1965: *Categories for the verbal syntagma in Burmese*, by A J Allott. Pp 186-227 in Lingua 15

Allott 1994: *The end of the first Anglo-Burmese war: the Burmese chronicle account of how the 1826 Treaty of Yandabo was negotiated*, by A J Allott. Chulalongkorn University Press, Bangkok

Bernot 1978-93: *Dictionnaire birman-français ("Burmese-French dictionary")*, by Denise Bernot. 15 vols, CEDRASEMI, Paris

Bernot 1980: *Le prédicat en birman parlé*, by Denise Bernot. In the series Langues et civilisations de l'Asie du sud-est et du monde insulindien, vol 8, SELAF, Paris

Bradley 1995: *Reflexives in Burmese*, by David Bradley. Pp 139-172 in Studies in Burmese languages, Pacific Linguistics Publication A-83, ed D Bradley. Papers in Southeast Asian Linguistics N° 13, Department of Linguistics, Research School of Pacific Studies, Australian National University, Canberra

Esche 1976: *Wörterbuch Burmesisch-Deutsch ("Burmese-German dictionary")*, by Annemarie Esche. VEB Verlag, Leipzig

Johnson 1992: *The Limits of Grammar: Syntax and Lexicon in Modern Spoken Burmese*, by Rod Johnson. Unpublished PhD thesis, University of Michigan

Kasevich 1976: *Kratkii Ocherk Grammatiki Birmanskogo Yazyka ("Short Outline of Burmese Grammar")*, by V B Kasevich. Pp 731-83 in Minina 1976

Minina 1976: *Birmansko-Russkiy slovar' ("Burmese-Russian dictionary")*, by G F Minina and U Kyaw Zaw. Nauka, Moscow

Minn Latt 1962-64: *Studies in Burmese grammar*, by Mînn Latt Yêkháun. In Archiv Orientální 30.1 pp 49-115, 31.2 pp 230-73, 32 pp 265-92

Mînn Latt 1966: *The Modernization of Burmese*, by Mînn Latt Yêkháun.
Dissertationes orientales vol 11, Oriental Institute in Academia,
Publishing House of the Czechoslovak Academy of Sciences, Prague

MLC 1985-99: မြန်မာသဒ္ဒါ *("Myanmar grammar")*. Three vols, bound in
separate sections, Myanmar Language Commission, Yangon

MLC 1991: မြန်မာအဘိဓာန် *("Myanmar dictionary")*. Myanmar Language
Commission, Yangon

MLC 1993a: မြန်မာအင်္ဂလိပ်အဘိဓာန် *("Myanmar English dictionary")*. Myanmar
Language Commission. Yangon

MLC 1993b: မြန်မာစာ မြန်မာစကား *("Myanmar language")*. Myanmar Language
Commission, Yangon

Myint 1994: *Birumago no keitairon ("Morphology of Burmese words")*, by U
Tun Myint. Tokyo Gaikokugo Daigaku, Tokyo

Okell 1965: *Nissaya Burmese: systematic adaptation to a foreign grammar
and syntax*, by John Okell. Pp 186-227 in Lingua 15. Revised and
reprinted: pp 95-123 in Journal of the Burma Research Society 50
(1) 1967

Okell 1969: *A reference grammar of colloquial Burmese*, by John Okell.
Oxford UP, London

Okell 1979: *"Still" and "anymore" in Burmese*, by John Okell. Pp 69-82 in
Linguistics of the Tibeto-Burman area 4 (2)

Okell 1994: *Burmese: an introduction*, by John Okell. Four vols and 34
tapes, The Center for Southeast Asian Studies, Northern Illinois
University, DeKalb

Pe Maung Tin 1951: မြန်မာဝါကျဖွဲ့ထုံးကျမ်း *("Burmese syntax")*, by U Pe Maung
Tin. BTS, Yangon

Pe Maung Tin 1955: ကျောင်းသုံးမြန်မာသဒ္ဒါ *("Burmese grammar for schools")*, by
U Pe Maung Tin. Sape Beikman, Yangon

Richter 1983: *Lehrbuch des modernen Burmesisch*, by E Richter. VEB
Verlag, Leipzig

Soe 1994: *A semantic study of deictic auxiliaries in Burmese*, by U Myint Soe.
Pp 125-39 in LTBA 17.1 spring

Stewart 1941-80: *A Burmese-English dictionary*, by J A Stewart et al. 6 vols
(incomplete), University of Rangoon, Luzac, SOAS, Rangoon/London

Wheatley 1982: *Burmese : a grammatical sketch*, by Julian K Wheatley. Ph D
Thesis, University of California, Berkeley

Wheatley 1990: *Burmese*, by Julian K Wheatley. Pp 106-126 in The major
    languages of South-East Asia, ed. Bernard Comrie. Routledge,
    London

Yabu 1993: *Case particles -ká and -kou in Burmese*, by Yabu Shiro. Pp 730-
    36 in Current issues in Sino-Tibetan Linguistics, ed by Hajime
    Kitamura, Tatsuo Nishida, Yasuhiko Nagano. The Organizing
    Committee, The 26th International Conference on Sino-Tibetan
    Languages and Linguistics, Osaka

INDEX AND GLOSSARY

Appellative suffix: a set of suffixes attached to appellatives to render their effect more compelling. See the *Dictionary* entries for ရေ and ရေ့၊ ရယ် and ရဲ့ and ဲ့၊ ရာ and ရာ။

Appellative: a term of address used to attract or compel someone's attention; e.g. ဖေဖေ Daddy, မိတ်ဆွေ My friend, ကားဆရာ Driver, etc.

Appended appellative: a term of address attached to the end of a sentence, e.g. ရှင် "Sir/Madam" in ဒီလောက် မအသေးပါဘူးရှင် "I'm not that stupid, Sir/Madam". The words ကွယ်၊ ကွဲ့၊ ကွာ၊ ကွ are used almost exclusively as appended appellatives.

Attribute: a word or phrase that attributes some feature or quality to a noun. See Outline grammar §4.5, 7.1.

Complement: a noun or noun phrase or subordinate clause that is governed by a verb. For example in the sentence သူတို့ အဖေဆုံးပြီး အမေက ဆေးရုံ တွင် အလုပ် ရသည် ("When their father died, their mother got a job in the hospital") there are four complements to the verb ရ–, namely (1) သူတို့ အဖေ ဆုံးပြီး၊ (2) အမေက၊ (3) ဆေးရုံတွင်၊ (4) အလုပ်။

Compound noun: a noun composed of analysable components. See Outline grammar §4.1.

Compound verb: a verb composed of analysable components. See Outline grammar §5.1.

Coordinate marker: a marker suffixed to a noun and indicating that the noun is cordinated with the following noun. See Outline grammar §4.7.

Induced creaky tone: see the entry in the *Dictionary*, after all the Burmese script entries.

Interjection: an expression used on its own, e.g. ရော Here you are, Take this, ကဲ Well now, Right then.

Location noun: a noun found suffixed to a wide range of expressions and referring to a place or time. Location nouns commonly occur with

markers က "from, in the past", ကို "to, towards", မှာ "at, in, on". See
Outline grammar §4.3.

Main clause: the last (or only) clause in the sentence, marked by a sentence
marker. See Outline grammar §6.

Main verb: the element of a compound verb to which other elements are at-
tached. See Outline grammar §5.2.

Marker: a suffix which marks the rôle played by a phrase in the sentence.
See Outline grammar §2.

Modifier: a component of a compound that is found suffixed to a wide range
of words. A compound formed of a noun with a noun modifier re-
mains a noun, and in the same way a verb with a verb modifier re-
mains a verb. See Outline grammar §4.2, 5.3.

Nominalized clause: a clause ending in one of a set of special head nouns
that have the effect of converting the clause into a unit that can be
treated as a noun. See Outline grammar §7.3.

Noun attribute marker: a marker suffixed to a noun and indicating that the
noun is an attribute of the following noun. See Outline grammar
§4.5.

Noun marker: marker that is suffixed to nouns. See Outline grammar §2.

Noun modifier: a modifier that is suffixed to nouns. See Outline grammar
§4.2.

Noun sentence: a sentence without a verb. The typical structure is N^1-N^2,
and the verb understood is "is, was, were, are" etc. See Outline
grammar §9.

Numerative: a noun used after numbers and after the interrogative ဘယ်နှစ်
"how many". See Outline grammar §4.4.

Personal referents: words used to refer to particular individuals. The class
includes (a) pronouns, such as မင်း you, သူ he/she/it, (b) kin terms,
such as ကိုကို brother, သား son, (c) titles, such as ဝန်ကြီး minister, နဲ့
ဆရာ oboe player, (d) names, such as ကိုမောင်မောင်တင် Master Maung
Maung Tin, ဒေါ်မာလေး Mrs Mar Lay. The distinctive features of per-
sonal referents are that as a rule they (1) take induced creaky tone if
applicable (see English entries sv), and (2) do not take the suffixes က
"from", ကို "to", မှာ "at" etc directly, but require the location nouns ဆီ
or ထံ to be interposed: ငါ "I" + က "from" ⇒ ငါ့ဆီက "from me".

Phrase particle: a suffix that does not alter the rôle of the phrase in the sen-
tence. See Outline grammar §3.

Pre-verb: a verb that is used before a wide range of other verbs. See Outline
   grammar §5.2.
Selective: a word that picks out one or more items from the general mass.
   e.g. ဤ this, ဘယ် which?, အချို့ some.
Sentence final phrase particle: a phrase particle that is suffixed to the last
   phrase in the sentence. See Outline grammar §3.
Sentence marker: marker suffixed to a verb and indicating that the sentence
   is concluded. See Outline grammar §2, 6.
Sentence medial phrase particle: a phrase particle that is suffixed to phrases
   other than the last phrase in the sentence. See Outline grammar §3.
Simple noun: a noun that cannot be analysed into smaller components. See
   Outline grammar §4.
Simple verb: a verb that cannot be analysed into smaller components. See
   Outline grammar §5.1.
Special head noun: a noun having the property that a verb or verb clause
   can be attributed to it directly without the use of verb attribute mark-
   ers. See Outline grammar §7.2.
Subordinate clause: a clause that requires a further clause before the sen-
   tence can be concluded. See Outline grammar §6.
Subordinate sentence: same as a subordinate clause, except that the marker
   is not suffixed to the verb but to a sentence marker, usually in the
   form of a verb attribute. See Outline grammar §8.
Verb attribute: an attribute to a noun consisting of a verb, usually with a
   verb attribute marker, and optionally with some noun phrases pre-
   ceding the verb. See Outline grammar §7.
Verb modifier: a modifier that is suffixed to verbs. See Outline grammar
   §5.3.

Form classes in the Myanmar English Dictionary (MED)

The MED uses a broader classification system. It distinguishes conjunctions, postpositional markers, particles, pronouns and adverbs. With some exceptions:

MED conjunctions correspond to our subordinate clause markers;

MED postpositional markers correspond to our noun markers and sentence markers;

MED adverbs correspond to our pre-verbs;

MED pronouns correspond to our selectives; and

MED particles correspond to our phrase particles, but also include some of our special head nouns, sentence markers, subordinate clause markers, verb attribute markers, noun modifiers, verb modifiers and numeratives.

Some words denoting a quality, such as နီသည် to be red, ပေါသည် to be plentiful, which we treat as "verbs", are classified as "adjectives" in the MED. In contrast, some other words denoting a quality, such as နီးသည် to be near, and များသည် to be many, are listed in the MED as "verbs".